Collection Droit et Criminologie
dirigée par Jean-Paul Brodeur

Déjà parus dans la même collection :

Maurice Cusson
Délinquants pourquoi ?

Marc Le Blanc
Boscoville : la rééducation évaluée

Jean-Paul Brodeur
La Délinquance de l'ordre

René Joyal
*Les Enfants, la société et l'État au
Québec, 1608-1989. Jalons*

Maurice Cusson et coll.
Traité de sécurité intérieure

Traité de sécurité intérieure

Cahiers du Québec

fondés par
Robert Lahaise

Directeurs des collections :

Beaux–Arts
François-Marc Gagnon

Communications
Claude-Yves Charron

Cultures amérindiennes

Droit et criminologie
Jean-Paul Brodeur

Éducation / Psychopédagogie

Ethnologie
Jocelyne Mathieu

Géographie

Histoire et Documents d'histoire
Jean-Pierre Wallot

Littérature et Documents littéraires
Jacques Allard

Musique
Lyse Richer

Philosophie
Georges Leroux

Science politique

Sociologie
Guy Rocher

Sous la direction de :
Maurice Cusson
Benoît Dupont
Frédéric Lemieux

Traité de sécurité intérieure

CAHIERS DU QUÉBEC   COLLECTION DROIT ET CRIMINOLOGIE
HMH

Catalogage avant publication de Bibliothèque et Archives Canada

Vedette principale au titre :

Le traité de sécurité intérieure

   (Les cahiers du Québec ; CQ150. Collection Droit et criminologie)
   Comprend des réf. bibliogr. et un index.
   ISBN 978-2-89428-986-0

1. Sûreté de l'État. 2. Sûreté de l'État - Québec (Province). 3. Sûreté de l'État - Europe. 4. Police. 5. Criminalité - Prévention. I. Cusson, Maurice, 1942-. II. Collection : Cahiers du Québec ; CQ150. III. Collection : Cahiers du Québec. Collection Droit et criminologie.

HV6419.T72 2007   363.2   C2007-941392-7

Les Éditions Hurtubise HMH bénéficient du soutien financier des institutions suivantes pour leurs activités d'édition :

• Conseil des Arts du Canada
• Gouvernement du Canada par l'entremise du Programme d'aide au développement de l'industrie de l'édition (PADIÉ)
• Société de développement des entreprises culturelles au Québec (SODEC)
• Programme de crédit d'impôt pour l'édition de livres du gouvernement du Québec

Cet ouvrage a été réalisé avec le concours du Centre international de criminologie comparée.

Cet ouvrage a été publié grâce à une subvention de la Fédération canadienne des sciences humaines de concert avec le Programme d'aide à l'édition savante, dont les fonds proviennent du Conseil de recherches en sciences humaines du Canada.

Maquette de la couverture : Olivier Lasser

Illustration de la couverture : Kinos

Maquette intérieure et mise en page : Guy Verville

Copyright © 2007, Éditions Hurtubise HMH ltée

Éditions Hurtubise HMH ltée   Distribution en France :
1815, avenue De Lorimier   Librairie du Québec
Montréal (Québec) H2K 3W6   Distribution du Nouveau Monde
Tél. : (514) 523-1523   30, rue Gay-Lussac
                                         75005 Paris France
                                         www.librairieduquebec.fr

ISBN 978-2-89428-986-0

Dépôt légal : 4e trimestre 2007
Bibliothèque nationale et Archives du Québec
Bibliothèque et Archives Canada

Imprimé au Canada
www.hurtubisehmh.com

Table des matières

• QUATRIÈME PARTIE •

PRÉVENIR

• CINQUIÈME PARTIE •

LA RÉPRESSION ET L'INVESTIGATION

Collaborateurs du traité

BACHER, Jean-Luc
Juge au tribunal fédéral de la confédération helvétique ; professeur agrégé, École de criminologie ; chercheur, CICC, Université de Montréal

BEAULAC, Mélanie
École de criminologie ; chercheur, CICC, Université de Montréal

BLAIS, Étienne
Professeur, École de criminologie ; chercheur, CICC, Université de Montréal

BOUCHARD, Martin
Professeur, School of Criminology, Simon Fraser University

BOUCHER, Éric
Consultant Senior, Enquêtes et Services Conseils GW (Garda World) ; chargé de cours, École de criminologie, Université de Montréal

BRODEUR, Jean-Paul
Professeur titulaire, École de criminologie ; directeur et chercheur, CICC, Université de Montréal, Québec, Canada

CUSSON, Maurice
Professeur, École de criminologie ; chercheur, CICC, Université de Montréal

DIAZ, Frédéric
Docteur en sociologie, chercheur associé au Groupe de Recherche sur les Espaces Festifs (Université du Québec à Montréal) ; chargé de cours à l'Université de Montréal ainsi qu'à l'École Nationale de Police du Québec

DIEU, François
Maître de conférences de science politique, Université de Toulouse 1 ; directeur du Centre d'études et de recherche sur la police, responsable du Master « Politique et Sécurité »

DIOTTE, Marie-Ève
M. Sc Criminologie, Université de Montréal ; chargée de projet de prévention de la criminalité et d'augmentation du sentiment de sécurité (Tandem)

DUPONT, Benoît
Professeur, École de criminologie ; directeur adjoint du CICC, Université de Montréal

DUPUIS, Lucie
Présidente, SOPTIMA inc., société de services-conseils et de formation en sécurité et gestion de crise ; chargée de cours, École de criminologie, Université de Montréal

FROIDEVAUX, Didier
Directeur des études stratégiques, Police cantonale de Genève

GERSPACHER, Nadia
PhD. Sciences Politiques ; chercheur attaché au CICC, Université de Montréal et Center for North American Studies, American University

GHERNAOUTI-HÉLIE, Solange
Professeur, HEC de Montréal et Université de Lausanne ; expert international en sécurité et criminalité des technologies de l'information

GUAY, Jean-Pierre
Professeur et chercheur, École de criminologie et CICC, Université de Montréal

JOBARD, Fabien
Chercheur, Centre de Recherches sociologiques sur le Droit et les Sciences pénales, Centre national de la Recherche scientifique (CNRS), France

LA PENNA, Éric
Commandant, Service de police de la Ville de Montréal

LEDUC, Maïa
Agente de recherche à la Sûreté du Québec

LEMAN-LANGLOIS, Stéphane
Professeur, École de criminologie ; chercheur associé, CICC, Université de Montréal

LEMIEUX, Frédéric
Professeur agrégé, École de criminologie ; chercheur, CICC, Université de Montréal

LOUBET DEL BAYLE, Jean-Louis
Professeur de science politique à l'Université des Sciences sociales, où il a fondé et dirigé le Centre d'études et de recherche sur la police, Université de Toulouse 1

LOUIS, Guillaume
Candidat au doctorat en criminologie, École de criminologie, Université de Montréal

MARGOT, Pierre
Professeur ordinaire, directeur de l'École des Sciences Criminelles, Université de Lausanne

MARLEAU, Jacques,
Chercheur, Institut Philippe-Pinel de Montréal et CICC

MIGNAULT, Sylvain
Candidat à la maîtrise en criminologie, École de criminologie, Université de Montréal

MORSELLI, Carlo
Professeur, École de criminologie ; chercheur, CICC, Université de Montréal

MOUHANNA, Christian
Chargé de recherche au Centre National de la Recherche scientifique (CNRS, France)

MULONE, Massimiliano
Candidat au doctorat en criminologie, École de criminologie, Université de Montréal

PATTYN, Martine
Chef de service du Service analyse stratégie, Police fédérale belge

QUELOZ, Nicolas
Juriste et sociologue ; professeur ordinaire de droit pénal et de criminologie, Faculté de droit, Université de Fribourg

RIBAUX, Olivier
Professeur associé, École des sciences criminelles, Université de Lausanne

ROCHÉ, Sébastian
Directeur de recherche au CNRS, responsable du Pôle sécurité à l'Institut d'études politiques, Université de Grenoble

ST-YVES, Michel
Psychologue judiciaire, Service de l'analyse du comportement, Sûreté du Québec ; consultant en négociation de crise et interrogatoire ; chargé de cours, École nationale de police et École de criminologie de l'Université de Montréal

TANGUAY, Michel
Chef du module « Analyse et profilage criminel », Sûreté du Québec ; formateur en négociation de crise

TURCOTTE, Mathilde
Candidate au doctorat en criminologie, École de criminologie, Université de Montréal

WOUTERS, Paul
Service analyse stratégie, Police fédérale belge

Introduction générale

D'ENTRÉE DE JEU, il s'impose de définir les contours de la sécurité inté-rieure. Nous entendons par là *l'activité déployée par des professionnels de première ligne en vue de protéger leurs concitoyens contre les dangers associés à la vie en société*. Les termes de cette définition doivent être précisés. Et d'abord quelle est la nature de ces dangers accompagnant la vie sociale ?

À l'intérieur de toute société humaine, surgissent des conflits suscep-tibles de monter aux extrêmes et surviennent des tentations de s'emparer du bien d'autrui, de se venger, de se livrer à de dangereux abus. Dans les sociétés contemporaines, le crime parvient à s'organiser : les mafias se livrent à leurs trafics en ne se privant pas de tuer la concurrence et les terroristes concoctent des attentats qu'ils voudraient spectaculaires. La criminalité économique menace la sécurité financière des familles et des entreprises. Quand prolifèrent les petits vols et les incivilités (dégradations, bruits, postures menaçantes…), la peur domine et pousse les gens à se replier sur eux-mêmes.

Outre les infractions, les accidents, crises et attroupements sont des facteurs d'insécurité. C'est pourquoi les professionnels de la sécurité accourent quand une personne s'évanouit en pleine rue ou quand deux voitures entrent en collision. Ils sont présents lors d'un festival ou d'un grand événement sportif. Ils se mobilisent quand survient une inondation ou un séisme. Ces événements perturbent le cours naturel des choses, réunissent des conditions favorables à la délinquance et mettent la vie humaine en danger. Car les acteurs sociaux sont alors déstabilisés ; ils perdent leurs moyens ; ils s'énervent et paniquent. Il faut les secourir, les rassurer.

Ces dangers sont différents de ceux qu'une puissance ennemie fait peser sur la nation, et ils appellent des solutions d'une autre nature. Pour se protéger des menaces venues de l'extérieur, les États se dotent de forces armées et, en cas de guerre, leurs généraux voudront infliger le maximum de pertes aux armées ennemies en utilisant toute leur puissance de feu. Contre les menaces surgies de l'intérieur, les policiers n'utilisent leurs armes qu'en dernier recours et leurs tactiques n'ont pas grand-chose à voir avec celles des militaires. Il est vrai que le terrorisme international estompe la frontière entre l'extérieur et l'intérieur. Il n'en reste pas moins que l'immense majorité des problèmes rencontrés par les services de police proviennent de conflits interpersonnels et de délinquants petits et grands vivant au sein même de nos nations.

L'activité de sécurité inclut tous les moyens propres à résorber l'insécurité et à réduire le nombre ou la gravité des crimes, des conflits, des accidents et des crises. Les spécialistes de la sécurité préviennent, dissuadent, contraignent, surveillent, mettent en place des mesures d'urgence, rétablissent l'ordre.

Les professionnels auxquels nous pensons principalement sont les policiers, les gendarmes, leurs officiers, les enquêteurs, les analystes et agents de renseignement, les cadres et les consultants de la sécurité privée. Ces spécialistes possèdent un ensemble de savoirs et de savoir-faire techniques. Notre traité se concentre sur l'activité de ces professionnels et il n'aborde ni les contrôles sociaux informels au sein des groupes ni l'activité individuelle d'autoprotection.

Les policiers et les autres spécialistes de la sécurité se situent en première ligne, au plus près de la menace ou de l'événement pour anticiper le trouble, prévenir, arrêter le suspect et empêcher que la crise ne s'aggrave. Cette position est très différente de celle des juges sur le banc à qui on demande de réfléchir sur ce qu'il reste à faire quand l'acte grave a été consommé. Les professionnels de la sécurité sont les premiers appelés quand des citoyens sont incapables de se sortir pacifiquement d'une dispute et quand un accident ou un crime vient tout juste de se produire. Ils accourent, tentent d'empêcher le pire, sinon ils interviennent dès la première étape du processus judiciaire. C'est dans les situations à risque et au cœur de l'événement que se déploie l'action de sécurité : action rapide, dominée par le souci d'empêcher que l'irrémédiable ne se produise ou ne se répète.

Quels sont les objectifs visés par ces professionnels ? C'est tout simplement la sécurité telle qu'elle est définie dans le dictionnaire *Robert* : 1. « état tranquille qui résulte de l'absence réelle de danger » 2. « état d'esprit confiant et tranquille d'une personne qui se croit à l'abri du danger. » Les professionnels atteignent leurs fins quand les gens sont effectivement hors de danger et quand, se sentant à l'abri des menaces, ils jouissent de la tranquillité d'esprit. Une troisième dimension ne peut être passée sous silence. Si la guerre fait rage entre les citoyens, la sécurité est irrémédiablement compromise. La sécurité conçue comme une fin se présente donc sous trois facettes.

1. *La sécurité objective* existe quand nous ne risquons pas d'être attaqués ni dépouillés ni exposés à une mort violente : nous sommes réellement à l'abri du danger. Cet aspect de la sûreté est négatif : il se mesure par la rareté des délits, crimes, accidents. Les statistiques de la criminalité et les

sondages de victimisation fournissent des indicateurs de cet état. En outre, la sécurité des citoyens est mieux assurée s'ils peuvent escompter un secours en cas de détresse, d'accident, de catastrophe. La disponibilité de secours d'urgence est une garantie contre une mort prématurée ; elle rassure, ce qui nous conduit au point suivant.

2. *La tranquillité.* L'on se sent en sécurité quand on éprouve le sentiment d'être à l'abri du danger ; quand on se sent libéré de l'oppression de la peur. Le sentiment de sécurité se mesure dans un sondage en demandant aux répondants s'ils ont peur de marcher le soir dans la rue et par d'autres questions semblables. Les professionnels de la sécurité ne peuvent rien contre les phobies et autres peurs imaginaires, mais ils peuvent beaucoup contre la prolifération des petits signes alarmants. La peur se nourrit assez peu des nouvelles de quelques grands crimes et beaucoup de l'accumulation de faits et gestes menaçants ou malveillants : grossièretés et tapage nocturne de la part de voisins, graffitis et vitres brisées, petites bandes de voyous grossiers et insultants, ivrognes dans la rue proférant des insanités.

3. *La paix civile.* La méfiance et la peur de l'autre sévissent quand les conflits risquent à tout instant de déboucher sur la violence. C'est alors que certains en viennent à attaquer l'autre par peur d'être attaqués. L'insécurité est à son sommet dans l'état de nature imaginé par Hobbes où chacun est l'ennemi de chacun. Empêcher que cet état de guerre ne s'installe, telle est une mission essentielle des professionnels de la sécurité, et ce n'est pas un hasard si on les appelle « agents de la paix ». En cas de conflit, ils séparent les adversaires sur le point d'en venir aux coups ; ils les désarment ; ils les apaisent ; ils tentent une conciliation. Car ils ne sont pas sans savoir que les protagonistes d'une altercation ont tendance à se laisser emporter par un mouvement de surenchère de violence. L'intervention pacificatrice de l'acteur de la sécurité empêche que la méfiance et l'hostilité ne s'installent à demeure. Si les citoyens sont assurés que leurs conflits pourront être résolus pacifiquement, ils cesseront de se méfier ; ils iront vers l'autre pour échanger, coopérer, se lier d'amitié.

La paix n'est pas obtenue seulement en réduisant la criminalité, mais aussi par des mécanismes de résolution des conflits et par des institutions capables de persuader les criminels qu'ils ne seront pas assurés de l'impunité. La sécurité exige donc que soient défendues les institutions politiques et judiciaires dont toute société a besoin pour vivre en paix avec elle-même.

Bref, l'action de sécurité vise à protéger, à rassurer et à pacifier. Ces trois facettes de la sécurité ne sont qu'imparfaitement liées. Il est connu que les personnes vulnérables ne se sentent pas tranquilles, même quand elles ne sont exposées qu'à des risques insignifiants. Les facteurs socio-démographiques comme l'âge, le sexe ou le niveau de revenus sont par exemple à l'origine de variations importantes quant à la perception des risques et au sentiment de sécurité de certains groupes de la population. Les trois figures de la sécurité n'en sont pas moins en corrélation. En effet, l'accumulation des crimes et incivilités finira par rendre craintif tout le monde, sauf les plus téméraires. Ayant peur, les gens se tiendront sur leur garde, se méfieront de tous et, au premier signe de danger, ils frapperont les premiers, compromettant ainsi la paix civile.

LA SÉCURITÉ INTÉRIEURE, RÉSULTAT DE LA DIVISION DU TRAVAIL

La sécurité intérieure conçue comme un métier distinct résulte d'un long processus de division du travail qui a été bien mis en évidence par les sociologues Schwartz et Miller (1964). Ils ont montré que, dans les sociétés dites primitives, une force policière spécialisée n'existait pas en l'absence de mécanismes de médiation marquant l'émergence de normes communes. Parmi les 51 sociétés étudiées, 20 s'étaient dotées de forces policières armées utilisées en partie ou totalement pour faire respecter les normes sociales. Ces sociétés avaient pour caractéristique de posséder un système d'échanges économiques reposant sur une monnaie, ainsi qu'un degré de spécialisation tel qu'elles disposaient de prêtres et d'enseignants à plein temps. Ainsi, les fonctions de sécurité intérieure ne semblent se développer dans une société qu'en présence d'un socle culturel commun et d'un degré de développement économique minimum.

Au début du Moyen Âge, la sécurité était l'affaire de tous. Les individus et les familles se chargeaient de leur propre protection et, s'il le fallait, se défendaient les armes à la main. La victime d'un vol criait «haro!» et tous ceux qui entendaient le cri devaient accourir; ils prenaient le voleur en chasse et lui faisaient passer un mauvais quart d'heure. Les jeunes déviants étaient réprimandés et punis par leurs parents. Les clans menaçaient de se venger et mettaient quelquefois leurs menaces à exécution. Les bourgeois se soumettaient à tour de rôle à la corvée du guet de nuit. Le seigneur pourchassait les brigands qui semaient la dévastation dans sa seigneurie. En prévision d'une attaque, il abritait ses paysans derrière les murailles de son château fort.

Pendant longtemps, la police ne se distinguait nettement ni de la justice ni des autres fonctions naissantes du gouvernement. Le juge ordonnait aux sergents d'arrêter les suspects. Les sergents n'étaient que le bras de la justice (Gauvard 2005 et Lebigre 2005). Cependant, à Paris, dès le XVe siècle, les sergents sont sollicités pour faire appliquer les ordonnances sur la propreté de la ville et sur le port d'armes. On leur demande aussi de chasser les vagabonds, de surveiller les tavernes et les maisons de jeu mal famées. «Ainsi, peu à peu, se profile l'idée que le sergent est là pour prévenir le crime. La police est née». (Gauvard 2005: 140)

C'est en 1667 que la police est séparée de la justice, quand Louis XIV ordonne que soit créée la lieutenance de police. La mission confiée à M. de la Reynie, le premier lieutenant de police de Paris, n'est pas de juger les criminels, mais de se placer en amont pour assurer «le repos du public et des particuliers, purger la ville de ce qui peut causer les désordres» (Lebigre 2005: 166). Pour garantir la «sûreté de la ville», il lui revient d'agir sur tout ce qui risque de mettre en danger, de perturber les habitants et de troubler l'ordre public. La police doit donc surveiller les halles, foires et marchés, assurer les approvisionnements, réprimer les assemblées illicites et les séditions, juger les coupables pris en flagrant délit de contraventions à sa réglementation (idem: 167). Pas de sûreté sans surveillance. M. de la Reynie réorganise et renforce le guet de nuit. Encore faut-il voir clair: il fait installer quelques milliers de lanternes qui dorénavant éclairent les rues de la ville lumière. Il organise le recrutement d'un réseau étendu d'indicateurs de police: «les mouches» (Saint-Germain 1962; Lebigre 1993 et 2005).

Ainsi dès le XVIIe siècle, un métier distinct de la justice est institutionnalisé. Agissant avant le juge, le policier veut anticiper, prévenir, agir vite. Et pour cela, il doit garder à l'œil les lieux mal famés et les fauteurs de troubles. Il fait respecter les règlements prohibant tout ce qui pourrait engendrer de l'insécurité et déboucher sur des crimes graves, comme le port d'arme. L'intention préventive s'affirme: les indicateurs débusquent les complots; dans les rues mieux éclairées, les hommes du guet font fuir les brigands; dans les marchés, on impose le respect des règles sur les poids, les mesures et les prix pour éviter les disputes.

Au fil des siècles, le mouvement vers la spécialisation du travail de sécurité fut stimulé par un refus de plus en plus affirmé des solutions expéditives, sommaires et brutales. Il y a trois ou quatre siècles, c'était sans état d'âme que les pouvoirs publics terrorisaient les malfaiteurs en les fouettant, en les torturant ou en les envoyant mourir aux galères. Les petits voleurs étaient roués de coups. Les cambrioleurs de nuit pris en flagrant délit étaient exécutés sans autre forme de procès. La troupe tirait sur la foule des manifestants. Aujourd'hui, il faut produire de la sécurité par d'autres moyens et n'user de force qu'en dernière extrémité. Soumis à une obligation de moyens non coercitifs, les responsables modernes de la sécurité ont dû faire preuve d'imagination et de finesse: anticiper, prévenir, ruser, négocier, apaiser, concilier. L'action de sécurité devient plus subtile et plus complexe. L'éventail des mesures préventives s'élargit, les méthodes d'analyse de la criminalité sont de plus en plus sophistiquées. Sous l'influence des mutations de la société dont les mœurs se civilisent, la police a troqué la force pour l'information comme moyen privilégié de son intervention. Et comme un seul individu ne peut plus maîtriser toutes les techniques, l'on a eu tendance à se spécialiser.

Au cours des XIXe et XXe siècles, la liste des spécialités policières s'allonge: police judiciaire, renseignement, police scientifique, police des frontières, maintien de l'ordre, lutte antidrogue, antiterrorisme, antimafia, lutte contre la criminalité économique et contre le grand banditisme, escouades d'intervention tactique... Viennent s'ajouter les spécialisations de la sécurité privée, comme les techniques de systèmes d'alarme, de la télésurveillance et de la polygraphie. Malgré tout, nul responsable de la sécurité publique ne renonce aux services du policier généraliste dont les effectifs restent toujours importants.

Cette division du travail permet à chacun des spécialistes de devenir plus compétent que s'il devait se disperser entre une diversité de tâches. Cependant, ce fractionnement débouche sur ce que Brodeur (2003) appelle l'émiettement de la police. Dorénavant, il faut réunir les pièces du puzzle et faire travailler en synergie les spécialistes. C'est l'ambition du présent traité, d'un côté, d'examiner de près les grandes spécialisations du champ et, de l'autre, de les replacer dans un ensemble cohérent pour en souligner les complémentarités.

SÉCURITÉ ET JUSTICE

La justice ne peut être assimilée à la sécurité, mais elle est son indispensable complément (Brodeur et Shaering 2005). En démocratie, pas de sécurité sans justice.

La justice est ici entendue comme un idéal d'équilibre dans les rapports sociaux : des relations égales, proportionnées, respectueuses de l'autre, réciproques. Le juste cherche toujours à «rendre à chacun son dû». Ainsi conçue, la justice exerce une réelle influence sur les comportements. En effet, les actions humaines — celles des délinquants, des victimes et des autres — ne se réduisent pas à la poursuite des intérêts particuliers. Nos décisions sont aussi influencées par nos idées sur le juste et sur l'injuste. De telles idées poussent certaines victimes et certains délinquants convaincus d'avoir subi une injustice à se faire justice par leurs propres moyens. L'injustice subie est l'une des raisons les plus fréquemment invoquées par les criminels pour justifier leurs forfaits.

Plus les rapports entre les hommes se rapprocheront d'un idéal de justice et d'équité, moins ils seront tentés d'user de la violence ou de la tromperie pour obtenir ce qu'ils jugent être leur dû. Un excellent moyen d'instaurer la sécurité est donc de faire prévaloir la justice. «Un partage juste, reconnu comme tel par les parties au partage, n'a aucune raison de donner lieu à des actes de violence». (Baechler 1994 : 32)

L'action de sécurité devient donc contre-productive quand elle alimente le sentiment d'injustice par de réelles injustices. Elle risque de produire de l'insécurité par un traitement injuste qui pousse le justiciable à la révolte. La mission première des policiers est bien évidemment la sécurité, mais leur action est soumise à une stricte obligation de moyens (Monjardet 1996). Ils doivent d'autant plus se soumettre aux lois qu'ils ont occasionnellement recours à des procédés que la morale condamne en temps ordinaire : les écoutes secrètes, les filatures, la délation, la coercition. De tels moyens s'imposent quelquefois en réponse aux agissements des criminels. Car il arrive qu'à la ruse, l'on n'ait d'autre recours que d'opposer la ruse et, à la force, la force. Confronté à un forcené prêt à tout, le policier peut être contraint de déployer toute la violence dont il dispose. Monjardet parlait à ce propos de moyens d'action non contractuels : «La police combat le crime avec les moyens du crime». (p. 20)

Pascal nous a mis sur la piste d'une solution à ce dilemme. « La justice sans la force est impuissante : la force sans la justice est tyrannique. La justice sans force est contredite, parce qu'il y a toujours des méchants ; la force sans la justice est accusée. Il faut donc mettre ensemble la justice et la force ; et pour cela faire que ce qui est juste soit fort ou que ce qui est fort soit juste. » (p. 153) Comment mettre ensemble la sécurité, la justice et la coercition ?

La justification du recours à la force par la police procède du droit de punir. Les démocraties ne peuvent survivre si leurs lois ne sont pas respectées. Et si elles laissaient les criminels sévir ostensiblement et impunément, les lois perdraient toute crédibilité et tomberaient en désuétude. La peine s'impose donc, encore faut-il qu'elle soit juste : ne frapper que des coupables avérés ; être proportionnée et décidée au terme de procédures assurant l'impartialité et l'audition respectueuse des parties. Ce dernier point nous renvoie au thème de la justice procédurale. Il ne suffit pas que le contenu d'une décision soit juste, encore faut-il que la procédure suivie pour aboutir à cette décision respecte des principes de justice fondamentale : les parties doivent être entendues et leur opinion être prise en considération. Il revient non seulement au juge, mais aussi au policier et au gendarme de faire preuve d'impartialité et d'objectivité et de traiter les justiciables avec dignité et respect (Skogan et Frydl dir. 2004 : 304 ; Tyler 2003).

La police sert la sécurité quand elle se plie aux exigences de la justice procédurale ; d'abord en évitant de nourrir le sentiment d'injustice des citoyens et, ensuite, en développant sa légitimité. Pour la police, la légitimité, c'est la reconnaissance par les citoyens de son droit d'exercer son autorité. Quand cette légitimité lui est acquise, les citoyens consentent à obéir volontairement et non sous la contrainte. Plus les agents de police traiteront les victimes, les plaignants et les délinquants avec respect, impartialité et civilité, plus grande sera la légitimité de la police. Et alors les citoyens se soumettront de bonne grâce aux demandes des policiers et ils accepteront de coopérer. Or, ce consentement et cette coopération, une police démocratique — qui est le contraire d'une force d'occupation — en a absolument besoin. Que pourraient faire les policiers et les gendarmes s'ils n'étaient obéis qu'à coups de menaces et de matraques ? S'il est vrai que, sans l'accord volontaire des citoyens, une police démocratique est réduite à l'impuissance, elle sera d'autant plus efficace que sa légitimité sera reconnue (Skogan et Frydl dir. 2004 : 291 ; Tyler 2003 ; Loubet del Bayle 2006 : 86). L'efficacité des professionnels de la sécurité passe par le respect de la légalité, de la justice et de l'équité.

LE PUBLIC ET LE PRIVÉ

« La production de la sécurité n'est pas réductible aux activités de la police publique. » (Brodeur 2003 : 9) Tirant la conséquence de cette constatation, nous avons décidé d'inclure dans ce traité la police publique, la sécurité privée et les formes hybrides de sécurité.

Il est vrai que l'action de la police publique obéit à une logique plus politique qu'économique, car elle est l'instrument permettant au système politique de préserver le caractère obligatoire des décisions politiques. Il revient à la police «d'assurer l'exécution des décisions prises par le système politique» (Loubet del Bayle 2006: 168). Quant à la mission de la sécurité privée, la logique dans laquelle elle s'inscrit est économique; elle est d'abord, mais non exclusivement, soumise aux lois du marché qui l'obligent à offrir des biens et services à des prix compétitifs. Autre différence fondamentale, la police détient un pouvoir d'utiliser la force qui n'est pas accordé aux acteurs de la sécurité privée.

Mais au-delà de ces différences, les professionnels de la sécurité publique et privée visent fondamentalement les mêmes fins. En effet, les responsables de la police nationale et ceux des services de sécurité privée s'entendent pour protéger les biens et les personnes et pour faire régner la tranquillité. Pour autant, la mission assignée à la force publique est beaucoup plus étendue et générale que le mandat confié à l'entreprise privée. Il revient à la police publique de faire face à la criminalité violente, d'assurer la sécurité de tous, surtout dans les lieux publics, et de protéger les institutions étatiques. De son côté, le chef d'une entreprise ou d'un service de sécurité privée remplit son contrat s'il s'en tient aux besoins particuliers de son client ou de son employeur: prévenir ses pertes et sécuriser le site qui lui appartient.

De part et d'autre de la frontière entre le privé et le public, des moyens semblables sont mis en œuvre: surveiller, prévenir, enquêter, sanctionner et, en cas de crise, intervenir d'urgence et rétablir l'ordre. Néanmoins, les policiers ont beaucoup plus souvent recours aux poursuites pénales que les responsables des services privés. Et la coercition reste une prérogative que les acteurs du privé laissent volontiers à la police. Dans le secteur privé, l'on n'a pas le droit et l'on s'interdit en général d'user de la force. Si celle-ci s'impose, on appelle la police. La sécurité privée met plutôt l'accent sur la prévention qu'elle réalise de plus en plus en s'appuyant sur la technologie.

Bref, au-delà des différences, les acteurs du privé et du public poursuivent essentiellement les mêmes fins avec des moyens qui ne sont pas radicalement différents. Leur parenté se manifeste quand ils se trouvent en compétition: seuls les semblables peuvent se concurrencer.

LES PROGRÈS VERS UN SAVOIR EFFICACE

Il y a une dizaine d'années, un ouvrage comme celui-ci n'aurait contenu qu'une fraction des connaissances que le lecteur trouvera dans le présent traité. En effet, il n'y a pas très longtemps que nous pouvons faire fond sur des corpus de connaissances riches et solides: travaux sur la prévention, sur l'enquête criminelle, en sciences forensiques, sur le maintien de l'ordre, sur la gestion des crises, sur le renseignement. Les nouvelles technologies de l'analyse des données, de la prévention et de l'enquête ont fait un bond en avant.

Les auteurs de ce traité se sont principalement appuyés sur deux fortes traditions de recherche : la criminologie et les études policières. Les travaux consacrés au crime et à la délinquance nous apportent d'indispensables connaissances sur les menaces à la sécurité : sur les délinquants actifs, leurs raisons et leurs trajectoires ; les violences criminelles et leurs auteurs ; les vols et les voleurs ; le crime organisé et, plus récemment, le terrorisme. Désormais, nous savons à qui et à quoi nous avons affaire. Parallèlement, au cours des 40 dernières années, des sociologues, criminologues, historiens et politicologues ont mené de patientes recherches sur la police, la gendarmerie et la sécurité privée. Dorénavant, nous connaissons la réalité des forces de l'ordre.

Cependant, la communication restait difficile entre criminologues et spécialistes des études policières. De part et d'autre d'une invisible cloison, chaque groupe menait ses recherches sans parler à l'autre. Cette incapacité d'opérer la jonction entre deux réalités en principe liées découlait de ce mouvement de spécialisation qui tend à enfermer le chercheur dans son objet. Elle tenait aussi à cette idée selon laquelle l'influence de l'action policière sur la criminalité serait presque nulle. En réalité, les recherches évaluatives récentes montrent que des opérations policières bien ciblées et bien conçues réussissent souvent à faire reculer la manifestation criminelle que l'on avait prise pour cible. Elles établissent que la criminalité est moins influencée par la quantité de policiers présents dans les rues que par des interventions adaptées et de qualité. Ainsi le lecteur découvrira-t-il dans un chapitre de ce traité que d'intenses opérations de sécurité routière font significativement baisser le nombre des accidents mortels. Cela n'est qu'un exemple d'une évolution de la recherche dont la signification ne saurait être sous-estimée : l'accumulation des évaluations rigoureuses sur l'efficacité des mesures de sécurité. Utilisant la méthode expérimentale, les évaluateurs parviennent à répondre avec assurance à la question : tel programme a-t-il réussi à faire reculer significativement la délinquance à laquelle on s'attaquait ? C'est dire que nous disposons dorénavant d'une méthodologie apte à déterminer si une opération s'est soldée par un échec ou un succès. D'ores et déjà, la communauté des chercheurs a publié plus de 200 évaluations scientifiques d'opérations préventives ou répressives. Mis ensemble, ces travaux fournissent une masse critique permettant de statuer sur l'efficacité de nombreuses mesures de sécurité. Nous ferons état des résultats de ces évaluations tout au long du présent traité, ce qui apportera au lecteur des informations cruciales sur l'efficacité des mesures de sécurité et sur les conditions de cette efficacité.

Dès lors que des évaluateurs parviennent à démontrer qu'une mesure de sécurité fait reculer la délinquance prise pour cible, ils établissent un lien de cause à effet entre cette action de sécurité et la délinquance observée après l'opération.

Nous disposons d'une deuxième passerelle pour opérer la jonction entre l'action de sécurité et la criminalité : c'est la théorie des décisions inter-dépendantes. Celle-ci postule que les délinquants et les spécialistes de la sécurité sont des acteurs rationnels ; ils peuvent donc prévoir l'action de l'autre et s'y adapter. Il s'ensuit un jeu d'actions et d'influences réciproques. D'un côté, l'action policière conduit les délinquants à modifier leurs tactiques et, de l'autre, l'accumulation des délits pousse les policiers à mettre au point des contre-mesures. De part et d'autre, les joueurs cherchent à se déjouer. De part et d'autre, ils se surveillent tout en cherchant à échapper à la surveillance dont ils font l'objet. Les uns et les autres ajustent leur ligne de conduite sur celle qu'adoptera, croient-ils, leur adversaire. Armés de cette théorie, nous pouvons analyser la dialectique des actions réciproques entre les acteurs de la sécurité et les individus qui la menacent. Il est alors possible de connecter les stratégies des uns et des autres.

Dès lors que les connaissances sur l'action criminelle, l'action de sécurité et l'efficacité de cette dernière sont mises en rapports dialectiques, il est possible de les mettre en synergie pour produire un savoir efficace. Celui-ci pourra aider les spécialistes de la sécurité à bien poser les problèmes, à imaginer les stratégies adéquates, à statuer sur les résultats de leurs actions et à corriger le tir.

LES GRANDES DIVISIONS DU TRAITÉ

La structure en six parties de cet ouvrage découle d'une notion de la sécurité conçue comme une activité rationnelle. Cette notion dicte de 1) saisir la nature même de la sécurité ; 2) comprendre les menaces à la sécurité ; 3) détecter ces dernières, les mesurer, les analyser ; 4) prévenir les infractions ; 5) les réprimer si nécessaire ; 6) maintenir l'ordre et gérer les crises. Reprenons ces points.

1. Connaître et penser la sécurité. Pour saisir la nature de la sécurité et en comprendre la logique interne, nous avons besoin, d'un côté, de faits et, de l'autre, d'idées pour les décoder et les rendre intelligibles. Dans cette première partie, le lecteur trouvera 11 chapitres qui présentent les théories et les doctrines sur la sécurité, sur ses finalités et sur son organisation. Il y trouvera aussi un ensemble de faits sur les pratiques policières quotidiennes et des réponses aux questions sur l'efficacité de l'action de sécurité.

2. Menaces et parades. Une action de sécurité adaptée présuppose une compréhension des problèmes, des menaces et des sources de l'insécurité. Les six chapitres de cette partie proposent au lecteur des réponses aux questions suivantes : Qui sont les délinquants et les criminels et pourquoi récidivent-ils ? Comment le crime s'organise-t-il ? Que savons-nous sur la criminalité économique et le terrorisme ? Que se passe-t-il quand le crime se concentre dans une zone urbaine ? Que peuvent faire les professionnels de la sécurité face à ces manifestations particulières de la criminalité ?

3. Analyser les risques et planifier les opérations. Pour que l'action de sécurité puisse être dirigée sur les bonnes cibles et correctement planifiée, il faut détenir des informations concrètes et particulières que le milieu criminel a tout intérêt à cacher. Les neuf chapitres de cette partie porteront sur les méthodes de cueillette et d'analyse des données nécessaires à la connaissance des problèmes de sécurité. Il y sera question du renseignement, de l'analyse des problèmes, de l'audit de sécurité et de la planification des opérations.

4. Prévenir. La prévention ne relève pas seulement des bonnes intentions, elle est aussi, et d'abord, un fait: l'essentiel de l'activité en sécurité privée est préventive et les policiers font plus de prévention qu'ils ne le pensent eux-mêmes. Mais si la pratique de la prévention est bien établie, la conception que les praticiens de la sécurité s'en font est floue. Et ses rapports avec la répression sont à peine entrevus. Les développements récents des recherches sur la prévention sont tels que nous lui consacrons neuf chapitres. Il y sera question de prévention policière, des techniques et de la technologie de la prévention, de la surveillance et de la prévention de la violence et du vol.

5. La répression et l'investigation. Le recours à la force paraît si important à certains auteurs qu'ils en font un trait essentiel de la fonction policière. Il arrive que les policiers n'aient d'autre choix que d'exercer une contrainte sur un inquiétant individu qui ne veut rien entendre. Une stratégie majeure des forces de l'ordre consiste à exercer sur les délinquants une pression dissuasive. Encore faut-il que l'impunité ne soit pas assurée aux malfaiteurs: l'enquête paraît comme un élément essentiel de tout dispositif de sécurité. Les cinq chapitres de cette partie porteront sur la dissuasion, l'usage de la force, les enquêtes criminelles et les opérations coup-de-poing.

6. Le maintien de l'ordre et la gestion des crises. Les crises, les catastrophes et les manifestations réunissent assez souvent les conditions du désordre et de l'insécurité. C'est pourquoi les forces de l'ordre ne se trouvent pas loin quand un grand événement de cette nature est annoncé. La dernière partie du traité est composée de cinq chapitres. Ils portent sur les crises majeures, les rassemblements festifs, le maintien de l'ordre lors des manifestations, la négociation de crise et les mesures d'urgence en sécurité privée.

Maurice CUSSON et Benoît DUPONT

PREMIÈRE PARTIE

Connaître et penser la sécurité

CHAPITRE PREMIER

De l'action de sécurité

▶ MAURICE CUSSON

« *Ce que fait la police* », tel est le titre d'un ouvrage majeur que notre regretté ami Dominique Monjardet fit paraître en 1996. Pour désigner la réalité exprimée dans ce titre, nos collègues anglo-saxons utilisent un terme dont nous ne trouvons pas l'équivalent en français : *policing*. Nous lui préférons l'expression « action de sécurité », car elle présente le double avantage d'éviter un anglicisme et d'élargir le propos au secteur privé.

Que savons-nous de l'action de sécurité ? Plus précisément, que font les professionnels qui ont pour mission d'assurer la sécurité de leurs concitoyens ? La conduite de ces spécialistes et les principes dont ils se réclament nous sont de mieux en mieux connus, d'abord grâce aux recherches au cours desquelles des criminologues et des sociologues ont observé les patrouilleurs en action et aussi par les études sur la sécurité privée, la prévention, la police communautaire, l'enquête, la gestion de crise et le maintien de l'ordre.

Pour donner sens aux faits engrangés au cours de ces enquêtes, l'on a adopté la théorie rationnelle dont Boudon (1992, 1995, 1999, 2003) a énoncé les principes. Suivant ses pas, on pose que les professionnels de la sécurité s'efforcent d'agir rationnellement. Ayant à sécuriser un site ou à résoudre un problème, ils cherchent la solution la plus efficace compte tenu des contraintes avec lesquelles ils doivent composer. La plupart du temps, ils ont de bonnes raisons d'agir comme ils le font. Ils adhèrent à des principes qui, dans l'état de leurs connaissances, sont défendables. Ils doivent cependant faire face à d'autres acteurs sociaux, à commencer par les délinquants et les criminels dont ils veulent conjurer la menace. Ces derniers ne sont pas dépourvus de rationalité. Les protagonistes de chacun des deux camps s'efforcent de déjouer l'autre, de le prendre de vitesse, de le neutraliser. Du choc de ces rationalités opposées naît la dynamique de l'action de sécurité.

Cette rationalité des acteurs échappe à qui se laisse obnubiler par les bavures policières et autres dérapages dont les journalistes sont friands. Sans nier ces anomalies, nous concentrerons plutôt notre attention sur les actions de sécurité les plus courantes, sur les principes dont se réclament les acteurs, sur les pratiques qu'ils jugent normales. Cette démarche vise à faire émerger le type idéal de l'action de sécurité : un modèle soulignant la cohérence, la logique des actions quotidiennement posées par les professionnels de la sécurité. Une telle construction aidera à rendre intelligibles un grand nombre d'observations empiriques ; elle permettra de saisir les liens entre les fins poursuivies par les acteurs et les moyens qu'ils choisissent.

Ce chapitre soumet au lecteur les éléments d'une théorie de l'action de sécurité conçue comme un système d'actions non dépourvues de rationalité. Par la même occasion, il présente les raisons de l'architecture du présent traité de sécurité. Le chapitre est divisé en trois parties. La première montre que l'action de sécurité, pour prendre tout son sens, doit être située dans un système à trois rôles : le protecteur, le protégé et le délinquant. La deuxième partie définit les quatre fonctions de l'action de sécurité : le renseignement, la prévention, la répression et la gestion de crise. La troisième partie décrit les processus et les mouvements qui découlent de l'interaction dynamique entre le professionnel de la sécurité et le délinquant.

LA STRUCTURE : LE PROTECTEUR, LE PROTÉGÉ ET LA MENACE

Le rôle du professionnel de la sécurité s'inscrit dans une structure élémentaire hors de laquelle il ne peut être compris : il est un protecteur. Et il ne peut exister que dans un rapport avec ceux dont il assure la protection.

L'universalité du rapport protecteur-protégé découle du fait que l'autoprotection n'est pas une solution de survie à moyen ou à long terme. Je ne puis assurer seul ma protection, même si je suis plus fort que les autres, parce que je dois dormir et, pendant le jour, vaquer à mes occupations sans devoir me garder sans relâche contre une éventuelle agression. Je dois donc m'en remettre à autrui, à un protecteur. La sécurité apparaît ici comme une forme primitive de la division du travail social, pensons au veilleur de nuit.

Le « protégé » se présente sous diverses figures. Il y a d'abord le citoyen qui appelle la police. Aux États-Unis et au Canada, plus de 80 % des interventions des patrouilleurs sont mises en mouvement par des citoyens qui leur signalent un crime, un accident, une bagarre, une intrusion... Rarement le policier découvre-t-il seul un délit ou un crime ; c'est presque toujours le citoyen qui l'apprend à la police. C'est Reiss (1971) qui a découvert que l'immense majorité des interventions des patrouilleurs sont suscitées par des citoyens. Il sut aussi en tirer les conséquences en soulignant que cette décision prise par le citoyen d'appeler ou non la police pèse d'un poids très lourd sur l'action policière, car elle détermine la nature des problèmes sur lesquels les agents auront à se pencher.

Passant du public au privé, le rapport protecteur-protégé se teinte de couleurs différentes. Pour assurer sa sécurité, le chef d'une entreprise ou d'une organisation a le choix, soit de faire appel à une société privée de sécurité avec laquelle, en tant que client, il négocie une prestation de services ; soit de se doter d'un service de sécurité interne dont il définit la mission et à qui il donne les moyens de remplir son mandat. Dans de tels cas, le «protégé» apparaît sous le visage du client ou du patron.

Le protégé ne peut se passer de la compétence du protecteur, de sa force et de sa vigilance. Pour sa part, le protecteur trouve sa raison d'être dans la demande du protégé. Enfin, le protecteur a besoin de la participation active du protégé à sa propre sécurité : le professionnel se charge d'installer un système d'alarme, mais il revient à son client de l'armer et le désarmer.

La nécessité de cette alliance entre protecteur et protégé ressort avec évidence quand les partenaires refusent de la sceller, par exemple, en territoire hostile, quand la population dont la police veut assurer la protection refuse de collaborer. Dans les cités françaises dont on dit qu'elles sont des zones de non-droit, la police est privée de l'information nécessaire à son action. Dans les villages siciliens contrôlés par la mafia, l'*omerta* coupait la population des forces de l'ordre, les rendant impuissantes.

Le protégé fait appel au service du protecteur parce qu'il est inquiet : une menace pèse. Cela signifie que l'individu menaçant s'impose lui aussi comme élément indispensable pour que l'action de sécurité ait un sens. L'action de sécurité présente donc une structure triangulaire formée d'un protecteur, d'un protégé et d'une menace (Manunta 1999). Ces trois éléments sont nécessaires. Il ne peut y avoir d'action de sécurité sans menace, car alors il n'y a rien contre quoi on veut se protéger. Sans protégé ou sans menace, le besoin de sécurité ne s'exprime pas. Enfin, sans protecteur, les mesures de sécurité ne seront pas mises en œuvre.

LES FONCTIONS DE L'ACTION DE SÉCURITÉ

Une fonction est une catégorie d'activités qui apportent une contribution essentielle à un organisme. Une fonction de sécurité serait donc une catégorie d'opérations nécessaires pour sécuriser un ensemble de personnes et de biens. Quatre fonctions sont remplies dans la plupart des grands services de sécurité non spécialisés : 1) le renseignement qui est un processus de cueillette et d'analyse d'informations en vue de connaître les problèmes et de guider l'action ; 2) la prévention, c'est-à-dire les mesures non coercitives pour empêcher les attentats, destructions, vols ou crises ; 3) la répression, c'est-à-dire le recours à la force et à la sanction pour dissuader et mettre hors d'état de nuire les malfaiteurs ; et 4) la gestion de crise, qui est l'intervention d'urgence lors d'événements qui tournent mal.

Ces quatre fonctions se retrouvent dans les services de police d'une certaine importance. En effet, on y trouve presque toujours une division du renseignement criminel, une activité préventive réalisée par les patrouilleurs, une division des enquêtes et la gestion de crise (sauvetage, intervention lors de prise d'otages, contrôle de foule...). Ces quatre fonctions sont aussi repérables dans la très grande majorité des services internes de sécurité.

Le fait fut avéré, en 2001, lors d'une enquête sur 75 services internes de sécurité de la région de Montréal menée par Juliana Hayek, Sophie Sylvestre et Barbara Wegryzka. Celles-ci rencontrèrent les responsables de la sécurité au sein d'entreprises commerciales, d'industries, d'hôpitaux, à la Société des alcools du Québec, etc. Elles voulaient savoir quelle était la nature des activités de sécurité menées dans ces services. Le résultat le plus frappant de l'enquête fut que pratiquement tous ces services internes de sécurité combinaient quatre fonctions :

1. Dans 95 % de ces 75 services, le responsable analyse les risques et les problèmes de sécurité qui se posent dans son organisation. Cette activité de connaissance assimilable à du renseignement y est donc une pratique courante.

2. Dans 100 % des cas, on prévient les pertes par la surveillance, les contrôles d'accès, l'aménagement de l'espace physique.

3. On dénombre 91 % des responsables de ces services qui font de l'investigation au moins occasionnellement.

4. La gestion de crise et des mesures d'urgence est prise en charge par 92 % des responsables des services étudiés.

L'émergence de ces quatre fonctions, aussi bien dans la police publique que dans les services internes de sécurité, découle de la position occupée par le professionnel de la sécurité : il est dépêché *en première ligne* pour agir avant que le crime ne soit consommé et, sinon, pour limiter les dégâts. La sécurité intérieure se joue en amont de la justice, au cœur de l'événement et dans les situations précriminelles. Elle précède la justice pénale par une action de proximité, expéditive, préventive. François Dieu (2002 : 291) observe que la gendarmerie est une institution de première ligne immédiatement confrontée aux conflits de voisinage, accidents, catastrophes naturelles et autres crises. Répondant à l'événement, le gendarme doit improviser une réponse appropriée, ce qui l'oblige à être polyvalent. Cela vaut tout autant pour la police et pour la sécurité privée. Cette adaptation polyvalente à l'événement ne peut se limiter à l'intervention de crise ; elle se traduit aussi par l'interpellation et par le renseignement pour anticiper et prévenir les crimes. Le gendarme, le policier et l'agent de sécurité sont postés dans les lieux mêmes où un crime pourrait être commis. Ils patrouillent la nuit dans les zones mal famées. Ils restent en permanence en communication avec la centrale 911 et répondent au plus vite aux appels de services. Ils surveillent et accumulent des renseignements pour intervenir opportunément. Au plus près des événements et des gens, ils discernent tôt les premiers signes du danger ; la vulnérabilité que les voleurs pourraient exploiter ; le conflit pouvant monter aux extrêmes ; la menace de mort qu'il faut prendre au sérieux ; les préliminaires du crime ; la crise. La première ligne — la ligne de feu — se révèle être une position stratégique pour agir en temps utile sur les occasions de délits ; sur les infractions dangereuses, comme les excès de vitesse ou le port d'arme ; sur les complots que l'on saura faire avorter et sur les criminels que l'on mettra rapidement hors d'état de nuire. Pour réaliser pleinement sa mission, le professionnel de la sécurité doit d'abord savoir, ensuite précéder l'événement, agir vigoureusement et empêcher que la crise ne tourne à la catastrophe. Bref, les fonctions de renseignement, de prévention, de répression et de gestion de crise se sont imposées comme des activités rationnelles à des acteurs déployés sur la ligne de front pour empêcher que l'on en soit réduit au traitement judiciaire du problème.

La figure qui suit illustre les rapports qui se nouent entre les quatre fonctions de l'action de sécurité.

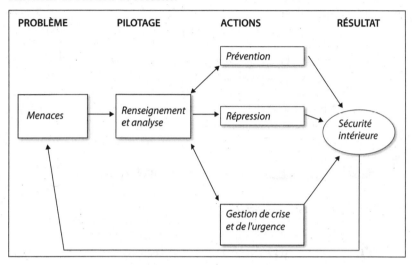

Il nous reste maintenant à reprendre plus en détail les quatre fonctions dont les articulations viennent d'être présentées.

Le renseignement

Nul acteur social ne saurait être qualifié de rationnel s'il ignorait une information disponible lui permettant de peser les avantages et les inconvénients des options qui s'offrent à lui. Cela vaut pour l'action de sécurité. Comme les activités criminelles sont secrètes, spécifiques et localisées, elles doivent être dévoilées, spécifiées et situées. De même que le médecin ne peut bien traiter son patient s'il n'a d'abord diagnostiqué son mal, de même le professionnel de la sécurité ne peut résoudre un problème qu'il ne connaît pas.

Distinguons deux catégories d'informations pouvant servir à l'action de sécurité. Nous trouvons d'abord la connaissance immédiate et non systématique. Par exemple, deux policiers interviennent dans une affaire de violence conjugale. Arrivés sur les lieux, ils ouvrent grands les yeux et posent quelques questions pour savoir ce qui se passe et pour s'adapter aux circonstances. Cependant, cette connaissance directe, immédiatement branchée sur l'action ne correspond pas à ce que les policiers appellent le «renseignement». Celui-ci est *un processus élaboré de cueillette, de vérification, de classification, d'analyse et de diffusion d'informations particulières utiles à l'action de sécurité.*

Il arrive que le renseignement contribue à l'élucidation d'un crime, mais c'est rare et c'est loin d'être son but principal. Le renseignement sert à rendre accessible toute connaissance utile à la prévention, à la répression et à la planification des opérations et des stratégies. Il se distingue donc nettement de l'enquête qui, elle, vise la découverte de l'auteur d'un crime et des preuves de sa culpabilité.

Quels sont les principaux objets du renseignement? Celui-ci porte d'abord sur les délinquants et criminels (antécédents, lieux de résidence, complices, habitudes, *modus operandi*...). On constitue des bases de données sur des objets: armes à feu, véhicules volés, etc. On recueille aussi des informations sur les gangs, les bandes et autres réseaux criminels (structure, activités, membres, hiérarchie, complots, etc.). On analyse la criminalité: ses caractéristiques, sa distribution dans l'espace, son évolution, etc. En sécurité privée, on mène des audits de sécurité sur les sites et les bâtiments que l'on est chargé de sécuriser.

Le renseignement peut servir d'au moins huit manières.

1. Les bases de données des services de renseignement fournissent des informations cruciales aux policiers sur le terrain. Ce suspect a-t-il des antécédents criminels? Cette voiture a-t-elle été volée? Cette empreinte digitale correspond-elle à celle d'un délinquant fiché?

2. Les rapports d'analyse contiennent des synthèses utiles lors de la planification d'un projet de prévention, d'une opération coup-de-poing ou d'un service d'ordre lors d'une manifestation. La connaissance d'un nouveau *modus operandi* conduit à la recherche d'une contre-mesure préventive. Ainsi peut-on savoir quand et où agir, contre qui, par quels moyens. Si un service réussit à savoir qu'une manifestation se prépare, que des casseurs seront sans doute du cortège, quel est son trajet et quelles sont les intentions des organisateurs, il sera possible de mieux planifier le déploiement des forces de l'ordre.

3. Les informations recueillies sur un site à protéger, notamment sur ses vulnérabilités, guident les spécialistes de la prévention dans la conception d'un plan visant une meilleure protection des lieux, des biens et des personnes.

4. Le renseignement possède une efficacité intrinsèque, indépendante des interventions: le malfaiteur qui se sent observé sera porté à multiplier les précautions, à ne communiquer que par langage codé; il passera à l'action moins souvent qu'auparavant (Brodeur 2003).

5. Le renseignement permet de faire avorter des complots. Si, grâce à un indicateur, à une écoute ou à la surveillance sur Internet, on apprend que des criminels trament un attentat, ils pourront être neutralisés avant qu'ils aient le temps de passer à l'action.

6. Les spécialistes du renseignement contribuent quelquefois à l'investigation. Ils fournissent aux détectives l'information dont ils disposent dans

leurs bases de données. Ils mettent un suspect sous écoute ; ils le prennent en filature ; ils dissimulent des micros dans son appartement ; ils font appel à un indicateur ou à un délateur. Les services de renseignement permettent ainsi aux enquêteurs, moins de découvrir un suspect, que de le mieux connaître : son lieu de résidence, son réseau, son style de vie, son emploi, etc.

7. Une planification stratégique digne de ce nom s'appuie sur le renseignement. Elle partira de la connaissance du profil de la criminalité, des principales organisations criminelles opérant sur le territoire, des points chauds du crime, pour éclairer le choix des priorités, l'affectation des effectifs, le dosage entre la prévention et la répression, le choix d'opérations spéciales.

8. Des évaluations de l'impact de programmes et d'opérations informent les acteurs sur leurs résultats, les conduisent à corriger le tir et les aident à tirer les leçons de leurs succès et de leurs échecs.

La prévention

L'acteur de la sécurité avisé ne veut surtout pas se faire reprocher d'avoir échoué à empêcher un crime grave qui aurait pu être prévenu. *Prévenir, c'est agir de manière proactive et non coercitive en vue de réduire la fréquence ou la gravité des infractions.* Les raisons d'envisager d'abord la prévention ne manquent pas. Elle esquive le choc frontal avec le délinquant, réduisant ainsi le risque d'escalade. Et surtout, son efficacité est loin d'être nulle. En effet, les évaluations scientifiques ne manquent pas établissant que des crimes et délits très variés ont été prévenus. On réussit à faire baisser le vol dans les magasins et les bibliothèques en installant à la sortie des systèmes de détection électronique. Même un crime grave comme la piraterie aérienne a reculé de manière significative après la mise en place de stricts contrôles de préembarquement dans les aéroports (voir le chapitre 28 du présent ouvrage).

La prévention sociale a pour but de favoriser le développement de l'adaptation sociale. Elle est réalisée par des éducateurs qui apprennent à l'enfant et à l'adolescent le respect d'autrui et des règles de la vie en société. Elle se réalise par le biais d'interventions auprès des enfants à risque et de leurs parents. Elle est essentiellement éducative, visant le développement social, moral et cognitif des enfants. Or, les professionnels de la sécurité ne sont ni préparés ni bien placés pour mettre en œuvre ce type de prévention. L'option réaliste qui leur reste ouverte, c'est la prévention situationnelle. Les patrouilleurs et les agents de sécurité s'y consacrent quand ils surveillent les lieux où les délits risqueraient d'être commis et quand ils en contrôlent les accès.

Là où les délits sont susceptibles d'être commis, la prévention situationnelle envoie un message aux délinquants potentiels : le délit que vous envisagez sera difficile, risqué et peu profitable. Par sa présence visible, l'agent en uniforme leur fait savoir qu'il leur en coûtera s'ils passent à l'acte. Par des clôtures, des alarmes, des caméras, des contrôles d'accès, le professionnel de la sécurité annonce qu'il ne sera pas facile de voler. La prévention situationnelle apparaît ici comme un langage, comme un mode de communication qui, au moment opportun, s'exprime non par les mots, mais par les choses (Clarke dir. 1997; Cusson 2002; Tilley dir. 2005).

Les policiers en tenue pratiquent quotidiennement un mode de prévention qui consiste à peser sur les petites infractions pour en prévenir de plus grandes. C'est un fait que les crimes graves ont tendance à être précédés et annoncés par des fautes mineures. Maints homicides commencent par une minable dispute déclenchée par un accrochage insignifiant. Des accidents mortels sont le fait de conducteurs qui avaient pris seulement un verre de trop. Le tapage nocturne peut dégénérer en bagarre; les menaces conduisent aux coups et blessures; derrière les prostituées, se cachent les souteneurs et les dealers et, derrière ces derniers, se profile le crime organisé. Sachant cela, les policiers cherchent à précéder l'événement. C'est la raison pour laquelle ils sont attentifs aux petites anomalies qui portent les germes de grands effets. Montesquieu, en 1748, l'avait compris: «Les matières de police sont des choses de chaque instant, et où il ne s'agit ordinairement que de peu: il ne faut donc guère de formalités. Les actions de la police sont promptes, et elles s'exercent sur des choses qui reviennent tous les jours: les grandes punitions n'y sont donc pas propres. Elle s'occupe perpétuellement de détails: les grands exemples ne sont point faits pour elle.» (livre 26, chapitre 24) Contrairement au juge dédaignant les broutilles, le policier profite de l'occasion offerte par de menus désordres pour prévenir. À coups d'avertissements, d'apaisements et de contraventions, il empêche que les incivilités, altercations et excès ne dégénèrent en faits graves.

La répression et l'investigation

Le recours à la coercition devient inévitable quand les mesures préventives ont échoué à faire reculer un malfaiteur déterminé. La répression, c'est l'usage de la force soit pour empêcher qu'un délit ou un crime ne soit commis, soit pour le sanctionner. L'enquête étant souvent la condition préalable à l'application de la sanction, celle-ci fait partie intégrante de l'action répressive: un crime ayant été perpétré, le détective voudra découvrir, arrêter et remettre son auteur à la justice pour qu'il soit neutralisé et dissuadé. Autres raisons de punir: pour que l'exemple de la peine serve aux autres et que justice soit rendue.

Cette fonction est assumée par les policiers quand ils séparent par la force des bagarreurs, neutralisent un dangereux énergumène, immobilisent un suspect qui résiste et lui passent les menottes; quand ils enquêtent et procèdent à une arrestation. En sécurité privée, on préfère la prévention à la répression. Pour autant, on pratique aussi l'investigation et il arrive que les agents de sécurité ne se gênent pas trop pour expulser *manu militari* les intrus et les trouble-fêtes.

Au cœur de sa conception de la fonction policière, Loubet del Bayle (2006) place la possibilité «d'user en ultime recours de la force physique» (p. 24). Monjardet ne le contredit pas quand il affirme que la police est un «instrument de distribution de la force» (1996: 16; voir aussi Bittner 1970; 1974; 1991). Brodeur (2003) ne convient pas que la police se définisse par la coercition. Cependant, tous tombent d'accord sur le fait que la force est une composante de l'action de sécurité. La nature même de certaines menaces impose d'opposer la force à la force: pour faire cesser une bagarre; pour désarmer un individu dangereux; pour traduire en justice un criminel ou encore pour neutraliser un forcené.

Le maintien de l'ordre, la gestion de la crise et l'urgence

Quand survient un accident, un sinistre, un grave attentat ou une situation critique, le professionnel de la sécurité se trouve sur la ligne de feu. La crise est une perturbation sérieuse dans le cours normal des choses. Elle surprend, désempare, fait perdre le contrôle et rompt l'équilibre des rapports interpersonnels. Quand elle survient, les gens pourraient bien paniquer ou devenir enragés, imprévisibles ou dangereux. D'autres sont exposés à de graves dangers: il faut les secourir. Parce que les crises peuvent entraîner des répercussions graves, elles exigent une réaction rapide.

La rapidité de l'intervention est inscrite dans la notion même d'urgence. Il faut agir au plus vite pour sauver la victime, pour qu'un nouveau coup ne soit pas porté, pour que la bombe soit désamorcée, bref, pour qu'un processus funeste ne suive pas son cours.

Par maintien de l'ordre et gestion de crise, nous entendons les mesures destinées à rétablir l'ordre et la paix, à sauver les personnes en danger, à sécuriser les biens et à restaurer les contrôles sociaux momentanément en panne.

Les crises, événements et situations susceptibles de perturber l'ordre public sont hétérogènes. Ils peuvent être classés en cinq catégories.

1. *Les altercations, bagarres, rixes.* Le principal danger auquel s'exposent les protagonistes de ces disputes réside dans la dynamique de l'escalade. Ils se laissent emporter par la peur et la colère; ils surenchérissent sur les coups reçus; ils risquent de frapper trop fort.

2. *Les rassemblements.* La plupart du temps, les foules se réunissent pour des raisons pacifiques et légitimes: pour fêter, pour manifester un appui à une option politique, à l'occasion d'une grève, d'une compétition sportive, d'un concert rock... Cependant, au cours de ces fêtes, spectacles et manifestations, il arrive que les participants s'excitent, deviennent frénétiques, que la foule entre en effervescence. Les inhibitions tombent, les interdits paraissent suspendus; on se bouscule; on s'invective. Puis apparaissent les casseurs, les hooligans,

les pickpockets, les dealers et autres éléments qui profitent du trouble et de l'anonymat de la foule.

3. *Les incivilités.* Dans la zone de la ville où il y a trop de fenêtres brisées, de graffitis, de tapage nocturne, de voyous intimidants, la peur domine et les rues se vident.

4. *Les gens blessés, les enfants perdus et autres personnes en détresse sur la voie publique ont besoin d'être secourus.* Qui est mieux placé que la police pour voler à leur secours?

5. *Les catastrophes naturelles ou techniques : séisme, ouragan, inondation, tempête de neige ou de verglas, grande panne d'électricité...* Ces crises majeures mettent la vie et la propriété en danger. Il faut organiser les sauvetages, l'hébergement, le ravitaillement. Il faut aussi protéger les personnes et propriétés vulnérables contre les agresseurs, pillards et vandales.

Les altercations, attroupements, incivilités et crises perturbent l'ordre social habituel, créent des situations dangereuses, encouragent l'escalade de la violence et favorisent une criminalité opportuniste comme le pillage. Face à l'événement, les professionnels de la sécurité peuvent rétablir l'ordre de quatre manières.

1. *Ils apaisent et pacifient.* Il revient au «gardien de la paix» de faire cesser la bagarre; de s'interposer entre les adversaires; de calmer les esprits et de tenter une conciliation.

2. *Ils se substituent aux contrôles sociaux habituels.* Pendant la crise, les acteurs sociaux perdent leurs moyens. Ils ont le sentiment que les règles n'ont plus cours et que les transgressions resteront impunies. Face à cet effondrement temporaire des contrôles sociaux, les responsables de la sécurité manifestent par leur présence que les règles continuent d'avoir cours et qu'elles seront sanctionnées.

3. *Ils organisent les sauvetages.* Parce que les policiers (et quelquefois les gardes) sont disponibles 24 heures sur 24 et parce que la sécurité est leur mission, il leur revient de secourir les personnes en détresse, de leur prodiguer les premiers soins.

4. *Ils rassurent.* Quand la foule devient agitée et oppressante; quand la peur est sur le point de dégénérer en panique, l'apparition des policiers calme.

LA DYNAMIQUE : LE GENDARME ET LE VOLEUR

Quels sont les mouvements et les processus auxquels nous pouvons nous attendre quand des professionnels de la sécurité essaient de contrecarrer des délinquants et réciproquement? Ainsi posée, la question appelle une réponse théorique. Cette théorie part de l'idée que les spécialistes de la sécurité réagissent aux actions des délinquants et que ces derniers, à leur tour, réagissent aux mesures mises en place par les premiers. De ces actions et réactions naît la dynamique de la sécurité. Pour résumer et faire image, appelons «*gendarme*» l'acteur de la sécurité, qu'il soit policier ou directeur d'un service de sécurité, et appelons «*voleur*» tout délinquant ou criminel, et même tout individu tenté de commettre une infraction.

Dans la mesure où les buts du gendarme s'opposent à ceux du voleur, ces acteurs sont, bien sûr, condamnés à l'affrontement. Car le gendarme agit pour empêcher le voleur d'agir et ce dernier s'efforce d'esquiver ou de déjouer la manœuvre du gendarme. Aucun des protagonistes ne peut ignorer l'autre. Chacun, à la fois, influence et subit l'influence de l'autre.

Cette opposition entre deux acteurs rationnels, l'un pesant sur l'autre et réciproquement, nous autorise à concevoir la dynamique de la sécurité comme une *dialectique des rationalités*. L'action du voleur est guidée par les anticipations qu'il fait du prochain mouvement du gendarme et l'action de ce dernier est fonction de ce qu'il prévoit que le voleur fera. Cela nous met en présence de ce jeu de décisions interdépendantes dont le Prix Nobel T. Schelling (1960 ; 1966 ; 1978) a fait la théorie. Il s'agit d'un jeu qui oppose des joueurs dont «la meilleure décision dépend de l'idée que l'on se fait du choix éventuel de l'autre» (Schelling 1960 : 115). Le gendarme adopte une ligne de conduite découlant de la conception qu'il se fait de la manière dont pense le voleur. Il tiendra même compte de ce qu'il croit que le voleur pense que lui-même fera. Le gendarme se dira, par exemple : mon voleur s'imagine que je n'oserai l'interpeller ; si je ne lui démontre pas qu'il a tort, il deviendra incontrôlable. L'action du gendarme vise à influencer le choix du voleur en jouant sur les attentes que ce dernier aura face au choix qu'il fera lui-même (Schelling 1960 : 198 ; voir aussi en criminologie Eckblom 1997 ; 1999 ; 2000 ; 2004 et Gill 2005).

Inspiré par cette approche dialectique, nous décrivons, dans ce qui suit, les processus résultant du fait que les professionnels de la sécurité et les délinquants sont conduits à réagir à l'autre et à corriger le tir. Ces différents mouvements aideront à rendre intelligibles les fluctuations de l'action de sécurité, d'une part, et de la criminalité, d'autre part.

1. Si le voleur évite les actes graves alors que le gendarme se retient de recourir à la force, c'est qu'ils s'entendent tous deux pour craindre un mouvement d'escalade.

Ce premier processus vise à rendre compte, côté délinquants, de la rareté des crimes graves et, côté policiers, de la rareté du recours à la force.

Les statistiques de la criminalité et les sondages de victimisation établissent hors de tout doute que plus un crime est grave, plus il est rare : les meurtres sont beaucoup moins fréquents que les vols qualifiés, ces derniers sont moins fréquents que les cambriolages et ceux-ci sont moins fréquents que les vols simples. Le terroriste kamikaze reste un phénomène tout à fait exceptionnel dans le tableau général de la criminalité. Le «voleur» banal, c'est le client d'un magasin qui se laisse aller à la tentation de chiper quelque chose; c'est le garçon partant en balade avec la voiture du voisin qui a oublié d'enlever la clef de contact; ce sont les conjoints qui, ayant perdu leur calme, en viennent à s'échanger des coups; c'est le petit récidiviste qui se garde bien de toute violence dans l'espoir d'être traité avec clémence le jour où il se fera prendre.

Si les délinquants commettent très peu de crimes sérieux, c'est parce que les risques auxquels ils s'exposent dans de tels cas n'ont rien à voir avec ceux qu'ils courent en cas de délit médiocre. Ils savent que la peine est beaucoup plus sévère et probable pour un grand crime que pour un petit délit.

Pour leur part, les policiers et les gendarmes paraissent eux aussi soucieux de modération. En effet, l'un des constats les mieux établis de la sociologie de la police, c'est que les policiers ont rarement recours à la force et ils ne procèdent à des arrestations que dans la moitié des cas où ils seraient justifiés de le faire (Banton 1964; Reiss 1971; Black 1980; Brodeur 2003; Skogan et Frydl dir. 2004; chap. 37 dans ce volume: L'usage de la force par la police). Le policier ordinaire, dès qu'il a quelques années d'expérience, n'a aucun goût pour les arrestations de haute lutte. Il répugne à devoir se servir de son arme de service: surtout pas de bavure.

Si les gendarmes préfèrent la persuasion à la coercition, c'est que, la plupart du temps, la contrainte n'est pas nécessaire: le justiciable répond avec un minimum de politesse, il s'incline, il obtempère.

Bref, la plupart du temps, les délinquants et les policiers s'entendent pour éviter de poser le geste irrémédiable parce que chacun sait que, plus lui-même sera violent, plus l'autre sera porté à répondre de la même manière. Ils courent alors le danger d'être emportés par un mouvement d'ascension aux extrêmes. Une arrestation dérape; on s'engueule copieusement puis on se bouscule. Le suspect devient enragé; il brandit un couteau et le policier le tue.

Dans la mesure où le gendarme et le voleur reculent tous deux devant l'escalade, leur opposition n'est ni totale ni irréductible. Cette hésitation devant l'épreuve de force incite le gendarme à préférer la prévention à la répression et le voleur à être sensible aux mesures préventives. Le gendarme surveillera ostensiblement son homme pour l'inciter à ne rien faire. Pour sa part, le voleur se gardera bien de violer la loi au vu et au su du gendarme. Il s'en tiendra à des fautes vénielles, évitant la violence autant que possible.

2. Le voleur déjoue ou contourne les dispositifs préventifs et le gendarme réplique par des mesures contre contre-préventives.

Avant de passer à l'action, un voleur à l'étalage expérimenté et futé part en reconnaissance dans le magasin. Il examine la disposition des lieux, les sorties. Il veut savoir si les vendeurs sont vigilants. Il est attentif aux gardes, aux caméras de surveillance, au système d'étiquettes électroniques... Il recherche les failles du dispositif, par exemple, les vendeurs inattentifs, les angles morts dont il profitera pour échapper à la surveillance, les étagères élevées qui obstruent la vue. Quand il entreprend de voler, il a recours à divers trucs pour déjouer le système de protection. Il porte une casquette et garde la tête baissée pour que les caméras ne puissent capter l'image de son visage. Il arrache les étiquettes qui risquent de déclencher l'alarme à la sortie. S'il se sent surveillé, il quitte les lieux et va voler ailleurs (Gill 2005). Nous appelons «contre-prévention» de tels stratagèmes par lesquels les délinquants réussissent à percer, déjouer ou contourner les dispositifs de prévention.

Découvrant des manœuvres contre-préventives, le responsable de la sécurité cherche la parade : c'est la «contre contre-prévention». En sécurité privée, les professionnels inspectent périodiquement les sites qu'ils sont chargés de protéger pour découvrir les vulnérabilités rendant les vols possibles. De telles inspections les conduisent à mettre en place des contre-mesures.

3. Le crime en vient à se structurer, à se répéter et à se concentrer.

Il arrive qu'une activité délictueuse devienne gratifiante, facile et impunie, notamment parce que les voleurs ont découvert des mesures contre-préventives auxquelles nulle parade n'a été trouvée. C'est alors que la délinquance, d'inorganisée qu'elle était, devient organisée. Elle gagne en fréquence et en gravité. Par exemple, un groupe de voleurs à l'étalage découvre le moyen de réaliser des vols importants en menant des opérations à plusieurs. Cela donne des victimisations répétées, des récidives, la concentration des délits en certains lieux ou sur certaines cibles.

4. Le voleur use de stratagèmes pour échapper à l'action répressive du gendarme et ce dernier s'efforce de l'attraper en neutralisant ces stratagèmes.

Tels cambrioleurs n'opèrent que dans les résidences ayant une porte avant et une autre à l'arrière. Ils bloquent la porte d'entrée pour freiner l'éventuelle arrivée des résidents pendant qu'ils se trouvent sur place et ils ouvrent la porte arrière pour pouvoir fuir en vitesse. Une fois leur règlement de compte perpétré, les tueurs fuient dans une voiture volée puis ils l'arrosent d'essence et y mettent le feu pour faire disparaître toutes les empreintes et autres traces qu'ils avaient pu y laisser. Les membres de la mafia ordonnent à leurs complices et à leurs proches de garder le silence sous peine de mort. Ce sont là quelques-unes des nombreuses mesures contre-dissuasives grâce auxquelles les délinquants évitent la punition. Ces mesures pour échapper à la police et à la justice expliquent en partie l'impunité dont jouissent les malfaiteurs.

De leur côté, les gendarmes soutirent des informations à leurs indicateurs pour déjouer les mesures contre-dissuasives des voleurs. Ils découvrent le refuge des suspects qu'ils recherchent et les mettent sous écoute.

Ils cachent des micros et des caméras là où se réunissent les membres d'une organisation criminelle.

> 5. *Quand l'insécurité sévit, l'action de sécurité monte en puissance. Inversement, quand la sécurité est rétablie, la vigilance du gendarme tend à se relâcher.*

Plus un problème de sécurité devient grave et récurrent, plus la demande de sécurité s'affirmera et plus il vaudra la peine d'investir dans la sécurité. L'action du gendarme devient de plus en plus énergique et de mieux en mieux ciblée. Il ne se contente plus de la prévention et il passe à la répression. Il veut arrêter et mettre le voleur hors d'état de nuire.

En revanche, la tranquillité revenue, la détermination du gendarme se relâche, il se laisse aller. La tendance à baisser la garde est d'autant plus forte que la sécurité coûte cher, et pas seulement en temps et en argent. En effet, la surveillance paraît comme une intrusion dans la vie privée et elle mine la confiance entre les gens. Les portes verrouillées et les contrôles d'accès limitent la liberté d'aller et venir. Les enquêtes créent un climat de soupçon et risquent de déboucher sur de fausses accusations. Ces coûts cessent de paraître justifiés quand tout danger paraît écarté. Cela veut dire que la sécurité cesse d'être rentable en l'absence de délits fréquents ou de crimes graves. Car alors l'effort de sécurité n'est pas compensé par une réduction suffisante des pertes causées par les vols et autres infractions. Cependant, faute de vigilance, d'intéressantes occasions s'offrent aux voleurs. Bref, le champ de la sécurité tombe en friche.

De leur côté, les délinquants profitent des brèches qui se creusent dans les dispositifs de sécurité (Killias 2001). Et peu à peu, le nombre des délits augmente; jusqu'au jour où le problème dépassera le seuil de tolérance des gens. Il s'ensuivra une mobilisation nouvelle en faveur de la sécurité dont on espérera une nouvelle réduction de la criminalité.

Si cette proposition est fondée, la sécurité et la délinquance auront tendance à suivre des mouvements cycliques sur des théâtres d'opérations particuliers. Devenu manifeste, un problème criminel conduit les acteurs de la sécurité à se mobiliser et, avec le temps, à trouver la parade qui réduira le nombre des délits. La tranquillité qui en résultera rendra l'investissement en sécurité moins rentable, ce qui se traduira par un affaiblissement des protections; ce dont les délinquants profiteront. De tels cycles pourraient se reproduire, par exemple, au sein d'une entreprise commerciale : la prévention se resserre quand les pertes dues au vol dépassent un seuil critique et elle se relâche quand il ne se commet plus que de rares petits vols. Notons que la criminalité est inégalement répartie dans l'espace : elle tend à se concentrer dans des points chauds et elle frappe sélectivement les biens et les personnes. C'est pourquoi il faut s'attendre à ce que les cycles dont il est question se déroulent sur des théâtres d'opérations particuliers et non sur tout un territoire.

Les cinq propositions qui viennent d'être avancées devraient aider les observateurs qui veulent expliquer des succès et, plus encore, des échecs de l'action de sécurité. Tel dispositif de protection n'a pas fait reculer la fréquence des délits parce qu'il a été déjoué par les délinquants; parce que les surveillants n'ont pas réagi quand des délits ont été commis; parce que les voleurs ont exploité les faiblesses du dispositif alors que les responsables de la sécurité ont négligé de colmater la brèche; parce que le service de police ne s'est pas mobilisé contre une bande de bandits... Ces échecs sont en réalité des défaites pour le «gendarme» et des victoires pour le «voleur». Inversement, le gendarme remportera une victoire quand, ayant mis à jour une délinquance structurée, il aura trouvé la parade qui forcera le voleur à battre en retraite.

CHAPITRE 2

Sécurité et contrôle social

▶ JEAN-LOUIS LOUBET DEL BAYLE

Il s'agit ici de considérer que la notion de sécurité doit être située par rapport à la question plus générale du contrôle social. C'est ce que l'on va s'efforcer de faire, d'abord dans une perspective conceptuelle, ensuite dans une perspective historique, rétrospective et prospective.

SÉCURITÉ ET CONTRÔLE SOCIAL

Dans sa forme habituelle, l'interrogation sur l'insécurité est liée aujourd'hui à un sentiment de *menaces* qui pèsent sur les personnes et sur les biens. On sait aussi que l'insécurité est une réalité qui comporte à la fois une dimension objective, fondée sur la réalité des faits menaçants, et une dimension subjective liée aux variations que peut comporter l'appréciation ou la perception individuelle de cette réalité. «La liberté consiste dans la sûreté, ou, du moins, dans l'opinion que l'on a de sa sûreté» (Montesquieu, *L'Esprit des lois,* Livre XII, chapitre II). Ce qui rejoint l'analyse plus précise qu'a pu en faire Bertrand de Jouvenel dans un livre classique: «On peut se représenter le sentiment d'insécurité comme une fonction, qui prend pour chaque membre d'une société donnée, à un moment donné, des valeurs différentes. Selon le nombre de choses qu'il craint, la probabilité mathéma-tique de l'un ou de l'autre de ces évènements, et sa propension à exagérer ou à sous-évaluer cette probabilité.» (Jouvenel 1946: 414)

Toutefois, cette première approche peut être aussi située dans une vision plus générale, qui inclut la précédente tout en l'élargissant, qui consiste à envisager l'insécurité comme ce qui naît plus largement de l'inconnu et, plus précisément, de *l'imprévisible.* On peut formuler l'hypothèse que l'imprévisible, sous toutes ses formes, est une source majeure d'insécurité. Cette imprévisibilité peut être d'origine non humaine, mais elle peut aussi tenir aux comportements des individus en compromettant l'équilibre et la *sécurité* des relations sociales. Cette question, que l'on ne se pose pas quand cette sécurité est assurée, est pourtant au cœur de la vie sociale, car, comme on a pu le souligner: «Il est évident que pour vivre en société, il faut que les hommes puissent prévoir dans une certaine mesure quelles seront respectivement leurs actions et réactions, au moins dans les circonstances qui ne sont pas trop exceptionnelles. [...] La vie sociale n'est permise que si chacun de nous peut prévoir à peu près comment se comportera dans chaque circonstance au moins la grande majorité des hommes. La société repose donc sur la contradiction entre la liberté humaine et le besoin social de réactions prévisibles.» (Ferrero 1988: 306) Les violences ou les atteintes aux biens sont en elles-mêmes des facteurs d'insécurité, mais elles le sont aussi du fait de leur caractère imprévisible.

À partir de là, on peut considérer que l'humanité a toujours cherché, avec plus ou moins d'efficacité, à se protéger de cette insécurité liée à l'imprévisibilité des comportements humains. Les *règles* qui organisent et régulent la vie sociale ont, dans une large mesure, pour finalité fonctionnelle d'assurer, *a contrario*, la prévisibilité des comportements en réduisant la part d'insécurité pouvant tenir à leur imprévisibilité (par exemple, la «règle» prévue par un contrat a pour conséquence de créer chez les partenaires des comportements «prévisibles»).

Si la sécurité et le sentiment de sécurité sont assurés par l'ensemble des règles qui organisent la prévisibilité des comportements et leur régulation, se pose alors la question des mécanismes qui assurent l'application concrète, effective, de ces règles par les individus. Cette question renvoie à ce que la sociologie qualifie de *contrôle social* ou de *régulation sociale* englobant par là «tous les moyens grâce auxquels une société, un ensemble social, ou plutôt les hommes qui les composent en tant qu'ensemble collectif structuré, réussissent à s'imposer à eux-mêmes le maintien d'un minimum de conformité et de compatibilité dans leurs conduites» (Crozier 1980). Autrement dit, ce sont les mécanismes qui assurent le respect par les individus des règles régissant les rapports sociaux, lorsque la perception de leur intérêt immédiat ne suffit pas à le fonder et à le justifier à leurs yeux. En assurant la prévisibilité des comportements, la question du contrôle social se trouve au cœur de la problématique de la sécurité.

Pour progresser dans cette réflexion, il convient maintenant d'envisager les *formes* que peut revêtir ce contrôle social et de situer, notamment par rapport à elles, le contrôle social de type policier qui lui est souvent associé lorsqu'il est question de sécurité.

Rappelons que le contrôle social peut prendre deux formes: positive ou négative, selon que la régulation des comportements individuels ou collectifs qu'il réalise se traduit par l'allocation de récompenses pour des comportements «conformes» — contrôle positif — ou, au contraire, par des sanctions en cas de conduites «déviantes» — contrôle négatif. Dans ce recensement des formes de contrôle, il est nécessaire de faire ensuite référence à la distinction que l'on peut opérer entre contrôle social interne et contrôle social externe.

Le contrôle social interne ou *intériorisé* est celui qui résulte d'une autodiscipline des individus fondée sur un sentiment personnel d'obligation morale, sans autre sanction en cas de déviance qu'un sentiment intime de culpabilité. Comme le soulignait Durkheim, «les règles morales possèdent un prestige particulier, en vertu duquel les volontés humaines se conforment à leurs prescriptions simplement parce qu'elles commandent, et abstraction faite des conséquences possibles que peuvent avoir les actes prescrits» (Durkheim 1992: 72). Les règles sont alors des obligations que l'individu s'impose à lui-même. L'autorité et le pouvoir prescripteur des règles de morale, de politesse ou de savoir-vivre sont très largement fondés sur le sentiment d'obligation intériorisé qui caractérise les formes de contrôle social interne. Certes, cet autocontrôle est, pour une large part, le résultat d'un apprentissage social que l'analyse sociologique désigne sous le terme de *socialisation*, avec l'influence d'institutions comme la famille, l'école ou l'Église. Mais, au moment où il s'exerce, il se traduit par une autodiscipline que l'individu s'impose à lui-même, de façon spontanée, en ayant le sentiment intime de «devoir» respecter les normes concernées.

Il n'en est pas de même pour le contrôle *externe*, qui, lui, résulte de pressions sociales extérieures pour amener les individus à se conformer aux normes établies. Cela étant, ce contrôle externe est susceptible de prendre deux formes. La première peut être qualifiée d'immédiate, de sociétale ou de communautaire. C'est une forme de contrôle social spontané, inorganisé, informel, qui résulte de la surveillance que les individus composant un groupe exercent les uns sur les autres en sanctionnant mutuellement leurs déviances. La fonction de contrôle est alors diluée dans l'ensemble du groupe et chacun de ses membres est amené plus ou moins à l'exercer. La rumeur, le commérage, la mise en quarantaine ou le lynchage peuvent être considérés comme des formes, d'une gravité variable, de ce contrôle qui, en général, caractérise les sociétés dites d'interconnaissance, c'est-à-dire des sociétés de dimension plutôt réduite dans lesquelles la visibilité des comportements de chacun permet le contrôle de tous par tous.

Ce type de contrôle social informel et spontané a ainsi pendant longtemps caractérisé les sociétés rurales traditionnelles et même les premières formes d'organisation urbaine: «Dans la société traditionnelle, remarque le sociologue Guy Rocher, le contrôle social s'exerce de manière directe et immédiate, parce que l'univers social y est restreint et que tous les membres se connaissent. Dans le village, le déviant est plus vite repéré que dans la grande ville et subit une sanction presque immédiate. Dans une communauté restreinte, vivant repliée sur elle-même, le contrôle de chacun par tous s'exerce d'une manière presque constante.» (Rocher 1970: 100) Dans ce contexte, la réduction et le contrôle des déviances résultaient pour une grande part de la pression directe et immédiate du groupe sur les individus, sans qu'il y ait formalisation et institutionnalisation de ce mécanisme.

Ce premier type de contrôle externe, spontané et immédiat, est à distinguer d'un autre type de contrôle externe qui peut être qualifié de contrôle organisé, médiatisé, *institutionnalisé*. Dans ce cas, la pression sociale n'est plus directe, elle est le fait d'une institution plus ou moins organisée, qui se manifeste en cas de déviance en intervenant au nom de la collectivité. Ce qui peut inclure, par exemple, des formes religieuses de contrôle social externe, fondées sur la menace et l'application par des institutions religieuses de sanctions surnaturelles ou magiques. De même, l'institution judiciaire peut être considérée comme une instance institutionnalisée de contrôle social externe.

C'est ici que se situe la spécificité du contrôle social de type policier, dont la singularité tient à la possibilité de recourir, si nécessaire, à la contrainte par l'usage de la force physique ou de la force matérielle (Loubet del Bayle 2006), que l'on met souvent en relation, on l'a dit, avec la question de la sécurité dans les sociétés contemporaines.

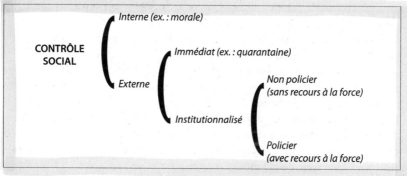

ÉVOLUTION DU CONTRÔLE SOCIAL

À partir de ces considérations, l'hypothèse que l'on peut formuler est que les différents processus de contrôle social évoqués précédemment coexistent plus ou moins dans toutes les sociétés et qu'ils constituent, à un moment donné et dans une société donnée, un ensemble, un *système*, dont les éléments sont interdépendants, tout en présentant des configurations différentes selon les époques et les sociétés.

On peut dire que les sociétés traditionnelles très intégrées — les sociétés que l'on qualifie parfois de holistes — sont caractérisées par un système de contrôle social qui se fonde essentiellement sur la combinaison d'un contrôle intériorisé informel, souvent à base plus ou moins religieuse, et d'un contrôle sociétal ou communautaire immédiat, reposant sur la transparence des comportements et la surveillance de tous par tous. C'est un contrôle social très étroit et très rigoureux — avec des formes qui peuvent être violentes— qui est ainsi exercé sur les individus, dans des sociétés où la notion même d'individu a en général très peu de place — à la fois socialement et conceptuellement — face aux exigences collectives qui pèsent sur lui.

À partir de là, on peut avancer l'hypothèse que, historiquement, les formes *institutionnalisées* de contrôle social — judiciaires et policières notamment — sont d'apparition plus tardive, et qu'elles se sont développées lorsque les modalités informelles de contrôle social traditionnel — contrôle intériorisé et contrôle communautaire interpersonnel — ont perdu une partie de leur influence et de leur efficacité (perte due à des phénomènes divers : le progrès des communications, la mobilité des populations, l'urbanisation, la différenciation des fonctions, l'anonymat des relations sociales, le pluralisme des références culturelles). À ce moment, tout en continuant à coexister avec ces processus traditionnels de régulation dans un certain nombre de domaines, s'est affirmée la nécessité de les compléter afin de suppléer à leurs déficiences et à leur inadaptation face aux situations nouvelles créées par l'évolution de la société.

À l'appui de cette hypothèse, on peut faire plusieurs observations. Les premières populations à être particulièrement concernées par les contrôles institutionnels de type policier ont souvent été des populations mobiles, peu intégrées, échappant donc aux processus informels des mécanismes de contrôle traditionnels : les soldats, les déserteurs, les vagabonds, les mendiants, les forains, les travailleurs saisonniers, les colporteurs, les sans domicile fixe, les ouvriers au XIXe siècle… Comme on a pu le remarquer, à la fin du XIXe siècle, « le vagabond incarne la pire figure sociale, antithèse du paysan, fixé dans son village [c'est-à-dire soumis au contrôle sociétal] et respectueux des traditions [c'est-à-dire se conformant aux normes intériorisées] » (Lagrange 1995 : 126). Dans le même sens, on peut noter le lien souvent constaté entre l'apparition des institutions policières et l'urbanisation qui, en engendrant un anonymat des relations sociales, a contribué à rendre inopérants les processus de contrôle liés à la visibilité des comportements permettant le contrôle de tous par tous. Enfin, dans la plupart des sociétés, la tendance spontanée, en cas de délinquance, à mettre en cause les « étrangers » renvoie elle aussi à l'idée que le délinquant potentiel est celui qui n'est pas intégré, et qui, par conséquent, échappe au filet des contraintes et des contrôles traditionnels.

Ces observations conduisent à se demander si les institutions policières et judiciaires ne peuvent pas, de ce fait — en allant à l'encontre d'un certain nombre d'idées reçues —, être qualifiées d'institutions de la liberté et si, historiquement, leur essor n'a pas été parallèle au développement de l'autonomie individuelle, s'affranchissant des contraintes qu'imposaient les mécanismes informels de contrôle social dans les sociétés traditionnelles. Le développement de ces institutions serait alors, pour partie, la conséquence du passage de sociétés de type holiste — très intégrées et, aussi, rappelons-le, très contraignantes pour les individus — à des sociétés où se produit une évolution individualiste créant progressivement pour l'individu des espaces de plus en plus larges de liberté.

On a pu dire : « Que signifierait l'individualisme contemporain sans la Sécurité sociale ? » (Gauchet 2002 : 114), en notant que cette assistance institutionnelle a contribué à relativiser l'importance des solidarités familiales pour faire face aux aléas de la santé ou de la vieillesse et à en affranchir l'individu. Cette même interrogation peut être transposée ici à propos de la police : «Que signifierait l'individualisme contemporain sans la police ?» Grâce à cette assistance institutionnelle, l'individu a pu se libérer des contraintes et des obligations collectives qui pesaient sur lui en contrepartie de la relative sécurité qui lui était assurée. Et ce, en lui donnant un sentiment d'autant plus grand de liberté qu'il oublie souvent le support institutionnel qui l'assure. Comme le notait déjà Hegel : «Lorsque quelqu'un marche dans la rue, en pleine nuit, sans danger, il ne lui vient pas à l'esprit qu'il pourrait en être autrement ; car l'habitude d'être en sécurité est devenue pour nous une seconde nature et l'on ne se rend pas compte que cette sécurité est le résultat d'institutions particulières.» L'individualisme aurait été la conséquence de cette évolution, tout en contribuant à la favoriser en délégitimant un certain nombre de contraintes traditionnelles.

Cette évolution a été aussi liée, pour une large part, au processus d'émergence de l'État et au développement d'une régulation juridique des rapports sociaux dont police et justice sont l'instrument. Cette régulation s'est plus ou moins substituée à une régulation jusque-là essentiellement informelle — fondée sur des normes morales ou coutumières — en s'accompagnant, comme l'a montré Norbert Elias, d'une pacification des mœurs du fait de la réduction des usages sociaux de la violence liée à la tendance à la monopolisation étatique de la violence légitime (Elias 1975). De ce fait, on peut dire que l'histoire du contrôle social dans les sociétés modernes s'est caractérisée jusqu'ici par une coexistence des interventions institutionnelles, notamment policières, avec la persistance de certaines formes traditionnelles de contrôle s'exprimant dans ce que Norbert Elias a pu appeler la «civilisation des mœurs», tout en leur succédant pour partie. Les sociétés que l'on peut qualifier de modernes associent des formes informelles, non institutionnalisées, de contrôle social et des formes institutionnelles, dans des proportions variables selon les sociétés et les secteurs de la vie sociale concernés.

Par ailleurs, cette approche peut conduire à un certain nombre d'interrogations prospectives lorsqu'on constate que, dans les sociétés contemporaines, le rôle des processus informels qui étaient liés à cette «civilisation des mœurs» ou à cette «culture de civilité» (Elias 1939) semble aller en s'amenuisant. Ces processus résultaient du regard d'autrui et se combinaient avec le poids des normes intériorisées pour inciter l'individu «à obéir au devoir normatif d'être et de demeurer dans les bornes couramment admises» (Muchembled 1977 : 315). Le développement continu de l'individualisme dans les mentalités et dans les comportements a pour conséquence une diminution progressive du rôle de ces processus traditionnels de contrôle social, qu'il s'agisse des contrôles intériorisés de type «moral» ou des contrôles de type «communautaire». Cette évolution est de ce fait parallèle au déclin de l'influence socialisatrice des institutions familiales ou scolaires, qui fondait et légitimait ces processus informels de contrôle social, que ne compense pas l'influence de ce que l'on peut appeler la socialisation médiatique[1]. Il en résulte une situation que traduisent très bien ces propos significatifs d'une actrice française à succès, qui déclarait récemment, tout en ne mesurant sans doute pas la portée exacte de ses propos, mais en reflétant l'air du temps : « Je n'ai aucune inhibition [c'est-à-dire pas de contrôle intériorisé]. Je me moque de ce que les gens pensent de moi [c'est-à-dire pas de contrôle sociétal]. »

Parallèlement, on peut observer un développement de la réglementation juridique d'un nombre croissant de situations et de comportements, dont on a pu souligner, à juste titre, qu'il s'opère souvent « contre et à la place de la civilité » : « Le droit, c'est ce qui remplace les formes, c'est ce qui prend la relève des normes incorporées destinées à régler d'avance la coexistence des êtres. [...] Le droit gagne en nécessité dans notre culture à la faveur du mouvement de détraditionnalisation ; il s'installe contre et à la place de la civilité. » (Gauchet 2002 : 248) L'évolution concernant justement ce qu'il est convenu d'appeler les « incivilités » en est une illustration : la réglementation et la pénalisation de comportements étaient auparavant régulées par des mécanismes de contrôle informels (morale, politesse, courtoisie, savoir-vivre, usages, etc.), sans intervention institutionnelle. Aujourd'hui les mêmes situations semblent nécessiter, dans un nombre grandissant de cas, une intervention institutionnelle, notamment policière, pour assurer la sauvegarde d'un minimum de convivialité.

Si, effectivement, il existe une sorte de rapport inversement proportionnel entre le poids des modalités informelles du contrôle social et le développement de la régulation juridique, judiciaire et policière des rapports sociaux, on ne peut pas exclure l'hypothèse que l'avenir des sociétés modernes puisse se caractériser par une judiciarisation des relations sociales, s'accompagnant notamment d'une *policiarisation* croissante — sous des formes publiques ou privées — de la vie sociale, à mesure que les autres processus de régulation, spontanés et informels, tendent à perdre de leur importance, sinon à disparaître. Ainsi se vérifierait le propos de cet écrivain français de la fin du XXe siècle, constatant par exemple « qu'une société qui n'est plus policée devient une société policière ». D'autant plus que, dans le même temps, l'individu se sent isolé et impuissant pour faire face aux conduites anomiques et aux formes d'insécurité que cet individualisme même peut engendrer, et pour répondre aux besoins de contrôle que celles-ci suscitent. C'est à juste titre que l'on a pu noter que, si la société moderne « a créé l'individu détaché socialement de ses semblables, celui-ci,

---

1. Comme l'a montré Durkheim, la socialisation traditionnelle est caractérisée par une « normalité » (et donc une prévisibilité) fondée sur la répétition, tant dans son mécanisme que dans ses conséquences, alors que, par nature, l'audience de la socialisation médiatique repose sur l'attention accordée à ce qui est « nouveau », à ce qui est rupture, discontinuité, « a-normalité ».

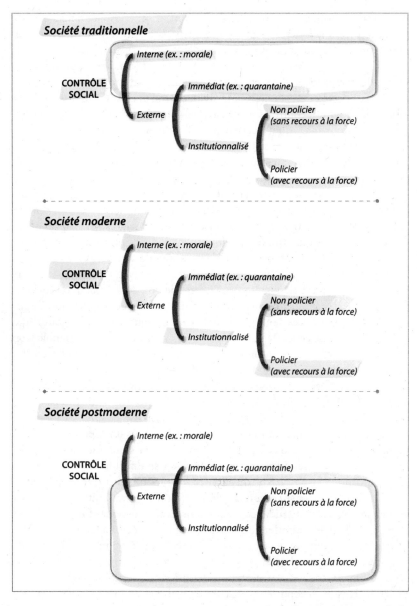

en retour, crée par son isolement, son absence de bellicosité, sa peur de la violence, les conditions constantes d'un accroissement de la force publique. Plus les individus se sentent libres d'eux-mêmes, plus ils demandent une protection régulière, sans faille, de la part des organes étatiques; plus ils exècrent la brutalité, plus l'augmentation des forces de sécurité est requise. » (Lipovetsky 1983 : 219)

En tout cas, ce sont des formes nouvelles de régulation sociale qui semblent désormais s'instaurer dans les sociétés contemporaines, en posant des questions jusque-là inédites. Ces questions ne sont pas sans conséquences sur la façon dont fonctionnent les mécanismes institutionnels de contrôle social et sur la façon dont leur place dans la société est susceptible d'évoluer, particulièrement celle des contrôles de type policier (Loubet del Bayle 2001). Une telle perspective peut notamment amener à s'interroger sur les restrictions à la liberté et à l'autonomie individuelle qu'une telle évolution liée au développement des contrôles institutionnels et policiers pourrait comporter. Les institutions que l'on a décrites précédemment comme des institutions de la liberté pourraient alors, en s'hypertrophiant du fait de leur importance sociale grandissante, devenir contre-productives et être l'instrument de restrictions croissantes à l'autonomie individuelle.

L'éventualité d'une telle évolution peut être illustrée par certains phénomènes d'ores et déjà constatables. Ainsi en est-il d'abord de l'inflation des attentes dont, par exemple, les institutions policières sont l'objet, avec des conséquences quantitatives — multiplication des interventions, provoquant notamment le développement de pratiques de sécurité privée à titre de complément et de suppléance — et qualitatives — avec des modes d'intervention aux caractéristiques plus diversifiées, de type socialisateur ou éducatif par exemple. De même, on peut voir une légitimation de l'extension de ces interventions policières dans la mise en avant, presque unanime aujourd'hui, de notions comme celles de prévention ou de proximité, dont on semble trop souvent ignorer l'ambivalence lorsque l'on considère les droits et libertés des citoyens dans les sociétés modernes (Loubet del Bayle 2006).

Peut-être est-il possible de voir là une illustration de la «loi du double seuil», que certains ont cru déceler dans l'histoire des institutions. Selon ce point de vue, une fonction sociale qui se spécialise et s'institutionnalise (instruction, médecine, transports, etc.), apporte dans un premier temps un gain, un progrès, plus d'efficacité, par rapport à la situation traditionnelle antérieure — c'est le premier seuil. Mais, en se développant de manière hypertrophique et en faisant disparaître les mécanismes traditionnels qui pouvaient subsister et se combiner avec leur action, le gain initial apporté par ces institutions aurait tendance à s'amenuiser, en provoquant même — c'est le second seuil — des effets en partie inverses de ceux ayant constitué la justification initiale de leur existence. Après avoir été «une institution de la liberté» favorisant l'essor de l'autonomie des individus en assurant leur sécurité, le contrôle social de type institutionnel, et notamment policier, pourrait dans un second temps mettre en cause cette même liberté, du fait de son hypertrophie et des conséquences d'un individualisme anomique qui entraîne quasi mécaniquement le développement de ses interventions.

CHAPITRE 3

La gouvernance et la sécurité

▶ BENOÎT DUPONT

B ien que l'étude des phénomènes criminels relève principalement de la criminologie, la réponse qui leur est apportée par les institutions de contrôle social est tout aussi utilement étudiée par le biais de la science politique et administrative. En effet, la frustration souvent énoncée par les détenteurs des savoirs criminologiques quant à la lente diffusion et adoption de leurs connaissances parmi les praticiens ne saurait surprendre ceux qui abordent aussi la production de sécurité comme un objet politique affecté de nombreuses « pathologies organisationnelles » (Sheptycki 2004). Ce chapitre adoptera donc une approche institutionnelle : après avoir passé en revue les trois grandes structures sociales au sein desquelles se déploie la gouvernance de la sécurité, les acteurs organisationnels qui peuplent ces structures, les niveaux politiques de cette gouvernance et les échanges qui lient les acteurs entre eux, on conclura en examinant les deux dimensions normatives de l'efficacité et de l'imputabilité.

Le dictionnaire des politiques publiques définit la gouvernance comme « un processus de coordination d'acteurs, de groupes sociaux et d'institutions, en vue d'atteindre des objectifs définis et discutés collectivement » (Boussaguet et autres 2004 : 243). La gouvernance s'annonce d'emblée comme un concept beaucoup plus large que celui d'État ou de gouvernement, puisqu'il renvoie à une myriade d'acteurs (publics et privés), de normes qui leur sont propres, et de pratiques de coordination et de pilotage de l'action collective qui découle des interactions entre ceux-ci. Il est en matière de sécurité intérieure particulièrement utile, dans la mesure où il nous permet de dépasser le mythe wébérien du monopole de l'État et de sa police sur l'exercice de la contrainte physique légitime (Brodeur 2003 : 70 et suivantes ; Zedner 2006 : 78). La sécurité est bien entendu un état ou une condition (dans le sens de résultat de la mise en œuvre de moyens divers — voir Cusson dans ce traité) qui intéresse au plus haut chef l'État, dans la mesure où celle-ci est constitutive de sa propre légitimité. En effet, qu'on se trouve dans un régime autoritaire ou dans une société démocratique, un État qui n'est pas en mesure d'assurer à ses administrés un minimum de sécurité voit son autorité et ses capacités à gouverner sérieusement remises en question. On parle alors d'État faible ou défaillant. La sécurité dont il est question ici est celle des citoyens, dont la finalité peut diverger de la sécurité de l'État ; celle-ci ne pouvant parfois être maintenue (particulièrement dans les régimes autoritaires) qu'au détriment de la première.

Mais l'État, aussi fort soit-il, ne peut et ne saurait être le seul vecteur de production de la sécurité dans un monde où les risques liés aux activités humaines et à leur impact sur les milieux naturels semblent croître de manière exponentielle. Quant au phénomène de mondialisation des échanges impulsé par les entreprises privées, il donne naissance à des flux de gouvernance déterritorialisés qui traversent la souveraineté des États et sont sécurisés par des moyens qui leur sont propres. L'essor des compagnies militaires privées, des cabinets de consultants spécialisés dans la lutte contre la fraude financière et de tout le secteur de la sécurité privée «haut de gamme», qui ajoute à la sécurité physique la sécurité *de* l'information et la sécurité *par* l'information (O'Reilly et Ellison 2006), en atteste. Comme son nom l'indique, ce secteur de la sécurité privée n'emploie pas des agents en uniforme payés au salaire minimum, mais a plutôt recours à une expertise de pointe dans les domaines de l'enquête, de l'analyse de risques, du renseignement, de l'intervention et de la planification. L'étude de la police ne peut donc prétendre couvrir toute l'étendue des fonctions policières, qui mobilisent une constellation d'acteurs publics, privés et communautaires. La gouvernance est en ce sens un puissant antidote à toute forme de fétichisme institutionnel qui prétendrait faire d'une forme privilégiée d'organisation sociale (en général l'État) la panacée à tous les problèmes d'insécurité rencontrés dans les sociétés modernes avancées ou en voie de développement.

Cette prise de conscience de la pluralisation des acteurs pourvoyeurs de sécurité renvoie alors l'observateur à la question cruciale de la définition de la sécurité. Sébastian Roché (2004 : 245) a souligné les difficultés historiques et théoriques associées au fait de considérer la sécurité comme un bien collectif inséré dans un contrat social entre l'État et les citoyens. Une telle conception passe en effet sous silence les conséquences d'un non-respect des clauses du contrat par l'une des deux parties (lorsque l'État n'est plus en mesure d'assurer la protection des citoyens par exemple), tout en sous-estimant la capacité du secteur privé à produire des services publics et en surestimant les capacités de l'État à cristalliser l'intérêt général (Roché 2004 : 249). Prenant acte de la multiplicité des pratiques et des intérêts associés au terme de sécurité dans un environnement de gouvernance plurielle, Peter Manning (2006 : 83) nous propose alors de reconnaître la nature fondamentalement situationnelle et contextuelle de la sécurité, qui résulte d'une définition négociée parmi les acteurs en présence : moyen de réaliser un profit pour certains, activité de prévention pour d'autres, ou mise en œuvre de mesures coercitives impliquant l'usage de la force ou le recours à des enquêtes. Le manque de précision de la définition est le reflet délibéré de la malléabilité et l'élasticité du concept d'ordre face aux nouvelles menaces et aux normes changeantes en matière de civilité. On peut alors définir la «gouvernance de la sécurité» comme la constellation d'institutions — formelles ou informelles, gouvernementales ou privées, commerciales ou bénévoles — en charge d'anticiper et de répondre aux menaces — réelles ou ressenties — et aux conflits résultant de la vie en collectivité (Dupont et autres 2003 : 332).

Il est nécessaire de préciser à ce stade que la gouvernance n'est pas une théorie destinée à tout englober et encore moins à tout expliquer, mais un outil théorique et empirique permettant de comprendre et d'étudier la complexité et la pluralité des mécanismes conduisant à la production de sécurité. Par conséquent, les diverses perspectives de la gouvernance présentées dans les pages qui suivent ne doivent pas être envisagées comme une élégante construction autonome, mais au contraire, comme autant de fenêtres sur un réel beaucoup moins ordonné et déterminé qu'on ne pourrait le souhaiter. On procédera selon une démarche typologique, examinant tour à tour les trois grandes structures sociales au sein desquelles se déploie la gouvernance de la sécurité, les grandes catégories d'acteurs qui l'animent et les niveaux politiques auxquels ils opèrent, ainsi que la nature des liens institutionnels qui donnent corps à cette gouvernance. Pour terminer, les questionnements normatifs que nous pose le concept de gouvernance, en matière tant d'efficacité que d'imputabilité, seront abordés.

LES STRUCTURES DE LA GOUVERNANCE :
L'ÉTAT, LE MARCHÉ ET LES RÉSEAUX

Trois grandes structures sociales sont habituellement distinguées comme servant de support à la gouvernance : l'État, le marché et les réseaux. Cette bien peu sainte Trinité (Rhodes 2006) traduit l'évolution de la pensée quant à la place de l'État dans l'offre de services publics, passant d'une situation de monopole incontesté durant une bonne partie du XXe siècle à un rôle de coordonnateur. Ces trois structures sont des idéaux types, dans la tradition wébérienne, et ils n'ont par conséquent jamais été observés dans la forme épurée qui en facilite la conceptualisation, mais ils ont certainement été considérés à des moments donnés comme les réponses les plus efficaces en matière d'action publique, aussi bien dans le domaine de la sécurité que dans ceux de la santé, de l'éducation, du logement ou du transport.

On peut ainsi faire correspondre l'idéologie de l'État providence keynésien forgée dès les années 1930, et qui se diffusa dans les pays occidentaux au lendemain de la Deuxième Guerre mondiale, à la vague de réformes et de professionnalisation des institutions policières qui eut lieu à la même époque aux États-Unis (Roberg et Kuykendall 1997), au Canada (Marquis 1993), en France (Carrot 1992 : 187-188), au Royaume-Uni (Emsley 2003) ou encore en Australie (Dupont 2002). Les caractéristiques politiques de chaque État ont conféré à ces réformes des saveurs différentes (unification dans les pays centralisés et renforcement des services de police nationaux dans les pays fédéraux par exemple), mais dans tous les cas, les fonctions policières bénéficient d'importants investissements budgétaires destinés à accroître le capital humain et technologique. La sécurité privée est dans cette configuration institutionnelle reléguée à un statut marginal, et disqualifiée par des institutions étatiques qui revendiquent le monopole de la protection, de l'expertise et de l'intérêt public (Morn 1982, Kalifa 2000). Depuis le début des années 1980, on assiste cependant au déclin de l'État providence (Rosanvallon 1981), au profit d'un État régulateur, qui laisse le marché assumer des responsabilités plus importantes en matière de mise en œuvre, tout en conservant un certain nombre de responsabilités d'élaboration et de coordination des politiques publiques (Braithwaite 2000). La métaphore d'un État qui ne tiendrait plus les rames du navire mais qui conserverait la main sur le gouvernail est couramment invoquée pour traduire cette évolution (Osborne et Gaebler 1992).

Dans le domaine de la sécurité, cette transition correspond à la prise de conscience de l'existence d'un marché de la sécurité privée en croissance exponentielle (De Waard 1999, Ocqueteau 2004), et à l'impuissance perçue de l'État face à une criminalité galopante, cela dans un contexte de crise budgétaire provoquée par les deux chocs pétroliers des années 1970. L'importance retrouvée du marché ne se manifesta pas seulement par une offre de services en expansion, mais également par l'adoption dans les organisations policières de nouvelles techniques de gestion directement inspirées des entreprises privées (Dupont 2002). S'il est bien évidemment impossible de généraliser quant à la diffusion du Nouveau Management Public dans les divers pays occidentaux, le jargon qui l'accompagne et l'idée d'une administration plus réceptive aux considérations d'efficacité et d'imputabilité sont dorénavant largement répandus. La logique de compétition qui sous-tend le recours au marché, où les ajustements se font en fonction de la loi de l'offre et de la demande, a cependant rapidement révélé ses limites. La question de l'équité dans l'accès à la sécurité pour les communautés ou les individus incapables de s'offrir les services de fournisseurs privés s'est posée, de même que celle de la régulation des acteurs de la sécurité privée (Commission du Droit du Canada 2002). Par ailleurs, les efforts de rationalisation des fonctions policières se sont heurtés à la nature incommensurable du bien que constitue la sécurité publique : en effet, l'urgence, l'imprévisibilité et le fort pouvoir discrétionnaire dont disposent les agents de terrain constituent trois caractéristiques centrales du travail policier qui se prêtent mal aux modèles économétriques les plus robustes.

Une troisième structure promettant d'offrir un compromis entre l'État et le marché a alors suscité un regain d'intérêt. Les réseaux n'ont rien d'une structure sociale nouvelle, mais la flexibilité qu'ils offrent face aux rigidités de l'État, et les liens de réciprocité qu'ils privilégient — par contraste avec la compétition qui règne sur les marchés — semblent répondre aux préoccupations du moment. On a ainsi assisté au cours des dernières années à une multiplication des réseaux locaux, institutionnels, internationaux et informationnels de sécurité (Dupont 2004), dépassant la traditionnelle dimension informelle des contacts personnels entre membres d'organisations œuvrant dans le même champ. Ces réseaux transcendent fréquemment la dichotomie public-privé et jettent des passerelles entre les logiques bureaucratiques et de marché. Le tableau ci-dessous récapitule de manière simplifiée les caractéristiques de chacune des trois principales structures de la gouvernance.

	L'ÉTAT	LE MARCHÉ	LES RÉSEAUX
Fondement des relations	La loi	Le contrat	L'échange de ressources
Degré de dépendance	Dépendance	Indépendance	Interdépendance
Monnaie d'échange	L'autorité	L'argent	La confiance
Mécanismes de résolution des conflits et de coordination	Règlements et directives	Négociations et arbitrages	Diplomatie et ajustements mutuels
Rapports	Subordination	Compétition	Réciprocité non commerciale (don et échange)

Adapté de Rhodes (2006).

Comme je l'ai précisé plus haut, ces trois structures sont des idéaux types qui par conséquent ne se retrouvent pas sous une forme «pure» dans la réalité, et qui dans leur forme diluée ne s'excluent pas mutuellement. Ils cohabitent au contraire dans un enchevêtrement de pratiques, de cultures et de rationalités parfois concurrentes qui compliquent leur mise en œuvre, certains acteurs étant actifs simultanément dans des configurations étatiques, de marché et de réseau.

LES ACTEURS ET LES NIVEAUX DE LA GOUVERNANCE : AU-DESSUS, À CÔTÉ ET AU-DESSOUS DE L'ÉTAT

Quelle que soit la morphologie de gouvernance dominante, les acteurs qui l'animent connaissent de fortes différenciations fonctionnelles et structurelles. Il est également nécessaire de distinguer les divers niveaux politiques de la gouvernance, du local vers le global, chaque niveau mobilisant des acteurs leur étant spécifiques. Cette double typologie des types d'acteurs et des niveaux de gouvernance permet de délimiter des champs d'études se prêtant aux recherches empiriques.

La typologie dynamique des acteurs proposée par Bayley et Shearing (2001) doit son succès à sa capacité de prendre en compte aussi bien la nature des diverses institutions intervenant dans le domaine de la sécurité que leur rôle. Ils distinguent en effet deux fonctions principales. Une première fonction de décision correspond à la responsabilité de déterminer les besoins d'une collectivité et les moyens appropriés d'y répondre, alors qu'une deuxième fonction plus instrumentale ou accessoire se limite à la mise en œuvre des moyens d'assurer la sécurité. Les deux catégories de fonctions peuvent être assurées par des acteurs gouvernementaux, des entreprises privées, des communautés résidentielles ou d'intérêts, ou encore des individus. Cette matrice de la sécurité nous aide à conceptualiser la pluralisation des acteurs et des responsabilités dans un même processus. Par exemple, la sécurité privée est la rencontre d'un client public ou privé, qui après avoir déterminé ses besoins et ses ressources financières, fera appel aux services d'un fournisseur qui lui proposera un éventail de prestations. Cette typologie permet également de prendre en compte les acteurs illégaux tels que les groupes criminels organisés, qui dans certains États faibles et défaillants se substituent aux institutions publiques pour assurer une justice sommaire dans les communautés pauvres en échange d'une protection de leurs activités (Dupont et autres 2003). Le tableau ci-dessous récapitule les configurations possibles selon cette perspective.

FONCTIONS DE LA SÉCURITÉ	
AUTORITÉS RESPONSABLES	ORGANISATIONS PRODUCTRICES
Gouvernements Nationaux Régionaux Locaux Intérêts économiques Entreprises légales Individuellement Collectivement Groupes criminels Communautés résidentielles Ouvertes Fermées Communautés d'intérêts Politiques Ethniques Religieux Culturels Individus	Gouvernements Services de police Service public Commercialisation Organismes de prévention Administrations non policières d'application de la loi Services de sécurité interne (entreprises légales) Agences de sécurité privée Individus (autodéfense) Groupes criminels

Adapté de Bayley et Shearing (2001: 6 et 13)

Une typologie alternative proposée par Diotte et Cusson (2005: 15) se focalise plutôt sur les activités de sécurité accomplies par les organisations publiques (police et administrations), les entreprises de sécurité et les services internes de sécurité en différenciant: a) le renseignement et l'analyse; b) la prévention et la surveillance; c) l'investigation; d) le maintien de l'ordre et la gestion de crise; et e) la polyvalence (intégrant plusieurs des dimensions précédentes). Si, au même titre que celle de Rigakos (2005), cette typologie s'avère fort utile pour mieux appréhender les diverses facettes de l'action de sécurité, elle ne nous permet pas en revanche de comprendre les arbitrages et les processus à l'issu desquels certaines activités sont confiées, exclusivement ou collectivement, à des acteurs plutôt qu'à d'autres. À cet égard, toute typologie des acteurs de la gouvernance de la sécurité devrait inclure les médias, qui jouent le rôle de courroie de transmission ou d'amplificateur entre l'opinion publique et les autorités responsables des fonctions de sécurité, influençant de manière de plus en plus marquée la prise de décision, dont on a vu qu'elle constituait le cœur de la gouvernance.

La présence de certaines catégories d'acteurs dans les processus de gouvernance ne dépend pas seulement de leur légitimité légale ou morale, ni de leur solvabilité ou de leurs capacités, mais également de l'adéquation entre leurs intérêts et les trois niveaux politiques généralement reconnus de la gouvernance de la sécurité. Ces trois niveaux sont : la micro-gouvernance ou la gouvernance locale, la gouvernance inter-institutionnelle et la gouvernance internationale. La micro-gouvernance implique la participation directe de communautés et d'individus dans la production de sécurité. La philosophie de police communautaire ou de proximité, qui s'appuie sur la consultation et la mobilisation des citoyens par le biais d'assemblées publiques (les *Beat Meetings* de Chicago dans Donzelot et autres 2003) et de programmes de prévention comme la surveillance de voisinage (*Neighbourhood Watch*) ou le recours à des volontaires pour épauler la police, illustre parfaitement cette redécouverte de la micro-gouvernance en matière de sécurité. Si celle-ci évoque une filiation lointaine avec les mécanismes pré-industriels de guet assurés par les résidents d'un quartier, la place centrale réservée à l'État coordinateur traduit une volonté d'enracinement de ses institutions plutôt qu'une absence de moyens. Ainsi, en France, la micro-gouvernance de la sécurité est devenue un enjeu central de la politique municipale au tournant des années 1990, conduisant les maires et le pouvoir central à renégocier leurs rôles respectifs face au sentiment d'insécurité grandissant de la population (pour neuf études de cas détaillées, voir Ferret et Mouhanna 2005). Les études empiriques menées dans des communautés désavantagées montrent par ailleurs que la participation à des processus de micro-gouvernance fonctionnels contribuait au renforcement de l'efficacité collective et des contrôles sociaux informels (Lemieux 2005). Dans les configurations de micro-gouvernance où l'État se révèle absent ou impuissant, le vide créé sera rapidement rempli par des solutions faisant appel à l'autodéfense ou à des groupes criminels, qui assureront une protection immédiate efficace (Volkov 2002). Les mesures de justice expéditive qui en résulteront alimenteront toutefois le cycle de la violence, nuisant par là à l'établissement d'une sécurité durable.

La gouvernance inter-institutionnelle est pour sa part principalement axée sur l'efficacité organisationnelle, et elle est à ce titre le domaine exclusif des structures formelles, qu'elles soient publiques ou privées. La mise en commun des ressources et l'établissement de « partenariats » dans les domaines de la formation, de l'enquête, de la gestion de l'information, du maintien de l'ordre ou des sciences forensiques en sont les manifestations les plus fréquentes. La complexification de certaines formes de crimes a notamment conduit à la constitution d'équipes d'enquête intégrées, qui réunissent au sein d'une entité opérationnelle distincte et semi-autonome des policiers appartenant à divers services. On pense ici aux Équipes Régionales Mixtes (ERM) québécoises ou aux Groupes d'Intervention Régionale (GIR) français. Mais Ericson et Haggerty (1997) ont également émis l'hypothèse que l'entrée dans l'ère de la société du risque avait considérablement renforcé cette forme de gouvernance, devant le besoin insatiable d'informations sur les individus et leur potentiel de dangerosité, menant à une intensification des échanges inter-institutionnels de données et à des collaborations plus fréquentes afin de minimiser ces risques. Devant l'injonction du risque zéro, on assisterait alors à des hybridations de la gouvernance inter-institution-nelle de la sécurité avec d'autres champs de gouvernance comme la défense nationale (Kraska et Kappeler 2005), la santé (Burris 2006) ou encore le travail social et l'éducation, au risque de voir la sécurité coloniser insidieu-sement toutes les sphères de l'action publique, sans véritable débat démocra-tique (Loader 2005).

Face à la mondialisation et à la dématérialisation des échanges, qui s'accompagnent d'une reconfiguration des frontières physiques, la gouver-nance internationale de la sécurité mobilise également essentiellement des acteurs institutionnels : organisations internationales (Nations Unies, Interpol, Europol), initiatives bilatérales régionales de coopération (Centres de coopération policière et douanière impliquant la France, l'Espagne, l'Italie, la Suisse, l'Allemagne, le Luxembourg et la Belgique ou Équipes Intégrées de la Protection des Frontières impliquant le Canada et les États-Unis), entreprises privées transnationales de sécurité et leurs clients institutionnels (Johnston 2006), ou encore agences d'aide internationale ou organisations non gouvernementales agissant dans le domaine de la sécurité humaine. Si quelques contributions historiques ont établi la longue généa-logie de ce niveau de gouvernance, on ne peut s'empêcher de constater la densification de cet espace institutionnel au cours des deux dernières décennies. Certains observateurs ont également souligné la tension induite entre l'autonomisation bureaucratique et commerciale des acteurs qui traitent directement entre eux à l'échelle internationale, d'une part, et un contrôle politique garant de la souveraineté des États parfois défaillant (Deflem 2002), d'autre part.

Malgré tout, ces trois niveaux de gouvernance connaissent de fréquents chevauchements, particulièrement à leurs marges, qui sont par définition poreuses : la gouvernance internationale de la sécurité est ainsi parfois l'arène au sein de laquelle se prolongent des conflits nationaux entre institutions policières concurrentes (Alain 2001), alors que dans les zones transfrontalières ou dans le monde virtuel, la séparation entre le local et l'international est difficile à établir.

UNE TYPOLOGIE RELATIONNELLE DE LA GOUVERNANCE

Il n'existe pas à proprement parler de déterminisme concernant les liens tangibles qui unissent les acteurs de la sécurité aux trois niveaux de gouvernance décrits plus haut. Bien que les entreprises de sécurité privée opèrent selon une logique marchande, elles doivent aussi entretenir des relations de confiance avec les services de police, qui les amènent à échanger des informations sans compensation financière. Les organisations policières publiques, quant à elles, se trouvent placées dans un contexte de frugalité fiscale qui les pousse à développer des unités de «commercialisation» de certaines de leurs activités. Une typologie relationnelle de la gouvernance de la sécurité est alors indispensable afin de conceptualiser la diversité des liens qui font tenir ensemble les assemblages de sécurité contemporains. On distinguera ici cinq types de relations principales:

1. *L'obligation ou «tierce police»*
2. *La délégation*
3. *La vente*
4. *Le don*
5. *L'échange*

Ces cinq formes relationnelles ne doivent pas être comprises comme des catégories fermées. Au contraire, celles-ci donnent lieu à de nombreuses variations en fonction des organisations qui y ont recours et des contextes règlementaires locaux. Ainsi, on rencontrera l'obligation de manière beaucoup plus fréquente dans les États forts disposant de polices centralisées, alors que la vente sera privilégiée dans les sociétés où l'État providence est moins affirmé. On retrouve enfin le don, l'échange et la délégation dans des contextes où les réseaux de sécurité fonctionnent de manière routinière.

L'obligation, aussi nommée «tierce police» par Mazerolle et Ransley (2004), se traduit par l'imposition d'une contrainte de sécurité (répression ou prévention) à des acteurs par une autre institution, gouvernementale ou non. C'est par exemple l'obligation faite aux institutions financières de signaler les transactions dépassant un certain montant aux autorités de lutte contre le blanchiment, aux entreprises de télécommunication de livrer un accès aux comptes de leurs abonnés à la police ou aux compagnies aériennes de transmettre les listes de passagers aux autorités frontalières, sous peine de se voir interdire les autorisations de survol du territoire de l'État demandeur. Cette obligation de diligence peut se manifester par une contrainte directe ou indirecte accompagnée de pénalités plus ou moins lourdes. Les compagnies d'assurance ont par exemple perfectionné l'approche incitative «douce» en proposant des réductions de primes aux clients qui se munissent de certains dispositifs de sécurité agréés. Le gouvernement anglais, au début des années 1990, a également privilégié une approche incitative en rendant publique la liste des automobiles les plus volées, poussant les fabricants à incorporer dans leurs nouveaux modèles des dispositifs de sécurité plus robustes

(Laycock 2004). D'autres mécanismes d'obligation lient la délivrance d'un permis (pour les manifestations publiques par exemple — Fillieule et Jobard 2005) au respect d'un certain nombre de directives concernant la taille et la nature d'un service d'ordre fourni par les organisateurs. La contrainte peut concerner un comportement à adopter, ou fixer des délais de conservation de documents, comme c'est le cas de la loi Sarbanes Oxley votée aux États-Unis à la suite des scandales financiers Enron et Worldcom. Celle-ci fixe une période de rétention de 7 ans à tous les documents comptables des compagnies cotées en bourse et prévoit de lourdes peines pouvant aller jusqu'à 20 ans d'emprisonnement pour ceux qui y dérogent. Cette mesure a notamment pour objectif de faciliter les enquêtes dans les affaires de faillites frauduleuses.

La délégation de responsabilité, aussi appelée «décharge» (Max Weber cité dans Hibou 1998: 154), reflète le transfert de fonctions de l'État vers des acteurs privés ou hybrides qui agissent en son nom, en recevant de celui-ci les ressources nécessaires ou en générant eux-mêmes leurs propres revenus. Dans de nombreux pays, la sécurité du transport aérien est ainsi assurée par les sociétés propriétaires des aéroports, qui emploient des agents de sécurité afin d'assurer le contrôle préembarquement des passagers et de leurs bagages et qui gèrent l'accès aux zones aéroportuaires réglementées. Au lendemain des attentats du 11 septembre 2001, ce système de délégation a été remis en question, notamment aux États-Unis et au Canada, où de nouvelles administrations de la sécurité du transport aérien ont été créées. En France ou dans certains États australiens par contre, la gestion des systèmes de radars routiers automatisés est confiée à des sociétés privées, qui obtiennent un pourcentage des amendes perçues (2% dans le cas de la France) ou une somme forfaitaire. Au Japon, la police peut déléguer à des agences de sécurité privée l'application des règlements de stationnement et l'émission des constats d'infraction. La décharge peut être motivée par la recherche d'économies d'infrastructure, ou par la volonté de faire effectuer par le secteur privé des tâches dévalorisées. Le contrôle exercé par les organisations policières varie en fonction de l'étendue des pouvoirs légaux concédés.

La vente représente la forme de relation la plus répandue dans la structure du marché, et certains ont même avancé la thèse d'une marchandisation (*commodification*) de la sécurité (Loader 1999). Cependant, toutes les activités de la sécurité privée n'impliquent pas une relation commerciale, puisque de nombreuses entreprises produisent leur propre sécurité grâce à des services internes. On est donc ici dans une situation où l'autorité responsable se confond avec l'organisation productrice (tableau sur les fonctions de sécurité), et où l'absence de relations inter-organisationnelles est la traduction d'une intégration hiérarchique verticale. Par ailleurs, les acteurs publics sont de plus en plus engagés dans des relations de commercialisation, en tant qu'acheteurs ou plus récemment comme vendeurs. Les visiteurs se présentant aux quartiers généraux de la Sûreté du Québec et du Service de police de la Ville de Montréal sont accueillis par des agents de sécurité privée, qui contrôlent les accès de bâtiments où sont organisées en grande partie les politiques publiques de sécurité provinciales et municipales. Dans certains districts de la SQ, des agents de sécurité sont même chargés de surveiller les détenus qui attendent leur comparution, afin de libérer des policiers pour répondre aux appels du public. *A contrario*, et de manière plus récente, certaines organisations policières ont décidé de se lancer dans la commercialisation de leurs services afin de générer des revenus additionnels. La police de Montréal dispose d'un catalogue de services destinés aux organisations policières, aux entreprises de sécurité privée et aux compagnies et particuliers incluant des modules de formation, du soutien technique pour les écoutes téléphoniques (réservé aux autres services de police), la mise à disposition d'agents pour du contrôle de la circulation ou de la figuration sur des tournages cinématographiques. En Angleterre, les services de police commercialisent les services d'auxiliaires de police (les *Community Support Officers*) auprès d'associations de commerçants ou de communautés résidentielles qui sont ainsi assurées d'une présence visible en uniforme. Dans les deux exemples cités ci-dessus, des dispositions sont prises afin d'éviter que les activités de commercialisation n'entraînent une baisse de l'offre publique de sécurité.

Si le besoin de diversifier les sources de revenus en période de restrictions budgétaires explique l'entrée des services publics dans le champ des relations marchandes, le don obéit à une logique identique. Le parrainage privé d'institutions publiques peut prendre la forme d'une mise à disposition de locaux ou d'équipements à titre gracieux. Aux États-Unis, de nombreux centres commerciaux ont ainsi intégré dans leur architecture des mini-postes de police dans l'espoir de convaincre les services locaux d'affecter des agents de manière temporaire ou permanente dans ces installations. Afin de se prémunir contre les accusations de favoritisme que de telles relations ne peuvent manquer de faire naître, les services de police australiens se sont dotés d'une politique de transparence en matière de don qui les amène à divulguer dans leur rapport annuel le nom des donateurs, la nature des dons et la valeur monétaire de ceux-ci. Loin d'être limité aux activités policières, le don est également un outil de gouvernance répandu dans le domaine de la prévention, où les contributions des compagnies d'assurances sont souvent sollicitées. Bien entendu, Marcel Mauss a souligné dans son célèbre essai la fiction du don, qui dans certains contextes dissimule en réalité un contrat tacite fait d'obligations mutuelles différées (Mauss 1923-1924). La frontière entre le désintéressement du donateur et les prestations croisées qui constituent un échange en bonne et due forme est donc ténue. Néanmoins, ces manifestations utilitaristes du don côtoient des comportements altruistes qui n'attendent aucune contrepartie.

L'échange enfin traduit une collaboration formelle ou informelle permettant la mise en commun d'informations, de connaissances et de ressources humaines ou matérielles. Il est caractérisé par un faible degré de contrainte et un degré élevé de réciprocité entre les parties prenantes. L'échange traverse les structures de gouvernance et les catégories d'acteurs. Dans la société du risque d'Ericson et Haggerty (1997), l'échange d'informations entre les services de police et les compagnies d'assurances ou les services sociaux devient la clé de voûte du système de gouvernance de la sécurité. Rigakos (2002), Huey et autres (2005) montrent également à travers leurs ethnographies de la sécurité privée les flux constants d'échanges qui lient les services de police de Vancouver ou de Toronto à la constellation des acteurs privés de la sécurité, tout en mettant en lumière la domination qu'exerce la police dans ces transactions. À l'intérieur des assemblages publics de la sécurité, les acteurs privilégient également cette forme d'intégration horizontale pour surmonter les rigidités bureaucratiques, se constituant un «portefeuille relationnel» (Gatto et Thoenig 1993: 95) où la notion d'affinité personnelle joue un rôle important. Des échanges trop intenses peuvent cependant paralyser la gouvernance, plaçant les acteurs dans un consensus mou dérivé de leur volonté de fuir tout conflit (Crawford 1997).

Les cinq types de relations décrites plus haut ne sont pas mutuellement exclusives: le même programme de répression ou de prévention pourra être construit sur une complémentarité de liens (achat-délégation par exemple). Alternativement, deux acteurs pourront entretenir simultanément des rapports différenciés, selon les activités communes auxquelles ils participent et les objectifs recherchés. Par ailleurs, ces relations sont rarement neutres, et la question qui sous-tend l'analyse des formes de gouvernance est bien celle des jeux de pouvoir, à travers l'étude des positions que les acteurs occupent et de leurs différents «capitaux», qui leur permettront de négocier des relations avantageuses, ou les contraindront au contraire à accepter des conditions plus défavorables. Si l'État demeure un acteur central en matière de sécurité urbaine, il est encore bien peu actif dans d'autres domaines, comme la fraude financière de haut vol (Williams 2005) ou la cybercriminalité, qui sont très largement régulés par des autorités hybrides ou des entreprises privées. On se trouve alors face à des ensembles de relations très denses, au cœur desquels on assistera à des collisions de rationalités: à la rationalité utilitariste de la sécurité privée qui vise à limiter les pertes et les atteintes à la réputation de ses clients, s'oppose la rationalité de justice de la sécurité publique, bien décrite par Maurice Cusson dans la dialectique du gendarme et du voleur, qui est empreinte de la symbolique du blâme et de la réparation. De telles frictions et leurs résolutions constituent des objets d'étude particulièrement fertiles pour comprendre la gouvernance de la sécurité, dans une perspective aussi bien analytique que normative.

LES DIMENSIONS NORMATIVES DE LA GOUVERNANCE: EFFICACITÉ ET IMPUTABILITÉ

Cette atomisation de la gouvernance de la sécurité rend difficile l'attribution des responsabilités en matière d'efficacité et d'imputabilité.

Comment évaluer la contribution d'acteurs multiples à des résultats composites? Comment s'assurer que l'émiettement des fonctions de sécurité ne conduise pas à la création d'espaces (réels ou virtuels) où les notions d'équité et de justice sont absentes ou accessoires?

En ce qui concerne l'évaluation de l'efficacité, les fluctuations de certaines catégories de crimes d'acquisition sont systématiquement attribuées aux activités des services de police ou à des facteurs socio-économiques difficilement contrôlables. Les avancées technologiques ou des programmes de prévention efficaces ont néanmoins joué un rôle important dans certaines baisses spectaculaires: le service de repérage géographique des voitures volées commercialisé par la compagnie Lojack a ainsi contribué à faire diminuer les vols de voitures dans une proportion pouvant aller jusqu'à 50% dans certaines villes, protégeant ainsi par ricochet un nombre bien plus important de véhicules que ceux en étant équipés (Ayres et Levitt 1997). La croissance exponentielle des effectifs de la sécurité privée et son omniprésence dans les propriétés privées de masse ont aussi certainement eu un effet dissuasif sur certaines formes de criminalité, sans qu'aucune étude rigoureuse ait cependant été menée pour vérifier cette hypothèse. Des protocoles d'évaluation tenant compte des contributions multiples à la production de sécurité devraient alors être développés. Ces protocoles multi-institutionnels faciliteraient également l'identification des acteurs qui tirent un profit disproportionné des relations de gouvernance dans lesquelles ils sont engagés, et de ceux qui au contraire subissent des relations d'exploitation ou sont marginalisés.

On peut ainsi avancer l'argument qu'une partie des profits de la sécurité privée est attribuable à la contribution policière. Dans le domaine de la réponse aux alarmes par exemple, les investissements consentis par les contribuables sont mobilisés par des équipements vendus par des entreprises privées, sans qu'une part des profits réalisés soit reversée dans les coffres de l'État. Le phénomène du *blue drain*, qui désigne le transfert massif d'expertise qui s'opère de la police vers les cabinets privés de consultants en fraude financière ou en cybercriminalité, relève de la même logique d'exploitation opportuniste des ressources publiques par le secteur privé de la sécurité (Erickson 2001, Decorte et autres 1999). Cette capacité différentielle qui permet à certains acteurs de la gouvernance de mobiliser des biens publics à des fins privées nous fait entrer dans le territoire de l'économie politique, et plus particulièrement sur le terrain de la théorie des «biens club» ou *club goods* (Crawford 2006). Ceux-ci sont des biens en théorie inépuisables (du fait de leur intangibilité par exemple) mais qui sont réservés à l'usage d'un petit groupe (par opposition avec les biens inépuisables et d'accès non exclusif). Une gouvernance de la sécurité qui se déploierait en dehors de toute forme de contrôle, au gré des intérêts particuliers des commanditaires et des fournisseurs fragiliserait sans aucun doute le contrat fondateur qui lie les citoyens et l'État, et qui garantit à tous une sécurité collective, équitable et démocratique.

En écho à cette difficulté d'évaluer l'efficacité d'une gouvernance de la sécurité émiettée, se pose la question de l'adéquation des mécanismes d'imputabilité mono-institutionnels ou mono-sectoriels communément appliqués à la police ou à la sécurité privée. En effet, à la fluidité des nouvelles formes de gouvernance et des liens qui leur donnent corps, s'oppose la rigidité d'instances de contrôle ou de régulation dont le mandat étroitement défini ne peut prendre en compte les responsabilités partagées que les premières impliquent. Quelques rares innovations institutionnelles dans ce domaine ne semblent pas avoir tenu les promesses faites : en France, la Commission nationale de déontologie de la sécurité créée en 2000 n'a traité que quatre plaintes relatives à la sécurité privée au cours de ses cinq premières années d'activités, malgré les prérogatives dont elle dispose en ce domaine. Ses ressources financières limitées lui permettent d'ailleurs péniblement de s'acquitter de son rôle concernant la sécurité publique. En Irlande du Nord, les réformes prônées par la Commission Patten concernant l'intégration de l'ensemble des fonctions policières (par opposition avec l'institution policière) et la création d'autorités locales qui auraient disposé de prérogatives de financement et de contrôle ont été considérablement édulcorées, pour ne conserver qu'un système d'imputabilité axé sur les commanditaires et les fournisseurs publics de sécurité (Kempa et Johnston 2005). Les déficits d'imputabilité créés par la difficulté que les pouvoirs publics éprouvent à conceptualiser la gouvernance de la sécurité dans toute sa complexité touchent l'ensemble des citoyens. En effet, ces derniers (et ceux qui les représentent) ont de plus en plus de difficultés à donner un sens aux décisions et aux arbitrages pris dans ce domaine, ce qui réduit d'autant leurs possibilités de prendre part au débat public sur les questions de sécurité (Ruegg 2006 : 147).

En conclusion, la gouvernance de la sécurité peut donner lieu à bien des interprétations ou des usages théoriques et normatifs différents. Cependant, rien dans les pages précédentes n'annonce une disparition de l'État. Tout au plus assiste-t-on à un redéploiement de ses ressources et de ses fonctions protectrices, dans un tango institutionnel avec le secteur privé et communautaire. S'il se retire de certains domaines où d'autres acteurs semblent plus compétitifs, il prend en charge de nouvelles fonctions, comme celle de réguler la sécurité privée et de coordonner des constellations d'acteurs en pleine expansion. Seul l'État, par la vision d'ensemble du bien public que lui confère son large mandat, est en mesure de coordonner, d'évaluer et de réguler les initiatives qui résultent de cette pluralité, pour peu qu'il prenne acte des changements décrits plus haut. Il ne peut cependant plus le faire exclusivement de manière autoritaire et centralisée, comme par le passé, et il doit lui-même apprendre à diversifier et à doser ses moyens de gouverner, pour la sécurité de tous.

CHAPITRE 4

Les organisations policières en Europe continentale de l'Ouest

▶ JEAN-PAUL BRODEUR

L'Europe continentale s'étend de l'Atlantique à l'Oural et de la mer du Nord à la Turquie. Elle comprend plusieurs pays, 27 d'entre eux faisant partie de l'Union européenne (UE). Nous ne pouvons faire état de la diversité des organisations policières à l'intérieur d'un chapitre relativement bref. Nous avons donc décidé d'exclure de nos analyses la Russie et les pays de l'ancien bloc de l'Est, car les organisations policières dans ces pays sont encore en état de transition. Ainsi, nous nous concentrerons sur les plus grands pays — la France, l'Allemagne, l'Italie et l'Espagne — auxquels nous ajouterons trois autres à titre comparatif, la Belgique, les Pays-Bas et la Suède. Bien que les services de renseignement et de sécurité soient engagés dans des activités de haute police (police politique), nous n'en traiterons que partiellement, puisque leur travail est de nature spécialisée. Ce chapitre est divisé en cinq parties : la structure des organisations policières dans les sept pays que nous avons mentionnés ; l'historique ; les points communs ; les grandes caractéristiques du personnel policier et de l'environnement dans lequel celui-ci opère ; la coopération des différentes organisations policières en Europe continentale de l'Ouest. Nous conclurons brièvement en soulignant que les rapports entre la police publique et la sécurité privée sont fort différents en Europe continentale de l'Ouest et dans les pays anglo-saxons.

LA STRUCTURE DES ORGANISATIONS POLICIÈRES

Dans le but de fournir une certaine base empirique à nos analyses, nous allons brièvement décrire la structure organisationnelle des corps policiers dans les sept pays sélectionnés. Quatre sortes de structures s'en dégageront.

— *La Suède.* Au même titre que la République d'Irlande, la Suède ne possède qu'une seule force policière nationale (Rikspolis) sous le contrôle du ministère de la Justice. On compte au sein de cette force jusqu'à 21 autorités locales respectivement responsables des activités policières dans les différents comtés du pays. Les comtés sont à leur tour divisés en districts et on en dénombre plusieurs centaines. Le Service national de sécurité est intégré à la police nationale. On y retrouve également un département national d'enquête criminelle ainsi qu'une unité spécialisée dans le contrôle des foules.

— *La France*. La France compte deux agences de police nationale. La Police nationale, qui est sous l'autorité du ministère de l'Intérieur, et la Gendarmerie nationale qui est sous celle du ministère de la Défense. La police nationale opère dans les villes, tandis que la gendarmerie travaille en milieu rural et dans les petits arrondissements. Les compagnies républicaines de sécurité (CRS) forment une troisième force faisant partie de la Police nationale, mais dont l'organisation s'approche du modèle militaire en ce que ses membres logent dans des quartiers spéciaux. Cette force de l'ordre est spécialisée dans le contrôle des foules et dans les opérations anti-émeute. Il y a également en France un service national d'enquête criminelle — la police judiciaire — et un service de renseignement et de sécurité intégré à la police nationale (il y a toutefois plusieurs autres services de renseignement et de sécurité). Dans certaines grandes villes, les maires ont eux-mêmes mis en place un service de police municipal (la police urbaine). Ces polices urbaines sont des polices hybrides (publiques/privées) et leurs pouvoirs sont très inférieurs à ceux des membres de la police nationale. Elles ne correspondent d'aucune façon aux polices urbaines ou régionales anglo-saxonnes, qui sont des corps policiers exerçant tous les pouvoirs légaux de l'agent de la paix. Les polices municipales canadiennes sont de ce dernier type.

— *L'Italie*. L'organisation de la police italienne n'est pas très différente du modèle français. L'Italie possède trois agences de police nationale : la police de l'État (*Polizia di Stato*), le Corps des Carabiniers (*Corpo Carabinieri*) et la Garde du Trésor (*Guardia di Finanze*). Toutes trois opèrent sous l'autorité du ministre de l'Intérieur et sont organisées selon le modèle militaire. Entre autres fonctions, les Carabiniers sont responsables des enquêtes criminelles, de la répression du crime organisé et du contre-terrorisme. Toutes les villes importantes disposent d'un service de police municipal (*Vigili Urbani*) dont le mandat est de faire respecter les règlements municipaux et le code de la sécurité routière.

— *L'Espagne*. L'organisation de la police en Espagne ressemble à celle des deux pays précédents. On y trouve deux forces policières, la police nationale (*Policia National*), responsable de la majorité des tâches policières, et la Garde civile (*Guardia Civil*), une police militarisée patrouillant les zones rurales et également spécialisée dans les opérations liées à la sécurité nationale (contre-terrorisme) et au contrôle des foules. Il existe aussi des services de police municipaux (*Policia Municipal*) qui ont pour mandat de faire respecter les lois locales et le code de la route.

— *L'Allemagne.* Les organisations policières allemandes, pourtant très centralisées, sont structurées différemment. Il y a deux forces policières fédérales: l'Office fédéral de la police judiciaire (*Bundeskriminalamt*-BKA), pouvant être qualifié de FBI allemand, et le Corps fédéral de protection des frontières (*Bundesgrenzschutz*-BGS). Toutes deux sont subordonnées au ministère de l'Intérieur. Toutefois, la structure de base du système policier repose sur 16 instances de police provinciale, appelées police des Länder (*Landespolizei*). La structure de ces 16 corps policiers provinciaux est la même pour chacun d'entre eux; elle est semblable à ceux des corps de police régionaux des pays anglo-saxons, avec une composante de police de maintien de l'ordre public — *Bereits Polizei* ou BEPO — plus développée que dans les corps anglo-saxons.

— *Les Pays-Bas.* La structure policière néerlandaise ressemble à celle de l'Allemagne. Il y a un corps de police national (*Rijkspolitie*) sous l'autorité du gouvernement central (le ministère de l'Intérieur), ainsi que 25 corps de police régionaux, véritable épine dorsale du système. La Hollande possède également une force de police militaire, la Maréchaussée royale (*Koninklijke Marechaussee*) desservant les milieux ruraux et les frontières.

— *La Belgique.* En 2001, la police belge a connu une réforme complète qui l'a rapprochée du modèle décentralisé anglo-saxon. Elle se compose maintenant d'une force policière fédérale unifiée, comptant les anciennes Gendarmerie et l'Unité nationale d'enquête criminelle, ainsi que les 196 forces de police locales sous l'autorité d'un maire.

Cet échantillonnage de forces policières continentales a été choisi en fonction des différentes structures policières déployées en Europe: 1) Centralisation totale à l'intérieure d'une force policière unique (Suède, République d'Irlande); 2) Centralisation importante qui ne compte pas plus de trois forces policières (France, Italie, Espagne); 3) Centralisation régionale (Allemagne, Pays-Bas); 4) Expérimentation d'une force policière locale décentralisée, associée à une agence nationale forte (Belgique). En somme, la plupart des systèmes policiers en Europe se retrouvent dans ces catégories.

Historique

Le premier système policier apparut en France en 1667 avec la création de la fonction de lieutenant général de police. Le modèle français s'est ensuite étendu à travers l'Europe continentale, spécialement dans les États germaniques. La caractéristique particulière de ce système réside dans le fait que le terme police désignait à l'origine une «forme de gouvernance» et que le mandat de la police englobait toutes les affaires d'intérêt pour l'État. Cela est particulièrement vrai en ce qui concerne les États germaniques, où la *Policeywissenschaft* — le premier concept allemand de police — coïnciderait aujourd'hui avec ce qu'il est convenu d'appeler l'État providence. La redéfinition du rôle de la police en tant que gardien de la loi est apparue seulement à la fin du XIXe siècle, sous l'influence de la réforme policière britannique.

Aspects communs des organisations

L'élément dominant des systèmes policiers que nous venons de décrire ci-dessus réside dans leur niveau élevé de centralisation, mis à part la Belgique. La notion de centralisation implique qu'il n'y a qu'un seul palier de commandement, fonctionnant de haut en bas, et qu'il n'existe qu'un nombre très restreint d'organisations policières. Cette situation se répercute sur plusieurs autres aspects des organisations policières d'Europe continentale :

1. *Une police pour l'État.* Selon Max Weber, l'État se définit par son monopole du recours à la force légale. Cette position reflète bien la réalité européenne, où l'État, en quelque sorte, incarne le monopole, alors que l'armée et la police détiennent la force. À l'origine, les organisations policières en Europe continentale furent créées par et pour l'État. Toutes les forces policières possèdent un service de renseignement qui a tendance à faire double emploi avec les agences nationales de renseignement de sécurité. D'ailleurs, un vif débat a actuellement cours en Europe afin de déterminer le rôle que la police devrait avoir : soit de préserver la souveraineté de l'État contre les menaces qui pèsent contre lui (les manifestations publiques, par exemple), soit d'assurer la sécurité de la communauté, la dernière proposition étant de plus en plus populaire. Les chercheurs opposent ainsi une police de souveraineté d'État à une police de sécurité citoyenne.

2. *Militarisation.* Les forces militaires représentent le prototype parfait des organisations centralisées. De ce fait, la centralisation de la police devrait elle aussi être en partie militarisée, comme c'est le cas en Europe continentale, où des organisations policières entières sont subordonnées au ministère de la Défense. Cela est d'autant plus vrai dans les pays de l'ancien bloc de l'Est.

3. *Spécialisation.* Plus une organisation est grande, plus elle est en mesure de disposer d'unités spéciales. Cela est notamment le cas en Europe continentale où les forces de police possèdent un très grand nombre d'unités spéciales (par exemple la police du jeu). Le contrôle des foules demeure la spécialisation la plus importante, l'Europe continentale ayant connu maintes manifestations de masse au cours de son histoire.

4. *Friction.* En Europe continentale, une hiérarchie englobante détermine la structure des grandes agences policières. Une telle hiérarchie octroie non seulement un rang aux membres de l'organisation, mais aussi des échelles de prestige reliées aux fonctions. Par exemple, le personnel affecté aux enquêtes criminelles, habillé en civil, possède un statut plus élevé que l'agent en tenue. Ces différences marquées par rapport au statut génèrent beaucoup de frictions entre les différentes composantes de l'appareil policier. Il se pourrait qu'un haut degré de centralisation ait tendance à produire davantage de conflits que de cohésion.

5. *Reddition de comptes.* Dans l'esprit des critiques anglo-saxons, la police en Europe continentale ne rend pas assez compte de ses actions. Cette réputation largement injustifiée pourrait être attribuée à la symbiose qui unit l'État et sa police. Dans les pays scandinaves, à qui l'on attribue la création du concept d'ombudsman — une autorité gouvernementale recevant les plaintes des citoyens —, à la police doit clairement rendre des comptes. La France constitue elle aussi un bel exemple à cet égard. Les policiers sont soumis à des obligations de reddition de comptes nombreuses : à leurs supérieurs directs, à deux sortes d'inspecteurs (la police et l'administration), aux tribunaux, à trois commissions nationales (sur les banques de données, la surveillance électronique et la déontologie policière) et au parlement. Toujours en France, la Commission nationale de déontologie de la sécurité projette un éclairage sur le système. Elle reçoit les plaintes visant toutes les grandes instances gouvernementales engagées dans des actions de sécurité (la police, les douanes, la police ferroviaire nationale et les services pénitentiaires). De façon plus particulière, un citoyen ne peut se plaindre directement à la Commission, mais doit passer par un membre élu (membre de l'Assemblée nationale ou sénateur). Malgré cette limitation, les plaintes sont passées de 19 en 2001 (année où la Commission fut créée) à 107 en 2004, ce qui représente une augmentation de plus de 500 %. À cet égard, la France n'est pas une exception : elle est exemplaire du genre de mécanismes de reddition de comptes des autres pays de l'Europe de l'Ouest.

6. *Les poursuites.* En France, en Italie et en Espagne, les enquêtes criminelles touchant les crimes graves, tels le meurtre, le crime organisé ou le terrorisme, sont supervisées par un juge. Ces magistrats ont acquis une certaine célébrité, un peu à la manière de certains procureurs américains dans leur lutte contre le crime organisé, particulièrement en Italie (pensons aux juges Falcone et Borsellino).

Le personnel policier

Plusieurs caractéristiques touchant le personnel policier européen contrastent avec la réalité anglo-saxonne. Par exemple, accroître la représentation des minorités ethniques au sein du personnel policier est une préoccupation qui émergea seulement après l'an 2000, là où elle se manifeste. Voici d'autres caractéristiques plus structurelles.

1. *Les entrées latérales.* Les forces policières recrutent leur personnel de deux façons tout comme les organisations militaires. D'un côté, le personnel de base, principalement les agents en tenue, sont recrutés au bas de l'échelle. De l'autre, les candidats qui satisfont à certains critères, par exemple les détenteurs d'un diplôme universitaire (généralement en droit), ont directement accès à des postes supérieurs après avoir été soumis à un entraînement spécial. Plusieurs forces policières ont ainsi un double système de promotion. Les agents en tenue peuvent gravir les échelons de l'organisation s'ils réussissent divers examens. Les officiers ont un mode de promotion qui

leur est propre. Le chef de police fait généralement l'objet d'une nomination politique et n'a souvent aucune expérience policière.

2. *Syndicalisation.* Les syndicats de police en Europe continentale ne suivent pas le modèle uniforme que l'on retrouve couramment en Amérique du Nord. Le personnel de rang et les officiers possèdent des syndicats distincts. En outre, les personnels en tenue et en civil appartiennent également à des organisations syndicales différentes. Qui plus est, il existe une variété de syndicats policiers qui recrutent leurs membres sur la base de leur allégeance politique. Cette fragmentation crée une opposition entre les divers syndicats et sape leur force commune.

3. *Affectation locale.* À l'intérieur de ces grandes organisations policières, les membres sont affectés dans une ville ou une région en fonction des besoins de l'organisation, sans pour autant ignorer leur région d'origine. Ainsi, un policier originaire du sud du pays pourrait être affecté dans le nord et passer le reste de sa carrière à tenter de revenir dans sa ville natale. Il s'ensuit que les recrues affectées de cette manière ont souvent une connaissance limitée du milieu dans lequel elles doivent travailler.

L'environnement

L'Europe, il faut bien l'admettre, est très différente des pays de l'Amérique du Nord et du Sud. Nous retenons deux caractéristiques qui présentent un intérêt particulier pour l'action policière.

1. *L'environnement urbain.* Les historiens de la police ont toujours insisté sur le fait que l'activité policière était essentiellement une affaire urbaine, le maintien de l'ordre dans les villes étant la caractéristique principale du mandat policier. Les villes d'Europe sont généralement très anciennes et remontent bien souvent au Moyen Âge, ou même avant pour ce qui est des villes italiennes. Les rues de ces villes sont étroites et aménagées de manière irrégulière. Par conséquent, la topographie urbaine en Europe oblige la police à se déployer de façon différente de celle d'Amérique du Nord. Par exemple, les patrouilles en véhicule et les poursuites à haute vitesse ne sont pas des tactiques adaptées à l'espace urbain européen.

2. *L'environnement légal.* L'environnement légal de l'Europe continentale est beaucoup trop complexe pour permettre une discussion sur sa nature dans le contexte de ce chapitre. Par contre, une caractéristique de cet environnement est d'une importance capitale pour les activités policières. Dans pratiquement tous les pays d'Europe continentale, les citoyens sont contraints de porter une carte d'identité. Le contrôle d'identité fournit donc aux policiers un moyen autorisé de s'imposer aux citoyens, particulièrement aux jeunes, chaque fois qu'ils suspectent que quelque chose mérite d'être vérifié.

La coopération policière transnationale

La coopération policière se développe rapidement parmi les membres de l'UE. Le modèle de coopération est différent du modèle américain, selon lequel les agences fédérales dirigent des bureaux dans différents pays (par exemple, la *US Drug Enforcement Administration* (DEA) a déjà eu quelque 60 bureaux dans plus de 40 pays). Au sein de l'UE, la coopération est basée sur diverses législations transnationales, tels les accords portant sur la prévention du terrorisme, la répression du trafic de drogue, le trafic d'êtres humains, le blanchiment d'argent et le crime organisé. À l'exception d'Interpol, la coopération a été officiellement lancée en 1976 par le groupe ministériel TREVI, l'acronyme TREVI signifiant terrorisme, radicalisme, extrémisme et violence internationale. Les principaux instruments utilisés aujourd'hui en ce qui a trait à la coopération policière transnationale en Europe sont les accords de Schengen signés en 1985 et en 1990 (et entrant en vigueur en 1995), ainsi qu'Europol. Les accords de Schengen ont été suivis de la création du *Schengen Information System* (SIS) qui permet aux États membres d'obtenir de l'information concernant certaines catégories de personnes et de propriétés. Un SIS plus performant devait être développé pour 2006 (SIS II). Le développement de SIS II a rencontré quelques difficultés reliées à la croissance de l'Union européenne — les nouveaux membres de l'Union parviennent à se brancher au système avec des fortunes diverses — et à un souci croissant de protection de la vie privée. Europol sert de support aux agences d'application de la loi dans tous les pays de l'UE en amassant et en analysant de l'information et des renseignements spécifiques concernant des membres réels ou présumés d'organisations criminelles opérant au niveau international. Europol fut d'abord créé en tant qu'*European Drug Unit* en 1992 et devint par la suite l'*European Police Office* (Europol) à qui on a confié un mandat beaucoup plus large. Le quartier d'Europol se situe à La Haye et emploie environ 130 membres et 45 officiers de liaison. Europol n'est pas encore très impliqué dans les opérations policières de terrain. Sa priorité est de bâtir un climat de confiance parmi les centaines d'organisations avec lesquelles l'organisme est en liaison.

POUR CONCLURE

Ce chapitre a essentiellement porté sur les forces policières publiques et aucune mention du secteur privé n'a été faite. Dans les pays de l'UE, la sécurité privée est moins importante que dans les pays anglo-saxons. L'Australie, le Canada et la Nouvelle-Zélande possèdent au moins autant de personnes œuvrant en sécurité privée qu'en sécurité publique, et les États-Unis en possèdent deux fois plus. Dans l'UE, c'est seulement au Royaume-Uni et au Danemark que le secteur privé est aussi considérable que le secteur public. Dans d'autres pays de l'UE — l'Italie, l'Espagne, le Portugal, la France, la Grèce, l'Autriche et la Belgique —, le ratio entre le nombre de personnes employées dans le secteur privé et public est plutôt faible et se situe entre 0,16 et 0,32. Néanmoins, on peut s'attendre à ce que le secteur privé prenne de l'expansion dans les années à venir. Bien qu'il soit difficile de prévoir ce que l'avenir nous réserve, il est tout de même raisonnable de penser que les systèmes policiers de l'Europe continentale et des pays anglo-américains, plutôt que d'accentuer leurs différences, partageront de plus en plus de traits communs.

CHAPITRE 5

Les organismes de sécurité intérieure du Québec : une classification

▶ MAURICE CUSSON ET MARIE-ÈVE DIOTTE

Au Québec comme ailleurs, le monde de la sécurité est éclaté en de multiples organisations publiques, privées et parapubliques. Brodeur (2003 : 343) parle à ce propos de l'émiettement de « l'assemblage policier ». Il est difficile de se faire une idée claire de cet amas chaotique. Et pourtant, la connaissance du monde de la sécurité intérieure passe par une mise en ordre des appareils qui s'en chargent. Quels sont les types de services de sécurité ? Comment se distinguent-ils les uns des autres ? Comment sont-ils contrôlés ? Quelles fonctions remplissent-ils ?

L'objectif de ce chapitre est de construire une typologie des milieux de la pratique de la sécurité au Québec. Il s'appuie sur des informations recueillies depuis 2001 par des étudiants et des professeurs de l'École de criminologie de l'Université de Montréal qui ont répertorié 345 organismes de sécurité intérieure dans les secteurs privés, publics et parapublics (Diotte et coll. 2005 ; Diotte 2006). Dans toutes ces organisations, des professionnels situés en première ligne avaient pour mission d'assurer la sécurité des personnes et des biens. Mais comment les ordonner et les classifier ? La dichotomie privé-public nous paraissait insatisfaisante, car, à côté de la police publique et des agences privées de sécurité, nous trouvions de nombreuses organisations n'entrant ni dans l'une ni dans l'autre catégorie. Ainsi, nous avons constaté très tôt que, au Québec, la plupart des grandes sociétés d'État et agences importantes du secteur parapublic disposaient d'un service interne de sécurité formé d'employés recrutés par l'organisation elle-même. Plus tard, nous avons pris conscience que les gouvernements fédéral et provincial avaient créé plusieurs agences de sécurité qui n'avaient pas grand-chose à voir avec des services de police. S'imposait alors l'idée de créer une typologie qui dépasse l'opposition entre le privé et le public.

Ce chapitre est divisé en deux parties. La première présente les paramètres de la typologie proposée et une vue d'ensemble. La deuxième décrit quatre types d'organismes de sécurité.

LES PARAMÈTRES DE LA TYPOLOGIE

Deux grandes dimensions se croisent dans notre classification. La première porte sur les modes de gouvernance auxquels sont soumis les organismes de sécurité. La deuxième dimension renvoie aux fonctions de l'action de sécurité.

Les types d'organisation de sécurité selon les modes de gouvernance

Par gouvernance, nous entendons les mécanismes par lesquels un organisme de sécurité est contrôlé ; les autorités ou les clients auxquels il rend des comptes et le cadre légal auquel il est soumis. Nous constatons que les organismes de sécurité existant au Québec sont soumis à quatre modes de gouvernance distincts, ce qui conduit à distinguer autant de catégories d'organismes de sécurité : 1) les services de police ; 2) les administrations, 3) les services internes ; 4) les entreprises.

1. *Un service de police* est une organisation soumise à une autorité politique et aux demandes du public ayant pour mission de faire respecter la loi, de maintenir la paix et l'ordre et d'assurer la sécurité générale des personnes, des biens et des institutions sur tout le territoire sous sa responsabilité.

2. *Une administration* relève aussi d'une autorité politique. Elle se démarque cependant de la police par la mission particulière qui lui est confiée. Elle est chargée d'une fonction spécifique, par exemple le renseignement, ou encore elle assure la sécurité d'un secteur déterminé comme celle du transport aérien.

3. *Le service interne de sécurité* est une division au sein d'une grande organisation privée, publique ou parapublique dont l'activité principale n'est pas la sécurité (cette organisation étant, par exemple, une brasserie, un grand magasin, un hôpital, une banque). Le service interne reçoit pour mission d'assurer la protection et la sécurité générale de cette organisation dont elle est un élément. Étant formé d'employés, le personnel du service interne est soumis à l'autorité de son employeur.

4. *Une entreprise* (au Québec, on parle d'agences de sécurité) offre sur le marché des services ou de l'équipement, principalement, gardiennage, investigation et équipements de sécurité. La gouvernance à laquelle elle est soumise est d'abord contractuelle : ses obligations sont stipulées dans les contrats qui la lient à ses clients.

Les fonctions de l'action de sécurité

Une fonction de sécurité est une catégorie d'action nécessaire pour sécuriser un ensemble de personnes ou de biens. Nous distinguerons dans ce texte quatre grandes fonctions de sécurité : le renseignement, la prévention, l'investigation et la gestion des crises (voir le chapitre premier de ce volume : De l'action de sécurité).

1. *Le renseignement et l'analyse.* L'action sur une menace pour la sécurité suppose que celle-ci soit connue. Le renseignement est un processus systématique de cueillette et de traitement d'informations pour connaître les problèmes et guider l'action de sécurité.

2. *La prévention* consiste à agir sur les situations de manière proactive, sans user de la force pour empêcher la survenance de délits et de crimes.

3. *L'investigation* consiste en la recherche des faits relatifs à une infraction, à son auteur et aux preuves éventuelles de sa culpabilité. Elle s'impose souvent pour que les malfaiteurs soient dissuadés ou mis hors d'état de nuire.

4. *La gestion de crise et les mesures d'urgence.* Les professionnels de la sécurité interviennent sans tarder en cas d'accident, de manifestation, ou d'autres événements pouvant dégénérer. Ces crises et troubles appellent une réponse rapide pour sauver, rassurer, rétablir la paix et l'ordre.

La polyvalence. Pas de sécurité complète sans action adaptée à la spécificité des problèmes, sans prévention, sans investigation et sans réponse rapide aux troubles et aux crises. De ce fait, le mouvement naturel du responsable d'un service de sécurité sera d'assumer ces quatre fonctions ou de sous-traiter celles qu'il ne peut assumer lui-même.

Le croisement des quatre modes de gouvernance et des quatre fonctions, auxquelles s'ajoute la polyvalence, permet de classer les 345 organisations de sécurité intérieure du Québec, répertoriées jusqu'à maintenant, comme on le voit dans le tableau de la page suivante (la description de ces 345 organisations se trouve dans Diotte et Cusson, 2005 et Diotte, 2006).

LES ORGANISMES DE SÉCURITÉ DU QUÉBEC

Dans la section qui suit, nous décrivons les quatre grandes catégories d'organismes de sécurité dont il vient d'être question.

Les services de police

La police se démarque de tous les autres organismes de sécurité par sa visibilité et par le caractère dramatique de certaines de ses interventions. Placés en première ligne quand survient une catastrophe, si un forcené menace de tuer son otage ou quand il faut arrêter un dangereux criminel, les policiers vivent des moments intenses et leurs actions frappent les

CLASSIFICATION DE 345 ORGANISMES DE SÉCURITÉ INTÉRIEURE DU QUÉBEC				
	LES SERVICES DE POLICE	LES ADMINISTRATIONS	LES SERVICES INTERNES DE SÉCURITÉ	LES ENTREPRISES CONTRACTUELLES
POLYVALENCE	3 grands services 39 polices municipales 38 polices autochtones	11 administrations polyvalentes ex. Agence des services frontaliers	98 services internes polyvalents ex. Service de sécurité d'Hydro-Québec	30 entreprises de sécurité polyvalentes ex. Garda
RENSEIGNEMENT ET ANALYSE	5 sections de renseignement et analyse	5 agences de renseignements ex. SCRS		9 consultants en sécurité ex. Soptima
PRÉVENTION	4 sections de prévention	9 administrations de prévention ex. Sécurité publique d'Outremont		34 entreprises de sécurité (gardiennage et équipements)
INVESTIGATION	11 sections d'investigation		8 services internes d'investigation ex. Compagnies d'assurances	33 agences d'investigation
GESTION DE CRISE INTERVENTIONS SPÉCIALISÉES	5 groupes tactiques d'intervention	4 administrations ex. Centre de sécurité civile de Montréal		

Source : Marie-Ève Diotte 2006

imaginations. La police est la partie la plus visible du monde de la sécurité, mais elle n'est pas la seule.

La gouvernance des organisations policières se caractérise par l'importance des lois et par la pluralité des maîtres auxquels elles sont soumises. Devant appliquer non seulement le code criminel, mais aussi une foule de lois et règlements créant des infractions punissables, la police mène en principe des actions rigoureusement balisées par la loi. De plus, au Québec, la police provinciale et les polices municipales ont des missions définies par la Loi sur la police. Cette loi définit six niveaux de service de police en fonction du nombre d'habitants du territoire desservi.

Par ailleurs, un service de police est soumis au gouvernement fédéral, provincial ou municipal à qui il doit rendre des comptes. Les actions des enquêteurs sont aussi scrutées par les procureurs de la couronne et par les juges qui refuseront de poursuivre ou de condamner un suspect si l'enquête n'a pas été menée conformément à la lettre de la loi. Enfin, les policiers acceptent de se plier aux demandes des citoyens quand ils répondent aux appels 911. Ayant plusieurs maîtres, la police n'est totalement assujettie à aucun. Les policiers sur le terrain disposent alors d'un assez large pouvoir d'appréciation pour interpréter leur mandat et pour décider d'intervenir ou non. La mission des services de police qui relèvent du gouvernement provincial ou d'une municipalité est définie en termes larges : protéger les citoyens, maintenir l'ordre, prévenir les crimes, trouver les auteurs des infractions et appliquer les lois en vigueur sur leur territoire respectif. Comme il est impossible d'assumer complètement toutes ces responsabilités, les chefs de police et les policiers sur le terrain sont obligés de faire des choix. Se fiant à leur jugement et tenant compte des demandes des citoyens, des directives politiques et de la pression médiatique, ils mettent l'accent sur ce qui leur paraît le plus urgent, le plus grave et sur ce qui fait l'objet des demandes les plus pressantes : les violences auxquelles il faut opposer la force ; les gangs et autres organisations criminelles ; les conflits risquant de dégénérer ; les crises majeures ; les vols graves ; les désordres et les menaces pour la sécurité sur la voie publique.

Au Québec, nous trouvons 3 grands services de police : la Gendarmerie Royale du Canada (GRC), la Sûreté du Québec et le Service de police de la Ville de Montréal, 39 corps de police municipaux et 38 services de police autochtone. En 2004, l'ensemble des services de police municipaux employait 8 619 agents alors que la Sûreté du Québec comptait dans ses effectifs 5 163 policiers et 1 602 personnels civils. (Dupont et Pérès 2006 : 62)

Un service de police municipal moyen, par exemple celui de la ville de Saint-Eustache, comporte : 1) une division de gendarmerie qui regroupe ses patrouilleurs ; 2) une escouade de sécurité routière ; 3) une équipe d'enquêteurs ; 4) une personne affectée aux renseignements criminels ; 5) un technicien en scène de crime ; 6) une centrale de répartition des appels 911 ; 7) une équipe de soutien aux interventions ; 8) un agent affecté à la prévention et aux relations sociopolicières. (Diotte 2006) Les grands services de police sont en outre dotés d'un groupe d'intervention tactique, d'équipes d'enquêteurs spécialisés, (crimes contre la personne, crime organisé, criminalité informatique, stupéfiants), d'un service d'identité judiciaire et d'une section prévention.

Les services de police sont polyvalents. La diversité des tâches remplies par les patrouilleurs en uniforme en fait des hommes à tout faire de la sécurité : ils font les premiers constats quand des citoyens leur signalent un vol ; ils s'interposent et calment le jeu quand des voisins sont sur le point d'en arriver aux coups ; ils volent au secours de la personne qui s'évanouit en pleine rue ou qui est victime d'un accident ; ils règlent la circulation et distribuent des contraventions. Les grands services de police sont polyvalents d'une autre manière : additionnées les unes aux autres, leurs divisions spécialisées couvrent l'éventail des fonctions de la sécurité : le renseignement, la prévention, l'investigation et la gestion de crise.

Les services de police disposent d'un pouvoir étendu d'user de la force et ils ont plus fréquemment recours aux poursuites criminelles que les membres des autres organismes de sécurité. Néanmoins, les patrouilleurs n'usent de la force que parcimonieusement et les enquêteurs ne représentent qu'environ 15% du total des effectifs policiers au Québec. (Le lecteur trouvera dans *Les Polices au Québec* de Benoît Dupont et Émile Pérès, 2006, des informations supplémentaires sur le sujet.)

Les administrations

Comme le service de police, l'administration relève d'un gouvernement, mais sa mission est beaucoup plus circonscrite. Certaines administrations ont pour mission de sécuriser un domaine précis lié à l'action gouvernementale, par exemple un réseau de transport public. D'autres administrations exercent une fonction de sécurité spécifique, comme le renseignement. Une administration relève directement d'un ministère fédéral ou provincial, ou encore d'une autorité municipale. Elle est soumise au même genre de contrôle bureaucratique que celui auquel sont soumis les fonctionnaires de l'État. Ses membres reçoivent des ordres de leurs supérieurs hiérarchiques et leurs tâches sont encadrées par un ensemble de règles.

Nous avons répertorié 29 administrations de sécurité exerçant au Québec. Onze d'entre elles sont polyvalentes, dont plusieurs dans le domaine des transports et de l'immigration: c'est le cas de l'Administration canadienne de la sûreté du transport aérien ou de l'Agence des services frontaliers du Canada. Dans le champ municipal, nous trouvons quelques services de sécurité publique. Certaines administrations se spécialisent dans le renseignement, mentionnons le Service canadien de renseignement de sécurité (le mandat du SCRS porte sur la lutte contre le terrorisme, l'espionnage, la criminalité organisée transnationale et la prolifération des armes de destruction massive) ou le Service de renseignement et de la lutte contre la contrebande. Quelques villes ont des administrations spécialisées dans la prévention, le programme Tandem Montréal par exemple.

Les services internes de sécurité

Le responsable du service interne de sécurité et ses subordonnés sont des employés d'une grande organisation: entreprise commerciale ou industrielle, société d'État, université... Le service interne de sécurité est presque toujours polyvalent, comme l'est le service de police, mais sa mission est beaucoup plus limitée: on lui demande de sécuriser exclusivement les personnes, les biens, l'information et les sites de l'organisation dont il est une section. Il revient au service interne de protéger les actifs de cette organisation contre le vol, la fraude, le vandalisme, la violence, les accidents, les incendies par tous les moyens légitimes. L'objectif est double: prévenir les pertes et faire en sorte que tous puissent vaquer à leurs occupations en toute tranquillité. Les obligations d'une équipe de sécurité interne se limitent aux intérêts particuliers de cette organisation.

Des services internes de sécurité ont été mis sur pied dans un grand nombre d'organisations privées, publiques et parapubliques: dans les usines (l'avionnerie Bombardier); dans les sociétés productrices d'énergie (Hydro-Québec); dans les sociétés commerciales (les grands magasins); dans les sociétés de transport et de communication (Bell Canada, Postes Canada); dans les établissements d'enseignement (les universités); dans les hôpitaux; au Cirque du Soleil, dans les musées, dans les hôtels, dans les banques.

Plus une organisation ou une entreprise recrute de nombreux employés et plus la clientèle qui fréquente ses locaux est importante, plus elle aura tendance à se doter d'un tel service. Selon les estimations du ministère de la Sécurité publique du Québec, l'ensemble des services internes de sécurité comptaient, en 2003, 17 600 agents et gestionnaires de sécurité (Dupont et Pérès 2006: 84).

Un service interne de sécurité polyvalent se charge d'assurer la protection des personnes et des actifs de son organisation. Pour ce faire, son responsable analyse les risques; il fait contrôler les accès des lieux qui ont besoin d'être protégés; il fait aménager et surveiller ces lieux; il les fait patrouiller et garder. En cas d'infraction sérieuse, il enquête. Il rédige des manuels de procédure et des plans de mesures d'urgence (voir le chapitre 35 dans ce volume sur la sécurité dans une tour de bureaux).

Nous avons aussi trouvé un petit nombre de services internes spécialisés. Par exemple, dans les compagnies d'assurances, les gens de la sécurité se consacrent aux enquêtes sur les réclamations frauduleuses, et dans les compagnies de cartes de crédit, on se spécialise dans la détection et la répression des utilisations frauduleuses de cartes.

Les services internes échappent à la distinction privé-public. Leur personnel ne dispose pas de pouvoirs de police. Ils ne se positionnent pas sur le marché. Plutôt que de s'en remettre à la police ou au marché, plusieurs grandes organisations préfèrent disposer de leur propre service pour ajuster précisément la sécurité aux particularités de leur organisation et aux problèmes qui s'y posent.

Les entreprises

Les entreprises contractuelles de sécurité (communément appelées, au Québec, agences de sécurité) fournissent des équipements ou des services de sécurité à des clients pouvant être d'autres entreprises (industries, commerces, hôtels), des ministères, des municipalités, des sociétés d'État, des particuliers. Elles louent ou vendent aussi des biens et services à d'autres organismes de sécurité: surtout aux services internes, mais aussi aux services de police et aux administrations.

Jusqu'à récemment, le gouvernement du Québec encadrait les entreprises de gardiennage ou d'investigation par la Loi sur les agences d'investigation ou de sécurité. La récente Loi sur la sécurité privée entre en vigueur progressivement. Elle crée notamment un Bureau de la sécurité privée veillant au respect des règles et à la protection du public. Si nous additionnons les effectifs des agences de sécurité, de transport de valeurs, de systèmes d'alarme et de consultation, nous obtenons un total de 24 265 personnes travaillant dans les entreprises de sécurité du Québec (Dupont et Pérès 2006 : 84-85).

L'entente entre l'entreprise de sécurité et son client est scellée par un contrat permettant à chacune des parties de se protéger en évitant toute ambiguïté sur les obligations réciproques. L'entreprise s'assure ainsi d'avoir bien saisi la demande du client. Pour ce dernier, le contrat qui lie l'entreprise offre une garantie qu'il obtiendra les biens et services promis dans des délais raisonnables. La mission de l'entreprise de sécurité est donc définie, au cas par cas, par les termes du contrat qui la lie à son client. Elle aura donc autant de missions que de contrats.

L'entreprise de sécurité doit offrir à des prix compétitifs des services et des biens qui sauront satisfaire la clientèle. Et elle doit être rentable, ce qui la conduit à minimiser ses dépenses et à maximiser ses revenus. Pour rester concurrentielle, elle est à la recherche d'innovations qui pourraient intéresser les clients et faire baisser les prix. Elle a intérêt à préserver une réputation d'intégrité et de compétence, sinon ses clients la fuiront. Mises ensemble, ces diverses contraintes inhérentes à un marché constituent l'essentiel des régulations auxquelles les entreprises de sécurité sont assujetties.

C'est parmi les entreprises que la tendance à la spécialisation est la plus forte. Nous trouvons de nombreuses entreprises spécialisées dans le gardiennage, d'autres dans l'investigation et plusieurs autres encore qui vendent et installent des équipements de sécurité. Un certain nombre d'entreprises, au départ spécialisées dans le gardiennage ou l'investigation, ont élargi leur offre de services et de biens. C'est ainsi que Garda, qui initialement s'en tenait au gardiennage, offre de plus en plus des services d'enquête, de consultation, de contrôle d'accès, de transport de valeurs. Cette entreprise installe aussi des caméras de surveillance, fait de la filature et de la vérification d'antécédents pour des employeurs.

Les entreprises d'investigation œuvrent principalement dans le domaine de la fraude et du vol. Contrairement aux policiers, les enquêteurs privés ne possèdent aucun pouvoir particulier pour mener leurs investigations. Ils se rabattent sur les entrevues de témoins ou de suspects. Ils consultent les plumitifs civils et criminels. Ils font de la filature, de l'infiltration, de l'écoute électronique.

Nombreuses sont les entreprises qui vendent, louent et installent des équipements de sécurité, notamment des systèmes d'alarme et des caméras de surveillance. Récemment, certaines de ces entreprises ont mis sur le marché des logiciels permettant de gérer les systèmes d'alarme et les contrôles d'accès.

Les consultants en sécurité sont peu nombreux. L'un d'eux, étudié par Diotte (2006), offre une expertise dans la planification des mesures d'urgence, le choix des technologies de sécurité, la formation du personnel et les plans de relève d'entreprise. L'objectif du consultant est de trouver une solution sur mesure pour le client, celui-ci pouvant être une entreprise de services, une banque ou un établissement d'enseignement. C'est pourquoi la première étape de la consultation consiste à analyser l'entreprise et les risques auxquels elle est exposée.

CHAPITRE 6

Police communautaire et de résolution des problèmes

▶ BENOÎT DUPONT

D es nombreux changements qui ont bouleversé le travail policier au cours des dernières décennies, la création de la police communautaire[1] et de la police de résolution des problèmes représente certainement la tentative la plus ambitieuse de transformer la nature de celui-ci. En effet, ces deux grandes catégories d'innovations ont pour ambition de remplacer la conception traditionnelle purement répressive et réactive de l'intervention policière par une approche préventive et décentralisée, qui s'appuie sur une participation beaucoup plus active de la communauté et des groupes qui la composent à la production de sécurité. La généalogie de cette nouvelle «philosophie» policière trouve son origine aux États-Unis et en Grande-Bretagne au début des années 1980, avant de connaître une très large diffusion à l'échelle mondiale, faisant l'objet d'adaptations locales qui respectent plus ou moins l'esprit initial de la réforme et qui connaissent des succès variés. Plusieurs facteurs concomitants ont contribué à accélérer l'avènement de la police communautaire en Amérique du Nord, mais aussi en Europe. On pourra notamment citer le besoin d'apaiser les relations traditionnellement tendues entre la police et certaines minorités ethnoculturelles qui acquièrent au cours des années 1980 et 1990 une influence politique grandissante ; l'influence de recherches en sciences sociales qui ont mis en doute l'efficacité du travail policier traditionnel ; la recherche par les organisations policières d'un nouveau paradigme d'intervention destiné à réduire le sentiment d'insécurité face à des statistiques de la criminalité en forte hausse ; ou encore l'arrivée aux commandes des organisations policières d'une nouvelle génération de dirigeants désireuse de laisser une empreinte durable. Cependant, sous ces apparentes similitudes, des contingences locales très variées ont présidé à l'implantation de la police communautaire, comme en témoigne par exemple la superposition de bilans

---

1. Connue aussi sous le terme de police de proximité dans certains pays francophones.

réunis dans un numéro spécial des *Cahiers de la Sécurité Intérieure* (Ocqueteau 2000), qui illustrent à quel point le même terme peut désigner des réalités qui vont du simple emploi rhétorique à une profonde transformation de l'appareil policier et de ses relations avec la population.

Si la concrétisation de la police communautaire a connu de grandes variations d'un pays à l'autre (voire d'une ville à l'autre dans les pays décentralisés comme le Canada, les États-Unis ou la Suisse), c'est en réalité l'état d'esprit de ses promoteurs qui a constitué la plateforme commune sur laquelle une terminologie partagée a pu se déployer. Tout d'abord, le constat d'une police en crise, désemparée devant de profonds changements sociaux et plus ouverte à des approches alternatives, a poussé des universitaires jusque-là réticents à dépasser leur position critique pour engager un dialogue avec cette institution affaiblie qui perdait peu à peu son statut «d'objet sale» de la recherche, pour reprendre l'expression de Brodeur et Monjardet (2003: 418). Après avoir proclamé pendant de nombreuses années la nature «oppressive» des forces de l'ordre, cette opportunité d'engagement ne pouvait cependant se justifier pour de nombreux universitaires qu'à travers un retour aux sources d'une police idéalisée faite «par et pour la population», ce qui explique les références constantes au modèle de Peel[2] (Chalom 1999) — du moins dans les pays de tradition anglo-saxonne. De là découle une volonté de rendre la police plus transparente et redevable vis-à-vis de la population par des activités de consultation et la notion de «coproduction» de sécurité. Le rejet du modèle hiérarchique professionnel d'organisation, au profit de policiers plus autonomes et intégrés à leur communauté locale d'attache — sur le modèle du *koban* japonais (Bayley 1991) — découle également de cette ambition de faire de la police une institution «comme les autres» de l'État providence, en accentuant la dimension des services rendus et en atténuant ses caractéristiques répressives. La représentativité des effectifs policiers, et notamment l'intégration des femmes et des minorités visibles, faisait également partie des priorités, afin de briser l'insularité policière et d'ouvrir l'institution aux mouvements sociaux féministes et communautaristes. Voici tracés en quelques lignes les idéaux des théoriciens de la police communautaire, qui imaginaient mal que ce projet de restauration d'une légitimité perdue par l'adoption de valeurs universelles puisse rencontrer une résistance significative. Pourtant, comme on le verra dans les pages qui suivent, la mise en œuvre de cette réforme fut partout confrontée à une réalité beaucoup moins malléable qui l'exposa à de nombreux revers.

De toutes les critiques adressées à la police communautaire, c'est certainement celle de l'absence d'une définition acceptée par tous ses promoteurs qui a été le plus souvent énoncée. Alors que pour certains la police communautaire se résume à des ajustements administratifs et à des programmes

---

2. Qui fut également l'inventeur d'une police militarisée beaucoup plus répressive en Irlande, un fait généralement passé sous silence.

d'intervention spécifiques qui ne mobilisent qu'une part infime des ressources policières, on assisterait pour d'autres à une refonte complète du mandat policier dont le résultat serait de renouveler la légitimité d'une institution bousculée par les évolutions économiques et sociales (Skogan 2004: 85). Dans ce chapitre, nous adopterons la position minimaliste, dont l'un des avantages est de permettre une évaluation plus rigoureuse des résultats atteints par les divers programmes se réclamant de la police communautaire (à l'instar de la recension des programmes de prévention menée par Sherman et ses collègues en 1997). Cette difficulté de la définition traduit le socle théorique extrêmement fragile de la police communautaire, qui n'a jamais réellement apporté de proposition crédible face à la vision traditionnelle du mandat policier. Sur le plan pratique, la mise en œuvre de la police communautaire s'est également heurtée à de nombreux obstacles, que nous détaillerons dans les pages suivantes.

Les mesures qui ont cherché à concrétiser le dogme de la police communautaire reposent sur quatre piliers principaux identifiés par David Bayley (1994) dans la plupart des juridictions ayant adopté le modèle de police communautaire. L'intérêt de la typologie de Bayley est sa relative ouverture et polyvalence : plutôt que de restreindre la description du modèle à une énumération de programmes portant des noms semblables mais recouvrant des réalités locales sujettes à un nombre infini de variations, elle offre un outil d'analyse qui se concentre sur quatre grandes catégories d'activités policières qui sont : la consultation, la mobilisation, l'adaptation locale et la résolution des problèmes. Après avoir décrit la logique opérationnelle derrière chacune d'entre elles, et illustré à l'aide d'exemples les programmes qui y sont rattachés, on tentera d'apporter des éléments évaluatifs sur l'impact de ces derniers sur les statistiques de la délinquance, le sentiment d'insécurité ou encore la confiance accordée par la population à sa police.

LA CONSULTATION

Ayant dressé le constat de l'élargissement du fossé creusé entre elles et le public et des conséquences potentiellement désastreuses qu'entraînait ce déficit chronique de communication sur le mythe déjà érodé de la police par consentement, les forces de police cherchèrent à renouer le dialogue interrompu. La réponse à cette apparente déconnexion des besoins du public fut la création d'instances consultatives généralistes et spécialisées. Le modèle le plus répandu de consultation généraliste est sans aucun doute celui des comités consultatifs de la communauté. Contrairement au Royaume-Uni, où la mise en place de ces comités découla d'une disposition législative s'imposant aux forces de police (Crawford 1997: 49), au Canada ou aux États-Unis, l'initiative en revint aux forces de police, dont la décentralisation constitue un facteur non négligeable d'innovation et d'expérimentation de nouvelles stratégies. La consultation des citoyens peut se déployer au niveau opérationnel (poste de police) ou stratégique (direction de l'organisation), autour de problématiques spécifiques (sécurité routière, incivilités, délinquance juvénile) ou de manière permanente. Du côté des instances spécialisées, on relève la création d'unités de liaison concentrant leurs activités sur des groupes définis de la population comme les jeunes, les victimes de violences domestiques, les membres des minorités visibles ou les homosexuels et lesbiennes. Le Service de police de la Ville de Montréal a ainsi créé plusieurs Comités de vigie afin d'établir des réseaux de partenaires dans les communautés noire et latino, asiatique, arabe, ainsi qu'avec les jeunes itinérants et les personnes âgées (SPVM 2005 : 6).

L'objectif avoué de ces mesures de consultation est quadruple. Il s'agit d'abord pour la police d'obtenir des informations sur les besoins et les problèmes de la communauté afin d'adapter une réponse pertinente aux conditions locales de la délinquance. Le deuxième but est d'éduquer la population sur les crimes et les délits afin d'encourager celle-ci à devenir coproductrice de sécurité. En troisième lieu, il s'agirait d'une occasion informelle pour le public de faire part aux policiers de son possible mécontentement à l'encontre de leur inefficacité perçue, et pour ces derniers de présenter publiquement leur point de vue. Enfin, elles offriraient aux policiers un instrument d'évaluation quasiment instantané de leurs actions (Bayley 1994 : 106). On assisterait alors à une redéfinition de l'*accountability*[3] policière par laquelle les citoyens seraient associés étroitement à la définition des politiques de sécurité par des instances consultatives enracinées au niveau local. En Australie, le service de police de Nouvelle-Galles-du-Sud a ainsi sans ambiguïté baptisé ses comités consultatifs des *Police accountability community teams* ou PACT. Par un saisissant raccourci, la possibilité offerte aux citoyens de s'exprimer directement sur les questions de sécurité publique serait par une sorte de « pensée magique » garante de la représentativité de ces structures.

La réalité des évaluations menées sur ces instances offre toutefois une image bien différente. Le caractère démocratique du fonctionnement des instances de consultation est des plus diffus. Le processus de consultation recherché cède rapidement la place à un flux de communication unidirectionnel. Les policiers impliqués font preuve d'une volonté affichée de contrôler l'ordre du jour et le contenu des débats. Malgré une invitation lancée aux participants de suggérer des sujets de discussion, la décision finale reste entre les mains des policiers organisateurs. Les interventions trop critiques sur les carences de l'institution policière sont justifiées par des arguments irréfutables offerts aux « novices » de la société civile par les

---

3. Il s'agit de la « propriété de qui est en mesure, ou mis en mesure, de rendre les comptes des ressources qui lui ont été attribuées, de l'emploi qui en a été fait, bref de ses pratiques » selon la définition donnée par Monjardet (1998 : 45). L'*accountability* suppose ainsi l'existence de deux parties : celle qui confie la responsabilité et celle qui l'accepte, avec obligation pour elle de rendre compte de la manière dont elle s'en est acquittée. Il s'agit d'une forme complexe d'imputabilité.

« professionnels » de la sécurité. Il apparaît en effet que la traditionnelle chaîne de commandement policière s'accommode très difficilement d'une quelconque intervention citoyenne et voit dans les actions de consultation un simple exercice de relations publiques (Sarre 1997 : 73).

Mais il serait certainement injuste de ne pas souligner l'immaturité de comportements observés chez certains participants non policiers. Ces derniers ont en effet tendance à bien vite faire abstraction de leur rôle de représentants. On note ainsi une participation fluctuant en fonction de l'ordre du jour et des intérêts individuels des participants. Bull et Stratta (1994 : 242) ont ainsi observé qu'en Australie, les travailleurs sociaux ne se rendent aux assemblées que lorsque les sujets abordés relèvent de l'enfance, et les administrateurs des foyers de femmes battues ne se déplacent que pour soulever le problème des violences domestiques. La tentation de détourner les débats à son avantage personnel ou à celui du seul sous-groupe représenté et de dévoyer ainsi un processus de consultation se voulant le plus large possible constitue un obstacle de taille. La capacité de nombreux citoyens à placer l'intérêt public avant leur propre intérêt reste encore à démontrer. La futilité des demandes qui émanent de ces réunions fait aussi l'objet de mentions fréquentes par les policiers (Chan 1997 : 150), mais il est cependant difficile de retirer au public cette possibilité de signaler des préoccupations qui peuvent paraître insignifiantes aux yeux des policiers. Ces constatations pessimistes doivent cependant être tempérées par les évaluations des *Beat meetings* menées par Wesley Skogan et son équipe sur une période de 10 ans à Chicago. Celles-ci montrent en effet que des investissements significatifs en ressources humaines consentis de manière constante sont capables de générer un fort niveau de participation aux assemblées publiques de consultation (environ 15 % de la population totale ayant participé à l'une d'elles annuellement) et de mener à une mobilisation populaire dans le cadre d'activités de prévention de la criminalité (Skogan et autres 2000 : 109).

LA MOBILISATION

La plus médiatisée des actions de mobilisation de la population est sans aucun doute la création de groupes de surveillance à l'échelle du quartier, plus connue sous le nom de *Neighbourhood Watch*. Redonnant une nouvelle jeunesse aux associations locales de prévention du crime répandues dans les sociétés préindustrielles, l'objectif de la surveillance de voisinage est double. Le premier vise à sensibiliser les habitants à leur propre sécurité, en les encourageant à se ré-approprier la responsabilité individuelle et collective de la prévention des crimes commis en zones résidentielles. Le second vise à reconstruire un sens de la communauté basé sur des relations sociales informelles nourries par un partage des préoccupations afférentes à la délinquance et à l'insécurité (Crawford 1997 : 50).

L'activité des groupes de surveillance se concentre sur la modification de quatre types de comportements, trois concernant les victimes potentielles, le dernier relevant du délinquant. Les manuels et dépliants distribués dans les boîtes aux lettres des habitants ou lors des réunions mensuelles insistent d'abord sur la nécessité de faire tatouer un numéro personnel sur tout objet de valeur, ainsi que de relever systématiquement les numéros de série des appareils électroménagers afin de faciliter une identification ultérieure. À cet effet, des formulaires, des stylos indélébiles et des graveurs électriques sont mis à la disposition de la population par les responsables des groupes de surveillance ou les postes de police. La surveillance réciproque est la deuxième activité dont le programme tire son nom. Les habitants, et spécialement ceux qui ne quittent pas leur domicile au cours de la journée, sont ainsi formés à la détection des crimes et délits en cours d'exécution et encouragés à les déclarer immédiatement auprès des services de police. Des listes types de comportements suspects et reprenant les éléments d'identification des personnes incriminées, ainsi que leurs moyens de transport, sont distribuées afin d'améliorer la qualité des renseignements transmis à la police. Des conseils de sensibilisation à la sécurité visent en outre à inculquer aux propriétaires et aux individus jugés vulnérables les rudiments de la protection des biens et des personnes afin de réduire leurs risques de victimisation. Enfin, la distribution de millions d'autocollants aux foyers individuels et la pose de panneaux signalant l'entrée dans une zone de surveillance de voisinage cherchent à dissuader les délinquants potentiels en attirant leur attention sur le risque encouru, selon les théories de la prévention situationnelle. Ces dernières insistent sur la nature opportuniste de nombreux crimes, qui peuvent être prévenus en réduisant les occasions offertes aux délinquants ou en augmentant considérablement les coûts et les risques pour ceux-ci (voir Cusson dans ce traité, au chapitre 27).

Les nombreuses évaluations de la surveillance de voisinage menées en Amérique du Nord et en Angleterre n'ont cependant pas été en mesure de déceler des effets probants sur la réduction des cambriolages (Sherman et autres 1997 : 397). Trevor Bennett (1990 : 45) remarque ainsi que la majorité des études menées par les services de police font état d'une réussite se traduisant par une réduction de certains types de délits, alors que les études indépendantes (et plus rigoureuses sur le plan méthodologique) ne peuvent que constater l'échec total ou partiel des programmes évalués sur ce plan. Sa propre évaluation portant sur l'implantation de la surveillance de voisinage dans la région londonienne conclut au « manque complet d'impact quantifiable du programme sur le niveau de la criminalité, les taux de déclaration, les taux d'élucidation ; [...] il n'y eut pas d'amélioration dans la peur de victimation individuelle et la probabilité perçue de victimation ou l'évaluation par le public de l'efficacité policière dans les zones concernées ; et il n'y eut pas d'amélioration visible dans les comportements de protection du domicile. » (Bennett 1990 : 173)

La diminution du taux de délinquance observée dans certains cas pourrait tout aussi bien être attribuée aux changements des facteurs économiques et sociaux contemporains de cette déferlante préventive. De plus, seuls les crimes contre les biens semblent être affectés d'une manière ou d'une autre, ce qui ne doit pas nous surprendre au vu des mesures mettant l'accent sur la défense du sanctuaire que représente le domicile. Les incidents de violence domestique qui se déroulent dans l'intimité de la sphère privée ou les rixes qui opposent sur la voie publique des individus appartenant aux classes sociales défavorisées ne semblent pas être une priorité pour les promoteurs du programme. Un esprit cynique remarquera que ce type de crimes ne donne pas lieu à l'indemnisation des victimes par leurs compagnies d'assurances.

Le deuxième objectif avancé par les organisateurs de la surveillance du voisinage est la recréation d'un lien social entre les habitants d'un quartier ou d'une rue, rendus étrangers les uns aux autres par les nouveaux modes de vie et de travail de l'ère moderne. Les programmes de surveillance de voisinage offrent aux résidants d'un quartier l'occasion de faire connaissance et de travailler ensemble en vue d'un objectif dont il est difficile de critiquer le bien-fondé : la prévention du crime. Cette remise au goût du jour du contrôle social informel peut également faire disparaître chez ceux qui y participent le sentiment d'impuissance et d'isolement par la restauration d'un certain degré de contrôle sur leur environnement.

Mais à l'instar des initiatives de consultation, le problème majeur rencontré par les promoteurs des groupes de surveillance est le maintien sur une longue durée de l'intérêt des participants. Dès la période de lancement, malgré des campagnes d'information dans la presse locale et un déploiement intensif d'activités de publipostage, de signalisation et de prise de contacts, le niveau de participation initial de la population reste minimal. La reconnaissance unanime des bénéfices apportés par le programme n'est pas liée à une forte assiduité, et se limite à l'apposition d'autocollants sur les fenêtres du domicile ou à la lecture rapide des lettres d'information distribuées. Du reste, le nombre d'individus prenant part aux réunions mensuelles se réduit rapidement pour ne laisser bientôt place qu'au noyau dur des organisateurs eux-mêmes.

Cindy Davids (1995: 64-65) a analysé les motivations de ces irréductibles dans le contexte du programme du Victoria, en Australie, et ses conclusions méritent qu'on s'y attarde. Elle montra que le fait d'avoir un accès privilégié aux informations dont dispose la police et d'établir des contacts amicaux avec les policiers assistant régulièrement aux réunions revêtait une importance particulière aux yeux des participants assidus, en leur conférant un sentiment d'importance et de satisfaction personnelle. Le profil socio-économique des participants laisse également entrevoir une inadéquation entre la forte pénétration du programme dans les banlieues aisées, où la délinquance est relativement peu élevée, et son absence dans les zones défavorisées et les centres-villes où sont commis la majorité des crimes. La mobilisation semblerait ainsi plus fortement corrélée à la variable «revenu des participants» qu'à la variable «risque d'être victimisé», ce qui est problématique pour une mesure de prévention (Fielding 2005: 462). Par conséquent, l'hypothèse selon laquelle les programmes de surveillance de voisinage pourraient permettre de réimplanter des mécanismes informels de contrôle social ne résiste pas à l'analyse des faits, comme l'a clairement montré Dennis Rosenbaum dès 1987 (127).

Un des effets imprévus de ce type de programme est une augmentation du sentiment d'insécurité chez certains de ceux qui y prennent part, soit que les âmes sensibles cèdent à l'atmosphère parfois dramatique créée par les policiers lors de leurs interventions, soit qu'au contraire les plus clairvoyants soient désarçonnés par l'inadéquation ressentie entre les ressources policières disponibles et les statistiques de la délinquance locale présentées lors des réunions (McConville et Sheperd 1992: 106). De surcroît, l'implication des policiers pose également problème, et à l'exception de quelques missionnaires convaincus des vertus de la participation citoyenne, les autres agents en uniforme ne cessent de se percevoir comme des spécialistes de la lutte contre la délinquance forcés de partager leur « expertise » avec des « amateurs » mal informés ou développant des attentes irréalistes sur lesquels il convient d'exercer un contrôle strict.

Certaines organisations policières ont poussé le concept de mobilisation plus loin en instituant des programmes de volontaires policiers. Le recours au volontariat est une pratique relativement répandue aux États-Unis où elle concerne 13% des forces de police (AARP 1994: 1), et en Grande-Bretagne où il existe depuis le début du XIX\e siècle sous la forme des *Special constables* (Gill et Mawby 1990; Hobbs 1997). On retrouve également quelques initiatives au Canada et en Australie, où les syndicats ont cependant exigé que les volontaires n'empiètent pas sur les fonctions réservées aux policiers. Après une formation rudimentaire de quelques semaines, les volontaires, qui portent parfois un uniforme rappelant celui de la police, sont affectés dans chaque poste de police à des tâches administratives ou de secrétariat. On voit également parfois des volontaires venir renforcer les programmes d'assistance aux victimes, mettre sur pied des actions éducatives et de prévention ou encore assister à des interrogatoires afin de traduire les propos de témoins, suspects ou de victimes.

La place du volontariat policier dans la rhétorique de la police communautaire dépasse largement le cadre restrictif d'un supplément de main-d'œuvre gratuite affecté aux tâches ingrates. Par leur présence au cœur de l'administration policière, les volontaires assument une fonction de représentation de la communauté, s'assurant en son nom de la conformité du travail policier aux attentes de la société civile. Il n'est bien sûr pas question pour les volontaires de demander des comptes sur des incidents particuliers, mais leur seule présence symbolise l'œil attentif auquel même les murs épais du poste de police ne peuvent soustraire les agents de la force publique, même si on peut imaginer une très forte identification de leur part à l'ethos policier et à ses aspects les plus discutables. Au-delà d'une nouvelle forme subtile d'*accountability*, les volontaires policiers permettent également de renouveler la nature des contacts avec les membres vulnérables de la communauté, tels que les victimes ou les personnes ayant traditionnellement un contact plus conflictuel avec la police.

Une dernière forme de mobilisation concerne les pratiques de dénonciation téléphonique organisées par la police et relayées massivement par les médias. On quitte là les idéaux d'une communauté harmonieuse, véhiculés par les tenants de la police communautaire. La dénonciation des activités délictuelles de son voisin correspond mal, en effet, à l'image d'une société dans laquelle l'élément criminel proviendrait forcément de l'extérieur, et contre lequel le voisinage devrait se liguer et offrir un front uni. Dans les pays ayant connu des régimes autoritaires ou des occupations militaires, la pratique de la délation est également chargée de rappels douloureux et relève quasiment du tabou social (Brodeur et Jobard 2005). Concrètement, des lignes téléphoniques permanentes destinées à recueillir les dénonciations anonymes du public et à récompenser financièrement les informations ayant conduit à l'arrestation d'une personne opèrent sous le nom de *Crime Stoppers* ou Info-Crime au Québec[4].

On vient de montrer comment les changements attendus de l'établissement de nouveaux rapports avec le public dans le cadre de la police communautaire n'ont pas porté tous les fruits escomptés, aussi bien par un manque d'intérêt de la part de la population que par une certaine indifférence dans les rangs policiers, dans lesquels l'enthousiasme des dirigeants pour un partage des responsabilités dans la lutte contre le crime est loin de faire l'unanimité. Les structures de consultation et de mobilisation du public décrites dans les lignes précédentes n'ont que marginalement modifié la nature du travail policier et son organisation. Au contraire, les deux derniers piliers de la police communautaire reposent sur un changement structurel des organisations policières destiné à améliorer leurs réponses aux besoins de la population.

L'ADAPTATION LOCALE

L'organisation bureaucratique pyramidale et fortement centralisée caractéristique des institutions policières fut rapidement identifiée comme l'une des causes majeures ayant creusé le fossé entre les services offerts et les attentes du public. La dimension locale représente un défi difficile à relever pour les administrations policières centralisées qui craignent par-dessus tout l'établissement de liens trop familiers pouvant dériver vers des tentations de

---

4. Financées par les compagnies d'assurances, les récompenses s'élèvent généralement à quelques centaines de dollars par affaire. D'après les statistiques de *Crime Stoppers International*, l'association qui fédère les 1500 programmes de délation dans le monde, plus de 620 000 personnes auraient été arrêtées depuis le lancement de cette initiative en 1976, et 97,5 millions de dollars US de récompenses auraient été versés aux délateurs, permettant la saisie de 1,5 milliard de dollars US en biens volés.

corruption entre leurs agents et la population. Afin de dépasser cette impossibilité structurelle à offrir un service différencié et ajusté aux exigences locales, les dirigeants policiers de nombreux services engagèrent dès la fin des années 1980 le chantier de la décentralisation. Par une contraction de la chaîne hiérarchique et la concession d'une forte autonomie opérationnelle et administrative, les services de police pensaient pouvoir se défaire des pesanteurs qui entravaient les actions de consultation et de collaboration avec la communauté (Bennett 1994: 229; Skogan 1995: 87).

Au niveau opérationnel, le découpage géographique plus fin des territoires desservis par la création de postes de quartiers, de *beats* ou d'îlots, auxquels sont systématiquement affectés les mêmes policiers, relève d'une volonté similaire d'adaptation. La présence en uniforme de personnes connues des habitants du quartier et l'intensification des patrouilles pédestres ou à vélo destinées à les rendre plus accessibles au public rendent ce mode d'interaction plus personnalisé et moins réactif. Il permet également aux agents d'acquérir une connaissance plus approfondie de leur environnement et de ses problèmes. Cette stratégie tourne résolument le dos aux patrouilles motorisées sans itinéraire prédéfini qui se tiennent prêtes à intervenir sur les appels provenant du central radio ou à surprendre en flagrance un criminel malchanceux. Chaque îlot n'étant patrouillé que par un nombre réduit de policiers, ces derniers se voient encouragés à en assumer la «propriété». Appuyés par les services spécialisés d'enquête et d'intervention, ils identifient les problèmes récurrents et veillent à la mise en œuvre des stratégies opérationnelles de police communautaire pour la zone dont ils sont responsables. On reviendra sur la police axée sur la résolution des problèmes et sur son intégration dans la police communautaire, mais on peut d'ores et déjà signaler le lien étroit qui la rattache à cette meilleure connaissance des dynamiques délinquantes locales. L'une des premières expériences d'îlotage menée et évaluée se déroula à Flint (États-Unis) en 1979 (Trojanowicz 1982). Ce modèle se propagea ensuite rapidement dans le reste du monde anglosaxon. En Angleterre, cette stratégie fut adoptée avec enthousiasme par des forces de police qui venaient d'introduire des mesures d'économies d'essence en période de crise pétrolière (Weatheritt 1993: 127).

Ces mesures, si elles ont globalement permis de restaurer une partie de la confiance du public dans la police, se sont également avérées être de véritables casse-tête organisationnels pour des services qui n'ont jamais véritablement réussi à élaborer de formule économétrique de la distribution géographique idéale des postes de police et de leurs effectifs (Maguire 2003: 215). L'exemple de la police de Montréal est à cet égard instructif: après qu'elle fut passée en 1996-1998 d'une structure reposant sur 23 districts à un modèle de police de quartier s'appuyant sur 49 postes de quartiers (PDQ), des ajustements furent réalisés en 2004 afin de remédier à la déconnexion créée entre les policiers en uniforme des PDQ et les enquêteurs relevant de 4 centres opérationnels (CO) qui apportaient chacun leur soutien à une douzaine de postes de quartier[5]. Cette «optimisation» était également destinée à renforcer les effectifs trop faibles de chaque poste et à améliorer la qualité de la supervision qui pâtissait d'une trop forte décentralisation initiale. Aujourd'hui, 39 PDQ ont vocation à offrir des services aux 49 zones géographiques de la réforme initiale. Par ailleurs, comme dans bien d'autres cas, la décentralisation s'est accompagnée d'un écrasement de la pyramide hiérarchique, l'objectif étant d'accélérer les processus de prise de décision. Cela priva cependant subitement d'une promotion attendue un nombre important de gradés qui se trouvaient pris dans cette compression organi-sationnelle. La résistance qui en découla ainsi que l'épuisement profes-sionnel des cadres qui devaient transformer l'organisation dans un laps de temps réduit, furent également mentionnés à de multiples reprises dans les évaluations effectuées dans le cadre de cette réforme. Malgré ces tâtonne-ments, les mesures de décentralisation connaissent un grand succès parmi la population, qui réclame toujours plus de services de proximité répondant à des besoins locaux comme l'application stricte des limitations de vitesse dans les quartiers résidentiels ou la lutte contre les incivilités, pour n'en nommer que deux. Si une présence policière plus visible est souvent réclamée, la police de résolution des problèmes peut également apporter des solutions durables et peu onéreuses à des phénomènes de délinquance récurrente.

LA RÉSOLUTION DES PROBLÈMES

La nature de la relation entre la police de résolution et la police communautaire a donné lieu à des débats qui ont bien été résumés par Jean-Paul Brodeur: alors que la position *différentialiste* insiste sur les réalités opérationnelles spécifiques de chaque modèle, la position *intégra-trice* préconise plutôt une alliance stratégique. La troisième conception, plus *pragmatique*, amalgame les deux approches (Brodeur 2003: 175). Celle-ci étant de loin la plus répandue parmi les praticiens, on a pris le parti dans ce chapitre d'aborder la police de résolution des problèmes comme l'une des composantes de la police communautaire.

À travers l'énoncé fait des trois premiers piliers de la police commu-nautaire, nous avons démontré que si les relations entre la police et la population avaient connu un certain renouveau à travers la mise en œuvre de programmes de consultation, de mobilisation et d'adaptation, les effets concernant la diminution de la peur du crime et la réduction de la crimi-nalité n'avaient jamais pu être démontrés de manière consistante et scien-tifique. Parmi toutes les activités associées à la police communautaire, les stratégies axées sur la résolution des problèmes semblent être les plus

---

5. Ces analyses de la réforme de la police de quartier à Montréal nous ont été communiquées par Dominique Monjardet dans le cadre d'une recherche compa-rative Montréal-Paris.

prometteuses. Théorisée d'abord par Herman Goldstein dans deux ouvrages de référence (1977; 1990), puis développée parallèlement par John Eck et William Spelman (1987), la police axée sur la résolution des problèmes repose sur des prémisses dont on peut s'étonner qu'il ait fallu attendre si longtemps pour les voir émerger.

Sans reprendre en détail les arguments développés par Goldstein, Eck et Spelman, on se bornera à rappeler que la police axée sur la résolution des problèmes dresse le constat de la fragmentation et du légalisme procédural des réponses policières aux problèmes soulevés par la société, empêchant que la fin prenne le pas sur les moyens estimés nécessaires pour les résoudre. La stratégie traditionnelle des forces de police consiste à déployer des effectifs de manière à ce qu'ils puissent répondre le plus rapidement possible aux appels du public, avant de se remettre à la disposition du centre de commandement afin de renouveler ce cycle permanent. Cette focalisation des ressources sur un chapelet interminable d'incidents isolés les uns des autres ne permet alors pas d'identifier et de traiter les problèmes récurrents dont ils sont la manifestation. La solution proposée recommande un changement radical de l'état d'esprit policier passant par une conception analytique et proactive des problèmes de toute nature pour lesquels on fait appel à l'institution policière. Il est ici nécessaire d'insister sur la variété des problèmes pouvant requérir l'attention de la police, et pas seulement ceux qui sont immédiatement sanctionnés par des dispositions légales répressives.

Goldstein suggère ainsi qu'une telle démarche doit passer par le regroupement d'incidents isolés en catégories plus vastes de problèmes, qui reflètent des tendances bien connues des criminologues comme la victimisation à répétition, les points chauds (*hotspots*) du crime, la délinquance multirécidiviste, l'attractivité de certains biens, la vulnérabilité de certains groupes de victimes ou la saisonnalité de certaines formes de crimes (Tilley et Laycock 2002). Il préconise ensuite d'élargir la conception des problèmes relevant du travail policier, afin de ne plus se limiter aux seuls incidents faisant l'objet d'une qualification pénale. Ce décloisonnement vise à faire prendre conscience aux policiers de l'importance des caractéristiques géographiques, sociales ou économiques de la délinquance, et d'y apporter des réponses novatrices qui privilégient les résultats évaluables et la constitution d'une expertise multidisciplinaire. Ce rejet à peine voilé de l'orthodoxie répressive accorde par ailleurs une large place à des initiatives de coopération et de partenariat impliquant d'autres groupes d'experts comme les travailleurs sociaux, les services municipaux, les entreprises et les divers acteurs publics.

Bien sûr, les policiers ont, de tout temps, résolu les problèmes qui se posaient à eux, formellement ou de manière informelle, mais cette nouvelle approche se distingue, selon ses défenseurs, des répertoires d'action *ad hoc* du passé à trois niveaux. D'abord, la résolution des problèmes serait transférée de la périphérie policière à son centre, devenant l'élément de référence des stratégies policières. Ensuite, ce modèle ne concernerait plus seulement une minorité d'unités spécialisées mais deviendrait au contraire un état d'esprit caractérisant l'ensemble des agents de l'organisation. Enfin, cette approche rejetterait les réponses toutes faites et ne se fondant que sur des préjugés invérifiés au profit d'une analyse objective et quasi scientifique des problèmes à résoudre (Eck et Spelman 1989 : 96).

L'expérience menée en 1983 à Newport News sous la direction du *Police Executive Research Forum* fut l'un des premiers projets visant à intégrer les méthodes de police par la résolution des problèmes aux modes de fonctionnement traditionnels d'un service de police et à développer un modèle d'analyse des problèmes (Eck et Spelman 1987: 39). Le second projet, baptisé *Repeat Calls Address Policing* ou RECAP, testa à Minneapolis, en 1987, le potentiel des méthodes de la police axée sur la résolution des problèmes pour réduire la charge de travail des policiers, en identifiant les personnes et les lieux requérant une présence policière disproportionnée (Sherman 1989). Ces appels furent ensuite analysés à l'aide du modèle de résolution des problèmes développé par l'Institut National de la Justice américain et connu sous l'acronyme SARA. Chaque lettre désigne une étape du modèle : *Scanning*, où le problème à résoudre est sélectionné et décrit; *Analysis*, qui implique la recherche des causes ou des conditions directes et indirectes qui provoquent ou qui influencent le problème; *Response*, qui appelle des mesures stratégiques précises; et *Assessment*, afin de mesurer les effets de la réponse sur le problème. Un deuxième outil est utilisé pour délimiter les problèmes ciblés : le triangle d'analyse des problèmes (TAP), parfois aussi désigné «triangle du crime» (Tilley 2003: 320). Chaque côté du triangle représente une facette du problème considéré, c'est-à-dire le délinquant ou une série de plaintes, une victime (individuelle ou collective) et un lieu (défini par des caractéristiques spatiales et temporelles). On notera de nombreuses affinités entre la police par résolution des problèmes et la prévention situationnelle, sans toutefois que l'on puisse réduire l'une à l'autre.

Malgré les nombreux projets pilotes de résolution des problèmes menés aux États-Unis, au Royaume-Uni, au Canada ou en Australie, et les évaluations quasi expérimentales ayant démontré leur potentiel de réduction de la criminalité, des désordres et du sentiment d'insécurité (Sherman et autres 1997: 404; Skogan et Frydl 2000: 245), l'application de cette méthodologie n'a jamais été intégrée de manière durable au travail policier, qui reste encore hautement dépendant des appels du public. Malgré le soutien ostensiblement accordé par les gestionnaires policiers aux expérimentations de la police axée sur la résolution des problèmes, les institutions policières ont du mal à se départir de leur conservatisme en matière d'organisation du travail et de l'offre de services jugés intangibles. De plus, la discipline et les relations hiérarchiques axées sur la sanction qui caractérisent les organisations policières rendent «dangereuse», aux yeux des agents qui la mettent en œuvre, une technique qui repose plus sur un état d'esprit autonome que sur une procédure bureaucratique d'application uniforme. Dans un tel environnement, la crainte de se voir exposé aux critiques ou de devoir assumer les échecs d'une solution inadéquate participe insidieusement au renforcement d'une certaine inertie qui limite la diffusion des innovations vers le bas.

Sur le plan externe, Eck et Spelman (1987 : 48) soulignent une autre objection de taille provenant cette fois des partenaires potentiels de toute résolution. Le redécoupage de la carte administrative entraîné par cette annexion policière de l'ensemble des problèmes sociaux, et l'approche «totale» que la police par la résolution des problèmes implique, est en effet susceptible de dévoiler les échecs de certains services sociaux ou de certaines administrations à s'acquitter de leur mission. L'indispensable collaboration risque alors de se transformer rapidement en un dialogue de sourds, voire en un conflit larvé entre d'un côté, une police soucieuse de mettre ses partenaires face à leurs responsabilités et, de l'autre, des administrations soupçonnant cette dernière de «braconner» sur leurs terres. La boîte de Pandore que menace d'ouvrir la police par la résolution des problèmes incite ses prescripteurs à une prudence qui confine parfois à l'inaction.

Leigh, Reid et Tilley tirent des conclusions similaires de leur évaluation d'initiatives semblables aux États-Unis et au Royaume-Uni à la fin des années 1990 : des principes de départ ouvrant la voie à une police plus réflexive et possédant un réel potentiel de réussite ne peuvent espérer produire d'effets notables que si certaines conditions préalables se trouvent réunies (Leigh et autres 1998 : 54). Parmi celles-ci, on peut relever la nécessité de disposer d'un système informatique adapté alimenté régulièrement en données fiables, un engagement inconditionnel de tous les échelons hiérarchiques de l'organisation, un système d'incitation et de contrôle convenant à cette nouvelle organisation du travail, la mise en place d'un programme de formation approprié, la sélection des individus les mieux qualifiés pour mener cet effort, l'aménagement d'un outil de «mémoire» permettant d'enregistrer les réussites et les échecs survenus pendant le processus et, enfin, la volonté de s'accorder plusieurs années avant de prononcer un jugement définitif sur l'efficacité de la méthode.

Ces conditions préalables peuvent être étendues aux programmes de police communautaire, comme l'ont noté David Bayley et Jerome Skolnick (1991 : 49). Ils dressent aussi une liste d'obstacles à surmonter afin d'espérer obtenir des résultats durables. Les plus saillants sont la persistance de cultures policières s'appuyant sur une vision du monde fortement stéréotypée, le manque de maturité émotionnelle de policiers recrutés au sortir de l'adolescence, la pression constante exercée sur le travail policier par les appels d'urgence et les limites des ressources financières et humaines accordées aux services de police. Ils mettent également en garde contre des modes de gestion monolithiques, l'inertie des syndicats policiers qui est renforcée par le monopole qu'ils exercent fréquemment dans la représentation policière dans les pays anglo-saxons, la structure pyramidale de commandement qui freine une réelle décentralisation de la prise de décision, l'absence d'un outil d'évaluation novateur permettant de prendre en compte la dimension préventive et proactive de la police communautaire, les attentes

parfois plus répressives qu'on ne le pense de la communauté, la comparti-
mentation fonctionnelle des services de police et, pour finir, l'ambiguïté du
concept de communauté.

LA COMMUNAUTÉ : UN CONCEPT ANACHRONIQUE DANS LES SOCIÉTÉS OCCIDENTALES CONTEMPORAINES ?

Ce dernier obstacle, auquel Bayley et Skolnick attribuent une importance équivalente aux précédents, qui relèvent pourtant d'une dimension
plus pratique que théorique, paraît toutefois rédhibitoire. On peut d'ailleurs
se demander si les auteurs cités précédemment n'ont pas voulu minorer
cet empêchement absolu en avançant des considérations plus techniques.
Le raisonnement sur lequel repose la théorie de la police communautaire
paraît construit sur un sol meuble : il est en effet difficile de savoir de quelle
communauté on parle. S'agit-il d'une communauté qui engloberait de façon
indifférenciée tous les membres d'une société ou au contraire d'une communauté de dimension bien plus modeste qui rassemblerait les habitants d'une
unité sociale ou géographique homogène telle qu'un quartier, voire une rue ?
Quel mode d'intégration retenir dans les définitions employées ? Les théoriciens de la police de type communautaire ne le disent pas et se contentent
d'un flou conceptuel, qui a toutefois pour caractéristique principale de ne
jamais associer à la « communauté » une connotation péjorative. Dans cet
emploi, la communauté est chargée de valeurs positives de confiance et
de coopération, induites par l'illusion d'un partage de valeurs, d'intérêts,
d'identités, de demandes et d'attentes communes (Manning 1988 ; Buerger
1994 ; Fielding 1995 ; Crawford 1997). Cette vision holiste et tendant vers un
fétichisme idéologique est remise en question dans les faits par les revendications des communautés visibles dont on a décrit l'émergence.

La diversité des modes de vie, de travail, de déplacement, l'entrela-
cement et les multiples niveaux de connexion des réseaux sociaux et technologiques participent inexorablement à la délitescence d'une communauté
unique, pour constituer une myriade de communautés temporaires aux
intérêts fragmentés et parfois opposés. Dans cet environnement hautement
fluctuant, il devient difficile à la police d'identifier une communauté
englobant tous les membres de la société ou même d'un espace donné, et *a
fortiori* de désigner des représentants légitimes de cette communauté comme
interlocuteurs privilégiés. Les communautés géographiques sont trans-
cendées par des communautés d'intérêts qui rendent nécessaire une segmentation des mesures proposées par la police[6]. Par ailleurs, les quartiers faisant
face aux problèmes de criminalité les plus graves sont également ceux où les

---

6. Et qui peuvent s'adresser à des segments du « marché » communautaire tels que
les personnes âgées, les petits commerçants, les entreprises de sécurité privée, les
sociétés de taxis, les femmes, les étudiants, les acteurs du secteur de la santé, les
victimes de crimes, les minorités ethniques, etc.

relations entre les divers groupes de résidants concernant l'accès aux espaces publics, les comportements acceptables et la présence policière sont extrêmement conflictuelles (Tilley 2003: 315).

D'autre part, cette conception naïve de la communauté n'est pas dénuée de risques quant au maintien des valeurs démocratiques. L'encouragement à la formation de groupes de consultation ou de surveillance de voisinage, relayé par la police auprès des citoyens, entraîne ces derniers à se regrouper en «clubs», dont la préoccupation principale est l'amélioration de la sécurité d'un quartier ou d'un groupe d'immeubles (Crawford 2006). La recherche par ces associations de solutions s'appuyant sur des ressources locales, dans un effort de coproduction de sécurité en conjonction avec les administrations spécialisées, se paye de l'exclusion des membres de la société qui ne peuvent contribuer à l'objectif commun. Les personnes «à problèmes» ou qui ne peuvent contribuer à son bon fonctionnement en raison de leur «déficit» culturel, économique ou moral, sont alors écartées du partage de ses bénéfices. Les processus de consultation et de prise de décision rattachés aux politiques publiques de sécurité échappent à un segment entier de la population qui est exclu de la communauté telle qu'elle est conçue dans la théorie de la police communautaire. De tels mécanismes participatifs, qui font référence à des valeurs positives et intégratives, peuvent en réalité constituer les vecteurs d'une fragilisation de la cohésion sociale et d'un renforcement des inégalités face à la sécurité et à la justice. Peter Grabosky (1992: 266) et Herman Goldstein (1987: 25) évoquent même le spectre de demandes violant les libertés publiques, qui pourraient être transmises par la communauté à la police à travers les procédures de consultation évoquées précédemment. Le premier suggère, pour surmonter ce risque, la mise en place de systèmes d'équilibre et de compensation dont il reste encore à délimiter les contours.

En conclusion, il serait facile de dresser un bilan plutôt négatif de la police communautaire et des stratégies qu'arbore son étendard, devant le peu de résultats obtenus et les évaluations décevantes dont on dispose. Toutefois, au-delà d'une analyse utilitariste de courte portée, force est de reconnaître que la philosophie de la police communautaire a profondément et durablement changé les paramètres du travail policier, qu'il s'agisse de la relation avec les citoyens, d'une plus grande transparence vis-à-vis des instances de contrôle externe ou encore des manières d'appréhender la criminalité à fort volume et à faible impact. Si la police communautaire est aujourd'hui concurrencée par de nouvelles modes organisationnelles telles que la police de tolérance zéro ou la police axée sur le renseignement criminel, toutes partagent le même objectif d'une utilisation plus efficace de ressources policières limitées, dans un souci de satisfaction du public. Dans ce contexte, on peut légitimement se demander s'il ne serait pas plus approprié d'abandonner purement et simplement une terminologie encombrante qui ne fut jamais capable d'articuler une théorie suffisamment cohérente de la myriade de programmes ayant revendiqué cette filiation unique. Cela permettrait de se concentrer plutôt sur un modèle de police démocratique attaché à des valeurs essentielles comme la représentativité, l'*accountability*, la participation citoyenne (aussi imparfaite soit-elle), l'équité et le professionnalisme, dont la mise en œuvre incrémentale se ferait en tenant mieux compte des contingences et des capacités locales. À un modèle de police communautaire relevant du «prêt-à-porter» ou du *one size fits all* cher à nos amis anglophones, se substitueraient des réformes faites «sur mesure» qui répondraient mieux aux particularités de la criminalité et aux attentes des usagers et des policiers eux-mêmes. Moins dépendantes des modes organisationnelles qui déferlent sur le monde policier à intervalles réguliers, ces adaptations locales auraient pour avantage non négligeable de s'inscrire dans une durée plus longue et plus propice à des améliorations successives. Ce sont justement ces conditions favorables qui ont fait le plus grand défaut au modèle de police communautaire et de résolution des problèmes.

CHAPITRE 7

Les évaluations de l'efficacité des interventions policières : résultats des synthèses systématiques

▶ ÉTIENNE BLAIS ET MAURICE CUSSON

La police parvient-elle à faire reculer la criminalité à laquelle elle s'attaque ? Cette question interpelle, car elle pose le problème de la capacité des corps policiers à remplir leur mandat et à produire de la sécurité. Impossible d'y répondre sérieusement sans un corpus d'évaluations compétentes. Or, celui-ci existe : en 2007, nous disposons d'une centaine de recherches évaluatives crédibles sur les interventions policières. Le propos de ce chapitre est de résumer les conclusions des synthèses systématiques de ces évaluations.

L'ère de l'évaluation scientifique de l'action policière débuta par une mauvaise nouvelle, avec le compte rendu, en 1974, d'une recherche qui remettait gravement en question l'utilité de la patrouille préventive. Dans 15 zones de police de Kansas City, 3 dosages de patrouilles furent répartis aléatoirement. Dans les cinq premières zones, on maintint le niveau habituel de patrouilles. Dans cinq autres zones, on ajouta deux à trois fois plus de voitures de patrouille qu'habituellement. Enfin, dans les cinq autres zones, on élimina purement et simplement les patrouilles préventives : les policiers n'intervenaient plus qu'en cas d'appel de service. Résultat : les évaluateurs ne trouvèrent aucune différence statistiquement significative de la criminalité d'un niveau à l'autre de patrouille (Kelling et coll. 1974 ; Kelling dans Brodeur et Monjardet, dir. 2003 : 191-228). D'autres évaluations devaient suivre avec des résultats aussi déprimants. Ainsi, Brown et Spelman (1984) rapportent que l'amélioration du temps de réponse aux appels de service n'affecte aucunement les taux d'arrestation des suspects. De tels constats conduisirent des criminologues renommés à récuser l'hypothèse selon laquelle les interventions policières auraient un effet sur la criminalité (Gottfredson et Hirschi 1990 ; Bayley 1994).

Le renversement de perspectives survint quand les logiciels de géocriminologie permirent aux chercheurs américains d'identifier rapidement et avec précision les points chauds du crime, c'est-à-dire les endroits responsables de la majorité des appels de service et de la criminalité enregistrés sur un territoire. Cela conduisit à développer des programmes de réduction de la criminalité ciblés sur ces points chauds dont les résultats s'avérèrent encourageants (Braga et coll. 1999 ; Braga 2001).

Même si des évaluations récentes montrent que certaines opérations policières réduisent la criminalité, une telle conclusion ne manque pas d'être remise en question. Les deux objections les plus sérieuses portent, d'une part, sur le manque de validité interne des résultats, c'est-à-dire sur la possibilité que les effets observés soient causés par d'autres facteurs que l'opération elle-même et, d'autre part, sur la difficulté de généraliser des conclusions portant sur une intervention à l'ensemble des interventions appartenant à cette catégorie (Weisburd et Taxman 2000 ; Weisburd et coll. 2001).

Stimulés autant par les résultats positifs décelés par certaines évaluations que par la controverse qui s'ensuivait, les chercheurs ont réalisé depuis quelques années des évaluations en nombre suffisant pour qu'il soit utile d'en faire le bilan. Un mouvement est alors né qui insiste non seulement sur l'importance d'un protocole d'évaluation rigoureux, mais aussi sur la nécessité de synthèses systématiques. C'est ainsi que le Campbell Collaboration Group a récemment mis sur pied la division Crime and Justice Group afin de stimuler l'évaluation des programmes et la synthèse des connaissances (Wilson 2001 ; Farrington et Petrosino 2001).

Ce chapitre poursuit trois objectifs complémentaires. Dans un premier temps, il répond à la question suivante : quelles règles méthodologiques doivent être respectées pour démontrer qu'un programme réussit ou non à faire reculer la criminalité ? Dans un deuxième temps, il présente les méthodes grâce auxquelles les chercheurs peuvent énoncer des propositions générales sur l'efficacité d'une catégorie de programme. Finalement, dans la section la plus importante, il fait état de deux bilans de synthèses systématiques et de méta-analyses d'évaluations afin de découvrir les types de programme qui, de manière générale, sont efficaces et ceux qui s'avèrent inefficaces.

LES CONDITIONS D'UNE ÉVALUATION VALIDE

Pour satisfaire aux exigences de l'évaluation scientifique, le chercheur doit d'abord pouvoir mesurer correctement aussi bien le résultat de l'opération (la variable dépendante) que l'intervention elle-même (la variable indépendante). Le résultat, c'est la manifestation criminelle à laquelle le programme policier s'attaque, par exemple le nombre de vols de véhicules automobiles ou d'accidents mortels liés à l'excès de vitesse. Ces incidents doivent être dénombrés de manière exacte, fiable et constante (ce qui présente souvent des difficultés considérables).

Il importe aussi de décrire précisément la nature de l'intervention mise en place par les policiers (voir Cusson et coll. 1994). L'évaluateur vérifie que l'opération s'est déroulée comme prévu et avec l'intensité suffisante. Comment les policiers sont-ils intervenus exactement? Combien de fois? Qui étaient leurs partenaires et ceux-ci ont-ils joué leur rôle? Quand l'intervention a-t-elle débuté? Combien de temps a-t-elle duré? Une fois l'intervention décrite avec précision et le résultat bien mesuré, il faut faire face au problème de la validité interne.

La notion de validité interne fait référence aux procédures qui permettront d'assurer que l'éventuelle baisse de la criminalité est réellement attribuable au programme et non à des facteurs externes. Dans les évaluations qui nous intéressent, une intervention policière est considérée comme une expérience : on introduit un changement dans la réalité pour en étudier les effets. Par exemple, les policiers font installer des photos radars sur une route, puis le chercheur compare le nombre d'accidents avant et après cette intervention. Si celle-ci est efficace, une baisse des accidents devrait être observée. Toutefois, la validité interne des résultats varie en fonction des protocoles d'évaluation. Trois types de protocoles sont employés, soit les devis reposant sur des comparaisons avant/après sans groupe témoin, les devis quasi expérimentaux et les devis expérimentaux avec randomisation complète.

1. La comparaison avant/après est nécessaire pour savoir si, et jusqu'à quel point, le problème à résoudre s'est résorbé. Mais la plupart du temps, en l'absence de groupe témoin, cette comparaison ne permet pas d'affirmer que l'éventuelle amélioration observée est due à l'intervention et non à d'autres facteurs. Cependant, même sans groupe témoin, il arrive qu'un changement puisse être légitimement attribué à l'intervention. C'est ainsi que, au Danemark en 1944, les forces d'occupation allemande arrêtèrent tous les policiers parce que les nazis les soupçonnaient de complicité avec la résistance. Durant les 7 mois suivants, à Copenhague, les vols à main armée furent multipliés par 10 (Andenaes 1974). Devant un effet aussi massif, le chercheur aura de bonnes raisons de soutenir que la mise hors jeu des policiers danois a été le principal facteur de l'augmentation de la criminalité.

Il n'en reste pas moins que les simples comparaisons avant/après n'autorisent généralement pas de conclusion ferme (Weisburd et coll. 2001 ; Sherman et coll. 1997). Elles ne permettent pas de distinguer l'effet du programme de celui de la tendance de la criminalité observée sur d'autres unités géographiques. Comment savoir si c'est bien le programme qui a réduit le nombre de crimes ou si cette diminution s'inscrit dans une diminution générale de la criminalité sur l'ensemble du territoire?

2. Les schèmes quasi expérimentaux consistent à implanter un programme sur un territoire et à comparer la criminalité observée après l'intervention à celle que l'on constate dans un groupe témoin. Les facteurs susceptibles d'influer sur la criminalité sont contrôlés par des analyses

statistiques (Weisburd 2003; Welsh et Farrington 2005). L'évolution du groupe témoin informe le chercheur sur ce qui serait arrivé au groupe expérimental s'il n'avait pas fait l'objet de l'intervention. Il permet d'établir que c'est bien l'intervention qui est la cause d'une éventuelle réduction de la criminalité et non pas d'autres facteurs comme les variations saisonnières. Par exemple, Grandmaison et Tremblay (1997) ont utilisé un protocole quasi expérimental pour évaluer l'effet des caméras de surveillance dans 13 stations du métro de Montréal sur la criminalité. Les auteurs ont créé un groupe témoin constitué de stations sans caméra tout en contrôlant, lors de leurs analyses, l'achalandage et la tendance de la criminalité. Leurs analyses établissent que les caméras n'ont pas réussi à réduire la criminalité.

3. En matière d'évaluation scientifique, les expérimentations avec distribution aléatoire atteignent les plus hauts standards de qualité (Campbell et Stanley 1966; Farrington 1983; Weisburd et Taxman 2000; Weisburd 2003 et 2005). La randomisation des unités d'analyse dans les groupes témoin et expérimental permet de garder les effets des autres facteurs constants et garantit ainsi que les variations dans les taux de criminalité sont réellement attribuables à l'intervention. Cette méthode garantit également que ces changements ne sont pas attribuables aux manipulations statistiques, ce qui n'est pas toujours le cas dans les protocoles quasi expérimentaux.

Pour évaluer l'effet de trois interventions sur la violence conjugale, Sherman et Berk (1984) ont eu recours à une expérimentation avec randomisation. Les policiers qui répondaient à des appels pour violence conjugale étaient assignés aléatoirement à l'un des modes d'intervention suivants : 1) avertir le suspect, 2) lui demander de quitter les lieux, 3) l'incarcérer brièvement. Les résultats démontrent que l'incarcération brève prévient davantage la récidive que la séparation des parties. Les taux de récidive étaient de 26% en cas de séparation des parties et de 13% quand le suspect était incarcéré.

Bien qu'il apparaisse comme la règle d'or de l'évaluation, le protocole expérimental avec randomisation est très difficile, souvent même impossible à réaliser. Lors de l'implantation du programme, l'intégrité du protocole ne peut pas toujours être respectée, car les autorités policières ne se résignent pas facilement à laisser le hasard déterminer où et comment il faut intervenir. Il est alors impossible de déterminer si le résultat est attribuable au programme ou au non-respect du protocole.

COMMENT GÉNÉRALISER SUR L'EFFICACITÉ D'UN TYPE DE PROGRAMME?

L'ambition de l'évaluation n'est pas seulement de savoir jusqu'à quel point telle intervention particulière fut ou non un succès, mais encore de pouvoir avancer qu'une catégorie de programme est généralement efficace quand celui-ci est adéquat et bien mis en œuvre. Or, le succès d'un programme donné peut dépendre des caractéristiques du site dans lequel il a été mis en œuvre ou des individus qui ont été touchés par l'intervention. Par exemple, si dans leur première expérimentation à Minneapolis Sherman et Berk (1984) constatent que l'incarcération brève réduit la récidive des conjoints violents, les évaluations subséquentes réalisées dans d'autres villes ne le confirment pas toutes. Parfois, l'incarcération produit même les effets opposés, c'est-à-dire une augmentation de la récidive chez certains suspects (voir Sherman et coll. 1992 ; Garner et coll. 1995). Il paraît donc illégitime de se prononcer sur l'efficacité d'un type d'intervention en ne se fondant que sur une seule étude. Plusieurs évaluations s'imposent donc. Et il faut aussi des règles pour généraliser, c'est-à-dire pour étendre les conclusions sur l'efficacité d'un certain nombre d'évaluations d'un type de programmes à l'ensemble des programmes de ce type.

Les évaluateurs des actions policières ont utilisé deux méthodes pour asseoir leurs affirmations sur l'efficacité générale d'une catégorie de programme : la reproduction et la méta-analyse. La reproduction consiste à mettre sur pied de nouveau, et dans un autre endroit, un programme qui a déjà été implanté et évalué une première fois. Lorsque les évaluations de plusieurs programmes ainsi répétées arrivent aux mêmes résultats, la généralisation ne pose pas de problème : le programme est efficace ou non. La situation est plus épineuse quand les résultats ne sont pas concordants. Les reproductions comportent au moins deux limites. D'abord, il est très difficile d'implanter à l'identique un programme dans un nouvel endroit. Et l'environnement socio-économique n'est jamais tout à fait le même. Il devient dès lors impossible de distinguer les effets du programme de ceux qui résultent de l'environnement socio-économique ou des ressources déployées (Weisburd et Taxman 2000). Autre limite, les évaluations reposent presque toujours sur un nombre restreint d'observations, ce qui affecte leur puissance statistique, c'est-à-dire leur sensibilité à détecter les effets d'un programme (Lipsey 1990 ; Weisburd 1993). Un protocole de recherche qui a une faible puissance statistique risque de ne pas détecter de différence statistiquement significative entre les groupes témoin et expérimental, même si le programme est efficace. Ainsi, les reproductions d'expérimentations ne permettent pas de régler les problèmes de puissance statistique et représentent conséquemment une méthode chancelante pour se prononcer sur les effets généraux d'un type de programme (Wilson 2001).

La méta-analyse représente la deuxième manière de fonder des propositions sur l'efficacité générale d'un type de programme (Weisburd et Taxman 2000). Dans la méta-analyse, chaque étude est une unité d'analyse et on remédie au problème de puissance statistique par l'intégration des résultats de chaque étude dans une même analyse globale (Wolf 1986 ; Wilson 2001). Les programmes doivent être similaires et la variable dépendante ainsi que la méthode d'analyse statistique doivent être identiques d'une étude à l'autre. De plus, les protocoles de recherche doivent être suffisamment rigoureux afin d'assurer la validité des résultats.

La méta-analyse exige d'abord une recension systématique de la littérature empirique afin de repérer l'ensemble des études et de les codifier selon des critères précis. Welsh et Farrington (2005: 342-343) énoncent les sept principes à respecter dans la synthèse systématique des écrits dont fait partie la méta-analyse: 1. Les objectifs de la synthèse sont précisés. 2. Les chercheurs énoncent les critères d'inclusion des documents. 3. Ils définissent leur stratégie de repérage des documents: les bases de données consultées, les mots clés utilisés, etc. 4. Chaque étude est analysée en fonction des critères d'inclusion et d'exclusion sur lesquels les chercheurs s'expliquent. 5. Ceux-ci codifient tous les résultats et les compilent dans une base de données. Les caractéristiques susceptibles d'influer sur les résultats sont aussi codifiées (autres actions entreprises conjointement, profil socio-démographique des unités d'analyse). 6. Des analyses quantitatives sont réalisées pour obtenir des résultats globaux. 7. On termine par une présentation structurée et détaillée des résultats. Chaque étude est résumée à l'aide d'une grille.

DEUX BILANS DES RÉSULTATS DES SYNTHÈSES SYSTÉMATIQUES ET DES MÉTA-ANALYSES SUR LES TYPES D'INTERVENTIONS POLICIÈRES

Dans cette section, nous proposons deux bilans de synthèses systématiques et de méta-analyses réalisées jusqu'à maintenant sur divers programmes policiers.

Le bilan systématique réalisé par Sherman et Eck (2002) mérite une attention particulière, car il porte sur 109 évaluations dont la valeur scientifique a été soigneusement pondérée. Ces deux auteurs comparent les interventions qui « marchent » (*what works*) à celles qui ne marchent pas. Ils concluent que quatre catégories de programmes policiers réussissent à faire reculer la fréquence des délits et des crimes:

1. les patrouilles concentrées sur des points chauds de la criminalité (neuf succès sur neuf évaluations);
2. la résolution de problèmes (opérations taillées sur mesure pour faire face à des problèmes spécifiques, notamment la possession d'arme illégale dans des points chauds ou le trafic de drogue dans les immeubles; six succès sur sept évaluations);
3. les campagnes de lutte contre l'ivresse au volant avec intensification des contrôles et des arrestations (huit succès sur huit évaluations);
4. les enquêtes intensives focalisées sur des délinquants ayant de lourds antécédents réussissent à augmenter les taux d'incarcération (deux succès sur deux évaluations utilisant une méthodologie forte).

Par opposition, Sherman et Eck identifient six tactiques policières qui échouent à faire reculer la criminalité:

1. La simple augmentation du nombre de policiers dans un territoire n'a pas d'impact sur la criminalité (deux évaluations sur trois ne détectent pas de recul de la criminalité lié à l'augmentation des effectifs

policiers). Cependant, l'absence quasi totale de policiers, par exemple à cause d'une grève, s'accompagne presque toujours d'une flambée de crimes (cinq recherches constatent cette augmentation de la criminalité et une seule ne la constate pas, mais la méthodologie de cette dernière est faible).

2. Les patrouilles préventives réparties sur tout un territoire sans concentration particulière n'ont aucun impact sur la fréquence des délits et crimes (trois évaluations sur trois font constater que l'augmentation du nombre de patrouilles à pied ou en voiture n'est pas suivie d'une baisse de la criminalité).

3. Les taux généraux d'élucidation des infractions restent sans rapport avec la criminalité (dans quatre recherches, on ne trouve pas de corrélation entre les taux d'arrestations et la criminalité et, dans trois autres, les corrélations ne sont significatives que pour certains crimes).

4. L'arrestation des conjoints violents, et plus encore des jeunes délinquants, n'a pas d'impact sur leur probabilité de récidive (dans 14 évaluations sur 18, la récidive des sujets ne baisse pas, voire augmente à la suite de l'arrestation policière).

5. La réponse rapide aux appels des citoyens ne se traduit pas par une augmentation des arrestations (dans trois évaluations sur cinq, le temps pris par la police pour se rendre sur la scène du crime reste sans rapport avec la fréquence des arrestations).

6. La surveillance de quartier et les assemblées de citoyens réunis par la police, deux mesures associées à la police communautaire, n'ont pas d'impact sur la criminalité (cinq échecs et deux succès).

Enfin, divers aspects de l'action policière apparaissent prometteurs à Sherman et Eck : les patrouilles routières au cours desquelles les policiers contrôlent le port illégal d'armes à feu ; la police communautaire avec une participation de la population dans les zones prioritaires ; le traitement équitable et respectueux des justiciables par des policiers soucieux de justice procédurale et les mandats d'arrêt lancés contre les suspects de violence conjugale absents au moment où la police se présente sur les lieux.

La méthode utilisée dans notre propre bilan pour repérer les synthèses systématiques respecte autant que possible les principes énoncés par Welsh et Farrington. Nous partons de l'idée que pour énoncer des propositions générales sur l'efficacité d'un type de programme policier, il nous faut un bassin suffisant d'études reposant sur des protocoles rigoureux. En principe, les recensions systématiques et les méta-analyses satisfont à cette exigence. Pour les repérer, nous avons consulté les bases de données suivantes : *NCJRS Abstracts, Criminal Justice Abstracts, Criminology Sage, Sociological Abstracts, Sociology Sage, Social Science Index*. Les bases de données du Campbell Collaboration Group et du Cochrane Collaboration, deux instituts qui se spécialisent dans les recensions systématiques et méta-analyses, furent consultées avec soin. Enfin, les revues *Journal of Quantitative Criminology* et

Journal of Experimental Criminology ont été examinées, car elles se spécialisent dans la publication de méta-analyses et de recensions systématiques. Les documents retenus devaient respecter les principes de la recension systématique et aussi, bien sûr, porter sur les interventions policières. Cela nous a conduit à ne retenir ni la recension systématique de Farrington et Welsh (2002) sur l'effet de l'amélioration de l'éclairage des rues sur la criminalité ni celle de Welsh et Farrington (2002) sur la télésurveillance, car ces recensions portent sur des programmes de prévention situationnelle qui ne relèvent pas particulièrement de la police. De même, les méta-analyses sur les effets d'un changement législatif n'ont pas été retenues si elles ne tiennent pas compte de la manière dont la loi fut appliquée.

Nous avons découvert 12 recensions systématiques ou méta-analyses portant sur 7 types d'interventions policières. Quand plus d'une recension systématique sur un même programme fut trouvée, une seule fut résumée, les autres étant indiquées en référence.

Au total, 14 documents répondaient aux critères de la recension systématique. En raison des recensions similaires, l'efficacité de sept catégories de programmes a été évaluée. Ces recensions systématiques totalisent 72 évaluations.

Opérations policières visant des points chauds de la criminalité

Braga (2001 et 2005) a évalué l'effet des interventions policières dirigées contre les points chauds de la criminalité au cours desquelles les policiers mènent des opérations coup-de-poing, font de la résolution de problème ou intensifient les patrouilles. La plus récente recension de Braga (2005) se base uniquement sur les évaluations comportant un protocole expérimental avec randomisation (n=5). Cette méthodologie confère aux résultats une forte validité interne: les effets mesurés sont uniquement attribuables aux interventions policières. Les cinq programmes évalués se sont déroulés entre 1989 et 1999 à Minneapolis, Kansas City et Jersey City. Quatre des cinq études recensées rapportent une réduction significative de la criminalité à la suite de l'implantation des programmes. La méta-analyse des résultats démontre également que le *hot spot policing* permet de diminuer significativement la criminalité (effet global standardisé = 0,231; p < 0,05). Finalement, aucun déplacement ni aucune diffusion des bénéfices ne furent enregistrés dans les zones avoisinantes.

Répression des excès de vitesse, de l'alcool au volant et autres menaces pour la sécurité routière

Afin d'évaluer l'effet global des stratégies policières en matière de sécurité routière, Blais et Dupont (2005) ont utilisé 33 études publiées entre 1990 et 2005. Dans ces évaluations, les forces policières s'attaquent à trois infractions: 1) la conduite avec facultés affaiblies par l'alcool, 2) les excès de

Tableau 1 • Résumés des synthèses systématiques

AUTEURS, PROGRAMMES/ ACTIONS (N = NOMBRE D'ÉTUDES)	DÉFINITION DES INTERVENTIONS ET CARACTÉRISTIQUE DES PROGRAMMES	CRITÈRES D'INCLUSION ET D'EXCLUSION DES ÉTUDES ÉVALUATIVES	PRINCIPAUX RÉSULTATS ET CONCLUSIONS
Braga (2005) Opérations ciblées sur des points chauds (n = 5) Voir aussi : Braga (2001)	Toutes interventions policières dans les points chauds (police de résolution de problèmes, patrouille agressive, opérations coup-de-poing). Les points chauds sont définis par le nombre d'appels de service pour incivilités, incidents violents et problématiques de drogue.	Comprend uniquement les études avec un protocole expérimental et randomisation complète. Se limite aux points chauds à l'intérieur des communautés	4 études sur 5 rapportent une réduction des appels de service. La méta-analyse des résultats montre que les programmes sont suivis d'une baisse significative des appels de service. Aucun déplacement de la criminalité et diffusion des bénéfices dans les zones périphériques aux points chauds.
Blais et Dupont (2005) Opérations contre l'excès de vitesse, l'alcool au volant et autres menaces pour la sécurité routière (n = 33) Voir aussi : Pilkington et Kinra (2005) Wilson et coll. (2006) Elder et coll. (2002)	Toutes les interventions policières qui s'attaquent à la conduite avec facultés affaiblies, aux excès de vitesse et au défaut de s'arrêter à un feu rouge. Ces interventions incluent les barrages de sobriété, contrôles éthyloscopiques aléatoires, le photo radar ou cinémomètre photographique et les caméras de surveillance aux feux rouges.	Comprend les études évaluatives publiées entre 1990 et 2005. Une échelle est créée afin de distinguer la qualité des protocoles de recherche. Les études devaient présenter des données sur les collisions ou une mesure approximative de délinquance routière.	30 des 33 études rapportent une baisse significative des collisions (mortelles, avec blessures et matérielles confondues) ou des infractions routières. Réduction moyenne de 24 % des collisions routières avec blessures. Effets de diffusion des bénéfices dans certains cas et aucun déplacement. La qualité du protocole de recherche n'influe pas sur les résultats.
Koper et Mayo-Wilson (2006) Répression de la possession illégale d'armes à feu dans les points chauds (n=5)	Patrouille et présence policières dans les points chauds au moment les plus à risque de la journée. Les policiers procèdent à des enquêtes proactives et, à l'occasion d'infractions routières et d'activités suspectes, ils procèdent à des fouilles et à la confiscation des armes détenues illégalement.	Comprend les études qui incluent une comparaison avant/ après, un groupe témoin (unités géographiques ou temporelles) et qui utilisent un schème expérimental ou quasi expérimental.	6 des 7 évaluations (5 études comprenant 7 évaluations) rapportent une réduction significative des crimes et traumatismes liés aux armes à feu. En Colombie, la réduction varie entre 10 et 15 % des homicides reliés aux armes à feu. Aux États-Unis, la réduction varie entre 29 et 49 % des crimes liés aux armes à feu pour les programmes menés à Kansas City et Indianapolis. Réduction variant entre 34 % (appels pour coups de feu) et 71 % (blessures liées aux armes à feu) à Pittsburgh.

Auteurs, programmes/actions (N = nombre d'études)	Définition des interventions et caractéristique des programmes	Critères d'inclusion et d'exclusion des études évaluatives	Principaux résultats et conclusions
Mason et Bucke (2002) Lutte contre les marchés de revente de drogues (n=3)	La synthèse porte sur deux types d'interventions: **1) les stratégies contre le trafic de drogue dans les résidences et commerces :** sensibilisation, formation et responsabilisation des concierges et des gérants des immeubles; on demande aux propriétaires d'expulser les dealers et de sécuriser les lieux en invoquant les règlements municipaux, le code du bâtiment et le code civil. **2) Actions contre le trafic dans les rues :** opérations achats/arrestations et coup-de-poing, augmentation des effectifs policiers dans les points chauds, ligne téléphonique pour rapporter les crimes, et des patrouilles de citoyens.	Les études incluses dans leur synthèse devaient: 1) définir les objectifs des interventions contre les marchés de drogue, 2) décrire les actions de l'intervention, 3) décrire le protocole d'évaluation, 4) identifier les variables dépendantes et 5) présenter les résultats de l'intervention sur les variables dépendantes. Les auteurs se basent sur les résultats des études avec des protocoles expérimentaux ou quasi expérimentaux pour se prononcer sur l'efficacité des programmes.	Actions contre le trafic dans les résidences et commerces: 3 programmes sont efficaces et 4 partiellement efficaces. Ces programmes se caractérisent par: 1) amélioration de l'environnement, 2) collaboration entre les intervenants (police, propriétaire et concierge), 3) opérations coup-de-poing menées conjointement à d'autres activités, et 4) utilisation des lois civiles et d'entente au lieu des lois criminelles. Actions contre le trafic dans les rues: 1 programme efficace, 4 partiellement efficaces et 1 programme inefficace. Les programmes efficaces se caractérisent par: 1) accent sur les interventions policières et 2) recours aux forces policières comme l'unique intervenant.
Sherman (1997b) Rachat d'armes à feu dans deux communautés américaines (n=3)	On offre à la population de racheter les armes à feu en leur possession afin de réduire les crimes associés à ces armes. Les programmes ont été implantés à St-Louis en 1991 et 1994, et à Seattle en 1992.	La synthèse doit être basée sur au moins deux évaluations qui répondent aux critères suivants: 1) Utilisation de statistiques valides et démonstration à l'aide de méthodes quantitatives; 2) X survient avant Y; 3) Comparaison entre des groupes témoins et expérimentaux (ou équivalents).	Aucune réduction dans les homicides ou voies de fait armées par rapport aux mêmes crimes sans arme à feu. Aucun effet sur les crimes rapportés ou les admissions dans les hôpitaux pour blessures par arme à feu. Raisons de l'inefficacité: 1) Le rachat attirerait des armes d'autres communautés non ciblées par le programme; 2) Les armes rapportées auraient été conservées en lieu sûr et non portées dans les rues; 3) Les délinquants pouvaient prendre l'argent de la remise pour acheter une nouvelle arme à feu. La valeur de rachat de l'arme est supérieure à sa valeur sur le marché noir.

AUTEURS, PROGRAMMES/ACTIONS (N = NOMBRE D'ÉTUDES)	DÉFINITION DES INTERVENTIONS ET CARACTÉRISTIQUE DES PROGRAMMES	CRITÈRES D'INCLUSION ET D'EXCLUSION DES ÉTUDES ÉVALUATIVES	PRINCIPAUX RÉSULTATS ET CONCLUSIONS
Sherman (1997a) Visites policières proactives après un premier contact pour violence conjugale et alarmes radio (n=3)	Après un premier avertissement ou arrestation pour violence conjugale, un détective rencontre la famille pour faire l'historique des problèmes de violence conjugale, traiter des options légales et des organismes pouvant leur venir en aide. Dans certains cas graves, une alarme radio est installée: l'activation de l'alarme envoie un signal à une station de police qui délègue une voiture de police en urgence sur les lieux.	La synthèse doit être basée sur au moins deux évaluations qui répondent aux critères suivants: 1) Utilisation de statistiques valides et démonstration à l'aide de méthodes quantitatives; 2) X survient avant Y; 3) Comparaison entre des groupes témoins et expérimentaux (ou équivalents).	Les visites, dans les trois études, n'ont pas produit d'effet sur la violence conjugale, que ce soit sur la prévalence ou l'incidence (période fenêtre de six mois). Dans une étude, le nombre d'appels pour incidents conjugaux était deux fois plus élevé dans le groupe expérimental que dans le groupe témoin. Les alarmes radio n'ont pas été évaluées.
Gottfredson (1997) Conférences et animations dans les écoles par des policiers sur la drogue et le respect de la loi – DARE – (Drug abuse resistance education) (n=8) Voir aussi : Wilson et coll. (2001) Ennett et coll. (1994)	DARE consiste en des visites policières pour parler aux élèves de l'obéissance aux lois, des règles de sécurité, des effets néfastes de la drogue, de résolution de problèmes et de gestion de la colère. La majorité des écoles américaines implantent le programme de 17 rencontres qui touchent les étudiants des cinquième et sixième années et insistent sur les effets de la drogue et sur les moyens de lui dire non. Le programme comprend des exposés magistraux, des groupes de discussion, périodes de questions/réponses, présentations audio-visuelles, cahiers d'activités et jeux de rôles.	La synthèse doit être basée sur au moins deux évaluations qui répondent aux critères suivants: 1) Utilisation de statistiques valides et démonstration à l'aide de méthodes quantitatives; 2) X survient avant Y; 3) Comparaison entre des groupes témoins et expérimentaux (ou équivalents).	Aucun effet significatif à court et long terme sur la consommation de drogue. Les programmes qui misent sur les habiletés sociales sont plus efficaces que DARE.

vitesse et 3) le défaut de s'immobiliser aux feux rouges. Faute d'évaluation basée sur un protocole expérimental avec randomisation complète, les auteurs ont construit une échelle de précision méthodologique afin de contrôler l'effet que pourrait avoir un faible protocole de recherche sur les résultats. Leurs résultats démontrent que les interventions policières permettent d'améliorer considérablement la sécurité routière. Trente des 33 évaluations rapportent des diminutions significatives des infractions routières ou collisions (tous types confondus) imputables à l'introduction du programme. Le calcul des effets globaux non standardisés fait constater les réductions moyennes des collisions avec blessures ($\bar{x}$) suivantes : contrôles éthylométriques aléatoires ($\bar{x}$ = 31 %) ; barrages de sobriété ($\bar{x}$ = 24 %) ; photos radars ($\bar{x}$ = 31 %) ; caméras de surveillance aux feux rouges ($\bar{x}$ = 28 %) et patrouilles policières aux horaires aléatoires ($\bar{x}$ = 12 %). Ces interventions représentent donc des stratégies efficaces pour améliorer la sécurité routière.

Malgré les résultats favorables, le succès des programmes de sécurité routière n'est pas inconditionnel. Les programmes efficaces partagent les caractéristiques suivantes. Les programmes qui visent à réduire la conduite avec facultés affaiblies s'accompagnent généralement de campagnes publicitaires afin d'informer les automobilistes (Blais et Dupont 2005 ; Elder et coll. 2004). La perception du risque d'arrestation des automobilistes serait alors décuplée (Dionne et coll. 2005). Pour assurer l'efficacité des radars photographiques, Elvik (1997) souligne que ces dispositifs doivent être installés sur des sites problématiques répondant minimalement à l'un des quatre critères suivants : 1) l'excès de vitesse apparaît comme un problème sérieux, 2) un nombre élevé de collisions associées à la vitesse y sont enregistrées, 3) il s'agit d'un site à risque (zone de construction ou zone scolaire, par exemple) et 4) le site présente des difficultés reliées à l'application des règlements routiers.

Répression de la possession illégale d'armes à feu dans les points chauds

Dans leur recension systématique, Koper et Mayo-Wilson (2006) évaluent les opérations policières réprimant la possession illégale d'armes à feu dans les points chauds du crime. Les principales actions policières répertoriées sont les enquêtes proactives, l'intensification des contrôles routiers et les interrogations sur le terrain des suspects. À l'occasion de ces contrôles, les policiers fouillent les suspects et leur véhicule et ils confisquent les armes possédées illégalement. Les auteurs repèrent sept évaluations qui utilisent au moins un protocole de recherche quasi expérimental. Six des sept études rapportent une baisse significative des crimes et traumatismes associés aux armes à feu. Dans des villes colombiennes, les baisses des traumatismes par armes à feu se situent entre 10 et 15 %. Aux États-Unis, les programmes de Kansas City et d'Indianapolis sont suivis de baisses variant entre 29 et 49 % des crimes associés aux armes à feu. À Pittsburgh, les appels de service relativement à l'usage d'armes à feu baissent de 34% et le nombre des blessures liées aux armes à feu chute de 71%.

Interventions policières contre la revente de drogue

Mason et Bucke ont identifié 15 études qui évaluent les effets de programmes policiers luttant contre la revente de drogue. Deux types de stratégies sont identifiés par Mason et Bucke (2002), soit les interventions dirigées contre la revente dans les commerces de vente au détail et les résidences, et les interventions qui ciblent la revente de drogue dans les rues. Les auteurs classent les interventions en trois groupes, celles qui sont efficaces, partiellement efficaces ou inefficaces. Pour qu'une intervention soit qualifiée d'efficace, tous les indicateurs de la criminalité doivent afficher une tendance à la baisse significative à la suite de son implantation. Une intervention provoquant des baisses significatives sur quelques indicateurs est considérée comme partiellement efficace. Les interventions inefficaces sont celles qui n'entraînent aucune réduction de la criminalité.

Les auteurs ne retiennent que les évaluations comportant un protocole de recherche expérimental avec randomisation ou quasi expérimental (deux études sont rejetées). Sept évaluations portent sur des programmes qui s'attaquent à la revente de drogues dans les résidences et les commerces. Trois programmes sont efficaces et quatre autres partiellement efficaces. Par exemple, une équipe impliquant des policiers et des inspecteurs d'immeubles a été mise sur pied à Oakland (projet SMART). Cette équipe s'est attaquée au commerce de la drogue en multipliant les arrestations, par le réaménagement de l'environnement physique et par la rénovation des immeubles. Ces initiatives visaient à faire reculer la revente de drogues non seulement en procédant à des arrestations, mais aussi en ayant recours au code du bâtiment pour obliger les propriétaires à rénover les logements insalubres et à éjecter les revendeurs des endroits délabrés. En outre, on encourageait les citoyens à dénoncer les infractions aux autorités. Le programme s'est traduit par une réduction significative des arrestations pour revente de drogues (Green-Mazerolle et coll. 1988).

Parmi les interventions pour contrer la revente de drogue dans les rues, Mason et Bucke (2002) ont identifié une intervention efficace, quatre partiellement efficaces et une inefficace. Par exemple, une unité spéciale a été mise en place au Massachusetts pour surveiller les revendeurs et interroger les suspects. Les policiers procédaient à l'arrestation du suspect lorsqu'une transaction de drogue était effectuée. Il s'ensuivit une baisse significative des crimes reliés à la drogue et des incivilités dans la zone touchée par le programme. De plus, les travailleurs sociaux rapportèrent une augmentation dans le nombre d'héroïnomanes qui demandaient à être traités. Autre résultat encourageant, les introductions par effraction, les vols à main armée, et les autres crimes contre la personne ont diminué, bien que ces crimes ne fussent pas spécifiquement ciblés par le programme (Kleiman et coll. 1988). Même si ces programmes sont relativement efficaces, il importe de souligner que les caractéristiques des programmes efficaces varient selon que l'intervention se déroule dans la rue ou dans un immeuble. Les opérations contre la revente dans les rues réussissent essentiellement par la répression policière. De leur côté, les programmes dirigés contre des immeubles combinent les opérations coup-de-poing et les pressions exercées sur les concierges, gérants et propriétaires — en ayant recours aux lois et règlements sur le logement — pour expulser les revendeurs, pour que soient réalisées des rénovations et pour faire respecter les normes de sécurité incendie et de salubrité.

Programmes de rachat d'armes à feu

Sherman (1997b) a identifié trois évaluations des programmes de rachat d'armes à feu implantés à St-Louis (Missouri) en 1991 et 1994, et à Seattle en 1992. Ces programmes visent la réduction des crimes commis avec une arme à feu en rachetant le plus grand nombre possible d'armes. À St-Louis en 1991, on réussit à racheter 7500 armes à feu. Les trois évaluations ne rapportent ni réduction des crimes liés aux armes à feu ni baisse dans les admissions à l'hôpital pour blessures par arme à feu. Sherman propose trois pistes pour expliquer l'échec des programmes: 1) l'offre de rachat attirerait les résidents d'autres communautés non visées par le programme, 2) les armes rapportées pourraient avoir été entreposées en lieu sûr et jamais utilisées dans les rues, 3) il se pourrait aussi que des délinquants aient utilisé l'argent donné en échange d'une vieille arme pour en acheter une autre à un prix plus bas sur le marché noir.

Rencontres des policiers avec le couple pour prévenir la récidive de violence conjugale et alarmes

Deux initiatives ont été combinées pour prévenir la récidive en matière de violence conjugale. D'une part, un détective rencontrait les couples impliqués dans un cas de violence conjugale afin de les informer des options légales et des organismes pouvant leur venir en aide. D'autre part, des alarmes ont été installées chez les victimes d'un épisode grave de violence conjugale. L'activation de l'alarme envoie un signal à une station de police qui dépêche une patrouille sur les lieux. Les trois évaluations répertoriées par Sherman (1997a) établissent que les rencontres avec le couple ne permettent pas de prévenir la récidive, que l'effet soit mesuré du point de vue de la prévalence ou de l'incidence. Malheureusement, l'effet des alarmes n'a pas été évalué.

Conférences sur la drogue et le respect de la loi (DARE : Drug Abuse Resistance Education) et animations par les policiers dans les écoles

Dans les années 1980, le gouvernement américain lance une importante offensive contre les drogues illégales, qu'il s'agisse de leur trafic, revente ou consommation. Le programme DARE s'inscrit dans cette perspective et est implanté dans plusieurs écoles aux États-Unis. Ce programme éducatif est destiné aux élèves des écoles primaires et secondaires (de 5 à 18 ans). Ses objectifs sont de prévenir la consommation de drogue en sensibilisant à ses effets néfastes, d'encourager les élèves à obéir aux lois, d'enseigner des règles de sécurité, d'initier à la résolution de problèmes et d'améliorer la gestion de la colère (Ennett et coll. 1994 ; Gottfredson 1997 ; Wilson et coll. 2001). La majorité des écoles américaines ont implanté le volet de 17 rencontres s'adressant aux élèves de cinquième et sixième année et qui met l'accent sur les effets néfastes de la drogue. Toutes les évaluations (n=8) arrivent à la même conclusion : ces activités par des policiers dans les écoles n'ont aucun effet sur la consommation de drogue, que ce soit à long ou court terme.

CONCLUSION

Notre bilan rejoint et corrobore, pour l'essentiel, celui que Sherman et Eck ont publié en 2002. Il pourrait éclairer la lanterne de la direction d'un service de police qui souhaiterait réaliser une affectation optimale de ses effectifs. Ce service gagnerait en efficacité si son état-major décidait de consacrer plus de ressources aux opérations focalisées sur les points chauds du crime, sur la possession illégale d'armes à feu et sur les infractions qui compromettent la sécurité routière. Mais pour réaliser de telles opérations, il faut des ressources et du personnel, ce qui exige de les puiser ailleurs dans l'hypothèse (probable) où un service de police ne dispose pas de réserve. Il faut donc couper ailleurs. Où ? Les évaluations citées plus haut nous apprennent que l'état-major pourrait — sans risquer de faire monter la criminalité — réduire le nombre des patrouilles préventives non ciblées, réserver les réponses rapides aux appels pour les vraies urgences et supprimer le programme de visites dans les écoles.

CHAPITRE 8

Questions de stratégie pour la police

▶ MAURICE CUSSON

Quiconque veut penser la police en termes stratégiques est confronté à trois questions et à autant de dilemmes.

1. Comment assurer une surveillance couvrant tout le territoire confié à un service de police tout en évitant le saupoudrage ? La question se pose en termes nouveaux, car nous savons aujourd'hui que faire reculer la criminalité exige une forte concentration de ressources policières sur un problème bien délimité. Mais alors, faut-il sacrifier la distribution égale des effectifs policiers sur un territoire ?

2. Comment articuler les contrôles policiers aux autres contrôles sociaux ? Les individus, les familles, les communautés, les organisations privées et publiques contribuent aussi au contrôle social. La contribution de la police à la sécurité ne devrait donc pas être exagérée. Elle est un acteur parmi une foule d'autres. Dans ces conditions, comment se présenterait une division du travail optimale entre la police et les autres contrôles exercés par tout un chacun ?

3. La police est-elle condamnée à choisir entre une prévention passive et une répression agressive ? Les policiers voient clairement leur mission répressive, alors qu'ils sont ambivalents devant la prévention. Comment pourraient-ils mettre en synergie la prévention et la répression ?

VIGILANCE GÉNÉRALE ET OPÉRATIONS FOCALISÉES

Le fonctionnement traditionnel de la police repose sur quatre approches que les meilleurs spécialistes ont toutes remises en cause à la lumière de leurs piètres résultats (voir dans ce volume le chapitre 7 sur les évaluations de l'efficacité).

1. Des patrouilleurs font des rondes de surveillance sur tout le territoire pour assurer une présence dissuasive et pour prendre les contrevenants sur le fait. Or, des recherches expérimentales américaines ont démontré que la criminalité n'est nullement affectée par les variations du nombre de

patrouilleurs dans les quartiers d'une ville (Kelling et coll. 1974). De plus, il est très rare qu'un patrouilleur surprenne un délinquant en flagrant délit au cours de ses rondes.

2. Les problèmes de sécurité sont posés en termes judiciaires, ce qui conduit à privilégier la solution répressive : découvrir les auteurs d'infractions, les interpeller et les mettre à la disposition de la justice. Malheureusement, la police ne parvient à traduire en justice qu'une faible minorité de délinquants ; il lui est très difficile d'augmenter sensiblement ses taux d'élucidation et des pourcentages un peu plus élevés de délits et crimes élucidés par la police ne s'accompagnent pas d'une baisse de la criminalité. «Interpeller ne permet pas mécaniquement de faire baisser le nombre des délits.» (Roché 2006 : 191)

3. Dès qu'un délit ou un crime est signalé, on veut que les agents de police accourent rapidement dans le but d'attraper les délinquants avant qu'ils ne fuient. Cet objectif paraît irréaliste. En effet, la réponse rapide aux appels ne peut pas faire monter les taux d'élucidation parce que 75 % des infractions sont découvertes par les citoyens quelque temps après que les contrevenants ont quitté les lieux. Et quand les victimes sont confrontées à un délinquant, elles n'appellent la police que cinq minutes en moyenne après l'événement (Skogan et Frydl dir. 2004). Les policiers en sont réduits à se dépêcher d'arriver trop tard (Roché 2006). Cependant, s'il est vrai que la rapidité de l'intervention reste sans effet sur les chances d'élucidation, elle s'impose à l'évidence en cas de crise ou quand un épisode violent fait encore rage. D'urgence, les policiers doivent accourir dès qu'ils sont informés qu'une violente querelle conjugale est en cours ou qu'un accident grave vient d'arriver.

4. Un programme d'action est élaboré selon un modèle unique et il est appliqué uniformément partout. Or, des programmes et une couverture uniformes ne permettent à la police ni de concentrer ses efforts sur les secteurs qui en ont le plus besoin ni de s'adapter à la spécificité des problèmes (Sherman et Eck 2002 et Skogan et Frydl dir. 2004).

En revanche, une intervention policière intensive combinant une diversité de mesures focalisées sur un problème circonscrit produit des résultats plus encourageants que le travail policier traditionnel. C'est ce que nous apprennent les évaluations des projets de prévention et des opérations coup-de-poing. L'action policière sera d'autant plus efficace qu'elle sera précédée d'une analyse permettant de découvrir la combinaison de dispositions taillées sur mesure pour s'ajuster à chacune des situations particulières. La clé du succès policier paraît donc se trouver, premièrement, dans la découverte de la spécificité des problèmes, deuxièmement, dans la concentration des forces et, troisièmement, dans la diversification des actions (Sherman et Eck 2002 ; Brodeur 2003 ; Skogan et Frydl dir. 2004 ; voir aussi, dans ce volume, le chapitre 40 sur les opérations coup-de-poing).

Faudrait-il aller jusqu'à conclure que le travail policier traditionnel est inutile ? Il existe un test permettant d'évaluer ce modèle par la négative.

C'est l'examen de ce qui se passe quand les policiers se mettent en grève : la criminalité augmente alors brusquement (Makinen et Talaka 1980 ; Sherman et Eck 2002). Il faut alors reconnaître que le *policing* traditionnel contribue à la sécurité. Un équilibre doit donc être trouvé entre des opérations concentrées et le travail policier traditionnel assurant un minimum de couverture sur tout le territoire, et cela sans augmentation des effectifs. En effet, faute de ressources, le nombre de policiers ne peut généralement être augmenté. Se pose alors la question : jusqu'à quel point peut-on diminuer le nombre de policiers affectés aux tâches traditionnelles pour les diriger vers des opérations spéciales ? Impossible d'éluder cette question sachant que, dans les démocraties, les responsables de la police ne peuvent ignorer les attentes des politiciens et des citoyens qui toléreraient mal que les appels à la police soient laissés sans réponse.

Une piste de solution à ce dilemme s'ouvre quand deux modalités d'action policière sont distinguées. La première, que nous appelons la vigilance générale, assure sur tout un territoire une présence de policiers disponibles pour faire face aux incidents au fur et à mesure qu'ils se présentent. Un service de police passe au deuxième mode d'action quand surgit un problème sérieux exigeant un effort particulier et une forte mobilisation. C'est ce que nous appelons l'opération focalisée et planifiée. Par la force des choses, l'action policière alterne entre ces deux modes de fonctionnement. Sachant qu'une réduction des effectifs affectés à la vigilance n'a que peu de répercussions sur la criminalité, un service de police gagnerait en efficacité si son état-major décidait d'augmenter le nombre et l'intensité des opérations ciblées. Reprenons cela plus en détail.

La *vigilance générale* est défensive, visant la protection de tout un territoire en tout temps. Elle suppose une présence policière continue en immersion dans la communauté. Cette « osmose » assure un échange constant d'informations entre les citoyens et les policiers (Brodeur 2003 : 157). Elle offre en permanence un service de première ligne de résolution de problèmes de sécurité. Elle se réalise par une disponibilité des policiers qui répondent aux demandes émanant des citoyens. C'est ce que devrait être la police de proximité.

La vraie nature de ce mode de *policing* nous a été révélée par Reiss (1971). Ses assistants de recherche avaient observé 5360 interventions policières. Sa principale découverte fut que 87 % de ces interventions étaient suscitées par les citoyens : par téléphone, en allant au poste de police ou en sollicitant les policiers dans la rue. Autre résultat propre à faire réfléchir : plus de 80 % des arrestations réalisées dans un service de police étudié par Reiss avaient été effectuées par des patrouilleurs et non par des enquêteurs. Au terme de cette vaste enquête, Reiss avance une conclusion qui, dans sa simplicité, vaut d'être méditée. Une police démocratique, pense-t-il, a pour mission première de répondre aux demandes des citoyens. Et si elle veut être efficace, elle a intérêt à rendre de réels services, sinon elle perdra le contact avec les citoyens. Or, ce contact lui est nécessaire pour rester informée de ce ısse sur son territoire. Les patrouilleurs doivent pouvoir s'appuyer connaissance concrète de leur secteur particulier lorsqu'ils décident ·enir ou non. S'ils ignorent tout des gens, de leurs habitudes, des ᴏblématiques du quartier, on ne voit pas comment ils pourraient ᴎdre des décisions judicieuses et agir avec discernement. Cette connais-ᴀnce concrète, ils peuvent l'acquérir en consacrant le plus de temps possible ι répondre aux appels des citoyens. C'est du moins ce que suggère une recherche réalisée par Mastrosfski en 1983 sur plus de 800 policiers américains. Ses résultats le conduisent à conclure que plus les policiers passent de temps à répondre aux appels de services, mieux ils connaissent leur secteur.

La contribution de la vigilance générale à la sécurité tient donc moins à la patrouille, dans son sens strict de ronde de surveillance, qu'aux efforts des policiers pour résoudre les problèmes qui leur sont soumis par les citoyens. Ce faisant, ils pacifient les conflits, empêchent les crises mineures de s'aggraver, contiennent les incivilités, procèdent à quelques arrestations et réconfortent les victimes. Et, tout en aidant les citoyens en difficulté à régler une foule de problèmes d'insécurité, les policiers s'en font des alliés. Se sentant soutenus et aidés, les acteurs sociaux se rallient aux forces de l'ordre : commerçants, concierges, gestionnaires des HLM, enseignants, éducateurs de rue, intervenants de la sécurité privée, etc. De plus, au fil de leurs interventions au jour le jour, les policiers accumulent de l'information ; ils apprennent à connaître les gens vulnérables, les malfaiteurs et les problèmes locaux, devenant ainsi des agents de renseignement.

Le deuxième mode de l'action de sécurité est offensif. *L'opération focalisée et planifiée* se présente comme une attaque contre un problème sérieux, persistant, localisé et spécifique. Elle est précédée d'une planification visant à saisir la nature propre de ce problème et à découvrir la tactique la plus appropriée. L'idée est double : concentrer les forces policières contre une concentration criminelle et adapter la tactique au profil particulier du problème. Pour produire un impact maximal sur un problème grave, les forces de l'ordre prennent l'initiative et combinent des moyens divers pour le résoudre.

La cible d'une telle mobilisation policière est fréquemment un *point chaud du crime*, c'est-à-dire un petit secteur d'une ville dans lequel on enregistre un nombre anormalement élevé d'infractions. Il est connu que la délinquance est très inégalement répartie dans l'espace urbain et que les délinquants sont influencés par les contraintes spatiales (Brantigham et Brantigham 1984). L'informatisation de la cartographie permet l'identification rapide et précise des points chauds sur le territoire d'une ville. Le degré de concentration des infractions peut être très élevé : il arrive qu'un grand nombre de délits soient commis dans un seul immeuble ou un seul stationnement. On note aussi des concentrations dans le temps, par exemple la plupart des infractions sont commises entre 21 heures et une heure du matin (Ratcliffe 2004). Un point chaud résulte de la convergence de nombreux délinquants vers un lieu dans lequel ils trouvent une abondance de cibles vulnérables: à leurs yeux, un bon terrain de chasse, surtout si celui-ci se trouve à proximité de leur lieu de résidence. Les marchés de drogues deviennent aussi des points chauds. Dans un lieu donné, une forte augmentation des délits et des crimes peut mettre en branle un processus de masse critique. «Une certaine activité se maintient d'elle-même une fois que cette activité a dépassé un certain niveau minimum.» (Schelling 1978: 97) À partir du moment où il se commet un nombre élevé d'infractions dans un secteur déterminé, l'impunité y paraît assurée à tous, ce qui attire les malfaiteurs et fait fuir les honnêtes gens. Dans un mouvement en cercle vicieux, les contrôles informels se dégradent parce que les gens responsables s'en vont, et ils s'en vont parce que l'affaiblissement des contrôles fait proliférer les délits et les incivilités. Quand la situation se dégrade ainsi, s'impose une opération intense et bien pensée faite d'une combinaison appropriée de mesures répressives et préventives.

La cible d'une frappe policière peut aussi être un type de délit ou de crime devenu préoccupant à cause de sa fréquence: cambriolages, vols qualifiés, conduite automobile avec facultés affaiblies, violence conjugale, vols de véhicules, trafic de drogue... Une opération peut également être dirigée contre une bande dont on investit le repaire. Une autre manière de concentrer l'action est de la faire porter sur des victimisations répétées. Comme des personnes (ou résidences ou commerces) une fois victimes présentent un risque élevé d'être victimisées de nouveau, on décide de consentir un effort particulier à la protection de celles-ci (Farrell 2005).

Une intensification brusque de la pression policière, telle est la caractéristique essentielle de l'opération focalisée et planifiée. Du jour au lendemain, les policiers deviennent plus présents, plus visibles, plus actifs. Les contrevenants ou les suspects sont systématiquement interrogés, avertis, mis à l'amende, arrêtés, avec pour résultat que la probabilité de la peine grimpe brusquement. L'effet intimidant de cette activité policière peut être amplifié par une campagne de publicité. Il apparaît aussi souhaitable que des mesures préventives viennent compléter l'activité répressive.

Une opération de cette nature exige un travail de préparation de plusieurs semaines et même plusieurs mois. Le secteur pris pour cible commence par faire l'objet d'une surveillance discrète. Les renseignements disponibles sont analysés. Les étapes de l'opération font l'objet d'une planification précise.

Un bilan des évaluations de telles frappes policières fait conclure que, si elles sont bien préparées et exécutées, elles peuvent faire baisser l'activité criminelle prise pour cible (Scott 2003; voir dans ce volume le chapitre 7 sur les évaluations et le chapitre 40 sur les opérations coup-de-poing). Ces résultats encourageants donnent à penser que maints services de police gagneraient en efficacité si leurs dirigeants décidaient d'augmenter le nombre de telles opérations, quitte à dégarnir le front de la vigilance générale. Pour y parvenir, les dirigeants policiers ne peuvent se permettre de laisser tous leurs effectifs se faire absorber par l'afflux des appels de services.

L'expérience montre en effet que ces appels sont tellement nombreux qu'il faut se résigner à distinguer ce qui est urgent de ce qui ne l'est pas et les événements graves des incidents mineurs. C'est en établissant un tel ordre de priorité et en agissant en conséquence que l'état-major d'un service de police élargit sa marge de manœuvre.

Un résultat souhaitable d'une frappe policière sur un point chaud peut être la restauration des contrôles informels qui s'étaient effondrés sous la pression d'une accumulation d'incivilités, de vols et de violences. Cela nous conduit au point suivant.

CONTRÔLES SOCIAUX, SUBSIDIARITÉ ET PARTAGE DES RESPONSABILITÉS

Dans le tableau général des contrôles sociaux, la police n'occupe qu'une modeste portion, la plus grande surface étant couverte par les contrôles familiaux et scolaires, par les pressions et sanctions des collègues, pairs et employeurs, par les précautions individuelles, par la sécurité privée (Loubet del Bayle 2006). Le contrôle social est exercé par tous et il s'inscrit dans la trame même des rapports sociaux. Les policiers étant beaucoup moins nombreux que tous les citoyens, leur contribution à la sécurité s'opère à la marge.

Autre limite, d'autres acteurs sociaux que les agents de police et gendarmes disposent fréquemment des moyens d'assurer la sécurité dans un environnement donné. Par exemple, en milieu scolaire, les enseignants et l'équipe de direction sont mieux placés que les policiers pour lutter contre la violence qui sévit entre les élèves. Dans une banque, le service interne de sécurité est mieux placé que la police pour lutter contre la fraude dont elle est la victime.

Dans ces conditions, quelle place la police devrait-elle occuper parmi les autres contrôles sociaux ? La question appelle une réponse en trois points. 1) La police interdit les contrôles coercitifs et s'en charge en cas de nécessité. 2) Il revient à la police de prendre la relève quand les autres régulations sociales ne suffisent plus à la tâche. 3) Elle noue des alliances avec les acteurs sociaux bien placés pour contribuer à la résolution des problèmes de sécurité qui lui sont posés. Reprenons ces trois points.

1. Il arrive qu'un simple citoyen voulant exercer un contrôle informel échoue à persuader et soit tenté de recourir à la force contre un individu qui ne veut rien entendre. Il voudra frapper celui qui l'a frappé. Il méditera sa vengeance. Il envisagera de forcer son voleur à lui rendre son bien. La police doit alors empêcher le citoyen d'user de contrainte ou de violence et il lui revient, si nécessaire, de s'en charger : arrêter l'agresseur ou le voleur et le traduire en justice. C'est ainsi que la police se réserve l'exclusivité du contrôle social par la force physique (Loubet del Bayle 2006 et le chapitre 2 dans ce volume). Elle exclut ainsi les moyens coercitifs ou violents du champ des contrôles sociaux informels. Quand surgit la nécessité d'user de la force

pour faire respecter une règle essentielle, c'est le tour du policier d'entrer en scène et le moment, pour le citoyen, de se diriger vers les coulisses.

2. La vie urbaine s'accompagne de situations marquées par l'absence de régulation spontanée. C'est ainsi que, durant la nuit ou dans une foule anonyme, nul autre que le policier n'est en position d'intervenir en cas d'infraction ou d'agression. Dans d'autres circonstances, les simples citoyens sont impuissants. Par exemple, certaines altercations entre connaissances atteignent un tel niveau de violence que les amis communs ne parviennent plus à calmer le jeu : ils appellent la police. Les citoyens ne sont pas en mesure d'affronter les délinquants violents ou les membres d'un gang. La police peut aussi être appelée à prendre la relève dans les quartiers et cités où les contrôles sociaux se sont effondrés. Dans de telles situations, le rôle de la police est subsidiaire : elle sert de recours quand les contrôles sociaux habituels sont inexistants, impuissants ou défaillants. Cela revient à dire que les problèmes de sécurité devraient être résolus de préférence par le contrôle social le plus proche des citoyens. La police ne devrait être appelée à intervenir que s'il faut utiliser la force ou si les citoyens sont dépassés par les événements. Par conséquent, il paraît normal que les policiers soient absents des commerces, des usines et de toute organisation capable d'assurer sa propre sécurité. Et dans les quartiers où il ne se passe rien, ils n'ont pas besoin d'être très présents. Il leur suffit d'être disponibles quand surgit un problème trop sérieux pour être résolu pacifiquement par les simples citoyens.

3. L'autre question qui se pose à propos des contrôles sociaux est celle-ci : quelle serait la répartition optimale des responsabilités entre la police et les autres acteurs sociaux confrontés à des problèmes générateurs d'insécurité ? La réponse pourrait tenir compte du fait que, étant en première ligne, la police est bien placée pour identifier et analyser les problèmes à la source de l'insécurité. Cependant, elle ne dispose pas toujours des moyens de les résoudre. Il lui revient de négocier avec les acteurs sociaux les mieux placés les contributions de chacun à la solution de problèmes qu'elle a identifiés.

Étant le destinataire des plaintes et des signalements des citoyens, un service de police occupe un excellent poste d'observation pour détecter l'émergence des problèmes d'insécurité. Cependant, les policiers n'ont pas toujours accès aux leviers des solutions, ceux-ci se trouvant entre les mains de citoyens ou d'entreprises. Exemple simple : à la suite de plusieurs plaintes pour cambriolages provenant d'un HLM, les policiers découvrent que le système de verrouillage de la porte principale est défectueux. Tout naturellement, ils suggéreront au gérant de l'immeuble de faire réparer la serrure. Ailleurs, un marché de drogue a été installé dans un appartement. Les policiers pourront alors faire pression sur le propriétaire de l'immeuble pour que les dealers soient expulsés (Mazerolle et Roehl 1998 ; Clarke et Eck 2003 ; Scott 2005). Si les braquages sont fréquents dans un guichet de distribution automatique de billets mal éclairé et mal surveillé, une autorité policière pourrait demander à la direction de la banque responsable d'améliorer l'éclairage et d'y installer une caméra de surveillance. Clarke et Goldstein (2003) offrent une illustration supplémentaire de cette action conjuguée de la police et d'autres acteurs sociaux. Dans des maisons inoccupées dont la construction était inachevée, des appareils électriques neufs étaient volés en grand nombre. La police a demandé aux entrepreneurs responsables de ces constructions d'attendre qu'on soit sur le point de prendre possession de la maison avant d'y installer ces appareils, ce qui réduisait leur temps d'exposition au vol.

Quand les policiers incitent des tierces parties à contribuer à la sécurité (on parle de « tierce police » ; voir le chapitre 3 de ce volume sur la gouvernance et la sécurité), ils adoptent une stratégie prometteuse. Plutôt que de vouloir tout faire elles-mêmes, les autorités policières exercent des pressions sur des tiers pour qu'ils prennent leurs responsabilités. Si un immeuble devient le centre d'activités criminelles persistantes à cause de l'irresponsabilité et de la complaisance de son propriétaire, les policiers invoquent des lois et règlements qui ne relèvent pas du code criminel pour inciter ce propriétaire à mettre en place les mesures préventives qui s'imposent (Mazerolle et Roehl dir. 1998). Se fondant sur l'obligation normale du garant de lieu de sécuriser minimalement l'espace dont il est le responsable et sur sa non-conformité à divers règlements, les policiers persuadent le propriétaire d'agir sous peine d'amende ou d'expropriation (Eck et Wartell 1998).

Cependant, il est évident que la police ne peut, à elle seule, assurer la sécurité de tous. Elle ne peut se substituer à tous les contrôles sociaux qui s'exercent au sein des familles, dans les écoles, les associations, les entreprises, les communautés. Ces groupes, ces institutions et ces collectivités ont un rôle essentiel à jouer pour intégrer les individus et les inciter à respecter les règles du jeu social. Il revient à la police d'intervenir quand les autres régulations sociales ne suffisent plus ; il serait absurde de penser qu'elle pourrait devenir le seul contrôle social.

LA PRÉVENTION DYNAMIQUE ET LA RÉPRESSION

En matière d'enquête et de répression, les idées des policiers sont claires et assurées. Mais quand il s'agit de prévention, elles sont floues et réservées. Hommes d'action, les policiers admirent le courage, la détermination et la perspicacité qu'exige la répression. De l'autre côté, souscrivant au dicton « La prévention c'est l'affaire de tous », ils n'en revendiquent nullement le monopole et la laisseraient volontiers à d'autres. Ils croient que la prévention sociale se réduit à des activités de sensibilisation et autres médecines douces. Ils réduisent la prévention situationnelle à des dispositifs mécaniques, passifs : tout juste bons pour les techniciens.

Face à cette ambivalence, il importe d'abord de définir la prévention. En tant qu'activité opposée à la répression, la prévention inclut toute mesure *non coercitive* visant à faire reculer la fréquence ou la gravité des infractions. Notons que cette définition inclut la prévention situationnelle, c'est-à-dire les mesures par lesquelles les acteurs de la sécurité modifient les situations précriminelles afin de rendre les délits difficiles, risqués ou peu profitables. Nous avons de bonnes raisons de penser que cette activité préventive est efficace, comme en témoignent les succès avérés de nombreux projets de prévention situationnelle (Cusson 2002; Tilley dir. 2005 et le chapitres 28 dans ce volume: Comment prévenir?).

Si nous prenons au sérieux cette définition, force est de reconnaître que les agents en tenue sont tout naturellement conduits à poser des gestes préventifs. En effet, quand le patrouilleur surveille et quand il suggère à une victime de cambriolage de faire installer une meilleure serrure, il fait de la prévention. Quand il sépare deux individus en colère sur le point d'en venir aux coups, l'intervention est alors à la fois préventive et répressive. De même, quand, durant la nuit, il demande fermement à un voisin tapageur de faire moins de bruit, il prévient une bagarre sans pour autant exclure le recours à la coercition. Car derrière l'effort de persuasion, se profile le recours à la force dont il peut user et de la contravention qu'il a le droit d'infliger. Si deux adversaires se sautent à la gorge, ils seront séparés et immobilisés sans ménagement. Et si le voisin bruyant persiste à faire un tapage insupportable, il sera conduit au poste. Nous le voyons, les policiers et les gendarmes passent progressivement de la persuasion à la coercition: ils commencent par demander poliment, mais fermement, aux gens de cesser de troubler la paix et, si cela ne suffit pas, ils se feront menaçants; enfin, ils mettront leurs menaces à exécution. En dosant ainsi l'intervention selon le degré de coopération de leurs interlocuteurs, les policiers pratiquent la régulation graduée préconisée par Braithwaite (2002). Dans son principe, elle consiste à commencer en douceur en gardant en réserve les options répressives auxquelles on peut avoir recours si la persuasion échoue. L'intervention devient progressivement plus contraignante. La plupart des gens vont obtempérer soit parce qu'ils reconnaissent la légitimité de la demande des policiers, soit parce qu'ils savent que ceux-ci peuvent leur forcer la main. La prévention policière, c'est de la prévention musclée. On fait donc fausse route quand on oppose et sépare la prévention et la répression.

Devant ces faits, il est possible d'avancer l'hypothèse qu'une prévention soutenue par d'occasionnels recours à la force présente de bonnes chances de produire un effet de synergie propre à faire reculer la criminalité prise pour cible.

Peu nombreuses sont les indications sur l'efficacité des actions combinant la prévention et la sanction. Malgré tout, nous trouvons deux évaluations originales.

Prenant une initiative originale pour l'époque, les Néerlandais décident, au cours des années 1980, d'embaucher environ 200 agents de surveillance, d'information et de contrôle dans le but de lutter contre le resquillage, le vandalisme et les agressions commises dans les transports en commun d'Amsterdam, de Rotterdam et de La Haye. Ces agents, recrutés notamment parmi les jeunes chômeurs de longue durée, patrouillaient en groupes de deux ou trois dans les métros, les autobus et les tramways. Ils avaient pour mission d'informer et de vérifier que les voyageurs détenaient un titre de transport valide. À Amsterdam et à Rotterdam, mais non à La Haye, ils avaient le pouvoir d'imposer des amendes aux contrevenants. L'évaluation menée par Van Andel (1992) de l'impact de cette mesure sur le resquillage établit que, à Rotterdam et Amsterdam, le nombre d'incidents de resquillage diminue. Cependant, à La Haye, après une légère diminution, la fréquence de ces infractions se stabilise à un niveau assez élevé. En effet, les resquilleurs avaient réalisé que les nouveaux agents de sécurité de cette ville n'avaient pas le pouvoir d'imposer des amendes, ce qui avait miné leur autorité. Pour que les agents aient une réelle efficacité préventive, ils doivent pouvoir sanctionner.

Le deuxième exemple, tiré d'une étude réalisée par Mayhew et ses collaborateurs (1989), porte sur les vols de motocyclette. Il va dans le même sens que le précédent: c'est seulement quand les policiers ont le pouvoir de donner des amendes que les infractions reculent. Durant les années 1970, en Grande-Bretagne, dans les Pays-Bas et en Allemagne, les gouvernements légifèrent pour obliger les motocyclistes à porter un casque de sécurité. Le résultat inattendu de ces lois fut de faire baisser le nombre des vols de motocyclette. Pourquoi? À cause d'une augmentation des risques auxquels s'exposaient les voleurs sans casque au moment où se présentait une occasion de voler une motocyclette. En effet, en obligeant le port du casque, la loi attire l'attention de la police sur quiconque n'en porte pas, augmentant la visibilité des voleurs. Le cas allemand contient une leçon liée à notre propos. Entre janvier 1976 et juillet 1980, la loi allemande rend le casque obligatoire sans pour autant prévoir de sanction. C'est seulement en août 1980 que le législateur stipule qu'une amende pourrait être imposée immédiatement aux contrevenants. Mayhew et coll. (1989) analysent la série chronologique des vols de motocyclette et constatent qu'entre 1976 et 1979, la loi ne fait aucunement reculer la fréquence des vols de motocyclette. Il faut attendre après 1980, année durant laquelle les amendes viennent s'ajouter, pour voir diminuer progressivement les vols. Le recul des vols se poursuit alors au même rythme que la progression des amendes. En 1986, le taux des vols de motocyclette est 40% plus bas que celui de 1980. Cela est une illustration du fait qu'une loi sans sanction ne parvient guère à modifier les comportements.

Stériles sont les débats au cours desquels les adversaires s'accusent réciproquement d'être des inconditionnels du «tout préventif» ou du «tout répressif». Dans les faits, la prévention et la répression se complètent et se soutiennent. Et les policiers ne peuvent être efficaces s'ils négligent l'une ou l'autre. Quand ils contrôlent et quand ils surveillent, ils préviennent. Mais cette prévention, à la longue, perdra toute vertu si ces contrôles et cette surveillance ne sont jamais suivis de sanctions.

CHAPITRE 9

Négocier ou sanctionner :
le travail policier au quotidien

▶ CHRISTIAN MOUHANNA

L'analyse du travail policier au quotidien est un exercice qui s'avère parsemé d'embûches, pour plusieurs raisons. Tout d'abord, le regard porté sur le policier reste très souvent influencé par le cinéma, les séries télévisées ou la littérature qui participent à la construction d'une image de cette profession largement en décalage avec la réalité. Cette influence explique en partie les motivations des candidats à ces fonctions de police, qui se retrouvent d'ailleurs fort désagréablement surpris quand ils découvrent les réalités de leur métier. Il arrive même que certains policiers confirmés s'identifient eux-mêmes à ces films ou ces séries et « surjouent » leur rôle en singeant leur héros préféré. Un tel comportement est toutefois assez rare, car il prête à sourire en interne. Le quotidien des policiers est en effet bien plus banal que ne le laissent penser les scénarios et les romans : le danger et le risque, s'ils existent, doivent être relativisés et ramenés à de justes proportions, ce que certains observateurs, grisés par leur présence au cœur des dispositifs policiers, omettent parfois de faire. Les « ennemis » des policiers, puisque ces derniers perçoivent ainsi une partie de la population, sont moins exceptionnels, et les tâches de ces policiers souvent moins prestigieuses que ne le laissent croire les fictions, ce qui ne veut toutefois pas dire qu'ils ne soient pas amenés à côtoyer des situations diffi- ciles et des personnes ayant commis des actes odieux. Il en est de même pour ce qui concerne les risques du métier. S'ils existent réellement, il convient de ne pas les surestimer. Dans une certaine mesure, le danger est moins prévi- sible et moins maîtrisé qu'on ne le penserait, car souvent il s'inscrit justement dans la banalité du travail quotidien. L'une des conditions essentielles pour comprendre le travail policier est justement de savoir s'abstraire du caractère exceptionnel de ce métier et, pour une meilleure compréhension, de l'aborder comme une autre profession.

Un autre écueil réside dans une approche trop centrée sur la culture, la stratégie et le management policiers, c'est-à-dire sur l'organisation policière elle-même. La centralisation très forte et les modes de fonctionnement de type militaire qui caractérisent les services de police conduisent à privilégier la vision *top down* qui place dans la hiérarchie la source et la direction des comportements policiers. Réactualisée par la transposition plus ou moins fidèle des outils du management des entreprises privées à l'univers policier, cette vision «formelle», voire formaliste, se heurte aux réalités du terrain : règles plus ou moins appliquées, attitude de «freinage» et mauvaise volonté de la part des hommes de la base, refus de certaines dispositions, au besoin en utilisant des syndicats professionnels toujours très puissants dans ces organisations. On observe souvent le paradoxe suivant : alors que ces organisations sont très hiérarchisées et souvent très centralisées, elles s'avèrent particulièrement difficiles à réformer.

Les raisons avancées pour expliquer les échecs en ce domaine renvoient fréquemment à la culture policière, notion floue utilisée alors dans un sens déterministe. Face au volontarisme affiché par les chefs, les subordonnés s'opposeraient ainsi à toute transformation de leur métier par atavisme ou par une adhésion sans faille à une culture qui leur imposerait un mode de comportement irréversible. S'il existe bien un corporatisme policier tourné vers la défense du groupe vis-à-vis de l'extérieur, réduire les actions des membres de ce groupe à un déterminisme culturel paraît une démarche bien réductrice. En effet, on peut relever que, loin d'être un ensemble «culturel» homogène, la police se révèle être une entité traversée par de fortes dissensions internes (Shearing & Ericson 1991). Selon les services et les types de travail, les modes de fonctionnement diffèrent fortement. De plus, deux policiers confrontés à un même interlocuteur peuvent avoir des comportements différents. Et un policier, en fonction de la personne qu'il trouve en face de lui, aura des réactions tout à fait dissemblables. Dès lors, les explications qui se fondent sur une approche culturelle trop restrictive non seulement n'apprennent que peu de choses, mais créent en plus une image d'homogénéité du corps qui renforce l'opacité de l'institution au lieu de l'éclairer.

Un autre type d'interprétation, qui rencontre elle aussi ses limites, tient dans des positions inverses, à savoir une explication du comportement policier dans la rue qui serait avant tout fondé sur des réactions aux stimuli de l'environnement. En d'autres termes, les actions du policier seraient des réponses adaptées aux problèmes ou aux dangers perçus dans son environnement immédiat. Ce type d'interprétation sied particulièrement bien aux défenseurs d'une police conçue avant tout comme réactive, c'est-à-dire une police qui reçoit des appels, qui se rend aussitôt sur les lieux et qui apporte une réponse au demandeur. Le modèle moderne de la police de rue, fondé sur la voiture et les moyens de communication performants, correspond *a priori* assez bien à cette description. Regroupées dans des commissariats ou postes centralisés, les patrouilles attendent les appels et tentent d'intervenir le plus rapidement possible. Dans ce modèle, c'est avant tout la technologie qui prime (Manning 1992) : la police doit disposer des instruments de détection et de communication les plus performants pour être alertée au plus tôt, et des moyens de circulation les plus efficaces pour être au plus vite sur place.

Cette vision d'une police uniquement basée sur le concept alerte/ réponse, si elle est en partie fondée, ne reflète que très imparfaitement le quotidien des policiers. D'une part, en effet, les services de police et de gendarmerie cherchent à préserver, même dans des proportions qui sont parfois limitées, des patrouilles chargées de faire du flagrant délit, c'est-à-dire des policiers qui recherchent le délit au lieu d'attendre d'être prévenus pour réagir. Parallèlement, par leur présence, ces patrouilles dissuadent les délinquants potentiels de commettre leurs actes. D'autre part, la police s'implique dans des opérations de contrôle ou d'enquête qui sont pour une part le résultat des préoccupations autonomes de certains de ses membres. Toute une catégorie d'interpellations relève de ce domaine particulièrement valorisé de travail dit «d'initiative» auquel les policiers tiennent particulièrement, même s'ils ont souvent du mal à le faire effectivement. Concevoir la police uniquement comme réactive revient à laisser de côté une caractéristique importante du travail policier: l'autonomie très forte de l'agent de base.

Pour éviter ces deux écueils — une approche centrée uniquement sur l'organisation policière et celle qui se fonderait seulement sur le métier de policier comme réponse aux sollicitations de l'extérieur —, l'une des réponses est le recours à la compréhension du comportement policier par son interaction avec son environnement, pris au sens le plus large. Il s'agit alors de considérer le policier, sa hiérarchie, ses collègues, mais aussi les publics auxquels il est confronté comme faisant partie d'un système d'action (Friedberg 1993), où les différents acteurs interagissent les uns avec les autres. Ce qui devient alors important, ce ne sont plus tellement les déterminants psychologiques ou culturels des uns et des autres, mais avant tout les relations entre les personnes, en insistant sur le quotidien, aussi banal soit-il. Ces relations, qu'elles soient de coopération ou de conflit, sont elles-mêmes le résultat d'une histoire, celle des policiers et des publics qui sont amenés à les rencontrer. Replacés dans un tel cadre, l'aspect anormal de certaines situations et le caractère apparemment aberrant de certains comportements sont alors relativisés, car ils apparaissent comme le résultat d'un processus. De plus, une telle approche permet de démythifier des métiers policiers qui sont finalement moins extraordinaires qu'on pourrait le penser.

Dès lors émerge une question essentielle qui illustre bien la complexité du travail policier: comment l'acteur policier, ou plutôt les acteurs policiers, fonctionnent-ils alors qu'ils sont situés au confluent de plusieurs ensembles aux objectifs sinon opposés, du moins divergents: les publics qui peuplent leur territoire d'intervention, l'organisation policière qui leur donne des directives et fixe des priorités, les intervenants sociaux et les élus locaux qui poursuivent d'autres logiques, et la justice qui se situe en aval de l'intervention policière? Dans leurs interactions avec leurs divers interlocuteurs, les policiers ne sont pas toujours en position de force ou de pouvoir. Diverses contraintes pèsent sur eux et limitent *de facto* leurs marges d'action.

DÉMYTHIFIER LE POUVOIR DE LA POLICE

Avant d'examiner ces contraintes, il est nécessaire de s'attarder sur un élément essentiel constitutif du travail policier: l'autonomie dont disposent les policiers dans l'exercice quotidien de leur métier (Ericson 1982). On peut ici distinguer le policier de rue, toujours en uniforme, et le policier chargé des investigations, qui est la plupart du temps vêtu en civil. Dans le premier cas, le caractère discrétionnaire du travail s'avère être une évidence, comme pour tout *street level bureaucrat* (Lipsky 1980), c'est-à-dire tout fonctionnaire qui se trouve face à des administrés «sur le terrain». Plusieurs raisons expliquent cette autonomie de fait, d'autant plus remarquable que les policiers sont dans un ensemble très hiérarchisé et que leur action est normalement prescrite et encadrée par le droit. Les chefs, s'ils ne se privent pas de donner ordres et directives, sont très rarement présents sur le terrain. Les patrouilles de rue disposent dès lors de la capacité d'interpréter à leur guise les événements. Concrètement, les policiers choisissent d'être plutôt actifs ou plutôt passifs, en d'autres termes de chercher ou d'attendre le délit. Si celui-ci survient, ils décident de le relever ou font semblant de ne pas le voir. Et ils disposent à leur gré de plusieurs manières de répondre au délit constaté: interpeller l'auteur et le présenter à un juge, lui adresser une simple remontrance sans suivi judiciaire ou, dans le modèle du policier qui adopte le profil de juge de paix, obliger le délinquant à réparer les conséquences de ses actes sans passer par la justice. Selon la volonté d'intervenir du policier, selon le nombre de personnes à l'origine du fait incriminé et leur degré de dangerosité estimé, selon aussi l'heure de la journée, le policier décidera ou non d'intervenir. Il pourra toujours justifier *a posteriori* ses actions ou son inaction, notamment par un travail de réécriture de la réalité à travers son rapport (Levy 1987). Car le policier est à la fois juge et partie en ce qui concerne son travail. La hiérarchie doit faire avec.

On retrouve cette autonomie chez les enquêteurs (Mouhanna 2001). Dans ce second cas, ce n'est pas tellement l'éloignement géographique qui compte, mais le fait que chaque enquêteur a tendance à s'approprier le dossier qui lui est confié et à prendre seul des décisions d'orientation des investigations. Au mieux le fait-il en coopération avec les magistrats, qui constituent toutefois une hiérarchie lointaine et finalement peu contraignante. Si elle suit parfois le déroulement de certaines affaires, les chefs policiers ne sont que peu impliqués dans le quotidien des enquêtes.

D'une manière générale, les policiers ont une obligation de moyens, pas de résultat (Monjardet 1996). Et encore, la décision de mettre en œuvre tel ou tel moyen ne dépend que d'eux.

Cette autonomie de fait entraîne au moins deux conséquences. D'une part, la «production» de l'appareil policier est le produit de ces choix —

intervenir ou non, type d'orientation donné au problème — que font les policiers. Les signaux de l'environnement ne sont donc pas les seuls stimuli qui expliquent les modes de fonctionnement des policiers. La manière dont ceux-ci envisagent les événements est essentielle. Dans certains cas, le policier peut même décider d'attribuer des délits à une personne sans forcément disposer de toutes les preuves nécessaires, pratique connue en France sous le beau nom d'«habillage». D'autre part, ces choix dépendent aussi des réseaux dans lesquels s'insère le policier. Soit il dispose d'un réseau de connaissances qui lui donnent les informations permettant d'agir de manière ciblée, soit il n'a pas ce réseau et se voit obligé, s'il entend agir, de procéder à des interventions au jugé. Les contrôles massifs auxquels on assiste dans certains secteurs correspondent à ce second schéma. Il s'agit dans ce cas de suppléer au manque d'informations pertinentes en procédant à un encadrement général de certains types de populations.

Une autre idée reçue courante à propos des policiers nous renvoie à la notion d'autorité et d'usage légitime de la force (Weber 1959). Sans discuter ce point trop en détail, on peut relever qu'il est souvent interprété comme la manifestation d'une police qui détient, de par cette capacité d'usage de la force, le pouvoir de maîtriser les réactions de ses administrés. Or, on constate que les policiers ne sont pas les seuls acteurs à user de la force, et que de surcroît la légitimité de cet usage n'est pas sans poser question.

En effet, les policiers qui exercent dans la rue sont confrontés à la menace physique, surtout lorsqu'ils sont affectés à des territoires difficiles. C'est l'un des moteurs de la non-intervention décrite plus haut. On conçoit aisément que face à un groupe menaçant et supérieur en nombre, les policiers préfèrent jouer la carte du retrait. Dans certains secteurs, les policiers en patrouilles sont en permanence visés par des crachats, des insultes, des jets d'objets divers, voire, dans les cas extrêmes, entraînés dans de véritables guet-apens. Qu'ils le reconnaissent ou non, beaucoup d'entre eux manifestent de la peur face à ce risque. Le port du gilet pare-balle, phénomène croissant qui s'observe des deux côtés de l'Atlantique, représente la manifestation la plus visible de cette crainte. L'opposition de ces policiers à un retour aux patrouilles pédestres va dans le même sens: la voiture est considérée comme un moyen de protection et de fuite. L'abandonner revient pour eux à augmenter les risques qui pèsent sur leur intégrité physique.

L'utilisation de la force rencontre d'autres limites. Dans la plupart de nos sociétés occidentales régies par le droit et réticentes à l'usage de la violence, le policier doit justifier *a posteriori* de la nécessité de recourir à son arme. Il encourt de toutes façons des sanctions administratives et judiciaires. Certes, comme cela a été dit, la hiérarchie est rarement présente sur les lieux. Mais cela ne l'empêche pas de rechercher des responsables quand survient un incident ou un dérapage quelconque. Si de plus le policier cause la mort ou des blessures graves, il entre alors dans un processus judiciaire dont il est difficile de sortir indemne. Interviennent là aussi des raisons morales: risquer de tuer quelqu'un représente une charge émotionnelle trop lourde pour beaucoup de policiers. D'où des comportements d'évitement, qui vont parfois jusqu'à la préférence qu'expriment certains professionnels de circuler sans armes, comme en Grande-Bretagne, ou avec une arme non chargée, ainsi que le confient certains patrouilleurs dans d'autres pays. La multiplication des armes non létales — bombes lacrymogènes, flash ball, taser — illustre bien le souci général d'éviter de causer des morts.

Que cela plaise ou non, le policier ne dispose pas toujours du monopole de fait de l'usage de la force, et sa légitimité peut faire l'objet de discussions ou de sanctions. Dès lors, le policier a souvent intérêt à s'abstenir plutôt que de risquer d'être considéré comme en ayant abusé.

LES LIMITES D'UN TRAVAIL PRESCRIT

Le troisième point important que nous voudrions souligner concerne la hiérarchie. Comme cela a déjà été signalé, celle-ci n'exerce pas un pouvoir très efficace sur ses troupes. Pourtant, cela ne l'empêche pas de multiplier les ordres et les moyens de contrôle, qui vont des rapports d'activité, tâche ô combien lourde pour les policiers, jusqu'à la mise en place de GPS pour vérifier le positionnement des patrouilles. L'éloignement du terrain place souvent la hiérarchie en position d'imposer à ses subordonnés des injonctions contradictoires, que l'on peut résumer comme suit. D'un côté, elle enjoint parfois à ses troupes de ne pas trop intervenir dans certains secteurs, afin d'éviter des dérapages ou simplement une montée des tensions au sein de populations sensibles. De l'autre, elle reproche simultanément aux mêmes personnels leur manque d'engagement. L'éloignement du terrain se traduit donc soit par la transmission de directives irréalistes ou mal adaptées au terrain, soit par une absence *de facto* de lignes claires qui n'empêchent pas des critiques *a posteriori*. Le contrôle tatillon et l'autoritarisme des chefs sont d'autant plus mal appréciés qu'ils correspondent souvent plus à un désir de faire plaisir au sommet qu'à la réalité telle que la vivent les hommes de terrain. Au lieu d'être un appui, la hiérarchie est donc souvent ressentie comme une source d'incertitudes et d'inquiétudes supplémentaires. L'une des stratégies du policier de terrain sera justement d'échapper à celle-ci et de s'affranchir de règles trop contraignantes, non par plaisir mais parce que cela est pour lui nécessaire. Les rapports et comptes rendus chiffrés de l'activité des hommes de terrain qui devraient constituer un moyen de contrôle au service des chefs sont aisément modifiables par ces hommes: ils ne sont donc pas des ressources fiables pour la hiérarchie.

Le policier évolue dans un univers moins ordonné et plus «fragile» qu'il n'y paraît. L'organisation hiérarchique se heurte aux réalités de l'environnement et à l'autonomie des personnels. Le policier se trouve *de facto* souvent seul, ou avec un collègue, sur son territoire, sans chef pour le guider au moment où surviennent des événements par essence peu prévisibles. Si on analyse le système humain dans lequel exerce ce policier, la hiérarchie ne représente pas pour lui un allié, mais davantage une contrainte à gérer.

Pendant longtemps, le policier a pu s'acclimater à cet état de fait, en contrebalançant le poids de l'institution par des contacts étroits avec la population. Issus des classes populaires, vivant dans les quartiers où ils exerçaient, travaillant dans des petits postes de police éloignés des grands centres et effectuant des patrouilles pédestres, les policiers « ancien modèle », ou les gendarmes français jusqu'à une période plus récente, étaient amenés à composer avec les populations pour travailler ou simplement pour survivre. Leur proximité avec le public était naturelle : « comment verbaliser son boucher ou l'instituteur de ses enfants[1] » ? Ils devaient dès lors développer, à travers leur expérience quotidienne, un savoir-faire concret quant aux négociations, aux pratiques de juge de paix ou aux sanctions non officialisées. De toutes façons, leur implication dans le quartier se faisait naturellement, car ils y vivaient. Il ne faut toutefois pas idéaliser ce schéma, car la contrepartie était souvent l'adoption des préjugés et des rejets exprimés par la majorité des habitants locaux. Néanmoins, la relation police-population se manifestait au-delà des considérations administratives et juridiques, et parfois contre celles-ci. Le policier pouvait « négocier » (Axelrod 1984) sa bienveillance et sa mansuétude en échange d'un respect *a minima* de sa personne et de certaines règles, en partie imposées et en partie sujettes à interprétation de sa part. Il tirait son pouvoir non seulement de son statut de représentant de l'ordre, mais surtout de sa capacité à appliquer la règle ou à pardonner. C'est cette maîtrise de la règle, ajoutée à sa connaissance de l'environnement, des amis, des parents, des voisins, qui lui conférait un certain poids sur son territoire.

La centralisation des forces de police, rendue nécessaire par le développement du téléphone et d'une police réactive, la généralisation de l'automobile qui allait dans le même sens, et les logiques de recrutement reposant sur des critères plus techniques qu'humains, ont rendu ce lien de moins en moins évident. Les policiers n'ont plus eu réellement de « territoire » affecté en propre, ou bien celui-ci était tellement étendu qu'il est devenu incontrôlable. Les mouvements de population ont aussi joué leur rôle dans cette perte de liens, mais il est intéressant de relever que dans les quartiers les plus paupérisés, où les habitants sont les moins mobiles, la police n'a pas su ou pas pu préserver des contacts qui existaient auparavant. La généralisation de critères de gestion bureaucratiques a encore accentué ce mouvement.

Depuis, l'institution policière et surtout les responsables politiques locaux ou nationaux ont cherché à rétablir ce lien. Mais ils ont presque toujours tenté de le faire à partir d'amendements au modèle dominant, qui reste encore et toujours le modèle bureaucratique centralisé et répressif. Plus précisément, si, à travers le monde, les modèles alternatifs de la police de proximité ou du *community policing* se sont développés, ils font encore figure de pratiques marginales, sans cesse à la merci de revirements de la

---

1. D'après des entretiens réalisés par l'auteur.

part des gestionnaires policiers ou politiques. Surtout, les organisateurs du travail policier restent souvent dans la représentation d'un mode de gestion prescriptif, c'est-à-dire fondé sur le respect des ordres et des directives venus des chefs, et d'un contrôle des comportements. Dans ce cadre cognitif, la hiérarchie tente d'ailleurs d'imposer un double contrôle: sur ses personnels et, à travers eux, sur les populations. Celles-ci ne sont pas considérées comme des clients du service public policier, ni *a fortiori* comme des acteurs de leur propre sécurité, mais comme des administrés.

Or, que ce soit dans l'optique d'une police répressive ou dans celle de stratégies plus préventives, voire dans la mise en place de polices plus *soft* ou plus «gentilles», les politiques trop prescriptives, qui prétendent imposer un comportement prédéterminé au policier, sont vouées à entraîner des dommages collatéraux ou des échecs. On l'observe de manière particulièrement flagrante dans un pays comme la France qui dispose d'un système policier particulièrement centralisé, et dans lequel le pouvoir de diriger la police fait partie intégrante de la puissance de l'État. Mais partout où l'autorité organisatrice, qu'elle soit locale ou nationale, prétend imposer un ordre à travers les policiers sans consulter les habitants, on retrouve les mêmes travers: l'imposition d'une stratégie non adaptée aux habitants entraîne une réaction de rejet. Pour analyser ces stratégies policières, il s'agit dès lors de sortir du débat opposant prévention et répression pour lui substituer l'opposition ordre imposé/ordre négocié (Reynaud 1997).

Le partenariat comme problème

Contre toute attente, ce n'est pourtant pas un système de police négociée qui se met en place la plupart du temps. On observe plus fréquemment une logique inverse, avec des policiers qui interviennent de manière massive et autoritaire — *tough policing* —, particulièrement dans les quartiers sensibles. Il s'ensuit des phénomènes de cercle vicieux, avec des interventions musclées des policiers qui succèdent à des émeutes ou des guets-apens, eux-mêmes en grande partie suscités par le mécontentement à l'égard des forces de l'ordre. On peut dès lors se demander pourquoi la stratégie adaptative ne s'impose pas.

Une première esquisse de réponse tient à l'organisation policière elle-même qui, si elle ne parvient pas à encadrer le travail policier au quotidien, dispose néanmoins de capacités de nuisances lorsque le policier de terrain assume trop de responsabilités par lui-même. En particulier, si ce dernier opte pour une stratégie de négociation ou d'arrangement avec la population, les responsables hiérarchiques peuvent le lui reprocher, voire le sanctionner *a posteriori* pour non-respect des règles.

De même, les collègues qui refusent toute coopération avec la population, notamment avec les jeunes ou avec les minorités ethniques, parce que cela heurte leurs convictions ou leurs habitudes de travail, agissent parfois contre les policiers qui choisissent de négocier. Ils continuent à exercer leur métier de manière autoritaire, ruinant par contrecoup l'image de ces derniers. Il arrive ainsi que se dessinent, dans certains commissariats ou postes de police, de véritables ruptures entre partisans de méthodes fortes et partisans d'une approche plus sélective et adaptative, les premiers allant dans certains cas jusqu'à interpeller les interlocuteurs des seconds. Si ces tensions sont cachées à la vue du public, elles n'en sont pas moins existantes.

Une autre difficulté provient du partenariat sur lequel doit nécessairement s'appuyer le policier qui s'implique dans une stratégie de négociation. En effet, ces policiers font très rapidement face à des demandes qui dépassent le strict cadre des questions qu'ils peuvent résoudre par leurs propres moyens. Les demandes de la population sont hétéroclites et si elles s'adressent aux policiers qui sont dans certains secteurs les représentants de l'administration les plus présents, ces derniers ne disposent ni des moyens matériels, ni du temps, ni des compétences nécessaires pour apporter des réponses. Le *problem solving policing* (Goldstein 1990) exige donc l'établissement d'un partenariat fort avec d'autres institutions — services sociaux, services municipaux, services du logement, etc. — afin de résoudre les difficultés qui émergent. Cependant, le policier qui prend son rôle « social » à cœur devient rapidement un gêneur pour tous ces partenaires potentiels. En relayant les demandes de la population, il s'érige *nolens volens* en critique de ces services et s'immisce dans leur fonctionnement et dans leurs priorités. Contrairement à ce qui est parfois présenté par les thuriféraires des politiques de sécurité coopératives, le partenariat n'est pas une solution universelle et simple à mettre en œuvre. À l'usage, il se révèle être davantage un problème complexe à surmonter qu'une réponse toute faite.

Dans la pratique, ce partenariat se traduit souvent par un phénomène de « bout de chaîne » pour le policier. Réticents à laisser celui-ci interférer dans leur fonctionnement interne, les partenaires tiennent par contre à ce qu'il soit disponible lorsqu'ils se heurtent à des administrés récalcitrants ou menaçants, quelles que soient les raisons qui mènent à cet état de fait. Dans ce cas, ces services publics ou associations sont demandeurs d'un policier qui intervienne, mais en position d'autorité, pas en situation de médiateur. Ils veulent décider quel type de public sera « envoyé » à la police, et ils veulent surtout une police prévisible, qui soit répressive à la fois pour constituer une menace à l'encontre des récalcitrants et pour exclure ceux-ci lorsqu'ils sont trop gênants. Le policier se trouve donc placé en situation « d'injonction sécuritaire » où on lui demande de rester dans un positionnement d'où est rejetée toute idée de négociation. Il doit n'être là que pour sanctionner. Il devient alors le réceptacle de tous les exclus des systèmes de traitement sociaux qui n'entrent pas dans les canons de comportement attendus par les opérateurs de ces systèmes. Incapable d'interférer dans ces phénomènes, le policier se voit dépendre des décisions de ces opérateurs.

L'une des expressions les plus patentes de cette évolution se manifeste dans la multiplication des lois qui, en tant que catégories particulièrement protégées, assimilent aux policiers des catégories de plus en plus variées de fonctionnaires ou agents de service. Toute agression, toute discussion trop virulente contre ces partenaires est ainsi sanctionnée par la justice et la police, qui devient un simple bras armé. Ce retour de l'autorité s'accompagne d'une baisse simultanée du dialogue, avec le policier comme repoussoir.

La judiciarisation, stade ultime du travail prescrit

S'il est *a priori* rationnel pour le policier de développer une relation d'échange avec les habitants dans le secteur où il est affecté, on voit bien, dans les faits, combien sont nombreux les obstacles qui se dressent face à lui. Ajoutons que le développement des impératifs liés à la vie privée et l'éloignement de la résidence du policier des lieux d'exercice de son travail augmentent les difficultés pour celui qui choisit une stratégie d'implication dans son secteur.

Face à cela, il est alors tentant d'opter pour une stratégie qui est certes plus coûteuse à long terme, mais qui satisfait *a minima* l'acteur policier pris dans toutes ces contraintes. Cette attitude conformiste consiste à appliquer la loi de la manière la plus stricte, sans réfléchir aux conséquences ultérieures d'un tel comportement, ce que nous appellerons la judiciarisation du travail policier (Mouhanna 2002). Accrochés à une vision idéale de représentant de la loi et de l'ordre, certains policiers tentent de s'appuyer sur l'autorité et la force qui sont attachées à leur statut afin de contraindre les habitants à suivre les règles. C'est ainsi que dans certains pays, l'idée de tolérance zéro (Ocqueteau 2003) s'est traduite par une application stricte des lois sans que celle-ci soit accompagnée d'une démarche d'amélioration du service rendu à la population, ni d'une écoute accrue de ses demandes.

Il ne s'agit pas uniquement de recourir aux textes de lois pour sanctionner les auteurs d'actes délinquants. La démarche va plus loin, puisque dans cette optique tous les problèmes portés à la connaissance du policier sont lus sous l'angle juridique. Un conflit entre voisins, des bêtises commises par des enfants, le non-respect des règles les plus simples sont abordés par le policier «judiciarisé» comme un délit et transmis par une procédure à la justice. Il est important d'insister ici sur l'impact de cette stratégie sur les interactions avec la population. Dans ce cadre cognitif, la loi doit être appliquée de la manière la plus abrupte, quelles qu'en soient les conséquences. Il n'y a plus de place pour la libre appréciation du policier et pour sa faculté de négociation. Le bon sens, le savoir-faire sont ravalés au second plan, au profit d'une connaissance des textes légaux. La rationalité procédurale prend le pas sur la rationalité quant à l'efficacité (Simon 1976; Luhmann 1969).

De plus, lorsque les policiers s'investissent dans une telle stratégie, leurs autorités de tutelle ont l'impression, par ailleurs souvent justifiée, que leurs directives sont mieux suivies. Les gouvernements sont alors enclins à instaurer un processus inflationniste de législation, en ajoutant de nouvelles lois qui renforcent ce caractère «judiciarisé» du travail policier. Ainsi voit-on en Grande-Bretagne, en France et ailleurs en Europe se multiplier les initiatives législatives destinées à sanctionner tous types de comportement déviants. On sanctionne par exemple le fait de stationner en groupe dans les halls d'immeubles. La capacité de médiation, la compréhension des situations, la connaissance du territoire et de ses habitants, la négociation et le *problem solving* deviennent secondaires par rapport à l'application non critique de la loi.

Ce faisant, les policiers pensent instaurer, ou réinstaurer, une relation d'autorité qui leur permettra de tenir un quartier et ses habitants. Nous avons vu combien cet espoir est illusoire, tant les capacités de réaction des populations sont fortes. Au contraire, une telle attitude affaiblit plus qu'elle ne renforce le pouvoir concret des policiers, pour plusieurs raisons.

En premier lieu, le processus d'application stricte de la loi est inflationniste par rapport aux moyens. Il demande de plus en plus de personnels, faute de quoi les policiers sont rapidement discrédités. Alors que dans le modèle «négocié», les policiers sont capables d'apaiser certaines tensions à deux ou trois, dans le modèle autoritaire, le rapport de force sur lequel se fondent les interactions entre les forces de l'ordre et les habitants suppose de disposer de troupes en nombre. En contrepartie, dès que les policiers sont moins nombreux sur le terrain, les groupes de jeunes reprennent la main.

Ensuite, en adoptant le modèle «judiciarisé», le policier devient un simple rouage de la machine judiciaire. Il enregistre des délits, procède à des interpellations, puis transmet à la justice. Or, non seulement celle-ci se retrouve engorgée par ces multiples procédures, sans avoir le temps d'y apporter une réponse adaptée, mais elle peut de surcroît décider d'orientations de l'affaire qui désavouent le policier. Au lieu d'apparaître comme le maître de la décision, ce dernier sera crédité d'une image affaiblie, de second rôle.

De plus, cette stratégie de judiciarisation couplée à l'idée de tolérance zéro débouche sur un manque de hiérarchisation des délits. Tout devient prioritaire. Une grande partie des policiers passe un temps croissant à sanctionner des auteurs de petits délits plutôt qu'à rechercher des informations ou à enquêter sur des faits plus graves. De cela aussi, une partie de la population, notamment parmi les plus jeunes, est consciente. Le discrédit porté sur l'action policière n'en est que plus grand.

Enfin, en se voulant intransigeante et rigoureuse, cette stratégie policière produit des effets pervers non négligeables. Le refus de la négociation entraîne inévitablement une baisse des informations transmises au policier. En retour, celui-ci agira davantage à l'aveuglette, en se focalisant sur des délits simples et visibles au lieu de chercher des faits plus cachés, accessibles uniquement à travers un réseau d'informateurs. Ce nouveau cercle vicieux alimente le précédent qui concerne la négociation. En effet, plus le policier connaît les habitants du territoire où il exerce, et plus il aura tendance à être compréhensif et à utiliser des modes alternatifs de traitement des litiges. Par contre, moins sa connaissance sera fine, plus il aura tendance à développer des attitudes autoritaires et répressives, surtout quand il est en position de force.

De tout cela il ressort que, face à un environnement de plus en plus agressif envers lui et parallèlement de plus en plus incompréhensible pour lui, le policier aura tendance à se conforter dans une attitude bureaucratique (Selznick 1949 ; Gouldner 1954). Dans certains secteurs, les policiers se replient dans leur poste ou leur commissariat pour certes se consacrer à la rédaction de leurs rapports et autres procès-verbaux, mais surtout pour échapper aux interactions avec le public. Celui-ci devient une source de désagrément ou de peur, mais ne représente plus un partenaire.

CHAPITRE 10

Le travail du gendarme

▶ FRANÇOIS DIEU

L a police est une réalité plurielle déclinée en une multitude d'organisations uniques et spécifiques, par-delà d'apparentes similarités et conver-
gences au moins fonctionnelles et culturelles. La gendarmerie française est
une des pièces de cette mosaïque policière, à l'origine d'un modèle ayant
inspiré une quarantaine de forces à travers le monde (Dieu 1995: 94-106).
De statut militaire et d'implantation rurale, elle a longtemps suscité incompréhensions et réserves chez ceux pour lesquels l'appartenance au champ de
la défense s'avère, par principe, incompatible avec la définition même d'un
service de police démocratique. Bien qu'il s'agisse là d'une approche proprement idéologique que l'examen de la diversité des réalités politiques et policières parvient aisément à démentir, elle n'en explique pas moins la curiosité
amusée, l'indifférence, voire l'ignorance et le mépris perceptibles à l'égard d'un
objet « gendarmique » longtemps abandonné au sens commun, au folklore
incarné par les facéties cinématographiques du gendarme de Saint-Tropez...
Acteur policier hybride (1) et communautaire (2), le gendarme met pourtant
en scène, lorsqu'on le suit pas à pas dans son travail quotidien, une variété
de situations professionnelles et humaines opérantes pour la compréhension
des organisations policières et, au-delà, du fonctionnement politique de la
société.

LE GENDARME : UN POLICIER HYBRIDE

Héritière des maréchaussées d'Ancien Régime qui furent pendant des
siècles les seuls corps exerçant sur le territoire du royaume des fonctions de
police, la gendarmerie est une des plus vieilles institutions françaises, même
si, à proprement parler, elle ne voit le jour qu'avec la Révolution, à la faveur
de la loi du 16 février 1791 qui transforme l'appellation de maréchaussée
en gendarmerie nationale. Cette « organisation à part », pour reprendre la
formule de Napoléon, ne peut se réduire ni à une quatrième armée ni à une
seconde police. Le gendarme, ce « pluriel en uniforme » tour à tour soldat

de l'ordre, garde champêtre et juge de paix, ce policier hybride — à la fois policier de la route, sauveteur en montagne, enquêteur, garde mobile — est devenu, au gré de son insertion dans le tissu social et de ses diverses représentations dans la culture populaire, un personnage légendaire et familier.

L'antre organisationnel du gendarme

La gendarmerie fait l'objet d'un double rattachement ministériel : subordonnée au ministre de la Défense, elle est placée pour emploi sous l'autorité du ministre de l'Intérieur pour ses missions de sécurité publique. Elle comprend, au niveau central, une direction générale, à laquelle sont rattachés le commandement des écoles (chargé de la formation donnée dans les écoles et centres d'instruction), l'inspection de la gendarmerie (responsable de missions d'inspection et de contrôle) et divers services centraux (comme le centre administratif de la gendarmerie et le centre technique de la gendarmerie). La gendarmerie a connu, tout au long du XXᵉ siècle, un mouvement de spécialisation intervenu au niveau des personnels, avec la création de catégories de spécialistes (transmissions, mécanique automobile, conduite des aéronefs) et au niveau de l'organisation fonctionnelle compte tenu de son adaptation aux modifications des conditions d'exécution de certaines de ses missions (maintien de l'ordre, police de la route), mais aussi de l'apparition de nouvelles tâches (lutte antiterroriste, police du transport aérien). Organisée territorialement en régions (région administrative), elle comprend deux subdivisions : la gendarmerie départementale, articulée en groupements (département) et compagnies (arrondissement) ; la gendarmerie mobile, répartie en une vingtaine de groupements comprenant chacun de quatre à six escadrons.

La gendarmerie départementale est une force de police générale de 60 000 personnels, qui intervient principalement grâce au maillage réalisé par ses 3 600 brigades territoriales. La brigade est une gendarmerie en réduction intervenant au niveau du bassin de vie qu'a longtemps représenté le canton, qui se compose en moyenne de 6 à 10 sous-officiers et dispose de moyens propres (caserne, personnels, matériels, véhicules). À partir de la « sectorisation » mise en œuvre au début des années 1990 pour le service de nuit, la gendarmerie a restructuré, depuis 2003, son dispositif territorial : en dehors de quelques cas particuliers (zones de montagne et outre-mer), les brigades sont réparties en deux catégories : celles disposant des effectifs permettant leur fonctionnement autonome qui opèrent en tant qu'unités élémentaires (brigades autonomes) ; celles de petite dimension et à faible activité qui sont fédérées au sein de communautés de brigades, unités pluri-résidentielles regroupant chacune, sous un commandant unique, deux ou trois brigades limitrophes de proximité.

La gendarmerie mobile est une force de maintien et de rétablissement de l'ordre de 17 000 personnels répartis dans 123 escadrons (dont 9 escadrons relevant du groupement blindé de gendarmerie mobile de Satory), qui est principalement utilisée en tant que réserve générale et lors des manifestations et troubles collectifs. La gendarmerie comprend également la garde républicaine (formation de 3000 personnels répartis en 2 régiments d'infanterie et 1 régiment de cavalerie, dont la vocation première est d'assurer des missions de sécurité et des services d'honneur au profit des instances supérieures de l'État) et diverses formations spécialisées que sont la gendarmerie maritime, la gendarmerie de l'air, la gendarmerie de l'armement, la gendarmerie des transports aériens et le groupe d'intervention de la gendarmerie nationale). La gendarmerie départementale a également mis en place un certain nombre de formations spécialisées : unités de recherches (brigades de recherches au niveau des compagnies, brigades départementales de renseignements et d'informations judiciaires au niveau des groupements, sections de recherches au niveau des cours d'appel), unités d'autoroute et brigades motorisées (regroupées en escadrons départementaux de sécurité routière), sections aériennes (équipées d'hélicoptères), unités de montagne (pelotons de gendarmerie de haute montagne et pelotons de gendarmerie de surveillance en montagne), brigades de prévention de la délinquance juvénile, équipes cynophiles et pelotons de surveillance et d'intervention. Au total, la gendarmerie compte environ 100 000 officiers (5000), sous-officiers (74 000), gendarmes adjoints (15 000), personnels du corps militaire de soutien (4000) et employés civils (2000).

Depuis ses origines les plus lointaines, la gendarmerie est demeurée une force militaire par le statut, les valeurs professionnelles et la formation de ses personnels, par son cérémonial et sa symbolique, par ses équipements (comme en matière d'uniformes et d'armements) et le soutien que lui apportent les autres forces armées, ainsi que par certaines de ses missions, qu'il s'agisse de la police militaire et de la prévôté, de la recherche du renseignement et de la protection des points sensibles, mais aussi de la participation aux opérations internationales de maintien de la paix et, le cas échéant, à la défense opérationnelle du territoire. La gendarmerie n'en est pas moins une force policière à part entière qui, parce qu'elle s'est constituée et développée dans les campagnes, avant de s'implanter dans les villes et leurs prolongements — afin de suivre les mouvements de population consécutifs aux phénomènes d'exode rural et de périurbanisation —, demeure fondamentalement rurale (Dieu 1997), ce qu'exprime l'article 1er du décret du 20 mai 1903 qui définit son organisation et son service : « La gendarmerie est une force instituée pour veiller à la sécurité publique et pour assurer le maintien de l'ordre et l'exécution des lois. Une surveillance continue et répressive constitue l'essence de son service. Son action s'exerce dans l'étendue du territoire quel qu'il soit, ainsi qu'aux armées. Elle est particulièrement destinée à la sûreté des campagnes et des voies de communication. » Elle assure des missions de police administrative et judiciaire, représentant la presque totalité de son service. Compte tenu des répartitions de compétence avec la police nationale, la gendarmerie a en charge la responsabilité de la sécurité publique sur environ 95 % du territoire et au profit de 50 % de la population. Elle traite en moyenne, chaque année, près de 25% des crimes et délits constatés, ainsi que 40% des accidents de la circulation.

Cette action policière se trouve ordonnée par des principes de continuité, de polyvalence et de proximité qu'elle s'efforce d'adapter à l'environnement périurbain dans lequel s'exerce aujourd'hui la majeure partie de son activité. Cette imbrication des territoires ruraux et des zones urbanisées s'est traduite par la croissance de la population des communes proches des principales agglomérations. Dans ces zones hybrides, mi-rurales mi-urbaines, s'est développé un habitat de type résidentiel et pendulaire. Cette dilution de la substance urbaine, qui aboutit à obscurcir la frontière physique et sociologique entre ville et campagne, a conduit à une augmentation importante de la population relevant de la gendarmerie en matière de sécurité publique. Près des deux tiers de ses effectifs servent ainsi dans ce type de zones, qui oscillent entre le lotissement et la cité HLM, les villas paisibles et le quartier « sensible ».

De par sa position particulière, la gendarmerie assure l'interface entre la défense du territoire et le maintien de l'ordre public. Dans les situations de crise, par ses moyens militaires et certaines de ses formations, la gendarmerie est de nature à participer conjointement à des opérations de police et à des combats terrestres, en assurant ainsi une continuité entre l'action policière et l'action militaire dans le cas où la frontière entre ces deux types d'action serait difficile à fixer. L'idée de continuité se manifeste également dans l'exécution quotidienne du service par le principe selon lequel l'action de chaque unité ne peut connaître d'interruption, à moins de circonstances particulières. Ce principe suppose une disponibilité du gendarme de tous les instants, aujourd'hui plus collective qu'individuelle, de manière à répondre aux demandes de la population, notamment lorsqu'il s'agit d'appel de détresse. Le principe de disponibilité conduit à ajuster le temps de travail du gendarme selon les impératifs du service, ce qui se traduit plus particulièrement par l'existence de services de nuit. Toutefois, les dispositions réglementaires tendent sous la pression de l'évolution sociale à une limitation des situations de disponibilité (astreintes), notamment avec l'attribution, depuis 1990, de quartiers libres (cinq par quinzaine), cette mesure ayant été rendue possible par la mise en place du système de jumelage des brigades et de départementalisation du traitement des appels et de la gestion des interventions de nuit, avec la création de centres opérationnels (COG).

Traditionnellement, la gendarmerie est organisée dans une logique de polyvalence qui se traduit, d'une part, par l'extrême diversité des missions qu'elle exerce, tant il est vrai que la puissance publique a su tirer profit de sa dualité organisationnelle pour lui attribuer un grand nombre de missions rattachables à la sécurité et à la défense, plus particulièrement certaines tâches fastidieuses comme les transfèrements judiciaires. Aussi les gendarmes ont-ils souvent l'impression, à tort ou à raison, que leur institution est la « bonne à tout faire » de l'administration française. D'autre part, parce qu'elle est une force « de première ligne », c'est-à-dire un service public immédiatement confronté aux différents phénomènes de crise, qu'il s'agisse d'une catastrophe naturelle, d'un conflit de voisinage, d'une agression ou d'un accident de la circulation, elle est placée dans une situation qui la conduit à devoir tout faire pour répondre à l'événement, en improvisant une réponse lorsque les circonstances l'exigent, notamment lorsqu'elle se trouve dans la position d'ultime acteur de l'action publique. Sous réserve de l'intervention des unités spécialisées en matière de police judiciaire ou de police de la route, la brigade incarne cette idée de polyvalence, dans la mesure où elle a vocation à exercer, quasiment en autarcie, la totalité des missions confiées à la gendarmerie, à la manière d'un «médecin généraliste de la sécurité publique». Au niveau du gendarme, la formation qui lui est donnée tend à faire de lui un véritable *factotum*, capable, dans l'absolu, de mener des combats militaires, de participer à des opérations de maintien de l'ordre, d'effectuer des enquêtes et des patrouilles, de sanctionner les chauffards et de porter secours aux accidentés...

La morale professionnelle du gendarme

Les personnels de la gendarmerie relèvent principalement de la catégorie des militaires de carrière, c'est-à-dire «les officiers, ainsi que les sous-officiers [...] qui sont admis à cet état après en avoir fait la demande. Ils sont, de ce fait, nommés ou promus à un grade de la hiérarchie en vue d'occuper un emploi permanent dans un corps militaire» (statut général des militaires). Ils appartiennent à deux corps : les officiers (du grade d'aspirant à celui de général) ; les sous-officiers (du grade de gendarme à celui d'adjudant-chef) et majors. Sous l'appellation générique de «gendarmes» se rangent donc deux catégories : les officiers qui «commandent les formations de gendarmerie» ; les sous-officiers qui sont appelés à «constituer les formations de gendarmerie et à les encadrer sous le commandement des officiers» et majors qui «peuvent tenir des emplois de commandement ou d'encadrement, ou de haute qualification dans une spécialité déterminée» (décrets du 22 décembre 1975). Entre 2005 et 2012, le Pagre (plan d'adaptation des grades aux responsabilités exercées) doit conduire à la transformation de 5000 postes de sous-officiers en officiers au moyen du recrutement rang, ainsi qu'à diverses mesures de revalorisation indiciaires et statutaires.

Bien que le statut général des militaires affirme que les membres des forces armées «jouissent de tous les droits et libertés reconnus aux citoyens», il est précisé que «l'exercice de certains d'entre eux est soit interdit, soit restreint». Il est fait interdiction au gendarme, comme à tout autre militaire, d'adhérer à des groupements ou des associations à caractère politique. De même, il se trouve soumis au devoir de réserve, à l'obligation de ne pas porter atteinte à la neutralité des armées, à l'interdiction du droit de grève et de la liberté syndicale, à la limitation de la liberté de résidence («dans l'intérêt du service») et de circulation («lorsque les circonstances l'exigent»), les militaires pouvant «être appelés à servir en tout temps et en tout lieu».

En l'absence d'organisations syndicales représentatives et revendicatives (sous réserve de l'action corporatiste des associations de retraités), des structures de concertation ont été mises en place dans les forces armées. Pour ce qui est de la gendarmerie, cette concertation s'effectue, au niveau central, dans le cadre du conseil supérieur de la fonction militaire et du conseil de la fonction militaire de la gendarmerie; au niveau des unités, avec les présidents de sous-officiers (des compagnies de gendarmerie départementale et des escadrons de gendarmerie mobile) et les commissions de participation (regroupant à l'échelon du groupement tous les présidents de sous-officiers).

Au-delà de cette définition statutaire, la condition militaire du gendarme se manifeste également sur le plan de ses manières de travailler et de vivre, de sa «morale professionnelle» (Dieu 1994: 161-170). Empruntée à la terminologie durkheimienne, cette expression renvoie à l'idée d'un habillage moral du professionnalisme, les règles gouvernant l'action du gendarme devant garantir une certaine moralité, mais aussi une efficacité dans l'accomplissement des missions. Pour la définition normative de ces valeurs, la gendarmerie ne dispose pas, contrairement à la police nationale, d'un code de déontologie. Les règles de comportement de ses personnels sont précisées par une diversité de normes, de nature et de portée différentes (code pénal, code de procédure pénale, statut général des militaires, règlement de discipline générale dans les armées, décret du 20 mai 1903, statuts particuliers du corps des officiers et des corps de sous-officiers de gendarmerie, instruction du 24 juillet 1992 relative à la vie en collectivité dans la gendarmerie, etc.). Fortement influencées par les valeurs du soldat, mais pas éloignées pour autant de celles du policier et, plus généralement, de celles attachées à l'idéologie de l'ordre et de l'intérêt général, les valeurs du gendarme s'articulent autour d'une obéissance hiérarchique formalisée et rigide (discipline), d'une application stricte et déférente de la règle de droit (légalisme), d'un dévouement à l'égard de la collectivité (neutralité et devoir d'assistance), d'un souci d'assurer en toutes circonstances l'exécution du service (disponibilité), d'un certain renoncement au bien-être matériel (austérité qui se décompose en mobilité géographique, désintéressement et rectitude), d'une fermeté sereine et virile face au danger (courage) et d'un puissant esprit de corps (solidarité). Ces valeurs, entendues comme des règles de comportement que les gendarmes considèrent comme idéales et qui servent de référence à leur action, n'existent pas de manière immanente au sein de l'institution. Ce n'est que par le processus de socialisation professionnelle que le gendarme va intérioriser ces règles de comportement inculquées dès l'entrée en école de formation. L'obligation qui lui est faite de vivre en caserne contribue, dans une large mesure, à cette acculturation permanente.

Exigence professionnelle, la vie de caserne constitue encore aujourd'hui l'une des principales particularités de la gendarmerie. Lieu de travail, ses 4200 casernes sont aussi des lieux de vie pour les gendarmes et leur famille, chaque officier et sous-officier ayant l'obligation statutaire d'occuper le logement qui lui est concédé par «nécessité absolue de service».

Le rassemblement du personnel dans un même lieu de résidence apparaît, tout d'abord, comme un gage de rapidité et d'efficacité des interventions. Rendant effectif le principe de disponibilité, cette obligation favorise également la mobilité géographique du gendarme. Lorsque ce dernier fait l'objet d'une mutation, il n'est pas ainsi contraint de rechercher un logement adéquat dans sa nouvelle affectation. Au regard enfin de sa neutralité, l'obligation de résider en caserne assure aux personnels et à leur famille une certaine sécurité, les mettant à l'abri d'éventuels menaces, vengeances et actes de violence. La vie en caserne a aussi pour fonction latente de les mettre à l'abri de toute pression ou compromission sociétale, qu'il s'agisse d'exclure tout risque de cohabitation avec des personnes considérées comme douteuses ou, plus généralement, de restreindre quelque peu l'influence des valeurs et modes de vie de la société civile. Cette absence de séparation draconienne entre la vie professionnelle et la vie privée est sans conteste le trait dominant de la spécificité culturelle de la gendarmerie, le gendarme se trouvant dans l'obligation de travailler, de vivre avec conjoint et enfants, dans un espace qu'il partage en permanence avec les personnels qu'il côtoie dans le service, de telle manière que, curieusement, on observe encore dans les relations entre conjoints et même entre enfants de gendarme une tendance à la reproduction des différenciations hiérarchiques en vigueur dans la brigade ou l'escadron. La vie de caserne contribue, en somme, à faire de la gendarmerie une communauté professionnelle fortement intégratrice, ce que révèle par ailleurs le maintien d'un contact étroit avec les « retraités de l'arme ».

LE GENDARME : UN POLICIER COMMUNAUTAIRE

Instrument du contrôle social coercitif, le gendarme contribue à la production d'ordre et de sécurité par une stratégie d'immersion dans le tissu social. La surveillance et le contrôle des déviances dans les territoires ruraux l'ont conduit, en effet, à mettre en œuvre une forme de contrôle social de type communautaire, spontané et immédiat, ayant longtemps caractérisé les sociétés rurales traditionnelles. Dans ce système, il s'agit pour le gendarme de s'insérer dans la communauté humaine qu'il est amené à policer, d'en être un acteur reconnu, d'en connaître les composantes et les rouages en s'inscrivant dans la logique d'interconnaissance. Policier communautaire depuis près de trois siècles, le gendarme est demeuré pendant longtemps un policier de canton, de village, de quartier, intervenant, au quotidien, dans un univers social restreint, aisément contrôlable, en mettant en œuvre une action policière de proximité par-delà les tâches répressives qui lui ont été assignées, à travers les époques, notamment dans le domaine de la circulation.

La police de proximité du gendarme

Redécouverte à la faveur de la diffusion, ces dernières années, du paradigme anglo-saxon du *community policing*, l'idée de proximité est une composante fondamentale et, par certains côtés, fondatrice de l'action de la gendarmerie, principalement depuis la sédentarisation de la maréchaussée opérée par l'édit du 9 mars 1720, qui devait réaliser une véritable colonisation de l'espace contribuant au processus d'unification nationale. Cette proximité entraîne, outre le maillage du territoire (à la manière d'une toile d'araignée) assuré par les brigades territoriales, la mission de « surveillance générale ». Si la gendarmerie peut être considérée comme une force de (police de) proximité, cette situation s'explique par son omniprésence sur le terrain, grâce à la densité de son réseau de brigades et à la permanence de la surveillance qu'elles assurent.

La surveillance générale a pour objectif de favoriser le contact avec la population et la connaissance approfondie des lieux et des personnes, c'est-à-dire une présence sécurisante dans le système social (Dieu 2002). Par son implantation territoriale dispersée, la gendarmerie tend à être physiquement proche des populations qu'elle s'efforce de pénétrer et de connaître, de manière à susciter la collaboration, par la collecte d'informations, de ce que le langage gendarmique appelle la « population saine ». La surveillance générale se définit, selon le décret du 20 mai 1903, par sa continuité dans le temps (de jour comme de nuit) et dans l'espace (dans les zones habitées ou non). Réalisée de nos jours, pour l'essentiel, grâce à des moyens motorisés, elle comprend trois volets : 1) l'observation attentive des lieux et des personnes pour déceler tout indice d'infraction, commise ou en cours, et dissuader leurs auteurs potentiels : du passage aux abords des locaux commerciaux au stationnement effectué pour percer à jour la raison d'allées et venues suspectes, en passant par la patrouille à pied sur les chemins de campagne difficiles d'accès et peu fréquentés ; 2) le contrôle répressif du respect des lois et règlements : du procès-verbal établi à l'encontre de l'automobiliste pour non-respect du stop à l'avertissement adressé au patron du café pour dépassement de l'heure légale de fermeture de son établissement ; 3) le contact avec la population : des conversations informelles sur la pluie et le beau temps à la recherche de renseignements sur un cambriolage. Participant des logiques de consentement policier et de prévention situationnelle, la surveillance générale remplit une pluralité de fonctions synthétisées dans le tableau de la page suivante.

Effectués par au moins deux gendarmes, les services de surveillance générale ont une durée oscillant, selon les circonstances et les unités, de deux à quatre heures. Concrètement, il s'agit d'effectuer une patrouille sur tout ou partie de la circonscription, en roulant à une allure réduite, de manière à voir et à être vu. Il leur appartient alors d'observer avec attention les lieux et les personnes qui s'y trouvent afin de déceler tout ce qui peut paraître anormal

FONCTIONS DE LA SURVEILLANCE GÉNÉRALE		
Connaître	surveillance-apprentissage	Permettre au gendarme de maîtriser les particularités de la circonscription, les lieux, les personnes, leurs activités, leurs problèmes et leurs attentes
Dissuader	surveillance-repoussoir	Empêcher, par une présence visible sur le terrain, les auteurs potentiels d'infractions de passer à l'acte
Rechercher	surveillance-investigation	Déceler tout indice d'infraction, commise ou en cours, afin de procéder à des interpellations et de relever des infractions (notamment en matière de police de la route)
Savoir	surveillance-information	Recueillir des renseignements dans les domaines de l'ordre public, de la police judiciaire, mais aussi sur la situation économique et sociale
Légitimer	surveillance-ostentation	Mettre en scène l'action du gendarme pour maintenir l'effectivité, aux yeux des populations, de sa fonction de régulation sociale ; donner une image concrète et valorisante du travail du gendarme, le rendant proche et accessible et favorisant son insertion dans le tissu local
Intégrer	surveillance-possession	Faire en sorte que le gendarme s'approprie « sa » circonscription, de manière à garantir son implication dans la communauté au sein de laquelle il réside et à laquelle il peut avoir le sentiment d'appartenir

ou suspect. Chaque fait sortant de l'ordinaire doit entraîner une recherche d'informations et d'explications : un volet ouvert dans une résidence secondaire, un véhicule paraissant abandonné, une lumière restée allumée dans un gymnase, un jardin laissé en friche… Les gendarmes sont censés être attentifs à tout ce qui traverse leur territoire, à tout ce qui y introduit une modification même superficielle. Au-delà de ce travail d'observation, la surveillance générale permet également d'effectuer les interventions urgentes, de remettre des pièces et documents et de contrôler la circulation routière. Cette mission, depuis toujours synonyme de gendarmerie et qui demeure, au moins statistiquement, la principale activité de ses brigades, n'en revêt pas moins, dans la pratique, un caractère de plus en plus problématique. Effectuée souvent mécaniquement, elle est devenue, en effet, un « fourre-tout » demeuré en marge du mouvement de professionnalisation, la faiblesse des effectifs interdisant, il est vrai, une spécialisation permettant une mise en œuvre plus effective de ses diverses fonctions. Qu'il s'agisse de zones résidentielles situées à la périphérie d'une grande agglomération ou de bourgs importants confrontés aux problèmes posés par l'existence de quartiers précarisés, le constat demeure identique : la présence de la gendarmerie sur le terrain, au moyen des services de surveillance générale, ne parvient pas, tant s'en faut, à développer et entretenir une réelle proximité avec la population.

L'action policière de proximité de la gendarmerie connaît, ces dernières années, une érosion significative sous la pression de différents facteurs, au rang desquels figure tout d'abord la diminution constante de la population susceptible d'être concernée par ce type d'action, qu'il s'agisse des populations vivant dans les campagnes en proie à la poursuite de l'exode rural, mais aussi celles résidant dans les zones périurbaines, du fait alors du phénomène d'habitat pendulaire qui tend à faire de ces zones, selon les cas, des cités ou des lotissements dortoirs entrecoupés d'espaces commerciaux et industriels, c'est-à-dire des zones en grande partie désertées, dans la journée, par leurs habitants travaillant dans l'agglomération voisine. En raison, d'une part, de la motorisation du service et de l'accroissement constant des missions et, d'autre part, de la montée en puissance de l'anonymat dans les rapports sociaux, les contacts entre les gendarmes et la population ont perdu en fréquence et en spontanéité. Sous réserve du cadre si particulier de la police de la route, l'individu ne rencontre pour ainsi dire plus le gendarme. Dans l'hypothèse où, de retour à son domicile après une journée de travail, il souhaite se rendre à la brigade, il doit le faire avant 18 heures sous peine de trouver porte close. Pour le gendarme, la situation n'est guère différente, puisque, à moins de convoquer les personnes à la brigade, il ne pourrait entrer en contact avec ces dernières qu'en début de soirée, c'est-à-dire en dehors de ses horaires de travail et, de toute façon, à un moment de la journée où l'individu aspire plus à se détendre en famille qu'à discuter avec des gendarmes. Le progrès constant de l'individualisme dans les relations sociales tend, il est vrai, à distendre davantage les relations entre les individus, *a fortiori* lorsqu'il s'agit des rapports que chacun entretient avec les représentants de l'ordre. Cette érosion du contact humain tend à contester au gendarme d'aujourd'hui le statut privilégié que lui conférait naguère la proximité avec le citoyen et qui faisait de lui ce personnage tour à tour craint et respecté. Le phénomène global d'«urbanisation» du gendarme participe aussi grandement à ce recul tendanciel de la proximité. En effet, la très grande majorité des personnels recrutés, ces dernières années, ne sont plus comme naguère des fils d'agriculteurs abandonnant le travail de la terre pour une carrière militaire au service de l'ordre. Le gendarme est désormais issu du monde urbain dont il partage l'essentiel des valeurs et des aspirations, ce qui n'est pas, bien évidemment, sans conséquence sur le plan des pratiques professionnelles. Autre facteur, et certainement le plus important : l'insuffisance des moyens pour maintenir ce rapport privilégié. Cette situation résulte de la conjonction de deux phénomènes : l'atténuation de la disponibilité des personnels consécutive à la réduction des astreintes et du temps de travail consentie après le malaise de l'été 1989 (Dieu 1999 : 414-430) ; les problèmes d'effectifs que connaît l'institution du fait de l'implantation territoriale qui lui est imposée par le principe du maillage, ce qui la conduit à maintenir des effectifs importants sur l'ensemble du territoire, y compris dans les campagnes les plus reculées, alors qu'elle ne dispose pas, dans les lieux de peuplement plus importants, de la totalité des moyens nécessaires afin de mener à bien cette action de proximité. Dernier facteur : le caractère de plus en plus répressif de la réglementation routière qui, en exacerbant la « peur du gendarme » et en cristallisant sur ce dernier l'impopularité de cette répression, rend de plus en plus difficile le contact entre l'individu et le gendarme.

Le face-à-face gendarme/contrevenant

Dans l'exercice quotidien de la police de la route (Dieu 2005), l'acteur de terrain est amené à développer une stratégie afin de gérer au mieux sa relation complexe et ambivalente avec le système de répression routière. Si le secours aux accidentés, la constatation des accidents et la régulation du trafic demeurent, en principe, le fondement de la police de la route, la surveillance générale du réseau routier est devenue, depuis le début des années 1970, de plus en plus répressive. Face à l'inflation galopante des accidents de la route, la puissance publique a mis en place une réglementation contraignante dans le domaine de la circulation (port obligatoire de la ceinture de sécurité, institution du permis à points, limitations de vitesse et alcoolémie, etc.). Ce choix politique a reconnu à la répression un statut privilégié bénéficiant d'une assise juridique et d'une légitimité sociale, productrices d'arguments d'autorité susceptibles de faire taire les objections sur les limites de l'action répressive. Le dogme de la répression a conduit à faire le choix de la technicité, avec la constitution d'unités spécialisées et le recours à des instruments de contrôle. Dans ce schéma instrumental, il s'agissait donc de mettre sur les routes des « spécialistes » disposant d'outils « modernes » pour faire reculer l'insécurité routière, en sanctionnant les infractions les plus graves génératrices d'accidents. En somme, la police de la route a donc été réduite, pour l'essentiel, à une activité répressive, mesurée en nombre de procès-verbaux, de contrôles de vitesse et de dépistages d'alcoolémie — le tout mis en relation (à des fins de justification) avec les données de l'accidentologie — et identifiée, pour l'essentiel, à l'action des motocyclistes et à la mise en œuvre d'appareils de contrôle. L'objectif est alors, dans une logique préventive (dissuasive), de répondre aux accidents corporels de la circulation par la constatation en flagrant délit des infractions permettant, sur un plan particulier, la production régulière de statistiques d'activité. Le cadre de la verbalisation, avec sa quête de technicité et sa peur des relations de face-à-face, résulte ainsi de la définition impersonnelle et absolutiste des relations d'autorité qui accompagne, comme l'a montré Michel Crozier, l'avènement du phénomène bureaucratique.

La caractéristique première de la répression routière est de conduire le gendarme à arrêter, à contrôler et, le cas échéant, à recourir à la contrainte à l'égard de citoyens qui, dans l'absolu, ne lui paraissent pas hostiles, contrairement aux domaines de la police judiciaire et du maintien de l'ordre. Chargé de faire appliquer dans toute sa rigueur la réglementation, le gendarme est alors devenu, pour l'automobiliste, le symbole omniprésent, l'ultime rouage de ce carcan administrativo-répressif mis en place sous couvert de sécurité routière. Par sa mission, il se trouve, il est vrai, au contact direct des réactions que provoque l'application des règles de droit dans le système social. Bien que n'étant, dans l'absolu, qu'un simple exécutant des décisions prises par l'autorité légitime, le gendarme est amené à subir les propos et les attitudes de mécontentement, de dépit et de colère de citoyens ordinaires devenus, pour avoir oublié de boucler leur ceinture de sécurité, commis un excès de vitesse ou pris le volant après un repas arrosé, des contrevenants, voire des délinquants. Cette activité répressive sur les routes a conduit à créer davantage de distance et de tension entre les forces de police et la population, notamment les classes moyennes et supérieures, dans le cadre du mouvement global de professionnalisation des organisations policières. Dans cette perspective, le recours à des instruments de mesure, notamment de la vitesse et de l'alcoolémie, ainsi que la pratique tendant à privilégier la constatation des infractions franches (le franchissement de ligne continue, le non-port de la ceinture de sécurité, etc.) ont contribué à réduire les espaces de dialogue, d'incertitude, de contestation.

Dans cette gestion de la relation de face-à-face avec l'usager, il s'agit en fait de rendre objective, incontestable la verbalisation, en fournissant au contrevenant une preuve matérielle de son infraction, en le faisant alors plus ou moins participer au processus de verbalisation, au moins comme témoin. Ainsi, en matière de vitesse, le dépassement est mesuré par un appareil présumé fiable (étalonné, réglé, entretenu), la mesure communiquée instan-tanément au contrevenant et l'infraction relevée en fonction d'une double marge de tolérance, le contrôle n'intervenant généralement qu'au-dessus de la limitation de vitesse, par exemple 70 km/h au lieu de 50 km/h et la vitesse retenue pour la verbalisation étant légèrement inférieure à celle enregistrée par l'appareil pour tenir compte d'une marge d'erreur éventuelle. Ainsi, le gendarme pourra même proposer au contrevenant de constater lui-même la vitesse relevée, soit en demandant au poste de contrôle de confirmer en sa présence par radio ladite vitesse, soit en lui proposant de lire l'indication chiffrée apparaissant dans les jumelles de l'Eurolaser. Il en est de même en matière d'alcoolémie dans la mesure où le taux relevé apparaît dans les appareils de mesure, sous la forme d'une indication positive (P) pour l'éthylotest et chiffrée pour l'éthylomètre (une seconde mesure devant être pratiquée afin de confirmer la première).

Cette quête de technicité dans la verbalisation apparaît comme un artifice permettant, dans une relation de face-à-face problématique et redoutée, la mise en œuvre effective de l'outil répressif vis-à-vis d'une population que le système social éprouve certaines réticences à considérer, par-delà l'infraction commise sur la route, comme déviante, menaçante. Cette tendance, pour le gendarme, à rechercher cette facilité, cette caution technique et indiscutable peut le conduire à délaisser certaines infractions graves, accidentogènes, pour lesquelles il risque fort de se heurter aux dénégations du contrevenant (un franchissement de feu rouge ou orange, un dépassement se terminant par un empiètement de ligne continue). Dans une logique strictement utilitariste, qui révèle toute l'ambiguïté de la répression routière (de masse), la verbalisation se limite alors à une simple constatation professionnelle de l'élément matériel (et juridique) de l'infraction, en s'efforçant de ne pas faire appel à un quelconque élément moral. L'action de verbalisation du gendarme est donc encadrée, en amont, par des dispositifs techniques et, en aval, par des sanctions qui ont en commun de lui être pratiquement extérieurs, de sorte que le contrevenant «responsable» pourra être en situation de faire la part des choses, en considérant que le gendarme n'est qu'un simple intermédiaire entre le législateur qui élabore les normes et prescriptions routières, le technicien qui assure la maintenance des instruments de contrôle, le juge qui prononce les sanctions et le percepteur qui reçoit le produit des amendes. Dans l'absolu, les dispositifs de contrôle et de sanction automatisés de la vitesse mis en œuvre actuellement représentent une étape supplémentaire, voire ultime dans cette logique tendant à maintenir un cadre social pacifié, non stigmatisant, presque ordinaire et déshumanisé, à la répression pratiquée sur les routes.

Le cadre de la verbalisation routière entend donc «protéger» le policier ou le gendarme chargé seul de faire face au contrevenant, en lui fournissant à bon compte une stratégie d'évitement de la controverse et de la contestation. Selon les indications fournies par les enquêtes par sondage, il semble bien que ce dispositif de protection du gendarme fonctionne relativement bien, par-delà les réactions d'humeur, de colère, voire d'agressivité qu'il subit malgré tout au quotidien. Même si ces enquêtes sont surtout révélatrices de l'importance des attentes à l'égard de l'institution, elles révèlent malgré tout que le citoyen-automobiliste parvient, dans l'ensemble, à faire la part des choses, en considérant que le gendarme n'est en fait qu'un instrument des politiques répressives destinées fondamentalement à assurer de l'ordre et de la sécurité sur les routes et autoroutes. Ainsi, un sondage réalisé en avril 2000 par la Sofres indiquait que 84% des personnes interrogées se déclaraient satisfaites de l'action de la gendarmerie en matière de sécurité routière. La relation aux contrevenants représente ainsi un aspect relativement complexe du métier de gendarme. Il s'agit de constater l'infraction (mineure) commise par le contrevenant, sans pour autant aboutir à une situation conflictuelle par des propos et des attitudes maladroites ou moralisatrices. Dans la relation aux contrevenants, la variable interpersonnelle est un élément important qui peut expliquer que le gendarme puisse faire preuve de mansuétude, si l'infraction commise autorise une marge d'appréciation et que le contrevenant demeure, selon lui, coopératif, courtois et de bonne foi. La tendance à fonder la constatation des infractions sur des dispositifs techniques de contrôle, dans le dessein de limiter les contestations et de faciliter le traitement judiciaire, n'en a pas moins conduit à faire disparaître, tant s'en faut, toute marge d'appréciation, toute dimension humaine, du fait de la persistance de cette relation de face-à-face avec l'usager qu'il appartient au gendarme de gérer au quotidien. Les gendarmes reconnaissent que la relation aux contrevenants dépend également, bien évidemment, de leur propre comportement professionnel. Les précautions prises à l'égard des contrevenants s'expliquent par le fait que, dans l'esprit des gendarmes, l'automobiliste conduisant sans ceinture ou ayant commis un excès de vitesse ne quitte pas pour autant les rangs des «honnêtes gens», de la «population saine».

CHAPITRE 11

La coopération policière internationale dans le domaine judiciaire

▶ NADIA GERSPACHER

Depuis que les États ont réalisé, au début du XXe siècle, que la lutte contre la criminalité internationale ne pouvait être menée de manière unilatérale dans un environnement caractérisé par une globalisation des échanges et par l'effondrement des frontières, on observe plusieurs initiatives de collaboration entre services de police nationaux. Dans ce chapitre, nous analysons le fonctionnement de la coopération policière internationale en abordant ce phénomène en tant qu'assemblage complexe de pratiques variant de l'informel à l'officiel. Dans un premier temps, nous mettons en lumière les développements politiques en portant une attention particulière au rôle des acteurs et aux obstacles qu'ils rencontrent dans l'élaboration d'un système d'échange d'information et d'entraide judiciaire. Dans un second temps, nous définissons les mécanismes de coopération ainsi que les contingences qui limitent les services de police dans la lutte contre la criminalité internationale.

L'ÉLABORATION DE SYSTÈMES D'ÉCHANGE ET D'ENTRAIDE

La coopération policière internationale se traduit en échange d'information, de renseignements et de données nominales entre services de police de pays impliqués et menacés par le crime international. Cette coopération rend aussi possibles des stratégies opérationnelles et des politiques communes. On observe l'émergence d'équipes communes parmi les services de police pour assurer qu'une enquête internationale puisse suivre son cours et surmonter les obstacles. La coopération policière internationale dépend ainsi de l'échange d'information qui, à son tour, est dépendant d'un système d'acheminement d'information du local au centre national.

La coopération policière internationale n'a pas la même signification aujourd'hui qu'à ses débuts. On observe une évolution : de l'échange d'information occasionnel lors de réunions annuelles entre services de police, on est graduellement passé à un échange d'information sophistiqué qui exige de respecter les Droits de l'homme, à l'analyse criminelle dans une perspective internationale et enfin à des opérations communes. On constate que des organisations intergouvernementales — qui sont créées pour faciliter la coordination de communication et d'échange entre services de police étrangers — débordent leur mandat (Gerspacher 2005). Ces organisations deviennent les fournisseurs de savoir en matière de crime international (Gerspacher et Lemieux 2005). Ce chapitre retrace l'historique de la coopération policière internationale, tout en relevant les aspects qui nous amènent à comprendre ce phénomène imposé.

La nécessité d'entreprendre des efforts multilatéraux est aujourd'hui généralement reconnue par la majorité des États face aux menaces des organisations criminelles internationales. Les phénomènes de globalisation et de régionalisation économiques et politiques ont généré de nouveaux problèmes de sécurité qui dépassent largement la capacité des États à intervenir seuls (Hall et Bhatt 1999; Manning 2000; Sheptycki 2000). Face à des organisations criminelles internationales de plus en plus sophistiquées et fluides, une collaboration étroite entre services de police étrangers s'impose. De plus, puisque le crime international utilise à son avantage les frontières et les contraintes qu'elles représentent pour tout acteur qui agit dans un cadre légal, la collaboration entre pays forts et pays faibles est cruciale pour contrer le phénomène de sanctuaires et pallier le manque de confiance entre homologues (corruption/infiltration) et les incompatibilités politiques.

La coopération policière internationale a aussi une dimension préventive. De nombreux pays servent de transit, voire représentent un environnement qui tolère l'activité criminelle, ce qui entraîne la «victimisation» d'autres pays, notamment les pays consommateurs de drogues. Il est donc important de développer des mécanismes qui permettent aux services de police de réduire les risques. Les buts stratégiques pour lesquels la coopération policière est essentielle sont l'identification et l'immobilisation d'un criminel (Nadelmann 1993: 4), l'interruption des activités d'organisations criminelles internationales (Williams et Savona 1995: 82), la dépossession de leurs actifs et de leurs biens, et leur démantèlement (Williams et Savona 1995: 83). Cette demande de sécurité a provoqué un effet d'entraînement élargissant les traités de coopération au domaine judiciaire et exigeant une plus grande collaboration entre les appareils policiers nationaux (Hass 1972; Occhipinti 2003). Les implications de ces besoins se sont manifestées par l'émergence d'organisations policières internationales qui ont pour tâche principale de faciliter l'échange d'information et une extension des pouvoirs des polices nationales par l'intermédiaire des traités d'assistance légale mutuelle (Benyon et autres 1993; Fijnaut 1993; Nadelmann 1993). On voit ainsi apparaître des «espaces communs de sécurité» dans lesquels, pour être efficaces, les organisations policières sont amenées à partager leurs informations et leur savoir-faire (Manning 2000).

Depuis les premières initiatives de coopération policière, notamment l'Union de police des États germaniques (UPEG) créée en 1851 pour répondre aux menaces des activités de dissidents politiques en centralisant les ressources des services de police, on observe un échange de renseignement criminel. L'UPEG organisait des réunions annuelles de policiers d'Allemagne, France, Italie, Pologne et Hongrie pour faciliter l'échange d'information et d'expertise. On observe dès lors le placement d'officiers de liaison qui représentent l'Union à Londres, New York, Paris et Bruxelles. Même si cette première tentative a rencontré beaucoup de résistance de la part des services de police, la police autrichienne continue dans la même veine en publiant, en 1852, un bulletin d'information de suspects et de leurs *modus operandi*. Ce *Central-Polizei-Blatt* était diffusé parmi les services de police européens (avec exception pour la Russie et l'Italie) (Liang 1992). Ces efforts de coopération étaient entrepris par des services de police qui constataient que les traités existants (extradition) représentaient des contraintes importantes. Dans la mesure où ces initiatives, et d'autres, n'ont pas pleinement porté leurs fruits, l'*International Criminal Police Commission* (plus tard Interpol) a été fondée afin d'établir des canaux d'échange d'information pour faciliter la collaboration et la coordination entre homologues étrangers. Comme l'a montré Deflem dans son analyse des premières tentatives de coopération internationale, des réseaux de services de police se sont formés, même face à des pressions politiques et externes qui menaçaient d'imposer des contraintes bureaucratiques et de ralentir le processus (Deflem 2002).

Des initiatives de coopération policière ont été aussi nombreuses que variées depuis le début du XXe siècle et surtout après la Deuxième Guerre mondiale grâce à un nouvel engagement envers la coopération. La collaboration policière internationale a été amorcée pour des raisons politiques, notamment pour contrecarrer les mouvements anarchistes, le trafic des esclaves et les activités subversives (Deflem 1996, 2002: 45-62). Puis, dès le début du XXe siècle, on constate une dépolitisation de la coopération policière, donc un déplacement des enquêtes sur des crimes politiques vers des activités d'enquêtes criminelles (Deflem 2005). Une des raisons majeures de cette évolution fut la difficulté d'obtenir l'appui de nombreux États à cause de la nature politique, donc localisée, de la mission des premières initiatives (Deflem 2005: 278). Si en 1898, lors de la Conférence Anti-Anarchiste de Rome, 21 États étaient représentés, la participation de nombreux autres États était nécessaire afin d'accroître la collaboration policière et d'entraver les entrepreneurs d'activités criminelles.

Afin d'affronter les contraintes que représentaient la souveraineté, le manque de soutien financier et le défaut de légitimité, la création d'organisations plus formelles a été jugée nécessaire par les praticiens et les politiciens. La première tentative d'institutionnaliser la coopération policière internationale d'une manière systématique fut la création d'Interpol en 1914. Constatant que le gouvernement autrichien n'avait aucune procédure pour récupérer des bijoux impériaux qui avaient été volés à Vienne en 1913 et retrouvés dans un autre pays européen, le Dr J. Schroder et le prince Albert de Monaco ont décidé d'organiser le Premier Congrès sur le Crime International. Après une pause durant la Première Guerre mondiale, les chefs de police présents ont créé Interpol lors du Second Congrès International de Police Criminelle (CIPC) en 1923 (document confidentiel Interpol 2001: 1). Interpol a été créé comme un «club de policiers» par des chefs de police dans l'espoir d'accroître les bénéfices que représentait un forum d'échange entre homologues étrangers et de contourner les obstacles nombreux que constituaient la bureaucratie, la diplomatie et la politique — notamment en ralentissant considérablement la pratique d'enquête criminelle —, tout en maintenant l'autonomie de leur gouvernement et de leurs polices. Depuis, Interpol est devenu une organisation internationale qui regroupe des membres étatiques et des services de police variés ainsi que d'autres organisations internationales. Interpol a dû trouver un équilibre entre l'intergouvernementalisme et l'autonomie de ces organisations afin de pouvoir survivre et en même temps de servir la communauté de services de police (Barnett et Coleman 2005).

La création d'Interpol a contribué significativement à l'internationalisation de la police, surtout en ce qui concerne l'enquête criminelle et toutes les opérations reliées à cette activité centrale des services de police à travers la communauté internationale. Depuis, la police évolue graduellement dans un environnement plus réceptif à l'échange d'information, même si les obstacles traditionnels continuent de freiner l'élaboration d'une coopération systématique, voire automatique. En effet, depuis la fin des années 1960, on constate une explosion d'initiatives de coopération policière, notamment entre voisins. Parmi eux figure la Cross Channel Intelligence Conference (CCIC) qui a été établie en 1968 pour faciliter la coopération des pays riverains de la Manche. La CCIC constitue la fondation d'un réseau de services de police transnational et l'harmonisation de pratiques entre l'Angleterre, la France, la Belgique et les Pays-Bas.

Le CCIC a connu une évolution en trois phases dont la première, dès 1968, fut l'établissement d'un réseau et d'une infrastructure policière utilisés pour faire circuler des renseignements criminels entre services de police de pays concernés. Comme Sheptycki le démontre dans son étude approfondie de cette structure (1997: 93-94), dès 1971 on constate une collaboration entre policiers et ces liaisons deviennent le moteur de l'échange d'information. Cette étude démontre en outre que ce phénomène de liaison entre policiers d'une région s'avéra plus efficace qu'Interpol. On observe, dès 1986, la transformation du forum que constitue la CCIC en une «table ronde sur la politique policière» (Sheptycki 1997: 93).

La préoccupation d'harmoniser des lois et des pratiques pour les rendre compatibles contribue à l'organisation et à la régionalisation. De nombreux obstacles que rencontre la coopération policière internationale ont des origines politiques. En effet, un bon fonctionnement de la coopération policière exige que soient identifiées les pratiques différentes en matière de libertés civiles. La diversité entre systèmes légaux fait en sorte que les États vont criminaliser des activités qui ne le seront pas ailleurs (l'immigration illégale, le trafic d'êtres humains). Les systèmes légaux sont aussi des sources d'incompatibilités (infiltration, écoute, privilège du secret de l'informateur, informateurs contraints à témoigner). Conséquemment, les preuves obtenues dans un État ne sont pas toujours admissibles dans le système judiciaire d'autres États.

LES MÉCANISMES DE COOPÉRATION

Lorsque les services de police sont convaincus que la collaboration peut être bénéfique, il est nécessaire d'établir un cheminement pour le renseignement cueilli par des policiers locaux. Il faut centraliser l'information afin de permettre à celle-ci de circuler et de faciliter les requêtes que les autorités policières peuvent faire auprès des services de police étrangers.

La coopération policière peut contrebalancer les effets de la mondialisation, notamment les nombreux défis que représentent les contrôles douaniers. Le libre-échange n'a pas été bénéfique seulement pour le commerce international, mais aussi pour le trafic de drogue, d'organes, d'êtres humains, d'armes conventionnelles et d'armes de destruction massive, l'immigration illégale et le terrorisme. De plus, les accords de libre-échange ont ouvert maintes possibilités pour le crime international. Afin d'ouvrir les frontières en même temps que de continuer à contrôler les allées et venues d'individus indésirables, le Système d'information Schengen a été institué à la suite des accords signés en 1985 et 1990. Le SIS fait partie de l'accord sur les visas permettant à un visiteur citoyen d'un pays hors de l'UE de voyager dans les pays signataires de l'Espace Schengen et facilite l'échange économique à travers la même zone. Le SIS permet l'échange d'information à propos d'individus pour s'assurer que des «indésirables» ne disparaissent pas en voyageant d'un pays à un autre et permet à la police de poursuivre un suspect quand il franchit les frontières.

Un des plus importants obstacles à la coopération policière est la capacité des États de faire des requêtes auprès d'autres pays afin d'améliorer enquêtes et opérations ainsi que de profiter des services de coordination et d'analyse des organisations internationales (Gerspacher 2005). Dès l'internationalisation de la police, et surtout depuis la création d'organisations internationales policières (Interpol et Europol), on observe une amélioration de la formation des policiers (par exemple, dans le cas d'Europol et de sa formation sur le démantèlement des laboratoires de drogues synthétiques).

Europol, l'Office de police européen, qui a été créé en 1992 par les États de l'Union européenne pour compenser les effets de l'érosion des contrôles aux frontières à l'intérieur de l'Union, a joué un rôle majeur dans la coopération policière telle qu'elle figure au début du XXIe siècle. La création d'Europol représente une phase importante de l'évolution de la coopération policière internationale, et ce, dans plusieurs domaines dont la régionalisation, la sensibilisation des États à l'harmonisation des lois nationales et la sophistication de l'analyse criminelle internationale.

Europol permet de circonvenir les obstacles (notamment la corruption dans les États en dehors de la zone de l'UE) à l'échange d'information entre pays européens. Cette organisation a pour mission de faciliter la coopération policière internationale, tout en respectant les normes de protection de données et les Droits de l'homme, et d'établir un réseau de communication assez sophistiqué pour assurer rapidement le transfert de l'information.

Dorénavant, les 15 pays membres structurent une « forteresse de l'Europe » en matière de sécurité. L'efficacité de la régionalisation de la coopération policière avait déjà été reconnue, notamment par les pays riverains de la Manche. La tendance vers la régionalisation était de nouveau affirmée lorsque Interpol introduisit l'initiative de bureaux régionaux (région de la Baltique, bureau européen, bureau d'Asie, etc.).

En constatant les lacunes présentes dans les systèmes de diffusion et de centralisation de l'information policière au niveau national — une majorité d'États ne partageait pas l'information au début —, Europol assista les États en les guidant dans le développement d'infrastructure nationale et dans l'internationalisation du transfert de l'information (Gerspacher 2005). Par la simple nécessité de participer à un système d'échange d'informations avec des homologues étrangers, les États ont, l'un après l'autre, établi un système de centralisation grâce à l'appui d'Europol. Afin de faciliter la communication entre services de police étrangers et avec Europol et de permettre le développement de stratégies opérationnelles et politiques en liaison avec les enquêtes criminelles, un bureau national et un bureau de liaison ont été mis sur pied. Le mandat initial d'Europol était celui d'un forum de partage d'information qui a graduellement évolué vers des activités plus interventionnistes (Gerspacher 2002 et 2005; Gerspacher et Dupont 2007; Gerspacher et Lemieux 2006).

Cette évolution de l'organisation multilatérale est un pas essentiel vers une meilleure coopération policière internationale. Ces efforts, qui découlent souvent du constat que l'action unilatérale contre le crime organisé a régulièrement échoué, tendent vers la coopération officielle, structurée et contrainte par traités, conventions ou autres accords internationaux. La coopération, surtout bilatérale mais aussi de plus vaste envergure, se déroule grâce à des contacts entre homologues policiers étrangers ou sur l'initiative d'officiers particulièrement entreprenants. On constate, lors d'entretiens de policiers, qu'il existe de nombreux cas dans lesquels un officier a joint un homologue étranger pour un échange d'information criminelle ou a lui-même procédé à un transfert d'information en vertu d'une offre d'assistance. La coopération policière informelle profite d'un mode de travail moins encombré par des processus bureaucratiques et par des protocoles politiques visant la protection de la souveraineté étatique.

La coopération policière internationale a aussi lieu dans le cadre d'une politique nationale des pays occidentaux. En effet, la Grande-Bretagne, le

Canada, les États-Unis, la France, l'Allemagne, l'Australie, parmi d'autres, ont chacun développé une infrastructure d'agents de liaison. Relativement nouveau, le rôle de l'agent de liaison consiste largement à promouvoir l'échange d'information et la communication entre les institutions policières des pays concernés. Ces agents représentent un groupe élitiste de policiers qui forment un réseau international chargé de relier entre eux les États qu'ils représentent (Bigo 2005). Dotés d'avantages importants grâce à la proximité de leurs homologues étrangers, que ce soit dans le cadre du secrétariat d'Europol où ils ont chacun un bureau, ou comme représentants d'une agence de renseignement nationale (CIA, SOCAC, RCMP et autres), ces agents multilingues, universitaires et armés d'expérience et de nombreux contacts facilitent la compréhension des règles du jeu (procédures d'enquête, justice pénale, etc.).

La coopération policière internationale est facilitée par une panoplie d'instruments mis à la disposition des services de police dont le travail nécessite d'obtenir des informations criminelles colligées dans d'autres pays. Cependant, même si on observe une duplication de tâches, chaque instrument, organisation formelle, accord bilatéral ou interaction entre membres d'un réseau, a été créé pour des besoins spécifiques.

Depuis les premières initiatives pour combattre les mouvements anarchistes jusqu'aux opérations communes d'aujourd'hui, la coopération policière internationale est marquée au sceau d'une professionnalisation, d'une spécialisation et d'un perfectionnement toujours croissants. Les efforts entrepris par les États, chefs de police ou officiers pour échanger de l'information et faciliter la coordination d'opérations et d'enquêtes communes s'imposaient pour répondre adéquatement à la sophistication et à la fluidité des organisations criminelles internationales. En effet, les initiatives de coopération internationale s'avéraient nécessaires pour résoudre les problèmes posés par les incompatibilités des systèmes de justice et par l'action unilatérale des pays.

DEUXIÈME PARTIE

Menaces et parades

CHAPITRE 12

La délinquance, la récidive et la psychopathie

▶ JEAN-PIERRE GUAY ET MAURICE CUSSON

Au sein d'un échantillon représentatif de la population générale, les degrés de la délinquance sont franchis progressivement par des nombres décroissants d'individus commettant des nombres croissants de délits et de crimes. À l'échelon le plus bas, se trouve une foule de gens qui se laissent aller exceptionnellement à quelques rares fautes, presque toujours mineures. Puis on progresse par degrés successifs vers des délits de plus en plus fréquents commis par des individus de moins en moins nombreux. Au bout de la distribution, il ne reste qu'une petite minorité — de l'ordre de 5% — qui se rend coupable d'environ 50% des délits et crimes commis dans la population. Il n'y a donc pas des criminels d'un côté, et des honnêtes gens de l'autre, mais des différences de degré. Il n'en reste pas moins que certains individus sont beaucoup plus délinquants que d'autres. Ils multiplient les incivilités et les délits, allant quelquefois jusqu'au crime ; ils laissent de nombreuses victimes dans leur sillage ; ils empoisonnent la vie de leur entourage et engendrent la méfiance et la peur. Ils parviennent très souvent à échapper à la détection et, quand ils sont pris, ils résistent efficacement aux tentatives pour les faire changer.

Dès lors que ces délinquants suractifs commettent près de la moitié des délits enregistrés dans une ville, leur chemin croisera régulièrement celui des policiers. Pour leur part, les praticiens de la sécurité privée ne peuvent espérer toujours les éviter. Comment ces professionnels de la sécurité peuvent-ils les distinguer des petits délinquants occasionnels ? Pour répondre à cette question, la criminologie est d'un grand secours : pendant plus d'un siècle, elle a amassé une grande quantité de connaissances sur cette minorité appelée délinquants persistants, délinquants prolifiques, délinquants suractifs. En s'appuyant sur ces connaissances, il est possible de distinguer de tels délinquants des autres qui, même s'ils ont commis l'un ou l'autre délit, ne posent pas de problèmes sérieux. La criminologie nous aide ainsi à répondre à trois questions : Jusqu'à quel point tel contrevenant est-il un délinquant ? Risque-t-il de récidiver ? Et pourquoi commet-il ses délits ? Le présent chapitre présente un bilan de ces connaissances. Il est divisé en quatre parties. La première présente les caractéristiques de l'activité criminelle de ces délinquants suractifs. La deuxième partie explique pourquoi et comment la délinquance fait partie intégrante du style de vie adopté par ces individus. La troisième porte sur la prédiction ; elle présente les indicateurs permettant d'identifier les délinquants persistants et d'estimer leur probabilité de récidive. La quatrième et dernière partie traite de la psychopathie et de ses rapports avec la délinquance d'habitude.

QUELLES SONT LES CARACTÉRISTIQUES DE L'ACTIVITÉ CRIMINELLE DES DÉLINQUANTS PROLIFIQUES ?

Ces individus commettent un grand nombre de délits : cela fait partie de la notion même de délinquance prolifique. Pour obtenir une idée juste de cette fréquence, il faut tenir compte non de leur casier judiciaire, mais du nombre de délits qu'ils reconnaissent eux-mêmes avoir commis quand ils répondent à des questionnaires de délinquance autorapportée ou quand ils écrivent leur autobiographie : ils disent alors avoir commis des vingtaines, souvent des centaines de délits par année. Autre caractéristique, la polymorphie, c'est-à-dire la diversité des types d'infractions dont se rend responsable un même individu : vols simples, vandalisme, introductions par effraction, vols de voitures, coups et blessures, agressions sexuelles... (Wolfgang, Figlio et Sellin 1972, West et Farrington 1977 ; Le Blanc 2003).

Ces transgressions nombreuses et variées ont un sens ; elles signifient que celui qui s'y livre juge que, pour arriver à ses fins, tous les moyens sont bons, y compris la violence et la malhonnêteté. En effet, au-delà de leur diversité, la plupart des infractions dont ces individus se rendent coupables présentent une unité profonde : elles se caractérisent par le recours à la violence ou à la ruse pour faire subir à autrui un préjudice injuste. Ces délinquants utilisent la force physique, les armes, les menaces pour forcer la main de leurs victimes, pour éliminer un concurrent, pour contraindre autrui, le faire souffrir. Beaucoup plus souvent, ils ont recours à la ruse pour parvenir à leurs fins. Gassin (2004) explique que les infractions de ruse présentent deux traits essentiels : le mensonge et l'usurpation. En effet, l'auteur d'un délit de ruse trompe sa victime en lui faisant croire le contraire de la vérité pour s'emparer de ce qu'elle possède. La ruse est à l'œuvre non seulement dans les fraudes, escroqueries, abus de confiance, falsifications et usurpations d'identité, mais encore dans les vols très courants commis en trompant la vigilance du propriétaire. Le mensonge, c'est-à-dire l'énoncé sciemment contraire à la vérité fait dans l'intention de tromper, est un substitut à la violence. Plutôt que d'user de la force, le menteur conduit son interlocuteur à lui céder ce qu'il refuserait de céder s'il connaissait la vérité. C'est par le mensonge que se réalise l'usurpation. La ruse et les violences sont les expédients utilisés par le délinquant pour passer outre à la règle de réciprocité. Plutôt que de s'engager de bonne foi dans un rapport contractuel, il place autrui dans une position de faiblesse dont il abuse pour lui faire subir un préjudice qui apparaît injuste non seulement à la victime mais aussi à l'observateur impartial.

COMMENT VIVENT CES DÉLINQUANTS PERSISTANTS ET QUEL RAPPORT LEUR STYLE DE VIE ENTRETIENT-IL AVEC LEURS AGISSEMENTS ?

Quand les chercheurs comparent le mode de vie des délinquants suractifs à celui des non-délinquants, ils constatent que les premiers sont beaucoup plus portés à mener une vie de flambeur et de noctambule. Ils se couchent et se lèvent tard. Ils consomment en abondance alcool et drogue. Ils fréquentent les prostituées et ont des comportements sexuels à risque. Ils perdent beaucoup d'argent au jeu; dépensent leur revenu en un rien de temps; multiplient les dettes et les factures impayées. Cette vie festive entretient des rapports directs et évidents avec l'habitude de voler, de frauder, de dealer et de se battre (Cusson 2005). En effet, financer ces plaisirs nécessite beaucoup d'argent. Vivant la nuit, ces délinquants sont des employés médiocres et peu rémunérés. Il leur faut alors combler les déficits par des vols, fraudes et autres expédients malhonnêtes. Or, il se trouve que, dans nos sociétés, la plupart des délits qu'ils commettent ne sont pas élucidés par la police et, par le fait même, ne sont pas punis. Ajoutons à cela que nos délinquants suractifs se procurent des revenus criminels dont la médiane est de l'ordre de 50 000 $ (Charest 2007). Ainsi, d'un côté le délinquant prolifique mène une vie intense et remplie de plaisirs faciles financés par des revenus conséquents et, de l'autre, il s'expose à de faibles risques d'être puni. C'est dire qu'à court terme, la somme des plaisirs associés à une vie dans le crime est supérieure à la somme des déplaisirs. Ainsi s'expliquent la fréquence et la diversité des délits et crimes dont ces individus se rendent coupables: ils ont constamment besoin d'argent et tous les moyens sont bons pour s'en procurer. La même logique explique leur persistance: ils voudront continuer aussi longtemps que le total des plaisirs obtenus en menant cette vie l'emporte sur ce qu'elle leur apporte de désavantages et de souffrances.

Dans les débits de boissons mal famés qu'ils fréquentent nuit après nuit, ces délinquants rencontrent inévitablement des individus peu recommandables. Ils s'en font des amis, puis des complices. Avec le temps, ils étendent leur réseau criminel. Or, la paix n'est jamais acquise dans le milieu criminel. Chacun soupçonne autrui: un tel est peut-être un délateur; tel autre convoite plus que sa part de butin; le troisième, trop impulsif, se bagarre avec tout le monde. C'est ainsi que notre délinquant flambeur est conduit par la dynamique du milieu criminel à devenir un jour l'agresseur, et l'autre jour la victime.

Quiconque s'adonne ainsi au plaisir et au crime trouvera sur son chemin des gens qui voudront à tout prix le voir en prison: ses victimes d'abord, les policiers ensuite. Pour garder sa liberté, ce délinquant devra multiplier les stratagèmes et les précautions : mentir, adopter une fausse identité, intimider les témoins, mettre ses menaces à exécution, détruire les preuves, inventer des alibis. Cette nécessité dans laquelle il se trouve de se défendre, de tromper, de riposter, de contre-attaquer, de régler des comptes le conduit à commettre de nouveaux crimes.

COMMENT ESTIMER LE RISQUE QU'UN DÉLINQUANT COMMETTRA DE NOUVEAUX DÉLITS ?

Mais d'abord, est-il possible de prévoir la récidive ? Oui, mais seulement jusqu'à un certain point. Tout ce que les meilleurs instruments de prédiction de la récidive apportent comme information, c'est la probabilité de récidive du groupe auquel appartient l'individu sous observation : il fait partie du groupe dans lequel 30 %, 40 %, 50 % ou 70 % des sujets ont récidivé. Notons que la probabilité n'est pratiquement jamais de 100 % ou de 0 %. Dans les travaux de Wormith et Girard (2004), les délinquants à très faible et faible risque ne représentent que 17,1 % de l'échantillon et les sujets à très haut risque ne représentent que 11 %. Pour les groupes à faible risque, le taux de récidive pour n'importe quel crime n'est que de 22 %, alors qu'il est de 5,1 % pour un crime violent. Pour les délinquants du groupe à haut risque, le taux de récidive générale s'élève à 86,8 % tandis que le taux de récidive violente est de 47,4 %. En revanche, pour une proportion importante de délinquants, la probabilité de récidive se situe souvent dans la fourchette allant de 40 % à 60 %, ce qui signifie que la marge d'incertitude reste grande.

Le passé étant garant de l'avenir, le comportement antérieur d'une personne constitue le meilleur prédicteur de son comportement futur. Cela vaut pour la délinquance, comme le démontrent plusieurs études sur de vastes échantillons. C'est ainsi que Wolfgang et coll. (1972) et Monahan (1981) ont démontré que le nombre d'arrestations antérieures prédit le comportement criminel ultérieur. La précocité des premiers délits (Loeber et Leblanc 1990 ; Farrington 1995), leur nombre (Barnett, Blumstein et Farrington 1987) et la gravité de la première condamnation (Blumstein, Farrington et Moitra 1985) sont liés au nombre de crimes commis par la suite. Plus récemment, les travaux utilisant les méta-analyses (Gendreau, Little et Goggin 1996) ainsi que ceux de Bonta (1997) et d'Andrews et Bonta (2003) ont réaffirmé la valeur prédictive du passé criminel.

Les travaux sur la prédiction de la récidive ont permis de mettre en place une série d'instruments actuariels qui se révèlent plus efficaces que la prédiction clinique traditionnelle (Guay 2006). À l'heure actuelle, les instruments actuariels les plus utilisés et les plus efficaces sont le LSI-R et sa version la plus récente, l'Inventaire de niveau de services et de la gestion des cas, le LS/CMI (Andrews, Bonta et Wormith 2004 et 2006).

Ces travaux nous informent que les indicateurs suivants sont utiles pour estimer la probabilité qu'un délinquant commettra de nouveaux délits :

1. *Les antécédents délinquants.* Plus un individu a commis des délits dans le passé, même des délits mineurs, et plus sa délinquance s'est manifestée précocement, plus il risque de récidiver.

2. *L'école.* Le délinquant persistant est (ou fut) un élève indiscipliné. Il néglige ses devoirs, s'absente de l'école et obtient des résultats médiocres. Il évite et déteste les enseignants. Il est porté à se battre avec ses camarades.

3. *Le travail.* Les conduites suivantes d'un employé sont de mauvais augure : il change fréquemment d'emploi et connaît des épisodes de chômage. Il arrive souvent au travail en retard ; il s'entend mal avec son patron ; il se dispute avec ses collègues ou s'isole.

4. *Les dettes.* Il gère mal ses finances personnelles et s'endette.

5. *Le couple.* Il entretient une relation difficile avec sa conjointe avec qui il se dispute ou il n'a pas de relation de couple stable.

6. *Les parents.* Il fréquente peu ses parents et ses relations avec eux sont soit indifférentes, soit hostiles.

7. *Les antécédents criminels dans la famille.* Un de ses parents, un frère ou sa conjointe a un casier judiciaire.

8. *Les loisirs.* Il sort très souvent tard le soir. Il fuit les activités de loisirs en famille.

9. *Les fréquentations.* Il a plusieurs amis qui ont un casier judiciaire et fort peu d'amis respectueux des lois.

10. *La consommation d'alcool.* Il abuse d'alcool au point que cela compromet son fonctionnement au travail et ses relations conjugales.

11. *La consommation de drogue.* Sa consommation de drogue le pousse à voler ou à dealer.

12. *La jeunesse.* Plus un individu est jeune, plus il aura tendance à récidiver.

13. *L'instabilité résidentielle.* Les individus qui déménagent fréquemment ont davantage tendance à récidiver que ceux qui font preuve de stabilité résidentielle.

14. *La virilité.* Les hommes récidivent plus souvent que les femmes.

15. *Les attitudes.* La tendance d'un délinquant à justifier et à minimiser ses transgressions est associée à la récidive : « Ce n'est pas grave. » « Ce n'est pas de ma faute. » « Il le cherchait. » « C'était moi la victime. »

16. *Les signes de psychopathie.* Cela nous conduit à la section suivante.

QU'EST-CE QUE LA PSYCHOPATHIE ET QUELS RAPPORTS ENTRETIENT-ELLE AVEC L'ACTIVITÉ CRIMINELLE ?

Une autre manière d'appréhender la délinquance fréquente, polymorphe et persistante a été adoptée par des psychiatres et des psychologues ayant tiré leur inspiration des travaux de Cleckly (1941). Ceux-ci trouvaient, parmi leurs patients, des individus qui ne souffraient pas de maladie mentale classique mais qui était profondément inadaptés : ils étaient excessivement manipulateurs, explosifs et insensibles. Durant les années 1980, R. Hare met au point un instrument de mesure pour identifier de tels sujets de manière fiable. À ses yeux, la psychopathie se manifeste par une constellation de comportement et de traits de personnalité : les psychopathes mentent et manipulent constamment ; ils sont en rupture avec leurs émotions, tout en étant impulsifs. Ils font fi des sentiments des autres et des normes sociales. Égocentriques et vivant collés sur le moment présent, ils ne se soucient guère des conséquences de leurs actes. Rares sont ceux qui éprouvent des remords, de la culpabilité ou de l'inquiétude. Ils tolèrent mal la frustration à laquelle ils réagissent avec colère.

Mesurer la psychopathie

L'instrument que Hare (1991, 2003) a conçu pour mesurer la psychopathie est l'échelle de psychopathie (PCL-R). La PCL-R est, en la matière, certainement l'instrument le plus fidèle, le plus sûr empiriquement et, de ce fait, le plus utilisé. Les travaux concernant sa validité sont nombreux et proviennent de la criminologie, la neurobiologie, la psychologie et la psychiatrie. Dans le cadre de son utilisation, le clinicien se base sur le dossier correctionnel du délinquant et sur une entrevue avec celui-ci. Une vingtaine d'items sont cotés 0 (absence du trait), 1 (présence partielle du trait) ou 2 (présence claire du trait). L'instrument permet donc de générer un score qui varie entre 0 et 40. Plus le score est élevé, plus le sujet présente de caractéristiques psychopathiques. La liste qui suit énumère les items de l'échelle de psychopathie de Hare.

1. *Loquacité et charme superficiel*
2. *Surestimation de soi*
3. *Besoin de stimulation et tendance à s'ennuyer*
4. *Tendance au mensonge pathologique*
5. *Duperie et manipulation*
6. *Absence de remords et de culpabilité*
7. *Affect superficiel*
8. *Insensibilité et manque d'empathie*
9. *Tendance au parasitisme*
10. *Faible maîtrise de soi*
11. *Promiscuité sexuelle*
12. *Apparition précoce de problèmes de comportement*
13. *Incapacité à planifier à long terme et de façon réaliste*
14. *Impulsivité*
15. *Irresponsabilité*
16. *Incapacité à assumer la responsabilité de ses faits et gestes*
17. *Nombreux épisodes de cohabitation de courte durée*
18. *Délinquance juvénile*

19. *Violation des conditions de mise en liberté conditionnelle*
20. *Diversité des types de délits commis par le sujet*

À l'aide d'analyses taxométriques portant sur un échantillon de près de 5 000 délinquants évalués avec l'aide de l'échelle de psychopathie (PCL-R), Guay et ses collaborateurs (2007) n'ont pas constaté de différence qualitative entre les psychopathes et les non-psychopathes. La tendance à la psychopathie se présente plutôt comme un continuum sans point de coupure net. Il n'existe donc pas de psychopathe conçu comme un type distinct de personnalité obéissant à une causalité spécifique. D'ailleurs, un regard sans complaisance sur l'être humain nous force à admettre que les traits constitutifs de la psychopathie se retrouvent à divers degrés chez presque tout le monde : il arrive à la plupart d'entre nous de mentir, de manquer d'empathie, de réagir de manière impulsive. Il n'y a pas de différence de nature entre les psychopathes et les autres.

Les deux composantes de la psychopathie

Les travaux sur l'échelle de psychopathie de Hare, qui mettent à profit des analyses factorielles, exploratoires et confirmatoires, indiquent que les items de l'échelle se divisent en deux grands facteurs (Hare et Neumann 2006). Le premier décrit un style de rapports interpersonnels dominé par le mensonge et l'insensibilité aux souffrances d'autrui. L'individu trompe autrui sans arrêt ; il ment et manipule. Il masque son absence de sensibilité derrière un charme superficiel. Quand il se fait prendre en faute, il n'éprouve ni remords ni culpabilité. Le deuxième facteur regroupe une constellation de comportements impulsifs et antisociaux : la difficulté à se maîtriser, à planifier et à tenir compte des conséquences à long terme de ses actes ; la tendance à vivre aux crochets des autres, à changer souvent de partenaires sexuels. Celui qui obtient un résultat élevé sur ce facteur paraît irresponsable. Il recherche les sensations fortes et multiplie les transgressions.

La Psychopathy Checklist (PCL-R) n'est pas le seul instrument utilisé pour mesurer la psychopathie. Parmi les variantes de l'instrument se trouve la PCL-SV, une version courte de l'instrument. De plus, depuis une dizaine d'années s'est intensifiée la recherche sur la mesure de la psychopathie à l'aide des données autorévélées. L'exercice se révèle difficile : on n'a qu'à penser à la malhonnêteté notoire des psychopathes, à leur manque d'introspection et à leur difficulté à bien cerner leurs émotions. Mais les résultats des travaux sur les mesures autorévélées de la psychopathie semblent prometteurs, notamment en ce qui concerne le Self-Report Psychopathy-II (SRP-II ; Hare 1991 ; voir aussi Lilienfeld et Fowler 2006) et le PPI (Lilienfeld et Andrews 1996).

La psychopathie et la délinquance

Les relations statistiques entre la tendance à la psychopathie et la délinquance fréquente et persistante sont très fortes. En liberté, les sujets ayant un score supérieur à 30 à l'échelle de psychopathie commettent deux fois plus de délits que les sujets qui obtiennent un score inférieur. Et lorsqu'ils sont pris en charge par les institutions correctionnelles, ils causent habituellement toutes sortes de difficultés. En effet, par rapport aux autres, ils sont jusqu'à neuf fois plus souvent impliqués dans des incidents disciplinaires (Hare et McPherson 1984).

Les travaux sur l'échelle de psychopathie de Hare indiquent aussi que les psychopathes sont criminellement plus actifs que les non-psychopathes au cours de leur vie (Hare 1991) et qu'ils ont plus tendance à commettre des délits non violents. Ils ont aussi tendance à être plus violents que les non-psychopathes (Hare 1981; Hart et Hare 1989). En général, les récidives des délinquants ayant un score élevé de psychopathie sont multipliées par trois ou quatre par rapport aux non-psychopathes.

Les individus ayant un score élevé de psychopathie sont surreprésentés dans les échantillons d'agresseurs sexuels. Dans les échantillons de criminels, les psychopathes sont plus nombreux à avoir violé une femme que les non-psychopathes. Enfin, dans certaines études, la composante «impulsivité-antisocialié» est une composante importante dans les modélisations prédisant l'agression sexuelle (Knight et Guay 2006).

L'échelle de psychopathie possède aussi une plus grande validité prédictive que la simple étude des antécédents criminels ou même de l'ensemble des autres facteurs généralement utilisés pour prédire la récidive (Gendreau, Goggin et Smith 2002).

Les travaux sur le traitement des patients présentant un score élevé de psychopathie n'apportent pas de nouvelles réjouissantes. Ceux-ci ne tirent pas profit des mesures punitives et résistent aux efforts pour les faire changer. Dans nombre de cas, ils répondent aux interventions en devenant plus manipulateurs, en cachant leurs comportements inacceptables et en tentant de donner bonne impression. Une fois le traitement terminé, les délinquants classés psychopathes récidivent dans une plus grande proportion et plus rapidement que les autres (Ogloff, Wong et Grennwood 1990; Rice, Harris et Cormier 1992).

En somme, la psychopathie (telle qu'elle est définie par Hare 2003) est liée à la délinquance persistante. Il faut cependant reconnaître que la délinquance fait partie intégrante de la mesure. La psychopathie est associée à un degré élevé d'engagement dans le crime, à une plus grande violence, à une plus large variété d'actes de violence, à une plus forte probabilité d'actes de violence et d'incidents disciplinaires en prison ainsi qu'à la récidive.

La psychopathie en milieu de travail

La tendance à la psychopathie ne se manifeste pas seulement chez les délinquants avérés, mais aussi en milieu de travail, chez des individus sans antécédents criminels. Levenson (1992) et Lilienfeld (1994) utilisent les concepts de *successful psychopath* et d'*unsuccessful psychopath* pour distinguer les psychopathes n'ayant pas été judiciarisés de ceux qui ont fait l'objet de mesures pénales. En français, on pourrait parler de psychopathe en apparence socialement intégré pour désigner l'individu qui présente les caractéristiques du psychopathe sans pour autant avoir fait l'objet d'arrestation ou d'incarcération. Il n'a pas de démêlés avec la justice, mais pose problème aux personnes qui l'entourent. Babiak et Hare (2006) ont étudié de tels individus : ils ne sont pas de bons parents ni de bons conjoints, pas plus qu'ils ne sont des amis fiables ou des collègues dignes de confiance. Pour atteindre leurs objectifs, ils ont recours au mensonge et à la manipulation. Ils nient leurs responsabilités en cas d'erreur. Ils blâment les personnes les plus vulnérables de leur entourage et exploitent leurs proches.

Babiak et Hare (2006) ont trouvé des employés qui présentaient des scores élevés de psychopathie dans des entreprises honnêtes. Même si, apparemment, ils ne commettaient pas de crimes, ils avaient des attitudes et des comportements nuisibles au bon fonctionnement de l'entreprise. Il est cependant possible de les détecter en utilisant certains indicateurs pouvant servir à mettre en garde les gestionnaires. Une de leurs caractéristiques est qu'ils ne travaillent pas efficacement en équipe. En effet, ils détestent coopérer avec ceux qu'ils considèrent comme des rivaux. Ils ont tendance à cacher ou à déformer certaines informations ; ils tentent de court-circuiter le fonctionnement de l'équipe ou d'en prendre le contrôle. À les entendre, cependant, ce sont de véritables joueurs d'équipe. Faire part d'informations qui les mettent en position de force ou partager le crédit d'un bon coup va à l'encontre de l'image extrêmement avantageuse qu'ils ont d'eux-mêmes. Les relations avec leurs collègues et leurs supérieurs sont truffées d'un savant mélange de mensonges et de vérités, ce qui rend leurs histoires en apparence véridiques. Ils manquent de modestie et sont souvent arrogants. Lorsqu'ils sont pris en défaut, ils n'acceptent pas la responsabilité de leurs actions et rejettent le blâme sur leurs collègues. Leurs réactions sont difficiles à prévoir. Ils ont tendance à réagir mal lorsque leurs compétences sont mises en doute et à recourir à l'intimidation.

CONCLUSION

L'échelle de psychopathie, les tables de prédiction de la récidive, le style de vie délinquant et une réflexion sur la signification même de l'action criminelle : voilà quatre manières différentes de concevoir et d'appréhender ce qui reste au fond le même phénomène. Ces quatre approches sont complémentaires et concordantes. Combinées, elles font saisir la logique interne de la délinquance prolifique et persistante : mode de vie orienté vers le plaisir immédiat, sans égard aux conséquences, par tous les expédients, fussent-ils malhonnêtes ou violents ; stratégie plongeant celui qui l'adopte dans un état de guerre avec tous et dont l'engrenage le conduit à commettre de plus en plus de crimes.

CHAPITRE 13

Le crime organisé et les contre-mesures

▶ CARLO MORSELLI, MATHILDE TURCOTTE
ET GUILLAUME LOUIS

Introduction

À l'instar de Naylor (1997) et de Mitsilegas (2003), nous convenons qu'il n'existe pas de définition du crime organisé qui fasse consensus et, par conséquent, que les efforts engagés dans la répression de cette criminalité sont, la plupart du temps, empreints d'ambiguïté. Néanmoins, cette ambiguïté ne doit pas être interprétée comme la manifestation d'une méconnaissance des autorités à l'égard de ces difficultés. En ce sens, les nouvelles définitions formulées par ces dernières ont avant tout pour finalité d'élargir le spectre de la répression à des comportements se rattachant d'une manière ou d'une autre au crime organisé.

Dans cette optique, les mécanismes de contrôle du crime organisé ne constituent pas une réponse institutionnelle à un problème clairement identifié et circonscrit, mais doivent plutôt être conçus comme le résultat d'une croyance générale selon laquelle quelque chose doit être entrepris pour contrer un phénomène menaçant et en constante progression. Il s'avère alors essentiel de cerner et saisir le contexte dans lequel ces politiques viennent à émerger et d'envisager, à la suite, les diverses formes que celles-ci peuvent prendre. Une fois ce travail effectué, il est possible de considérer l'impact réel de ces mesures sur les problèmes qu'elles sont censées atteindre. La conceptualisation présentée dans ce chapitre distingue deux angles d'approche différents du crime organisé, auxquels sont associées des formes d'organisation distinctes et qui appellent des réponses institutionnelles spécifiques.

Distinguer des variantes du problème

Notre définition du crime organisé s'accorde avec les interprétations générales formulées par un certain nombre de criminologues (Sellin 1963; Vold et Bernard 1986). Le crime organisé offre des services publics prohibés dans le but de réaliser des profits privés. L'expression crime organisé regroupe donc les crimes reliés à l'offre illicite de services licites ou l'offre de services prohibés. La demande pour de tels services est généralement suffisamment forte pour que les activités perdurent et pour que les risques associés à leur conduite soient minimisés pour l'ensemble des participants. La continuité de ces activités comme la réduction des risques sont intimement liées à la nature du service offert ainsi qu'à la perception que peuvent avoir les pouvoirs publics de la menace qu'il représente. L'évaluation du caractère pernicieux du crime organisé est ainsi au cœur de son contrôle : la réaction des autorités est fonction de son degré de gravité perçu. Ce chapitre repose sur un seul axiome : le crime organisé apparaît dans les interstices de la vie économique, politique et sociale soit du fait de la déficience d'un État dans l'approvisionnement de certains services légitimes, soit à la suite d'une interdiction par les institutions de services pour lesquels il existe une forte demande.

Les interstices criminogènes et les mafias

Selon cette thèse, le crime organisé vient à émerger lorsque des services gouvernementaux ne sont pas en mesure d'assurer adéquatement l'approvisionnement de certains services légitimes. Dans le cadre du présent chapitre, les « interstices criminogènes » renvoient aux vides laissés par les institutions publiques tant au niveau des services qu'à celui des régulations, dont profitent les groupes criminels qui tombent sous la qualification générique de mafias. (Il n'est pas fait référence ici au sens conféré par le langage populaire.) Le vocable mafia désigne ici toute unité illégitime investie dans une activité de protection. Ce service est destiné tant aux membres du monde interlope — qui bien sûr ne peuvent faire appel à la police lorsque survient un conflit — qu'à certains éléments de la population. Bien que le fait d'offrir un tel service à des criminels constitue, en soi, un problème, c'est lorsque la demande de protection émane du public que la thèse des interstices criminogènes prend tout son sens. C'est que la thèse des interstices criminogènes constitue une prémisse fondamentale aux modèles théoriques qui décrivent le crime organisé comme une forme de gouvernement parallèle (Cressey 1969 ; Anderson 1979 ; Tilly 1985 ; Jamieson 2000 ; Volkov 2002 ; Paoli 2003 ; Béland 2005). L'inefficacité de la police, du système de justice, ou la lenteur de la bureaucratie sont autant de facteurs qui ont été associés à la présence et à l'expansion du crime organisé dans une société (Milhaupt et West 2000 ; Buscaglia et van Dijk 2003). Dans ce sens, cette thèse vient illustrer la manière dont les groupes criminels profitent des espaces relativement ou complètement désertés par les agences étatiques.

Cette thèse des interstices criminogènes est au centre de l'important ouvrage Gambetta (1993). Celui-ci conçoit la mafia sicilienne comme une entreprise offrant des services de protection privée. Historiquement, les *mafiosi* siciliens assuraient le rôle de courtiers politiques (à ce sujet, voir également Blok 1974). Isolée, tant avant qu'après la réunification de l'Italie, la Sicile était un terrain propice pour des entrepreneurs désireux de fournir des services de protection privée. En effet, le gouvernement italien éprouvait des difficultés, même après les années 1970, à assurer l'application des règlements dans les secteurs économiques et administratifs.

Par la suite, le cadre théorique de Gambetta a été transposé à deux autres pays. Varese (2001) s'est intéressé à la mafia russe. La montée en puissance de cette dernière, qui a suivi l'effondrement de l'Union soviétique, s'explique en partie par une infrastructure déficiente en matière de propriété privée. La nouvelle société russe n'était pas préparée à l'avènement de la libre entreprise, à l'introduction dans l'économie de pratiques nouvelles telles que la concurrence. Dans ce contexte, les nouveaux entrepreneurs et marchands ont été obligés de faire appel à des agences de protection non gouvernementales afin, notamment, de pouvoir garantir à leurs clients l'obtention, dans un délai raisonnable, des permis nécessaires mais également afin de protéger leurs entreprises des vols, extorsions et autres pratiques frauduleuses. Dans le même esprit, Hill (2003) soutient que le Japon de l'après Deuxième Guerre mondiale n'était pas équipé pour faire face à la montée du libre marché. Les groupes de *Yakusa* ont assis leur position par l'intermédiaire de vides laissés par les institutions et cette situation a perduré jusqu'aux années 1990.

Ainsi, les mafias jouent un rôle crucial dans les sociétés qui ne disposent pas d'appareils et de mécanismes efficients pour organiser les rapports écomoniques et sociaux et pour régler les conflits. Elles fournissent des services licites que le gouvernement, lui, n'est pas en mesure d'offrir. Mais ces vides laissés par les institutions permettent également aux organisations criminelles de s'imposer et de perdurer. En effet, la demande pour de tels services est importante et constante, sans compter que ce type d'occasions criminelles échappe au contrôle étatique. Par conséquent, les mafias parviennent à dominer ces espaces désertés, et ce, en toute impunité.

Le marché criminel

À l'origine, la thèse selon laquelle le crime organisé s'apparente à une entreprise offrant un bien ou un service sur le marché a été élaborée en réaction à l'image traditionnelle de la mafia, vue comme une organisation bureaucratique. Cette thèse, souvent considérée comme l'antithèse du modèle inspiré de la mafia, ne s'attache cependant pas aux mêmes problèmes. Alors que la thèse des interstices criminogènes vise à expliquer la possibilité que des organisations criminelles émergent et prospèrent du fait des faiblesses gouvernementales, la thèse du marché criminel s'intéresse, elle, à la place que se font les entreprises criminelles dans les secteurs prohibés. Dans cette optique, le crime organisé n'entre pas en compétition avec l'État mais plutôt avec d'autres firmes impliquées dans les marchés de services et produits illégaux.

Dans cette perspective, les groupes et organisations impliqués dans un marché criminel ressemblent plus à des marchands et à des entrepreneurs légitimes qu'à des courtiers politiques. D'ailleurs, les marchés criminels présentent de nombreuses similitudes avec des marchés de luxe ou des loisirs, notamment en ce qui concerne le type de produits offerts et la fluctuation des prix. Ainsi que l'ont noté Reuter et Kleiman (1986), les prix de base de ces produits sont, à l'origine, élevés mais ne connaissent par la suite que peu de fluctuations. En outre, bien que la demande pour ces services illicites soit constante, les marchés criminels sont cependant l'objet d'une intense surveillance policière. Par conséquent, les entreprises criminelles qui y œuvrent emploient moins de participants, sont plus éphémères et moins organisées que les mafias (Reuter 1983).

Les problèmes identifiés par l'approche des interstices criminogènes ou de marché criminel ne sont pas nécessairement indépendants. Plusieurs pays et régions doivent ainsi faire face à une combinaison de ces problèmes. Des pays présentant des infrastructures gouvernementales déficientes peuvent également voir s'implanter sur leur territoire un certain nombre de marchés criminels. À l'inverse, les pays dans lesquels les marchés criminels sont florissants font parfois face à une faiblesse de leurs institutions.

LES CONTRÔLES DU CRIME ORGANISÉ

En matière de contrôle du crime organisé, les réformes législatives figurent parmi les réponses typiques. Les législateurs doivent à la fois assurer le respect des libertés et des droits individuels et contrer ce qui menace la sécurité des citoyens. Cette recherche d'équilibre explique que les législateurs de certains des pays évitent de mettre en place des mesures trop radicales de contrôle du crime organisé. Dans la majorité des cas cependant, alarmés par la gravité perçue de la menace, ils accordent de larges pouvoirs et ressources aux agences affectées à la lutte contre le crime organisé.

Les réponses législatives

Selon Levi et Smith (2002), une recension des diverses expériences permet de constater que les pays utilisent souvent des approches très similaires. La réponse initiale aux problèmes du crime organisé est généralement la prohibition d'une activité ou d'un produit, telle la prostitution ou la drogue. Ces activités sont regroupées sous le qualificatif de « crimes préalables ou principaux », c'est-à-dire ceux qui correspondent à la finalité des groupes criminels.

Il existe deux formes de lois qui ciblent le crime organisé. La première vise les comportements les plus couramment associés au contexte du marché criminel. Parmi ces comportements figurent notamment la formation de groupes, le transport de produits illégaux ou toute autre activité associée aux crimes préalables (par exemple, la violence, le blanchiment d'argent). La seconde forme, et probablement la réponse législative la plus explicite, est de bannir une organisation spécifique, telle une mafia qui s'est infiltrée dans les interstices criminogènes d'un pays. Lorsqu'il s'agit d'un problème de marchés criminels, nous n'avons trouvé aucun cas où une organisation criminelle spécifique a été prohibée.

La prohibition de comportements collectifs

Le concept juridique d'association de criminels (ou d'association de malfaiteurs en Europe) sert à prohiber des comportements spécifiques associés au crime organisé ou, du moins, à des groupes de criminels organisés. Construite autour de l'idée de complot criminel, cette tactique tire ses origines d'une loi criminelle française contenue dans le code Napoléon de 1810 (Hill 2003).

Depuis l'initiative française, la criminalisation de l'association criminelle est considérée comme une étape importante dans la lutte contre le crime organisé. Dès 1886, des nations telles que les Pays-Bas ont développé un instrument semblable, prévoyant des pénalités spécifiques pour les fondateurs et les gestionnaires qui participent de manière suivie à une organisation dont l'objet est la commission de crimes (Levi et Smith 2002). Toutefois, jusqu'à récemment, cet article était très peu utilisé, et ce, dans la mesure où le crime organisé n'était pas considéré comme une menace sérieuse (correspondance personnelle de Henk van de Bunt, vers 2004).

La loi américaine (*Racketeering Influenced and Corrupt Organizations* ou RICO) est souvent considérée comme le modèle que les autres pays ont suivi dans le cadre de leur propre lutte contre le crime organisé. Cette loi est également celle qui a fait le plus fréquemment l'objet d'études. RICO est avant tout un instrument flexible. En effet, le législateur américain a compris que, pour lutter efficacement contre le crime organisé, il faut que les agences de contrôle disposent de plus de pouvoir discrétionnaire, notamment en ce qui concerne les méthodes de surveillance, les autorisations nécessaires pour négocier avec un individu une fois qu'on a établi qu'il participe à une entreprise criminelle. Ces agences doivent également pouvoir compter sur davantage de latitude pour négocier les plaidoyers et pour protéger les indicateurs et les témoins spéciaux (voir Morselli et Kazemian 2004).

RICO est officiellement couché sur papier en 1970, dans le Titre IX d'un acte spécifique, *The Organized Crime Control Act*. Deux concepts importants sont au cœur de la loi, soit celui de *enterprise* — « *any individual, partnership, corporation, association, or other legal entity, and any union or group or group of individuals associated in fact although not a legal identity* » — et celui de *racketeering*. La liste des crimes préalables qu'englobe ce concept de *racketeering* est longue et est précisée à la Section 1961 (1) de l'Acte. Alors que les lois criminelles traditionnelles mettent l'accent sur les actes criminels, le législateur américain décide d'étendre la portée des définitions criminelles pour y inclure le fait d'être reconnu coupable par association. Ainsi, la stratégie d'attrition traditionnelle, cohérente avec la procédure établie d'arrestation de suspects individuels, a été remplacée par une stratégie d'entreprise qui cible des groupes en entier (Dombrink et Meeker 1994 : 109).

Même si RICO a été adopté en 1970, les procès n'ont commencé qu'en 1975 (Blakey 1994) et demeurent rares dans les années 1970. Calder (2000), selon qui les premières condamnations sous RICO remontent à 1973 (*US v. Amato*, 367 F. Supp. 547, SDNY 1973), estime que cela s'explique par un déplacement des pouvoirs des autorités locales aux autorités fédérales. Depuis, l'on dénombre environ 125 cas par année (Blakey 1994). Hughes (1990) confirme cette estimation, lorsqu'il précise qu'il y a eu environ 300 mises en accusation sous RICO entre 1970 et 1980 et que, vers la fin des années 1980 et jusque dans les années 1990, la tendance est à la hausse avec une moyenne de 100 à 125 cas par année. Depuis les années 1990, RICO est beaucoup moins utilisé, ce qui peut s'expliquer par la mise en place d'une loi RICO au civil et d'une autre sur le blanchiment d'argent.

Répondant aux critiques de RICO, certains spécialistes ont souligné qu'il a contribué, dans les années 1980 et 1990, à la neutralisation de groupes criminels influents (Jacobs, Friel et Raddick 1999 ; Jacobs et Gouldin 1999 ; Jacobs, Panarella et Worthington 1994 ; Goldstock, Marcus, Thacher et Jacobs 1990).

RICO a inspiré plusieurs accords entre les pays sous l'égide de l'Union européenne et des Nations unies. De plus, certaines nations, dont l'unique stratégie de lutte contre le crime organisé était constituée de lois sur l'association criminelle, ont modifié leurs législations afin qu'elles ressemblent à RICO. Elles visent désormais le crime organisé spécifiquement. La plupart du temps, le terrorisme (ou plutôt, l'impression que le terrorisme est une menace de plus en plus sérieuse) explique cette rupture avec la tradition. D'ailleurs, dans ces cas de figure, le terrorisme devient souvent un des crimes préalables englobés par le vocable « crime organisé ». Par exemple, en 2004, en France, la loi Perben II dote les magistrats d'outils de lutte contre le crime organisé semblables à ceux qui se retrouvent dans RICO (voir Lamy 2004). Cette initiative s'explique par l'impression que le crime organisé transnational est une menace de plus en plus sérieuse et par une volonté de cohérence avec les accords de coopération internationale.

La prohibition d'organisations particulières

Il n'existe que peu de cas dans lesquels le contrôle du crime organisé ne vise qu'une organisation ou un groupe. En effet, peu de pays ont à faire face à un problème de crime organisé qui se réduit à une seule et puissante organisation criminelle. Lorsqu'un pays est aux prises avec le marché criminel, ce n'est pas une menace unique qu'il doit affronter : les marchés criminels ne donnent pas naissance à des situations de monopole. L'émergence d'une puissante organisation criminelle est symptomatique de la présence d'interstices criminogènes. La survie et l'expansion d'une organisation criminelle sont fonction non seulement d'une demande du public, mais également de l'impunité dont elle peut bénéficier en marge des sphères du contrôle gouvernemental.

La réaction italienne à l'égard des groupes qui répondent au qualificatif de mafia, constitue certainement l'illustration la plus frappante d'un pays dont le contrôle est orienté vers une organisation particulière (Jamieson 2000; Levi et Smith 2002; Mitsilegas 2003). Bien qu'il n'existe pas de consensus sur la réalité que recouvre le terme mafia — le vocable étant employé tantôt pour désigner une organisation monolithique, tantôt comme terme générique pour englober plusieurs groupes distincts (Sabetti 2000) —, l'on s'accorde néanmoins sur le fait que la mafia italienne inclut des variantes telles que la *Cosa Nostra* sicilienne, la *'Ndrangheta* en Calabre, la *Camorra* en Campanie, la *Sacra Corano Unita* dans les Pouilles et même certains groupes de francs-maçons, ainsi que sur le fait que toutes ces entités sont profondément enracinées dans le secteur public et le gouvernement du pays. Le désormais bien connu mouvement antimafia a débuté à la fin des années 1970 à l'initiative et sous l'impulsion d'un petit réseau de magistrats siciliens et notamment des juges Chinnici, Falcone et Borsellino (tous trois assassinés). Ces derniers ont développé des stratégies d'enquête et de poursuite qui tiendront lieu de lignes directrices, par la suite, pour les réformes législatives (Schneider et Schneider 2003).

Les modifications législatives les plus significatives ont été introduites par la loi Rognoni-La Torre en 1982. Depuis l'adoption, en 1965, de la loi intitulée Dispositions contre la Mafia, dans laquelle le mot mafia apparaissait pour la première fois (Jamieson 2000), les associations de ce type n'étaient pas définies. En outre, le législateur ne visait alors que les crimes. Avec la crise qui a atteint son apogée en 1982, l'association en tant que telle devient un crime. Ce qui est incriminé par le réformateur, à travers l'idée d'association criminelle, est le complot de trois individus ou plus. Par ailleurs, la définition de l'association criminelle comporte une série de précisions liées à la spécificité de ce type d'organisations et de la criminalité qui y est associée: système de subordination, code du silence, utilisation de l'intimidation et intention de commettre des crimes visant directement ou indirectement à accroître son contrôle sur les activités économiques. Les sanctions prévues dans le cadre de l'association criminelle varient en fonction de la place ou du rôle pris par l'individu dans l'association: les membres et participants peuvent recevoir des peines d'emprisonnement d'un maximum de six ans, tandis que les individus ayant fait la promotion de l'association ou ayant été à sa tête encourent une peine de prison d'un minimum de quatre ans et d'un maximum de neuf ans (Jamieson 2000; Levi et Smith 2002). Ainsi, la participation de l'individu à un crime spécifique n'est pas nécessaire pour pouvoir le poursuivre au titre de son appartenance à la mafia. L'individu peut faire l'objet de poursuites si l'on parvient à établir une différence entre son revenu déclaré et son style de vie.

Une stratégie similaire a été adoptée au Japon en 1992. Ainsi que nous allons l'observer plus en détail dans la dernière section, l'expérience japonaise en matière de contrôle du crime organisé est certainement la plus audacieuse. Hill (2003) présente l'évolution des réponses législatives aux problèmes liés aux *Yakusa* ou aux *Boryokudan*, termes généraux recouvrant plusieurs groupes différents qui s'étaient fait une place au sein du monde commercial légitime et du secteur public (ce qui s'explique, une fois encore, par les faiblesses de l'État en matière de protection des entrepreneurs).

Comme il en a été pour l'Italie, la réforme législative au Japon a été adoptée à la suite d'une période de crise. Selon Hill, la sophistication et la diversification des groupes de *Yakusa* permises par leur prééminence dans l'économie souterraine les a conduits à prendre une place conséquente dans les activités du monde légitime. En outre, à compter des années 1960, ces différents groupes se sont affrontés dans d'importants conflits, les liens qu'ils avaient su tisser avec les corps policiers se sont peu à peu détériorés et une vague de scandales majeurs a secoué la classe politique (Milhaupt et West 2000).

La somme de ces facteurs a conduit à l'adoption, en 1962, d'une loi intitulée *The Law Regarding the Prevention of Unjust Acts by Boryokudan Members*. Cette réforme avait pour objectif principal de contrer la tendance qu'avaient les entrepreneurs légitimes à s'adresser aux *Yakusa* afin d'obtenir prêts et protection. Plutôt que de statuer sur les actes d'extorsion et de protection, la stratégie élaborée par le législateur conduit à prohiber toute organisation se présentant sous le label de *Boryokudan* de telle sorte que les membres ne puissent plus tirer avantage du statut associé à une telle appartenance dans le cadre de leur activité dans la sphère légitime. Toute référence à une affiliation explicite avec un groupe prohibé est, au terme de la loi, un acte de violence. En 2000, 25 groupes de *Yakusa* ont été recensés et prohibés en vertu de cette législation. Parmi ceux-ci figurent des organisations très importantes (notamment l'organisation *Godaime Yamaguchi-gumi* à qui l'on prête quelque 20 000 membres) et des groupes de plus petite envergure qui comptent moins d'une centaine de personnes (Hill 2003 : 277). Les critères qui contribuent à la qualification de groupe prohibé sont les suivants : 1) le groupe prône, de manière collective ou routinière, des comportements violents et illégaux ; 2) une portion substantielle des membres a des antécédents judiciaires ; et 3) le groupe est organisé selon des lignes hiérarchiques. Des modifications ont été apportées à cette loi en 1993 et en 1997. Celles-ci ont notamment pour but d'empêcher les groupes de recruter des membres mineurs. Dans cette optique, des dispositions ont été ajoutées afin d'inclure dans la définition des *Boryokudan* les « participants périphériques » (Hill 2003 : 163-166).

Une initiative aussi surprenante qu'intéressante a été prise par le gouvernement. Ce dernier a créé des « centres d'éradication des *Boryokudan* » qui avaient pour mission d'apporter conseils et informations sur les problèmes liés aux *Yakusa*, de délivrer une formation aux employés des compagnies vulnérables, de sensibiliser — par des écrits et par affichage — la population à la menace représentée par les *Yakusa* et aux solutions disponibles et, enfin, de fournir une aide aux anciens membres des groupes prohibés afin de favoriser leur réinsertion (Hill 2003: 231). En 1998, 4250 membres étaient inscrits à ce programme de «réhabilitation» (p. 234).

De telles politiques, qui visent des organisations ciblées, demeurent tout de même exceptionnelles et la situation de l'Italie et du Japon doit être considérée comme l'expression de cas isolés. Dans les pays connaissant des problèmes de crime organisé, il se peut que certains acteurs — des individus, des groupes ou des organisations — prennent une place plus importante que d'autres.

LE RECOURS AUX INFORMATEURS DE POLICE ET AUX REPENTIS

En matière de répression du crime organisé, le recours aux sources humaines est la stratégie privilégiée des services policiers et des autorités chargées des poursuites (Fyfe et Sheptycki 2006). L'infiltration et la délation sont des techniques nécessaires afin de lutter contre des activités criminelles consensuelles (c'est-à-dire l'absence de victime) ou complexes, et d'appréhender des individus au sein des groupes organisés dans lesquels prévaut la «loi du silence».

Il existe divers types de sources humaines. Trois en particulier ont été retenues, soit les informateurs, les agents sources et les témoins repentis[1]. Les définitions en vigueur dans les milieux policiers les distinguent. 1) L'informateur ou l'indicateur de police transmet des informations ou des renseignements sur d'autres délinquants. 2) L'agent source infiltre des réseaux ou des organisations sous surveillance policière; il offre aux suspects des occasions de commettre des délits. Sa participation aux activités du groupe lui permet de recueillir des preuves. 3) Le témoin repenti, aussi appelé «délateur» ou «témoin délateur» au Canada, témoigne pour la poursuite contre ses anciens complices ou associés.

Au Canada, les membres des services policiers portent la responsabilité de recruter, de superviser et de protéger les informateurs, les agents sources et les témoins repentis. Les policiers disposent d'un réel pouvoir discrétionnaire leur permettant de déterminer au cas par cas la nature des «récompenses» octroyées à leur source. Dans des pays tels l'Allemagne, la Belgique, l'Espagne et la Hongrie, les avantages dont peuvent bénéficier les suspects et les prévenus qui collaborent avec la justice sont réglementés par des lois. Aux États-Unis, le programme de protection des témoins est administré par une agence indépendante (le *U.S. Marshals Service*). Ces mécanismes de contrôle ont été mis en place afin de prévenir les abus, de

---

1. D'autres genres de sources humaines, comme le collaborateur et l'agent double, sont écartés de la présente discussion. Le premier coopère avec les services de renseignement de sécurité, alors que la collaboration de l'informateur, de l'agent de sécurité et du témoin repenti relève du champ des enquêtes criminelles. L'agent double est un membre des services policiers ou d'une autre agence d'application de la loi.

limiter l'utilisation de sources humaines et de favoriser un minimum de transparence.

Au Québec, les policiers doivent remplir un formulaire chaque fois qu'ils rencontrent un informateur. Ce « rapport d'affranchissement de source », comme on le surnomme dans un corps policier, porte sur les éléments suivants : le lieu de la rencontre, les informations fournies par la source, les instructions données et les primes versées, le cas échéant, à cette dernière. Quand un « contrôleur » est assigné à la gestion d'un repenti ou d'un agent source, il est tenu de rédiger des notes personnelles après chaque entrevue.

Depuis les années 1990, au Québec toujours, les termes de l'accord conclu avec un agent civil d'infiltration doivent être consignés par écrit. Des modèles de contrat-type ont ainsi été élaborés. L'entente précise les obligations des deux parties à la relation. L'agent source s'engage à rédiger des résumés des actions entreprises, à révéler toutes les informations et les activités criminelles dont il a connaissance et à témoigner devant les tribunaux si nécessaire. Sont également énumérés dans le texte de l'entente les suspects et les infractions visées dans le cadre des enquêtes auxquelles participe l'agent source. Les obligations de l'organisation policière incluent de verser une allocation hebdomadaire à l'agent source pendant toute la durée des investigations, de même qu'une indemnité après les arrestations et les perquisitions, à la fin des enquêtes préliminaires et à l'issue des procès.

Pour ce qui est du repenti (délateur), l'entente est contractée par un comité, nommé le Comité de contrôle, composé de représentants du procureur général, du corps de police concerné et du ministère de la Sécurité publique. Les obligations du témoin repenti consistent à témoigner aussi souvent que requis, à plaider coupable à certains chefs d'accusation et surtout à ne plus commettre d'infractions. Contrairement aux informateurs et aux agents sources, le délateur accepte donc de mettre fin à sa carrière criminelle. De l'autre côté, les obligations de la police et du ministère de la Sécurité publique portent avant tout sur les mesures de protection assurées au témoin repenti. En effet, la nature de la collaboration du témoin repenti est publique. Ainsi, le Comité de contrôle s'engage à protéger celui-ci durant ses témoignages à la cour et son incarcération. À sa sortie de prison, il sera réinstallé dans une autre ville ou province du pays aux frais de l'État. De plus, s'il répond aux conditions, il pourra bénéficier d'un changement d'identité. Le Comité s'engage également à verser un salaire de subsistance au témoin repenti pendant deux ans, à compter du moment où il est libéré sous conditions. Il s'agit d'une aide alimentaire temporaire afin de favoriser sa réinsertion sociale, et non d'une récompense. En plus des mesures de protection, il peut recevoir d'autres avantages, de type judiciaire ou pénitentiaire, telle une réduction des accusations portées contre lui.

Les termes de l'accord sont négociés lors du recrutement de l'informateur, de l'agent source ou du repenti. Durant cette période, le policier doit établir un lien d'échange avec le délinquant dont il sollicite la collaboration tout en minimisant les coûts et les risques pour l'organisation policière. Sa tâche ne se limite pas à persuader la personne de coopérer, mais également à faire en sorte d'être en position de force à l'issue du processus.

Dans le cadre de ses travaux de doctorat, un des auteurs de ce chapitre a étudié le recrutement des sources humaines. Il a été observé que la police, bien qu'elle accepte de négocier avec les individus dont elle veut obtenir la collaboration, arrive généralement à ses fins. Dans une majorité de cas, les individus qui deviendront des informateurs ou des délateurs consentent rapidement à collaborer et sont défavorisées par les termes de l'échange. Il semble que ce résultat s'explique autant par l'efficacité des stratégies utilisées par les contrôleurs que par l'inefficacité des tactiques employées par les informateurs, les agents sources ou les repentis. Les policiers parviennent généralement à limiter les options des sources en choisissant le moment où ils proposent une collaboration (par exemple, lorsque les futures sources sont en état d'arrestation). Ils ont parfois aussi recours à la contrainte ou à la désinformation pour restreindre la marge de manœuvre du vis-à-vis (par exemple, répandre la rumeur que l'individu a déjà accepté de collaborer ou que son complice l'a dénoncé). Il n'est pas rare qu'un délinquant accepte la première offre des policiers, sans avoir consulté un avocat; il dévoile rapidement les détails de sa participation à des délits, sans garantie d'aucune sorte. Il arrive cependant que certains délinquants ayant de réels talents de négociateur parviennent à imposer leurs conditions, notamment en menaçant de «vendre» leurs services à d'autres organisations ou en exigeant des garanties écrites. Encore faut-il que les informations dont ils disposent correspondent aux besoins de l'organisation policière et que leurs demandes ne soient pas exagérées.

LES CHANGEMENTS ADMINISTRATIFS ET INSTITUTIONNELS

L'approche administrative utilisée pour contrôler le crime organisé se situe dans le contexte des interstices criminogènes. Elle vise à limiter l'intrusion de méthodes criminelles dans les secteurs publics ainsi que dans les industries privées. Il s'agit d'une réaction préventive au crime organisé. Nous avons déjà eu l'occasion de présenter une forme possible de réaction administrative lorsqu'il a été question du Japon et de sa législation visant à interdire l'affiliation publique avec un groupe de *Yakusa* lors des interactions avec le secteur légitime.

Autre exemple de mesure administrative: hausser les salaires des fonctionnaires pour les mettre à l'abri de la corruption. Cette conception rejoint l'idée de crime «organisant», qui se focalise sur les options offertes par des entreprises légitimes (Block et Chambliss 1981; Block 1991, 1994; Brodeur 1997; McIllwain 2004).

L'approche administrative procède souvent d'initiatives régionales et municipales. Certaines modifications n'impliquent qu'une simple hausse des salaires dans la police, par exemple, dans le but de réduire les tentations de corruption et constituent probablement les réponses les plus efficaces au problème du crime organisé. L'avantage d'un tel contrôle est qu'il s'attache à éliminer l'opportunité criminelle et à combler le vide laissé par l'État.

Jacobs, Friel et Radick (1999) ont étudié la réponse qui a été apportée, dans les années 1980, au problème posé par les familles de la *Cosa Nostra* et leur réseau à New York. L'une des stratégies adoptées a été de «nettoyer» le secteur de la construction. Alors qu'auparavant ce secteur faisait l'objet d'un contrôle répressif, des réponses préventives ont été expérimentées. La plus importante, et qui devrait servir de modèle de référence pour toutes les industries ou secteurs jugés vulnérables, est la création d'un groupe d'inspecteurs chargés de la vérification des passations de contrats et de l'embauche des employés et membres du syndicat. L'implantation d'un tel dispositif n'élimine pas l'occasion, mais complique sérieusement la tâche d'un groupe criminel, puisque cette dernière, pour atteindre son objectif, devra également disposer de l'instance de surveillance.

Fijnaut (2002) s'est intéressé aux méthodes préventives déployées dans la ville d'Amsterdam lors de la construction d'une nouvelle ligne de métro dans les années 1990. Conscientes que ce projet pouvait entraîner des pratiques déviantes, les autorités municipales ont adopté une politique stricte visant à déterminer les zones vulnérables des organismes impliqués, évaluer le risque de corruption et de fraude dans le secteur administratif et vérifier les antécédents de toutes les personnes, parties au contrat et tiers impliqués dans la réalisation de la ligne de métro. La conduite et le respect de ces procédures étaient placés sous l'autorité directe du maire en coopération avec la police, le bureau du procureur, le fisc et d'autres services municipaux.

Comme le note Fijnaut (2002), la situation d'Amsterdam n'est pas exceptionnelle. Dans cette optique, la communauté européenne souhaite développer une compréhension collective de ces approches préventives. L'*Action Plan to Combat Organized Crime* de 1997 adresse un certain nombre de recommandations : mise en place de politiques anti-corruption, exclusion des personnes ayant un casier judiciaire, échange d'informations entre les États membres, les entités judiciaires ou les personnes, formation d'experts en matière de politiques préventives et implantation de mesures destinées aux groupes les plus vulnérables des secteurs publics et du commerce (Fijnaut 2002 : 27-28). De telles méthodes impliquent qu'il faille repenser la division du travail, les politiques de recrutement, la passation des contrats et les règles des industries problématiques.

Plus récemment, un rapport a présenté les résultats des Pays-Bas, de la Finlande, de la Hongrie et de l'Italie concernant le projet Falcone sur *The Identification and Prevention of Opportunities that Facilitate Organized Crime* (van de Bunt et van de Schoot 2003). Le projet Falcone est basé sur l'étude de cas des dossiers de police de ces pays permettant ainsi aux chercheurs d'identifier les recoupements entre les sphères légitimes et illégitimes. À partir des rapports nationaux, il a été possible d'identifier les opportunités criminelles offertes par les entreprises légitimes et de formuler une série de lignes directrices en matière de prévention de ces vulnérabilités. Au-delà des spécificités nationales, certaines occasions sont ressorties de manière récurrente, notamment la corruption des acteurs financiers, de policiers et de douaniers. En ce qui concerne les professions légales, seuls l'Italie et les Pays-Bas ont présenté une certaine vulnérabilité. Tous les pays ont mis l'accent sur des secteurs particulièrement vulnérables et sur lesquels les efforts futurs devraient être dirigés. La Finlande, pourtant relativement épargnée par le crime organisé, est le pays qui a formulé le plus de propositions en matière de politiques préventives. Les experts finlandais ont opté pour une approche communautaire encourageant, par exemple, la responsabilisation des agents immobiliers (qui sont susceptibles d'entrer en contact avec des criminels cherchant à investir leurs profits dans la propriété immobilière) et des travailleurs sociaux, afin que ces derniers œuvrent pour réduire les problèmes des quartiers résidentiels (une approche comparable à celle du *broken windows*) ; la mise en place de restrictions à la participation de tierces parties à des transactions légitimes ; l'interdiction pour les délinquants notoires de s'engager dans une affaire ; la vérification des qualifications des individus ou organisations qui entrent en affaires ; l'augmentation de la responsabilité personnelle des entrepreneurs qui s'installent à leur compte et l'intensification de la surveillance des employés (pour plus d'informations, voir van de Bunt et van der Schoot 2003).

Le Japon constitue l'exemple le plus frappant d'une réaction nationale de type administratif. Ce pays fait face à un réel problème de crime organisé. Pourtant, et contrairement à bien d'autres pays, les décideurs japonais n'ont jamais considéré la menace des *Yakusa* comme venant de l'extérieur et n'ont jamais adopté une approche répressive. Conscients des limites de leur propre système, ils ont préféré opter pour des changements au sein des institutions, même si ceux-ci venaient bousculer un ordre établi depuis plusieurs décennies. Selon Milhaupt et West (2002), trois catégories de mesures paraissent prometteuses : 1) utiliser des intermédiaires financiers fiables ; 2) créer des structures pour la résolution des conflits et le recouvrement des dettes ; 3) recruter un nombre suffisant d'agents publics chargés de faire respecter les droits individuels et collectifs — par exemple, avocats, comptables, banquiers et courtiers de prêts (p. 93-96). De tels changements pourraient permettre de neutraliser les occasions offertes à des groupes mafieux qui se glissent dans les interstices criminogènes.

CONCLUSION

Dans le cadre du présent chapitre, nous avons procédé à une description des principales caractéristiques du crime organisé et des mesures adoptées afin de lutter contre cette forme de criminalité. Une telle approche nous a permis, d'abord, de distinguer deux contextes problématiques qui favorisent l'émergence et le développement d'une criminalité organisée. Dans le premier, le service fourni par le crime organisé constitue une offre illicite de produits et services que l'État n'est pas en mesure de pourvoir adéquatement. Dans le second, une organisation criminelle offre sur le marché des produits et services illégaux venant satisfaire une demande qui ne trouve pas réponse dans l'économie légitime. La permanence des interstices criminogènes et la constance de la demande dans les marchés criminels favorisent l'émergence et l'implantation de groupes criminels structurés. Par la suite, nous avons identifié les réponses les plus courantes selon le type de problème auquel sont confrontées les autorités.

Une analyse du contexte dans lequel émergent les politiques et les mesures de contrôle du crime organisé doit tenir compte des pressions et des demandes de l'opinion publique. Dans les pays où les problèmes de crime organisé sont importants, les pressions de l'opinion publique contribuent définitivement à la mise en place de stratégies de contrôle. Les politiques de contrôle du crime organisé émergent ou évoluent lorsque le problème devient intolérable ou, comme le dit si bien Arlacchi, quand il se transforme en un « ras-le-bol général qui dégonfle toutes les baudruches de légitimation de la délinquance en réseau » (voir l'entrevue effectuée par Brodeur 2005).

Une fois ce stade atteint, les dirigeants mettent en place des mesures de contrôle qui prennent une des trois formes présentées dans ce chapitre, chacune comportant son lot de difficultés. Pour combler les interstices criminogènes, les gouvernements ne disposent pas toujours des ressources suffisantes afin de mettre en place des agences et des outils de contrôle efficaces. De plus, les organisations criminelles jouissent d'une large impunité, ce qui leur permet de rapidement prendre de l'expansion et d'utiliser des techniques de plus en plus sophistiquées. Les réponses législatives sont les plus communes. Les changements administratifs ou structurels, pour leur part, sont les plus difficiles à mettre en œuvre mais aussi les plus efficaces à long terme. En effet, ces réponses permettent à la fois de limiter les opportunités criminelles et de restaurer un certain sens civique dans la collectivité.

Dans un contexte de marché criminel, les problèmes sont d'abord envisagés séparément, selon la nature de l'infraction. Le recours aux informateurs de police et aux délateurs constitue souvent la première réponse. Dans certains cas, toutefois, la compétition entre les firmes criminelles devient féroce. La violence utilisée par les participants entre eux, si elle n'est pas sanctionnée, renvoie l'image d'un État faible. À ce stade, les autorités vont donc mettre en place des mesures de type législatif, telles que le fait de bannir des comportements collectifs ou des organisations. Les réponses administratives, telle la décriminalisation, sont rarement envisagées, et ce, même si elles demeurent des solutions intéressantes.

CHAPITRE 14

Le terrorisme et la lutte contre le terrorisme

▶ STÉPHANE LEMAN-LANGLOIS

INTRODUCTION

Donner un aperçu bref mais complet du terrorisme, même dans un pays calme comme le Canada, n'est pas chose facile. Le problème ne tient pas au nombre d'incidents, comme on peut s'en douter, mais bien aux particularités souvent irréductibles de chaque problématique, qui ont fait dire à plusieurs que le terrorisme, en tant que catégorie, n'est rien de plus qu'un objet de l'esprit fondé sur certaines normes légales et culturelles. Il faudrait ainsi parler de « terrorismes », toujours au pluriel, et éviter les généralisations. À l'analyse de la banque de données construite par l'Équipe de recherche sur le terrorisme et l'antiterrorisme (ERTA, <*erta-tcrg.org*>), qui porte exclusivement sur les actes terroristes commis au Canada, on voit mal comment s'opposer à cette conclusion qui, malheureusement, complexifie l'approche scientifique. Ce qui est vrai pour le Canada l'est d'autant plus dans les pays aux prises avec un phénomène terroriste plus intense.

Cette complexité explique pourquoi, après des années d'efforts, aucun chercheur n'a pu imposer une définition robuste du terrorisme. La majorité des auteurs les plus respectés considèrent que le terrorisme est une tactique qui cible des civils par des actes violents à caractère coercitif et en vue de réaliser un objectif politique (voyez une analyse de définitions multiples sur <*www.erta-tcrg.org/defanalyser.htm*>). Tactique, parce que dans un but analytique il est inutile et exagéré de considérer un groupe ou une personne comme terroriste : on peut devenir terroriste ou renoncer au terrorisme, ce n'est pas un trait de personnalité. Civils, parce que ceux qui attaquent les forces armées ennemies ressemblent davantage à des groupes de guérilla. Violents, parce qu'en général on s'attarde davantage à la destruction de propriété et à la perte de vies qu'au discours ou aux menaces (bien que

certaines menaces puissent paralyser une société, du moins pour un temps).
Ces actes sont coercitifs, puisqu'ils visent à forcer un changement. Enfin,
l'objectif politique est ce qui distingue le terrorisme du crime organisé ou
de la criminalité commune ordinaire : le terroriste est une personne située
dans un contexte politique à portée plus ou moins lointaine (de locale à
internationale).

Durant nos recherches, nous avons utilisé une définition très large du
terrorisme, mais force est de concéder que dans l'absolu elle ne fonctionne
pas : par exemple, tous les actes terroristes ne sont pas coercitifs, certains
sont vengeurs ou justiciers. Ce genre de remarque peut être fait à l'infini et
celui qui veut se pencher sur le terrorisme doit nécessairement faire certains
choix arbitraires. Notre définition a un but purement analytique, elle est
simplement opérationnelle et ne vise pas à clore le sujet ou à atteindre une
illusoire vérité métaphysique au sujet du terrorisme. Cela dit, je me concen-
trerai bien sûr davantage sur les actes les plus destructeurs qui ont marqué
l'histoire — donc, ceux dont le statut terroriste est le moins discutable.

Ce chapitre est divisé selon trois axes de recherche possibles sur le
terrorisme, et plus particulièrement sur le terrorisme au Canada qui, bien
que les massacres y soient rares, présente des particularités fascinantes.
L'étude du terrorisme, on s'en doute, n'est pas limitée à l'observation
d'événements pyrotechniques, de prises d'otages ou d'avions en perdition.
L'étude du terrorisme c'est avant tout l'étude de phénomènes sociaux inter-
reliés et révélateurs des mentalités d'une époque et de la façon dont les gens
pensent la sécurité. En premier lieu, nous explorerons certaines des principales formes que prend le terrorisme national, transnational et international.
Nous verrons comment ces phénomènes se répartissent sur différents territoires (géographiques et juridiques) et quels sont les objectifs qui sont visés.
Deuxièmement, je présenterai un court historique du terrorisme au Canada
dans le dernier siècle, incluant bien sûr la crise d'octobre 1970 au Québec. La
dernière section du chapitre fera le point sur les différentes réponses qui ont
été faites au terrorisme, sur le plan tant tactique, stratégique que politique.

LES DIFFÉRENTS ASPECTS DU TERRORISME

On peut classer, identifier et analyser le terrorisme sous une multitude
d'angles (par exemple, voir Schmid et Jongman 1988), dont quatre principaux
qui sont généralement plus utiles que les autres. En premier lieu, on retrouve
la territorialité, c'est-à-dire les espaces où les terroristes vivent, se préparent,
attaquent, ainsi que les endroits où leurs victimes directes (celles qui feront
les frais des attaques) et indirectes (celles à qui le « message » terroriste
est destiné) se trouvent. Le second angle est celui de l'identité, celle des
attaquants, de leurs supporters, de leurs victimes directes et indirectes. Le
troisième, celui des activités, est un grand classique. Il existe une grande
quantité de littérature sur les stratégies et tactiques du terrorisme, à la fois
sans cesse renouvelées tout en partageant des aspects relativement prévisibles

(Chaliand 1999). Le dernier est celui des objectifs, des raisons qui motivent les actes terroristes.

Sous chacun de ces angles se dessinent des particularités du terrorisme qui le démarquent profondément de la criminalité commune, organisée ou non. Ignorer ces particularités ne peut que mener à des erreurs d'analyse potentiellement funestes (l'affaire Maher Arar, où des enquêteurs expérimentés mais peu familiers avec le terrorisme commirent des erreurs lamentables, peut en témoigner. Consultez le rapport à <*www.ararcommission.ca*>).

Territorialité

La première remarque à faire à ce propos est de souligner qu'il faut absolument éviter de conceptualiser la problématique du terrorisme en conjonction avec celle de l'État-nation. Bien que plusieurs mouvements terroristes visent une ou plusieurs organisations étatiques et qu'une bonne part (certainement une majorité) du terrorisme vienne en fait des États eux-mêmes (en tant que commanditaires, répressifs, permissifs ou belliqueux), le terrorisme est une question qui dépasse clairement les limites géographiques et juridiques de l'État conventionnel.

De plus, à notre époque de modernité tardive, les pouvoirs de l'État se diffusent de plus en plus vers des acteurs non étatiques, laissant la place à une myriade d'autres formes de «gouvernement»: industriel, commercial, communautaire, supra-étatique, institutionnel, corporatif, etc. — qui sont toutes des cibles potentielles. C'est dans un monde où l'autorité est éclatée que le terrorisme se déploie, ce qui impose de renouveler notre conception de l'activité terroriste. Les groupes potentiellement violents s'opposent à des formes floues, changeantes et surtout construites (c'est-à-dire telles qu'ils les voient eux-mêmes) d'autorité, et ils sont eux-mêmes décentralisés, morcelés, flous et structurés de manière très flexible, organique.

S'ajoute à cela la problématique du cyberterrorisme, où la territorialité et les frontières nationales qui l'accompagnent perdent toute signification (bien que pour le moment le cyberterrorisme soit pure spéculation, la situation pourrait changer dans un futur rapproché).

Malgré tout, bien des formes de terrorisme semblent confinées, pour des raisons plus ou moins claires, à des juridictions nationales. Ceci est parfaitement prévisible dans les cas de groupes ayant maille à partir avec leur gouvernement, par exemple des groupes séparatistes locaux (pensons au Front de libération du Québec). Toutefois, plusieurs groupes séparatistes deviennent des groupes transnationaux, c'est-à-dire qu'ils s'installent dans des pays autres que celui qu'ils ciblent. C'est le cas de plusieurs groupes palestiniens, de la Provisional Irish Republican Army (PIRA), des Mujahedin e-Khalq (MEK, Moudjahidines du peuple) iraniens et de l'Euskadi Ta Askatasuna (ETA) basque. Deux facteurs jouent ici: l'intensité de la répression locale et l'ampleur du groupe, qui pourraient faire déborder ses membres à l'étranger. On voit tout de même des distinctions importantes.

La PIRA était installée en Irlande, tout en ciblant des actifs et personnels britanniques en Irlande du Nord et en Grande-Bretagne. Juridiquement parlant, ce conflit n'est pas international, puisque l'Irlande du Nord et la Grande-Bretagne sont des composantes du Royaume-Uni — justement ce qui est contesté par les membres de la PIRA. Les MEK se sont disséminés à travers le monde après la chute du régime du Shah en Iran — principalement en France, mais également au Canada. L'ETA s'est longuement servi du sud-ouest de la France pour cacher ses membres et préparer ses attaques en Espagne.

Le confinement territorial est cependant plus difficile à comprendre dans le cas de terroristes s'attaquant à des cibles dont la présence est globale, par exemple les éco-terroristes (défenseurs de leur vision de l'environnement) et les zoo-terroristes (défenseurs des « droits » des animaux), qui s'en prennent à des cibles à l'intérieur de leur pays plutôt qu'aux entités les plus coupables de crimes contre l'environnement ou contre les animaux. Une exception, la Sea Shepherd Conservation Society s'attaqua à des bateaux de chasse à la baleine en Islande en 1986. Pourtant, les membres de Direct Action préférèrent s'attaquer à un sous-contractant canadien, fournisseur du système de guidage de missiles de croisière états-uniens dans leur lutte contre la course aux armements (1982), et ce, alors que l'entreprise en question, Litton Industries de Toronto, était à des milliers de kilomètres de chez eux en Colombie-Britannique. Pourquoi ne s'être pas attaqué aux usines Boeing, constructeur principal des missiles *cruise*, à moins de 150 km au sud de Vancouver (Everett, État de Washington) ? Probablement que, pour eux, la question n'était pas réellement internationale ou même transnationale, ni même en priorité la fabrication des missiles eux-mêmes, mais bien l'implication d'une entité canadienne dans une activité dénoncée.

Le prochain niveau de territorialité est celui du terrorisme transnational proprement dit. Un groupe terroriste devient transnational lorsque ses activités se répartissent dans au moins deux territoires de juridictions nationales différentes. Bien sûr, ces juridictions peuvent très bien être précisément la raison pour laquelle les membres de ces groupes ont choisi de passer aux actes : les membres de la PIRA s'activaient de l'Irlande à l'Irlande du Nord et à la Grande-Bretagne pour unifier l'Irlande et la séparer des îles britanniques. Leur caractère transnational, donc, est une question de point de vue et dépend fortement de la légitimité perçue des frontières juridiques officielles, de leur concordance perçue avec la répartition des groupes ethno-culturels/nationaux sur le territoire géographique et, bien sûr, du succès ou de l'échec des activités entreprises. De leur côté, les terroristes palestiniens ont opéré à partir du Liban, de la Jordanie et d'ailleurs, ciblant les Israéliens et le gouvernement d'Israël chez eux et ailleurs, généralement au sujet de frontières nationales et de la distribution du territoire.

Au dernier niveau se trouve le terrorisme international, qui multiplie les lieux de préparation, les cibles et les acteurs sans égard aux frontières nationales. Le meilleur exemple est bien sûr celui d'al-Qaïda, probablement la plus internationale des organisations terroristes, avec des membres répartis à travers le monde et des cibles extrêmement variées. Le prix de cet éparpillement a été l'éclatement de l'organisation, qui est désormais davantage une structure culturelle produisant une appartenance politique et un ensemble de réseaux d'entraide limités et plus ou moins liés entre eux. Cette structure rend bien sûr entièrement impossible tout effort de s'attaquer au groupe en tant que groupe, puisqu'il n'en reste que de multiples fragments, dynamiques et facilement renouvelables. La frustration des autorités chargées de la guerre globale au terrorisme (*global war on terrorism*, GWOT) a souvent dégénéré en attaques désorganisées contre des individus vaguement et indirectement liés à des fragments de réseaux, avec une conception trop permissive du concept de réseau. Les affaires el Maati et Arar, au Canada, en témoignent de façon remarquable.

Identité

Les individus qui commettent des actes terroristes n'ont aucune caractéristique psychologique, sociale ou culturelle en commun (Sageman 2004; Pape 2006). Si certains sont profondément religieux, d'autres sont motivés par une question politique ou une injustice qu'ils croient avoir subie, ou encore une combinaison de ces types de raisons. Plusieurs sont associés à un groupe sectaire aux idées totalitaires, mais beaucoup ne le sont pas. Les terroristes sont des universitaires, des ingénieurs, des artistes, des journaliers, des fermiers, des sans-abri, des vieux, des jeunes. Ils sont au faîte de la pyramide sociale ou à son socle. Ils sont membres d'un groupe, d'une bureaucratie ou agissent dans l'isolement. La seule caractéristique qui les différencie de la population générale est qu'ils sont très majoritairement des hommes — ce qui ne surprendra aucun criminologue.

On peut tout de même faire une typologie rudimentaire des terroristes selon le contexte social de leurs activités. On peut classer la totalité des instances de terrorisme dans quatre grands groupes : les individus isolés, les membres de groupes particuliers, ceux qui sont recrutés par des groupes notoires et les membres d'organisations étatiques ou para-étatiques officielles. Le tableau 1 fait un résumé de cette typologie.

TABLEAU I • CONTEXTE SOCIAL DES INDIVIDUS AYANT COMMIS DES ACTES DE TERRORISME

PROVENANCE SOCIALE	EXEMPLES
individus isolés	« *Vigilantes* », « missionnaires » (par exemple, le terroriste anti-avortement James Kopp, qui sévit en 1994-1997)
groupes restreints/ éphémères	Groupes de connaissances, familles (par exemple, le groupe Direct Action, 1980-1982)
groupes notoires	Dans ces cas, on connaît l'existence et les paramètres d'activité du groupes avant de s'y joindre (par exemple, al-Qaïda)
représentants de l'État	États commanditaires, États répressifs, États permissifs des abus, États utilisant le terrorisme comme tactique militaire

Les individus qui commettent des actes terroristes de façon indépendante sont relativement rares. En général, ils entrent dans deux catégories principales. Pour la première, il s'agit de cas où la personne croit être victime d'une injustice commise par une institution, par le gouvernement ou par une entreprise. Il peut s'agir d'un fermier sabotant à répétition des installations pétrolières qu'il accuse d'empoisonner son bétail, ou du citoyen au chômage qui se sent lésé par son bureau d'assurance-emploi. L'autre catégorie est peuplée d'individus inspirés par une mission primordiale, de laquelle ils n'ont pas de bénéfice direct à récolter. Ces cas vont de musulmans mis en colère par la publication des *Versets sataniques* au Canada et menaçant de mort divers ministres, au chrétien extrémiste tirant sur des médecins pratiquant des avortements. Le fait que ces missions ont une saveur religieuse n'est pas surprenant, vu la capacité des moralités absolutistes de justifier des actions aussi radicales qu'«altruistes» (au sens où elles ne profitent pas à leur auteur).

Les groupes restreints ou éphémères sont des formations *ad hoc* apparaissant souvent à partir de groupes d'amis, de connaissances ou de parents qui, face à une situation qu'ils jugent de plus en plus insupportable, décident de passer aux actes. C'est le cas de groupes d'étudiants ou de réseaux formés autour de certains services communautaires ou de manifestations populaires légales. Direct Action consistait en un groupe de cinq amis partageant les mêmes vues politiques sur l'environnement, la course aux armements et d'autres problèmes sociaux auxquels ils tentèrent de remédier avec une distribution étudiée de dynamite (pour l'histoire du groupe selon un de ses membres, voir Hansen 2001). Arrêtés en Colombie-Britannique après avoir incendié des clubs vidéo pornographiques (la pornographie étant leur nouvelle préoccupation à cette époque), ils furent condamnés à des peines de prison de durée variant entre six ans et la perpétuité (ils sont tous libres aujourd'hui). Contrairement au prochain type, ces groupes tendent à disparaître lorsque quelques-uns de leurs membres sont neutralisés.

Les groupes notoires sont établis de longue date, comptent un grand nombre de membres ou sont une branche armée d'un groupe politique légal ou du moins non violent et plus socialement accepté. Leurs membres sont généralement recrutés ou se présentent eux-mêmes à une entrée visible du groupe (un leader, un endroit connu pour être fréquenté par les membres, un événement particulier, par le biais de rassemblements de l'aile politique, etc.). Le taliban américain John Walker Lindh, issue de la classe aisée californienne, se joint au djihad mondial en 1997, à l'âge de 16 ans, après s'être converti à l'islam et avoir voyagé au Yémen et au Pakistan. Capturé en Afghanistan alors qu'il combattait les forces de la coalition, il fut condamné à 20 ans de réclusion en 2002. Plus près de nous, Ahmed Ressam, petit voleur montréalais sans compétence particulière, fut recruté par un membre de la filière djihadiste en 1998 (qui vit toujours à Montréal). Il visita le camp de Khalden en Afghanistan, y apprit la fabrication des bombes et tenta de s'attaquer à l'aéroport de Los Angeles en décembre 1999 avec un engin artisanal pour souligner le passage du millénaire (incarcéré jusqu'en 2022). Il fut arrêté à la frontière des États-Unis à cause d'une coïncidence remarquable : ayant contracté la malaria en Afghanistan, il se présenta en sueur, grelottant et s'exprimant inintelligiblement devant une douanière états-unienne qui trouva son comportement suspect.

Le terrorisme d'État est sans doute le plus meurtrier de tous les terrorismes, puisqu'il contient toutes les sortes de génocides, de crimes de guerre, de répression et d'abus divers de pouvoir. Son impact est également différent, puisqu'il n'existe pas d'autre recours pour le citoyen qui est victimisé par son gouvernement. Le terrorisme d'État se présente sous plusieurs formes, dont l'État commanditaire, où un État choisit de soutenir, d'encourager, de diriger, de financer ou de manipuler un groupe terroriste pour accomplir certains objectifs. L'Iran est entre autres reconnu pour avoir été la source d'un grand nombre d'attaques terroristes au Liban dans les années 1980. Avant sa récente conversion à l'internationalisme, la Libye de Mouammar Kadhafi était aussi de la partie, commanditant notamment le fameux attentat du vol Pan Am 103, qui s'écrasa à Lockerbie en Écosse. Un plus grand nombre d'États sont directement coupables de terrorisme, sous forme de répression violente d'activités politiques. Certains en font une pratique ancrée dans leur fonctionnement administratif, sans explosion médiatique de violence, mais avec toute la constance dont peuvent faire preuve les bureaucraties (comme la Corée-du-Nord). D'autres cas sont plus spectaculaires et meurtriers, dont les plus récents sont ceux du Darfour (au Soudan) et du Liberia de Charles Taylor (sans oublier le Rwanda, le Cambodge, le Guatemala, etc.). Les représentants de l'État sont également responsables d'activités terroristes à cause de leur permissivité face au terrorisme, qui constitue une négligence de leur devoir de protéger la sécurité nationale. Enfin, les États utilisent à l'occasion le terrorisme comme une tactique militaire (effectuer un nettoyage ethnique à l'aide de bombardements visant à obliger les gens à évacuer un territoire, par exemple).

Notons que le terrorisme d'État a des répercussions importantes sur les États qui ne le pratiquent pas — ce n'est pas un problème lointain. Nous avons parmi nous des victimes et des coupables d'actes de terrorisme étatique. Nous envoyons nos soldats, nos policiers et nos civils dans des endroits du monde où ils seront exposés à de tels actes, auxquels ils devront répondre, dont ils devront faire la prévention et auxquels il leur faudra bien sûr survivre eux-mêmes physiquement et psychologiquement.

Activités

Nous l'avons expliqué plus haut, les tactiques spécifiques employées sont considérées par la plupart des experts comme l'élément qui permet d'identifier un groupe ou individu au terrorisme. Serait terroriste quiconque utilise des moyens militaires contre des civils ou, comme le dit Schmid (1988), commet un « crime de guerre en temps de paix ». Ainsi, sans égard à la cause défendue, toute action faisant volontairement ou par négligence des victimes innocentes serait terroriste, et ses responsables seraient des terroristes. Cette réduction volontaire du concept de terrorisme résout certains problèmes mais en fait surgir d'autres. Combien de temps quelqu'un ayant utilisé une tactique terroriste demeure-t-il terroriste ? Un acte peut-il être terroriste s'il n'est pas accompagné d'un motif politique ? Les victimes collatérales de bombardements militaires font-elles des États en guerre des États terroristes ? Si ces États sont des démocraties, leurs électeurs sont-ils des supporters du terrorisme ? Qu'on réponde oui ou non à ces questions, le mot terrorisme ne perd-il pas toute signification ?

Les terroristes montrent une imagination sans bornes lorsqu'il s'agit de trouver une faille dans l'armure de leur cible ou un moyen original de l'attaquer. Cette capacité n'est pas le produit d'un génie particulier, mais simplement du fait qu'un large groupe d'êtres humains s'emploient à résoudre une grande diversité de problèmes tactiques, et que ceux qui ont du succès ont davantage de chances de gonfler les statistiques d'incidents que ceux dont les tentatives échouent.

Il est inutile ici de passer en revue l'infinie variété des armes, produits chimiques, explosifs, véhicules achetés, volés, utilisés, endommagés ou détruits par des terroristes. Une chose est à noter, le côté généralement spectaculaire des moyens employés. La raison principale est que le terroriste vise deux cibles à la fois, dont la première, celle qui souffre directement, physiquement des effets de l'attaque, est toujours la moins importante. La cible principale est l'auditoire à qui on tente d'envoyer un « message » : l'ensemble de la société civile qu'on tente de terroriser, le gouvernement qu'on tente d'influencer, une organisation privée qu'on tente de manipuler. Cet auditoire, dur d'oreille, à la mémoire courte, doit être secoué par un spectacle de dévastation le plus extrême possible. La seule limite provient de ce que la population alliée au terroriste, ou celle qu'il tente de rallier à sa cause, est prête à accepter.

Une seconde raison vient de la symbolique guerrière qui anime certains terroristes et qui semble pousser vers des tactiques rappelant les opérations militaires. La tactique choisie est fonction du rationnel particulier des acteurs, mais en général ce rationnel implique la destruction d'une cible, qu'elle soit gouvernementale, industrielle ou symbolique (un monument, par exemple). Les explosifs ont donc toujours été populaires. La cicatrice physique laissée dans l'environnement et la disparition ou mutilation des victimes équivaut au langage écrit du terroriste. D'ailleurs, sauf exception, les groupes qui effectuent les attaques les plus spectaculaires sont ceux qui ne revendiquent pas explicitement leurs actes à l'aide de communiqués, de manifestes ou autres moyens classiques de communication.

En liant la question des activités à celle de la territorialité, on s'aperçoit rapidement que les groupes terroristes transnationaux et internationaux répartissent leurs activités de manière relativement prévisible entre les endroits qu'ils occupent. On peut reconnaître des « zones d'activités primaires », dans lesquelles les terroristes mènent leur campagne de violence et des « zones d'activités secondaires », qui servent pour l'essentiel aux aspects logistiques : le recrutement, le financement, le transfert de biens et services, la production de faux documents et la protection des membres en fuite. Dans ces zones, dont le Canada fait partie pour beaucoup de groupes internationaux, les actions violentes sont tenues à un minimum en partie parce que les cibles principales sont ailleurs et en partie parce qu'il est utile, pour favoriser l'efficacité des activités secondaires, d'éviter d'attirer l'attention des autorités locales. Les Tigres libérateurs de l'Eelam tamoul (TLET) mènent des activités « primaires » au Sri Lanka (bombes, assassinats, etc.) et des activités « secondaires » au Canada (financement, surtout). Leurs activités au Canada étaient légales jusqu'en mai 2006, lorsqu'ils furent ajoutés à la liste des entités terroristes prévue par le Code criminel depuis 2001 (après les modifications suivant la Loi antiterroriste, mieux connue sous son nom de projet, C-36). Leur présence sur la liste les rend désormais vulnérables à l'interdiction policière, mais durant plusieurs années leurs activités politiques ont permis de ramasser sans doute des millions de dollars (le montant exact restera toujours de l'ordre de la spéculation). Bien sûr, l'inscription sur la liste des entités terroristes n'empêchera pas les TLET de continuer leurs activités de financement au Canada ; seulement, ces dernières devront maintenant être cachées, ce qui réduira peut-être leur efficacité. Deux choses jouèrent finalement contre les TLET au Canada : l'arrivée d'un gouvernement conservateur sans dette électorale envers des groupes tamouls et la parution d'un rapport de l'organisation humanitaire Human Rights Watch (2006) dénonçant les pratiques d'extorsion des TLET contre la population tamoule du Canada (rapport assez mal documenté, d'ailleurs).

Les activités secondaires ressemblent souvent à s'y méprendre au quotidien du crime organisé conventionnel (vols, extorsion, trafics), ce qui a fait dire à plusieurs que les deux types de groupes 1) coopéraient ; 2) avaient une relation hiérarchique ; 3) étaient les mêmes, le crime et le terrorisme organisés étant simplement deux facettes de la même pièce. Aucune de ces affirmations n'est étayée par les faits. La simple ressemblance de certaines tactiques ne permet pas de conclure à la ressemblance des individus impliqués, de leurs buts ni de leur stratégie à long terme (Shelley et Pirarelli 2002).

La question spécifique du financement et du blanchiment de fonds servant à des activités primaires est intéressante. Deux aspects sont à souligner. Premièrement, il est important de comprendre que les activités principales des terroristes sont extrêmement peu coûteuses et que les coûts ne sont aucunement proportionnels aux effets — c'est-à-dire qu'on ne peut supposer que les actions plus destructrices ou plus meurtrières seront plus onéreuses pour le groupe. Les attentats de Madrid, de Londres et même du 9/11 furent réalisés avec des sommes dérisoires. Ainsi, les activités de financement n'ont pas besoin d'une ampleur notable pour être suffisantes, ce qui rend essentiellement vaine toute stratégie policière visant la détection ou la surveillance du financement. Le cas du blanchiment mène à la même conclusion. Il faut aussi noter que le concept de blanchiment ne s'applique tout simplement pas au terrorisme. Le blanchiment consiste à faire disparaître la source criminelle de fonds destinés à l'achat de biens et services sur le marché légal ; or, pour le terroriste ce n'est pas la source des fonds qui doit disparaître (cette dernière est quelquefois parfaitement légale en soi) mais bien leur destination — ce que certains appellent « noircissement » d'argent. Il n'est pas illégal de faire la collecte de dons de charité. Il est illégal de le faire si les fonds sont destinés aux Tigres tamouls. La surveillance de transactions typiques du blanchiment (transferts successifs, par exemple) n'aidera en rien à identifier des terroristes.

Une discussion sur les activités terroristes, même aussi brève que celle-ci, se doit de s'attarder sur deux derniers cas qui brillent à la fois par la quantité disproportionnée de publicité à leur sujet et par leur presque parfaite absence : le cyberterrorisme et l'utilisation d'armes de destruction massive (ADM). Pour ce qui est du cyberterrorisme, un effort de sélection est nécessaire si on veut rester logique et rigoureux dans l'analyse. Dans notre société de l'information, où l'ensemble de nos activités quotidiennes impliqueront sous peu l'usage d'ordinateurs, on voudra éviter de faire précéder du préfixe « cyber » absolument tout ce que nous faisons. Ainsi, un terroriste qui complote avec d'autres par courriel ou qui recrute à l'aide d'un site fantôme n'est pas un cyberterroriste proprement dit. Le cyberterrorisme doit impliquer une attaque cybernétique (non pas physique) de réseaux informatiques ou leur utilisation pour attaquer des cibles physiques (compromettre des installations d'infrastructures contrôlées par informatique, par exemple). Déborder de cette définition nuit à notre compréhension du phénomène. Or, si on le définit ainsi, la liste de telles attaques est dérisoirement courte. Les rapports annuels d'Europol (entre autres, Europol 2004), par exemple, n'en recensent aucun.

Quant aux ADM, la chose se présente d'une manière différente. Elles se divisent en quatre classes, souvent décrites comme CBRN : chimiques, bactériologiques, radiologiques et nucléaires. Notons d'emblée qu'à l'exception des attaques radiologiques, des États ont fait usage de chacune de ces armes à un moment ou à un autre et continueront sans aucun doute à le faire à l'avenir. La question de savoir si ces usages constituent du terrorisme ou non doit être résolue au cas par cas. Pour ce qui est des acteurs non étatiques, l'usage d'armes CBRN est extrêmement rare. Le cas le plus connu est celui de la secte Aum dans le métro de Tokyo en 1995, qui tua 12 personnes et blessa quelque 5 000 autres (plusieurs avec des dommages neurologiques permanents). Dans le cas des attaques bactériologiques, notons l'incident du charbon qui suivit les attentats du 9/11, qui infecta plusieurs employés des postes et du personnel administratif dans les bureaux des politiciens qui étaient ciblés — mais dont le rationnel ne fut jamais percé. Pour ce qui est des attaques radiologiques, malgré la préoccupation face à l'usage éventuel de bombes sales, on n'en connaît aucune. Pourtant, la conception d'une telle bombe est à la portée de presque n'importe qui : il s'agit d'ajouter un ingrédient radioactif (volé dans un hôpital ou un centre de recherche, par exemple) à un explosif conventionnel. Cet ajout peut ne pas augmenter sensiblement la létalité de l'attaque, mais aurait sans aucun doute un effet culturel terrorisant absolument majeur vu la mythologie infernale qui entoure le nucléaire. Le dernier type d'arme CBRN est l'arme nucléaire proprement dite, dont on parle souvent (la bombe mallette, par exemple), mais qu'on ne voit jamais. Oussama ben Laden aurait, nous dit-on, le projet de s'en procurer pour mieux attaquer l'Occident, mais jusqu'à maintenant les rapports à ce sujet sont surtout spéculatifs. Fabriquer une bombe à fission (le plus vieux type, utilisé à Hiroshima et à Nagasaki) est relativement facile et des plans sont disponibles. La difficulté est de se procurer le matériau fissile nécessaire, qui est particulièrement rare et généralement très bien protégé. La construction d'une bombe à fusion (à hydrogène), pour sa part, est entièrement hors de portée des acteurs non étatiques, mais on peut toujours spéculer sur la possibilité de vol ou d'achat d'un tel engin (scénario typique des films d'espionnage).

Objectifs visés

Chaque terrorisme vise des objectifs qui lui sont spécifiques et qui peuvent changer avec le temps. Une constante, par contre, est l'objectif intermédiaire qui consiste pour l'essentiel à faire parler de soi. Constatant cette vérité, Margaret Thatcher avait à une époque tenté de museler la presse britannique au sujet de l'IRA, ce qui était apparu à plusieurs comme une attaque contre l'espace citoyen encore plus grave que celle des extrémistes irlandais. Plusieurs auteurs considèrent d'ailleurs que le terrorisme est pour l'essentiel une forme de communication (Wieviorka et Wolton 1987; Wieviorka 1988; Crelinsten 1997; Gressang 2001). Cet objectif est d'ailleurs l'une des caractéristiques qui contraste le plus avec le crime organisé, dont les membres ont plutôt tendance à fuir l'attention médiatique. Cependant, l'avènement du nouveau terrorisme, qui consiste à massacrer un maximum de personnes, a fait reconsidérer cette fonction de communication (mais non le contraste avec le crime organisé). Certains auteurs y voient un génocide à la pièce (expression inventée par Lador Lederer en 1974), c'est-à-dire une volonté d'éliminer tout simplement une population, ce qui rendrait tout message inutile (petite précision ici : dans certains cas, la doctrine suivie par le terroriste impose qu'un avertissement soit donné avant de tuer. C'est le cas des extrémistes musulmans, dont certains croient que le Coran demande qu'on donne la possibilité à l'ennemi de se rallier avant de l'attaquer).

Bien que l'acte terroriste soit en lui-même un message qui ne fonctionne qu'avec sa diffusion médiatique — sinon l'auditoire est limité aux victimes et témoins directs —, l'existence même du groupe, que des actes soient commis ou non, est liée à sa présence publique. Aussi, la présence médiatique n'est généralement pas limitée aux conséquences d'attentats spectaculaires, mais peut être maintenue avec la simple apparition d'une cassette portant la voix de ben Laden, par exemple. Les groupes terroristes, surtout les groupes moins importants, ont compris — ou simplement ressenti — la nécessité de contrer l'oubli éventuel du public, dont l'attention est sans cesse détournée par de nouveaux événements (qui constituent, par définition, la nouvelle).

Ici, un phénomène de « recyclage » est clairement observable. Comme la plupart des documents officiels des États, et en particulier du Canada, portent la phrase inévitable « depuis le 11 septembre 2001 » (quelques fois en guise d'introduction, voire de titre), l'écho de l'acte terroriste se propage désormais à l'aide des canaux officiels des gouvernements. L'entreprise privée a également fait grand usage de la mythologie du 9/11 pour commercialiser une myriade de biens et services liés à la sécurité, entre autres des produits de haute technologie moins éprouvés et plus controversés.

EXEMPLE D'UNE DÉMOCRATIE OCCIDENTALE : L'ÉVOLUTION DU TERRORISME AU CANADA

On a dit que le Canada était un pays sans histoire, dans tous les sens du terme, et la nouvelle ère du terrorisme ne semble pas se démarquer. Bien qu'ERTA ait dénombré quelque 450 actes dits terroristes entre 1973 et 2006 (son cadre temporel de recherche), avec la définition opérationnelle très large dont il a déjà été question, la plupart sont d'importance marginale (destruction de propriété, par exemple). Nous avons également recensé les actes violents à caractère raciste, qui ne sont souvent pas considérés comme du terrorisme.

Avant 1960

Le phénomène de violence politique dominant la première moitié du XXe siècle au Canada est un cas d'extrémisme religieux. On peut hésiter à qualifier leurs actes de terrorisme, mais les membres des Doukhobors (lutteurs de l'esprit), secte fondamentaliste rescapée de la Russie tsariste et orthodoxe qui la persécutait, ont tout de même commis plus de 1000 attaques, généralement contre des objets physiques. Un sous-groupe de fanatiques nommés Fils de la liberté s'est employé, entre 1920 et 1970, à débarrasser la campagne de Colombie-Britannique de tout monument, installation ou édifice contraires aux préceptes de leur religion (notamment, négation de la propriété privée et rejet des symboles religieux). Forcés par le gouvernement provincial à envoyer leurs enfants à l'école publique, les résistants s'en prirent également à des structures symbolisant l'État oppresseur (chemins de fer, bureaux de poste). Entre 1960 et 1962, on compte près de 200 attaques à la bombe contre un ferry, des lignes électriques, un terminal d'autobus, un tribunal, une prison, des bureaux gouvernementaux et un village doukhobor entier. La vague doukhobor s'éteint progressivement par la suite, la génération violente étant décimée par l'incarcération et la vieillesse. Le dernier acte de ce type eut lieu en 2000, alors que Mary Brown, à 81 ans, tenta d'incendier un édifice communautaire, faisant 150 000 $ de dommages pour commémorer une date doukhobor importante.

La crise du FLQ

Les années 1960 furent surtout marquées par les attentats terroristes du Front de libération du Québec. Véritable groupe séparatiste calqué sur les formations européennes de l'époque, le FLQ lança une vague de destruction symbolique et réelle sur la province pour faire avancer la cause de l'indépendance du Québec et celle de la fin de l'exploitation de la classe ouvrière québécoise par des intérêts industriels anglophones.

Le Québec a connu des mouvements séparatistes, indépendantistes ou nationalistes dans une forme ou dans une autre depuis la conquête de la Nouvelle-France par la Grande-Bretagne en 1760. Mis à part la rébellion armée de 1837, la crise du FLQ en est sa seule manifestation violente organisée. Le nationalisme qui servit de terreau au FLQ, celui des années 1930 à 1960, était surtout catholique, conservateur, raciste et antisémite. Replié sur lui-même, il se manifestait dans un discours différentialiste fondamentalement religieux et francophone, prônant une «revanche des berceaux», un attachement à la terre nationale passant par la colonisation d'espaces éloignés, méprisant le développement industriel vu comme antifrancophone et suspicieux des programmes politiques fédéraux apparaissant comme une ingérence dans les affaires nationales du Québec.

Les premiers temps du FLQ, entre 1960 et 1968, se situent dans le sillage de ce nationalisme chauviniste de droite (Fournier 1968). Durant cette période, les attentats du FLQ étaient plutôt de type publicitaire, commis avec des explosifs de faible puissance conçus pour laisser des traces d'attaque mais sans destruction importante et sans faire de morts ou de blessés. À partir de 1968, par contre, le FLQ adopte une idéologie différente et des tactiques plus musclées. Ressemblant désormais davantage aux Brigades rouges italiennes ou à la Fraction armée rouge allemande, le FLQ passe à gauche, adopte la cause de la classe ouvrière contre la bourgeoisie anglophone et francophone, dans un discours axé sur un concept de libération qui dépasse largement l'autonomie juridique de la province. De plus en plus révolutionnaire, le groupe commence à employer des tactiques beaucoup plus dangereuses. À cette époque, une bonne partie de la population approuve les revendications du FLQ, sinon le groupe lui-même. Les bombes commencent à faire des blessés et des morts, dont un au ministère de la Défense à Ottawa. Deux prises d'otage en 1970 se solderont par la mort d'un des otages et la déroute du groupe, qui perdit son soutien populaire. Pris de panique, le gouvernement fédéral d'alors, sous Pierre Trudeau, avait activé les Forces canadiennes (FC) dans la province, invoquant une loi désuète face à ce qu'il présenta comme une «insurrection appréhendée».

Plutôt que de se concentrer sur la poignée de terroristes du FLQ, les FC, la GRC et la police de Montréal emprisonnèrent des centaines de personnes connues pour leur orientation politique nationaliste ou de gauche mais sans lien avec le FLQ. En fin de compte, le FLQ tomba plutôt à cause de son infiltration, et finalement de sa manipulation par la police (un informateur clé écrit d'ailleurs un livre à ce sujet, voir De Vault 1981). Au même moment, la GRC étendait ses opérations de surveillance politique et de manipulation à d'autres groupes politiques légitimes, ce qui lui valut de perdre la responsabilité du renseignement de sécurité au Canada au profit d'une nouvelle agence civile, le Service canadien de renseignement de sécurité (SCRS à partir de 1984; voir chapitre 23) — sans compter l'embarras de deux commissions d'enquête qui soulignèrent plusieurs exemples d'incompétence et d'abus au sein de la Gendarmerie.

9/11 et la montée de l'intégrisme

Dans un cas célèbre, le Canada a été, indirectement, la cible de terroristes fondamentalistes — non pas musulmans mais sikhs. En effet, l'attentat contre deux avions d'Air India en 1985, faisant plus de 300 morts, est un des plus meurtriers de l'histoire. Les extrémistes, mis en colère par l'attaque du lieu sacré sikh à Amritsar en Inde, avaient décidé de se venger contre la première ministre Indira Gandhi en particulier et contre les Indiens en général en massacrant certains d'entre eux. Sauf que la plupart des passagers du vol 182 étaient des citoyens canadiens (ce qu'Indira Gandhi dut rappeler au premier ministre Mulroney lorsque celui-ci lui offrit ses condoléances).

Certains ont qualifié le terrorisme global d'Oussama ben Laden et d'al-Qaïda de terrorisme nihiliste parce qu'il semble faire fi de la décence la plus élémentaire, de tout principe humain fondamental, voire de toute logique dans ses attaques. Ainsi, les terroristes d'al-Qaïda se lanceraient éperdument, comme hypnotisés par la haine, par la religion ou par les deux (Manonni 2002), dans des attaques dont le seul but est la destruction et la perte de vies — la leur comprise. En conjonction avec cette position, on a aussi prétendu que la cible des djihadistes mondiaux était l'Occident, les valeurs démocratiques, les droits de la personne ou le mode de vie capitaliste industriel, certains voyant même en ben Laden un héros de l'anti-mondialisation.

Ces deux positions sont fausses, pour plusieurs raisons. La première est purement une question de logique interne : on ne peut pas, logiquement, affirmer qu'une personne se lance sans raison dans une attaque ciblée. Une attaque ciblée ne peut donc pas être aussi nihiliste. Par ailleurs, seconde raison interne, faire équivaloir le nihilisme au non-respect de valeurs occidentales est d'un eurocentrisme passablement désuet. Ainsi, comparer les terroristes du 9/11 à des personnages de Dostoïevski, comme le fait Glucksmann (2002), reste plus près de la fiction européenne que de la réalité djihadiste.

Cela dit, il existe également de bonnes raisons externes, empiriques, pour rejeter cette représentation du djihadisme mondial. Il est entièrement faux de prétendre que ben Laden, al-Qaïda ou une fraction significative des djihadistes s'opposent à la démocratie ou aux valeurs de liberté, ou à quelque autre palier de notre échelle de valeurs occidentale — dans leur application aux pays de l'Occident. Insister sur ce plan est se condamner à ne jamais comprendre la logique particulière du terroriste (Anonymous 2004; Baer 2002). Lorsque ben Laden ou d'autres acteurs du djihad condamnent l'Ouest et la mondialisation, c'est à cause de leurs effets locaux, en particulier la décadence perçue des régimes politiques qui sévissent dans les pays à dominante musulmane (qui sont d'ailleurs souvent profondément corrompus). Le régime des Saoud en est le meilleur exemple, joignant l'apparence de traditionalisme et de dévotion à des niveaux inégalés de corruption, de gaspillage et surtout, pire péché pour les djihadistes, de servilité face aux intérêts états-uniens (dont la manifestation la plus haïssable semble avoir été la présence de militaires infidèles à proximité des lieux saints de l'islam). Bref, la mondialisation qui est décriée est celle des ingérences politiques variées allant à l'encontre du pouvoir musulman local. L'islamisation du Canada ou d'autres pays occidentaux n'est pas au programme.

Cela est assez éloigné du nihilisme. Il s'agit au contraire d'un programme politique et éthique/religieux particulièrement intransigeant et suffisamment populaire pour permettre le recrutement spontané d'adeptes de par le monde. À notre époque, «al-Qaïda» n'a plus besoin de recruter des membres — de toute manière, selon les observations les plus fiables, elle n'existe plus en tant qu'organisation —, elle agit comme une idéologie qui motive des individus à passer à l'action, comme les terroristes de Londres par exemple. La génération actuelle de djihadistes n'a rencontré ni ben Laden ni ses acolytes. Pour la prochaine génération, Oussama ben Laden ne sera plus qu'une figure mytho-historique. Le réseau est devenu purement virtuel, comme l'admet Sageman (2004: 149).

Pour l'essentiel, les cibles du djihadisme mondial ont été les pays qui sont perçus comme interférant avec la bonne marche de l'islam dans les pays à dominante musulmane. Le Canada, joueur planétaire mineur, reste donc une «zone d'activités secondaires» pour lui, c'est-à-dire que les djihadistes (et autres intégristes sikhs, tamouls, etc.) se contentent d'y préparer des guerres menées ailleurs. Cependant, la mission des FC à Kandahar, surtout si les bavures venaient à s'accumuler, pourrait changer les choses. L'épisode récent des caricatures de Mahomet — comme celui des *Versets sataniques* dans les années 1980 — montre que certains esprits s'échauffent avec très peu. Et il est peu probable qu'aucun de ces esprits ne réside en terre canadienne.

LA RÉPONSE AU TERRORISME

Dans un pays comme le Canada, la réponse au terrorisme est particulièrement intéressante parce que fondée surtout sur des représentations et assez peu sur des événements locaux. Non pas que les événements ne soient pas sujets à interprétation, mais en général on conviendra qu'ils ont aussi un impact plus immédiat et, par définition, concret sur les populations. Il faut également tenir compte de l'impact possible de la présence d'un élément canadien dans un attentat commis ailleurs, notamment aux États-Unis. Si des milliards de dollars sont aujourd'hui dépensés pour lutter contre le terrorisme au Canada, ce n'est pas qu'on ait ici des voitures piégées qui menacent la population; c'est surtout dû à la possibilité que des terroristes canadiens ou étrangers complotent ici des actes qu'ils commettront chez nos voisins du sud. Si la crise de la vache folle nous enseigne une chose, c'est qu'une frontière fermée avec les États-Unis aura des conséquences désastreuses sur notre économie. Ces dépenses sont également une police d'assurance politique: dans le cas improbable d'une attaque en sol canadien, le gouvernement serait en bien mauvaise posture s'il devait reconnaître ne s'être pas suffisamment préparé.

La lutte contre le terrorisme, une responsabilité partagée: le cas du Canada

Tout acte criminel est d'abord la responsabilité des services de police et, dans le cas du terrorisme, la Gendarmerie royale du Canada est l'organisme directeur. Nous l'avons vu plus haut, la GRC a perdu dans les années 1980 la fonction principale de collecte et d'analyse de renseignement politique ou de sécurité, au profit du SCRS. Il ne faut pas en déduire que la GRC a effectivement abandonné ces activités dès l'apparition de la nouvelle organisation — il a toujours subsisté, enfoui au cœur de la GRC, un bureau du renseignement de sécurité. D'ailleurs, la différence entre le renseignement de sécurité et le renseignement criminel, dont la GRC est l'agence centrale au Canada, est loin d'être claire au quotidien. Il s'agit souvent d'une nuance juridique ou didactique qui correspond peu à la réalité du terrain. Ainsi, à la suite du 11 septembre 2001, la GRC a beaucoup fait pour remettre sur pied sa structure de renseignement de sécurité, au prix d'un certain dédoublement avec l'agence civile (puisque nous parlerons de services proprement militaires dans un instant, aussi bien noter tout de suite que les policiers, au Canada, sont des agents de la paix et non des militaires, et donc des civils eux aussi — tout comme l'avait si bien annoncé Lord Peel, au demeurant).

La lutte contre le terrorisme est désormais un des principaux chevaux de bataille du SCRS, et les budgets de l'agence ont été largement majorés depuis 2001, les ramenant au niveau de l'époque pré-1989 de la menace rouge. Puisque le Service doit renvoyer tous les cas de criminalité à la police, son activité antiterroriste se déploie sur quatre grands axes. Premièrement, le SCRS mène des enquêtes sur les demandeurs d'asile pour s'assurer qu'ils n'ont pas de liens avec des groupes terroristes reconnus. Comme ces individus ne sont pas citoyens, plusieurs des garanties juridiques qui protègent les Canadiens ne s'appliquent pas et les mesures disponibles pour les détenir ou les expulser sont beaucoup plus expéditives. Par exemple, la Loi sur l'immigration et la protection des réfugiés prévoit qu'un ressortissant étranger peut être arrêté et détenu indéfiniment sous le coup d'un certificat de sécurité (article 77) qui, en simple, est un acte d'accusation secret reposant sur des preuves secrètes. Inutile de souligner que cette disposition est controversée. Mis à part le fameux certificat de sécurité, il est bien sûr beaucoup moins compliqué — et immensément plus fréquent — de simplement expulser les indésirables (expulsion qui revient alors à l'Agence des services frontaliers, la nouvelle police de l'immigration au Canada). Le deuxième axe consiste à surveiller certains endroits et certaines personnes à risque. Cette technique a mis le SCRS dans l'embarras plus d'une fois, puisqu'un des terroristes canadiens les plus connus, Ahmed Ressam, avait été sous sa surveillance avant sa tentative du millénaire. Les complices dans l'affaire Air India avaient aussi fait l'objet de surveillance physique avant d'assassiner 331 personnes. Le troisième axe est la surveillance par interception du courrier postal ou électronique. Enfin, le SCRS a également utilisé l'infiltration et l'exfiltration (le recrutement d'un membre d'un groupe sous surveillance) pour obtenir des renseignements sur de possibles complots terroristes. À notre époque de coopération et d'échange de renseignements, la GRC, le SCRS, les polices municipales et provinciales sont impliqués dans des Équipes intégrées de la sécurité nationale (EISN), sous l'égide de la GRC qui en est le partenaire senior.

Côté militaire, deux services principaux sont à noter. Le premier est la Branche du renseignement de la Défense. Traditionnellement, le renseignement militaire (RM) visait à découvrir les capacités stratégiques, tactiques et logistiques de forces armées ennemies conventionnelles. De nos jours, alors que les ennemis les plus actifs ne sont plus des États mais une collection de groupes plus ou moins microscopiques d'individus utilisant des moyens imprévisibles, le RM doit se réformer de fond en comble et apprendre à surveiller les activités d'individus qui sont des civils et dont l'organisation est, à l'opposé d'une armée, flexible, organique et à hiérarchie aplatie, voire inexistante. Par conséquent, il faut s'attendre à un croisement de plus en plus grand entre les sujets, les méthodes et les cadres opérationnels des organisations civiles et militaires chargées de la sécurité nationale — évolution déjà observable aux États-Unis (où 80 % des dépenses en renseignement proviennent du Pentagone ; voir Hersh 2005). Bien sûr, la mission principale du renseignement militaire est d'informer la stratégie et de protéger les bases militaires canadiennes — donc principalement à l'étranger et non en sol canadien. Seulement, les FC conçoivent de plus en plus le territoire canadien comme un théâtre d'opérations plutôt qu'une base de lancement, ce qui justifie un certain déploiement de leurs agents en territoire canadien (c'est la réorganisation des FC, appelée «Commandement Canada», annoncée par l'ex-ministre Graham et le chef d'état-major de la Défense Rick Hillier en 2005; voir <*canadacom.forces.gc.ca*>).

Le second service de renseignement militaire est le Centre de la sécurité des télécommunications (CST), fondé après la Seconde Guerre mondiale et initialement voué à l'interception et au décryptage des communications soviétiques, surtout pour le compte des États-Unis. Depuis la chute du rideau de fer, un des centres d'attention du CST est la lutte contre le terrorisme par l'interception électronique (ce qu'on appelle en anglais *signals intelligence*, ou SIGINT). Ses activités s'insèrent dans un accord global entre les États-Unis, le Royaume-Uni et l'Australie appelé UKUSA. Ce réseau global d'écoute est peu connu et ses activités sont hautement confidentielles. En principe, le CST ne fait pas l'écoute des communications des Canadiens, sauf lorsque c'est essentiel à son mandat (dit son directeur à *La Presse* 13.04.06 : A24). Par ailleurs, les autres partenaires de l'accord UKUSA ne sont pas, bien sûr, liés par ce standard flou. Aussi, un courriel envoyé d'Ottawa à des comploteurs britanniques et intercepté par la National Security Agency (NSA, agence partenaire états-unienne) a-t-il valu à son envoyeur canadien d'être écroué par la GRC en 2005 (Leman-Langlois et Brodeur 2005). Ultra-secret, le CST n'existait pas officiellement jusqu'à récemment. Il fallut de plus attendre la Loi antiterroriste pour qu'il soit doté d'une loi d'habilitation explicite — bien que cette dernière ait été enfouie à la fin du projet de loi et peu discutée.

Enfin, on oublie souvent une chose pourtant absolument cruciale pour la sécurité du Canada : la presque totalité de ses infrastructures essentielles sont protégées par des entreprises de sécurité privée, qui sont les intervenants de première ligne en cas de crise. Si le gouvernement fédéral contrôle directement certaines de ces activités commerciales, notamment dans le contrôle des passagers aériens (grâce à l'Administration canadienne de la sûreté des transports aériens, ACSTA) et des centrales nucléaires, l'immense majorité des autres nœuds du réseau des infrastructures (production et distribution d'électricité, d'eau potable, de produits chimiques industriels, réseaux bancaires et autres réseaux informatiques, communications, etc.) est sous responsabilité entièrement privée. Jusqu'ici les terroristes se sont surtout attaqués aux infrastructures de transport (trains, autobus, avions, terminaux) et assez peu aux autres types — cela s'explique sans doute par les buts recherchés, qui ne seraient pas servis par une attaque contre un complexe industriel retiré et affectant le public indirectement, surtout si l'attaque n'est pas médiagénique.

C-36, la Loi antiterroriste

La plupart des pays de l'Ouest ont adopté de nouvelles lois à la suite des attentats de 2001, et le Canada ne fut pas en reste. Au lendemain des attentats, le gouvernement Chrétien déliait déjà les cordons de la bourse et en décembre un budget de plus de 7 milliards de dollars était consacré à la sécurité nationale. Le projet de loi C-36, adopté sous le nom de Loi antiterroriste (Canada 2001 : ch. 41), modifiait plusieurs lois existantes, dont principalement le Code criminel du Canada. Pour simplifier, la Loi introduisait quatre éléments principaux. Premièrement, elle créa de nouveaux crimes de soutien à un groupe terroriste — que ce soutien se manifeste de manière logistique, financière ou autre. Afin de différencier les groupes en question, une liste officielle de groupes terroristes fut introduite et mise à jour régulièrement depuis (Canada 2006). Les groupes sont inscrits sur la liste selon le bon vouloir du premier ministre en conseil, et jusqu'ici son choix semble être davantage politique que pratique. Deuxièmement, dans les articles de la Loi qui fondent officiellement le CST, il est stipulé que ce dernier est (désormais) autorisé à collecter certaines formes d'information sur des Canadiens, et à coopérer avec la GRC lorsque requis (article 273.64 (1) c) ; voir Brodeur et Leman-Langlois 2003). Troisièmement, il est maintenant permis de garder secrets certains éléments de preuve lors de procès pour terrorisme. Enfin, la Loi crée aussi de nouveaux pouvoirs d'«arrestation préventive» et d'«audience d'investigation» où des futurs terroristes peuvent être forcés à témoigner. La Loi oblige les autorités à publier annuellement les usages qu'elles font de ces pouvoirs (Canada 2005) et jusqu'à maintenant ils n'ont été utilisés qu'une seule fois, en 2002. Deux conclusions sont possibles : selon l'une, les pouvoirs policiers sont incapables de lutter contre le terrorisme et d'utiliser ces nouveaux pouvoirs efficacement ; selon l'autre, il n'existe tout simplement pas d'activités terroristes significatives au Canada justifiant la création de ces pouvoirs.

Non pas que la définition du terrorisme proposée par la Loi soit trop étroite ; en effet, on y inclut même les actes qui menacent la sécurité économique des Canadiens (CCr, art. 83.01 b) (i) B). Si les autorités policières et les procureurs choisissaient d'appliquer cette loi avec zèle, le nombre des abus serait sans doute très élevé. Des grévistes trop enthousiastes pourraient facilement tomber sous cette définition ; ceux qui aident ces grévistes en leur apportant du café pourraient également être accusés de soutenir des activités terroristes.

Force est de conclure que la Loi antiterroriste est adaptée au contexte d'une «zone d'activités secondaires» comme le Canada, où les activités des terroristes sont extrêmement floues et hautement politisées.

Prévention et répression du terrorisme

Les grandes stratégies employées par l'Occident pour contrôler le terrorisme sont de cinq ordres. En premier lieu, plusieurs programmes de prévention sociale ont été mis sur pied, qui visent à faire diminuer les problèmes économiques et sociaux dans des régions qui sont des foyers de recrutement de terroristes. La reconstruction de l'Afghanistan en est un exemple. On justifie aussi de plus en plus l'aide financière aux pays en voie de développement par l'effet antiterroriste de cette assistance. La logique étant que puisque le terrorisme est le résultat de la marginalisation des pauvres, de l'absence ou de la déficience de l'éducation, des conditions de vie difficiles, l'argent censé remédier à ces circonstances devrait également prévenir le terrorisme. Il y a plusieurs raisons de douter de cette conclusion. Premièrement, les terroristes ne sont pas tous pauvres et sans éducation — en fait, comme Pape (2005) et Sageman (2004) l'ont montré, la plupart des terroristes djihadistes proviennent au contraire de familles relativement aisées et sont bien éduqués. Il est toutefois possible qu'ils soient révoltés contre les conditions de vie d'autres à qui ils s'identifient ou avec qui ils ressentent un lien affectif, culturel ou religieux. Deuxièmement, cette approche de la prévention fait abstraction des motifs politiques qui animent les terroristes, qui ne sont pas nécessairement solubles dans l'argent. Troisièmement, on l'aura compris, cette approche vise le (très) long terme; il est déraisonnable de croire que l'amélioration des conditions sociales des points chauds de la planète puisse se faire en quelques années; et si jamais on y arrive, ses effets antiterroristes, s'il y en a, ne viendront que plus tard encore.

Le second ordre d'intervention antiterroriste est la prévention dite stratégique ou situationnelle. Il s'agit de mettre en place des dispositifs de prévention immédiate de méthodes terroristes observées ou extrapolées par les experts. L'exemple le plus souvent donné de cette approche est le contrôle préembarquement des passagers d'aéronefs dans les années 1970. On réussit, dit-on, à mettre fin à la vague de détournements qui avait fait rage en s'assurant qu'aucun passager ne pouvait apporter une arme à bord (Clarke et Newman 2006). On s'assura également que tous les propriétaires des bagages en soute étaient assis dans l'avion (on supposait alors qu'aucun terroriste ne voudrait se suicider). Néanmoins, il existe des raisons de relativiser ce succès apparent. En particulier, il faut bien reconnaître qu'on ne réussit pas à déjouer des terroristes déterminés en septembre 2001. Les 25 années de calme aérien relatif étaient peut-être davantage le résultat de la transformation profonde du terrorisme international entre 1975 et 1995 que d'une réelle efficacité tactique des mesures déployées.

Quoi qu'il en soit, ce genre de prévention est essentiellement rétrospectif: nous nous protégeons systématiquement contre les attaques qui ont déjà eu lieu et non contre celles qui se préparent. Or, le terrorisme nous a enseigné qu'un peu d'imagination et une certaine détermination rendent les meilleures défenses rapidement caduques. Par exemple, après les attentats de septembre 2001, de nouveaux règlements ont fait renforcer la porte du cockpit pour empêcher les intrusions. Imaginons des terroristes particulièrement doués en matière de technologie, qui savent bien sûr que les avions modernes sont contrôlés à partir du cockpit par communication électronique (*fly by wire*). Sommes-nous certains qu'il est impossible, dans tous les avions, d'intercepter les connexions reliant le cockpit aux systèmes de propulsion et de navigation par le mur intérieur de la carlingue? Non.

Enfin, dans la mesure où nous faisons face à une vague de terrorisme suicide, nous sommes dans la pire situation possible pour la prévention stratégique : celle où l'attaquant est prêt à mourir. Il y a malheureusement bien peu à faire dans ces cas.

Si nous nous limitons à la prévention du terrorisme aérien, certains pourront peut-être entrevoir la possibilité, avec plus ou moins d'optimisme, de mettre un jour fin aux attaques intérieures à l'avion avec des mesures de plus en plus draconiennes — incluant la fouille du fret aérien, mesure logique qu'on a pourtant jusqu'ici oubliée, et jusqu'au contrôle du contenu des estomacs des passagers (puisque des « mules » avalent des drogues scellées pour en faire le trafic, il n'est pas exclu qu'un terroriste déterminé avale des explosifs). Cependant, il existe une foule de moyens d'attaquer des avions sans y monter. Par exemple, il faudra peut-être un jour sécuriser entièrement un rayon d'une dizaine de kilomètres autour des aéroports pour se protéger des missiles sol-air portatifs...

Bien sûr, les avions ne sont qu'une infime partie des cibles potentielles du terroriste. Nos villes comportent, littéralement, des milliers d'occasions d'attaques destructrices (systèmes de ventilation de tous les édifices, transports en commun, routes, tunnels, ponts, viaducs, gazoducs, oléoducs, aqueducs, égouts, stades, mails souterrains, espace aérien, marchés publics, grands événements, postes de distribution électrique, centrales téléphoniques).

Le troisième ordre d'intervention est davantage répressif que préventif. Il s'agit des activités des organismes officiels de lutte contre le terrorisme, qui s'échelonnent entre la surveillance d'activités politiques potentiellement violentes jusqu'à la poursuite d'auteurs d'attentats, en passant par l'enquête sur des groupes qui préparent des attaques. À l'extrémité politique du continuum, il s'agit d'une activité essentiellement prospective, fondée sur une connaissance des groupes à risque, mais qui a le défaut d'être hautement subjective, guidée elle-même par des impératifs politiques et irrémédiablement incomplète. On surveillera par exemple les mosquées lorsqu'on croit que des extrémistes musulmans s'y regroupent, ou les salles de clavardage (*chat rooms*) où des échanges animés semblent indicatifs d'une certaine propension à la violence. Malheureusement, on n'y trouvera bien sûr pas de terroristes particulièrement futés, ces derniers évitant les activités publiques. Un exemple intéressant est celui du complot de juin 2006 déjoué à Toronto par le SCRS et la GRC, où les forces policières réussirent un coup de filet à l'aide d'une surveillance (et peut-être d'une participation à) des sessions de clavardage entre plusieurs individus. Fait intéressant, il semble qu'aucun des participants à ces clavardages n'ait réellement cherché à dissimuler son identité, au-delà de la simple utilisation d'un pseudonyme. Enfin, on portera également une attention particulière aux individus ayant des relations avec des terroristes reconnus. Cela est un exercice difficile, et qui coûta cher à Maher Arar : arrêté, déporté en Syrie, torturé et détenu plus d'un an parce qu'il connaissait un individu suspecté d'être un membre d'al-Qaïda (suspicion probablement sans fondement).

La surveillance politique doit se transformer en enquête criminelle lorsqu'un groupe d'individus complote réellement et prépare un attentat imminent. La difficulté persistante est, pour les services de sécurité, de savoir reconnaître le moment où le groupe passe au complot concret. Les arrêter trop tôt présente deux inconvénients majeurs : 1) de révéler des méthodes de surveillance appliquées aux citoyens qui n'ont pas commis de crime (le complot étant toujours embryonnaire) et 2) de rendre pratiquement impossible une poursuite judiciaire (puisque aucun crime n'a été commis). Attendre trop longtemps, bien sûr, entraîne la possibilité que le groupe disparaisse sous le radar des policiers ou pire, que l'attentat soit effectivement commis.

Si les succès sont peu nombreux pour les organismes policiers, c'est en grande partie parce que le terrorisme reste un événement rare dans les pays occidentaux. Contrairement à la plupart des crimes, qui se produisent plusieurs fois par jour même dans les pays les plus touchés, les actes terroristes et les complots sont séparés de plusieurs mois, voire d'années.

En quatrième lieu se trouve la guerre. C'est là un des développements les plus intéressants du phénomène, l'emploi et l'évolution du concept et du vocable de guerre pour décrire les programmes antiterroristes. Pour faire face au risque terroriste, les gouvernements occidentaux, en particulier ceux des États-Unis et du Canada, ont lancé ce qui a été appelé une guerre contre al-Qaïda en Afghanistan. Déjà sensiblement inadéquat parce qu'al-Qaïda ne correspond pas à l'ennemi typique visé par une guerre prise au sens propre, le vocable a ensuite été utilisé dans des expressions comme guerre au terrorisme, qui est un saut quantique dans le symbolisme (on va à l'occasion encore plus loin dans cette direction avec la guerre à la terreur, une abstraction encore plus poussée). Faire la guerre au terrorisme, sémantiquement parlant, est exactement équivalent à faire la guerre à la pauvreté, qui signifiait simplement que l'État s'engageait dans un effort maximal dans la réduction de la pauvreté (qu'on juge que cet effort ait été significatif ou non est une autre question). Pourtant, dans les faits, la guerre au terrorisme implique réellement armes à feu, chars, missiles, BLU-82, hélicoptères et avions de chasse. Le danger d'attaquer une cible conceptuelle avec des explosifs est double. D'une part, les objectifs pratiques ne sont pas définis précisément et donc la réussite, l'échec, voire la simple fin des activités ne peuvent pas être déterminés. D'autre part, les méthodes dérivent immédiatement vers l'extrême sans jamais être encadrées, puisqu'on ne peut pas se permettre de perdre une guerre.

Le dernier ordre d'antiterrorisme, souvent ignoré, est la préparation de plans d'urgence. Souvent jugé pessimiste, le plan d'urgence implique que toutes les stratégies ci-dessus ont failli à leur tâche et qu'un attentat terroriste a effectivement eu lieu. En fait, le plan d'urgence s'impose tout simplement parce qu'il ne sera jamais possible de réellement prévenir le terrorisme, quels que soient les efforts déployés. Or, dans la plupart des cas, ces plans sont embryonnaires, peu testés et tiennent souvent de la pensée magique. Une simulation récente d'attentat terroriste dans le métro de Montréal (l'événement Métropole 2005, en mai de la même année) mettait en scène 40 victimes, dans un quadrilatère où la circulation était interdite, un dimanche matin où les tours à bureau avoisinantes étaient vides, et une coopération entre des acteurs (police, ambulances, incendies) prévenus des mois à l'avance. Inutile de souligner en quoi ce scénario est déconnecté de la réalité. On voit mal comment cet exercice pourrait préparer les participants à une attaque comme celle de Tokyo, où on dut traiter 6 000 victimes d'un agent chimique inconnu, en heure de pointe.

CONCLUSION

En guise de conclusion, notons tout d'abord la difficulté relative du calcul des risques d'attaque terroriste dans les pays occidentaux. Le risque est un outil conceptuel privilégié dans notre culture actuelle, et nulle part davantage qu'en matière de sécurité. La plupart des experts s'entendent pour subdiviser la notion de risque en deux ou trois composantes. La première est simplement la probabilité qu'une attaque survienne. Cette probabilité peut être mathématique ou subjective. Dans le cas de crimes communs, où des statistiques existent et permettent de calculer des moyennes et des tendances, on peut arriver à une mesure objective du risque. Ce n'est aucunement le cas du terrorisme, puisqu'il n'y a à tout simplement pas suffisamment d'attentats pour y arriver. On remplace donc ce calcul par une probabilité subjective, c'est-à-dire une conjecture plus ou moins éclairée. La deuxième composante du risque est la gravité des conséquences d'une attaque éventuelle. Dans le cas du terrorisme, il faut tenir compte non seulement de l'impact physique d'un attentat (en pertes de vies, dégâts matériels et pertes financières), mais également de l'effet social de la terreur, qui est d'ailleurs le but visé par les attaquants. Même les attaques les plus meurtrières ont un impact socio-politique qui dépasse largement les dégâts immédiats. Il est bien peu audacieux de prévoir qu'une attaque terroriste en sol canadien, par exemple, aurait un impact extrêmement grave à tous ces niveaux.

La dernière composante de l'analyse du risque, souvent ignorée, est celle de la difficulté concrète d'une attaque, ou résilience des cibles, qui est généralement une question d'ingénierie. Si tuer des voyageurs dans le métro est extrêmement facile, détruire, voire endommager sensiblement un barrage hydroélectrique est pratiquement impossible à moins de disposer d'armes militaires extrêmement puissantes.

Le risque étant la combinaison de ces calculs, on a souvent conclu que le fait que la probabilité d'une attaque soit faible était amplement compensé par l'énormité de l'impact éventuel. La difficulté, on le voit — mis à part la subjectivité des deux premières facettes — est qu'il manque plusieurs facteurs au triangle du risque. On devrait sans doute y ajouter le niveau de restrictions auquel les citoyens sont prêts à se plier, les coûts financiers et sociaux des mesures prises pour contrer le risque et le fait qu'une société moins libre, plus refermée et moins impliquée à l'étranger est précisément ce que cherchent à produire les terroristes : faire vivre le citoyen dans la peur. Dans certains cas, ils y arrivent sans même préparer d'attaque.

▶ Références

Outre les ouvrages cités dans le texte, le lecteur trouvera dans la bibliographie finale les références aux textes de base suivants : Chaliand (2004), Crenshaw (1995), Hoffman (2006), Kepel (2003), Laqueur (2003), Marret (1997), Mickolus (1980), Mickolus et coll. (1989), Mickolus (1993), Mickolus, Simmons (1997), National Commission on Terrorist Attacks Upon the United States (2003), Schmid, Jongman (1988), Wilkinson (2000).

CHAPITRE 15

La criminalité économique et sa régulation

▶ JEAN-LUC BACHER ET NICOLAS QUELOZ

DÉFINITION ET TRAITS ESSENTIELS DE LA CRIMINALITÉ ÉCONOMIQUE

En criminologie, la criminalité économique est un champ dont les deux éléments essentiels sont, d'une part, une large gamme de comportements criminels et, d'autre part, la somme des réactions sociales, formelles et informelles, que suscitent ces crimes. Pour tenter de circonscrire le champ de la criminalité économique, il faut déterminer ce qui caractérise ces comportements criminels et les distingue d'autres comportements criminels.

Il est généralement admis que les crimes économiques sont commis en vue d'un avantage pécuniaire. Cela n'empêche que la plupart des crimes économiques portent aussi atteinte à d'autres valeurs que patrimoniales. Les interdits pénaux en matière de criminalité économique visent aussi à protéger des valeurs ou des biens comme la bonne foi, la loyauté, le bon fonctionnement des institutions économiques, le jeu de la libre concurrence et la sécurité en affaires et dans les échanges économiques.

Les crimes économiques peuvent se commettre dans une grande variété de contextes ou d'activités légitimes comme les services financiers, les marchés publics, les finances publiques (impôts et autres ressources ainsi que dépenses des collectivités), la consommation, les échanges commerciaux (ventes et locations diverses), la production industrielle, les services administratifs et judiciaires, l'exercice du pouvoir politique, ainsi que dans la plupart des relations contractuelles.

La notion fondatrice du champ de la criminalité économique est sans doute celle de «crime en col blanc», que l'on doit à Sutherland. Celui-ci définit la criminalité en col blanc comme suit: des activités illégales déployées, dans l'exercice de leurs activités professionnelles, par des personnes respectables et de statut social élevé (Sutherland 1940).

Cette notion apparaît aujourd'hui à la fois très restrictive et très large. Très restrictive, car elle ne désigne que la criminalité économique de ceux qui se situent dans les sphères dirigeantes de la société. Très large, car elle englobe les comportements qui sont prohibés par toutes espèces de loi, pas seulement des lois pénales.

Il convient aujourd'hui de préférer des définitions moins restrictives de la criminalité économique, d'autant plus qu'il y a une vaste diversité de hautes sphères sociales et que les classes intermédiaires ou inférieures se voient aussi offrir de nombreuses opportunités criminelles.

Reiss et Biderman (1980) ont défini la *white collar violation* en ces termes : une infraction pénale impliquant l'abus d'une position de puissance, d'influence ou de confiance déterminante, commise dans le cadre de l'ordre institutionnel économique ou politique légitime, dans le but d'obtenir un avantage illicite pour soi-même ou pour son organisation. Avec cette définition, la violation en col blanc a pour double avantage de ne pas être un crime de classe et de ne désigner que des comportements faisant l'objet d'un interdit pénal.

Aujourd'hui, il est largement convenu de dire, à l'instar de Queloz (1999), que la criminalité économique se déroule dans le contexte de la vie économique régulière, qu'elle ne fait pas appel à la force, mais à des procédés astucieux ou aux technologies modernes, et qu'elle requiert la mise en œuvre de connaissances propres aux acteurs du monde économique, commercial ou financier. Ainsi, la criminalité économique nous semble caractérisée par le fait qu'elle se pratique à l'aide ou à l'abri de structures et d'instruments économiques légitimes, qu'elle est réalisée sans violence ou menaces et qu'elle consiste à faire usage d'opportunités criminelles découlant de la confiance et donc de la latitude dont jouissent les acteurs dans leurs relations économiques. Ainsi définie, la criminalité économique n'est pas accessible à tous dans les mêmes proportions, puisqu'elle dépendra largement des compétences, des pouvoirs ou du capital social dont peuvent ou non abuser les auteurs potentiels de cette criminalité. Mais elle n'est pas pour autant inaccessible aux sphères moyennes ou inférieures de la population.

SOURCES DE CONNAISSANCES ET PRÉVALENCE DE LA CRIMINALITÉ ÉCONOMIQUE

Parmi les sources disponibles qui permettent de rendre compte des formes de criminalité économique, il y a bien évidemment les données policières. De telles données sont notamment exploitées par Statistique Canada pour rendre compte du phénomène de la fraude (Janhevich 1998). Ce genre de données a surtout pour limite de ne rendre compte que de la criminalité détectée. Or, parmi les fraudes réalisées avec succès, il en est qui passent inaperçues des victimes mêmes de ces fraudes. De plus, elles ne dépeignent qu'assez superficiellement les phénomènes criminels, car elles sont plutôt pauvres en informations sur les modes opératoires. Parmi les sources policières, les dossiers d'enquête, qui portent également sur des crimes identifiés, peuvent quant à eux fournir de très utiles informations notamment sur les façons d'agir, les «outils» du crime, les liens entre délinquants, la taille et la forme des réseaux criminels, les profits générés par le crime, etc. Malheureusement, les rapports d'enquête demeurent difficiles d'accès.

Certaines sources privées permettent de prendre la mesure de formes spécifiques de criminalité économique. Ainsi, l'Association des banquiers canadiens met à la disposition du public des statistiques annuelles sur le nombre de cartes de crédit en circulation et sur le nombre de celles qui ont fait l'objet d'une utilisation frauduleuse.

Même si une partie des crimes passent inaperçus de leurs victimes, les sondages de victimisation sont d'une utilité indéniable pour certaines formes de crimes économiques. C'est en particulier auprès des entreprises que des sondages très révélateurs ont été réalisés pour évaluer notamment l'ampleur des fraudes commises par les employés (*Crimes in England and Wales* 2003). Il s'est aussi avéré profitable de réaliser des sondages auprès des chefs d'entreprise pour évaluer l'ampleur de la criminalité qu'ils attribuent à leurs employés (Wilson 2000).

Si les sondages de délinquance autorévélée sont plus rares, ils sont aussi fort utiles en matière de criminalité économique. Toutefois, ils demeurent plus fiables pour les formes les moins graves de criminalité que pour les plus graves, qui restent difficilement avouables. Mentionnons, par exemple, les importants sondages réalisés en 1985 et en 1996, au Québec, auprès de plusieurs milliers d'individus pour déterminer dans quelle mesure ils prenaient part à l'économie souterraine soit à titre de vendeurs, soit d'acheteurs de biens et services au noir (Fortin et autres 1996).

Certains sondages ont l'avantage d'être mixtes (de victimisation et de délinquance autorévélée). Ce sont notamment ceux qui concernent la corruption et qui comportent des questions sur la fréquence des invitations à verser un pot-de-vin et sur les suites qui ont été données à ces invitations (Killias et Ribeaud 1999).

L'évaluation de la prévalence, de l'incidence et de la gravité de certains comportements criminels se fait aussi à l'aide de vignettes ou petits scénarios. Il s'agit là de soumettre à un échantillon d'individus (ou d'entreprises) des mises en situation comportant une occasion de commettre un crime économique et de demander aux répondants comment ils agiraient en pareilles circonstances. Ce genre de recherche a été réalisé pour mesurer la propension des individus à commettre des fraudes fiscales, mais aussi des ententes prohibées sur les prix, des actes de corruption, des faux (falsification des statistiques de ventes) et des violations des normes sur l'émission de substances polluantes dans l'air (Elis et Simpson 1995).

Notons enfin que, par expérimentation, il est possible de mesurer quelle proportion d'individus ou d'entreprises susceptibles de commettre un crime passe ou non à l'acte. En effet, sans avoir à inciter des individus à commettre des crimes, il est possible de les placer devant une occasion criminelle et d'observer leurs comportements. C'est ce qu'ont fait Tracy et Fox (1989), en demandant à un échantillon de garagistes d'établir un devis pour des réparations devant être effectuées sur des véhicules dont ils connaissaient parfaitement les défectuosités. Ils ont ainsi pu mesurer la fréquence des tentatives de fraude dont les prétendus propriétaires de véhicules (des chercheurs) ont été victimes. Ils ont en outre réussi à déterminer certains facteurs dont dépendait l'ampleur de la fraude tentée.

CRIMINALITÉ ÉCONOMIQUE ET MENACES POUR LA SÉCURITÉ INTÉRIEURE

La criminalité économique fait des victimes (individus ou entreprises) dans toutes les sphères d'activités humaines : la santé, les loisirs, les transports, les marchés, dont celui du travail et même à domicile (Croall 2001). Personne ne peut se mettre totalement à l'abri de tentatives de crimes économiques. Pour les grandes entreprises, la victimisation économique est la norme, puisque deux tiers d'entre elles admettent régulièrement en être la cible. La question qu'elles se posent est de savoir comment elles peuvent réduire l'ampleur de leur victimisation économique.

Outre les dommages patrimoniaux, quand la criminalité économique prend la forme d'infractions contre l'environnement, elle peut s'avérer préjudiciable à la qualité de vie, à la santé, voire à la vie humaine (Croall 2001). La criminalité économique peut aussi porter atteinte au bon fonctionnement des institutions économiques (les marchés, la bourse, les sociétés par actions), notamment en minant la confiance des acteurs économiques. Ainsi l'affaire Enron, aux États-Unis, a nui à la confiance des investisseurs dans le fonctionnement des marchés boursiers et finalement à la prospérité économique de ce pays. Des formes plus bénignes de criminalité économique, comme le télémarketing trompeur, discréditent des branches entières de l'industrie, en l'occurrence tout le secteur de la vente par téléphone. Le crime de blanchiment entrave pour sa part le bon fonctionnement de la justice dont l'une des tâches est de confisquer les produits du crime et, le cas échéant, de les rendre aux victimes des crimes économiques. Quant aux crimes fiscaux ou à la corruption, outre qu'ils portent atteinte à la confiance du justiciable et du contribuable dans l'administration publique, ils sont préjudiciables au bon fonctionnement de l'État et de ses services.

Il apparaît en outre que, ces dernières années, la criminalité économique et financière est devenue plus internationale ou transnationale, ce qui a pour incidence de remettre en question les catégories juridiques classiques de rattachement territorial ou de souveraineté des organes judiciaires nationaux et de mettre en exergue les limites, voire l'impuissance de ces instances (Queloz 2003).

Si la criminalité économique occupe une place relativement modeste dans les statistiques officielles de la délinquance, elle génère des dommages qui sont très conséquents. En effet, selon la littérature américaine, les pertes causées par les crimes économiques seraient 20 à 40 fois supérieures aux dommages causés par les crimes de rue. En Allemagne, il a été établi que si la criminalité économique ne représente qu'un faible pourcentage (moins de 2 %) de la criminalité enregistrée par la police, elle est en revanche à l'origine de plus de 60 % des préjudices criminels connus de la police (Albrecht 1999).

MODES DE RÉGULATION ET ACTEURS PRIVÉS

Les modes de régulation s'inscrivent sur un continuum aux extrémités duquel on retrouve un laisser-faire quasi absolu et une répression rigoureuse. Les modes de régulation sont fonction de diverses finalités ou rationalités privilégiées par les acteurs. Parmi les plus connues, il y a la rationalité justicière qui vise la répression des comportements délinquants, la rationalité économique qui tend à réduire les coûts de la victimisation et la rationalité de type publicitaire qui a pour objectif de projeter une image avantageuse de la victime. Ces rationalités sont parfois compatibles entre elles. Ainsi, par exemple, des poursuites criminelles peuvent être conformes aux trois types de rationalité quand elles débouchent sur une condamnation, un dédommagement de la victime et qu'elles permettent aux victimes de démontrer à quel point elles sont irréprochables. Il est d'autres cas où il est impossible de concilier ces rationalités. Il en est ainsi quand l'enjeu du crime est faible et que toute espèce de procédure, criminelle ou civile, entraînerait pour la victime des coûts bien supérieurs à l'enjeu du crime. Par exemple, à la suite de nombreuses fraudes à l'assurance ou fraudes par carte de crédit portant sur de faibles sommes, il est préférable pour la victime corporative, d'un point de vue purement économique, de n'entreprendre aucune enquête ni procédure. En effet, comme la détection et la répression commandent que les fraudes présumées soient traitées au cas par cas, ce type de réaction au crime occasionne des dépenses souvent plus conséquentes que les pertes susceptibles d'être évitées grâce aux enquêtes. Indépendamment des diverses rationalités qui régissent la régulation de la criminalité économique, il convient aussi de distinguer entre la régulation volontaire et la régulation obligée de la criminalité économique. En effet, si la régulation de la fraude dépend largement de ce que les victimes de ce crime veuillent ou non la prévenir, la détecter et la dénoncer aux autorités, un crime comme le blanchiment fait l'objet, dans certains pays, d'une régulation imposée très rigoureusement par les lois. C'est notamment le cas au Canada où les intermédiaires financiers ont l'obligation de rapporter, sous peine de sanctions criminelles pouvant aller jusqu'à 5 ans d'emprisonnement, toutes les transactions excédant un certain montant (10 000 $) ainsi que les transactions jugées douteuses au regard d'une vaste série de critères émis par les autorités fédérales. En Suisse par contre, une plus grande marge d'autorégulation a été laissée aux intermédiaires financiers et aucun seuil pécuniaire de communication obligée n'a été fixé.

Les acteurs privés sont appelés à jouer un rôle important en matière de régulation de la criminalité économique. Il est en particulier attendu des victimes de crimes économiques qu'elles prêtent leur concours à la réalisation des enquêtes. Parfois, il leur est même demandé par la police (surtout aux victimes corporatives) de commencer l'enquête par leurs propres moyens ou encore de mettre à disposition de la police des ressources, du personnel ou des moyens techniques facilitant l'avancement de l'enquête.

En matière de lutte contre le blanchiment, il est dorénavant demandé à une myriade d'acteurs privés (les intermédiaires financiers) d'alimenter le gouvernement en informations relatives au blanchiment d'argent. Le secteur privé a un rôle tout à fait crucial à jouer dans la mesure où les autorités publiques sont très largement tributaires de l'information qui leur est fournie par le privé pour tenter d'identifier des cas de blanchiment d'argent méritant de donner lieu à une enquête et à des poursuites. Mais les agents de régulation du secteur privé sont aussi mus, dans leurs pratiques, par des considérations publicitaires et « réputationnelles ». Ils cherchent aussi à minimiser les pertes de leurs entreprises et à donner de celles-ci l'image de sociétés diligentes et responsables, qui ne font pas affaire avec des criminels.

STRATÉGIES DE PRÉVENTION

Les stratégies de prévention de la criminalité économique découlent logiquement des diverses explications qui sont données de cette criminalité. Il est en effet possible d'expliquer la criminalité économique de multiples façons, des plus macrosociales aux plus microsociales ou psychologiques. Sous un angle macrosocial, il est fait appel, à titre étiologique, à la conjoncture économique, au chômage (Janhevich 1998), à la nature du système économique (capitaliste ou autre) ou à la culture ambiante. D'un point de vue microsocial, les chercheurs ont notamment mis l'accent sur les facteurs situationnels constitutifs d'occasions (Coleman 2001), sur la situation économique de l'auteur du crime (Elffers 1991) ou sur les traits psychologiques des auteurs de crimes économiques. Pour sa part, Hare (1999) postule que la psychopathie est souvent à l'origine de comportements frauduleux. Entre le macrosocial et le microsocial, des explications de portée intermédiaire sont aussi avancées. Sont notamment invoqués par la littérature, des facteurs organisationnels des entreprises ou du gouvernement, des facteurs structurels d'une industrie prise dans son ensemble (Leonard et Weber 1970) ou la faiblesse des normes et contrôles régissant certains types d'activités économiques.

Il ressort qu'il est beaucoup plus aisé de déployer des moyens de prévention situationnelle découlant d'une explication microsociale. En effet, s'il est difficile d'avoir une influence sur la nature du système capitaliste ou sur le taux de chômage, en revanche il est possible d'agir sur les circonstances matérielles constitutives d'opportunités criminelles. Ainsi, pour minimiser les risques que les cartes de crédit soient utilisées frauduleusement, il est notamment possible d'y imprimer la photo du détenteur légitime. Pour éviter les détournements de fonds et de nombreuses fraudes, la tenue d'une comptabilité rigoureuse et l'établissement périodique d'inventaires demeurent, pour les entreprises, de bons moyens de prévention, mais aussi de détection du crime. De façon plus générale, les victimes potentielles doivent se doter de moyens de contrôle. Dans les entreprises, les personnes responsables des contrôles devraient notamment être attentives, d'une part, aux lacunes relatives à la division des attributions, aux vérifications indépendantes et aux dispositifs d'autorisation. D'autre part, elles devraient se préoccuper des redondances et insuffisances des contrôles en place (Durant 2004).

Si la prévention s'exerce lors de l'embauche de nouveaux employés, il est recommandé aux employeurs de s'interroger sur les lacunes que peut comporter le curriculum vitae des candidats, de demander aux candidats de remplir des formulaires de dépôt de candidature, d'exiger des lettres de recommandation qui seront ensuite confirmées par téléphone, de vérifier toutes les qualifications alléguées, de vouer une attention toute particulière aux candidats à des postes importants, d'obtenir les éventuels extraits de casier judiciaire et de prendre des renseignements même sur d'anciennes activités temporaires des candidats (Durant 2004). Enfin, pour éviter d'embaucher des personnes indésirables, les entreprises peuvent prendre l'initiative de faire passer des tests psychométriques aux candidats. Parmi les tests les plus récents, il en est qui permettent de détecter d'éventuels psychopathes. L'un d'entre eux, le Business-Scan (B-Scan), qui est un outil de sélection du personnel, a récemment été créé par Babiak et Hare. Mais, pour l'heure, ce test est encore en processus de validation.

Relevons que la prévention est un mode de régulation qui comporte, pour les entreprises, un double avantage : elle peut être appliquée à grande échelle, avec des moyens standardisés relativement peu coûteux. De plus, il est préférable pour les entités du secteur privé, de déployer des moyens de prévention qui s'adressent indifféremment à tous leurs clients ou à tous leurs employés plutôt que de pratiquer la détection qui risque toujours d'indisposer les individus spécifiquement visés ou de donner l'impression défavorable que les entreprises s'acharnent surtout sur certains sujets et pas sur d'autres.

STRATÉGIES DE DÉTECTION

La détection de la criminalité économique repose largement sur la vérification des informations sur la base desquelles se concluent et s'effectuent les échanges : identité des acteurs, finalité de la transaction, modalités d'exécution d'un contrat, provenance et destination des fonds, etc. C'est avant tout aux victimes potentielles de la criminalité économique qu'il incombe de réaliser ces vérifications. Il est relativement rare que les crimes économiques arrivent à la connaissance de la police ou de la justice sans que les victimes y contribuent.

Quand un crime économique est commis dans une entreprise, une administration ou une organisation, il arrive souvent que des collaborateurs de celles-ci aient connaissance de faits ou d'indices utiles à la mise au jour du crime. Pour inciter les employés à rapporter (à leurs supérieurs) ce qu'ils savent, les entreprises et les législations de plusieurs pays (surtout anglo-saxons) prévoient des mesures de protection des dénonciateurs ou *whistle-blowers*[2]. L'Association of Certified Fraud Examiners préconise par exemple que les entreprises mettent en place des politiques de dénonciation qui dissuadent les employés témoins de crimes d'en parler d'abord à la presse, qui les assurent que leurs dénonciations seront traitées avec sérieux, qu'ils jouiront d'une protection contre d'éventuelles mesures de représailles de la part des individus dénoncés et qu'ils seront récompensés pour leurs dénonciations (Durant 2004).

Quand il s'agit de détecter des formes de criminalité à forte prévalence, comme la fraude par carte de crédit, les entreprises victimisées peuvent se doter d'instruments informatiques destinés à traiter et à analyser de très grandes quantités de données. Ces instruments appliquent des techniques de *data mining* ou d'intelligence artificielle qui ont notamment pour finalité d'identifier, dans la masse des données accumulées, les cas qui présentent suffisamment d'indices de crime pour mériter une attention particulière. Les techniques ainsi mises en œuvre permettent d'établir des liens entre certaines données, en procédant notamment à des comparaisons entre des comportements singuliers introduits dans la banque de données et, d'une part, des comportements criminels types ou, d'autre part, des comporte-ments types auxquels les comportements singuliers devraient en principe ressembler. Ainsi, le système peut se demander à quel point des utilisations ponctuelles de cartes de crédit diffèrent ou non de l'usage qu'en fait ordinai-rement le titulaire de la carte ou le groupe d'individus qui en fait générale-ment le même genre d'usage.

C'est parce que les systèmes d'intelligence artificielle sont nourris de connaissances, rassemblées par des spécialistes, sur les modèles de compor-tements criminels qu'on les appelle aussi systèmes-experts. Toutefois, de tels systèmes ne remplacent pas les individus chargés de détecter des crimes, mais les aident dans leur travail en maximisant leurs chances d'examiner des cas qui peuvent effectivement s'avérer criminels et en minimisant leurs chances de se livrer à l'examen de cas qui ne comportent pas de crime. Ces systèmes contribuent ainsi largement à diminuer le volume de mauvaises

---

2. Le terme anglais de *whistleblower* (littéralement, celui qui souffle dans le sifflet d'alarme) est positivement connoté ; en revanche, les termes de dénonciateur ou de collaborateur de la justice ont une acception négative et péjorative (avec un effet répulsif).

décisions qui consistent, pour un investigateur, soit à faire enquête sur un cas légitime (faux positif), soit à négliger un cas qu'il croit, à tort, exempt de crime (faux négatif).

De tels systèmes ont pour avantage de réaliser, en permanence, des mises à jour des critères d'analyse et de comparaison, au fur et à mesure que de nouvelles données sont versées dans le système. Ils sont en mesure « d'apprendre » ou d'identifier de nouveaux modèles criminels ou de faire des liens qui étaient encore inconnus des experts.

S'il est un secteur où le système-expert paraît particulièrement prometteur, c'est celui de la détection du blanchiment d'argent. La raison première en est que les autorités chargées de cette mission sont aux prises avec des masses très considérables de données. Ainsi par exemple, au Canada, l'instance fédérale chargée de recueillir et d'analyser les déclarations d'opérations douteuses et d'opérations de plus de 10 000 $ reçoit annuellement près de 14 millions de déclarations de toutes les parties du pays. C'est ainsi que des chercheurs américains ont récemment fait des propositions très concrètes quant au traitement qui pourrait être réservé à l'information relative au blanchiment avec la mise en œuvre d'un système-expert. Pour donner un bref aperçu des techniques qu'il serait souhaitable selon eux de mettre en œuvre avec un système-expert, il y a les analyses de régression (linéaires et logistiques), des analyses de cluster, des réseaux neuronaux et des algorithmes inductifs et génétiques (Watkins et autres 2003).

En outre, les systèmes-experts ont, quand ils sont bien conçus, cet avantage sur les humains qu'ils sont en mesure de dégager des tendances qui sont indétectables « à l'œil nu ». De plus, ils sont en mesure d'identifier, dans la masse des variables, des indicateurs criminels qu'aucun expert ne connaît et qu'aucune théorie n'identifie comme tels. Ils sont enfin à même de renouveler, en permanence, au fur et à mesure que de nouvelles données sont introduites dans le système, la gamme des modèles criminels auxquels il s'agit de comparer chacun des cas qui sont insérés dans la banque de données.

STRATÉGIES DE DISSUASION

Elles consistent soit à infliger des sanctions ou d'autres désagréments, soit à brandir la menace de sanctions ou d'autres désagréments.

Quand la dissuasion repose sur le fait d'infliger des sanctions, celles-ci peuvent être formelles ou informelles (Bacher 2004). Dans le secteur privé, les sanctions informelles consistent notamment à tenir des listes noires (ou d'indésirables) qui ont pour effet de bannir un individu d'un milieu professionnel donné ou de l'empêcher d'acheter certains services aux mêmes conditions que les autres. Le principal désavantage des sanctions informelles, c'est qu'elles sont fréquemment infligées à l'insu du « condamné » (Bacher et Cousineau 1999) sans que les droits fondamentaux de l'accusé soient respectés : droit d'être entendu, droit de se défendre, droit d'en appeler des décisions prises contre lui, etc. Pour ce qui est des sanctions formelles, elles relèvent le plus souvent du droit civil. Ces sanctions consistent à invoquer une clause contractuelle ou un article de loi afin d'atteindre l'auteur présumé d'un crime dans ses intérêts économiques. Cette sanction est le plus souvent à l'avantage de la victime. Ainsi, l'auteur présumé se voit tantôt refuser des avantages auxquels il prétend, tantôt demander un dédommagement qui pourra être plus ou moins punitif. Par exemple, les fraudes commises à l'interne se règlent souvent à l'aide du droit du travail, par un licenciement, et la fraude à l'assurance à l'aide du code civil, par un refus d'indemnisation ou l'exigence de son remboursement, quand il a déjà eu lieu.

Les sanctions proprement pénales restent l'exception. Parmi les sanctions pénales, c'est l'amende qui semble avoir le plus d'effet sur le délinquant économique. En effet, selon les données de Wheeler, réanalysées par Weisburd, si la prison et la probation n'ont pas de grande influence sur la récidive des délinquants économiques, l'amende en a très clairement une: elle a pour effet de retarder le moment où le délinquant puni va, le cas échéant, récidiver. Il y a deux explications à cela. Celle de Weisburd, qui est de dire que ces délinquants se voient imposer des amendes très substantielles. Celle de Braithwaite (1989), pour lequel l'amende n'a pas pour effet de rompre les liens sociaux, d'autant qu'elle passe souvent inaperçue des amis et des voisins du condamné. À ce sujet, Sutherland (1940) avait déjà relevé le caractère confidentiel des modalités de sanction des criminels en col blanc. L'amende permet au condamné de rester dans la communauté et de poursuivre ses activités. Et le délinquant a alors intérêt à rester dans la légalité pour préserver ce qu'il lui reste de capital social (Weisburd 2001). Un usage trop exclusif ou trop extensif de l'amende comporte toutefois le risque que l'on finisse par conclure: «l'amende n'est plus une sanction, c'est une taxe levée sur le privilège de violer la loi» (Van Outrive 1977).

La dissuasion peut aussi reposer sur une manipulation des perceptions qu'ont les délinquants potentiels des risques de sanctions auxquels ils s'exposent en passant à l'acte. Des chercheurs, dans le cadre de recherches expérimentales, ont tenté de produire de la dissuasion sur des fraudeurs avérés ou potentiels. Ainsi, Green (1985) a fait envoyer, par une entreprise de télévision par câble, une lettre dissuasive à ses clients qui avaient trafiqué le branchement pour recevoir toute la gamme des canaux et non plus seulement les canaux de base. La lettre ne donnait pas à penser que l'entreprise était déjà au courant de cas de tricheries. Elle annonçait que l'entreprise allait procéder à des enquêtes dans les deux prochaines semaines et que les tricheurs qui seraient identifiés seraient ensuite poursuivis et punis conformément à la loi pénale. La lettre reprenait les termes de la loi sur la communication et elle mentionnait quelles étaient les peines maximales prévues pour sanctionner le vol de signal, soit un an d'emprisonnement ou 1000$ d'amende. La lettre disait aussi que l'entreprise accordait une période de deux semaines aux contrevenants pour régulariser leur situation sans que des sanctions s'ensuivent.

Cette seule lettre a remporté un assez grand succès. En effet, sur les 67 tricheurs de l'échantillon, 2 ont pris contact avec l'entreprise de câble pour payer leur branchement et 40 ont simplement corrigé la situation irrégulière en revenant au branchement de base (qu'ils payaient). Un tiers des 67 tricheurs n'a pas réagi du tout à la lettre. Et ces effets bénéfiques se sont avérés assez durables, car, six mois plus tard, seuls deux abonnés, dont la situation avait été corrigée, avaient rétabli leur branchement irrégulier.

Dans une recherche expérimentale, analogue à celle de Green, Tremblay et autres (2000) ont tenté de dissuader de potentiels fraudeurs à l'assurance, par l'envoi d'une lettre. Cette lettre, émanant des compagnies d'assurances, énonçait les sanctions auxquelles s'exposent les individus qui gonflent leurs réclamations d'assurance. Les destinataires de la lettre venaient de subir un vol et étaient sur le point de rédiger une réclamation d'assurance. Le stimulus avait pour but de renforcer ou de réactualiser la conscience d'un risque. Les résultats obtenus sont demeurés assez mitigés. Ils ont toutefois permis de constater qu'une telle lettre n'a d'effets significatifs que si elle est administrée dans de bonnes conditions soit, notamment, par des employés d'assurances dont l'attitude est crédible, aux assurés les plus susceptibles de commettre des gonflements et par une compagnie qui a une bonne politique de traitement des réclamations (Bacher et Blais 2005). En définitive, la dissuasion par le renforcement, chez les auteurs potentiels de crimes économiques, de leurs perceptions des risques encourus peut s'avérer efficace et plutôt avantageuse, car elle n'exige pas de moyens coûteux et peut être administrée, à grande échelle, avec des outils simples.

CONCLUSION

La régulation de la criminalité économique doit prendre une multitude de formes, car un même crime peut être commis pour des raisons très différentes, par des individus dont les rationalités et les degrés de détermination criminelle sont fort divers. Ainsi, pour atteindre un maximum d'individus susceptibles de commettre des crimes, il faut user, comme en matière publicitaire, d'arguments et de moyens différents, car tous les individus ne sont pas sensibles aux mêmes arguments. Si l'on sait, par exemple en matière de répression, que certaines formes de sanctions ont plus d'incidence que les autres sur les taux de récidive des délinquants économiques, on sait aussi que la menace de sanctions informelles semble avoir plus d'effet sur certains délinquants économiques potentiels que les sanctions strictement pénales. En outre, il ne faut pas négliger les potentialités dissuasives du sens moral chez les délinquants potentiels. En effet, les délinquants qui ne sont pas dénués de sens moral s'infligent d'eux-mêmes des sanctions, sous forme de reproches, de remords et de déconsidération. Il pourrait donc être efficace de renforcer, chez les délinquants potentiels «moraux», les convictions qui les retiennent de passer à l'acte.

La régulation de la criminalité économique exige aussi un renouvellement permanent des moyens mis en œuvre. Cette exigence découle d'une part des progrès des technologies, qui ne cessent d'offrir aux délinquants de nouveaux outils criminels. Elle découle, d'autre part, de ce que la prévention, la dissuasion et la détection incitent de nombreux délinquants à s'adapter en permanence aux stratégies qui leur sont opposées et que certains d'entre eux sont capables d'apprendre de leurs expériences et d'innover au fur et à mesure que la régulation s'améliore.

Il ne faut pas oublier enfin que la régulation peut avoir des effets inattendus et malheureux. La prévention, sous ses différentes formes, peut elle-même s'avérer contre-productive. Parmi ses nombreux effets pervers, il convient de rappeler les risques d'escalade — apparition de cultures de résistance (Makkai et Braithwaite 1994) —, les phénomènes de déplacement de la criminalité, le surcroît d'efforts que font certains délinquants pour améliorer leurs modes opératoires et se rendre plus redoutables encore. C'est ce qu'on a appelé l'adaptation créative (Grabosky 1996). En matière de prévention contre la fraude, un excès de mesures de prévention peut causer un ralentissement et une complexification des opérations courantes ou alimenter un sentiment général de suspicion et de défiance. En outre, quand la dénonciation des crimes peut faire l'objet d'une récompense, le risque que des dénonciations injustifiées aient lieu devient bien réel. Enfin, la mise en place de nouveaux moyens de prévention confère parfois un sentiment de sécurité excessif aux victimes potentielles. C'est le cas quand ce sentiment les incite à se fier trop aveuglément au dispositif préventif et à relâcher leur vigilance. Relevons enfin que même des formes douces de prévention, comme la persuasion ou la sensibilisation, peuvent avoir des effets pervers. C'est ce qu'ont pu constater les chercheurs (Tremblay et autres, 2000) qui ont tenté de prévenir la fraude à l'assurance (par gonflement) en amenant des compagnies d'assurances à fournir, par écrit, à des assurés en position de commettre une fraude, de « bonnes raisons » de s'abstenir. Parmi ces raisons, il y avait le fait que la fraude induit une hausse des primes d'assurance et qu'elle pénalise ultimement une majorité d'assurés honnêtes. En réponse à cette tentative de persuasion, les fraudeurs potentiels, plutôt que de restreindre leurs réclamations frauduleuses, semblent les avoir accrues, un peu comme si le message moralisateur qui avait été envoyé leur avait donné des idées ou les avait du moins rassurés sur l'attitude de leur assureur en cas de fraude. En bref, le message qui se voulait persuasif a passé pour un signal permissif.

CHAPITRE 16

Restaurer la sécurité dans les banlieues et les points chauds

▶ SEBASTIAN ROCHÉ

D ans la plupart des pays occidentaux, certaines parties des villes concentrent une grande part des faits de délinquance mais aussi des auteurs de ces actes. Les émeutes y prennent souvent leur essor. En France, les banlieues forment de tels espaces, tandis qu'ailleurs ce sont les *inner cities*. Ainsi, les ghettos urbains, nommés ainsi en référence au fait qu'ils rassemblent une large part des personnes appartenant aux minorités défavorisées sur le plan économique, pourraient être caractérisés comme des *hot spots* ou lieux chauds, bien qu'il faille distinguer plus en détail leurs caractéristiques suivant les pays. L'action policière y est particulièrement malaisée et les moyens d'y faire régner la sécurité sont mal connus. Il faut savoir que très peu d'investissements en matière de production de connaissances fiables sur ce sujet ont été réalisés en France. Cependant, à partir de résultats obtenus dans d'autres pays, il semble possible de proposer quelques orientations.

La question des lieux chauds doit être abordée à plusieurs niveaux :

1. La description de la délinquance dans les banlieues ;
2. L'identification et les outils mis au point pour leur connaissance par les pouvoirs publics, et l'inscription sur le programme politique de la question des banlieues ;
3. La mise en place de politiques déterminées (police de proximité, intensification des interventions, sécurisation) ;
4. L'évaluation des impacts des actions (quant aux effets sur les délits et sur la perception du gouvernement).

CONNAÎTRE LA DÉLINQUANCE DANS LES BANLIEUES ET LES POINTS CHAUDS

Il faut commencer par donner des informations relatives à la distribution spatiale des phénomènes délinquants ou incivils (individuels ou collectifs), avant de revenir sur la manière dont ils ont été conceptualisés par la police nationale ou la gendarmerie. En dépit de l'inégale distribution géographique de la délinquance qui est un trait commun à toutes les nations, la notion de points chauds est probablement différente selon les pays. Aux États-Unis, elle désigne une adresse, un pâté de maisons ou un ensemble de ceux-ci. Elle signifie que le nombre de délits y est plus élevé que la moyenne constatée ou que le risque d'y être victime est plus élevé qu'ailleurs (Gonzales, Schofield, Hart 2005 : 2). En France, on parle plus globalement des banlieues sensibles, du niveau du quartier, puisque certains ont la taille de petites villes (30 000 habitants).

Aux États-Unis, il existe une forte concentration spatiale des incivilités, des crimes violents et même des soulèvements (que ce soit à Chicago en 1967 ou à Los Angeles en 1992). Plusieurs facteurs se combinent pour l'expliquer : une partie importante des personnes incarcérées dans ce pays proviennent de lieux bien déterminés et limités (Bennet, DiIulio, Walters 1996) ; les taux de délits pour 100 000 habitants peuvent y être spectaculaires, y compris pour les crimes les plus violents ; la ségrégation mono-ethnique est très forte, à des échelles territoriales importantes. Il est en conséquence plus aisé de prévoir les lieux où se commettent des crimes.

La situation française est différente à bien des égards, tout en ayant des traits communs. Ni la nature des crimes violents, ni leur quantité, ni la concentration des violences ne ressemblent au modèle des États-Unis : il y a moins de crimes violents qui sont de surcroît moins concentrés. En revanche, il existe bien une concentration spatiale des délits, et si des émeutes ont eu lieu dans les deux pays, elles se déroulent dans ces lieux chauds. Enfin, les destructions en masse de voitures et les attaques récurrentes de postes de police ou de policiers en patrouille ne sont pas banalisées aux États-Unis ou au Canada, contrairement à la France.

Administrativement, les banlieues n'existent pas. Il s'agit d'une catégorie « naturelle » reprise par les sociologues. En revanche, les ZUS (zones urbaines sensibles) sont une catégorie politique et administrative qui rassemble 640 quartiers défavorisés à travers la France. On peut ainsi comparer les zones urbaines sensibles aux villes auxquelles elles appartiennent, c'est-à-dire les agglomérations incluant une ZUS. Nous utilisons cette dichotomie pour lire la géographie des délits. Comme dans d'autres pays, bien des types de délits sont plus prévalents dans les quartiers pauvres : les dégradations de biens privés en ZUS sont de 40 % plus fréquentes que dans le reste des agglomérations comptant une ZUS (avec un taux de 7,02 pour 1000 habitants contre 5,09) et les incendies de plus de 120 % (avec un taux de 2,16 contre 0,94), les coups et blessures de 60 % (3,39 contre 2,07), les vols avec violence sur la voie publique de 20 % (1,75 contre 1,44). Une telle surexposition à la délinquance ne se vérifie pas pour tous les vols (de voiture, cambriolage).

Les sondages de victimisation permettant de mesurer la délinquance ont été réalisés en 2001 (pour les années 1999 et 2000). Ils utilisent la même distinction entre les quartiers en ZUS d'une part et le restant des villes ayant une ZUS d'autre part. Les grands enseignements sont cohérents avec les données policières : les taux de ménages cambriolés ainsi que de vols de voiture en ZUS (3,2 et 18,8 %) sont proches des moyennes des agglomérations qui comptent une ZUS (3,0 et 17,0 %), les victimes individuelles sont plus fréquentes pour les agressions (10,3 contre 8,7 %). Surtout, les actes subis par les victimes résidant en ZUS sont plus souvent localisés dans le quartier de résidence, qu'il s'agisse du vol de voiture, d'un vol sur une personne ou d'une agression. Sur ce dernier délit par exemple, 69,4 % des victimes l'ont été dans leur quartier contre 46,9 % des personnes n'habitant pas en ZUS.

Les ZUS concentrent également les incivilités : elles déplorent les réunions dans les halls d'immeubles à 39 % contre 13 %, les dégradations ou détériorations volontaires d'équipements collectifs à 48 % contre 16 % (ONZUS 2004 : 172-176). Ce sont les « atteintes à la qualité de la vie » qui ont fait parler d'elles sous le terme incivilité depuis près de 25 ans maintenant.

Les homicides, ordinairement retenus comme base de comparaison de la sécurité au niveau international, permettent la comparaison des taux départementaux en région d'Île-de-France. La Seine-Saint-Denis est le département qui concentre le plus de ZUS de toute la région (Jacquesson 2006). Le taux d'homicide (avec ou sans les coups et blessures mortels) y est plus élevé que dans le reste des départements avec une valeur de 4,08 pour 100 000 contre 1,30 à Paris, ou 1,69 dans les Hauts-de-Seine par exemple. La moyenne de la région est de 1,65. Entre Paris, la ville (qui forme aussi un département), et la Seine-Saint-Denis, l'écart est donc de 2,5 (calculé à partir des données de *Aspects de la criminalité et de la délinquance constatées en France en 2004* (Direction centrale de la police judiciaire/Insee).

Enfin, observons les émeutes. Les premières datent de 1981, en banlieue de Lyon. Pendant plus de 20 ans, le nombre de communes concernées n'a pas cessé de s'étendre. J'observe deux traits majeurs : d'un côté une indéniable forme d'action collective, de l'autre une tout aussi indéniable addition d'actes illégaux (et le plus souvent violents). Les émeutes sont donc une concentration dans le temps et dans l'espace d'attaques et de destructions menées collectivement (Roché 2006). Les émeutes de 2005, les plus importantes que la France ait connues, ont une géographie qui s'apparente pour une large part à celle des ZUS.

Les communes de plus de 10 000 habitants qui ont au moins un quartier en ZUS ont été touchées pour 71 % d'entre elles, contre 40 % de celles qui n'en ont pas (en moyenne, 56 % des communes de plus de 10 000 habitants ont été touchées). Si l'on observe les communes sans filtrer celles de moins de 10 000 habitants, on voit que 52 % des communes avec une ZUS ont été affectées. Mais, on sait que ces communes n'ont pas beaucoup contribué au nombre de destructions. Au total, on notera que 84 % des véhicules ont été détruits dans des communes dans lesquelles se trouve (au moins) une ZUS. Bien sûr, la détermination par l'effet ZUS n'est pas total, puisque 221 communes en étant dotées n'ont pas connu d'incendies (Hassan 2006). Cependant, il apparaît clairement que ces quartiers de banlieue sont des lieux très actifs lors des vagues d'émeutes. Les variables qui permettent de déterminer la probabilité de leur survenue sont classiques : chômage, familles à large fratrie, faiblesse du revenu, nombre de personnes par pièce du logement. D'autres variables mériteraient d'être introduites dans les analyses, notamment les taux de délits commis dans les ZUS, qui pourraient donner des indications utiles sur l'emprise d'une sous-culture de délinquance de rue, ou encore la proportion de personnes issues des minorités.

Au total, on notera que les banlieues concentrent divers types de délits qui ne sont pas tous susceptibles d'être limités par une même tactique de police : par exemple, les coups et blessures ou homicides très largement le fait de personnes qui se connaissent d'une part, et les destructions au cours d'affrontement avec les autorités ou vols avec violence d'autre part.

LES OUTILS DES POUVOIRS PUBLICS : ENTRE GUERRE DES SERVICES DE POLICE ET ALTERNANCE POLITIQUE

La question des banlieues a pris forme il y a plus de 30 ans déjà, même si on utilisait à l'époque d'autres intitulés (on parle alors des «grands ensembles»). Les premières émeutes ont eu lieu dès 1981 (dans la banlieue de Lyon) juste après l'élection du premier président socialiste de la Vᵉ République en mai de la même année. En dépit d'une couverture médiatique importante, les outils élémentaires de suivi statistique par la police restent très tardifs et hautement instables. Il n'est pas inutile de se demander pourquoi.

Nous avons déjà indiqué que les premiers éléments portant sur la délinquance dans les ZUS ont été publiés en 2004 seulement. Bien évidemment, des analyses locales ont pu être réalisées dans le cadre d'observatoires municipaux de la délinquance. Cependant, dans un pays très centralisé pour ce qui est de la police, l'absence de système d'observation national est significatif de la difficulté, voire de l'impossibilité à se saisir de la question de la sécurité en banlieue. Nous avons donc observé différents bricolages porteurs d'innovations, mais qui ont finalement été remisés sur des étagères ou enterrés par les autorités publiques.

En 1991, les renseignements généraux (RG) qui forment un service de police traitant diverses informations afin de produire des analyses, avaient commencé à bâtir leur propre outil pour pallier un vide d'une décennie en matière de mesure des émeutes. Une échelle à laquelle on donne le nom de son concepteur va faire son apparition. Les services des RG avaient observé que les violences urbaines ne se produisent pas sans des phases préparatoires à l'explosion. Ils proposèrent de mesurer la gradation de la tension qui existe entre la police et un quartier. L'outil progressivement constitué se voulait une sorte d'échelle de risque dans les quartiers de banlieue : on pouvait voir un quartier monter le long de l'échelle vers le sommet constitué des attaques ouvertes contre la police. Plus on est situé haut sur l'échelle, plus les risques sont grands de voir surgir une émeute. Les paliers des mauvaises relations entre la police et les cités sont gradués de 1 à 8. Aux niveaux 7 et 8, on peut parler d'émeute classique, d'explosion.

Ces niveaux ont été définis et classés hiérarchiquement selon une échelle de gravité, sous la houlette du commissaire Lucienne Bui-Trong, ex-professeur de philosophie. En 1991, «pour la direction centrale, les violences urbaines n'étaient pas encore un objet identifié», raconte la commissaire dans un de ses livres (2000: 14). Yves Bertrand, l'adjoint du directeur des RG, sollicite la commissaire de manière «très informelle» et «en toute confidentialité» parce que les questions du ministre devenaient plus pressantes du fait de l'importante couverture médiatique (2000: 15-16). Sous la pression des événements, la cellule des RG chargée des violences urbaines est créée: le 29 mars, à Sartrouville dans les Yvelines, une émeute éclate à la cité des Indes à la suite du décès d'un jeune d'origine maghrébine tué par un vigile du centre commercial. Après les émeutes de Vaulx-en-Velin en mai 1991, Lucienne Bui-Trong s'est attelée à l'étude des violences urbaines avec très peu de moyens: elle était installée dans un préfabriqué au fond d'une cour du ministère de l'Intérieur, épaulée par seulement deux inspecteurs, sans ordinateur ou secrétariat. On repère souvent l'intérêt d'une organisation pour le travail que font ses agents en fonction des moyens qu'elle leur accorde ainsi qu'à leurs conditions de travail. Un peu plus tard, après qu'une femme policier est écrasée à Mantes-la-Jolie le 15 juin 1991, le directeur des RG hésite à faire passer la note de la commissaire au ministre de l'Intérieur, Philippe Marchand, «parce qu'il savait qu'elle allait déplaire» (2000: 51). Il prend finalement le risque, ce qui aboutira à la création de la «cellule de centralisation et d'évaluation du renseignement relatif au phénomène urbain». Dirigée par un conseiller technique du directeur général de la police nationale, elle doit avoir une approche qui traverse différents services: les CRS, la police urbaine, la police judicaire, la brigade de surveillance des chemins de fer. Fin juin 2001, la section violences urbaines des RG est créée (sans ajout de personnel et toujours dans son préfabriqué).

Mais les autres services de police, et notamment la police urbaine, qui correspond en France aux policiers en uniforme que l'on aperçoit sur le terrain, ne voit pas d'un bon œil cet empiètement des RG sur leur pré carré: les délinquants de quartier sont «à elle». Pour les policiers, les émeutiers et les délinquants forment une même et unique population. Prévoyant ces rivalités, les directions centrales de la police font en sorte qu'aucune information officielle quant à la création du service des RG ne soit faite dans ce qu'on appelle les services territoriaux, les commissariats qui maillent le territoire.

L'administration a maintenant un outil pour suivre les risques potentiels d'explosion dans les banlieues. Dans cette échelle des violences urbaines, la section centrale des RG, s'appuyant sur le maillage des fonctionnaires des RG au niveau local, recense régulièrement les incidents. Par ailleurs, les RG recensent un certain volume de faits qui correspondent aux différents niveaux de l'échelle (de l'insulte à l'attaque de commissariat). Or, on compte environ 3018 faits en 1992, 11049 en 1996 et plus de 28000 en 1999. De 106 points chauds identifiés en 1991, on est passé à 818 quartiers sensibles en 1999 dispersés sur tout le territoire. Ce mode de comptabilité est estimé trop inflationniste et va être abandonné au profit d'un autre. Un observatoire de la violence urbaine est mis en place en 1999 par la direction générale de la sécurité publique (DGSP) et la direction centrale des Renseignements Généraux. C'est une revanche contre les RG qui avaient pénétré dans le domaine de la sécurité publique depuis 1991. Les hommes de la sécurité publique, et non plus des RG, recenseront eux-mêmes sur le terrain les faits significatifs en les intégrant dans une chaîne statistique (le système d'analyse informatique des violences urbaines, ou Saivu) qui va permettre la production de données. En 2001, le Saivu affiche 50000 faits, soit entre une fois et demie et deux fois le nombre de faits trouvés par les RG, chiffre jugé à l'époque trop élevé par le cabinet du ministre.

Au printemps 2000, le Saivu a été suspendu par le directeur de la Police nationale, Patrice Bergougnoux, alors que la délinquance générale augmente ainsi que les violences urbaines. Il décide que plus aucun graphique, courbe ou tableau ne sera édité. Après les élections, une fois nommé ministre de l'Intérieur en mai 2002, Nicolas Sarkozy ne fait pas plus de la connaissance des émeutes de banlieue une priorité. La machinerie nécessaire à la collecte reste intacte. Il n'y a qu'un mot à dire pour que les résultats sortent à nouveau. Pourtant, l'ordre définitif est donné, en juin 2004, de cesser tout enregistrement sur cette base. Un nouvel indicateur ne sera opérationnel qu'au début de l'année 2005. Mais, l'instabilité des outils interdit ou rend très complexe toute analyse des tendances ou des facteurs associés aux émeutes.

LES POLITIQUES PUBLIQUES

Les politiques et actions policières pour lutter contre la délinquance dans les banlieues se résument, pour l'essentiel, à un renforcement de l'usage de la police judiciaire dans ces zones ainsi qu'à l'envoi de renforts mobiles en période de crise. Seule une politique globale plus ambitieuse a été esquissée entre 1997 et 2002, la police de proximité reprenant les grands principes de la police communautaire (Skogan, Harnett 1997) tout en y incluant une dose importante de police judiciaire contre la petite et moyenne délinquance, ce mariage étant une spécificité de la tentative française de renouvellement de l'action policière (Roché 2005).

Les villes américaines ont inspiré différentes approches policières contre la concentration des délits et incivilités, la plus connue étant le *fixing broken windows* qui ambitionne de faire de la lutte contre les incivilités un bras de levier pour attaquer la criminalité violente grâce au soutien des communautés. Il existe aussi des actions très ciblées de patrouilles offensives (*agressive patrols*) ou encore la tolérance zéro. Ces diverses modalités n'ont jamais donné lieu à des réformes ou des doctrines de police en France.

Les communautés locales ne sont pas perçues comme des relais de la police nationale (et encore moins des forces auxquelles rendre des comptes). La tolérance zéro est un slogan qui a bel et bien existé, mais ne s'est jamais traduit par une réorganisation concrète des services et encore moins par une explosion de la population carcérale comme traduction de la sévérité accrue. Les patrouilles offensives ciblées se voient préférer des groupes « anticriminalité » divers.

La focale initiale de la réforme de la police de proximité portait bien sur les banlieues, les zones les plus difficiles. Cette orientation initiale dans le projet qui se dessinait entre 1997 et 1998 commença à être mise en œuvre dans six sites pilotes en 1999. Cependant, pour diverses raisons qui vont du clientélisme ministériel (les élus distribuent des ressources, notamment des effectifs de police, aux élus locaux qui font des demandes insistantes sans privilégier les banlieues) aux résistances des organisations syndicales policières, voire des responsables eux-mêmes, cette focale initiale fut perdue de vue. Le premier ministre insistait plus sur la réussite de la généralisation de la police de proximité sur tout le territoire que sur la réalité de son implantation dans les ZUS.

La réforme de la police de proximité n'ayant jamais atteint le seuil à partir duquel elle se traduirait par une réelle réorganisation du fonctionnement de la police dans les circonscriptions locales, il est assez utopique de prétendre évaluer son impact : pour mesurer l'effet d'une politique, il est nécessaire qu'elle soit réelle. Sur le plan doctrinal, la police de proximité à la française avait quelques particularités. Elle imposait la fidélisation de 10 % des forces mobiles, les CRS et les gendarmes mobiles, des polices spécialisées dans le maintien de l'ordre public (les manifestations, occupations de l'espace public) envoyées dans tel ou tel lieu en fonction des urgences. La fidélisation signifiait que les forces mobiles devenaient sédentaires, et qu'au lieu de gérer l'ordre public, elles faisaient de la sécurisation. Il faut entendre par là qu'elles patrouillaient en nombre dans des banlieues, toujours les mêmes. Par ailleurs, la police de proximité devait pouvoir mieux traiter le « petit judiciaire » : le policier de proximité devait devenir polyvalent, et donc avoir la qualité d'officier de police judiciaire (OPJ) qui lui permet de constater les délits, prendre des plaintes et enquêter. Ce point était présenté comme « le plus capital » par le directeur central de la sécurité publique de l'époque, et il impliquait de former des milliers d'OPJ (Roché 2005 : 56).

Après l'élection présidentielle de mai 2002, la droite reprend les rênes du pouvoir central. Curieusement, alors que les orientations de la politique policière sont très différentes, en ce qui concerne les banlieues il faut plutôt souligner les traits communs. De même que le gouvernement de gauche voulait une réforme nationale, le gouvernement de droite met l'accent sur la « culture du résultat », ce qui signifie un objectif national. Et ces focalisations sur le niveau national ont, par deux fois, détourné l'attention loin des banlieues. La baisse globale de la délinquance, mais aussi le terrorisme international, les ramifications islamistes possibles et enfin l'immigration illégale ont polarisé les énergies depuis 2002. Il n'est pas excessif de dire que les points chauds et les banlieues n'ont pas été privilégiés, voire qu'ils ont été oubliés. En période de crise intense, puis immédiatement après, les forces mobiles sont dirigées vers les banlieues ou stationnées à proximité. Les limites de l'exercice ont été soulignées par les policiers eux-mêmes : « Dans les lieux de vie que sont les cités, dégager le terrain n'a pas beaucoup de sens. [...] Les jeunes sont chez eux, ils habitent là. Des points hauts, passerelles piétonnières, terrasses et coursives d'immeubles, ils harcèlent la police par des projectiles qu'ils ont entassés. » (Bousquet 2001 : 124)

L'intensification de l'activité policière (mesurée en nombre de mises en cause ou de gardes à vue) a notablement progressé depuis 2002. Cependant, cet objectif n'est pas nécessairement identique à celui qui consiste à faire tomber les gros réseaux délinquants abrités dans les banlieues et qui organisent des trafics de drogue. À tout le moins, on constatera que le taux de prévalence des drogues (poppers, ecstasy, amphétamines, cocaïne, LSD, héroïne, crack) a progressé de 33 % entre 2003 et 2005. En termes policiers, cela signifie que le trafic illégal et le chiffre d'affaires ont augmenté dans les mêmes proportions (Beck, Legleye, Spilka 2006 : 2).

Le dernier point commun concerne la judiciarisation de l'activité de police. Cet élément était central pour la police de proximité : des milliers d'agents ont été formés à cette époque pour recevoir la qualification d'officier de police judiciaire. Elle a été étendue à l'ensemble des services après 2002, y compris les RG, ou à l'ensemble des objectifs, y compris la lutte contre les violences urbaines en banlieue. Une note de la direction centrale de la sécurité publique du 24 octobre 2005, résume clairement la ligne directrice : « Seule la lisibilité de la réponse judiciaire et l'exemplarité des sanctions auront un effet durable sur le niveau des faits [de violence urbaine] recensés. » Aux RG, la section Ville et banlieue a été rebaptisée Dérives urbaines. Elle est composée de huit analystes qui doivent apporter leur contribution au travail d'enquête judiciaire. D'une manière générale, l'angle judiciaire dans le travail de police s'est amplifié depuis 1991 : la police judiciaire a créé les BREC (brigades régionales d'enquête et de coordination), sortes de brigades d'intervention spécialisées sur les violences urbaines : elles recherchent des preuves permettant à la justice de condamner les meneurs, elles coordonnent la lutte au niveau local. La sécurité publique a créé des services en 1995 avec le même objectif, appelés sûretés départementales, dotés de brigades de sécurité urbaine (BSU) pour augmenter la capacité d'enquête. Puis, en 1998, des services et unités d'investigation et de recherche sont spécialisés dans la même fonction (SIR et UIR). En somme, à tous les niveaux d'organisation on trouve désormais un ou plusieurs services qui font de la police judiciaire ou d'investigation contre les violences urbaines.

Cette approche judiciaire a été combinée avec une approche inter-services dans les Groupements d'intervention régionaux (GIR). Les GIR sont les prolongations des OCR (opérations ciblées répressives) instaurées sous le gouvernement précédent (1997-2002). Il s'agit de faire travailler de concert différentes administrations, et notamment le fisc, les douanes, la police et la gendarmerie. Cette coordination doit permettre d'exploiter à des fins de police des informations détenues par d'autres administrations. Le dispositif a été augmenté en 2002, et surtout il a été partiellement, mais pas complètement, stabilisé : désormais, la tête du GIR est permanente, mais pas son corps — les personnels sont prélevés sur leurs administrations pour le temps de la mission. Dans la pratique, faute d'informateurs dans les banlieues, ces opérations ne touchent pas ces espaces à forte criminalité d'après les responsables interviewés (Roché 2006 : 145).

ÉVALUER L'IMPACT DES ACTIONS

Dans les conditions que nous avons décrites en matière de collecte de l'information relative aux ZUS, il reste très complexe d'évaluer l'efficacité des doctrines de police et même des actions de police en France. Du fait de la concentration des problèmes et de leur empilement (taille des familles, chômage, place des gangs, etc.), il demeure impossible de déterminer l'impact de telle action sur tel problème sans programme d'évaluation précis. Cependant, à partir d'études menées, dans divers pays, on peut vouloir tirer des conclusions préliminaires, tout en se limitant aux éléments affectant les doctrines ou les pratiques de police.

La police communautaire a fait l'objet d'évaluations systématiques aux États-Unis. Les résultats ne sont pas univoques et on peut s'interroger sur leur caractère transposable dans des sociétés ou des États structurés très différemment. Les synthèses disponibles montrent que la police communautaire ne dégrade pas la situation, mais qu'elle ne l'améliore pas non plus quant au volume de délits. Elle renforce les liens positifs de la population avec les policiers et fait baisser le sentiment d'insécurité. David Weisburd et John E. Eck (2004) concluent sans ambiguïté dans ce sens. Les patrouilles à pied à Boston ou à Newark dans les années 1980, les réunions de quartier, la surveillance du voisinage stimulée par la police, la distribution d'une lettre d'information ou l'installation d'un poste de police sont autant de moyens de renforcer les liens entre population et police. Des recherches très récentes conduites par Jihong Zhao et Quint Thurman (2001) arrivent à un constat un peu différent pour les États-Unis. Ils montrent dans une évaluation nationale de 6100 villes que les financements attribués par le gouvernement fédéral entre 1994 et 1999 pour les recrutements de police communautaire (COP) ont eu un effet de réduction de la délinquance dans les communes de plus de 10 000 habitants, et cela aussi bien sur les violences que sur les vols. Mais leurs analyses font l'objet d'une controverse scientifique : des variables importantes dites « de contrôle » auraient été omises du modèle.

Cependant, d'autres évaluations montrent qu'on ne doit pas écarter les bénéfices que la police de proximité peut apporter si elle est bien pensée et correctement mise en œuvre. En Grande-Bretagne, la nouvelle police de voisinage, testée en grandeur réelle depuis 2004, s'est révélée efficace dans une majorité de sites pilotes, tant pour rassurer que pour faire baisser la délinquance comme l'ont montré Rachel Tuffin, Julia Moris et Alexis Poole (2006). Or, elle combine les fonctions de patrouille, de contact avec la population et de police judiciaire comme le faisait le modèle français. Les baisses de la délinquance sont estimées à partir des statistiques de police (de -3 à -36% d'écart entre les zones expérimentales et les zones témoins, en faveur de la police de voisinage), mais aussi des enquêtes sur les victimes (-5%). Les études ne se fixent pas comme objectif de mesurer l'efficacité dans des points chauds ou des banlieues, de telle sorte qu'il est difficile de savoir si cette réponse y est particulièrement adaptée.

Des travaux récents ont également insisté sur le bénéfice de la police communautaire qui lutterait contre les incivilités, dont on a vu qu'elles sont particulièrement concentrées en banlieue (dégradations, occupations de halls d'immeuble, etc.). Selon ce travail mené dans le Colorado en 2001, les «mesures de police communautaire ont un impact significatif sur les délits, mais ces effets sont principalement indirects car médiatisés par le désordre», et donc invisibles à première vue ou si l'on omet de prendre des mesures globales des incivilités dans le voisinage (Xu, Fielder, Flaming 2005: 170). Une telle tactique, si elle est véritablement payante, pourrait être mise en place en Europe continentale.

Une autre stratégie consiste à focaliser l'action de la police sur des points chauds (au sens de petits espaces et non de banlieues) plutôt que saupoudrer les ressources limitées. À l'intérieur même des zones défavorisées et criminogènes, il existe des lieux sur lesquels s'agrègent les délits, jusqu'à la moitié du total constaté, et d'autres où rien ne se passe (Sherman, Gartin et Buerger 1989). Les actions de police peuvent être des patrouilles ciblées, des arrestations proactives ou une police de résolution de problèmes. Les travaux expérimentaux synthétisés par Anthony Braga montrent que, après ces actions de police, les appels des citoyens et la délinquance enregistrée diminuent plus que dans les zones témoins, mais aussi que ces actions ciblées ne provoquent pas de déplacements des délits. Dans quatre cas sur les cinq inclus dans l'étude, on enregistre des baisses de la délinquance plus importantes dans les zones expérimentales que dans les zones témoins. L'identification géographique d'un point chaud suppose l'existence d'outils appropriés qui sont encore très peu diffusés en France ou dans d'autres pays d'Europe continentale, ou s'ils existent, ils opèrent au niveau des quartiers plutôt qu'à l'adresse (rue et numéro): cela hypothèque la mise en œuvre de ce type d'approche. Cependant, il reste possible à la police de repérer les locaux favorables (bars, logements) du fait de leur nature ou de leur gestion, les caractéristiques du lieu (accès aisé, absence de gardien) qui permettent d'être invisible ou de s'enfuir rapidement. Cette approche par les points chauds suppose que la police puisse pénétrer régulièrement dans les quartiers concernés, ce qui soulève de nouvelles difficultés dans le cas français. Même si l'expression «zone de non-droit» est excessive, elle témoigne du fait que les policiers sont plus souvent pris à partie, voire attaqués, et hésitent donc à opérer de manière régulière et ciblée à l'intérieur des quartiers de banlieue.

Les chefs de police préfèrent des tactiques de quadrillage temporaire (avec les CRS ou gendarmes mobiles) ou d'encerclement (avec les contrôles d'identité ou les contrôles routiers à la périphérie immédiate), quitte à opérer des raids spectaculaires à l'aide de plusieurs dizaines de policiers, mais très ponctuellement. Ces opérations ne sont pas évaluées. Mais on pourra rapprocher le déclenchement des émeutes françaises de 2005 de celles de Brixton en 1981 : les deux vagues avaient débuté dans un quartier défavorisé (Clichy-sous-Bois dans le nord de Paris, et Lambeth dans le sud de Londres). Elles faisaient suite à des tentatives de s'attaquer à la délinquance de rue en utilisant le *Stop and Search* (*SUS laws*) et contrôlant près de 1000 personnes en 6 jours tandis qu'en France des volumes imposés de contrôles d'identité et d'interpellations dans la rue étaient recherchés dans le cadre de la culture du résultat.

Si l'action de la police peut avoir une efficacité dans certains cas et certains lieux, et nombre de travaux suggèrent qu'il en va bien ainsi, la posture évaluative nous apprend que le résultat peut aussi bien être positif et aller dans la direction recherchée ou, au contraire, produire des effets inverses ou imprévus ou, enfin, ne pas générer d'effets du tout (positifs ou négatifs).

CHAPITRE 17

Cybercriminalité et sécurité intérieure : état des lieux et éléments de prévention

▶ SOLANGE GHERNAOUTI-HÉLIE

L'INFORMATION NUMÉRIQUE : PATRIMOINE OBJET DE CRIMINALITÉ

À l'aube du XXIe siècle, l'information constitue le patrimoine numérique des nations et des organisations. L'information manipulée, traitée par les ordinateurs, communiquée grâce à des réseaux de télécommunication, est à considérer comme une ressource stratégique autour de laquelle se développe la société de l'information. Moteur de l'économie, l'information est un bien immatériel qui nécessite une protection à la hauteur des enjeux de sa maîtrise par les États et organisations.

La sécurité informatique touche à la souveraineté des États, à la sécurité intérieure, au patrimoine culturel des nations, à la protection des infrastructures critiques, des systèmes, des réseaux, de biens et des valeurs. Dorénavant, la sécurité des personnes relève également de la sécurité informatique dans la mesure où toute activité humaine dépend de systèmes de traitement de l'information.

Au-delà du phénomène de mode qui accompagne chaque évolution technologique, la sécurité informatique est au cœur des préoccupations de notre société et donne également une nouvelle dimension au terme de démocratie, puisque le vote est devenu électronique.

Depuis notamment le bogue de l'an 2000 et le 11 septembre, individus, institutions publiques ou privées, États, sont concernés par le sujet. Tout dysfonctionnement informatique potentiel, quelle que soit son origine — accident, erreur, malveillance —, constitue un risque opérationnel dans la mesure où il en résultera un « risque de pertes dû à l'inadéquation ou à l'échec de processus internes, du personnel et de systèmes ou provenant d'événements externes » comme nous le rappellent les accords de Bâle II[1].

---

1. Accord de Bâle II — Banque des règlements internationaux (BRI) — 15 juillet 2004 Dispositif prudentiel destiné à mieux appréhender les risques bancaires.

Les technologies Internet sont omniprésentes et deviennent des vecteurs incontournables de la réalisation de toutes sortes d'activités. Ainsi, le nouvel ordre numérique qui est en train de prendre forme s'exprime au travers du cyberespace qui modifie les traditionnelles frontières temporelles et géographiques, le mode de fonctionnement des institutions, mais aussi les modes d'expression et de réalisation de la criminalité.

La valeur réelle ou symbolique de l'information est devenue un objet de la criminalité. Les infrastructures, les réseaux, les systèmes, les services, les données informatiques, constituent de nos jours le moyen de réaliser des délits (l'informatique comme instrument du crime) et également les cibles d'actions délictueuses (l'informatique comme cible du crime). Quel que soit le nom retenu pour exprimer cette criminalité: crime informatique, électronique ou cybercrime lorsque les technologies Internet sont impliquées dans sa réalisation, il s'agit de crimes complexes liés aux technologies de sauvegarde, de traitement et de communication de l'information. En 1983, l'Organisation de coopération et de développement économiques (OCDE) a défini l'infraction informatique comme étant tout comportement illégal, immoral ou non autorisé qui implique la transmission ou le traitement automatique de données.

FRAGILITÉ D'UN MONDE NUMÉRIQUE MIS EN RÉSEAU PAR DES TECHNOLOGIES UNIVERSELLES

L'uniformisation du monde de l'informatique et des télécommunications par l'adoption universelle des technologies Internet, la dépendance des organisations et des États à ces mêmes technologies, et l'interdépendance des infrastructures critiques, introduisent un degré de vulnérabilité non négligeable dans le fonctionnement des institutions publiques et privées. Cela peut mettre en péril leur pérennité, mais aussi la souveraineté des États.

Sans faire un exposé de toutes les sources de vulnérabilité du réseau Internet et du cyberespace (voir Ghernaouti-Hélie 2006: chapitre 1), retenons que les infrastructures informatiques et de télécommunication sont vulnérables du fait de leurs caractéristiques, puisque la vulnérabilité fondamentale du numérique provient de la séparation de l'information et de son support physique.

La technologie permet la séparation entre le contenu d'une information (sa représentation et sa signification) et son contenant, c'est-à-dire le support physique sur lequel le contenu est temporairement transcrit (mémoire vive, disque dur, cédérom, fibre optique d'un réseau, onde hertzienne de transport, etc.). En devenant immatérielle, l'information numérique devient indépendante de son support, volatile et fragile.

Ainsi par exemple, une donnée peut être détruite, modifiée, copiée, volée indépendamment de son support, par un processus informatique, et ce, à distance. De plus, la notion de donnée d'origine n'a plus de sens, puisque les copies à l'identique et à l'infini sont possibles.

La dématérialisation, le mode de fonctionnement du logiciel et du matériel, la complexité des systèmes comme le manque de maîtrise des infrastructures, les erreurs de conception, de gestion, d'utilisation, les pannes et dysfonctionnements des systèmes, induisent des vulnérabilités et confèrent au monde numérique un certain niveau d'insécurité dont savent tirer parti les criminels.

La mise en réseau des ressources grâce aux technologies Internet font qu'elles deviennent des cibles faciles et attrayantes pour la réalisation de délits, ce qu'ont bien compris les adversaires des organisations et des États pour les déstabiliser ou obtenir des bénéfices économiques.

LES TECHNOLOGIES DE L'INFORMATION PROFITENT AUX CRIMINELS

Outre des vulnérabilités inhérentes à tout système complexe, des outils d'attaque de systèmes sont disponibles sur le Net pour porter atteinte à l'intégrité, à la disponibilité ou à la confidentialité des ressources.

Des outils d'exploitation des vulnérabilités des systèmes et de logiciels capitalisant le savoir-faire criminel dans un programme (logiciels automatisés de piratage) donnent à l'internaute la capacité potentielle de devenir, selon sa motivation et les cibles attaquées, cybercriminel ou cyberterroriste.

Par ailleurs, le fait de pouvoir localiser des serveurs dans des États faibles, qui constituent des refuges pour des opérations transnationales, ainsi que le manque de régulation internationale et de contrôle du réseau Internet permettent aux criminels une prise de risques minimale. Ainsi, le criminel tire parti de l'aterritorialité du réseau Internet, de l'inexistence dans certains États de lois réprimant le crime informatique et des juridictions multiples dont relève le réseau des réseaux. À l'instar des paradis fiscaux, il existe des paradis numériques où un malfaiteur peut agir ou héberger des serveurs et des contenus illicites en toute impunité. L'explosion du phénomène d'usurpation d'identité, depuis 2003, démontre que les criminels ont bien compris l'avantage qu'ils pouvaient obtenir non seulement des capacités d'«anonymisation» offertes par Internet, mais aussi de l'appropriation des fausses identités afin de ne pas être poursuivis ou tenus responsables d'actions criminelles ou terroristes.

Les technologies Internet et le cyberespace constituent donc une couche d'isolation protectrice pour les criminels.

La dématérialisation des transactions, les facilités de communication associées aux solutions de chiffrement, de stéganographie[2] et d'anonymat, autorisent des liaisons entre criminels de différents pays sans contact

---

2. Stéganographie (*Steganography*) — Technique permettant de dissimuler une information dans une autre afin de la transmettre ou de la stocker clandestinement. Le marquage de document, le tatouage *(watermarking)*, est une application de la stéganographie qui consiste à marquer une image de façon indélébile.

physique, de manière flexible et sécurisée en toute impunité. Ainsi, ils peuvent s'organiser en équipe, planifier des actions illicites et les réaliser soit de manière classique, soit par le biais des nouvelles technologies. La couverture internationale du réseau Internet permet aux criminels d'agir au niveau mondial, à grande échelle et très rapidement, avec parfois un effet à retardement.

Dans le monde des technologies du numérique, les traces laissées par les malfaiteurs sont immatérielles. Elles sont généralement difficiles à collecter, à obtenir et à sauvegarder. Ce sont des informations numériques mémorisées sur toute sorte de supports: mémoire vive, morte, réinscriptible, périphérique de stockage, de sauvegarde, disque dur, disquette, clé USB, etc. La trace numérique obtenue par perquisition informatique pose le problème de sa saisie: identification, localisation des données pouvant constituer une preuve, récupération dans divers supports informatiques ou composants électroniques, effacement de fichiers, de données, origine des messages, etc. Ces données sont d'autant plus difficiles à obtenir lorsqu'elles sont laissées dans des systèmes provenant de différents pays. Leur obtention relève de l'efficacité de l'entraide judiciaire internationale et de la rapidité d'intervention. Leur exploitation efficace pour identifier des individus dépend entre autres de la durée de traitement de la requête d'obtention qui peut être longue.

À supposer que la trace numérique soit collectée, se pose alors la question de sa valeur en tant que preuve contribuant à établir la vérité auprès d'un tribunal. En effet, les supports de mémorisation sur lesquels des traces ont été recueillies sont faillibles. Ils peuvent introduire un taux d'erreur et un degré d'incertitude dont il faut tenir compte dans l'établissement d'une preuve numérique. De plus, les notions de date et d'heure sont variables d'un système informatique à l'autre et aisément modifiables. Enfin, il est très difficile de remonter jusqu'à l'identité d'une personne sur la base uniquement d'une trace numérique ou d'une adresse électronique, du fait de l'usurpation d'identité et parce qu'il est difficile d'établir une correspondance univoque entre une information numérique et son auteur.

La capacité de commettre des délits caché derrière un écran et à distance grâce aux réseaux permet l'ubiquité du criminel, dans le temps et dans l'espace. L'automatisation par logiciel des attaques contre des ressources informatiques mises en réseau (cyberattaques) autorise leur réalisation à grande échelle (notion de cyberépidémie) très rapidement. Ainsi, les moyens nécessaires pour réaliser un délit important peuvent être considérés comme faibles par rapport aux gains potentiels de la réalisation d'une attaque. Le retour sur investissement est alors optimal. Les différentes formes d'expression du crime informatique ont pour dénominateur commun qu'elles font courir relativement peu de risques à leur auteur et qu'elles engendrent des dommages potentiels bien supérieurs aux ressources nécessaires pour les réaliser.

Les cyberattaques prennent diverses formes : prise de contrôle clandestine d'un système, chantage, dénis de service, destruction ou vol de données sensibles, piratage de réseaux de télécommunication (*hacking*[3]), craquage de protections logicielles des programmes (*cracking*[4]), sabotage (*phreaking*[5]), prise de contrôle de centraux téléphoniques, etc.

La cybercriminalité constitue le prolongement naturel de la criminalité classique. La recherche et la production de revenus, grâce aux nouvelles technologies sont réalisables par la commission de vieux délits, comme le blanchiment, le chantage, l'extorsion, l'escroquerie et par la réalisation de nouvelles activités illicites tel le piratage de logiciel.

Internet facilite la réalisation du crime économique dans la mesure où la spécialisation, le haut degré de compétence économique et le professionnalisme nécessaire à sa réalisation passent par la maîtrise des informations et des connaissances et donc des technologies de l'information. Internet contribue à l'identification des opportunités criminelles et des risques associés. De ce fait, on peut dresser le constat que le crime économique est influencé par les nouvelles technologies. Les malfaiteurs s'organisent en réseau, autour de l'échange d'information, grâce aux technologies de l'information. L'information, bien immatériel des nouvelles formes d'organisations criminelles performantes, est au cœur des stratégies criminelles et des processus de décision. Les technologies de l'information deviennent un facteur de production et un élément de stratégie des organisations criminelles qui les maîtrisent.

Comme tous les criminels qui profitent des infrastructures technologiques mises en place, les blanchisseurs de fonds recourent de plus en plus à Internet afin de pouvoir utiliser légalement des capitaux générés par les activités criminelles telles que le trafic de drogue, la vente illégale d'armes, la corruption, le proxénétisme, la pédophilie, la fraude fiscale. Bien qu'il soit largement sous-déclaré, le blanchiment d'argent par Internet prend de l'ampleur. Internet offre un potentiel exceptionnel tant par la dématérialisation (anonymat, monde virtuel, rapidité de transfert) que par la non-territorialité

---

3. *Hacking* — Ensemble des opérations permettant une intrusion dans un système informatique. Hacké, hackeur (*hacker*) — Action consistant à s'introduire de manière illicite dans un système. Personne qui, quelle que soit sa motivation, pénètre sans autorisation et de manière illégale dans un système appartenant à un tiers.

4. *Crackeur (cracker)* — Personne qui, pour s'introduire dans des systèmes, casse les mots de passe des utilisateurs habilités ou les protections mises en place (notion de «cracker», de «déplomber» la protection d'un logiciel). Par extension, le déplombage d'un logiciel est la suppression de ses protections.

5. *Phreaking* — Utilisation illégale ou détournement, aux dépens d'un individu ou d'un opérateur, des services de télécommunication, par un *phreaker* (notion de *phreaking*). *Pheraker* — Personne qui réalise des actes de *phreaking* (détournement des télécommunications) et de *hacking* (intrusion dans les systèmes).

(phénomène transnational, conflits de compétences et de juridictions), caractéristiques largement exploitées par les acteurs traditionnels du blanchiment. Internet permet en toute impunité la réinsertion de l'argent sale dans les circuits économiques par le biais de transferts de flux, d'investissement et de capitalisation. Les placements boursiers en ligne, les casinos en ligne, le e-commerce — ventes de produits et services fictifs contre paiement réel, générant des bénéfices justifiés de telles activités sont incontrôlables et les poursuites en justice impossibles —, le *e-banking*, les transactions du foncier et de l'immobilier *sur* le net, la création de sociétés virtuelles «écran», les porte-monnaie électroniques peuvent être utilisés pour effectuer les opérations nécessaires au blanchiment.

En ayant recours à certains services dématérialisés, l'internaute peut favoriser inconsciemment le développement du blanchiment d'argent. Les entreprises peuvent également être fortuitement impliquées dans ce processus, et en subir des conséquences judiciaires et commerciales qui peuvent être importantes.

DE NOUVELLES MENACES OU DE NOUVELLES FORMES D'EXPRESSION?

La cybercriminalité peut avoir une dimension terroriste, dans la mesure où les systèmes attaqués sont impliqués dans des infrastructures critiques. En effet, les infrastructures essentielles au bon fonctionnement des activités d'un pays (énergie, eau, transports, logistique alimentaire, télécommunications, banque et finance, services médicaux, fonctions gouvernementales, etc.), voient leur vulnérabilité augmenter par un recours accru aux technologies Internet. Il faut souligner l'importance des systèmes de production et de distribution d'électricité, car ils conditionnent le fonctionnement de la plupart des infrastructures. La prise de contrôle d'infrastructures critiques semble être un des objectifs du cyberterrorisme: la preuve en est la recrudescence de *scans* (tests de systèmes informatiques pour découvrir leurs vulnérabilités afin de pouvoir les pénétrer ultérieurement) dirigés sur des ordinateurs d'organisations gérant ces infrastructures.

À ce jour, la définition du cyberterrorisme n'est toujours pas claire. Le plus simple serait sans doute de le considérer comme du terrorisme appliqué au cyberespace. Or, dans son sens courant et d'après le dictionnaire, le terrorisme fait référence à l'emploi systématique de la violence pour atteindre un but politique. Nous sommes en droit de nous demander si l'arrêt éventuel du réseau Internet ou d'une de ses parties, à la suite d'actes de malveillance, serait susceptible de provoquer la terreur au sein de la communauté des internautes? De certains acteurs économiques particuliers? De la population? Ne s'agirait-il pas le plus souvent de terrorisme économique visant à porter préjudice aux organisations qui réalisent des activités au travers du réseau Internet?

Il faut être prudent quant à l'usage du terme cyberterrorisme qui s'est en fait répandu depuis le 11 septembre 2001. En effet, souvenons-nous que les premiers dénis de services distribués (DDoS) largement médiatisés furent le fait d'un adolescent de 15 ans (*Mafia Boy*) le 10 février 2000. Identifié et appréhendé plusieurs mois plus tard, bien qu'il n'ait pas rendu publique sa motivation, tout laisse à penser qu'elle n'était pas politique. Est-ce que cette même attaque perpétrée après le 11 septembre 2001 n'aurait pas été aussi qualifiée de cyberterroriste ? En l'absence d'éléments concrets, sans revendication ni auteur présumé d'une attaque, il est difficile de qualifier une attaque de cyberterroriste. En effet, il est parfois difficile de distinguer, en fonction de la cible uniquement, les motivations d'un délinquant, d'un terroriste, d'un mercenaire, d'un militant, d'un escroc ou d'un immature. Le type d'agression informatique ne suffit pas à définir avec certitude la motivation ou les objectifs d'un malveillant.

Par ailleurs, les terroristes ont largement adopté les facilités de communication offertes par Internet pour s'organiser, communiquer, échanger, rechercher des fonds, préparer des actions, etc. C'est peut-être encore actuellement cette dimension du réseau Internet qui doit être prise en compte lorsque l'on évoque le cyberterrorisme.

Bien que le cyberterrorisme semble être un concept qui recouvre une réalité assez floue, la sécurité intérieure d'un pays est aujourd'hui exposée à des formes d'expression de menaces criminelles liées à l'existence des technologies de l'information. Les technologies Internet sont au cœur de la guerre de l'information (infoguerre-*infowar*) dont les enjeux sont avant tout d'ordre économique et les impacts importants pour le bon déroulement des activités. Internet ne permet pas seulement la manipulation de l'information, mais est aussi un outil privilégié pour répandre des rumeurs ou toute forme d'intoxication ou de campagne de déstabilisation. De même, sont facilitées les activités d'espionnage et de renseignement, puisqu'il est devenu aisé d'intercepter des informations transférées sur Internet.

Que cela soit au travers des processus de déstabilisation économique, par la mise en péril d'infrastructures critiques, par la propagation d'idéologies ou par de la manipulation d'information, le cyberterrorisme constitue une nouvelle forme de menaces qui sont à considérer de manière très sérieuse. Au-delà des systèmes informatiques et du monde virtuel que symbolise Internet, il peut menacer la vie en portant indirectement préjudice à l'intégrité des personnes.

PALLIER LES INSUFFISANCES DES RÉPONSES TECHNO-JURIDIQUES DE LA SÉCURITÉ INFORMATIQUE POUR LUTTER CONTRE LA CYBERCRIMINALITÉ

L'inadéquation aux risques réels, plus que l'insuffisance des moyens de protection, détermine un état d'insécurité exploité par le monde criminel.

Bien que des solutions de sécurité existent, elles ne sont pas absolues et elles ne répondent le plus souvent qu'à un problème particulier dans une situation donnée. Le plus souvent, les solutions de sécurité ne font que déplacer le problème ou la responsabilité de la sécurité. Elles nécessitent d'être sécurisées et gérées de manière sécurisée. De plus, elles répondent mal à la « dynamicité » du contexte dans lequel elles doivent s'intégrer, car les technologies ne sont pas stables, les cibles sont mouvantes, le savoir-faire des malveillants évolue ainsi que les menaces et les risques. La pérennité des approches sécuritaires n'est donc jamais garantie.

Les solutions technologiques de la sécurité informatique sont des réponses statiques à un problème dynamique, mais surtout des réponses d'ordre technologique à des problèmes humains, « managériaux » et légaux. Il est devenu nécessaire de repenser la sécurité informatique et de la mettre en œuvre en tenant compte de sa dimension évolutive et interdisciplinaire pour augmenter le niveau de protection des infrastructures.

Par ailleurs, on constate qu'il existe un décalage significatif entre les aptitudes des criminels à effectuer des crimes de haute technologie et les moyens mis à la disposition des forces de justice et de police pour les poursuivre. Ce sont généralement les moyens courants d'investigation pour délits conventionnels auxquels ont recours les forces de justice et de police pour poursuivre les cybercriminels, qui sont identifiés et arrêtés par des moyens classiques. Le niveau d'adoption des nouvelles technologies par les instances de justice et de police aux niveaux national et international reste faible et très disparate d'un pays à l'autre.

Bien que de plus en plus de lois soient votées pour combattre le crime informatique, des problèmes d'harmonisation des cadres légaux applicables au niveau international persistent et la question d'une coopération internationale efficace reste posée. La convention sur la cybercriminalité du Conseil de l'Europe du 23 novembre 2001, identifie ces besoins et tente d'y apporter quelques éléments de réponse. Force est de constater qu'elle n'est ni largement adoptée ni appliquée.

Il est urgent que les États se mobilisent autour de cette convention, qu'ils en imposent le respect et se dotent des moyens juridiques, organisationnels, institutionnels pour la rendre opérationnelle.

Une solution opérationnelle à la problématique complexe et délicate qu'est la maîtrise de la cybercriminalité, nécessite une réponse globale, concertée et voulue par tous les États. Or, des divergences importantes résident dans l'appréhension de ces problèmes et des moyens nécessaires à mettre en œuvre pour les résoudre. Les dimensions politiques, légales et économiques dans lesquelles ces questions s'inscrivent, laissent penser que la criminalité informatique et économique continuera à tirer parti de la difficulté à réguler le cyberespace, à appliquer des lois de manière transnationale et des possibilités technologiques.

ÉLÉMENTS DE PRÉVENTION DE LA CYBERCRIMINALITÉ

Sensibiliser, éduquer et réduire les opportunités criminelles en minimisant les vulnérabilités

Les principaux observateurs de la sécurité informatique, que ce soit le CERT, le FBI ou le Clusif[6], constatent depuis quelques années, dans leurs rapports annuels concernant la criminalité informatique, une augmentation des programmes malveillants ou indésirables s'exécutant à l'insu de l'utilisateur.

Il peut s'agir de téléchargeurs et implanteurs (*downloader*[7]), *keyloggers*[8], *bot-robots*[9], logiciels publicitaires (*adware — advertising software*[10]) ou des logiciels espions (*spyware — spying software*[11]), dont un grand nombre existe sous couvert d'outils d'aide à la navigation, à la connexion, à la personnalisation des services, etc. En réalité, ils sont pour la plupart des outils de capture d'informations (vol d'informations, capture de mots de passe, de trafic), d'appropriation de ressources ou d'attaques. Ils permettent de diffuser et de piloter des outils d'attaques en déni de service distribué (DDoS[12]). Les virus[13] n'ont plus pour objectif principal la destruction massive et gratuite de données. Ils deviennent pragmatiques et sont orientés vers la recherche de gains. Leur finalité est bien plus intelligente qu'à leur origine et leur

---

6. CERT : Computer Emergency Response Team ; www.cert.org — FBI Internet Crime Complaint Center (IC3) : http://www.ic3.gov/ — Club de la sécurité de l'Information France : *www.clusif.fr*. Statistiques 1998- 2005 http://www.cert.org/stats/cert_stats.html
7. *Downloader* : logiciel permettant le téléchargement de données.
8. *Keylogger* : enregistreur de frappe, renifleur de clavier.
9. *Bot-robots* : programme malveillant permettant la prise de contrôle à distance de systèmes afin de former un réseau d'attaques caché. Ils servent de relais de *spamming*, de *phishing* ou pour distribuer des *adwares*.
10. *Adware* : logiciel publicitaire permettant entre autres la personnalisation des démarches commerciales.
11. *Spyware* : programme espion enregistrant des données à l'insu de l'utilisateur.
12. DDoS (*Distributed Denial of Service*) : attaque informatique issue de plusieurs systèmes.
13. Virus : par analogie au virus biologique, il s'agit d'un programme informatique capable de nuisance (infection, destruction, détournement de ressources, etc.), de se reproduire et de se propager. Programme malveillant introduit à l'insu des utilisateurs dans un système qui possède la capacité de se dupliquer (soit à l'identique, soit en se modifiant — virus polymorphe), de porter atteinte aux environnements dans lesquels il s'exécute et de contaminer les autres utilisateurs avec lesquels il est en relation. Différents types de virus sont distingués en fonction de leur signature, de leur comportement, de leur type de reproduction, de l'infection, des dysfonctionnements induits, etc. Les vers, chevaux de Troie, bombes logiques sont des codes malveillants de la famille générique des virus.

capital embarqué leur permet de réaliser des fraudes. Les virus deviennent des vecteurs de réalisation de la criminalité financière au service, le plus souvent, de la criminalité organisée et constituent des moyens d'enrichissement considérable pour leur auteur.

Les vecteurs d'introduction de tels programmes malveillants peuvent être des logiciels gratuits ou en démonstration, les sites pornographiques ou de jeux par exemple, mais aussi le courrier électronique, le *spam*[14] ou les forums de discussion. Quel que soit leur mode d'introduction, même s'ils sont installés après un consentement initial ou accord implicite de l'utilisateur, ce qui peut être le cas des *adware* mais jamais des *spyware*, leur usage est détourné. Le plus souvent, ils s'exécutent en l'absence de consentement des utilisateurs. Ces logiciels collectent et transfèrent des données à l'insu de l'utilisateur (observation des habitudes de navigation pour des publicités ciblées) et peuvent servir d'intermédiaires à des activités illégales (relais de *spam* et de *phishing*[15], par exemple) à des fins d'enrichissement de l'entité qui en est à l'origine. La détection des installations de tels logiciels est parfois difficile. De manière générale, l'internaute ne possède pas les compétences ou les outils nécessaires pour maîtriser ce risque d'origine criminel.

L'exemple des logiciels malveillants suggère qu'une meilleure sensibilisation des internautes à ces problèmes, une éducation opérationnelle à la sécurité informatique et la mise à disposition d'outils et de procédures de sécurité adaptés (efficaces, compréhensibles, contrôlables, utilisables à un coût abordable), réduiraient les occasions favorables à la réalisation de certaines formes de criminalité.

Disposer de produits fiables intégrant une sécurité robuste, dont le niveau serait certifié conforme à des normes internationales de sécurité, contribuerait à réduire les vulnérabilités des environnements informatiques et les opportunités criminelles.

Disposer d'une stratégie de sécurité pour augmenter le niveau de difficulté et le coût de réalisation des actions criminelles

Il est parfois difficile d'identifier les acteurs de la cybercriminalité, leurs modalités d'action ou leur motivation. En revanche, il est constaté que les organisations criminelles agissent généralement de manière opportuniste et s'attaquent plus volontiers aux acteurs vulnérables. Ne pas devenir une cible prioritaire de la cybercriminalité est possible dans la mesure où l'organisation réduira ses vulnérabilités dues à l'usage des technologies et protégera efficacement, c'est-à-dire mieux que les autres, son infrastructure

---

14. *Spamming* : technique qui consiste à envoyer des messages non désirés sur une messagerie électronique.

15. *Phishing* : utilisation de la messagerie électronique pour leurrer et inciter les internautes à livrer des informations sensibles exploitées ensuite à des fins malveillantes (escroquerie ou détournement d'information).

informatique. Pour cela, elle devra sortir de la logique qui règne aujourd'hui dans la plupart des organisations, où la mise en place de la sécurité informatique se limite à avoir le même niveau d'insécurité que ses concurrents. Le risque cybercriminel peut être alors transformé en occasion pour produire une sécurité de qualité et au bénéfice d'une organisation plus efficiente. Si l'organisation est considérée par les acteurs classiques de la criminalité comme étant une source de richesse ou un symbole à détruire, elle sera l'objet d'attaques ciblées. Une stratégie de protection et de défense appropriées doit être mise en place.

Le risque cybercriminel possède une dimension globale et touche des institutions dans leur intégralité (actionnaires, dirigeants, personnel, outil de production, etc.). Celles-ci doivent savoir préserver leur intégrité face à ce risque. Elles doivent être rentables et compenser le manque à gagner engendré par le risque cybercriminel et le coût des mesures à mettre en place pour le maîtriser. Un modèle économique doit alors être pensé pour supporter de manière optimale le coût de la protection des infrastructures, de la sécurité des systèmes, réseaux, données et services, réalisées au détriment du développement économique, par ceux qui partagent la valeur que les organisations créent (voir Ghernaouti-Hélie 2006 : chapitres 3 et 4).

Mettre en place des processus de management et des mesures efficaces

Les événements qui marquent l'actualité, qu'il s'agisse d'incidents techniques, de défaillances humaines ou technologiques ou de malveillance, ne modifient pas le champ d'application de la sécurité informatique. Il s'agit toujours d'assurer les mêmes critères de base : disponibilité, intégrité et confidentialité des ressources. Seul le contexte d'application des technologies de la sécurité change et se complexifie. Le management est venu au secours des approches technologiques de type ligne Maginot ou mur de Berlin, rencontrées dans les années 1990, de l'échec relatif des tierces parties de confiance (PKI), des systèmes de détection d'intrusions, de traçabilité, sans pour autant répondre au besoin de transparence et de contrôle de la sécurité.

Depuis quelques années, la notion de sécurité informatique a fait place à celle de maîtrise des risques technologique et informationnel. Les organisations définissent leur stratégie de sécurité en fonction de leurs valeurs et de leurs besoins. Il existe donc une diversité des approches sécuritaires dans la manière dont elles appréhendent la gestion du risque.

Les principales étapes de la démarche de sécurité sont l'identification des risques, la spécification d'une politique de sécurité et la mise en place de mesures appropriées. Celles-ci peuvent se décliner en mesures préventives, palliatives, correctives, de protection, de dissuasion ou de réaction. À ces mesures d'ordre organisationnel, technique ou juridique, il faut associer la définition et la réalisation des plans de gestion de crise, de continuité de service, des stratégies de contrôle, d'évaluation, de suivi et d'optimisation des politiques, mesures, solutions et procédures de sécurité, sans oublier la prise en compte des besoins d'assurance du risque et des démarches de veille technologique.

La plupart des grandes organisations répondent au besoin de maîtrise des risques par l'intégration dans leur management de la notion de «gouvernement» de la sécurité (gouvernance de la sécurité). Le plus souvent, un responsable de la sécurité, aux fonctions et missions déterminées, doté de moyens d'action, concrétise la volonté directoriale de maîtriser le risque informatique. La gestion des risques n'est pas seulement l'affaire d'un spécialiste, elle impose l'implication de tous les acteurs de l'organisation. La maîtrise des risques repose sur la connaissance et la compréhension, la responsabilisation, la capacité à formuler des analyses de risques et à mettre en place des mesures efficaces.

Responsabiliser les acteurs et connaître les contraintes juridiques

Dans la mesure où la technologie et le management ne permettent pas d'éviter complètement les incidents, le risque zéro n'existant pas, la question de la responsabilité est devenue centrale en matière de sécurité de l'information. Cela a contribué à déplacer la frontière du management de la sécurité vers le droit. Le besoin d'intégrer la dimension juridique liée à l'informatique est dorénavant de plus en plus ressenti dans les organisations. Que cela concerne la conservation des données, la responsabilité des prestataires techniques, la gestion des données personnelles, la cybersurveillance des employés, la propriété intellectuelle, les contrats informatiques ou le e-commerce.

Certaines législations nationales ou conventions internationales contraignent les organisations à se doter de mesures de sécurité leur assurant la conformité juridique. Ainsi, les dirigeants d'une organisation, au moyen de la délégation de pouvoir des responsables de sécurité, ont une obligation de moyens de sécurité (mais non une obligation de résultat). La responsabilité d'une personne morale mise en défaut de sécurité lors d'une infraction établie peut être pénale, civile ou administrative. Cette responsabilité est établie sans préjudice de la responsabilité pénale des personnes physiques ayant commis l'infraction. De nos jours, la responsabilité du directeur de systèmes d'information est de plus en plus invoquée lorsque les ressources informatiques qu'ils gèrent sont l'objet ou le moyen d'un délit.

La connaissance des contraintes légales s'appliquant aux données et systèmes, qui est de la responsabilité juridique des dirigeants, nécessite une certaine maîtrise du droit des nouvelles technologies. La législation devient alors un facteur endogène de prise en compte de la sécurité et un levier pour réaliser une sécurité de qualité.

Par ailleurs, il est également nécessaire que les responsables de la sécurité des organisations soient sensibilisés aux contraintes d'une enquête policière (documentation minimale relative à l'incident, conservation des traces, etc.). Cette mesure n'a de sens que lorsque les incidents sont effectivement rapportés à la justice. L'État doit alors favoriser le signalement des agressions liées au cybercrime et instaurer la confiance entre les différents acteurs du monde économique et les services de justice et de police.

La démarche de prévention sécuritaire est par définition proactive et l'appréhension de la criminalité informatique s'inscrit, le plus souvent, dans une démarche de réaction et de poursuite. Celle-ci s'effectue *a posteriori*, c'est-à-dire après la survenue d'un sinistre qui traduit ainsi la défaillance des mesures de protection. Une politique de sécurité se doit d'intégrer les besoins des visions proactive et réactive de la sécurité informatique et de trouver les moyens de les satisfaire de manière cohérente. Ainsi, s'il est nécessaire de prévenir et de dissuader les cyberabus, en développant des mécanismes de justice et d'investigation, il est tout aussi primordial d'identifier dans les politiques de sécurité les mesures qui permettront de réagir aux attaques et d'en poursuivre leurs auteurs. Pour cela, il est impératif de concevoir et de réaliser des plans de secours et de continuité qui intègrent les contraintes liées à l'investigation et à la poursuite de la criminalité informatique.

Disposer d'une vision globale et favoriser des partenariats entre secteur public et secteur privé

Au-delà des préoccupations des organisations, face à la synergie et à la convergence du crime organisé, du crime économique et du cybercrime, une réponse complète pour la sécurité des États, des organisations et des individus doit être apportée. La sécurité intérieure passe par une véritable maîtrise des risques informationnels et donc par la mise en œuvre de solutions de sécurité informatique efficaces par tous les acteurs de la chaîne informationnelle.

Au niveau stratégique, il faut assurer la prévention, le renseignement, le partage d'information, faire connaître les meilleures pratiques de gestion du risque et de la sécurité, la gestion des alertes, la coordination, l'harmonisation des systèmes légaux, l'assistance pour promouvoir la sûreté et la sécurité, la définition des coopérations éventuelles (formelle/informelle, multilatérale/bilatérale, active/passive, dimensions nationale/supranationale, etc.). Il faut donner les moyens aux différents acteurs d'apprendre à gérer les risques technologiques, opérationnels et informationnels qui les menacent en fonction de l'usage fait des nouvelles technologies. Services de justice et de police, mais aussi ceux de la protection civile, les pompiers, l'armée ou la gendarmerie trouvent leur place au niveau tant tactique qu'opérationnel dans la lutte contre la criminalité informatique afin de protéger, poursuivre et réparer. Des centres de surveillance, de détection et d'information aux risques informatiques et criminels doivent être opérationnels afin d'assurer la prévention nécessaire à la maîtrise de ces risques.

L'État possède des responsabilités importantes dans la réalisation d'une sûreté numérique. Cela est particulièrement vrai pour la définition des lois. Il doit promouvoir une culture de la sécurité, imposer le respect d'un minimum de normes de sécurité en exigeant, par exemple, que la sécurité soit intégrée dans les produits, et également favoriser et encourager la recherche et le développement en matière de sécurité. En matière de prévention, l'État est également un acteur important pour tout ce qui touche aux besoins d'éduquer, d'informer et de former aux technologies de traitement de l'information et des communications, et non uniquement à la sécurité et aux mesures de dissuasion. En effet, la sensibilisation aux problématiques de sécurité ne doit pas se limiter à la promotion d'une certaine culture de la sécurité et d'une cyberéthique, mais passe par une formation appropriée à l'informatique. Mais les pouvoirs publics ne peuvent résoudre seuls la question de la maîtrise du risque informatique, d'autant plus que la majorité des infrastructures informatiques sont privées. Cela soulève également un problème de dépendance des États vis-à-vis de certains acteurs économiques. Les secteurs public et privé doivent développer des partenariats qui favorisent la prévention du crime informatique et renforcent la lutte contre la cybercriminalité. Se pose alors la question du partage de responsabilité et du modèle financier sous-jacent à la réalisation de ces partenariats pour des plans d'action aux niveaux national, européen et international.

Une maîtrise globale, centralisée et coordonnée de la lutte contre la criminalité informatique nécessite une réponse politique, économique, juridique et technologique homogène et adoptable par les différents acteurs de la chaîne numérique, copartenaires de la sécurité.

▶ Références bibliographiques

Le lecteur trouvera dans la bibliographie finale les références aux textes de base suivants : International Critical Information Infrastructure Protection (2006), Augsburger (2005), Ghernaouti-Hélie (2006), Bishop (2003), Denning (1999).

TROISIÈME PARTIE

Le renseignement et l'analyse

CHAPITRE 18

Le renseignement I : concepts et distinctions préliminaires

▶ JEAN-PAUL BRODEUR

LE RENSEIGNEMENT : ÉLÉMENTS PRÉLIMINAIRES

L a littérature scientifique sur le renseignement est limitée. Outre l'ensemble respectable des travaux historiques qui ne proposent malheureusement pas de modèle théorique, on y trouve des manuels pour futurs agents de renseignement, des ouvrages rédigés par des juristes ou des militants qui dénoncent les excès des services de renseignement et des ouvrages anecdotiques. Il n'y a pas encore l'équivalent d'une sociologie de la police dans le domaine du renseignement. Or, la notion même de renseignement est très complexe, comme ces exemples le démontreront.

Premier exemple : dans les années 1960, au Canada, un employé des postes fut privé de sa pension parce qu'il était soupçonné d'espionnage. Il y eut enquête conduite par un magistrat (le juge D.C. Wells en 1966) qui trouva qu'on avait eu raison de sanctionner cet employé. Il fournissait apparemment aux Soviétiques des noms gravés sur des pierres tombales, cette affirmation pouvant s'avérer utile pour qui voudrait assumer une fausse identité (pas de risque de rencontrer le véritable porteur du nom). Ce que démontre cet exemple, c'est que tout renseignement, des horaires de chemin de fer aux menus de restaurant en passant par les inscriptions sur les pierres tombales (pour ne mentionner que des informations triviales), peut se révéler d'intérêt pour un service de renseignement (tout peut, par exemple, être une composante de la fabrication d'une fausse identité).

Deuxième exemple : une commission du congrès des États-Unis s'est penchée sur les questions afférentes au renseignement extérieur. La définition du renseignement proposée par cette commission du Congrès est révélatrice du problème que nous tentons de signaler, précisément parce qu'elle est si peu éclairante. Le renseignement est ainsi défini :

« Bien que "renseignement" soit défini à la fois dans la loi et dans un décret présidentiel, ni l'une ni l'autre ne permet de bien comprendre le terme. La Commission croit qu'il serait préférable de définir "renseignement" de façon simple et large comme toute information au sujet de "choses étrangères" [*things foreign*] — des personnes, des endroits, des objets et des événements — nécessaire au gouvernement dans l'exercice de ses fonctions » (United States, Congress 1996 : Introduction, p. 4, c'est nous qui traduisons).

Cet exemple qui est beaucoup plus récent que le précédent illustre la même difficulté : toute information est potentiellement un renseignement. Cette citation nous offre cependant une voie de sortie de l'impasse, sur laquelle nous reviendrons.

La conclusion générale de ces exemples est qu'au regard de son contenu, toute information constitue un renseignement ou peut le faire. Si tout est renseignement ou peut le devenir, comment parvenir à marquer la spécificité de cet objet ? Nous formulerons à cet égard notre hypothèse de départ : le renseignement n'est pas un objet qui tient sa spécificité de ses caractères intrinsèques mais plutôt de ses propriétés relationnelles. Pour le dire d'une autre façon, le renseignement n'acquiert son statut qu'en étant mis en rapport avec des termes qui lui sont extérieurs (à titre indicatif, on peut mentionner le producteur du renseignement, son destinataire, ses sources, ses cibles et ainsi de suite). Pour étayer cette hypothèse, nous procéderons en deux étapes, qui constitueront comme les deux volets d'un diptyque. Dans le premier volet, nous articulerons des distinctions qui nous apparaissent fondamentales et tenterons de répondre à des questions qui, en dépit de leur abstraction, se répercutent de façon immédiate sur la pratique. Dans le second volet (au chapitre suivant), nous aborderons la notion cardinale d'analyse en discutant deux cas concrets où celle-ci s'est révélée insatisfaisante. À partir de cette réflexion contextuelle sur les lacunes de l'analyse, nous tenterons de mettre en lumière ce qu'est l'analyse du renseignement, celle-ci constituant à l'heure présente une boîte noire dont on s'évertue à montrer la nécessité en se retenant prudemment de l'ouvrir.

Dans la suite de ce premier texte du diptyque, nous nous livrerons à un premier balisage de ces termes extérieurs au renseignement lui-même, qui lui confèrent cependant autant son statut que sa spécificité. Nous tenterons de développer au regard de chacun de ces termes des distinctions qui nous apparaissent fondamentales, tout en montrant au besoin comment elles se recoupent. Précisons au départ que ce texte porte sur le renseignement criminel et le renseignement de sécurité dans leur seule variante intérieure. Les problèmes de l'espionnage sont particuliers et doivent faire l'objet d'un traitement indépendant. Ce texte portant sur la notion de renseignement, nous n'aborderons pas les problèmes reliés au respect des droits de la personne et à l'obligation de rendre des comptes. Non seulement avons-nous abondamment traité de ces problèmes ailleurs (Brodeur, Gill et Töllborg 2003), mais nous estimons qu'il existe présentement un tel déséquilibre dans la recherche universitaire sur le renseignement au profit des études sur l'obligation de moyen que nous en venons à nous demander s'il y a vraiment place pour des travaux portant sur l'obligation de résultat dans le champ du renseignement.

Quelques distinctions conceptuelles

Avant de procéder plus avant, il est nécessaire d'établir une distinction entre diverses notions qu'on ne doit pas confondre, même si elles présentent des analogies de sens. Ces notions sont celles de données, d'information, de savoir, de science, de preuve, de surveillance et de renseignement. Nous nous proposons maintenant de comparer la notion de renseignement avec les six autres et d'établir les distinctions nécessaires.

Renseignement et données

Nous entendons par le terme de données le matériau brut et initial dont est extrait le renseignement. On pourrait ici utiliser un autre terme que celui de données pour désigner les éléments premiers du renseignement. L'essentiel à ce stade est moins de s'entendre sur une terminologie que sur une idée qui conduit à l'établissement d'une nécessaire distinction. L'idée est la suivante : le renseignement est toujours un produit et n'est pas d'emblée donné, serait-ce le simple nom de l'auteur d'un crime, qui doit être soumis à une procédure de validation. Un exemple élémentaire tiré d'un matériau important pour le renseignement criminel, à savoir, l'écoute électronique, illustrera notre propos. Des transcriptions d'écoute électronique doivent faire l'objet d'un examen minutieux avant d'être considérées comme du renseignement. Il faut d'abord extraire de la masse des conversations les passages pertinents à une enquête. Il faut ensuite se constituer un lexique qui permet de comprendre les messages échangés, qui utilisent un code tantôt rudimentaire et tantôt plus difficile à pénétrer. Par exemple, dans le cadre de nos recherches sur l'enquête policière, nous avons analysé des transcriptions d'écoute électronique de conversations entre des motards criminels, où l'expression «jouer une partie de vidéo baseball» signifiait passer quelqu'un à tabac en utilisant un bâton de baseball pour le frapper. Cette différence entre la donnée initiale et le renseignement qui en est extrait est toujours effective. L'illustration que nous en avons fournie est relativement transparente. Ce n'est pas toujours le cas. On trouve des affaires où le nombre des étapes entre les données initiales et le produit final est considérable.

Renseignement et information

Cette différence est capitale et se trouve au cœur de notre perspective. Le concept d'information est un concept sémantique et désigne diverses façons de représenter le contenu d'un message. Depuis les travaux pionniers de Shannon et Weaver (1964; voir aussi Apostel, Mandelbrot et Morf 1957,

Cahiers de Royaumont 1965 et Moles 1972), la théorie de l'information a connu un développement très élaboré. Pour nous, le concept de renseignement est avant tout un concept pragmatique : c'est un ensemble d'informations qui obéit à des finalités qui s'inscrivent dans le cadre de la poursuite d'un conflit, où cet ensemble peut s'avérer être d'un avantage décisif. Il est évident que l'accumulation des informations obéit aussi à des principes de sélection dans le cadre de la recherche scientifique, les informations recueillies devant être pertinentes pour les objectifs du projet de recherche. Il n'en demeure pas moins que ces objectifs restent dans ce cas de nature scientifique et se rattachent à l'avancement de la science, fût-elle appliquée. Les finalités du renseignement se rapportent de façon fréquente à la mise hors d'état de nuire de personnes prises pour cibles. Même la plus appliquée des recherches d'information ne constitue pas une pragmatique dans ce sens qui tient d'une éristique (d'une théorie et d'une pratique de la lutte). Il n'en existe pas moins d'importants recoupements entre les notions d'information et de renseignement, comme nous allons immédiatement le voir.

Renseignement et savoir

La confusion entre le renseignement et le savoir est ruineuse. Dans un livre influent, Ericson et Haggerty (1997) ont défini les policiers comme des travailleurs du savoir (*knowledge workers*). Il semble que cette définition s'appliquerait *a fortiori* aux agents de renseignement. Il faut toutefois insister sur un trait capital de la grammaire logique du verbe savoir. La phrase « Je sais que N » implique que « N » est vrai, comme on peut le montrer par un exemple simple. On peut affirmer sans contradiction : « je pense (on m'a informé) que P est le meurtrier, mais je peux me tromper (l'information peut être fausse) ». On ne peut toutefois dire d'un même souffle « Je sais que P est le meurtrier, mais je peux me tromper ». À quoi on ne manquerait pas de se faire répondre : « Si tu reconnais que tu peux te tromper, c'est que tu ne sais pas encore ! » Savoir signifie être en possession d'une information vraie. C'est pourquoi il faut insister sur le bon terme quand on prétend que les policiers sont des travailleurs du savoir. Il est tout à fait juste d'insister sur le fait que les agents de renseignement sont des travailleurs du savoir, voulant signifier par cela qu'ils s'efforcent autant qu'il est possible de parvenir à la production de renseignements vrais. On se tromperait toutefois lourdement en soutenant qu'un agent de renseignement est un travailleur du savoir, voulant insister en cela sur le fait qu'il opère d'emblée dans le champ du savoir. Au contraire, pour l'agent de renseignement, le champ du savoir est une terre promise où il ne peut parvenir qu'au terme d'un parcours accidenté. Poser un signe d'égalité entre renseignement et savoir aurait pour conséquence absurde d'être tenu de prétendre que tout ce qui est classé comme renseignement par une agence est du même coup vrai ; la réalité nous a appris au contraire de façon répétée que des renseignements d'abord jugés valides s'étaient par la suite révélés faux (en dépit de tous les

efforts de validation des membres de l'agence). Nous n'affirmons certes pas
ici que tout renseignement est de façon ultime réductible à une information
douteuse. Notre propos est plutôt de rappeler que la possibilité qu'un renseignement se révèle faux ne doit jamais être définitivement écartée, ce qui
n'empêche pas que l'on doive légitimement prendre le risque d'agir sur la foi
d'un renseignement, quand toutes les précautions ont été prises pour obtenir
sa validation.

Renseignement et science

Si le savoir peut s'exprimer sous la forme d'énoncés vrais se référant à
des individus déterminés («N habite à telle adresse»), la science, au sens strict
de ce terme, représente un projet notablement plus ambitieux. La science
prend le plus souvent la forme d'un ensemble d'énoncés reliés entre eux par
des relations logiques d'implication et qui constituent de cette manière une
théorie. Ce n'est toutefois pas de cette manière que la science se distingue
au premier chef du renseignement, car un analyste du renseignement peut
légitimement s'efforcer d'organiser une masse d'information sous la forme
d'une théorie cohérente. Il est même souvent souhaitable que l'on procède
ainsi. Il y a cependant une différence plus fondamentale entre la science et le
renseignement. C'est, depuis le diktat d'Aristote, un lieu commun de l'épis-
témologie que d'affirmer qu'il n'y a de science que du général. Effectivement,
la forme canonique d'une proposition scientifique est une généralisation
qui s'applique à tous les membres d'un ensemble: par exemple, «tous les
corps sont soumis aux lois de la gravitation». Certes, la science ne méprise
pas «l'individu» au profit des «masses». Tout simplement, elle reconnaît
que vouloir tout connaître d'un seul individu est une entreprise indéfinie
et, de façon ultime, futile, alors qu'on peut ambitionner de connaître une
seule propriété très abstraite, que partagent de grands domaines d'objets.
Or, le domaine du renseignement est pour l'essentiel peuplé d'individus, sur
lesquels on veut en savoir le plus possible. Comme on l'apprend rapidement
en fréquentant les archives et les banques de données de la police ou des
services de renseignement, celles-ci contiennent pour l'essentiel des informations nominatives. Or, le but premier d'un service policier ou d'un service
de renseignement n'est pas d'utiliser les informations ainsi colligées pour
en tirer des généralisations applicables à tous les individus répertoriés,
mais d'exercer sur eux un contrôle. Dans cette mesure, le renseignement se
réalise délibérément au niveau du savoir individuel, où il trouve son point
d'ancrage, et il doit résister à la tentation scientifique de passer à l'étape de
la généralisation. Nous verrons que dans certaines circonstances, un service
de renseignement ne peut renoncer à passer à ce plan ultérieur (par exemple,
pour constituer des profils abstraits de délinquants ou pour procéder à une
évaluation stratégique globale des ressources d'un État ennemi). Il n'en reste
pas moins qu'il y a entre la science et le renseignement toute la distance
qui sépare l'accumulation d'informations permettant de contrôler des

individus et le renoncement à la différence individuelle pour formuler des lois naturelles qui s'appliquent à tout un ensemble d'objets.

Renseignement et preuve

Les observations précédentes sur les distinctions entre renseignement, savoir et science annoncent que les notions de renseignement et de preuve judiciaire sont également différentes. Elles le sont d'abord au niveau de la pratique : les agents des services de renseignement sont notoirement réticents à partager leurs renseignements avec les policiers, de crainte que ceux-ci ne les utilisent pour engager des poursuites judiciaires qui pourraient contraindre ces agents ou leurs sources à témoigner publiquement, ruinant de la sorte leur couverture, s'ils sont infiltrés dans des milieux criminels. Elles le sont ensuite au niveau de leur nature même. C'est une chose que de disposer d'un renseignement sur l'auteur d'un crime, c'en est une autre que d'utiliser ce renseignement devant les tribunaux pour obtenir la condamnation d'un prévenu. Non seulement ceux qui sont à la source de ces renseignements sont-ils réticents à révéler leurs liens avec la police et, parfois, leur appartenance même à une organisation policière, mais ces renseignements sont souvent, pour diverses raisons, inutilisables en cour. Leur source peut d'abord manquer de crédibilité au regard d'un tribunal. Ensuite, les renseignements qui sont communiqués à la police reposent dans de nombreux cas sur le ouï-dire, dont la valeur probatoire pour un tribunal est faible, sinon nulle. Les milieux délinquants sont en effet un caisson de rumeurs et il est rare qu'après la commission d'un crime on ne dispose dans les dossiers de la police d'un rapport gigogne, qui présente des informations emboîtées par personnes interposées. Par exemple, on trouve fréquemment dans les dossiers de la police des rapports dont la facture est analogue à celle-ci : « une source du sergent détective A l'a informé que d'après la conjointe de B, l'auteur du meurtre de l'associé de ce dernier était Y ». Cette information peut être véridique, tout en étant tout à fait inutilisable dans le cadre de poursuites judiciaires. C'est pourquoi il existe un déficit considérable entre ce que la police sait ou est convaincue de savoir et ce qu'elle peut prouver devant les tribunaux. Ce déficit est fréquemment la source de malentendus considérables dans l'opinion publique, quand il est révélé par la presse ou à une commission d'enquête que la police « savait » qui était l'auteur allégué d'un crime, sans avoir procédé à son arrestation. Dans de nombreux cas, le savoir policier est trop contestable pour servir de base à une action judiciaire et c'est le ministère public lui-même qui lui refuse son autorisation d'intervenir.

Renseignement et surveillance

Comme nous l'avons souligné plus haut, le renseignement est une notion qui appartient à la pragmatique. L'une de ses fins est l'évaluation des menaces et la prévention d'incidents graves. Dans cette mesure, la cueillette de renseignement constitue presque toujours une opération double. Elle est en premier lieu une opération de nature épistémique et elle vise la production d'un savoir. Ce savoir tentant de devancer l'événement, la collecte de renseignement sur des individus et des groupes est également en elle-même une opération de surveillance. Les agents de renseignement ne sont pas que des travailleurs du savoir, ce sont également des praticiens de la surveillance.

Renseignement et communication : questions essentielles

Le renseignement, soutenons-nous, n'est pas un objet qui tient sa spécificité de ses caractères intrinsèques mais plutôt de ses propriétés relationnelles. L'une des premières conséquences de notre hypothèse ou perspective de départ est que le renseignement participe beaucoup moins de la nature d'une information, si l'on entend par ce terme un contenu sémantique considéré en lui-même, que de celle d'un message ou encore d'une communication, c'est-à-dire d'une information qui se réalise au sein d'un processus dynamique d'échange.

Qui produit le renseignement ?

La première question à laquelle il faut répondre est « Qui est le producteur de renseignement ? » Le producteur de renseignement n'est pas un agent mais une agence de renseignement, aucun agent ne pouvant assumer à lui seul la fonction de production du renseignement. Ces agences sont de trois types, soit, d'abord, les services publics qui prennent en charge la sécurité nationale à l'intérieur d'un pays ou à l'extérieur du territoire ; soit, ensuite, les unités des services policiers qui se consacrent au renseignement criminel ; soit, enfin, les firmes privées investies dans la cueillette d'informations ; elles se multiplient maintenant et emploient d'anciens agents, démobilisés depuis la fin de la guerre froide. On doit faire une place à part à des services gouvernementaux comme les douanes ou l'immigration, qui opèrent littéralement à la frontière entre l'intérieur et l'extérieur du territoire et qui abritent d'importantes unités de renseignement.

Qu'est-ce que produire du renseignement ?

On s'accorde en général pour reconnaître que le renseignement est le résultat final d'un processus de production qui se définit par une séquence d'étapes. Bien que chaque service de renseignement ait sa propre conception de cette séquence d'étapes, celles-ci présentent de nombreuses analogies. On y retrouve en général les étapes suivantes : la cueillette de données, leur catégorisation et leur intégration aux systèmes de traitement en opération, leur analyse, la validation de celle-ci et la dissémination du produit final. D'après un diagnostic qui a été renforcé après les attentats de septembre 2001 (9/11) sur le sol des États-Unis, l'analyse constituerait l'étape cruciale dans le processus de production du renseignement. Nous expliciterons plus tard l'objet de ce diagnostic — la priorité de l'analyse — qui ne constitue dans son énoncé brut qu'un mantra qu'on répète de façon incantatoire pour faire oublier la faillite des services du renseignement à prévenir le 9/11. On ajoutera enfin qu'il existe des organismes relativement hybrides, qui opèrent à la marge des services de renseignement, et dont la fonction est surtout la dissémination auprès du public et de la presse de rapports qui brossent un tableau de la situation existant au regard de certains types de délinquance (crime organisé ou terrorisme). Ces organismes sont au renseignement ce que la vulgarisation scientifique est à la science.

On trouve actuellement un consensus sur la part très congrue qui est faite à l'analyse dans le processus de production du renseignement : elle a été évaluée à 1 % des ressources par une commission américaine (Brodeur 2000, p. 315). On tombe également d'accord sur la nécessité d'accroître l'importance de l'analyse. Ce vœu va se buter à deux obstacles. D'abord, une série de mesures législatives prises depuis le 9/11 va avoir pour résultat d'augmenter considérablement les pouvoirs des organes de l'État d'avoir accès à diverses informations considérées jusque-là comme privées. Ces nouvelles lois vont accentuer le déséquilibre entre la masse des données disponibles et les capacités des services d'en faire un traitement adéquat et de produire les analyses en temps opportun, même si ces capacités étaient notablement accrues (il est en effet possible que la masse des données recueillies excède tout traitement possible). Surtout, la conception que les services de renseignement possèdent de l'analyse est essentiellement téléologique. L'analyse est définie par sa finalité normative, qui est d'exploiter les renseignements de manière à ce qu'ils rendent toute leur signification. On est beaucoup moins explicite sur les moyens de parvenir à cette fin, se contentant d'exporter dans les appareils de renseignement les moyens rudimentaires communiqués au sein d'un cursus général de méthodologie universitaire. Pour autant qu'il existe de la recherche sur le renseignement criminel et le renseignement de sécurité, l'une de ses tâches les plus urgentes est d'élaborer une définition opératoire de l'analyse, d'en montrer la spécificité et d'en inventorier les moyens, au besoin en développant de nouveaux instruments. Dans l'état présent, l'analyse tant louangée est en grande partie une *terra incognita* qu'il faut se hâter d'explorer.

À qui le renseignement est-il adressé ?

La question du récepteur ou du destinataire du renseignement recèle une complexité qui n'est pas manifeste au premier abord. Le destinataire du renseignement peut se trouver à l'extérieur du service qui produit ce dernier. C'est le cas le plus fréquent pour les services de renseignement de sécurité, dont l'évaluation des menaces pesant sur la sécurité nationale est soumise aux autorités gouvernementales, en conformité avec une obligation législative. Le destinataire du renseignement peut dans d'autres cas être autant à l'extérieur de l'unité de renseignement qu'à l'intérieur du service qui l'abrite. C'est la situation qui caractérise les unités de renseignement des services policiers. Ceux-ci doivent parfois répondre aux besoins de l'autorité politique, qui s'émeut d'une crise (par exemple, les violences des motards criminels au Québec). Nous estimons toutefois que les principaux destinataires des renseignements criminels résident à l'intérieur d'un service de police: ce sont les autres unités du service et des membres individuels de celui-ci, qui adressent un nombre important de demandes aux unités de renseignement. Dans certains cas, par exemple le Centre d'information de la police canadienne (CIPC), les banques de données sont créées à l'usage exclusif (et quotidien) des policiers.

En théorie, l'une des fonctions du renseignement tant au niveau criminel qu'à celui de la sécurité nationale serait de devancer l'événement, afin de gérer les situations avant qu'elles ne dégénèrent en crise. Or, toute la culture au sein de laquelle le pouvoir politique est présentement exercé méconnaît les impératifs de la prévention et donne une primauté, la plupart du temps dictée par la pratique, à la gestion de crise. Dans cette mesure, le poids du renseignement sur la prise de décision politique ne peut être considérable. Les services de renseignement opèrent fréquemment sous la menace d'une double condamnation. On les blâme habituellement de n'avoir pas su prévenir une crise, après qu'elle s'est produite. Toutefois, quand ils soumettent une analyse prévoyant une crise, on estime la plupart du temps cette analyse trop peu fondée pour engager une action. Les services sont alors blâmés à l'intérieur du gouvernement de sonner prématurément l'alarme. Au regard des malentendus engendrés par les conflits entre la culture professionnelle des décideurs politiques et celles des services de renseignement, la situation ne va pas s'améliorer à court terme.

Sur quoi le renseignement porte-t-il?

Nous n'avons pas la place dans ce texte pour dresser un inventaire des objets du renseignement criminel et du renseignement de sécurité dont nous avons vu qu'il pouvait avoir des prétentions encyclopédiques. Il n'est en outre pas sûr que nous disposions d'un accès à ces renseignements ou à leur description qui soit suffisant pour en dresser le répertoire. De façon traditionnelle, les renseignements criminels comportent des fichiers sur des personnes et des véhicules d'intérêt. Les fichiers sur les personnes comportent des banques d'alias, des renseignements relatifs à la localisation de ces personnes, à certaines de leurs particularités physiques, à leurs antécédents judiciaires et à leur situation présente au regard de la loi (une personne est-elle recherchée, interdite de séjour et ainsi de suite). Les renseignements sur les véhicules portent sur tous les genres de véhicules, sur leur statut au regard de la loi (volé, disparu) et sur leurs propriétaires. Les officiers de renseignement se livrent de façon systématique à l'analyse des groupes et des réseaux et produisent une pléthore de tableaux analogues à des sociogrammes. À ces renseignements s'ajouteront des données sur les armes à feu, sur les empreintes génétiques et ainsi de suite. Notre société étant une société où toute transaction laisse une trace écrite ou informatique, les possibilités d'enrichir les fichiers de la police sont maintenant infinies. Nous ne disons rien du renseignement de sécurité, moins accessible, et d'amplitude plus considérable.

Sans poursuivre plus avant dans cette description qui pourrait s'allonger, pour ce qui est du renseignement criminel, nous aimerions soulever deux questions. Les services de renseignement ont coutume de distinguer entre le renseignement tactique, qui sert à guider les opérations sur le terrain, et le renseignement stratégique, dont la fin est de tenter de prévoir les tendances du futur. On fait parfois une place à une catégorie intermédiaire, où se retrouvent des descriptions de situations ou de conjonctures. Pour intéressante qu'elle soit, cette distinction entre le tactique et le stratégique donne dans le travers habituel de la réflexion sur le renseignement. Cette réflexion définit ses concepts de manière téléologique ou, pour dire les choses plus simplement, de manière instrumentale. Les choses sont définies par leur fonction, sans que l'on fournisse de critères empiriques pour repérer les fonctions dans leur exercice. Pour notre part, nous aimerions proposer une distinction entre le renseignement nominatif et le renseignement dénominalisé par un processus croissant d'abstraction (on ne biffe pas les noms pour protéger la vie privée des individus ; plus simplement, il n'est plus nécessaire de se référer à des personnes pour énoncer des tendances). Cette distinction ne recoupe qu'en partie la distinction entre le tactique et le stratégique. Il est sûr que le renseignement tactique est dans sa plus grande partie de nature nominative, puisque les opérations portent sur des individus ou des groupes particuliers. Cependant, il ne faut pas confondre le sens juridique du renseignement nominatif, élaboré pour répondre aux impératifs de la protection de la vie privée des personnes, et son sens référentiel. La désignation des groupes criminels par leur nom possède une valeur référentielle, car elle se réfère à des groupes déterminés qui existent effectivement. La notion de groupe (comme celle d'organisation) est nettement plus abstraite que celle d'individu et, dans cette mesure, des renseignements sur des groupes peuvent rendre compte d'évolutions tendancielles et par là acquérir une valeur stratégique, bien qu'ils demeurent nominatifs sur un plan collectif.

Il existe toutefois une tendance récente dans le renseignement criminel qui semble à première vue scientifique, à tout le moins d'un point de vue formel. Au Canada, les policiers doivent remplir un questionnaire élaboré sur les propriétés d'un crime violent, ces propriétés étant comptabilisées et soumises à un traitement informatique (projet SALCV ou VICLAS). L'un des buts de ce projet serait de parvenir à établir des profils types de délinquants perpétrant un crime dans un ensemble répertorié de circonstances et d'utiliser ces profils pour tenter d'élucider des crimes dont l'auteur n'a pas été identifié.

Il est largement prématuré de procéder à l'évaluation du projet SALCV/VICLAS, qui n'a donné lieu qu'à des applications restreintes, en dépit des succès mirifiques qui lui sont attribués (des chercheurs français nous ont rapporté qu'une délégation canadienne s'était vantée que le projet SALCV/VICLAS avait joué un rôle déterminant dans 80% des crimes violents élucidés par la police). Dans notre travail sur les dossiers d'enquête du SPVM, nous n'avons pas trouvé un seul cas où, dans un échantillon de plus de 200 crimes violents perpétrés de 1990 à 2001, les enquêteurs du SPVM aient même eu recours à ce projet qui demeure profondément sous-utilisé. Un système qui n'est même pas utilisé ne peut être responsable de l'élucidation de crimes de violence.

De façon plus générale, nous aimerions soulever les questions suivantes: 1) dans quelle mesure le recours à des données complètement dénominalisées — par un processus théorique d'abstraction visant à inventorier des tendances — est-il utile à un service de police criminelle? 2) dans quelle mesure ces projections ne devraient-elles pas être effectuées par des chercheurs experts œuvrant à l'extérieur des corps de police? Il est possible que des projections à partir de l'évolution des statistiques criminelles soient utiles pour planifier le déploiement des ressources de la police, mais il nous apparaît autant inefficace qu'inefficient de tenir à ce que ces projections soient effectuées par les membres des unités de renseignement criminel. Pour le dire crûment, il nous semble que l'utilité du renseignement stratégique élaboré par les unités de renseignement criminel des corps de police devrait faire l'objet d'une évaluation rigoureuse.

Contre qui le renseignement est-il dirigé?

Il se peut que l'essentiel de ce que nous avons à dire sur la fonction de ciblage soit de rappeler qu'elle existe. Il nous semble en effet que l'accent mis sur le respect de l'obligation de moyen par les juristes, de même que le manque de sens du concret propre à certaines recherches juridiques ou universitaires qui s'élaborent sans expérience du terrain, ont pour résultat d'occulter le fait que le renseignement n'est pas une entreprise désintéressée et qu'il est produit contre quelqu'un ou quelque chose.

Les cibles du renseignement présentent deux cas de figure. Selon un premier cas, elles sont imposées à un service par des événements criminels qui se produisent à l'extérieur de celui-ci et auxquels celui-ci réagit après coup. Ces cibles postdéterminées viennent à l'attention d'un service de renseignement à la suite de la commission d'un crime ou d'un attentat, dont elles sont suspectées. Lorsque aucun suspect n'a encore de nom — au début d'une enquête contre un tueur en série, par exemple —, les services de renseignement sont parfois appelés à contribuer à son identification (le Service canadien de renseignement et de sécurité (SCRS) a été ainsi impliqué dans la vaste enquête pour trouver les responsables de l'attentat contre un avion d'Air India, qui fit 329 morts en 1985; cette enquête est restée infructueuse pour ce qui est des poursuites judiciaires). Les services de renseignement, il faut le reconnaître, n'excellent pas dans les tâches classiques de l'enquête, où il faut résoudre une affaire en identifiant un coupable.

Il existe toutefois un second cas de figure, où l'initiative de déterminer la cible d'une opération appartient au service de renseignement. Ces cibles prédéterminées sont des criminels connus qui sont mis sous surveillance dans le cadre d'une opération proactive du type de Printemps 2001, dirigée contre des motards criminels ou dans le cadre d'un programme visant un type particulier de délinquant (par exemple, les pédophiles violents). On pourrait émettre l'hypothèse que la préférence des services de renseignement s'exerce au profit de la prédétermination de ses cibles, qui optimise l'aspect contrôlé d'une opération. Au niveau du renseignement criminel, il n'est pas souhaitable que l'on néglige les cibles postdéterminées, l'unité de renseignement négligeant ainsi de contribuer au taux d'élucidation des affaires.

Il faut en dernier lieu marquer la différence entre les opérations proactives, telles qu'elles sont, d'une part, conduites par les services policiers et, d'autre part, par un service de renseignement de sécurité. Les opérations proactives des services policiers, que ce soit les enquêtes dites de concentration ou les projets spéciaux comme l'opération Printemps 2001, ambitionnent de traduire un ensemble de suspects devant les tribunaux, afin de les mettre pour un temps hors d'état de nuire. Le but des opérations proactives d'un service de renseignement de sécurité est d'infiltrer des groupes de manière à progresser d'identification en identification et de pénétrer tout un milieu, selon le principe de la lutte clandestine qu'un ennemi connu est déjà un ennemi neutralisé. L'arrestation de tous les suspects au cours d'une rafle qu'on souhaite la plus définitive possible est pour ces services une mesure de recours ultime à laquelle on se livre, par exemple, la veille de l'ouverture officielle des hostilités contre une ou des puissances étrangères.

Qui sont les auxiliaires clandestins des services de renseignement ?

Les sources clandestines ou confidentielles des services de renseignement appartiennent à deux catégories : les sources humaines (*human intelligence*, expression usitée sous son abréviation courante de HUMINT) et les sources techniques (*signal intelligence*, en abrégé SIGINT). Selon une position faussement naïve, toute personne qui communique des informations à la police — serait-ce le témoin d'un crime — est une source de la police. Il est opportun de distinguer entre les sources occasionnelles des appareils de renseignement, qui obéissent à une gamme très variée de motivations, et les sources régulières, dont les relations avec la police sont souvent régies par un contrat. Parmi ces dernières, il convient de distinguer :

1. les policiers clandestins, membres en règle d'une organisation policière, qui opèrent sous une couverture et tentent d'infiltrer des organisations criminelles ;

2. les informateurs de police (indicateurs, agents sources) qui bénéficient d'une rémunération parfois très élevée (si M. Danny Kane, qui informait

la Sûreté sur les Hells Angels, avait témoigné en cour au lieu de se suicider prématurément, il aurait été rémunéré au total à la hauteur de 1,75 million de dollars; voir Pelchat 2000) et de certains bénéfices judiciaires (suspension des poursuites). Le propre des informateurs est qu'ils ne sont pas d'emblée recrutés pour témoigner en cour contre les membres du groupe sur lesquels ils informent. Il peut arriver qu'il soit prévu par une entente officielle qu'un informateur deviendra par la suite un délateur et rendra témoignage pour la poursuite devant le tribunal (tel était de cas de M. Kane);

3. les délateurs: ceux-ci sont recrutés contre rémunération (bénéfices judicaires et indemnisation de réinsertion sous une autre identité, après avoir purgé leur peine) et offrent parfois d'eux-mêmes leurs services aux policiers (quand ils perçoivent que leur vie est menacée par leurs complices).

Il faut noter que les policiers clandestins et leurs agents sources canadiens sont autorisés par la loi à commettre des crimes d'un degré avéré de gravité pour conduire des opérations qui impliquent une transgression technique de la loi — par exemple, un achat ou une vente contrôlés de drogue, pour tendre un piège à des criminels notoires — ou pour préserver leur couverture dans le milieu où ils se sont infiltrés. Cette loi ayant été proclamée il y a peu de temps (projet de loi C-24, devenu loi en 2002), on ne sait encore si elle donnera lieu à des abus.

De quels moyens technologiques le renseignement dispose-t-il?

Les sources techniques (SIGINT) des unités de renseignement peuvent en majorité être classées parmi les sources clandestines de renseignement, à l'exception notable des caméras de surveillance en circuit fermé qui sont disséminées dans l'espace public. Il existe toutefois une différence considérable entre les moyens dont dispose la police et ceux des services de sécurité dans l'utilisation des sources techniques. Les sources techniques utilisées par la police reposent surtout sur l'interception des communications téléphoniques et, avec une fréquence beaucoup moindre, sur l'installation de caméras vidéo dissimulées. Les services de renseignement disposent de moyens beaucoup plus considérables, qui permettent l'interception systématique de toute forme de communication électronique (*electronic intelligence* ou ELINT; voir Brodeur 2003) et la production d'images au moyen d'avions et de satellites espions (*image intelligence* ou IMINT). La présentation du 5 février 2003 de M. Colin Powell devant le Conseil de sécurité des Nations unies reposait en partie sur de l'IMINT et elle a démontré que les images recueillies par ce moyen étaient loin d'avoir la force probatoire qui leur était généralement attribuée. Elles sont suffisamment brouillées pour autoriser des interprétations fort divergentes.

L'utilisation des sources techniques est soumise dans beaucoup de pays, comme le Canada, à l'obtention d'un mandat judiciaire. Nous avons à cet égard étudié les autorisations délivrées par les juges canadiens depuis que les policiers sont soumis à cette exigence (1974): la proportion des refus par rapport à l'attribution d'une autorisation est équivalente à environ un refus pour 1000 autorisations (de 1974 à 1998, 14304 autorisations ont été accordées en matière de police criminelle, avec 19 refus; depuis 1987, il n'y a plus de refus si on ajoute à ces chiffres les autorisations données en matière de sécurité nationale, où les refus sont presque inexistants, on obtient la proportion que nous venons d'indiquer). On notera enfin que la loi récente (2001) sur le Centre de la sécurité des télécommunications (CST) lui attribue une mission d'assistance auprès des services policiers, qui pourraient ainsi bénéficier dans certains cas des ressources technologiques très importantes dont dispose le CST (Brodeur 2002).

En guise de conclusion : obligation de moyen et de résultat

Nous avons précisé au départ que nous ne traiterions pas de l'obligation de rendre compte (de la redevabilité) des appareils de renseignement, que ceux-ci opèrent dans le domaine criminel ou dans le champ de la sécurité nationale. Nous avons aussi soutenu que la recherche académique privilégiait l'obligation de moyen sur l'obligation de résultat.

Elle a tort, même dans une perspective de protection des droits de la personne et de défense des libertés civiles. Nous estimons en effet qu'au regard de la puissance d'intrusion des moyens de recueillir des données sur les personnes et de l'érosion sérieuse des garanties juridiques protégeant les renseignements personnels, la vie privée est une notion maintenant obsolète. La menace qui pèse n'est pas tant que l'État soit informé sur nous mais que les renseignements qu'il a accumulés soient incorrects et conduisent à des décisions clandestines de grande conséquence pour nos vies (par exemple, d'être exclu à tort de certaines sphères du travail qui réclament une habilitation sécuritaire). Or, la validation des renseignements que possèdent les services de renseignement de toute nature ou, autrement dit, le contrôle de qualité, appartient de façon plus étroite à l'obligation de résultat — posséder des renseignements véridiques — qu'à l'obligation de moyen — les obtenir par des moyens légaux et non répréhensibles. C'est pourquoi le maintien de l'obligation de résultat, entendue comme contrôle de qualité, peut se révéler un instrument puissant de protection des libertés civiles.

Dans son acception présente, ce moyen ne sera pas suffisant. Les tendances présentes, comme le développement initial du programme *Total Information Awareness* maintenant réalisé sous d'autres noms, annoncent un investissement croissant de l'entreprise privée dans la cueillette des renseignements sur les citoyens. On a commencé à réaliser des programmes de renseignement de sécurité en déléguant par contrat à l'entreprise privée une importante partie de sa réalisation. Or, que ce soit sur le plan de l'obligation de moyen ou de celle de résultat, l'entreprise privée n'est redevable que devant ses actionnaires, qui ne sont sensibles qu'aux exigences de la rentabilité. Les contrôles qui s'exercent sur l'entreprise privée à l'égard de la masse de renseignements qu'elle accumule sur sa clientèle et, éventuellement, sur les cibles que l'État pourrait lui assigner sont présentement très lacunaires.

De façon plus générale, il faut repenser l'application des obligations de moyen et de résultat à la lumière du brouillage croissant des frontières entre la sécurité publique et la sécurité privée, la sécurité intérieure et la sécurité extérieure et entre l'opération de renseignement et l'opération de déstabilisation (on sait que la notion de *covert operation*, proscrite depuis les années 1980, est en train de reprendre du galon au sein du FBI et de la CIA). On doit redessiner le cadastre de la sécurité et tirer les conséquences sociales et juridiques du nouveau quadrillage des espaces que nous habitons à divers plans.

CHAPITRE 19

Le renseignement II. L'analyse en pratique : deux illustrations

▶ JEAN-PAUL BRODEUR

L es services de renseignement de sécurité ont fait l'objet de nombreux examens depuis les attentats du 11 septembre 2001 (9/11). La tradition canadienne est d'examiner ses services de renseignement d'une façon normative. Depuis les grandes commissions d'enquête sur le Service de sécurité de la GRC instituées à la fin des années 1970 (Commission McDonald, Canada 1981a et b ; Commission Keable, Québec 1981) et depuis la création en 1985 du Comité de surveillance des activités de renseignement et de sécurité (CSARS), qui scrute les opérations du Service canadien de renseignement de sécurité (SCRS), la question privilégiée qu'on soulève au Canada est celle de la conformité des opérations des services de renseignement à la loi canadienne, y compris la Charte des droits et libertés. Ce normativisme se reflète également dans les livres publiés sur le SCRS (Cléroux 1990 et Mitrovica 2002). Par contre, nous possédons très peu d'études canadiennes qui se penchent sur l'efficacité des services de renseignement de sécurité et de la police dans la prévention du terrorisme.

Pour traiter de cette matière, il faut se rapporter à la manne des rapports qui ont été publiés aux États-Unis, à la suite des nombreuses enquêtes qui ont été effectuées sur l'échec des services de renseignement états-uniens à prévenir le 9/11. Le principal rapport est celui de la Commission nationale sur des attaques terroristes contre les États-Unis (*The 9/11 Commission Report* 2004). Il est loin d'être le seul. Auparavant, un comité conjoint du Sénat et de la Chambre des représentants s'était penché sur les mêmes matières. L'un des membres de ce comité conjoint, le sénateur Richard C. Shelby, vice-président du *Senate Select Committee on Intelligence*, a joint au rapport du comité conjoint de la Chambre et du Sénat des « observations additionnelles » (Shelby 2002). Les observations additionnelles du sénateur Shelby sont une source précieuse de renseignements sur les difficultés rencontrées par la communauté du renseignement aux États-Unis à prévenir le 9/11.

Le renseignement est un instrument important — le plus important peut-être — pour prévenir des attentats. Les agences chargées de recueillir et d'analyser le renseignement de sécurité aux États-Unis ont fait l'objet, comme je l'ai dit, de nombreuses critiques. Ces critiques peuvent être résumées en une seule phrase qui revient comme un leitmotiv dans les écrits portant sur le renseignement. Les services états-uniens de renseignement ont échoué à relier les indices (*connecting the dots*) qu'ils possédaient avant le 11 septembre 2001. Cette formule de «relier les indices» sous-entend l'existence d'une procédure particulière pour réaliser cet objectif. Cette procédure se caractériserait par deux traits:

Si les indices proviennent de diverses sources — de diverses agences de renseignement —, il faut que l'information soit partagée et que les divers indices soient réunis en un même lieu pour être soumis à une analyse.

Le second trait de la procédure est l'effectuation d'un travail **d'analyse**. On peut alors tenter de se représenter les choses de la manière suivante: un analyste part d'un point (un indice) particulier et par son travail d'analyse il effectue un passage vers un autre point; le processus se reproduit d'un point à l'autre jusqu'à ce que, tous les points ayant été reliés, on possède une représentation complète de la situation. Le trait particulier de ce parcours tient au fait que tous les points ne sont pas identiques ni même similaires. C'est seulement en se penchant avec attention sur un point (sur un indice) que l'analyste parvient à le relier à un autre par inférence ou déduction.

La situation se présente donc ainsi pour l'analyste. Cette caractérisation est cependant toute théorique. J'aimerais dans la suite de ce texte examiner la signification pratique de cette exigence qui est faite aux services de renseignement de relier les indices. Comment s'y prend-on pour faire cela, de façon un peu plus précise? Pour tout dire en une question, est-ce que la pratique de relier les indices correspond aux connotations de l'expression relier les indices (*connecting the dots*), telles qu'on vient de les décrire (intégration et analyse des données)? Pour tenter de répondre à cette question, j'examinerai les critiques qui ont reproché aux services de renseignement états-uniens de n'avoir pas réussi à relier les indices). On peut en effet s'efforcer d'inférer ce qu'il faudrait faire à partir d'une description de ce qu'on n'a pas su faire. La démarche consiste à tracer les contours du vide pour mieux réussir à le combler. En fait, les critiques ne se sont pas contentés d'exprimer un discours négatif, mais ont soumis un ensemble de propositions de réformes.

Le reste de ce texte est donc divisé en trois parties. Dans les deux premières parties, j'examinerai les principales manifestations de l'échec des services états-uniens de renseignement à relier les indices. Dans une dernière partie, je ferai brièvement état de quelques-unes des mesures de réforme qui ont été proposées pour remédier à cet échec. Mes analyses reposent sur l'examen de l'ensemble des rapports gouvernementaux publiés jusqu'ici sur le 9/11 aux États-Unis. J'ai retenu de façon plus particulière les observations additionnelles du sénateur Shelby (2002).

PREMIER CONTRE-EXEMPLE : LE CAS DE AL-MIHDHAR ET AL-HAZMI

D'après les rapports des commissions d'enquête, la tâche de relier les indices serait effectuée en théorie à l'aide de quatre procédures : l'inférence, la déduction (la formulation de conclusions), la recherche de patterns au moyen de l'exploration des données (*data-mining*) et la séparation de l'ivraie et du bon grain dans la masse très considérable des informations qui sont recueillies. À l'égard de cette dernière procédure, on dira en anglais qu'il faut séparer les signaux authentiques du bruit ambiant (*separating noise from signals*).

Une panne dans l'exercice de la surveillance

Il existe aux États-Unis un programme de surveillance qui est administré par le département d'État (*State Department*). Ce programme — appelé TIP OFF — repose sur l'établissement d'une liste de sujets d'intérêt qui doivent faire l'objet d'une attention particulière lorsqu'ils font une demande pour obtenir ou renouveler un visa d'entrée et de séjour aux États-Unis. Cette liste de suspects est pour l'essentiel alimentée par la CIA (*Central Intelligence Agency*) et la NSA (*National Security Agency*). Ces deux agences — en particulier la CIA — auraient gravement failli à leur tâche d'alimenter la liste de suspects du programme TIP OFF avant le 9/11, comme en témoignent des chiffres cités par Shelby (2002 : 26). Dans les 3 mois qui ont précédé le 11 septembre 2001, la CIA a soumis 1761 demandes de surveillance aux responsables de TIP OFF ; dans les 3 mois qui ont suivi le 9/11, ils en ont soumis 4251.

Voici l'incident qui a aiguillonné la CIA. Rappelons d'abord que Ahmed Ressam, un terroriste d'origine algérienne basé à Montréal, avait été intercepté par un douanier en décembre 1999 à la frontière ouest des États-Unis alors qu'il tentait d'y introduire un véhicule bourré d'explosifs pour commettre un attentat à l'aéroport de Los Angeles, au commencement du second millénaire. La possibilité que des terroristes s'introduisent aux États-Unis en tentant de déjouer la surveillance d'un poste frontière ne pouvait donc être ignorée.

Deux des terroristes qui étaient à bord de l'avion qui a percuté le Pentagone le 11 septembre 2001 se nommaient Khalid Al-Mihdhar et Nawaf Al-Hazmi. Au début de mars 2000, la CIA a appris que Khalid Al-Mihdhar et Nawaf Al-Hazmi avaient participé à une réunion où étaient présents de nombreux terroristes reliés à Al-Qaïda, à Kuala Lumpur en Malaisie. La CIA savait également que Nawaf Al-Hazmi était entré sur le territoire des États-Unis en décembre 1999 et que Khalid Al-Mihdhar disposait d'un visa lui permettant de multiples entrées dans ce même pays. Le 15 mars 2000, soit moins de deux semaines après la rencontre de Kuala Lumpur, la CIA apprend que Al-Mihdhar vient d'entrer aux États-Unis. Cette agence, qui n'a pas cru bon de le mettre sur la liste de surveillance TIP OFF, estime que sa présence aux États-Unis ne requiert pas une attention particulière (*no action required*). Cette décision de ne pas soumettre Al-Hazmi ou Al-Mihdhar à une surveillance aura pour résultat que ces derniers pourront vivre sous leur propre nom à San Diego jusqu'en décembre 2000. Al-Mihdhar utilisera son nom pour obtenir des papiers d'identification d'un véhicule, pour louer un appartement et tous les deux prendront des leçons de pilotage dans une école états-unienne en mai 2000. En juillet 2000, Al-Hazmi obtiendra une extension de son visa de séjour sous son propre nom. Khalid Al-Mihdhar — et peut-être Nawaf Al-Hazmi — s'absentera des États-Unis en décembre 2000.

La CIA apprendra en janvier 2001 que l'un des terroristes présent à la réunion de Kuala Lumpur, le 15 mars 2000, où se trouvaient également Al-Mihdhar et Al-Hazmi, avait plus tard participé à l'attentat contre le destroyer *USS Cole* (perpétré dans le port d'Aden, au Yémen, le 12 octobre 2000), revendiqué par le réseau Al-Qaïda. Al-Mihdhar fait une demande de visa pour regagner les États-Unis en juin 2001 à Jeddah en Arabie saoudite. Selon la procédure habituelle, les autorités du département d'État de Jeddah effectuent une recherche dans la base de données CLASS qui est reliée au programme TIP OFF et ne trouvent rien d'anormal, puisque la CIA n'a pas ajouté le nom de Al-Mihdhar à cette liste. Également en juin 2001, des agents de la CIA rencontrent leurs homologues du FBI et ne leur communiquent pas les renseignements dont ils disposent sur Al-Hazmi et Al-Mihdhar. Ces derniers seront tous deux rentrés aux États-Unis en juin 2001 et vont s'affairer à préparer les attentats du 9/11. La CIA ne se décidera à les mettre sous surveillance et à prévenir le FBI de leur présence aux États-Unis qu'en août 2001. Il est alors trop tard et les deux terroristes percuteront le Pentagone, le 11 septembre suivant, dans l'avion qu'ils ont détourné.

Qu'est-ce qui n'a pas marché ? Une interprétation

Tel est donc le premier exemple discuté dans tous les rapports qui reprochent aux services de renseignement — ici, à la CIA — de ne pas avoir fait d'efforts pour relier les indices. Quelle est, en l'occurrence, la signification de cet échec à relier les indices ? Elle tient à deux choses. Elle tient d'abord dans le refus de la CIA de partager l'information dont elle dispose sur Khalid Al-Mihdhar et Nawaf Al-Hazmi avec le FBI. Elle tient ensuite, de façon plus cruciale, à l'omission relativement inexplicable de la CIA de communiquer les noms de Al-Hazmi et de Al-Mihdhar aux responsables du programme TIP OFF. L'un et l'autre terroriste se sont adressés à plusieurs reprises aux autorités du département d'État pour des affaires de visas, après le 15 mars 2000. Ils ont en outre traversé à plusieurs reprises la frontière des États-Unis. S'ils avaient été sur la liste de surveillance TIP OFF, on aurait pu les intercepter et les interroger. Rappelons à cet égard que les autorités états-uniennes ont explicitement effectué une vérification TIP OFF lorsque Al-Mihdhar a fait une demande de visa à Jeddah en juin 2001. On ne saurait 'vraiment dire s'il s'agit là d'une réticence de la part de la CIA à partager l'information avec un autre service ou d'une simple négligence. En effet, il s'agit moins en l'occurrence de partager des renseignements — comme cela aurait pu être le cas avec le FBI — que de simplement mettre le nom de deux suspects sur une liste de surveillance, sans fournir d'autres explications.

En conclusion, l'échec à relier les indices ne constitue pas dans le cas présent une déficience dans le traitement et l'analyse du renseignement. Il ne réside en effet pas dans l'omission de recourir à la procédure de traitement du renseignement que nous avons décrite plus haut et selon laquelle on passe d'un point à l'autre par analyse, inférence et déduction. Dans ce cas, l'échec s'explique de deux manières. Il tient d'abord dans l'omission à accomplir une action, celle de partager l'information (entre la CIA et le FBI). Il tient ensuite dans la réticence ou la simple négligence d'ajouter deux noms à une liste de surveillance du département d'État. Il faut insister sur la nature de ces lacunes. Contrairement à ce qui est suggéré par l'expression relier les indices (*connecting the dots*), il ne s'agit pas d'une faute d'analyse du renseignement mais d'une réticence à agir, les actions en question étant d'une nature tout à fait élémentaire.

SECOND CONTRE-EXEMPLE : LA GENÈSE DES ATTENTATS DU 11 SEPTEMBRE 2001

Je ne compte pas dans cette seconde partie présenter les résultats d'une recherche approfondie sur la genèse des attentats du 11 septembre 2001. En réalité, cette recherche n'a pas encore été effectuée avec rigueur et il est douteux que nous possédions présentement toutes les informations pour l'effectuer. Je me propose plutôt de noter quels étaient les renseignements dont disposaient les services de sécurité états-uniens dans les années qui ont précédé le 9/11, à la lumière des rapports de commissions d'enquête qui ont scruté les activités de ces services dans la période qui a suivi les attentats. Pour l'essentiel, ces rapports ont fait état d'un ensemble de renseignements dont disposaient les services de sécurité et ont reproché à ces derniers de ne pas avoir su relier les indices contenus dans ces informations. Voyons donc quels étaient ces renseignements et nous évaluerons ensuite la nature et le bien-fondé du reproche d'avoir échoué à relier les indices.

Le profil inaperçu des attentats du 11 septembre 2001

1. Bien que les commissions d'enquête ne se rapportent pas à cet incident de façon systématique, je commencerai par rappeler que les tours du World Trade Centre (WTC) avaient fait l'objet d'un attentat dévastateur en 1993. On savait donc que les tours jumelles étaient une cible des terroristes. On savait aussi que ces derniers tirèrent la leçon de ce qu'ils estimaient être un premier échec : il fallait s'y prendre d'une autre façon qu'en posant des bombes dans des parkings souterrains du WTC. Ces bombes faisaient des

victimes et endommageaient les parkings, mais n'étaient pas assez puissantes pour fragiliser la structure des tours elles-mêmes. Comment fallait-il s'y prendre?

2. Un terroriste du nom de Abdul Hakim Mourad[1] lié à l'organisation Al-Qaïda — en particulier avec Ramzi Yousef[2] — fut arrêté à Manille en 1995. Il fut soumis à des interrogatoires intensifs pendant plus de deux mois. À la suite de ces interrogatoires, les services américains (CIA et FBI) apprirent que des terroristes de la mouvance d'Al-Qaïda avaient projeté de détourner 12 avions commerciaux et de les précipiter dans l'océan Pacifique ou de les faire percuter des édifices (projet BOJINKA). Pour ce qui est du projet d'utiliser des avions comme missiles et de les lancer contre des édifices, on sait que Mourad a confessé faire partie d'un complot où son rôle était de piloter un petit avion bourré d'explosifs et de le faire percuter le quartier général de la CIA à Langley en Virginie. Ces projets ne furent pas réalisés et Mourad fut condamné à la prison à vie en mai 1998, aux États-Unis. Comme l'acte d'accusation n'avait pas retenu sa participation à un complot visant à faire percuter un avion contre le quartier général de la CIA, il semble que les services américains « oublièrent » cette affaire. Il n'en reste pas moins que le projet de perpétrer un attentat terroriste en lançant un avion contre un édifice possédant une haute valeur symbolique avait déjà été formulé en 1995 et que la CIA était au courant de l'existence d'un tel projet, même si celui-ci n'avait pas été réalisé.

3. La troisième pièce de ce dossier tient dans ce que l'on a appelé le Mémorandum de Phoenix (*The Phoenix Memo*). Il s'agit d'un rapport d'une dizaine de pages qui a été écrit le 7 juillet 2001 par un agent du FBI détaché dans l'Arizona (dans la ville de Phoenix). Cet agent avait noté que des personnes qui faisaient partie de sa liste de suspects terroristes liés à Al-Qaïda prenaient des leçons de pilotage dans des écoles de l'Arizona. Il craignait que ces suspects n'obtinssent un brevet de pilote et qu'ils l'utilisassent par la suite pour s'infiltrer au sein des réseaux de l'aviation civile aux États-Unis. Je citerai le début du Mémorandum de Phoenix :

The purpose of this communication is to advise the Bureau and New York of the possibility of a coordinated effort by USAMA BIN LADEN (UBL) to send students to the United States to attend civil aviation universities and colleges. Phoenix has observed an inordinate number of individuals of investigative interest who are attending or who have attended civil aviation universities and colleges in the State of Arizona. The inordinate number of these individuals attending these types of schools and fatwas... [passage

---

1. Il ne faut pas confondre cette personne avec un chercheur du même nom, qui s'est penché sur l'histoire de l'islam et n'a aucun lien avec le terrorisme.
2. Ramzi Yousef fut l'un des responsables de l'attentat de 1993 contre le World Trade Center. Il fut également arrêté en 1995 et traduit devant la justice aux États-Unis.

biffé en noir] *gives reason to believe that a coordinated effort is underway to establish a cadre of individuals who will one day be working in the civil aviation community around the world. These individuals will be in a position in the future to conduct terror activity against civil aviation targets.*

(Phoenix Memo, p. 1-2[3]). C'est nous qui soulignons.

Il importe d'insister sur le fait que le mémo de Phoenix ne s'inquiète pas (encore) de la possibilité que des apprentis pilotes commettent des attentats-suicides après avoir acquis une formation suffisante de pilote. L'auteur du mémo ne se préoccupe à ce stade que des terroristes liés à Al-Qaïda ne tentent par la suite d'occuper des emplois au sein de l'aviation civile et utilisent leurs positions pour se livrer au terrorisme. L'auteur du mémo proposera de soumettre toutes les écoles de pilotage des États-Unis à des vérifications pour découvrir si des suspects reliés à Al-Qaïda y sont en train d'acquérir une formation. Les supérieurs de l'agent qui rédigea le mémo de Phoenix ne donnèrent aucune suite à ses recommandations, dont ils estimaient qu'elles n'étaient pas fondées et trop coûteuses dans leurs applications. De façon plus grave, ils n'effectuèrent aucune vérification à partir des noms soumis par l'auteur du mémo de Phoenix. Il faut le déplorer. En effet, le principal suspect désigné dans le mémo de Phoenix avait comme camarade de classe à l'école de pilotage un dénommé Hani Hanjour, qui sera l'un des 19 auteurs des attentats perpétrés le 11 septembre 2001.

 4. La quatrième pièce de ce dossier est constituée par l'arrestation le 16 août 2001 de Zacarias Moussaoui. Celui-ci fut arrêté à cette date à cause de son comportement suspect dans une école de pilotage du Minnesota. À la suite de l'arrestation de Moussaoui, les agents du FBI du Minnesota exercèrent des pressions soutenues pour obtenir une autorisation judiciaire

---

3. Le Mémorandum de Phoenix est reproduit avec ses passages biffés dans *The 9/11 Commission Report*, 2004. On peut également le trouver sur le site web suivant: <*www.thememoryhole.org/911/phoenix-memo*>. Voici la traduction française du passage cité: «Le but de cette communication est de signaler au Bureau et à (la centrale de) New York la possibilité d'un effort coordonné par Oussama ben Laden (OBL) d'envoyer des étudiants aux États-Unis pour qu'ils s'inscrivent dans des universités et des collèges d'aviation civile. Phoenix a remarqué qu'un nombre démesuré de sujets d'intérêt pour nos services d'enquête prenait ou avait pris des cours en aviation civile dans des universités et des collèges de l'Arizona. Le nombre démesuré de ces sujets d'intérêt inscrits à ce genre d'école et des *fatwas*... (passage biffé en noir) **nous donne raison de croire qu'un effort coordonné est présentement fait pour former un noyau d'individus qui vont un jour travailler dans le secteur de l'aviation civile partout dans le monde. Ces individus occuperont dans le futur une position qui leur permettra de perpétrer des actes de terrorisme contre des cibles appartenant à l'aviation civile.**» (C'est nous qui traduisons.)

de faire des recherches dans l'ordinateur de Moussaoui. Cette permission leur fut refusée et l'on traita même l'agent qui exerçait ces pressions d'alarmiste. Tel qu'il l'a été révélé au procès de Zacarias Moussaoui en mars 2006, cet agent s'était défendu en 2001 contre cette accusation en déclarant « qu'il s'efforçait d'empêcher quelqu'un de détourner un avion pour le faire percuter une des tours du World Trade Centre ». On ne saurait être plus précis. Néanmoins, le mandat de recherche qu'il réclamait lui fut refusé. Ajoutons qu'à cette même époque (l'été 2001), le FBI savait que Moussaoui avait brièvement pris des leçons de pilotage à l'école de Norman en Oklahoma avant de poursuivre sa formation au Minnesota. Or, le FBI avait également appris que le pilote personnel d'Oussama ben Laden avait été formé à l'école de Norman, deux ans auparavant. Finalement, Moussaoui comptait Richard C. Reid parmi ses amis. C'est cet individu qui se rendra par la suite célèbre en tentant de faire exploser un avion en dissimulant des explosifs dans ses chaussures en décembre 2001. En dépit de leur somme impressionnante, ces indices n'étaient pas les seuls. Après avoir arrêté Moussaoui, les agents du FBI étaient à même de constater non seulement qu'il avait pris des leçons de pilotage, mais qu'il avait acheté des couteaux à lame courte (des *cutters*, type même de l'instrument utilisé pour perpétré les attentats du 9/11), qu'il avait reçu de l'argent d'Allemagne (d'où provenait le chef des kamikazes du 9/11, Mohammed Atta), et qu'il avait fréquenté l'incendiaire mosquée de Finsbury Park à Londres (le Londonistan). Toutes ces informations ont été plus tard mises en preuve au procès de Zacarias Moussaoui.

5. Au regard du contenu du mémo de Phoenix, Zacarias Moussaoui était le prototype même du suspect dont l'agent de Phoenix avait dénoncé les tentatives d'infiltration. La somme des indices que nous venons d'énumérer renforçait cette conclusion. Au final, les carences très marquées du FBI dans cette affaire seront dénoncées par Coleen Rowley, un agent du FBI au détachement du Minnesota. Sa dénonciation fera grand bruit et elle sera nommée une des trois femmes de l'année 2002 par le magazine *Time*[4].

Qu'est-ce qui n'a pas marché ? Une interprétation

Interrogeons-nous encore une fois sur la signification de l'échec des services de sécurité à extraire des informations qu'ils possédaient le renseignement de plus en plus précis qui y était contenu. Rappelons brièvement les trois informations qui étaient en possession de la CIA et du FBI.

L'interrogatoire de Mourad révèle un plan terroriste de détourner des avions commerciaux et de s'en servir comme des missiles contre des cibles symboliques (des édifices).

Le Mémorandum de Phoenix rapporte que des suspects reliés à des organisations terroristes actives prennent des leçons de pilotage dans des

---

4. *Time Magazine*, 30 décembre 2002/6 janvier 2003.

écoles états-uniennes sans pouvoir justifier de façon crédible leur motivation à acquérir une compétence de pilote.

On procède à l'arrestation d'un suspect — Zacarias Moussaoui — qui correspond de façon précise au profil décrit dans le Mémorandum de Phoenix, comme le montrent un ensemble d'informations recueillies lors de son arrestation.

Les services de renseignement américains n'ont pas partagé ces informations avec toute la diligence souhaitable. En outre, ils ne se sont pas penchés ensemble sur leur signification. Mais la véritable lacune se trouve ailleurs, dans les carences du traitement des informations possédées. Ces carences, il faut le souligner, ne tiennent pas dans une incapacité de passer d'un indice particulier à un autre indice de nature différente par un processus d'analyse (*connecting the dots*). Autrement dit, les services de renseignement n'ont pas achoppé à reconstituer un message en intégrant dans un tout significatif les trois éléments différents d'un puzzle. Pour l'essentiel, tout le message est déjà présent dans la première information : on projette de détourner des avions et de les faire s'écraser sur des édifices. Les deux informations subséquentes ne feront que reprendre ce même message sur un mode toujours plus précis. Dans le dernier cas — l'arrestation et les premiers interrogatoires de Moussaoui —, la précision est complète : on a arrêté un suspect dont on pense maintenant qu'il se préparait à participer aux attentats et qui possédait sur ses complices des renseignements détaillés. La faille dans le traitement des informations est donc beaucoup plus élémentaire que l'échec de passer d'un point A à un point B. En fait, on n'a pas su reconnaître la **répétition** d'un message qui était essentiellement le même et qui n'a évolué qu'en rapport à sa précision.

QUELQUES MESURES DE RÉFORME

Depuis les attentats de septembre 2001, un nombre considérable de recommandations a été formulé pour remédier aux lacunes que nous avons décrites. Il faut mettre au premier plan le caractère de ces lacunes : elles sont élémentaires. Les réformes doivent tenir compte de ce caractère et s'abstenir de pécher par excès de complexité en visant à faire des responsables du renseignement des cartomanciens qui peuvent prédire le futur en traitant l'information comme un jeu de tarot dont les cartes sont rendues transparentes par l'utilisation d'ordinateurs et de programmes mis au point par les théoriciens de l'intelligence artificielle.

1. La plus fondamentale des recommandations est d'instaurer les structures permettant un meilleur échange de l'information. Cette recommandation est maintenant un lieu commun. Nous aimerions la reprendre en réfléchissant aux moyens de l'actualiser. Il faudrait en premier lieu remettre en cause le principe de propriété de l'information, qui est au fondement du rétentionnisme qui caractérise présentement les services de renseignement. Cette remise en cause reposerait sur l'affirmation du principe

suivant, énoncé par l'un des spécialistes du renseignement qui a témoigné devant un comité de parlementaires états-uniens dont le sénateur Shelby était le vice-président: «la propriété de l'information appartient à ceux qui l'analysent plutôt qu'à ceux qui en font la collecte» (cité dans Shelby 2002: 36). L'application de ce principe n'implique rien de moins qu'un changement de paradigme. Le premier de ces paradigmes est représenté dans la figure 1 et le second dans la figure 2:

Figure 1 • Paradigme traditionnel

Figure 2 • Nouveau paradigme

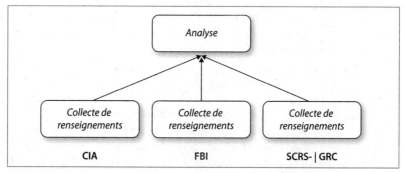

Il y a deux avantages à ce changement de paradigme. Le premier réside de façon attendue dans le partage de l'information, qui permet des analyses qui intègrent toutes les sources d'information (*all-source fusion*). Le second avantage, et non le moindre, est que le deuxième modèle comporte l'assurance que l'analyse de l'information sera effectuée, puisque l'analyse constitue le point commun où convergent les différentes sources d'information. Ce second paradigme est progressivement en train de s'installer sur une base locale aux États-Unis, où l'on établit des «centres de fusion» qui rassemblent l'information et, dans une mesure qui reste à évaluer, en font l'analyse.

2. Il faut en second lieu réduire les obstacles à l'établissement du nouveau paradigme. Le plus important de ces obstacles est de nature administrative et légale. Il s'agit de l'habilitation sécuritaire, qui comporte plusieurs paliers. Or, les divers membres de la communauté du renseignement ne sont pas tous au même palier dans l'étagement des degrés d'habilitation sécuritaire, ce qui constitue un empêchement dirimant au partage de l'information. De façon plus particulière, les services policiers ne sont pas au même niveau d'habilitation que les collègues des services de renseignement de sécurité. Il faudrait donc s'assurer que les analystes qui réalisent l'intégration des sources d'information partagent tous une habilitation sécuritaire suffisante pour avoir accès à toutes ces sources. Le second obstacle est le principe de la « nécessité de savoir » (*need-to-know basis*). Ce principe a du sens au niveau opérationnel, mais il doit faire l'objet d'une réinterprétation conforme aux besoins de l'analyse du renseignement. La duplication des efforts de collecte de l'information constitue un troisième obstacle. En effet, la duplication des efforts se fait non seulement au détriment de l'efficacité, mais elle produit du secret de façon exponentielle. Quand on marche dans les pas d'un autre de façon délibérée, c'est souvent parce qu'on veut l'observer de manière clandestine et exploiter à ses propres fins ce qu'il découvre.

3. Quelle est, en troisième lieu, l'opération qu'il faudrait privilégier dans l'analyse du renseignement ? Il faudrait au moins assurer que la plus élémentaire des opérations de traitement de l'information soit effectuée de manière systématique et compétente. Il s'agit tout simplement du repérage des récurrences dans les informations recueillies. Après s'être livré de façon méthodique à la compilation des récurrences, on s'interrogera sur leur degré de signification et l'on tentera d'extraire et de configurer des patterns parmi les informations récurrentes les plus porteuses.

POUR CONCLURE

Comme je l'ai indiqué au début de ce chapitre, les services de renseignement canadiens sont davantage évalués en fonction de la convenance de leurs opérations avec la loi et les droits des Canadiens. Cette perspective juridique ne permet pas de mesurer l'efficacité des opérations du service. Il faut donc procéder à une redéfinition canadienne de la reddition de comptes qui soit non seulement mesurée par l'obligation de moyen mais également par celle de résultat.

La commission McDonald avait à cet égard prévu la création d'un Bureau d'appréciation des renseignements. La fonction première de cet organisme, logé au sein du Bureau du Conseil privé, c'est-à-dire au cœur même du gouvernement, était de produire des évaluations de la qualité des renseignements colligés et analysés par les divers services canadiens de sécurité, en relation avec les besoins et les priorités du Canada, déterminés au sommet de la hiérarchie gouvernementale (Canada 1981a : 901).

Le Bureau d'appréciation des renseignements avait également une seconde fonction. Il devait offrir «une occasion de faire participer davantage le public aux questions de renseignement et de sécurité» (Canada 1981a: 955). Cette ouverture de la communauté du renseignement sur l'extérieur nous semble nécessaire, bien qu'elle ait été de tout temps négligée. Elle fait l'objet d'une plus grande négligence au Canada qu'aux États-Unis où les parlementaires jouent un rôle beaucoup plus déterminant qu'au Canada dans l'établissement des politiques de la communauté du renseignement. Pour ce qui est de la mesure de leur efficacité, les services canadiens de renseignement opèrent dans un vide de contrôle. Le secret qui recouvre leurs opérations protège autant leur ignorance que leur savoir, autant leur incompétence que leur performance. Ce qui a passé le filtre de la confidentialité — par exemple, la qualité de leurs prestations dans la résolution de l'attentat de 1985 contre un avion d'Air India qui fit 329 victimes — n'est pas de nature à nous rassurer (Bolan 2005).

CHAPITRE 20

Vers un renseignement criminel de qualité

▶ FRÉDÉRIC LEMIEUX

INTRODUCTION

En marge de la police de proximité, on remarque au cours des années 1990 l'émergence d'un modèle policier plus incisif prenant appui sur l'usage de la surveillance, des technologies de l'information, des analyses criminelles et des renseignements. Se détachant graduellement d'une réponse traditionnellement réactive, les forces de l'ordre se sont tournées vers des approches proactives en plaçant les notions de rendement et d'efficacité au centre de leurs stratégies. Parmi celles-ci, on observe une orientation vers une culture de la performance et des résultats (Bottom et Wiles 1996 ; Jonhston 2000 ; Cope 2003 ; Long 2003). La légitimité d'une telle approche se définit non plus en fonction des attentes du public, mais bien selon les priorités identifiées par les pouvoirs publics et les services de police (Tilley 2003). L'usage des renseignements dans la conduite des affaires policières se développe par une volonté d'atténuer les risques que représentent les phénomènes criminels récurrents (Maguire 2000). L'allocation optimale des ressources policières et l'identification de priorités permettant aux organisations policières de planifier des interventions générant des impacts significatifs sur la criminalité.

Concrètement, la mise en œuvre du modèle de police guidée par les renseignements s'est traduite par des opérations ciblées dans le temps et dans l'espace (*hot spots*), par le profilage des délinquants actifs et des organisations criminelles prolifiques (Skogan et Fydl 2004). On remarque également une multiplication des opérations policières proactives de grandes envergures telles que les opérations coup-de-poing et la concentration des enquêtes dont le principal objectif consiste à maximiser les performances de la police en matière d'arrestations, de saisies, de mises en accusation et de réduction du volume de la criminalité. Dans ce contexte, l'orientation des stratégies de lutte contre la criminalité et la détermination des objectifs opérationnels reposent essentiellement sur les connaissances explicites[1] et le savoir pratique[2] accumulés par les organisations policières à l'aide des activités de renseignement.

Toutefois, jusqu'à présent, les recherches universitaires se sont principalement intéressées à l'impact des opérations de ciblage sur des formes particulières de crime (Barton et Evans 1999; Gill 2000; Maguire 2000; John et Maguire 2003). D'autres travaux se sont attardés aux modalités d'implantation de l'*intelligence-led policing* (ILP) mettant en évidence les contraintes organisationnelles minant le développement des activités de renseignement (Maguire et John 1995; Gill 1998; Scheptycki 2004; Lemieux 2005a). Du point de vue des pratiques policières, on observe que les forces de l'ordre persistent à utiliser des critères de performance opérationnels afin d'évaluer les retombées de l'ILP. Bien que les organisations policières soient redevables devant les pouvoirs publics et la population, il n'en demeure pas moins que les évaluations de performance négligent une dimension centrale : l'évaluation du traitement de l'information et de la qualité des renseignements produits.

La conception et l'application de programmes reposant sur des actions répressives ciblées, sur des projets de prévention situationnelle ou sur des initiatives communautaires nécessitent une compréhension approfondie des phénomènes criminels et des groupes d'auteurs, des habitudes des délinquants, de leurs modes opératoires, des comportements des victimes et des attentes du public (Brantingham et Brantingham 1990; Rosenbaum 1986). Dans ce cadre, le traitement de l'information et la production de renseignements constituent un élément crucial au perfectionnement des connaissances des services de police. En effet, le développement optimal d'un processus de traitement de l'information offre la possibilité aux corps de police d'être mieux informés sur les attentes du public, la criminalité et les répercussions des stratégies de contrôle déployées par les forces de l'ordre (Tremblay et Rochon 1990: 418). De plus, en évaluant la capacité des services de police à mettre en œuvre et à maintenir un processus de renseignement systématique, rigoureux et durable, nous serions en mesure de mieux comprendre la façon dont ils utilisent les informations et la manière dont ils interprètent les messages provenant de l'environnement.

Notre propos n'a pas pour objectif de traiter de l'obligation de moyen mais bien de l'obligation de résultat des services de renseignement criminel. Dans la première section de ce chapitre, nous définissons la nature des

---

1. Nous définissons les connaissances explicites comme un ensemble de notions et de principes qu'un policier acquiert par l'étude, l'observation ou l'expérience et qu'il peut intégrer aux habiletés qu'il a développées dans le cadre de ses fonctions.
2. Nous définissons le savoir pratique comme étant un ensemble de connaissances acquises qui ont été approfondies par une activité intellectuelle suivie afin de dégager des applications utiles, notamment par l'analyse de la criminalité.

activités de renseignement criminel, nous spécifions ses rôles et ses finalités. Dans la seconde partie, notre attention se porte plutôt sur les qualités que les produits et les processus du renseignement devraient posséder afin d'éclairer les décisions et guider les actions policières.

LE RENSEIGNEMENT CRIMINEL : QUELQUES DISTINCTIONS

Tout d'abord, une première distinction doit être établie entre le renseignement de sécurité (ou politique) et le renseignement criminel. Le premier assure l'intégrité du territoire national, des institutions publiques, la protection de l'État et de ses intérêts (nationaux/étrangers) contre les menaces provenant de l'intérieur ou de l'extérieur de la nation (individus ou groupes subversifs). En revanche, le renseignement criminel a pour mission d'appuyer les autorités policières dans la répression et la prévention de la criminalité. Par ailleurs, soulignons également que les renseignements produits par les services de sécurité nationale sont en grande majorité protégés et ne peuvent faire l'objet d'une divulgation publique pour des raisons d'État, de protection des sources d'information ou encore pour ne pas dévoiler les techniques de collecte. Les services de police ne bénéficient pas d'une telle immunité et les renseignements criminels qu'ils produisent ainsi que les moyens déployés pour les obtenir sont en règle générale dévoilés lors du dépôt de la preuve devant les tribunaux (voir le chapitre 23 dans ce volume). Toutefois, nous ne pouvons nous satisfaire de ces distinctions, puisqu'elles négligent plusieurs dimensions de la fonction de renseignement criminel.

Définition

La vaste majorité des ouvrages traitant du renseignement criminel provient soit des récits d'anciens agents, soit des manuels professionnels ou des Commissions d'enquête publique (Dobry 1997 ; Brodeur 2005). Bien que le renseignement criminel représente un avantage reconnu dans la lutte contre la criminalité, il existe néanmoins un flou quant à la nature des activités de renseignement criminel. Cette fonction sous-tend un travail intellectuel qui a pour objectifs l'accroissement, le renouvellement et l'utilisation des connaissances afin d'orienter les décisions dans l'incertitude et de guider les opérations sur les bonnes cibles. Elle se distingue de la surveillance du territoire (gendarmerie) ou des services d'enquête sur plusieurs aspects. Tout d'abord, les individus qui œuvrent dans ce domaine se trouvent en retrait de l'action, ils n'entretiennent pas de contacts avec les citoyens, ils rencontrent rarement les délinquants et encore moins les victimes. De plus, très peu d'analystes sont invités à témoigner devant les tribunaux contrairement aux patrouilleurs ou aux enquêteurs. L'activité de renseignement criminel demeure cachée du public en général et elle échappe à une vaste majorité de policiers. Enfin, contrairement à la patrouille ou aux enquêtes qui possèdent un mandat instrumental de lutte active contre la criminalité, le renseignement criminel détient plutôt un mandat passif dont les activités s'apparentent au travail des firmes experts-conseils, notamment par la production d'analyses.

En règle générale, le renseignement criminel est défini à partir du procédé de traitement de l'information qui le sous-tend. Selon Harris (1976), le renseignement criminel est un processus continu qui implique plusieurs étapes dont la cueillette et l'évaluation de l'information, la saisie des données, l'analyse, la dissémination et une ré-évaluation des renseignements au regard de nouvelles informations acquises. Soulignons toutefois que ce processus est constitué de trois distinctions d'ordre sémantique que nous devons éclaircir. Dans un premier temps, la matière première recueillie par les agences de renseignement criminel est connue sous le vocable d'information. Il s'agit de faits rapportés ou détectés par la police qui doivent être évalués selon des normes et des standards précis afin de déterminer la pertinence de leur contenu. Si elle s'avère fiable et valide, l'information est par la suite structurée sous forme de données. Ces dernières sont insérées dans les systèmes informatiques de la police et elles constituent l'assise information-nelle des organisations policières. Finalement, l'analyse regroupe et traite les données à l'aide de techniques d'analyse dans le but de dégager une compré-hension cohérente de l'objet étudié et de produire des renseignements utiles. Ainsi, le processus du renseignement constitue une méthode de transfor-mation des informations (*Knowledge Based*) en une forme de renseignement (savoir pratique) qui intègre un ensemble de distinctions terminologiques déjà définies par la recherche portant sur la police (Brodeur 2005; voir aussi le chapitre 18 dans ce volume).

Rôles

La définition procédurale de la fonction de renseignement criminel suggère, sans toutefois l'indiquer clairement, que la production de connaissance y joue un rôle central. Comme le souligne Brei (1996: 4), le renseignement repré-sente bien plus que de l'information ou des données, il s'agit de connaissances qui sont organisées pour satisfaire les besoins spécifiques d'un «client». La fonction de renseignement a pour but d'offrir aux unités opérationnelles ou aux gestionnaires une compréhension pragmatique d'une situation ou d'un problème criminel qui doit être transposable en moyens d'action.

Plus précisément, le renseignement criminel possède cinq rôles principaux:

Détecter

Effectuer un balayage de l'environnement afin de dépister la présence d'individus, de groupes ou de phénomènes susceptibles de représenter une menace pour la communauté. La fonction de renseignement offre également la possibilité de mettre en lumière les fluctuations inhabituelles de la criminalité ou les éléments communs à plusieurs affaires criminelles. La capacité de diagnostiquer les anomalies ou de reconnaître les éléments d'intérêt est conditionnelle 1) à la constitution préalable d'un savoir organisationnel portant sur l'environnement social, 2) à la détermination d'objectifs organisationnels précis et 3) à une gestion optimale des flux informationnels.

Connaître

Approfondir les spécificités d'un phénomène criminel et les caractéristiques des cibles criminelles (individus ou groupes d'auteurs) afin d'identifier les contre-mesures ou les moyens d'action appropriés. La fonction de renseignement offre la possibilité de constituer un savoir pratique sur l'environnement social dans lequel baignent les organisations policières. L'élaboration de ce savoir nécessite le développement d'indices fiables, stables et valides permettant d'estimer et de saisir avec précision : 1) l'ampleur des activités criminelles sur un territoire donné, 2) le fonctionnement des organisations criminelles et 3) les phénomènes criminels et les causes de leur fluctuation dans le temps. L'activité de renseignement exige de la part des analystes des qualités intellectuelles et des connaissances théoriques.

Anticiper

Formuler des scénarios (pessimistes ou optimistes) à partir de l'ensemble des connaissances acquises sur un phénomène criminel, sur un groupe d'individus ou sur une personne. La fonction de renseignement peut, à partir de la somme de données recueillies, produire des analyses prospectives, établir des pronostics et même effectuer des calculs de probabilités afin de dégager des constats utiles sur les tendances de la criminalité et les phénomènes criminels émergents.

Orienter

Contribuer à la planification et à l'allocation des priorités et des ressources organisationnelles. La fonction de renseignement a pour rôle de guider les gestionnaires et les unités opérationnelles en leur indiquant les contre-mesures possibles, leur efficacité, les objectifs fixés et les ressources disponibles.

Évaluer

Examiner de façon rigoureuse les impacts produits par les actions de la police ou de toutes autres mesures du système judiciaire. En réalisant des évaluations postopérationnelles, la fonction de renseignement représente le pilier de l'apprentissage organisationnel. Dans ce cas, l'évaluation a pour objectif de constituer un savoir sur l'efficacité relative des méthodes et des procédures qu'une organisation policière utilise dans la lutte contre la criminalité.

Finalités

On recense trois finalités du renseignement criminel, à savoir : opérationnelle, tactique et stratégique. Le renseignement opérationnel intervient dans le cadre d'affaires criminelles spécifiques en traitant les informations de nature factuelle et nominative associées à des suspects ou toute autre forme d'entités criminelles. Il vient en appui aux enquêteurs afin de résoudre les investigations complexes. Le renseignement opérationnel sert principalement à orienter les enquêtes et offre aux policiers les éléments essentiels pour mieux comprendre les habitudes et les activités des contrevenants ou groupes d'auteurs ciblés. Quant au renseignement tactique, il oriente les unités opérationnelles dans la planification des actions et l'affectation des ressources. Il est principalement utilisé dans l'élaboration de méthodes ou de contre-mesures efficaces destinées à neutraliser une menace criminelle spécifique (personne ou groupe d'auteurs). Le renseignement tactique produit des analyses sur lesquelles le renseignement stratégique peut prendre appui et inversement. Finalement, le renseignement stratégique traite les problèmes de sécurité et les phénomènes criminels de façon macroscopique en offrant une perspective élargie des différentes causes qui agissent sur la criminalité. Les analyses stratégiques sont utilisées pour soutenir la planification organisationnelle à long terme, déterminer des objectifs, proposer des modifications législatives ou encore élaborer des stratégies en partenariat avec d'autres organismes publics ou privés.

TRAITEMENT DE L'INFORMATION : ÉVALUATION ET CRITÈRES DE PERFORMANCE

La fonction de renseignement consiste à rechercher, organiser et traiter l'information dans le but de produire de nouvelles connaissances portant sur les opérations policières, l'environnement criminel et ses composantes. En principe, ces connaissances permettent aux organisations de développer de nouvelles tactiques ou stratégies et d'améliorer celles qui existent déjà (Lemieux 2005a). Dans cette seconde section, nous identifions cinq grandes dimensions permettant de juger de la qualité d'un système de renseignements criminels : 1) l'acquisition et l'accessibilité des informations, 2) la qualité des informations et des données, 3) la qualité des analyses et des renseignements, 4) la dissémination des produits du renseignement et 5) la formation et la capacité d'apprentissage.

Acquisition et accessibilité

Les agences de renseignement ont pour tâche de structurer les informations afin de les insérer dans les bases de données policières. Les systèmes d'exploitation de l'information ont contribué, de façon significative, à renforcer la capacité informationnelle des services de police et à optimiser la gestion des informations. L'usage des technologies permet d'accélérer les délais d'accessibilité aux bases de données et la transmission de leur contenu. Toutefois, on observe que peu de policiers alimentent avec suffisamment de pertinence et de discernement les formulaires administratifs ainsi que les bases de données. De plus, on observe un phénomène de rétention de l'information inhérent à la culture policière (secret, lutte de pouvoir, etc.), mais également en raison du fait que les informations sont souvent associées à une forme de propriété individuelle, voire intellectuelle (Manning 1992, 2000 ; Sheptycki 2004).

La qualité des informations et des données

Afin de préserver et d'améliorer leur capacité informationnelle, les services de renseignement criminel doivent également miser sur l'élaboration des politiques internes favorisant une bonne gestion des bases de données et des systèmes d'archivage. La qualité des données contenues dans les systèmes de gestion de l'information de la police est garante d'une mémoire organisationnelle viable. En effet, bon nombre d'erreurs peuvent survenir lors de l'évaluation des informations et au moment de leur saisie. Concernant la qualité de la source humaine, Krizan (1999) suggère trois principaux critères : la fiabilité, la proximité et la réputation. La fiabilité renvoie à l'exactitude des informations divulguées par un individu dans le passé. La proximité fait plutôt référence à la distance séparant la source d'un fait (observateur direct ou indirect — ouï-dire). L'évaluation de la proximité de la source permet d'apprécier les risques d'erreurs ou distorsion dans le contenu de l'information rapportée. Quant à la réputation de la source, elle est associée à la crédibilité de celui ou celle qui communique l'information (niveau d'autorité, d'expertise, statut, etc.). En ce qui a trait à l'évaluation de l'information, Harris (1989) suggère trois critères : la vraisemblance, la prévisibilité et la validité. L'évaluation en fonction du premier critère permet d'établir si l'information est véridique en toutes circonstances ou bien si elle est seulement valable sous certaines conditions (connues ou inconnues). La prévisibilité de l'information renvoie au contexte auquel elle se rattache : s'inscrit-elle dans un enchaînement logique ? Enfin, la validité renvoie à la vérification de l'information à partir des données déjà acquises : y a-t-il une convergence ou une divergence (corroboration) ?

Par ailleurs, la structuration des informations peut faire l'objet d'erreurs de manipulation lors de la saisie dans les bases de données. En effet, les systèmes d'information contiennent un grand nombre de données altérées, tronquées ou incomplètes. Afin de pallier cet obstacle, certaines organisations privées ont recours à des logiciels de recherche intelligents passant au crible les informations en identifiant et en éliminant les doublons et les coquilles. De plus, soulignons que le contenu des banques de données policières est assujetti à une période de prescription. Pour garantir la qualité des données, les agences de renseignement doivent assurer la mise à jour des dossiers, des fichiers et des synthèses qu'elles produisent. Elles doivent également préciser les politiques en matière de conservation de l'information afin de déterminer à quel moment les données seront expurgées des systèmes d'information ou réévaluées.

La qualité de l'analyse et des renseignements

L'analyse criminelle est au cœur du processus de traitement de l'information. Elle représente bien plus qu'une simple réorganisation des données policières sous un format schématique ou statistique. L'analyse criminelle doit mettre en perspective les différentes facettes d'un phénomène criminel particulier et fournir une interprétation juste des causes et des effets qui le sous-tendent. C'est particulièrement vrai pour les analyses criminelles de type stratégique. Pour ce faire, elles doivent prendre appui sur des méthodes de traitement de l'information qui sont appropriées afin d'approfondir la compréhension des problèmes criminels (méthodologies qualitatives ou quantitatives).

Sur les plans opérationnel et tactique, les analyses répondent à des préoccupations de nature factuelle ou pragmatique. Elles sont principalement utilisées pour corroborer ou valider des informations imprécises, pour détecter des événements qui sont reliés entre eux, pour relancer des dossiers d'enquête qui piétinent, pour structurer l'ensemble des éléments de preuves dans le cadre d'une enquête complexe ou encore pour lancer de nouvelles investigations.

Finalement, les agences de renseignement criminel doivent répondre aux préoccupations de leurs utilisateurs. Selon Taylor (1986), les produits du renseignent ont pour objectif d'ajouter une valeur significative aux informations que détiennent les gestionnaires et les membres des unités opérationnelles. Ils doivent donner un sens à un événement ou à un phénomène particulier, éclairer les cadres policiers dans la prise de décision et, ultimement, recommander les moyens d'action les plus efficaces pour contrer une menace. Cette valeur ajoutée a pour but de communiquer un message clair, sans ambiguïté et qui sera utile pour le destinataire. De plus, les renseignements doivent être produits dans un format approprié qui tient compte des habitudes et des préférences des destinataires. Par exemple, les gestionnaires préféreront les comptes rendus brefs et concis, leur donnant ainsi l'occasion de poser des questions afin de mieux comprendre le contenu de la communication. En revanche, les professionnels privilégieront plutôt les documents transmis par courrier électronique, par télécopieur ou par courrier interne. La qualité des renseignements et leurs produits dérivés peuvent être évalués à partir des sept dimensions suivantes (Krizan 1999) :

Exactitude

Le traitement des sources et des données comportait-il des erreurs techniques et des interprétations erronées pouvant induire en erreur ?

Objectivité

L'interprétation était-elle exempte de jugements de valeur, de distorsions délibérées et de manipulations souscrivant à un intérêt particulier ?

Utilité

Est-ce que le produit a été distribué dans un format facile à utiliser et favorisant la compréhension ? Était-il compatible avec les capacités du destinataire à le recevoir, le manipuler, le protéger et l'entreposer ?

Pertinence

L'information a-t-elle été sélectionnée et organisée selon les exigences et les besoins du destinataire ? Est-ce que les conséquences et la signification des informations traitées sont suffisamment explicites pour être comprises par le destinataire ?

Disponibilité

En général, est-ce que le fonctionnement des renseignements criminels répond aux exigences, aux besoins et aux contraintes du destinataire ?

Opportun

Est-ce que les produits du renseignement ont été livrés dans des délais permettant au destinataire de les mettre en application ?

Impact

Quelles ont été les principales retombées des renseignements transmis (opérationnelles, améliorer les connaissances, validation, aucune) ?

La dissémination des produits du renseignement

La dissémination est un processus par lequel les organisations échangent et partagent des renseignements à partir de plusieurs sources (Choo 2002). Dans le domaine du renseignement, il est impératif d'élargir le cercle de distribution afin d'accroître l'apprentissage organisationnel, d'améliorer la récupération des informations et de favoriser la production de nouveaux renseignements à partir d'un assemblage des différentes informations diffusées dans l'organisation (Huber 1991). Au cours de nos travaux de recherche antérieurs, nous avons été en mesure d'observer toute la diversité des modes de diffusion mise en œuvre par les organisations policières et les agences de renseignement (Lemieux 2005b). Parmi ceux-ci, nous retrouvons : 1) les tables de concertation et les groupes de discussion, 2) les évaluations annuelles de la menace, 3) les bulletins quadriennaux d'information, 4) les rapports de situation hebdomadaires et quotidiens, 5) les séminaires régionaux et nationaux, 6) les *newsletters* électroniques destinées aux analystes, 7) les réseaux d'échange intranet et 8) les systèmes d'alerte électronique personnalisés prévenant, en temps réel, de l'apparition de nouvelles affaires criminelles dans un domaine précis.

Formation et capacité d'apprentissage

Bien que la tendance des dernières années soit d'augmenter le degré de spécialisation des policiers (Skogan et Frydl 2004), les unités de renseignement criminel sont caractérisées par de profondes lacunes quant à la reconnaissance des expertises, provoquant parfois des clivages entre les groupes professionnels qui les constituent. La formation est souvent un des aspects les plus négligés dans le domaine du renseignement criminel (Cope 2004). Or, le degré de spécialisation découle du niveau de formation et de l'expérience accumulée dans le cadre d'un travail spécifique. Elle découle également d'un partage des connaissances et de la communication entre les experts. Enfin, mentionnons que les séminaires de formation, les voyages d'étude à l'étranger et la participation à des symposiums ou colloques internationaux traitant des évolutions de la criminalité sont des éléments essentiels du processus d'apprentissage organisationnel. Ces activités permettent d'accroître les connaissances du personnel, d'apporter de nouvelles idées aux organisations policières et d'instaurer un système d'apprentissage valorisant pour le personnel des services de renseignement.

CHAPITRE 21

La trace matérielle, vecteur d'information au service du renseignement

▶ OLIVIER RIBAUX ET PIERRE MARGOT

INTRODUCTION

L a trace matérielle occupe souvent une place centrale dans le procès pénal. Les récents progrès technologiques, notamment en matière d'ADN, ont encore renforcé la perception d'un domaine en pleine évolution au service des autorités judiciaires.

La trace matérielle résulte directement d'une activité. Elle est le signe ou la marque involontairement transférés lorsque le malfaiteur opère. Au-delà de son rôle en tant qu'élément de preuve, elle a le statut d'indice qui aide à supposer ce qui s'est passé et à mettre en relation des événements. La trace matérielle devrait donc naturellement alimenter les fonctions de renseignement, exigées par les nouveaux modèles policiers, qui aident à conduire les affaires policières et à choisir les modes d'action proactifs les plus efficients pour aborder des questions de sécurité (voir les chapitres généraux sur le sujet). Toutefois, malgré un potentiel d'exploitation évident, sa place dans ce cadre n'est pas encore clairement établie.

Le National Intelligence Model (NIM) (NCIS 2000), conçu en Angleterre et largement adopté, constitue une illustration très complète de la police qui décide en fonction de sa capacité d'analyse des informations. L'intégration de la trace matérielle dans ce système est une priorité (House of Commons 2005), mais se heurte à plusieurs difficultés.

Les conditions pratiques d'une telle exploitation sont de nature juridique (quelles bases légales pour le traitement et les échanges de données), structurelle (quelles formes d'organisation) et économique (notamment le coût des instruments et de leur exploitation). L'application de cette approche dépend aussi des technologies accessibles et reste liée à la culture policière pas forcément sensible à ces nouvelles possibilités. Toutefois, plus fondamentalement, la définition de ce cadre doit préalablement s'appuyer sur une bonne compréhension des différentes formes possibles d'utilisation des traces à des fins de renseignement, qu'il soit criminel ou qu'il relève plus largement d'une capacité à détecter ou à analyser des dangers pour la sécurité.

Ce chapitre présente les résultats actuels d'une démarche de formalisation prévue sur le long terme. Cette dernière veut aboutir à une description de processus de traitement de l'information qui portent sur des phénomènes sériels variés (cambriolages, incendies, stupéfiants, courriels non sollicités, etc.) et qui reposent sur l'exploitation des éléments matériels. La validité des modèles obtenus, leur capacité à aider à comprendre en temps réel l'ampleur, la structure et l'évolution des phénomènes étudiés est testée par le développement de prototypes intégrés essentiellement, mais pas exclusivement, dans la pratique policière.

Le développement d'un tel programme systématique de recherche nécessite une coopération soutenue entre l'université, des services de police et des institutions privées. Cette situation favorable qui permet notamment l'usage de données provenant de situations réelles et qui facilite le transfert de technologie, résulte en Suisse d'une longue tradition d'échanges et de rapprochements entre l'Institut de Police Scientifique de l'Université de Lausanne et les organisations intéressées.

LA FORENSIQUE : QUELLE SCIENCE ? POUR QUOI FAIRE ?

Un ensemble de techniques issues de progrès scientifiques dans des domaines variés aide à résoudre des crimes depuis plusieurs siècles. Des médecins, chimistes, mathématiciens, microscopistes, anthropologues, biologistes, naturalistes, juristes et bien d'autres ont trouvé dès le XVIIe siècle des moyens d'innocenter, de confondre ou d'indiquer des pistes d'investigation en reconnaissant, répertoriant, mesurant et évaluant la matière emportée ou laissée par le malfaiteur lorsqu'il a opéré.

Un domaine qui peine à se constituer

Quelques scientifiques du début du siècle passé ont cherché à rassembler dans un cadre unifié cet ensemble de contributions à l'investigation criminelle. Une série de publications fondamentales (Gross 1899 ; Locard 1909 ; Reiss 1911 ; Locard 1920) ainsi qu'un nouveau programme universitaire[1] ont notamment résulté de ces réflexions. Ces pionniers sont toutefois restés en désaccord sur le statut à attribuer à cette discipline — police technique ou

---

1. L'Institut de Police Scientifique de l'Université de Lausanne a été fondé en 1909 par Rodolphe Archibald Reiss (1875-1929).

police scientifique (Crispino 2006). Les difficultés de traduction (*forensic science*, *kriminalistik*, sciences judiciaires, sciences légales) ainsi que le champ d'application mal délimité (strictement dans le cadre du travail de la police ou au-delà) ont encore alimenté les controverses sur les définitions essentielles. Aujourd'hui, les séries télévisées renforcent une perception romancée du domaine qui est largement exploitée par des universités. Ces dernières prolongent avec opportunisme leur domaine d'activité propre en perte de popularité, afin d'attirer des nouveaux étudiants en justifiant leurs programmes par les récents développements technologiques — chimie forensique, physique forensique, informatique forensique, etc. (Forrest 2004; Margot 2005; Mennell 2006) [2].

Cette faiblesse des forces d'intégration, combinée avec des tentatives externes de s'approprier des composants de la discipline, produit un éclatement en sous-spécialités délimitées par les techniques, notamment de la biologie moléculaire, de l'informatique, de la chimie, de la physique ou de la microscopie.

Cette vision décomposée guide la conception d'études sur la contribution des traces matérielles dans les programmes de réduction du crime. L'exploitation des traces biologiques, restreinte à l'identification de personnes par les profils d'ADN, ressort généralement vainqueur de ces évaluations (Burrows et Tarling 2004). Ces résultats semblent signifier que la recherche d'efficience nécessiterait la concentration des efforts sur un seul type de trace, quitte à négliger les autres. Le bien-fondé de cette stratégie est remis en cause lorsque l'ensemble des moyens d'identification est considéré. Ainsi, 70,8 % des 3084 personnes recensées disparues au niveau international lors du tsunami en Thaïlande ont été identifiées. Malgré les moyens mis en œuvre, l'utilisation des analyses d'ADN sans combinaison avec d'autres méthodes (empreintes digitales, odontologie) ne constitue que 1,15 % de l'ensemble des identifications (Leon et Hebrard 2006).

Cette conception très réductrice est contestée par un autre courant plus holistique : « si la police technique a beaucoup emprunté aux technologies modernes ou aux découvertes de la science [...], ces emprunts n'auraient pu s'imaginer sans une tradition de pratiques comparatives, acquise antérieurement et donc prête à accueillir ces nouveaux outils » (Dulong 2004). Les questions posées présentent une certaine homogénéité : les traces sont des signes involontairement déposés qui indiquent le déroulement d'événements. Il faut donc les détecter, les trouver, les reconnaître en tant qu'indices puis les interpréter afin de supposer ce qui a pu se passer. La recherche d'une telle intégration de l'ensemble des traces pertinentes en fonction

---

2. En 2005, il a été recensé au Royaume-Uni 450 cours qui contenaient dans leur titre le mot *forensic* dans l'ensemble des hautes écoles — voir Mennell, J. (2006). « The Future of Forensic and Crime Scene Science Part II, A UK Perspective on Forensic Science Education. » *Forensic Science International*, 157 (Supplement 1), p. S13-S20.

d'une situation donnée amène à effectuer des choix qui vise l'efficience. Par exemple, la sélection des séquences de techniques d'analyse d'échantillons prélevés se basera sur des critères tels que la non-destructibilité, la sensibilité, la spécificité, la simplicité, la précision, l'exactitude, le pouvoir discriminant et le coût des instruments disponibles. Ces facteurs ont une importance variable en fonction de l'affaire traitée et de la nature des traces prélevées. Ce balayage global des dimensions pertinentes complexifie la tâche des malfaiteurs qui peuvent difficilement contrôler leur comportement afin d'éviter le transfert des différents types de traces qui informent sur des aspects variés de leur profil et de leur méthode.

Selon cette perspective, il existe bien des questions communes liées aux traces matérielles, à leur existence, à leur gestion et à leur interprétation qui méritent la constitution d'un domaine propre. Afin d'installer ce dernier dans la francophonie, il a été proposé d'emprunter la *forensic science* anglaise plus englobante que les termes inventés en français (police technique, police scientifique, voire criminalistique) en constituant le néologisme «sciences forensiques[3]».

Une contribution plus large

Les tribunaux intègrent dans leurs décisions les éléments de preuve apportés par des experts scientifiques. L'incontestabilité de cette contribution est remise en question à la suite de problèmes survenus dans des causes importantes et des nouvelles possibilités d'interprétation statistique des indices génétiques (Saks 1994; Coquoz et Taroni 2006). Il est exigé de la communauté scientifique qu'elle s'entende sur la validité de ses méthodes et de ses techniques, ainsi que sur leurs limites. L'individualisation (Kirk 1963) et l'identification de la source (Kwan 1976) deviennent les questions essentielles : comment évaluer l'incertitude que cette trace provienne ou ne provienne pas de cette source? L'expert soumet au tribunal son appréciation essentiellement sous la forme d'une combinaison de probabilités subjectives issues de son expérience propre et de données qui résultent d'études statistiques (Evett 1993; Aitken et Taroni 2004). Est-ce que la caractéristique observée sur cette trace est rare? à quelle fréquence la retrouve-t-on dans une population d'intérêt? quelle est la probabilité qu'un transfert d'une telle nature survienne entre ces matières dans cette situation spécifique?

Certains juristes avertissent : les hypothèses d'enquête risquent d'influencer l'évaluation des experts. S'il sait un individu dans le collimateur des policiers, le scientifique risque d'orienter ses conclusions en conséquence.

---

3. «Les sciences forensiques, ou la forensique, appliquent une démarche scientifique et des méthodes techniques dans l'étude des traces qui prennent leur origine dans une activité criminelle, ou litigieuse en matière civile, réglementaire ou administrative.» (P. Margot, *Cours de sciences forensiques*, Université de Lausanne, Institut de Police Scientifique, 2005.)

Il s'agit de le protéger de cet effet de contexte indésirable en l'éloignant autant que possible de la gestion des affaires (Saks *et autres* 2003).

Ces exigences des juristes ont sans doute relancé une certaine réflexion théorique transversale. Le revers de ces développements est qu'ils privilégient ainsi le traitement des données dans le cadre du processus spécifique qui conduit la trace à son évaluation devant un tribunal, au détriment d'autres formes possibles d'exploitation. Déjà sur la scène de crime, les scientifiques opèrent essentiellement dans la perspective du procès pénal et de ses contraintes, jusqu'à ignorer des indices difficilement interprétables devant une cour. Les mêmes effets déjà dénoncés au sujet du fonctionnement traditionnel de la police se manifestent : la légalité des moyens concentre toute l'attention au détriment d'une réflexion sur la contribution globale des moyens forensiques en matière de sécurité. Cette ambivalence des formes d'exploitation potentielles de la trace dans les différentes étapes du processus judiciaire a été précisément relevée par Kind :

« L'opinion parmi les scientifiques judiciaires est nettement divisée au sujet du rôle du scientifique dans l'organisation de l'enquête elle-même — c'est-à-dire dans quelle mesure devrait-il y participer ? En effet, devrait-il rester tout à fait indépendant de l'enquête policière ? Il y a ceux qui disent que le scientifique qui ne conserve pas son rôle indépendant devient policier et qu'il finira par compromettre son intégrité scientifique. Ceux qui sont dans le camp opposé maintiennent que sans la participation du scientifique dans le contrôle des matières reçues et dans celui de l'application des résultats, les processus analytiques dans le laboratoire seraient réduits à une espèce de rituel isolé. » (Kind 1984, p. 99)

Dans ce contexte de forte pression sur les scientifiques, les arguments de ceux qui alertaient sur la perte d'information qui résulte d'une approche essentiellement légaliste ont été très largement ignorés. Pourtant, il est fréquemment découvert *a posteriori*, ou tard dans l'enquête, que l'élément déterminant qui aurait pu guider les enquêteurs judiciaires plus vite vers la bonne piste existait déjà sous la forme de traces matérielles négligées (Kind 1987). La mise en relation d'indices est entravée : il s'agit clairement d'une forme particulière de *linkage blindness* (Egger 1984), l'une des principales causes de l'incapacité des organisations policières à détecter des problèmes de sécurité. Comprendre ce qui s'est passé nécessite de raisonner sur tous les indices accessibles, y compris et surtout sur ceux qui ont une réalité physique. Ces derniers ne « mentent pas » comme le disait Bertillon qui opposait les éléments matériels au témoignage.

Le développement de modèles policiers qui fondent le fonctionnement de l'organisation sur une capacité de traitement et d'analyse de l'information amène à reconsidérer l'apport potentiel de la trace matérielle dans un cadre plus large (Kind 1987 ; Walsh *et autres* 2002b ; Wiggett *et autres* 2003 ; Mennell et Shaw 2006 ; Ribaux *et autres* 2006). Récemment, la question de son positionnement a été ainsi relancée, mais d'une manière restrictive, sans forcément prendre appui sur les travaux déjà réalisés (Jackson *et autres*

2006; Mennell 2006). Les liens que peut entretenir la trace matérielle avec le renseignement restent donc très flous. Une démarche de formalisation à long terme a été proposée afin de combler ce vide (Ribaux et Margot 1999; Ribaux et Margot 2003; Ribaux *et autres* 2006).

Elle s'est jusqu'ici concentrée essentiellement sur la compréhension de phénomènes sériels dans plusieurs domaines. L'exploitation combinée des traces matérielles pour la détection et la gestion des liens entre cambriolages fait l'objet d'une classification des formes de raisonnement utilisées au cours de l'analyse (Ribaux et Margot 1999). Une approche plus générale des phénomènes sériels qui intègre les éléments matériels repose sur la gestion d'une mémoire structurée de «cas». Cette dernière est organisée de manière à représenter ce qu'on comprend des séries de cambriolages et du phénomène considéré globalement: quelles sont les séries en cours, quel est leur profil, comment les cas sont mis en relation, par quels indices, avec quelles incertitudes, etc. (Ribaux et Margot 2003). Des publications évaluent les possibilités de situer ces modèles dans le cadre des démarches de renseignement (Ribaux *et autres* 2003; Ribaux *et autres* 2006). Enfin, des études indiquent que les mises en relation systématiques à partir des traces peuvent informer sur la structure de la criminalité et la mobilité des malfaiteurs (Girod *et autres* 2004; Ribaux *et autres* 2006). Par exemple, l'analyse chimique des stupéfiants saisis est susceptible d'augmenter les connaissances sur la dynamique du trafic et ainsi contribuer à une variété de formes de renseignement (Guéniat et Esseiva 2005; Esseiva *et autres* 2006).

Le champ d'application de ces démarches ne se restreint pas aux questions qui intéressent uniquement la justice pénale. Par exemple, des défauts techniques de véhicules, de fabrication de cheminées ou même de machines à café ont pu être corrigés grâce à des recoupements effectués sur des données d'incendies (Papilloud 2004). Le suivi de désordres ou de détériorations de l'espace urbain peut aussi profiter des liens obtenus entre des graffitis à partir des comparaisons des peintures utilisées (*spray*) (Buzzini et Massonnet 2004) et des écritures (Pun et Buzzini 2006). Ces méthodes peuvent aussi relever du renseignement de sécurité: l'examen des mécanismes des bombes utilisées lors d'attentats peut dévoiler des éléments de la structure d'organisations terroristes (Johnston 2004).

Cette utilisation des traces matérielles est susceptible d'ouvrir un nouveau champ de développement aux sciences forensiques. La suite procédera par une proposition en quatre étapes sur la manière de construire ce lien entre les traces matérielles et leur exploitation dans le cadre des méthodes de renseignement:

1. Établir des relations entre la trace matérielle et l'interprétation des situations criminelles qui sont elles-mêmes intégrées dans les démarches d'analyse de problèmes de sécurité (Clarke et Eck 2003);
2. Intégrer l'exploitation des traces matérielles dans l'enquête judiciaire décomposée en «chapitres», selon (Kind 1994), afin de distinguer

l'apport de la trace dans l'investigation d'un crime particulier de sa contribution dans les processus de renseignement ;

3. Sur ces bases, décrire un ensemble de processus, appelés processus de détection, susceptibles de s'inscrire dans des démarches de sécurité proactives qui exploitent une fonction de renseignement ;

4. Décrire quelques (projets de) réalisations particulières de ces processus qui intègrent des éléments matériels.

Du postulat de Locard aux approches situationnelles

Le postulat le plus unificateur des sciences forensiques a été paradoxalement énoncé par Edmond Locard qui rejetait l'idée d'une « police scientifique » en lui préférant « technique policière » ou « criminalistique » (Crispino 2006). Il énonce, au chapitre 4 de « L'enquête criminelle et les méthodes scientifiques » (Locard 1920) : « La vérité est que nul ne peut agir avec l'intensité que suppose l'action criminelle sans laisser des marques multiples de son passage. [...] Les indices dont je veux montrer ici l'emploi sont de deux ordres : tantôt le malfaiteur a laissé sur les lieux les marques de son passage, tantôt, par une action inverse, il a emporté sur son corps ou sur ses vêtements les indices de son séjour ou de son geste. »

Ce postulat, souvent élevé au rang de principe, a été décliné sous de multiples formes (Crispino 2006), du réducteur « tout contact laisse une trace », à une interprétation invoquant la violence de l'action criminelle comme condition nécessaire à de possibles échanges physiques. Quoi qu'il en soit, on peut admettre que le malfaiteur, lorsqu'il opère dans une situation donnée, perturbe physiquement l'environnement et laisse ou emporte ainsi des marques ou signes de son activité : ce sont les traces matérielles. La trace résulte des propriétés physiques de la matière, par exemple la divisibilité (Inman et Rudin 2001), et des affinités que peuvent présenter le support et la matière transférée. On peut aussi accepter que la situation dans laquelle se déroule le crime influe sur la nature (répartition spatiale, quantité et qualité) des échanges physiques (Crispino 2006). La plupart du temps, l'action criminelle requiert en effet d'opérer rapidement et discrètement, de prendre des précautions et d'agir avec calme dans des situations risquées et largement imprévisibles. Selon les situations particulières dans lesquelles le malfaiteur agit et selon sa technique, il aura une propension à échanger plus ou moins de matières de différents types, à différents endroits, avec son environnement.

Le postulat de l'existence de traces sur une scène de crime n'est pas suffisant. Les trouver et les reconnaître en tant que données pertinentes ou indices constitue la gageure de l'investigateur scientifique. Des chercheurs (Crispino 2006 ; Girod *et autres* 2006) ont quantifié le nombre et évalué la qualité des traces recueillies par différents services appartenant à différentes organisations. Ils ont aussi comparé ces indicateurs à l'intérieur d'un même service. Les résultats ont montré une grande variabilité entre les organisations, d'une part, et entre les individus, d'autre part, qui semblent montrer une influence plus grande encore qu'attendu de l'approche et de l'attitude de celui qui intervient sur la scène de crime sur la quantité et la qualité des traces prélevées.

On peut donc avancer que la quantité et la nature des indices physiques recueillis dépendent d'une part de l'activité du malfaiteur dans son environnement et, d'autre part, de la capacité des investigateurs de scènes de crimes à comprendre ces situations criminelles. Les grands auteurs du début du siècle passé (Gross 1899 ; Reiss 1911 ; Locard 1920) donnaient déjà une importance prépondérante à la connaissance des techniques des malfaiteurs et de leurs relations avec les traces susceptibles d'être détectées. Une phrase célèbre attribuée à Bertillon avertissait : « On ne voit que ce que l'on regarde, et on ne regarde que ce que l'on a déjà à l'esprit. »

La sensibilité des instruments d'analyse physique ou chimique des traces a considérablement augmenté. Des quantités de matières potentiellement détectables sont toujours plus petites et augmentent en conséquence la complexité de la recherche des traces : une perte d'information résulte inévitablement d'une exploration des lieux qui n'exploite pas les hypothèses de scénarios sur ce qui a pu se passer.

Ce lien entre l'activité des criminels et les traces qui en résultent peut se concevoir utilement au travers des théories des occasions. Dans cette conception, le crime résulterait de la rencontre entre un auteur qui effectue des choix, et une cible ou une victime qui présente des vulnérabilités dans un environnement contraint et gardé mais qui laisse des opportunités (Felson et Clarke 1998). Ce postulat servait initialement à fonder les approches préventives pragmatiques qui visent à supprimer les opportunités. La spécificité des situations réduit les possibilités de déplacement du crime : les auteurs retrouvent difficilement des conditions favorables dans lesquelles les efforts à consentir, la perception du risque ainsi que les gains espérés et la gratification attendue sont semblables. Les réflexions sur les facteurs qui définissent les situations trouvent un champ d'application beaucoup plus étendu. Clarke et Eck (2003), notamment, proposent de guider l'analyse d'une gamme très large de problèmes par la décomposition des situations : quel ensemble de caractéristiques des auteurs, des cibles/victimes et de l'environnement peuvent constituer les précurseurs d'un problème ?

Les situations hypothétiques décrites selon toutes ces dimensions peuvent aussi aider à imaginer les échanges physiques potentiels : de nuit, le cambrioleur agit avec des modes opératoires globalement plus silencieux que le jour. Le nombre et la nature des traces transférées par l'auteur dans ces deux circonstances sont très différents.

La figure 1 représente le processus de collecte et d'interprétation des traces. Des situations sont supposées et leurs conséquences possibles sur les échanges physiques sont évaluées. Cette interprétation conduit à la recherche ciblée de traces pertinentes.

Figure 1 • Des traces résultant d'une situation criminelle

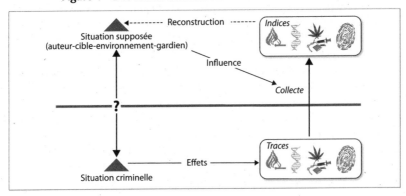

Cette approche offre l'avantage d'échapper aux conceptions légalistes et à leurs systèmes de classification pour concentrer l'attention vers l'examen des situations criminelles. À l'inverse, l'évaluation des caractéristiques supposées des auteurs, de la cible ou de la victime, de l'environnement et des gardiens aide à construire des scénarios qui guident les recherches effectuées par les scientifiques sur la scène de crime.

La compréhension des situations joue un rôle charnière entre l'analyse de problèmes, le renseignement criminel et la recherche et l'interprétation des traces. Le lien ainsi forgé entre la trace et les approches axées sur le renseignement présente un potentiel d'investigation sous-estimé.

En particulier, trois niveaux de connaissances sont donc susceptibles de guider la recherche d'efficience en aidant à fixer des priorités (scènes sur lesquelles il vaut la peine de faire intervenir des scientifiques) et à déterminer la manière d'aborder spécifiquement chaque scène (Crispino 2006; Girod *et autres* 2006):

1. Le niveau physique: l'affinité entre les matières qui favorise les échanges. Quels sont les «bons» supports sur lesquels des traces sont susceptibles d'être détectées? C'est ainsi que Walsh et ses collègues (2002a), notamment, abordent les traces biologiques, alors que Girod (2002) étudie les affinités entre les chaussures et les sols pour comprendre les transferts de traces de chaussures;

2. Le niveau situationnel: la connaissance des situations criminelles et de leurs relations possibles avec l'échange de matières;

3. Le niveau renseignement: la connaissance des phénomènes récurrents, de problèmes spécifiques et de l'état actuel de la criminalité, notamment des séries d'infractions en cours.

Un exemple représentatif illustre bien l'apport d'une logique de décomposition des affaires selon les niveaux ci-dessus:

Une région bien délimitée fait l'objet d'une vague de cambriolages nocturnes particuliers. Le mode opératoire se distingue par un trou pratiqué dans le cadre des fenêtres des habitations visitées. Le phénomène étant nocturne, l'outil utilisé doit être silencieux, manuel comme une chignole (perceuse manuelle). Le trou sert à introduire une tige afin de soulever la poignée intérieure de la fenêtre pour en provoquer l'ouverture. Ce mode de fonctionnement constitue une situation qui explique logiquement le déroulement de chaque événement, mais ne permet pas de faire avancer l'enquête qui piétine. L'ampleur de la série provoque beaucoup d'interventions, sans que l'information recueillie ne permette de résoudre cette activité criminelle particulière.

La perception de la gravité du phénomène conduit les services scientifiques à imaginer les gestes nécessaires à la réalisation des délits. Ils imaginent ainsi qu'en perçant le trou dans le montant de la fenêtre, l'auteur a besoin d'évacuer les copeaux résiduels en soufflant sur le trou ou en le nettoyant avec un doigt provoquant un contact physique traçogène. Pour tester cette hypothèse, un prélèvement d'éventuel matériel biologique autour du trou effectué avec la chignole dans une trentaine de cas apporte une nouvelle information importante. Dans la moitié de ces cas, un profil ADN est obtenu. Ces profils sont pertinents, car ils proviennent d'un nombre d'individus limité (groupe d'auteurs). Dans les cas ultérieurs de cette série importante, ces prélèvements sont systématisés. Cette détection valide l'hypothèse situationnelle et l'association d'un groupe d'auteurs avec l'ensemble des cas. Ces bases solides ont donné une impulsion décisive aux enquêtes en cours.

LA TRACE MATÉRIELLE ET LES CHAPITRES DE L'ENQUÊTE CRIMINELLE

Les approches situationnelles peuvent donc se connecter aux méthodes d'intervention sur la scène de crime ; elles offrent également un cadre pour interpréter les indices recueillis. Ainsi considérée, la trace matérielle se rapproche des nouveaux modèles policiers qui fondent les actions sur le renseignement. Il subsiste cependant une confusion entre son exploitation dans l'enquête criminelle et son potentiel pour alimenter les processus de renseignement. En anglais, la *forensic intelligence* (traduction littérale : renseignement forensique) semble aussi bien s'appliquer lorsque l'évaluation des traces matérielles contribue à déterminer la réalité d'une infraction, à l'identification ou à la localisation d'un suspect, que lorsque ces traces sont exploitées dans une activité de renseignement ou d'analyse de problèmes de sécurité (Wiggett *et autres* 2003 ; Ribaux *et autres* 2006).

Si l'on se réfère au paradigme en trois chapitres de Kind (1994) pour expliquer le processus de l'enquête criminelle, le «problème de trouver» consisterait à rassembler toutes les pièces d'informations accessibles pour aboutir à la découverte du criminel. Si cette étape aboutit, un suspect est identifié et sous contrôle (éventuellement détenu). Le dossier peut se constituer. Il contiendra les éléments de preuve solides mis en relation avec des infractions bien définies. Au procès, la présentation de ces éléments de preuve contribue à mettre en valeur et discuter la force probante de l'ensemble des éléments du dossier ainsi constitué. Dans beaucoup de situations, le processus de recherche n'est évidemment pas appliqué, car un suspect peut être directement arrêté en flagrant délit ou au cours d'une patrouille de routine.

Figure 2

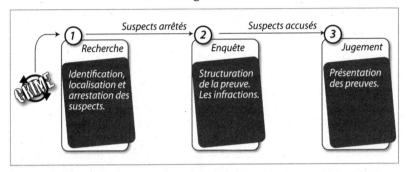

Chacun des trois chapitres de Kind fait appel à une logique propre. La taxinomie de l'enquête proposée par Brodeur (2005) complète ce modèle en distinguant l'enquête d'identification, de localisation et de la structuration de la preuve (voir le chapitre 38 dans ce volume).

Ces trois chapitres nécessitent chacun une approche spécifique, mais leur réalisation sera d'autant facilitée que les informations auront été préparées antérieurement de manière adéquate : une opération d'arrestation sera organisée de manière à éviter que le suspect ne puisse détruire des éléments de preuve. Le premier, qui intéresse particulièrement Kind (1984, 1987 et 1994), consiste, à partir des indices, à déterminer la réalité de l'infraction, puis à développer des hypothèses sur le déroulement du crime et à «deviner» qui pourraient être son ou ses auteurs. Les deux derniers procèdent plutôt par le test des hypothèses de culpabilité ou d'innocence. D'une démarche essentiellement inductive, l'approche s'oriente globalement vers une série d'étapes plus déductives. Jackson et ses collègues (2006) avancent des idées similaires, tout comme Kwan (1976). En «mode investigatif», le forensicien doit se montrer incisif, imaginatif et développer un spectre aussi large que possible d'hypothèses pouvant expliquer ce qu'il a trouvé en communiquant intensément avec les autres enquêteurs. Kind et Jackson simplifient cependant à l'extrême l'expression des formes de raisonnements en jeu. Ceux-ci peuvent s'envisager utilement de manière plus différenciée en partant des effets (les traces) vers les causes (des éléments de la situation) par l'application de connaissances générales (les règles). Ainsi, cette méthode basée sur le modèle du pragmatique Pierce (Margot 2005) propose l'abduction pour encadrer la démarche de reconstruction à partir des constatations effectuées sur la scène de crime. Un éclat de peinture (la trace) retrouvé sur les lieux d'un accident avec délit de fuite peut indiquer la marque et le modèle du véhicule en cause (profil de la voiture, élément de la situation), grâce à des données de référence obtenues auprès des constructeurs automobiles (connaissances générales, voir figure 3).

Figure 3 • L'abduction : rechercher les causes les plus probables d'effets observés

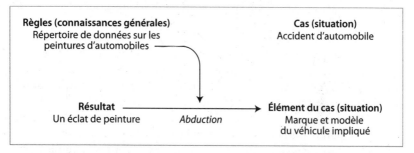

La recherche d'un véhicule accidenté[4] de la marque et du modèle supposé peut amener à la découverte d'une automobile répondant à ce profil. Une série de tests comparatifs peut ensuite amener à confirmer ou réfuter les hypothèses de participation dudit véhicule à l'accident.

Un autre exemple concerne les traces biologiques. Leur qualité ne permet pas toujours d'extraire l'ensemble d'un profil d'ADN (liste d'une vingtaine de valeurs numériques); il manque parfois une partie de l'information (on ne dispose que d'une partie de la liste des valeurs numériques). Lorsqu'un tel profil est détecté (trace), sa confrontation à une base de données (connaissances générales) peut livrer une liste de plusieurs profils « compatibles » qui ont été préalablement prélevés à partir des personnes généralement déjà condamnées (liste de sources possibles). L'enquête peut alors se focaliser sur l'ensemble des individus désignés en procédant, par exemple, par élimination. Une telle exploitation peut surprendre, mais elle est très semblable à l'exploitation d'un numéro de plaque minéralogique partiel relevé par un témoin, alors qu'un malfaiteur opère avec un véhicule. Personne ne contestera que la démarche d'enquête appropriée consiste à comparer le numéro de plaque partiel avec le fichier des détenteurs de véhicules ou des plaques de véhicules signalés volés. Pourtant, dans cette situation, l'information a été relevée par un témoin qui a pu se tromper et l'information ne guide pas potentiellement directement vers une personne, mais plutôt vers un véhicule, pour autant que ce dernier soit équipé de la bonne plaque minéralogique. L'analogie n'est certes pas complète, mais incite à mettre en regard des mécanismes traditionnels basés sur des connaissances de sens

---

4. Si un éclat de peinture est retrouvé, alors il résulte probablement directement de l'accident dans lequel une voiture est impliquée (nouvelle abduction), donc (déduction) la voiture en question est accidentée.

commun avec une approche basée sur des traces mesurables et des incertitudes fondées sur des modèles probabilistes.

Plus exceptionnellement, un type de recherche consiste à confronter un profil d'ADN extrait d'une trace biologique à une collection préexistante afin de retrouver des profils similaires. La proximité des profils peut signifier la proche parenté des personnes qui sont à leur origine. De telles stratégies de recherche sont déjà exploitées pour débloquer des enquêtes qui tendent à s'enliser.

L'interprétation des traces matérielles est utile dans bien d'autres situations, notamment lorsqu'il s'agit d'indiquer le type d'objet potentiellement à la source d'une trace. Ainsi, on peut souvent supposer la marque et le modèle de la chaussure à partir d'une trace de soulier, alors qu'une douille informera sur le type d'arme à feu utilisée. De même, une trace d'oreille prélevée sur un support révèle des éléments du profil du malfaiteur, comme sa taille, le port d'une boucle d'oreille ou la longueur de ses cheveux.

Les traces constituent donc des sources de pistes tangibles pour l'enquête criminelle qui indiquent comment les événements se sont déroulés, le profil d'un suspect ou de ses accessoires, voire son identité dans des situations particulières. Cette intégration du forensicien dans l'enquête ne va pourtant pas de soi, ce dernier appartenant, selon les organisations, à des laboratoires centralisés, indépendants des organisations policières. Cependant, un nombre toujours plus important de structures associent maintenant un conseiller scientifique aux enquêteurs dans des situations jugées prioritaires. Parfois, le forensicien assume lui-même la responsabilité de grandes affaires, car il est en mesure de tester matériellement de nombreuses hypothèses. Une telle démarche exige des scientifiques une formation de l'esprit critique face aux présupposés liés au contexte de l'affaire ainsi qu'aux incertitudes qui entachent les indices matériels.

LES PROCESSUS DE DÉTECTION

Le schéma de l'enquête criminelle présenté plus haut (figure 2) ne couvre évidemment qu'une partie d'un enchevêtrement d'innombrables processus de traitement des informations qui aident à aborder des questions liées à la sécurité. Une manière utile de démêler cet écheveau consiste à classifier les modes de traitement. Ceux qui sont décrits dans ce chapitre visent la compréhension en temps réel de la structure et de l'ampleur de phénomènes persistants (types de désordres, situations criminelles typiques, trafic de stupéfiants, incendies et risques divers). L'objectif est double: 1) Détecter des configurations spécifiques qui nécessitent une réponse immédiate (détection rapide d'une série particulière de crimes, d'un produit stupéfiant particulièrement dangereux pour la santé, d'une organisation criminelle qui présente un risque pour la sécurité, etc.); 2) Augmenter les connaissances globales sur le phénomène et les mettre à jour en fonction de l'évolution de la situation afin de donner les moyens de recommander des priorités et d'adapter des mesures à un niveau plus stratégique.

Figure 4 • Les processus de détection ou de surveillance relatifs à des thèmes ou des risques

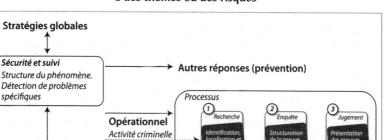

Intimement liés à certaines formes de surveillance, ces processus de détection appliqués systématiquement avec de nouveaux moyens technologiques constituent des enjeux prioritaires en regard de la sensibilité des sources de données analysées. Par exemple, la nature des démarches d'identification de personnes a bien changé entre le système pénible et très intrusif de prises de mesures anthropométriques de Bertillon et le contrôle par un système automatisé de saisie d'empreintes digitales embarqué par la patrouille de police! De manière similaire, l'interception de communications électroniques est source d'inquiétudes si elle n'est pas encadrée de manière appropriée, réalisée avec mesure et compétence. Un des éléments critiques de ces traitements est leur capacité à minimiser les fausses alertes qui peuvent engendrer l'utilisation de moyens intrusifs ou désagréables pour les personnes visées à tort: une erreur au cours d'un contrôle d'identité peut aboutir à une garde à vue!

Une formalisation de ces processus est nécessaire afin de pouvoir estimer leur efficience, définir le cadre structurel et juridique approprié, apprécier les diverses sources de données accessibles en regard des droits fondamentaux, harmoniser leur fonctionnement et dégager les possibilités d'automatiser sélectivement un certain nombre de tâches.

Cette manière de traiter l'information relève du renseignement, mais s'intègre difficilement dans les schémas traditionnels qui séparent les processus à finalité dite stratégique (orientations à destination du management) de ceux qui ont un objectif plus directement opérationnel lié à l'enquête judiciaire (voir la discussion à ce sujet dans le chapitre 23 de ce volume). Ces processus proactifs entrent difficilement dans ces catégories; ils les alimentent plutôt toutes les deux. De plus, ils servent surtout à la détection et au suivi de risques pour la sécurité au sens large dont la gestion n'est pas forcément entièrement du ressort de la police ou de la justice, mais dont la responsabilité est partagée par un ensemble disparate d'acteurs. Une telle formalisation est donc susceptible de contribuer aux débats sur les questions essentielles liées au rôle de la police dans la fragmentation de la gestion des risques entre une variété d'institutions privées et publiques (Ericson et Haggerty 1997).

Description d'un processus de détection

Un processus de détection consiste en un balayage systématique de données accessibles qui sont intégrées dans une mémoire organisée. Cette dernière représente l'état des connaissances sur un thème particulier à un moment donné. Elle est entachée d'incertitudes et toute nouvelle information est susceptible de mettre en danger sa cohérence. Par exemple, dans le domaine du cambriolage, elle contient des représentations des phénomènes connus (des bandes d'auteurs et les situations criminelles qu'ils exploitent), des hypothèses sur l'existence de séries particulières, le profil de ces séries (leur répartition spatio-temporelle ou des indications sur le profil des auteurs), ainsi que des ensembles de cas mis en relation de manière plus ou moins certaine en fonction de la qualité des indices disponibles. Des informations provenant notamment de chaque nouveau cambriolage sont susceptibles de remettre en cause le contenu de la mémoire et peuvent nécessiter sa réorganisation (nouvel indice qui se recoupe avec d'autres, nouveau cas associé à une série qui change son profil, etc.).

La mémoire est souvent implantée sous la forme d'une base de données (voir figure 5). Elle représente l'état des connaissances, à un moment donné, sur le phénomène suivi.

L'analyse procède par une variété de formes logiques essentiellement basées sur l'association ou l'assemblage des pièces d'informations préexistantes (par exemple, des rapprochements entre des affaires). Le postulat de départ est que les traces matérielles peuvent constituer le fondement d'une gamme très large de tels processus qui portent notamment sur la détection et le suivi de phénomènes sériels (pour un approfondissement des enjeux théoriques, voir Ribaux et Margot 2003).

L'analyse systématique de phénomènes sériels

La série peut accepter plusieurs définitions telles que l'implication d'au moins un même individu dans plusieurs événements, ou plus généralement, admettre que les causes des événements sont similaires comme les défauts techniques d'un appareil conduisant au déclenchement d'incendies. L'analyse de phénomènes sériels procède donc de manière élémentaire par la

Figure 5 • Modélisation d'un processus de détection

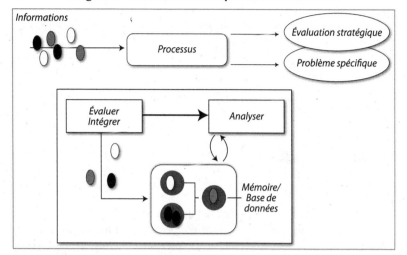

recherche de rapprochements entre événements qui formeront la structure de base de la mémoire. Les traces matérielles disposent justement d'un potentiel incomparable pour mettre en relation des indices et indiquer ainsi une origine commune. Le raisonnement relève de l'analogie : deux traces biologiques présentant le même profil d'ADN peuvent signifier que la source (souvent une personne) est la même, deux balles similaires laissent supposer que la même arme ou le même type d'arme a été utilisé, des traces de souliers semblables peuvent indiquer qu'une personne portait les mêmes souliers ou le même type de souliers, deux profils chimiques apparentés extraits de produits stupéfiants peuvent résulter de procédés de fabrication semblables, deux produits accélérateurs de feu qui se ressemblent peuvent avoir une origine commune (essence provenant d'une même station-service) ou provenir du même genre d'accélérateur de feu, etc.

Ces analogies opèrent à différents niveaux et nécessitent une définition claire de notions comme « les mêmes », « le même type », « semblable », « similaire », « profil », etc., de même qu'une décomposition plus fine des mécanismes d'inférence en jeu. Ces derniers font l'objet de recherches intensives, mais leur compréhension reste encore lacunaire (Ribaux *et autres* 2006). Ces raisonnements cependant présentent un avantage essentiel : ils portent sur des éléments tangibles qui ont une réalité physique mesurable. Une telle démarche procure une base solide pour d'autres approches. Selon cette conception, les méthodes comportementales constituent bien, par exemple, un prolongement et non le point central de la détection de liens entre affaires (figure 6).

Les caractéristiques observées et mesurées des traces matérielles sont souvent directement comparables, à l'inverse des profils générés sur la base de raisonnements incertains.

Figure 6

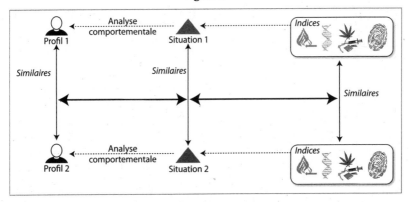

Ce changement de perspective est un moyen de rééquilibrer les forces d'investigation en fonction de la nature des sources d'information et des théories qui fondent leur exploitation (imprécisions, complétude, incertitudes, fiabilité, validité).

EXEMPLES DE PROCESSUS PARTICULIERS

La valeur de l'approche proposée peut être perçue au travers d'exemples concrets issus de recherches et de la mise en application au travers de prototypes.

Le profilage des stupéfiants

Le profilage chimique et physique des stupéfiants saisis apporte des renseignements stratégiques et opérationnels sur la nature et l'ampleur du commerce des substances illégales — procédés de fabrication, dangerosité des substances, mécanismes de diffusion, etc. (Guéniat et Esseiva 2005). Cette méthode consiste à extraire les caractéristiques chimiques (composition) et physiques (par exemple, mesures sur les pilules d'ecstasy ou sur l'emballage du produit) de chaque échantillon analysé, puis à conserver ce profil dans une base de données. Les stupéfiants qui se «ressemblent» sont ensuite rassemblés dans des classes par des comparaisons systématiques. Ces liens renseignent potentiellement sur une origine commune ou sur des procédés de fabrication semblables à tous les niveaux de production, jusqu'à la vente.

Les bases de données contiennent actuellement un échantillon respectable des données saisies dans une région aux caractéristiques variées (deux aéroports, frontières et villes de tailles diverses, saisies dans la rue et résultant d'enquêtes). Des efforts d'harmonisation des méthodes analytiques à un niveau national ou international laissent entrevoir la possibilité d'augmenter l'étendue de l'application de cette méthode par un partage des informations à l'échelle internationale (Ioset *et autres* 2005).

Des résultats initiaux prometteurs ont été obtenus au moyen de cette démarche. En général, la comparaison de profils confirme ou infirme des hypothèses développées sur des relations entre malfaiteurs ou réseaux de trafiquants, aide à décider du regroupement d'enquêtes jugées *a priori* indépendantes, ou fonde l'établissement des priorités d'interventions en regard de l'ampleur supposée de différents trafics (Esseiva *et autres* 2006).

La détection de nouveaux produits chimiques ou précurseurs utilisés pour fabriquer des stupéfiants stimule un meilleur contrôle de la vente de ces produits, afin de restreindre les risques de détournement à des fins illicites. La santé publique bénéficie également de ces nouveaux outils par une détection rapide de l'utilisation de combinaisons de produits particulièrement dangereux et de l'ampleur de leur diffusion. L'intérêt du processus proposé s'étend donc largement au-delà de son apport dans le cadre de l'activité policière préventive et répressive.

Une évaluation globale de l'efficience de la méthode n'est toutefois pas encore possible aujourd'hui, car des inconnues subsistent sur la manière d'interpréter ce jeu de données. En particulier, des travaux sur son intégration dans l'enquête judiciaire, ainsi qu'avec les informations disponibles sur le trafic de stupéfiants, sont nécessaires pour mieux saisir la complémentarité des méthodes de profilage des stupéfiants avec les approches traditionnelles[5].

L'analyse des causes d'incendies dans des démarches d'anticipation

Les incendies volontaires sont généralement approchés dans la perspective de la motivation des auteurs, comme la vengeance, l'excitation, le désordre mental, le profit et la fraude, le terrorisme, le vandalisme ou le déguisement d'un autre fait. Les auteurs de chaque catégorie semblent présenter des comportements typiques, notamment des schémas de déplacements, susceptibles de guider les enquêtes (Rossmo 1999).

La littérature est toutefois plus discrète sur la question fondamentale qui influence toute la démarche d'enquête, ainsi que la possibilité d'approcher globalement le phénomène de l'incendie : la détermination de l'origine et de la cause du départ du feu. Par un raisonnement qui relève de l'analogie, des causes d'incendies similaires peuvent ensuite indiquer un défaut technique récurrent (cheminées, marque et modèle de voitures, machines de tout type), l'activité d'un pyromane (par exemple, le même produit accélérant utilisé par l'auteur), les négligences les plus typiques des individus (cigarette allumée en s'endormant, plaques de la cuisinière, hottes d'aération, barbecue, etc.) ou

---

5. Recherche soutenue par le Fonds National Suisse de la Recherche Scientifique, n° 105211-107862.

les causes naturelles de départ spontané du feu (autoéchauffement bactérien, chimique ou physique).

La portée de cette détection dépasse le domaine de la justice pénale. Des mesures préventives peuvent découler d'une telle démarche comme la diffusion d'informations au public, le rappel et le retrait d'appareils défectueux, l'arrêt de l'utilisation de bus destinés au transport public et de cheminées mal conçues dans des maisons privées, ou l'inadéquation de certaines normes de construction. Les assureurs peuvent également sur cette base calculer des risques à partir de statistiques valides. Les leçons tirées des résultats des investigations sur des cas particuliers importants, tels que l'incendie du tunnel du Gothard, peuvent ensuite produire une série de recommandations destinées à améliorer la sécurité des installations (Martin et Delémont 2003; Martin *et autres* 2005).

La découverte de l'origine et de la cause d'un incendie est difficile. Les traces sont souvent détruites par le feu ou l'activité des pompiers. Cette reconstruction nécessite une approche basée essentiellement sur la recherche des circonstances spécifiques dans lesquelles la rencontre d'un combustible, d'un comburant (l'air, l'oxygène) et d'une source de chaleur est susceptible de déclencher le feu ou l'explosion (Martin 1988). Ces difficultés expliquent un nombre élevé de causes de feu indéterminées lorsque des spécialistes n'interviennent pas. Des études montrent une forte variabilité du nombre de cas aux causes indéterminées en fonction des structures d'enquêtes et de police scientifique (Du Pasquier 2003; Papilloud 2004). Ces lacunes peuvent cacher et favoriser une propagation de phénomènes aux conséquences désastreuses.

L'amélioration de cette détection passe par des connaissances solides en physique et en chimie, une démarche expérimentale d'évaluation et de réfutation de l'ensemble des hypothèses sur la base de photographies, témoignages, informations provenant de détecteurs et surtout d'observations effectuées sur les lieux. L'utilisation de maquettes et de modèles numériques de simulation du départ et de la propagation du feu aide à tester des hypothèses (Delémont 2005). La gestion systématique et à large échelle des causes détectées est susceptible de considérablement aider à contrôler le phénomène de l'incendie, mais nécessite la mise en œuvre de partenariats entre un ensemble d'institutions dont les intérêts divergent et qu'il est difficile de stimuler (Papilloud 2004).

La fraude à l'avance de frais et le phishing

La trace numérique a bien une nature physique. Elle s'intègre donc dans l'ensemble des données traitées en sciences forensiques. L'escroquerie de type *419 scam* ou fraude à l'avance de frais est un phénomène criminel d'envergure internationale qui laisse de telles traces. Le principe consiste à appâter des victimes en leur proposant une forte somme d'argent, le versement étant consécutif aux paiements de frais dont la valeur paraît dérisoire par rapport aux gains promis.

Le courrier électronique permet maintenant aux malfaiteurs de sonder gratuitement et facilement, sous forme non sollicitée (*spam*), de grandes quantités de victimes potentielles.

Les connaissances actuelles sur le phénomène donnent une idée insuffisante de l'ampleur, de la nature, de l'impact et de l'évolution de ce phénomène pour pouvoir mener une lutte réellement efficace. Ainsi, face à la prolifération de ce genre de *spams*, les informaticiens se contentent de développer des filtres qui empêchent ces courriers indésirables d'envahir nos boîtes aux lettres électroniques. Cette mesure vise à éviter d'importuner les destinataires des courriels ainsi qu'à réduire les opportunités, mais ne suffisent pas pour maîtriser le phénomène.

L'approche répressive ne donne que des résultats ponctuels et insatis-faisants. Lorsque des auteurs sont confondus, ce n'est souvent qu'après avoir arnaqué plusieurs victimes. Le déclenchement d'enquêtes est relativement rare et celles qui sont menées aboutissent difficilement, car les investiga-teurs doivent procéder dans plusieurs systèmes judiciaires différents et sont freinés par des règles strictes concernant les territorialités de l'investigation et des délits. La conception d'une stratégie d'enquête est nécessaire, mais cette dernière doit reposer sur une capacité d'analyse.

Le développement d'une méthodologie complète qui regroupe la collecte et l'analyse systématique de ces courriels fait l'objet d'un projet de recherche (Schiffer *et autres* 2004). Deux études préliminaires fondées sur 2 échantillons de plus de 200 courriels visaient à évaluer le potentiel d'une exploitation systématique de ces messages à des fins de renseignement. L'analyse des bases de données ainsi constituées a confirmé notamment la présence de ces malfaiteurs dans plusieurs pays européens, au-delà d'une activité soutenue dans l'Ouest africain. Des liens détectés entre des messages délimitent mieux les groupes d'auteurs et leurs modes opératoires. Un système automatisé de traitement de ces messages est actuellement en développement. Il devrait offrir la possibilité de mémoriser en temps réel de grandes quantités de données structurées, ainsi que d'explorer et de visua-liser les informations. Les réflexions portent également sur la définition d'une architecture informatique flexible apte à intégrer le traitement d'autres phénomènes semblables comme le *phishing* (fraude qui consiste à attirer les victimes sur des copies de sites originaux afin de leur soutirer les données permettant d'accéder à leurs comptes bancaires) et à évoluer en fonction de nouveaux modes opératoires. Une telle démarche semble généralisable à l'analyse d'autres types d'escroqueries telles que la vente de faux diplômes qui semble proliférer pour obtenir un accès aux universités, aux visas d'étude, voire à des postes de travail qualifiés.

L'exploitation systématique des relations provenant des profils d'ADN

Depuis quelques années, des bases de données informatisées répertorient des profils d'ADN provenant de prélèvements sur des suspects et des condamnés, ainsi que des traces biologiques recueillies sur des scènes de crimes. Ces profils représentent des parties dites « non codantes » de l'ADN, dans le sens où il n'est pas possible sur cette base de déterminer, par exemple, la couleur des yeux ou de détecter les signes d'une maladie génétique. Les bases légales et les méthodes d'exploitation varient beaucoup entre les pays toujours plus nombreux qui utilisent de tels systèmes. Ces derniers ont été essentiellement conçus pour relier une trace prélevée sur une scène de crime à une personne et, à l'inverse, lorsqu'une personne est interpellée, pour comparer son profil d'ADN avec les traces répertoriées. Toutefois, un effet de bord bénéfique du point de vue du renseignement apparaît : un grand nombre de relations entre des traces sont détectées par ces systèmes. Ces indications sur l'existence de séries d'infractions sont très peu exploitées, mais constituent des renseignements de base essentiels pour déterminer des priorités (séries importantes), réunir des enquêtes *a priori* séparées et permettre une analyse indépendante d'une activité criminelle particulière (Girod *et autres* 2004). À un niveau plus stratégique, ces ensembles de rapprochements indiquent des éléments de la structure de la criminalité (composante sérielle, mobilité des auteurs).

Des unités de renseignement forensique reconstruisent les séries d'infractions à partir des relations d'ADN (Van der Beek et Riemen 2004). Cette démarche pourrait immédiatement être mise en œuvre dans la plupart des pays disposant d'une base de données de profils d'ADN (Girod *et autres* 2004). Elle n'implique évidemment aucun coût supplémentaire de laboratoire, toute l'information nécessaire étant déjà extraite lors des traitements de base. Une meilleure conception des bases de données, une harmonisation des bases légales et des principes de fonctionnement, ainsi qu'une meilleure intégration de ces renseignements avec les données policières sont d'autres conditions susceptibles de changer radicalement le traitement des séries d'infractions spatialement étendues et qui impliquent des échanges de matière (crimes violents par exemple).

CONCLUSION

Le renseignement intègre mal les traces matérielles pour traiter la criminalité sérielle. Pourtant, la définition des processus de détection qui portent sur des thèmes particuliers montre que la gestion d'une gamme étendue de problèmes de sécurité peut être fondée sur le traitement des indices qui ont une réalité physique.

La visibilité de la contribution n'est cependant pas suffisante, notamment parce que l'ensemble des processus de détection est encore en phase expérimentale qui devrait déboucher sur une clarification de leur place et de leur efficience. Le travail de définition du cadre juridique et structurel adéquat pour que ces formes de traitement des informations puissent déployer leur potentiel peut largement se baser sur les résultats de ces recherches. Par exemple, en regard des autres informations traditionnellement échangées dans le monde policier, il apparaît que celles qui ont une réalité matérielle, si elles sont exploitées avec compétence et dans un cadre précis, présentent une certaine neutralité qui peut favoriser une application de ces méthodes à une échelle géographique très large, au-delà des juridictions particulières. Cette extension de l'étendue spatiale de l'analyse correspond aux besoins de comprendre des problèmes de sécurité, ou des risques, qui évoluent avec la mobilité des acteurs et leurs possibilités de communiquer au moyen des nouvelles technologies.

L'application pratique de cette approche dépend aussi de la volonté des scientifiques à occuper une place dans l'ensemble des sciences criminelles, en particulier en phase d'investigation. Cette vision est également susceptible de se heurter au manque d'information dont dispose la communauté du renseignement, ainsi que de subir les difficultés liées à la mise en œuvre encore chaotique des nouveaux modèles policiers. Ces obstacles expliquent pourquoi la méthode de recherche choisie confronte systématiquement les hypothèses à la réalité pratique. Pour cela, le rapprochement entre les institutions de recherche et celles qui sont concernées par des aspects particuliers de la sécurité est nécessaire.

CHAPITRE 22

Définir des priorités en matière de criminalité

▶ PAUL WOUTERS ET MARTINE PATTYN

INTRODUCTION

Cet article vise à présenter une méthode multicritères d'aide à la déci-sion utilisée pour établir une image de sécurité et permettant à la police belge de définir des priorités parmi une série de problèmes de sécurité[1].

La complexité croissante des problèmes de sécurité dans nos sociétés représente un réel défi pour les autorités chargées de mener une politique policière, criminelle et judiciaire efficace. En vue de la répartition des ressources policières, les personnes responsables du développement de la gestion et du plan stratégique policier sont, en effet, tenues de fixer des priorités qui, idéalement, doivent résulter d'un processus décisionnel rationnel et s'appuyant sur des bases solides.

L'objectivité des choix cruciaux et leur évaluation tout au long du processus de planification ne seront garanties que si trois conditions sont remplies : la stratégie se doit d'être établie selon une méthode bien réfléchie, dans le cadre d'un cycle de management. Celui-ci doit être basé sur des informations fiables et des techniques appropriées doivent être utilisées.

Le classement des problèmes liés à la criminalité et leur analyse subsé-quente effectués au sein de la police fédérale belge sont présentés ici comme un exercice pouvant servir de modèle pour fixer les priorités nationales de sécurité et étayer le choix en vue de l'élaboration du plan policier stratégique national.

---

1. Parmi les problèmes de sécurité, nous incluons les problèmes de criminalité et de sécurité routière. Par la suite, le terme « problèmes liés à la criminalité » sera utilisé dans le présent article pour indiquer cet ensemble de problèmes de sécurité.

LE CHOIX DES PRIORITÉS : LA SEULE ISSUE POSSIBLE

Une approche bien réfléchie est requise eu égard à diverses considérations d'ordre démocratique ou légitime, professionnel et économique :

1. En vue d'assurer un service de police équilibré et équitable pour tous les segments de la population et de réaliser un processus plus transparent, les décideurs politiques et les services de police d'un État de droit démocratique se doivent de fixer des priorités claires et explicites, connues et acceptées par l'ensemble de la société.

2. La complexité grandissante des problèmes de sécurité exige une expertise croissante ou un degré de professionnalisme plus élevé. Il est évident que les caractéristiques structurelles et organisationnelles de la police jouent un rôle important dans le développement de la stratégie et le choix des priorités. Il est nécessaire de poser un regard critique sur le lien existant entre les caractéristiques organisationnelles, la disponibilité des informations et la définition des priorités. Dès lors, il est important d'inclure des informations qui ne proviennent pas de la police elle-même (sources externes).

3. Étant donné la demande sans cesse grandissante de prestations policières pour un budget limité, il est d'autant plus essentiel de fixer des priorités univoques. Les contraintes économiques et leur incidence sur les décisions stratégiques se doivent donc d'être transparentes.

MÉTHODE DE CHOIX DES PRIORITÉS COMME ÉLÉMENT DU CYCLE STRATÉGIQUE DE MANAGEMENT

La définition des priorités est une phase cruciale dans un cycle de planification et de stratégie beaucoup plus vaste.

L'élaboration concrète d'actions fait partie du cycle de management qui comprend trois étapes : le développement, l'exécution et l'évaluation de la stratégie. Au cours de la première phase, la stratégie est conçue et définie. Après l'identification de tous les problèmes de sécurité et la description des menaces, le processus de choix des priorités, à savoir la sélection des problèmes prioritaires, commence.

Le concept de sécurité varie en fonction du niveau spatial que l'on prend en considération. Les problèmes rencontrés au niveau international et au niveau local sont en effet de nature différente. Les principes généraux du processus de choix des priorités ne sont pas propres à chaque niveau. Par contre, la nature et les caractéristiques des problèmes rencontrés peuvent varier en fonction du niveau.

Dès lors, les cycles stratégiques opérés à différents niveaux doivent pouvoir être adaptés les uns par rapport aux autres, en concluant des accords et en respectant une certaine hiérarchie (verticalement et horizontalement) des priorités et des objectifs. De cette manière, le niveau national peut tenir compte des priorités fixées au niveau international, tandis que le niveau local doit prendre en considération les priorités nationales.

CHOIX DES PRIORITÉS : SCIENCE OU PROCESSUS DE MANAGEMENT ?

Dans la méthodologie du développement de la stratégie, les priorités fixées en la matière résultent d'une identification et d'une analyse préalables des problèmes. Inévitablement, c'est la qualité de l'analyse des problèmes de sécurité qui détermine la qualité du processus de sélection des priorités. Les points clés suivants peuvent être identifiés.

L'information comme base pour le choix des priorités

Le choix des priorités et leur objectivité sont fortement influencés par la nature des informations disponibles dans le cadre de l'analyse des problèmes.

Tout d'abord, il convient de se demander quels problèmes de criminalité sont analysés. Ce choix est déterminé par : 1) La nature, l'importance et la gravité du problème ; 2) La visibilité de la criminalité : une partie de la criminalité n'est pas visible sans l'apport et les actions des services de police ; 3) La disponibilité des résultats des recherches scientifiques pouvant révéler la nature des problèmes, leurs composantes et leur explication ; 4) Les normes et règles en vigueur dans notre société et la façon dont elles sont perçues à un moment donné (pensons particulièrement à l'affaire de pédophilie à la fin des années 1990, dite affaire Dutroux) ; 5) Les affinités du service de police pour certains domaines ; celles-ci sont avant tout déterminées par la mission et les valeurs du service, son degré d'autonomie et sa propension démocratique, mais également le degré de spécialisation ou la répartition des tâches avec les différents partenaires.

Il n'est toutefois pas indiqué de s'en tenir uniquement aux problèmes de sécurité déjà connus. La détection d'éventuels nouveaux problèmes, risques et menaces est certainement tout aussi importante. Les techniques de renseignement et les interviews sont les plus appropriées dans ce cas précis.

La question de savoir quelles informations utiliser se pose également. Nous ne pouvons nous limiter aux informations policières connues. Il convient également de tenir compte des résultats de sondages auprès de victimes, des sentiments subjectifs d'insécurité et de l'expérience des enquêteurs.

Si l'information est importante, la manière dont celle-ci est collectée l'est tout autant. Nous pouvons dès lors nous demander quel est le degré d'efficacité des méthodes de détection et de collecte d'informations mises à la disposition de la police.

PLANIFICATION STRATÉGIQUE AU SEIN DE LA POLICE FÉDÉRALE BELGE

Le plan national de sécurité belge (PNS) établit les priorités à réaliser par la police fédérale et la police locale pendant la période de planification (2004-2007). Ces priorités sont communément fixées par les ministres de la Justice et de l'Intérieur.

Il constitue le plan stratégique de la police fédérale et à ce titre englobe les objectifs en matière d'approche de la criminalité, d'une part, et les objectifs fixés dans le cadre du développement de l'organisation d'autre part. De même, les mesures prises et les moyens mis en œuvre pour réaliser ces objectifs sont cités.

Afin d'aider les ministres de l'Intérieur et de la Justice à étayer le choix des priorités en matière de sécurité, une image policière nationale de sécurité (IPNS)[2] a été développée. L'image policière nationale de sécurité donne un aperçu général de la criminalité et des accidents de la route qui relèvent du domaine de la responsabilité des autorités belges et des services de police. Les problèmes de sécurité sont comparés sur la base des caractères distinctifs choisis mesurant leur gravité. Ils sont ensuite classés selon cette gravité.

La méthodologie et les résultats de l'image policière nationale de sécurité sont décrits dans le présent article. Il s'agit d'un exemple d'une méthode fondée du choix des priorités, dans le cadre de la stratégie nationale de la police belge.

La méthode de réalisation d'une image policière nationale de sécurité, incluant un classement des problèmes de sécurité en fonction de leur gravité, peut être utilisée à tous les niveaux de gestion. Elle est utile pour la planification stratégique générale, ainsi que pour l'élaboration de plans d'actions et d'opérations policières plus spécifiques, sur les scènes internationale, nationale ou locale.

Cette méthode peut également être utilisée pour établir un classement des organisations criminelles ou des groupes d'auteurs.

L'image policière nationale de sécurité constitue une étape dans la mise en œuvre d'une *evidence based policy*.

Dans un futur proche, l'image policière nationale de sécurité évoluera vers une analyse de risque dans laquelle seront incluses, outre l'analyse de l'impact (déjà présente dans l'ancienne version), les composantes de la menace posée par les auteurs et groupes criminels ainsi que la vulnérabilité des cibles. Une méthodologie a été mise au point en vue de réaliser cette analyse.

---

2. En 2006, une troisième image policière de sécurité nationale se réalise. Cette image sera utilisée pour définir le choix des priorités du PNS 2008-2011.

MÉTHODE DE CLASSEMENT

L'objectif de l'image policière nationale de sécurité est de classer tous les problèmes de sécurité sélectionnés en fonction de leur gravité. Étant donné que la notion de gravité peut s'exprimer selon divers critères, une méthode de décision multicritères a été choisie.

Cette méthode permet un classement des problèmes selon leurs valeurs ou scores respectifs par rapport à différents aspects. La plupart du temps, les critères d'évaluation sont liés à des caractéristiques distinctes de chaque problème et sont fréquemment représentés par unités de mesure différentes (par exemple, nombre de blessés, dégâts matériels en euros, degré organisationnel requis). Si certains critères peuvent être mesurés de façon objective (par exemple, le nombre de morts), d'autres critères nécessitant un avis d'expert peuvent également être intégrés au modèle (par exemple, le degré organisationnel requis pour commettre un certain type de crime ou les dommages causés à la santé publique). En raison des différentes unités de mesure utilisées, le calcul d'une somme pondérée (effectué traditionnellement pour aborder ce type de problème) n'est ici d'aucune utilité. Les méthodes multicritères permettent, pour une série d'items, de réaliser un classement général tenant compte des interprétations/préférences des décideurs par rapport à ces différentes caractéristiques.

LA MÉTHODE PROMÉTHÉE

La méthode Prométhée[3] a été privilégiée par rapport à l'ensemble des méthodes MCDA (méthodes multicritères d'aide à la décision) existantes. Le point de départ est une matrice contenant des données où les lignes représentent des choix alternatifs (c'est-à-dire, dans ce cas, des problèmes de sécurité) et les colonnes les critères d'appréciation pondérés. Les données peuvent être de nature tant qualitative que quantitative. La méthode Prométhée procède, dans un premier temps, à une appréciation par critère des différences entre deux problèmes de sécurité, pour ensuite effectuer un classement final de tous les problèmes envisagés, sous l'angle de tous les critères.

Le présent article ne donne qu'une brève description de la méthode sans rentrer dans les aspects techniques. Pour une description mathématique et plus détaillée, nous renvoyons à Brans et Mareschal (1994), Mareschal (1987) ainsi qu'à Brans, Mareschal et Vincke (1984).

---

3. L'étude des professeurs Vincke et Mareschal (Université Libre de Bruxelles), menée en 1999, a évalué dans le détail l'ensemble des méthodes de classement multicritères. À l'époque, la méthode Prométhée est apparue la plus appropriée. Des recherches plus poussées sont menées actuellement en vue d'évaluer différentes méthodes multicritères.

Pour effectuer un choix entre différents problèmes de sécurité, il faut déterminer: 1) Quelles alternatives (dans ce cas, les problèmes de sécurité) doivent être comparées; 2) Quels facteurs expriment la gravité et peuvent donc être sélectionnés comme critères d'appréciation; 3) L'impact de chaque critère pour apprécier la gravité dans son ensemble. En d'autres termes, quel poids relatif sera attribué à chacun des critères; 4) De quelle manière les différences observées entre les problèmes doivent être évaluées.

Choix des problèmes de sécurité et des critères

Pour classer des problèmes de sécurité, il convient d'abord de décider quels sont ceux qui seront pris en considération (par exemple, faut-il inclure les problèmes de consommation de drogue ou non?). Quoi qu'il en soit, la liste finale doit donner une image complète de tous les problèmes de sécurité susceptibles de devenir prioritaires dans le cadre du management policier.

Les critères choisis refléteront toutes les dimensions pertinentes de la gravité des problèmes de sécurité et, dès lors, ils devront être les plus exhaustifs, cohérents et non redondants possible. Chaque problème de sécurité est apprécié selon la même série de critères.

Choix des poids

Le modèle multicritères prévoit que pour l'appréciation générale de la gravité des différents problèmes de sécurité, un poids spécifique peut être attribué à chaque critère[4].

Le choix des poids est une traduction directe de la manière dont les décideurs apprécient les différents aspects et dimensions (les critères) du problème évalué. Leur appréciation reflète également quelle est selon eux la part de chaque critère donné par rapport à la gravité globale du problème.

Mathématique et logiciel

La méthode Prométhée utilise des comparaisons par paires, pour convertir l'échelle d'origine de chaque critère, qu'elle soit un nombre (exemple: nombre de morts), une somme d'argent, un taux de croissance ou un score d'experts, en une échelle uniforme comprise entre -1 et 1. En calculant pour chaque problème de sécurité la somme pondérée de tous les scores sur ces échelles converties, on obtient le classement final du problème de sécurité. À l'aide de ce classement final, on peut non seulement définir le classement des problèmes, mais également interpréter judicieusement les distances mutuelles comme différences de leurs gravités relatives.

La méthode Prométhée peut être appliquée grâce au logiciel DecisionLab2000. Ce logiciel convivial permet de changer les fonctions

---

4. Par rapport à d'autres méthodes multicritères permettant uniquement de classer des critères par ordre d'importance, la méthode Prométhée permet d'attribuer à chaque critère un poids précis sur une échelle par intervalle.

d'appréciation et les paramètres de manière interactive. De plus, il permet d'examiner la stabilité des classements obtenus (voir ci-dessous). Si les résultats sont stables, chaque intervention subjective ne devrait avoir qu'une influence minime.

APPLICATION POUR L'IMAGE POLICIÈRE NATIONALE DE SÉCURITÉ BELGE (IPNS)

Information et sources

L'IPNS est le résultat d'une analyse globale des problèmes de sécurité auxquels font face les services de police belges[5].

L'information quantitative concernant les phénomènes criminels provient principalement de la banque de données nationale générale de la police (BNG). Cette base de données contient les informations recueillies dans les procès-verbaux et rapports des différents services de la police locale et fédérale de Belgique. D'autres bases de données dites «DB experts» provenant de la police et d'autres départements et ministères sont également utilisées. L'information qualitative provient de sources ouvertes, de documents policiers ou de consultations d'experts.

CLASSEMENT DES PHÉNOMÈNES EN FONCTION DE LEUR GRAVITÉ

Il a été choisi de mesurer la gravité des phénomènes de sécurité selon trois dimensions:

1. *L'ampleur (y compris l'évolution);*
2. *Les conséquences;*
3. *La perception du public.*

Le point de départ du classement des problèmes de sécurité en fonction de leur gravité consiste en la création d'une matrice dans laquelle les lignes représentent les problèmes de sécurité, et les colonnes les différents aspects de la «gravité» (voir exemple figure 1).

Résultats du classement final des phénomènes

La figure 2 présente le classement final des phénomènes analysés dans le cadre de l'image nationale 2003. Il apparaît clairement que certains phénomènes se distinguent des autres.

Le *top* quatre des phénomènes de sécurité est: 1) Infractions contre l'intégrité physique; 2) Production illicite et trafic de drogue; 3) Accidents

---

5. Cette réalisation a été suivie par un groupe de travail multidisciplinaire composé de représentants des administrations publiques, de la magistrature et des services de police.

Figure 1 • Valeurs de chaque problème de sécurité
selon chaque critère de gravité (2003)

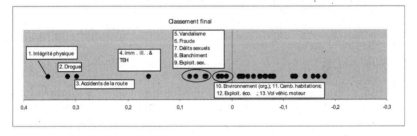

	N faits	Gravité e perm	Nombre corrigé	N acteurs respons	Edition	N moyen d'auteurs	Degré for organisation	N org. crim.	N membres org. crim.	Contre-stratégie	Phénomène réalités	Dimen
Poids	7,9	4,1	6,4	3,6	7,8	1,3	1,9	3,2	2,7	2,9	2,3	1,7
Vol de véhicule	29078	1	31453	3708	0,890	1,92	4	26	200	64,59	12	1
Vol dans et sur véhicule	91533	1	146688	3038	1,020	1,77	1	0	0	0	7	0
Vol de vélo et de mobylette	46138	1	89526	3025	1,092	1,55	1	0	0	0	3	0
Vol qualifié dans les habitation	53050	1	95061	3742	0,914	1,96	2	14	114	32,95	10	1
Vol qualifié dans les entreprises	26658	1	44476	3979	0 988	2,01	2	14	114	32,95	7	1
Vol qualifié dans les bâtiments publics	7880	1	8295	1231	1 030	2 09	2	?	?	?	7	1
Vol ou extorsion à main armée	5979	1	7990	1686	0,883	2,06	3	23	149	69,29	7	1
Vol avec violence (excl. vol à main armée)	20810	1	34014	4542	1,030	1,83	2	0	0	0	5	0
Extorsion	1738	2	17380	841	1,210	2,08	1	6	40	15,02	8	1
Vol à la tire	34419	1	68838	959	1,085	1,94	1	0	0	0	3	2
Atteintes à l'environnement - organisées	1234	3	?	342	1,110	1,28	4	5	40	20,77	14	1
Atteintes à l'environnement - non organisées	17565	2	?	4133	1,730	1,16	1	0	0	0	2	0
Criminalité relative aux stimulateurs de croissance et aux produits de dopage illicites	1251	3	?	829	1,160	1,62	4	2	11	4,65	12	1
La production et le trafic illicites de stupéfiants	9664	3	15869	8911	1,005	2,03	3	85	598	305,05	16	2

Figure 2 • Classement final des phénomènes

de circulation avec lésions corporelles ; 4) Immigration illégale et trafic d'êtres humains.

Stabilité du modèle

La stabilité des résultats finaux du modèle peut être testée. Le logiciel donne automatiquement une indication de la stabilité du modèle en calculant la fourchette dans laquelle le poids attribué à chaque critère peut varier sans influencer le résultat final ni l'ordre du classement.

Ce test de stabilité a clairement révélé la grande stabilité du résultat obtenu pour le sommet du classement des phénomènes criminels. Les poids peuvent varier considérablement, tandis que les quatre premières priorités demeurent inchangées dans le haut du classement final.

Utilisation de méthodes MCDA dans le choix des priorités

La question de l'argumentation est présente à partir du moment où l'appréciation de différentes dimensions s'impose : un problème de sécurité peut obtenir un score élevé pour certains critères et un score peu élevé pour d'autres. C'est notamment pour ces besoins d'explication que les personnes responsables de la politique font appel à des méthodes de décision multi-critères pour fixer leurs priorités, les expliquer et les motiver par la suite. La méthode Sleipnir[6] en est un bon exemple. Cette dernière est utilisée dans de nombreux pays par les services de police afin de pondérer le degré de menace de différentes organisations criminelles. En Belgique, dans le cadre de l'image policière nationale de sécurité, une autre méthode MCDA a été utilisée pour fixer les priorités en matière de phénomènes criminels. Au Royaume-Uni, pour l'évaluation de la menace de 2001 (2001 UK Threat Assessment), une matrice d'évaluation de l'impact est employée en combinaison avec divers critères d'impact. L'Australian Crime Commission fait également usage de matrices évaluant l'impact de la criminalité organisée ou les menaces que représentent les groupements criminels organisés.

La base commune à toutes ces méthodes est une liste préétablie d'alternatives (priorités possibles), ainsi qu'une liste de critères d'appréciation. En outre, chaque option doit être évaluée pour chacun des critères. L'arsenal des méthodes quantitatives visant à obtenir un choix de priorités, ou de manière plus générale un classement, est très large, depuis les méthodes relativement simples de sommes pondérées jusqu'aux méthodes multicritères plus poussées (Electre, Prométhée, AHP[7]). La vaste littérature traitant des modèles de gestion de choix de priorités, dans le cadre desquels ces méthodes sont utilisées, fournit peu d'explications sur la façon d'utiliser ces méthodes d'évaluation et ne permet pas toujours de comprendre leurs limites et d'éviter les pièges. Par contre, de nombreuses discussions ont lieu quant aux possibilités et aux problèmes liés aux processus de collecte de données.

Limites possibles des méthodes de décision multicritères

Le présent paragraphe fait brièvement état de quelques points d'attention pour une meilleure utilisation des méthodes multicritères. Le présent article n'a pas pour ambition de comparer les différentes méthodes, ni d'exprimer une préférence pour l'une ou l'autre. Une telle démarche n'est possible qu'à l'issue d'une étude mathématique approfondie sur le pour et le contre des différents algorithmes et de leurs exigences en matière de saisie des données[8].

---

6. GRC, 2000.
7. AHP (*analytic hierarchy process*) [Saaty 1980 et 1994].
8. La police fédérale belge vient de lancer un projet de recherche scientifique visant à comparer en détail différentes méthodes MCDA et algorithmes, en vue de leur utilisation éventuelle dans le choix des priorités en matière de phénomènes criminels.

Critères intrinsèquement et fortement corrélés et choix des poids des critères

Dans les méthodes multicritères dont les scores des différents critères sont additifs (comme la méthode de somme pondérée), il convient d'éviter d'inclure plusieurs critères mesurant plus ou moins la même chose. Si, par exemple, dans le cadre de la comparaison de diverses organisations criminelles, l'une des dimensions est «l'ampleur de l'organisation», il faut éviter de répéter cette dimension dans plusieurs critères (# membres principaux permanents, # membres occasionnels, # membres mineurs, # adultes, # hommes, # femmes). Si l'un des critères ne reflète pas correctement l'une ou l'autre dimension latente (en d'autres termes, si le critère est un mauvais estimateur de la dimension latente), plusieurs critères corrélés pourront alors être pris en compte. L'ensemble de ces critères pourra exprimer de façon plus équilibrée la dimension latente. Toutefois, dans ce cas, la valeur totale du poids prévu pour la dimension latente, doit être répartie parmi les différents critères.

Interprétation des échelles ordinales comme échelles métriques

Des échelles ordinales sont utilisées à la place d'échelles métriques dans bon nombre de méthodes MCDA. De cette façon, les concepteurs visent à développer des méthodes qui imposent aux données le moins de conditions possibles (tout utilisateur pourrait facilement estimer qu'une organisation A est plus capable d'utiliser la corruption qu'une organisation B, mais pourrait beaucoup plus difficilement estimer de manière quantitative le plus grand potentiel de corruption de A par rapport à B).

Bien que des échelles ordinales pour les différents critères contiennent moins d'informations que des échelles métriques, elles conviennent dans beaucoup de méthodes MCDA pour obtenir un classement final ordinal. Certaines méthodes interprètent fautivement comme métrique une échelle introduite au départ comme ordinale (exemple: scores de 10 à 1 lorsque 10 alternatives sont comparées pour un critère particulier), cela implique par exemple que l'alternative classée au 3e rang (score = 8) soit 4 fois plus grande/importante/... que l'alternative classée en 9e position (score = 2), ce qui n'est pas toujours correct. En général, il est conseillé aux utilisateurs d'être critiques vis-à-vis de méthodes qui demandent un degré de précision inférieur pour «l'input», et qui fournissent (miraculeusement) des classements métriques précis.

Échelles ordinales à nombre limité de catégories

Certaines méthodes utilisent ou imposent l'utilisation de critères exprimés en échelles ordinales (par exemple, certains critères de l'image policière nationale de sécurité de la police belge sont des échelles de trois à cinq catégories, la méthode Sleipnir utilise des échelles de quatre catégories, etc.). Si l'on définit clairement chaque critère, ainsi que chaque catégorie de l'échelle (élevé, moyen, faible et sans objet), la fiabilité de l'estimation s'en trouve améliorée. Une définition claire de chaque catégorie, comme dans la méthode Sleipnir, permet également une collecte décentralisée de données. Cependant, les échelles ordinales pourvues d'un faible nombre de catégories présentent un désavantage. En effet, plusieurs alternatives, même assez différentes, se retrouvent dans une même catégorie et reçoivent le même score. C'est particulièrement vrai lorsque les limites entre les différentes catégories sont plutôt floues, par exemple dans le cas du critère «Perturbation de la tranquillité publique» reprise dans l'image policière nationale de sécurité de la police belge et comprenant les scores suivants: 0 = pas ou très peu de nuisances; 1 = nuisances limitées ou temporaires; 2 = nuisances graves ou à long terme.

Ce problème peut se régler si l'on établit des limites claires (barrières) entre les différentes catégories, de manière à ce que tous les items puissent être placés sans ambiguïté dans une classe. De cette manière, la variabilité interne de chaque catégorie sera réduite. Certains critères de la méthode Sleipnir indiquent des seuils clairs, permettant une évaluation plus aisée. Par exemple, le critère violence comprend des seuils permettant de différencier clairement «violence offensive» et «violence défensive»: 1) Élevé: la violence est utilisée en tant que tactique offensive, faisant partie intégrante de la stratégie, de manière calculée et préméditée; 2) Moyen: la violence est utilisée spontanément en tant que tactique offensive à court terme, sans tenir compte des conséquences stratégiques; 3) Faible: la violence est uniquement utilisée en tant que tactique défensive; 4) Sans objet: la violence n'est jamais utilisée.

Paramètres définis par l'utilisateur

Dans les méthodes utilisées par l'«École francophone[9]», l'utilisateur est tenu de définir un nombre de paramètres d'évaluation, seuils, etc. C'est souvent le cas avec les méthodes de surclassement. Même si la plupart des méthodes donnent certaines recommandations sur la manière d'effectuer un bon choix de seuils, elles contiennent une forte part de subjectivité pouvant influencer considérablement les résultats. La crédibilité du classement final est rétablie au moyen d'une analyse de sensibilité: un classement final est considéré plus stable si ce classement ne change pas après une légère modification des paramètres.

9. E.a. Électre, Prométhée, Oreste, Macbeth. Les formes de base sont souvent des méthodes de surclassement ne produisant pas toujours des classements complets. Par contre, c'est souvent le cas pour des méthodes dérivées (Électre Tri, Prométhée II).

Ordre inversé

Certaines méthodes multicritères se butent au problème «d'ordre inversé»: l'ordre de deux alternatives dans le classement final peut être inversé si des alternatives sont ajoutées à l'ensemble des alternatives étudiées, et ce, même si ces alternatives supplémentaires sont inférieures pour tous les critères.

RÉSULTATS STRATÉGIQUES

La plus-value de la réalisation d'une image nationale de sécurité en appui à un instrument de gestion pour le choix des priorités a clairement été démontrée en Belgique.

Les ministres se sont inspirés de l'image nationale de sécurité lors des deux cycles de gestion précédents pour la définition des priorités qui sont reprises dans le Plan National de Sécurité (PNS, le plan stratégique policier). Cela signifie concrètement que les priorités présentées dans l'IPNS ont effectivement été intégrées dans le PNS. De cette façon, les buts stratégiques du PNS, et donc également tous les plans opérationnels et actions policières qui en découlent, sont focalisés sur des problèmes de sécurité pertinents.

Cela signifie aussi que les moyens sont mis en œuvre de manière plus précise.

Les résultats suivants ont été enregistrés à la suite de l'approche managériale, notamment avec l'utilisation des images nationales de sécurité et les plans nationaux de sécurité successifs:

Les données de criminalité montrent entre autres: une diminution du nombre de cambriolages de ± 85 000 en 2000 à ± 60 000 en 2004; une réduction conséquente des vols de voitures de 37 000 à 18 500 pour la même période ainsi qu'une réduction des *carjackings* qui sont passés de 1500 à 700. La détection et l'identification d'organisations criminelles par les services de police augmentent chaque année: de ± 220 en 1999 vers ± 700 en 2004, dont ± 300 ont été démantelées par des actions policières. Des sondages[10] démontrent que 86,4% de la population est satisfaite du travail policier. La confiance en la police a augmenté de 4% durant les deux dernières années.

CONCLUSION GÉNÉRALE

Le choix de priorités effectué selon une méthode scientifique dans le cadre d'une stratégie policière exige trois conditions. Premièrement, la stratégie doit être développée selon une méthode réfléchie dans un cycle de planification stratégique; deuxièmement, elle doit se fonder sur des informations fiables; enfin, des techniques adaptées doivent être employées tout

---

10. Moniteur de Sécurité, 2004, Police fédérale, Bruxelles.

au long du processus de planification afin de garantir l'objectivité et la transparence des moments de choix et d'évaluation.

La valeur ajoutée de l'utilisation d'une méthode de décision multicritères est sans conteste de rendre le choix des priorités, avec tous ses paramètres objectifs et subjectifs, plus explicite et mieux structuré. Toutefois, les avantages et inconvénients des différentes méthodes méritent un examen minutieux, de façon à appliquer la méthode la plus appropriée au problème de classement. Notre expérience nous a permis de constater que l'utilisation de cette technique, en toute connaissance de cause, peut contribuer à rendre le processus de décision beaucoup plus transparent. C'est, à notre avis, l'essence de l'*evidence based policy*.

(L'image policière nationale de sécurité belge 2003 a été réalisée par le service d'analyse stratégique, avec la collaboration des analystes stratégiques et des services des directions générales de la police judiciaire et administrative de la police fédérale belge.)

CHAPITRE 23

Renseignement de sécurité et renseignement criminel

❱ STÉPHANE LEMAN-LANGLOIS ET FRÉDÉRIC LEMIEUX

INTRODUCTION

Dans bien des cas, la différence observée entre le renseignement criminel et le renseignement de sécurité est introduite, du moins en partie, par la nature des organisations qui en prennent la responsabilité. Par exemple, le renseignement criminel est généralement le plus utile aux policiers, et produit par des organisations policières qui ont pour mission de permettre de traduire en justice des individus responsables d'actes criminels. Le renseignement de sécurité nationale provient souvent d'organismes militaires, dont la mission est entièrement différente : protéger l'État souverain sur son territoire. Ainsi, les critères de collecte et de mise en forme des informations jugées utiles sont moins sujets aux standards du droit pénal.

Au-delà de cette distinction institutionnelle, nous jugeons qu'il existe également un certain nombre de points importants qui différencient objectivement le renseignement de sécurité du renseignement criminel. D'une part, le renseignement de sécurité nationale est principalement soucieux d'établir une vue d'ensemble des activités politiques potentiellement dangereuses pour la sécurité de l'État. Le renseignement de sécurité est également particulièrement préoccupé par les événements se déroulant à l'extérieur du territoire national, ceux qui forment le contexte géopolitique dans lequel la sécurité du pays doit être assurée. Donc, la nature des actes intéressants pour un agent de renseignement de sécurité n'est pas nécessairement criminelle (elle peut tout de même l'être), ni même illégale au sens du droit national ou international. On le voit, l'objet visé par les organismes de renseignement de sécurité est extrêmement large, mal défini et donc sujet à des fluctuations importantes selon les aléas de la politique nationale.

Pour sa part, le renseignement criminel porte essentiellement sur les crimes de droit commun et vise plus particulièrement la criminalité organisée, les délinquants récidivistes et les auteurs de crimes majeurs. La fonction de renseignement permet aux organisations policières 1) de soutenir les enquêtes judiciaires par l'analyse des informations nominatives portant sur des entités criminelles et 2) d'orienter les stratégies policières sur des phénomènes criminels prioritaires. Contrairement au renseignement de sécurité, les activités de renseignement criminel sont soumises à un cadre légal particulièrement restrictif, notamment en matière de collecte et de croisement des informations (base de données) et du partage des renseignements avec d'autres agences gouvernementales ou corporations privées.

Bien que le champ d'action du renseignement criminel (judiciaire) et du renseignement de sécurité (politique) diffère, il n'en demeure pas moins que certaines compatibilités procédurales, fonctionnelles et instrumentales existent entre ces deux activités. Entre autres, le renseignement criminel et le renseignement de sécurité reposent tous les deux sur un processus cyclique qui comprend, à quelques variantes près, les sept étapes suivantes : 1) demande ou besoin de renseignements ; 2) planification de la cueillette des informations ; 3) collecte des informations ; 4) appréciation et encodage des informations ; 5) analyse des informations (tactiques ou stratégiques) ; 6) dissémination des renseignements ; 7) évaluation des retombées de l'opération de renseignement (répercussions ou utilité des renseignements). Selon les résultats de l'évaluation, ce processus peut devoir redémarrer afin de répondre à des besoins supplémentaires, ou tout simplement pour servir de base à une nouvelle opération de renseignement.

Une seconde similitude réside dans les finalités du renseignement, qui sont de soutenir les opérations (les enquêtes criminelles ou de sécurité) et d'orienter la prise de décision dans la détermination d'objectifs prioritaires (les décideurs politiques pour le renseignement de sécurité et les gestionnaires de la police pour le renseignement criminel). Une dernière similitude provient de l'usage des technologies de l'information et de la communication (TIC). En effet, une grande partie de la productivité des organisations, que leur mission soit centrée sur le renseignement criminel ou sur le renseignement de sécurité, repose sur l'utilisation de logiciels d'analyse et de bases de données électroniques permettant de structurer et de traiter un volume élevé d'informations.

Ce chapitre est divisé en trois sections. La première porte sur le renseignement criminel au Canada et décrit comment se structure cette activité sur le territoire national. La seconde est dévolue au renseignement de sécurité et aux agences vouées à la sécurité nationale. Finalement, notre dernière section fera le point sur la tendance actuelle, qui est au rapprochement des types de renseignement et des organisations qui en sont chargées.

RENSEIGNEMENT CRIMINEL ET ORGANISMES RESPONSABLES

Durant les années 1970, les préoccupations concernant les activités du crime organisé prenaient une ampleur inégalée. En effet, les travaux de la Commission d'enquête sur le crime organisé (CECO) dévoilaient au grand jour les ramifications du monde interlope sur le territoire québécois.

Constatant l'importance des activités de contrebande, des maisons de jeu illégales, de la prostitution et du grand banditisme en général, les organisations policières prirent conscience de la nécessité de développer de nouveaux outils afin de comprendre l'évolution de la criminalité et de lutter plus efficacement contre la criminalité organisée. Dès le début des années 1970, la Gendarmerie royale du Canada a mis en place des mesures concrètes pour systématiser les activités de renseignement criminel à l'échelle nationale. Néanmoins, au milieu des années 1980, une vague de meurtres en série commis sur le territoire canadien a mis en évidence la nécessité de développer un système permettant de détecter la criminalité sérielle violente, d'en identifier les auteurs et de partager ces informations avec les services de police concernés. Un des cas les plus documentés est celui de Clifford Olson, reconnu coupable d'agressions sexuelles et de meurtres sur des enfants. Dans cette affaire, l'investigation policière avait particulièrement souffert du faible partage d'information entre les différentes juridictions impliquées.

En vue de favoriser la mise en commun du renseignement criminel, la plupart des organisations policières canadiennes, dont la GRC, ont participé à la création d'un dépôt central de données permettant la concentration des dossiers policiers portant sur des crimes graves (Fichier des crimes graves, ou FCG). Ce fichier central offrait la possibilité d'analyser les liens entre les crimes de violence, favorisant ainsi le dépistage et la prévention de crimes sériels, entre autres en permettant de comparer divers détails relatifs à la manière dont chaque crime était commis. Aujourd'hui, ce fichier a été remplacé par le Système d'analyse des liens sur la violence associée aux crimes (SALVAC). Ce système est apparu au moment où la Gendarmerie royale du Canada procédait à une importante réforme de la police criminelle en implantant son Programme de renseignement criminel en 1991. Ce programme visait la centralisation des opérations de renseignement criminel de la GRC afin d'améliorer la gestion des informations policières circulant dans l'organisation.

Au cours de l'année 2005, le commissaire de la GRC incita ses membres à innover afin de répondre aux nouvelles réalités sociales qui nécessitaient une adaptation de la part des services policiers. Pour ce faire, la direction de la GRC souhaite entreprendre l'examen de ses activités et de ses structures afin d'optimiser son fonctionnement. L'état-major veut également améliorer le partage de l'information et la recherche de solutions avec ses partenaires extérieurs afin de mobiliser l'action policière dans la lutte contre le crime. Cette volonté s'est d'ailleurs traduite par une participation accrue de la GRC dans les structures policières mixtes (équipes intégrées).

Précisons toutefois qu'à l'échelle canadienne, les activités du renseignement criminel relèvent de la responsabilité de la GRC mais se situent à deux niveaux distincts. D'une part, la Direction du renseignement criminel des Services de police fédérale répond notamment aux besoins de la GRC dans la lutte contre le crime. Au second niveau, au sein des Services nationaux de police, le Service canadien du renseignement criminel (SCRC) a été créé en 1970 afin de favoriser les échanges d'informations sur la criminalité en général et sur les tendances émergentes dans les différentes provinces du Canada. Plus précisément, le SCRC agit à titre d'interface entre les corps de police provinciaux et les agences policières fédérales (principalement la GRC). En somme, l'activité de renseignement criminel est chapeautée par la Direction des renseignements criminels qui regroupe six principaux programmes (GRC 2006) :

1. Sous-direction des enquêtes relatives à la sécurité nationale ;
2. Sous-direction des organisations criminelles ;
3. Sous-direction des analyses criminelles ;
4. Centre national des opérations (CNO) ;
5. Programme des incidents critiques ;
6. Programme de maintien de l'ordre public.

Sources, usage et limites du renseignement criminel

En règle générale, l'activité de renseignement criminel repose sur trois principales sources d'information. La première est la catégorie dite des « sources humaines », qui contient des informations provenant des victimes d'actes criminels, des témoignages de citoyens, d'experts (par exemple, jury comptable), d'agents d'infiltration et d'agents sources, ainsi que de membres des services policiers (qui ont effectué une filature, par exemple). Chacune de ces sources humaines contribue à informer les organisations policières sur des activités criminelles ou suspectes. La seconde catégorie est celle des sources documentaires, telles que les dossiers d'enquêtes antérieures, les rapports internes (statistiques sur la criminalité, topos), les rapports produits par des organismes externes publics ou privés (institutions financières, compagnies d'assurances) et enfin l'ensemble des publications professionnelles et scientifiques. Troisièmement, on trouve la catégorie des sources électroniques, c'est-à-dire les bases de données policières et judiciaires archivant les antécédents criminels des délinquants, les données électroniques provenant de diverses agences responsables des immatriculations de véhicules, de la surveillance des transactions financières, ainsi que les banques de données des entreprises fournissant des services téléphoniques, informatiques (nous reviendrons sur les aspects technologiques dans la prochaine sous-section). Finalement, dans une moindre mesure, l'activité de renseignement repose aussi sur des « sources signalétiques », c'est-à-dire l'interception des télécommunications (écoutes électroniques, surveillance des courriels).

Une fois ces informations amassées, classées, comparées, analysées, elles serviront à renseigner et à orienter les différents secteurs d'activité des organisations policières. Par exemple, un usage relativement commun et particulièrement efficace du renseignement criminel est d'orienter les patrouilles policières vers les « points chauds » ou zones particulièrement criminalisées d'une ville ou d'un quartier et dans les secteurs où sévit la délinquance sérielle. Ainsi, l'attention des patrouilleurs se trouve concentrée sur des entités et des phénomènes criminels prioritaires. Sur le plan de l'enquête, le renseignement est principalement utilisé pour orienter les enquêtes complexes, mettre en lien plusieurs crimes qui ont des éléments en commun, établir des liens entre des éléments d'un phénomène criminel (personnes, comptes bancaires, véhicules, numéros de téléphone, etc.). Enfin, le renseignement est également utile à la gestion des activités policières et des unités spécialisées en produisant des estimations ou des évaluations de situations et pour guider les orientations stratégiques des organisations policières. Ces dernières permettent de mettre en évidence les tendances de la criminalité ou de certaines formes particulières de crime et d'aider les gestionnaires à élaborer des stratégies opérationnelles conséquentes.

Toutefois, l'efficacité du renseignement est restreinte par des facteurs organisationnels, structuraux et culturels propres à la complexité des bureaucraties professionnelles (Lemieux 2006). D'une part, les limites inhérentes à l'usage du renseignement dans la conduite des affaires policières montrent à quel point cette activité est difficilement mesurable. L'incompatibilité des infrastructures technologiques, la rationalité limitée des acteurs qui participent aux activités de renseignement, les caractéristiques des bureaucraties professionnelles et certains traits culturels de la police posent des contraintes considérables. Pour être utile, le renseignement est tributaire de la fluidité des échanges d'information dans la structure organisationnelle. L'organisation doit être dotée d'une forte culture du renseignement, valorisant l'apprentissage et le développement des connaissances. Enfin, tout cela dépend également de la disponibilité de technologies adaptées aux besoins.

Capacité informationnelle et technologies de l'information

La GRC peut compter sur plusieurs infrastructures technologiques pour faciliter la cueillette et la compilation des données. Tout d'abord, la GRC s'appuie sur le Centre d'information de la police canadienne (CIPC); il s'agit d'un système informatisé intégré qui contient des renseignements tactiques sur des crimes et des criminels. Ce système permet, entre autres, d'obtenir de l'information rapidement sur des sujets précis afin de réaliser des enquêtes ou de mener des opérations de renseignement. Notons également qu'il est accessible à d'autres agences gouvernementales d'application des lois, dont la nouvelle Agence des services frontaliers du Canada. Par exemple, il offre la possibilité de vérifier si un citoyen canadien, de retour au pays, fait l'objet d'un mandat d'arrestation.

Ensuite, la GRC emploie systématiquement la Banque nationale de données criminelles (BNDC). La BNDC est une banque de données de renseignements criminels alimentée en principe à partir des informations fournies par les enquêteurs. Cette banque peut servir entre autres à des unités spécialisées afin d'y colliger ou d'extraire des informations dans le cadre d'enquêtes diverses. Il s'agit en quelque sorte d'une banque de données centrale gérée par la GRC, mais qui est également utilisée par d'autres corps policiers.

Comme tous les organismes membres du Service canadien de renseignements criminels, la GRC est appelée à contribuer à la collecte et à l'alimentation du Système automatisé de renseignements sur la criminalité (SARC). Le SARC est un dépôt national d'informations et de renseignements sur le crime organisé et les crimes graves, dont la gestion revient au SCRC. Les informations sont colligées sous forme de synthèses et elles sont accessibles aux organisations membres du SCRC.

De plus, la GRC a remplacé son Système de gestion des incidents et des dossiers par le Système d'incidents et de rapports de police (SIRP). En plus de stocker et de permettre de consulter des informations détaillées sur des événements, le SIRP facilite la documentation, la gestion, la consultation et l'échange d'informations sur des dossiers policiers. Le système est doté d'une capacité d'adaptation qui lui permet d'intégrer les nouvelles technologies afin de suivre l'évolution des besoins des services de police. Selon la GRC, le SIRP constitue un élément important de l'Initiative d'intégration de l'information du système de justice (GRC 2005). Il a pour objectif d'améliorer l'échange de l'information et l'intégration des systèmes informatisés du système judiciaire. Il représente également un élément important du Réseau canadien d'information pour la sécurité publique (RCISP), un réseau national de partenaires visant la mise en commun des informations électroniques compilées par le système de justice pénale et les agences d'application de la loi.

Finalement, depuis 2006, la GRC a mis en œuvre un projet d'identification en temps réel (ITR) qui a pour objectif de moderniser le système des empreintes digitales et des casiers judiciaires. En fait, grâce à la transmission électronique et à la standardisation des informations, l'ITR offre une technologie de pointe permettant de réduire les délais de traitement des demandes d'identification et de mise à jour des casiers judiciaires. Cet outil technologique permet également d'accéder à d'autres systèmes d'information tels que l'Integrated Automated Fingerprint Identification System (IAFIS) du Federal Bureau of Investigation (FBI) et le système d'information d'Interpol.

Renseignement de sécurité et organismes responsables

Le renseignement de sécurité a une histoire beaucoup plus ancienne que celle du renseignement criminel. Les polices d'État de l'Ancien Régime, qui se targuaient de tout savoir sur les activités des sujets du roi, s'attardaient bien plus sur les rumeurs subversives que sur les actes criminels communs. Leur priorité était de protéger l'État, ses institutions et l'intégrité de son territoire contre l'ingérence de pouvoirs étrangers. La police collectait également des informations sur les divers aspects de la vie sociale et politique (Loubet del Bayle 2006). La criminalité de droit commun était jugée secondaire aux affaires de l'État, inextricable du foisonnement de contentieux interpersonnels réglés individuellement, en famille ou, lorsque ces contrôles informels ne suffisaient plus, par les tribunaux locaux. À l'époque, la seule autre forme de renseignement couramment pratiquée était le renseignement militaire tactique et stratégique — qui a une histoire qui remonte à l'invention de la guerre.

Contre-espionnage

Le renseignement de sécurité est défini de manière généralement très flexible. Si certains services de renseignement de sécurité français considèrent que leur travail est de faire du «journalisme policier pour le compte de l'État» (Brodeur 2004 : 238), c'est bien que la mission est large au point d'être impossible à définir clairement. Pourtant, certaines activités relativement précises sont traditionnellement associées au renseignement de sécurité. La première est le contre-espionnage qui, bien qu'ayant acquis un air légèrement folklorique depuis la chute du rideau de fer, reste toujours d'actualité. De nos jours, on ne poursuit plus des espions soviétiques cherchant à déstabiliser le bloc occidental ou à dérober ses secrets militaires, mais plutôt des agents de gouvernements étrangers affairés à soutirer des secrets industriels aux entreprises établies au Canada — tout particulièrement dans le secteur de la haute technologie. Notons tout de même que l'attention portée au renseignement de sécurité au Canada date de la retentissante défection d'Igor Gouzenko, cryptologiste de l'ambassade d'URSS à Ottawa en 1945. On découvrit alors l'importance de l'espionnage soviétique au Canada et dans le monde. Cette naissance du renseignement de sécurité canadien, à l'époque de la guerre froide, a été déterminante dans la forme qu'il prit initialement ainsi que dans son évolution subséquente.

Outre les espions, qui sont somme toute relativement rares (le SCRS estime tout de même que la Chine et la Fédération russe ont quelque 300 espions industriels au Canada ; Rimsa 2006), la cible principale des activités des agences de renseignement de sécurité varie selon le standard appliqué. En ce qui concerne la dangerosité potentielle, il s'agit sans doute de la surveillance de réseaux terroristes au Canada. Pour ce qui est des heures travaillées, le filtrage de sécurité des employés de l'État et des immigrants arrivant au Canada vient en tête (350 000 demandes en 2005, SCRS 2006). En matière de coopération internationale, l'interception de communications (téléphoniques, radio, informatiques) domine.

Dans tous les cas, le but du renseignement de sécurité nationale n'est pas de procéder à l'arrestation d'individus afin de les traduire en justice — bien que cela ne soit pas exclu — mais bien d'assurer, de façon purement utilitaire, expéditive ou du moins aussi efficace que possible, la sécurité de l'État et des citoyens. Si nécessaire, un demandeur d'asile sera refusé, un immigrant expulsé, un espion interdit de séjour. Le cas récent de l'espion russe intercepté à Montréal en novembre 2006 est un bon exemple. Tentant de s'introduire au Canada sous le nom de Paul William Hampel (le nom d'un Torontois décédé), l'individu en question était déjà au travail au Canada depuis 1995, sous différents pseudonymes, toujours pour le compte du Service de renseignement étranger de la Fédération russe (*Sluzhba Vneshney Razvedki*, SVR, descendant de l'ancien Comité pour la sécurité de l'État, *Komitet Gosudarstvennoy Bezopasnosti*, ou KGB). Lors de son arrestation, il transportait près de 8000 $ en différentes devises, 3 téléphones portables, 2 caméras et une radio à ondes courtes. La procédure utilisée contre lui n'est pas criminelle; il s'agit du «certificat de sécurité», prévu par la Loi sur l'immigration et la protection des réfugiés, qui permet au gouvernement de déporter des individus constituant, selon les services de sécurité, une menace pour le Canada (qui n'est applicable qu'aux individus n'étant pas citoyens du Canada). Les preuves produites n'ont pas à démontrer cette menace «au-delà de tout doute raisonnable», et certaines peuvent être gardées secrètes et communiquées seulement à un juge si leur divulgation risque de porter atteinte à la sécurité du Canada ou à d'autres enquêtes en matière de sécurité nationale. Un autre cas bien connu d'expulsion est celui de Ian et Laurie Lambert, de Toronto, qui furent démasqués en 1996 par le SCRS comme étant Yelena Olshanskaya et Dmitriy Olshanskiy, également agents du SVR menant des activités d'espionnage industriel au Canada. Dans les deux cas, on le voit bien, le but de ce genre d'enquête n'est pas de punir légalement un individu (ce qui, de surcroît, pourrait être coûteux au chapitre des relations diplomatiques), mais bien d'assurer que ses activités cessent le plus rapidement possible. Le cadre juridique appliqué est d'ailleurs beaucoup moins strict que celui d'une enquête et d'un procès en droit criminel.

La différence d'objectifs et de méthodes qui sépare le renseignement de sécurité du renseignement criminel fut reconnue quelque 25 ans après la défection d'Igor Gouzenko. À l'époque, la GRC traitait sans différencier les deux formes de renseignement. En 1969, la Commission Mackenzie recommanda que les deux fonctions soient divisées et accomplies par des agences entièrement différentes, notant la difficulté qu'avaient les agents de la GRC à différencier la subversion de la simple dissidence. Le gouvernement répondit plutôt par une refonte de la GRC, qui fut dotée d'un «Service de sécurité» spécialisé dans les affaires relatives à la sécurité nationale et dirigé par un non-policier («civil»). Les agents du nouveau Service de sécurité conservaient pourtant les mêmes pouvoirs que les autres membres de la GRC, justement un autre problème que la Commission avait soulevé: lors d'enquêtes en matière de sécurité nationale, sous cadre juridique flexible, les pouvoirs des agents de la paix permettent trop facilement les abus.

Terrorisme, subversion et création du SCRS

Le terrorisme est le deuxième centre d'intérêt du renseignement de sécurité, surtout depuis septembre 2001. C'est d'ailleurs un autre épisode terroriste de l'histoire canadienne, bien antérieur, qui eut l'impact le plus important sur l'organisation des activités de renseignement de sécurité au Canada. La fin des années 1960 et la crise du Front de libération du Québec (FLQ), particulièrement en 1970, démontrèrent à quel point la Gendarmerie royale du Canada remplissait mal cette tâche. Une deuxième commission d'enquête, la Commission McDonald (1981), entendit comment des membres de la GRC avaient volé, cambriolé (plus de 400 fois), incendié et fait exploser une bombe (prématurément, blessant l'agent qui tentait de l'installer — l'incident étant d'ailleurs à la source de la découverte du pot aux roses) pour lutter contre les terroristes séparatistes. Ce qui n'arrangea aucunement les choses, le renseignement donné au gouvernement au sujet de l'ampleur et de l'organisation du FLQ s'était révélé grossièrement erroné. Donc, la GRC venait de montrer que ni ses opérations «policières» sur le terrain ni sa production de renseignement n'étaient adéquates. Pire, l'état-major de la police fédérale avait tenté par tous les moyens d'étouffer l'affaire. La Commission McDonald conclut donc elle aussi que les objectifs du renseignement de sécurité et les intérêts des Canadiens serait mieux servis par une agence indépendante, sans pouvoirs policiers et sous surveillance institutionnelle.

Cette fois, le gouvernement suivit la recommandation de la Commission et forma le Service canadien du renseignement de sécurité, le 16 juillet 1984. Autre innovation recommandée par la Commission, la création du SCRS fut accompagnée de celle d'un organisme chargé d'examiner annuellement ses activités et de traiter les plaintes éventuelles du public (le Comité de surveillance des activités de renseignement de sécurité, CSARS). Le SCRS eut pour mission de protéger le Canada contre plusieurs types de menaces contre la sécurité du pays, clairement identifiées dans la Loi sur le Service canadien du renseignement de sécurité :

1. L'espionnage ou le sabotage visant le Canada ou préjudiciable à ses intérêts, ainsi que les activités tendant à favoriser ce genre d'espionnage ou de sabotage ;
2. Les activités influencées par l'étranger qui touchent le Canada ou s'y déroulent et sont préjudiciables à ses intérêts, et qui sont d'une nature clandestine ou trompeuse ou comportent des menaces envers quiconque ;
3. Les activités qui touchent le Canada ou s'y déroulent et visent à favoriser l'usage de la violence grave ou de menaces de violence contre des personnes ou des biens dans le but d'atteindre un objectif politique, religieux ou idéologique au Canada ou dans un État étranger ;

4. Les activités qui, par des actions cachées et illicites, visent à saper le régime de gouvernement constitutionnellement établi au Canada ou dont le but immédiat ou ultime est sa destruction ou son renversement par la violence (Canada 2006).

Bref, le SCRS ferait la prévention des ingérences extérieures, de la subversion et de la violence politique. Cependant, comme la loi ne dicte aucun seuil d'« ingérence », de subversion ou de violence, le champ d'action du Service reste très large (voir Cléroux 1993). Toutefois, lorsque des activités clairement criminelles sont commises, le SCRS, en tant qu'organisation non policière, doit faire appel à la GRC pour que cette dernière prenne en charge le dossier, puisque ses propres agents sont limités à l'enquête et à l'analyse d'information.

Pour remplir ce mandat, les agents du SCRS collectent des informations sur des personnes soupçonnées de mener ou de préparer des activités qui pourraient constituer des atteintes à la sécurité. Cela implique plusieurs méthodes complémentaires, dont la surveillance d'endroits spécifiques (incluant les endroits virtuels, sur Internet) et l'identification des individus qui les fréquentent, la surveillance d'individus et de ceux qu'ils rencontrent, les dénonciations du public et les aveux ou délations de personnes arrêtées par la police. Plusieurs informations sont données au SCRS par d'autres agences policières ou de renseignement au Canada. Enfin, des informations proviennent également d'agences étrangères, principalement des États-Unis et de partenaires européens (surtout le Royaume-Uni). Le SCRS est actif dans 24 pays étrangers, mais est limité à l'investigation de menaces déjà identifiées et n'a pas pour mandat de mener des enquêtes exploratoires. On ne peut pas, par exemple, s'infiltrer dans une organisation étrangère pour évaluer la teneur de ses activités face au Canada ou à ses alliés (ce que plusieurs services secrets étrangers n'ont aucune gêne à faire chez nous. Au moment d'écrire ces lignes, nous avons appris que le directeur du SCRS, Jim Judd, tente d'obtenir des pouvoirs plus étendus d'enquête à l'étranger auprès du gouvernement; voir ACERS 2006).

Sources et analyse

Les sources d'information énumérées ci-dessus sont dites fermées parce que confidentielles. Il faut leur ajouter toutes les autres formes d'information ouvertes, disponibles à tous, mais qui peuvent être d'un intérêt particulier pour le SCRS ou d'autres agences semblables — surtout lorsque combinées à des informations privilégiées. Il s'agit de rapports publics, de médias, de livres, de discours, de documents disponibles sur Internet, de cartes officielles. Les sources ouvertes sont souvent dédaignées parce que le propre des agences de renseignement est de produire des informations confidentielles, alors que les sources ouvertes sont disponibles à tous (pour un prix; plusieurs entreprises privées sont d'ailleurs spécialisées dans la collecte et l'analyse d'informations de sources ouvertes, comme Jane's et Lexis-Nexis). Cela est sans doute une erreur assez grave. D'ailleurs, plusieurs commissions d'enquête (dont la commission états-unienne sur le 11 septembre) ont recommandé que des services voués à l'analyse de produits de sources ouvertes soient mis sur pied par les gouvernements. Dès 1987, une commission d'analyse du SCRS avait également déploré les faibles ressources vouées par le Service à l'analyse d'informations de sources ouvertes. Ce type de sources est pourtant particulièrement efficace pour placer les enquêtes dans leur contexte social, politique, économique, bref, pour comprendre ce qui se passe. C'est que, contrairement au crime conventionnel, où l'objectif ultime est presque invariablement d'amasser de l'argent, les activités menaçant la sécurité nationale sont toujours le produit d'un contexte socio-politique particulier.

Cette montagne d'informations disparates est généralement inutilisable et doit ensuite être analysée par des experts chargés de produire le «renseignement» en tant que tel — c'est-à-dire des ensembles d'informations ayant un sens et permettant la prise de décisions subséquentes. Cette étape de l'analyse est cruciale, et pourtant souvent oubliée, puisque c'est la collecte qui semble plus difficile. Dans les faits, les services de renseignement croulent souvent sous le poids d'informations inutilisables, trop nombreuses, mal filtrées, sans queue ni tête. L'analyste doit être en mesure d'organiser toute cette information de manière intelligible, de «joindre les points» (*connect the dots*), selon l'expression consacrée (voir le chapitre 19 de ce volume).

Le résultat de cet exercice, le renseignement proprement dit, se déploie à deux niveaux principaux, non exclusifs et partageant une intersection importante. Au niveau le plus près du terrain se trouve le renseignement tactique, qui vise les opérations quotidiennes et les activités de personnes spécifiques — par exemple, l'affaire Hampel décrite ci-dessus. Au niveau plus généraliste, le renseignement stratégique vise le long terme et s'intéresse surtout aux développements sociopolitiques, démographiques et économiques. Par exemple, il est utile pour le gouvernement de connaître le phénomène des sectes millénaristes, la prolifération des armes nucléaires ou la disponibilité internationale de missiles sol-air portatifs. La production de rapports courants sur ces sujets fait partie des missions de tout service de renseignement de sécurité.

Mis à part le SCRS, plusieurs autres organismes produisent de telles analyses. Affaires étrangères et commerce international Canada, le ministère de la Citoyenneté et de l'Immigration, l'Administration canadienne de la sûreté des transports aériens et l'Agence des services frontaliers du Canada font partie des entités dont les activités dépendent fortement de l'actualité géopolitique mondiale (mais également, bien sûr, de phénomènes purement criminels). Chacune possède des capacités de collecte et d'analyse de renseignements relatifs à ses activités. Tout près du premier ministre se trouve également le bureau du Conseil privé, où sont intégrés des renseignements provenant de l'ensemble des organismes gouvernementaux, en vue d'informer les décisions de l'État.

La mode étant à l'intégration et à l'échange de services et d'information, plusieurs manifestations de cette coopération inter-agences ont vu le jour dernièrement. Donnons deux exemples. Le premier est le Centre intégré d'évaluation de la sécurité nationale (CIESN), créé en 2003 et relancé en grande pompe en 2004 sous le nom de Centre intégré d'évaluation des menaces (CIEM). Il s'agit d'un organe du SCRS spécifiquement tourné vers l'intégration du renseignement stratégique relatif au terrorisme. En principe (le CIEM vient tout juste d'être créé et il semble que plusieurs partenaires ne participent pas à ses activités), cela devrait déboucher sur la production de rapports d'évaluation des menaces et à la coordination des réponses. Le second exemple marque le retour en force de la GRC dans la sphère de la sécurité nationale.

Retour de la GRC au renseignement de sécurité

Après avoir formellement perdu la responsabilité du renseignement de sécurité en 1984, la GRC a procédé à une réorganisation de ses services. Dès 1988, elle créa sa nouvelle Direction des enquêtes relatives à la sécurité nationale, accompagnée d'une sous-direction des opérations relatives à la sécurité nationale (chargée d'administrer des sections des enquêtes relatives à la sécurité nationale [SESN], présentes dans les 14 divisions territoriales de la gendarmerie). Trois ans plus tard, les fonctions de renseignement étaient rénovées à leur tour, avec la création de la susmentionnée Direction des renseignements criminels, chargée de repenser la manière dont l'organisation collectait, analysait et diffusait l'information dont les policiers ont besoin, et comportant une sous-direction spécifiquement vouée au renseignement de sécurité. Sa banque de données est le Système de renseignements protégés sur la criminalité (SRPC) qui, malgré son nom, n'a aucunement pour but la collecte d'information sur des actes criminels ordinaires. En fait, elle est maintenue à l'écart des systèmes d'information de la police et seulement certains enquêteurs y ont accès. Autrement dit, même après la création du SCRS, la GRC est toujours restée active, en arrière-plan, dans les affaires de sécurité nationale. Cela, tout simplement parce que dans bien des cas des enquêtes de sécurité se transforment en enquêtes criminelles lorsque des individus sont formellement arrêtés afin d'être traduits en justice pour des actes interdits par le Code criminel du Canada. Par exemple, bien que formé au départ pour servir aux enquêtes de contre-espionnage de la guerre froide, le SRPC est aujourd'hui surtout (mais non exclusivement) utilisé dans les affaires de terrorisme. On y trouve notamment les informations relatives à la colossale enquête policière sur l'attentat d'extrémistes sikhs contre Air India en 1985, qui avait fait plus de 300 morts.

Depuis 2001, les activités de la GRC en matière de sécurité nationale dépassent à nouveau l'intervention policière, alors que les SESN sont remplacées par les Équipes intégrées de la sécurité nationale (EISN). Contrairement aux SESN, les EISN ne sont pas des groupes internes à la GRC, mais bien des entités formées de membres détachés du SCRS, des polices provinciales et municipales, de différentes agences fédérales et provinciales et de partenaires étrangers (surtout des États-Unis). Dans ce système, la GRC se retrouve partenaire *principal* d'une structure où le renseignement de sécurité est l'outil principal et où le mot d'ordre est «partage» (à ce jour, quelque 200 policiers de la GRC sont actifs en matière de sécurité nationale).

Le tableau 21-1 présente succinctement les principales entités actives dans la sphère du renseignement de sécurité au Canada. Nous venons de traiter des trois premières, qui sont des organismes de la société civile. Les quatre dernières relèvent du ministère de la Défense et des Forces canadiennes (FC).

Tableau 21-1 • Principaux organismes de renseignement de sécurité au Canada

SCRS *CSIS*	Service canadien du renseignement de sécurité, MSPPCC* (*Canadian Security Intelligence Service*)
GRC/SRPC *SCIS*	Gendarmerie royale du Canada, Système de renseignements protégés sur la criminalité, MSPPCC (*Secure Criminal Information System*)
EISN *INSETs*	Équipes intégrées de la sécurité nationale, MSPPCC (*Integrated National Security Enforcement Teams*) Vancouver, Toronto, Ottawa et Montréal
CST *CSE*	Centre de la sécurité des télécommunications, MDN** (*Canadian Security Establishment*)
CCDN 2 *NDCC 2*	Centre de commandement de la Défense nationale, MDN (*National Defence Command Centre – Security Intelligence*
UNCIFC *CFNCIU*	Unité nationale de contre-ingérence des Forces canadiennes, MDN (*Canadian Forces National Counter-Intelligence Unit*)
SNEFC *CFNIS*	Service national des enquêtes des Forces canadiennes, MDN (*Canadian Forces National Investigation Service*)

*   Ministère de la Sécurité publique et de la Protection civile
** Ministère de la Défense nationale

La présence militaire

La sécurité nationale a toujours été la mission principale des forces armées. Cependant, au Canada (comme aux États-Unis), il est généralement accepté que les questions de sécurité intérieure relèvent de la police et d'autres organismes civils (c'est-à-dire non militaires) chargés de protéger la paix et de faire régner l'ordre, alors que les organismes militaires doivent se concentrer exclusivement, sauf dans les cas exceptionnels, sur les menaces extérieures. De nos jours, la distinction est de moins en moins profonde, puisque la coopération des Forces canadiennes est sollicitée de plus en plus dans des activités policières, comme la surveillance aérienne du territoire pour contrôler la culture illicite de marijuana.

L'organisation militaire la plus impliquée dans la collecte et l'analyse de renseignement de sécurité est le très nébuleux Centre de la sécurité des télécommunications (CST), créé en secret après la Seconde Guerre mondiale (sous le nom de COMSEC, ou Sécurité des télécommunications, sous l'égide du Conseil national de recherche). Le CST est l'agence principale de cryptologie et de sécurité informatique du Canada — mais elle est davantage connue comme le partenaire canadien de l'accord UKUSA entre les États-Unis, l'Australie, le Royaume-Uni et le Canada, visant l'échange d'informations électroniques interceptées. Le programme le plus remarquable de ce partenariat est connu sous le nom de code ECHELON, et consiste à analyser des millions de communications venant de partout sur la planète, pour y trouver des mots clés caractéristiques de complots terroristes, d'attaques imminentes, d'échanges technologiques. Jusqu'à récemment, tous les partenaires étaient restreints dans leurs activités par des lois nationales interdisant l'interception de communications de leurs citoyens respectifs. Ce n'est plus le cas, puisque les exceptions à cette interdiction se multiplient (surtout au Canada et aux États-Unis). Soit dit en passant, depuis la fin de la guerre froide, la majorité du travail fait par le CST, comme c'est le cas de la National Security Agency (NSA), son partenaire états-unien, consiste à épier les communications des alliés du Canada pour y débusquer des informations relatives au commerce international et des secrets industriels (Bamford 2001).

Contrairement au SCRS, les activités du CST ne furent l'objet d'aucune loi spécifique jusqu'en 2001. À ce moment, le gouvernement jugea bon d'inclure, en dernière partie de son projet de loi C-36, ou Loi antiterroriste, une section habilitant officiellement le CST (par une modification de la Loi sur la défense nationale, partie V.1). Cette loi fit bien davantage qu'officialiser l'existence du CST: elle ajouta à son mandat certains aspects particulièrement significatifs. Entre autres, le CST doit maintenant «fournir une assistance technique et opérationnelle aux organismes fédéraux chargés de l'application de la loi et de la sécurité» (Canada 2006b), et peut désormais intercepter des communications de citoyens canadiens, avec autorisation du ministre. Peu d'exemples existent de telles opérations, mais un cas peut les illustrer. Momin Khawaja, citoyen canadien d'Orleans, en Ontario, a été arrêté en 2003 après que la NSA a intercepté un courriel montrant qu'il collaborait avec un groupe de terroristes britanniques préparant un attentat à Londres.

Désormais, la loi contient également un cadre précis pour le Commissaire chargé d'examiner les activités du CST, mais s'il faut en croire ses rapports annuels, le cadre juridique de cet examen reste excessivement flou (voir BCCST 2005). Entre autres problèmes, le standard de spécificité de l'autorisation ministérielle d'intercepter les communications de Canadiens n'est pas établi. Par exemple, on ne sait pas si le ministre peut autoriser une série d'interceptions ou s'il doit approuver chaque cas séparément.

Les autres organismes militaires sont principalement axés sur le renseignement militaire (RM), c'est-à-dire la production de connaissances relatives au déploiement des forces canadiennes à l'étranger (par exemple, le mouvement, l'équipement, l'organisation de troupes ennemies, l'apparition de menaces pour la sécurité des bases des Forces canadiennes). Cette question est d'importance secondaire pour ce chapitre et donc nous ne nous y attarderons pas.

Notons au départ que dans des circonstances exceptionnelles, les organismes de renseignement militaire ont toujours été actifs sur le territoire canadien, par exemple lors de la susmentionnée crise d'octobre, ainsi que durant des manifestations anti-mondialistes accompagnant les conférences sur le commerce international. Cependant, depuis quelques années, la mission du renseignement militaire est en transformation et l'activité des organismes de renseignement militaire est presque certainement destinée à une expansion sensible. En effet, les Forces canadiennes considèrent désormais l'ensemble du Canada non pas comme une base de lancement d'opérations à l'étranger, mais bien comme un théâtre opérationnel (chapeauté par un nouvel état-major nommé Commandement Canada, COMCANADA) dans lequel du personnel, du matériel et des infrastructures sont déployés, et doivent être protégés — ce qui nécessite une connaissance de l'environnement, donc des activités de renseignement. Sans compter bien sûr la préparation d'opérations exceptionnelles qui impliqueraient directement l'intervention des Forces canadiennes — dont bien sûr les urgences terroristes potentielles, mission de la Deuxième Force opérationnelle interarmées (FOI2), troupes de choc antiterroristes du Canada. Sous COMCANADA, ni la nature ni l'intensité des opérations de renseignement militaire en territoire canadien ne sont claires pour l'instant.

Un autre phénomène qui pousse au changement dans la collecte, l'analyse et la distribution de renseignement militaire est la transformation de l'environnement dans lequel les Forces canadiennes doivent se déployer. Un des aspects principaux de cette transformation est la disparition des ennemis étatiques conventionnels, dont bien sûr les pays du bloc soviétique, et leur remplacement par un foisonnement sans fin d'ennemis organisés en groupes minuscules, fluides, sans hiérarchie claire ou base géographique fixe. Cette multiplication des conflits dits «asymétriques», mais dont les acteurs non étatiques disposent tout de même de moyens d'infliger des pertes considérables aux États (dont de potentielles armes de destruction massive), impose un changement dans la conception même du renseignement militaire et de ses cibles.

SÉPARATION ET INTÉGRATION DES TYPES DE RENSEIGNEMENT

La question la plus d'actualité en matière de renseignement est celle du bien-fondé du cloisonnement des activités et des organismes responsables du renseignement criminel et du renseignement de sécurité. La problématique de ce cloisonnement se déploie sur deux fronts : pratique et politique.

Côté pratique, la fusion du renseignement criminel et du renseignement de sécurité est motivée par plusieurs facteurs importants. Premièrement, plusieurs phénomènes ont motivé un rapprochement des capacités opérationnelles des agences, dont principalement la criminalité organisée transnationale et le terrorisme (SCRS 2004). Dans les deux cas, il s'agit de crimes, cible typique d'organismes policiers, et de menaces pour la sécurité nationale, cible des services de sécurité. Selon le SCRS, la criminalité transnationale menace «l'intégrité des institutions financières du Canada et les principaux secteurs de l'économie canadienne» (SCRS 2007), ce qui justifie son implication dans ce type d'enquête. Deuxièmement, le fait que les enquêtes en sécurité doivent être transférées du SCRS à la GRC lorsque des activités criminelles sont en cours, ou prévisibles, crée une fracture dans le développement de l'enquête. Les Équipes intégrées de la sécurité nationale visent en partie à pallier ce problème, en assurant une transition plus douce du dossier entre les deux organisations et la collaboration continue des agents du SCRS qui en sont la source, avec ceux de la GRC qui doivent préparer le dossier judiciaire. Troisièmement, étant donné que la cause la plus souvent identifiée de l'échec à prévenir les attaques de septembre 2001 est le manque d'échange, de mise en commun de renseignements entre les services de sécurité et les organismes policiers, plusieurs rapports d'expertise ont recommandé la fusion pure et simple de toutes les sources et catégories du renseignement.

Deux problèmes restent pourtant entiers. D'une part, la raison initiale de la séparation des activités de renseignement, le potentiel d'abus de pouvoir de la part des individus et des organisations, n'est pas disparue. De nouveaux organismes de surveillance ont été créés depuis, mais rien ne permet d'assurer qu'ils suffisent à la tâche maintenant, et encore moins qu'ils y suffiront dans un futur où le renseignement serait unifié. Dans les faits, l'affaire Arar l'a montré, la culture organisationnelle de la GRC ne s'est aucunement réformée et ni les membres individuels ni l'organisation en tant qu'institution gouvernementale ne se sont montrés ouverts au processus d'évaluation et de révision externe de leurs activités (ce manque de coopération est une récrimination maintes fois répétée par la Commission des plaintes du public contre la GRC).

D'autre part, subsiste le simple fait que la nature même des activités visées par le renseignement de sécurité est fondamentalement différente de celle qui caractérise les activités quotidiennes des policiers. Le terroriste a des objectifs, des méthodes, un comportement, une mentalité qui le différencient du criminel commun (Leman-Langlois 2007). La manière dont il constitue son réseau de soutien est différente. L'environnement politique où il évolue est particulier. Encore une fois, la Commission Arar a souligné à quel point les enquêteurs aguerris de la GRC restent des novices en matière de politique internationale, de cultures étrangères, et tout simplement face à la nature du terrorisme. Cela, en partie parce que le terrorisme est tout simplement trop rare pour qu'ils en aient une expérience utilisable.

Côté politique, la question principale est celle des atteintes possibles à la vie privée, dans un monde où des ressources décuplées à la fois au chapitre des budgets, de l'expertise, de la technologie et des relations internationales sont vouées à la surveillance des populations. Le mode d'opération du terroriste, qui se confond avec le citoyen moyen et se cache dans la masse de gens ordinaires durant de longues périodes de temps, semble justifier qu'une loupe de plus en plus puissante soit dirigée vers tous les citoyens.

Une question secondaire est celle de la coopération avec des organismes de renseignement de pays où les droits de la personne ne sont pas respectés. Tous les principaux services de police et de renseignement reçoivent des informations en provenance de tels pays, souvent obtenues sous la torture — et peu de règles explicites en régissent l'utilisation, surtout en matière de sécurité nationale. À l'inverse, lorsqu'on dispose d'informations parfaitement fiables, mais qui devraient normalement mener à la déportation d'un individu dangereux dans un pays où il sera torturé, la marche à suivre n'est guère plus claire. La Cour suprême du Canada, dans son arrêt Suresh, a conclu que le Canada ne devait pas déporter des personnes là où elles risquent la torture ou d'autres mauvais traitements... sauf dans les cas où la sécurité nationale est en jeu. Notons que même nos partenaires démocratiques, dotés de chartes de droits, peuvent prendre des décisions grossièrement inacceptables aux yeux des Canadiens.

Enfin, l'aspect purement financier est également à considérer. Durant les années 1990, les Forces canadiennes, le SCRS et le CST, entre autres, ont vu leur budget et leurs effectifs diminuer sensiblement (dans le cas du CST, après une augmentation fulgurante dans les années 1980, en partie due aux coûts des superordinateurs dont elle avait besoin — par exemple, l'achat et l'emploi d'un seul Cray X-MPII lui coûta près de 34 millions de dollars. Bien sûr, cet ordinateur est aujourd'hui vétuste). Depuis 2001, les budgets de toutes les entités liées au renseignement de sécurité ont été rétablis à leur niveau de la guerre froide. En évaluant les divers risques pour la sécurité nationale de façon purement objective, on s'aperçoit que la légitimité de ces dépenses reste à démontrer.

CONCLUSION

Malgré la distinction établie entre les différentes activités de renseignement, au chapitre de leur mission, de leur légitimité d'action ainsi qu'à celui des techniques utilisées, force est de constater qu'il se dessine une tendance à la convergence, surtout justifiée par l'émergence de cibles prioritaires communes. L'enchevêtrement des activités de renseignement dans la lutte contre des phénomènes criminels internationaux (criminalité transnationale et terrorisme) n'est pas propre à la situation canadienne; c'est un phénomène observable dans plusieurs autres pays industrialisés tels que l'Angleterre, l'Australie et les États-Unis. En effet, les récentes promulgations de lois antiterroristes, à la suite des attentats de septembre 2001, confèrent aux agences policières et aux organismes chargés de la sécurité de l'État une plate-forme légale permettant de joindre leurs efforts (souvent au cas par cas) dans des contextes particuliers — notamment le financement du terrorisme, le contrôle des flux migratoires et les affaires criminelles atypiques, tel le cas de l'ex-espion russe Alexander Litvinenko. Bien qu'il soit encore trop tôt pour se prononcer, il semble que le ciblage des activités criminelles internationales par les forces de sécurité procure un terrain d'étude fertile dans lequel la distinction cloisonnée de la «haute» et la «basse» police, la police politique et la police de l'ordre public, devra être réévaluée.

CHAPITRE 24

De la lecture de l'environnement à la conduite de la police : l'apport des études stratégiques

▶ DIDIER FROIDEVAUX

L'objectif du présent chapitre est de présenter le rôle et les fonctions d'un service des études stratégiques, selon son appellation genevoise, de recherche et planification (Service de police de la Ville de Montréal — SPVM), d'analyse stratégique (police fédérale belge) de prospective, de planification et développement dans d'autres services de police. Indépendamment de leur dénomination et de leurs spécificités, ces unités partagent un certain nombre de traits communs que nous souhaitons mettre en évidence.

Dans un premier temps, nous esquisserons quelques éléments du contexte qui permettent de situer l'émergence de services d'études ou de recherches au sein des polices. Ensuite, nous présenterons leur rôle et leur position institutionnelle, en prêtant attention aux champs d'activité, aux questions de méthodes et aux outils. Un accent particulier sera mis sur les relations entre recherche et police, et notamment sur la nécessité de renforcer l'intercompréhension. Enfin, en réduisant la focale, nous tenterons une distinction entre analyse stratégique et analyse opérationnelle.

ÉLÉMENTS CONTEXTUELS

La création d'unités de recherche dans les années 1980 et 1990 s'explique largement par la nécessité perçue dans les corps de police de mieux comprendre l'environnement dans lequel ils agissent, de saisir les mutations, de les identifier aussi rapidement que possible afin de s'y adapter, que ce soit sur le plan organisationnel (structure, formation initiale et continue) ou opérationnel (nouvelles méthodes et nouveaux outils, nouveaux champs et phénomènes criminels à couvrir, etc.). Il est pourtant évident que la police a toujours entretenu des rapports étroits avec la société ou du moins certains segments de celle-ci. L'enquête judiciaire et plus encore les activités de renseignement impliquent une capacité d'immersion. Au-delà de ces deux domaines spécifiques, l'îlotage et le quadrillage du terrain étaient déjà les éléments centraux de la réorganisation de la police municipale de Paris en 1854 (Roché 2005: 201). À Londres, les principes énoncés par Peel et édictés dans la loi de 1829 sont considérés à la fois comme la base de la police moderne, professionnelle et communautaire. La proximité de la police avec le public doit permettre d'obtenir la collaboration de ce dernier, d'autant plus que le policier est décrit comme étant au service de la communauté, agissant tant sur la résolution des problèmes que sur l'application de la loi (Chalom 1999 ; Chalom et Léonard 2001).

À partir des années 1950, plusieurs évolutions que l'on mentionnera ici à grands traits vont affecter la société et la police. L'atomisation et l'individualisation de la société ont conduit en particulier à un affaiblissement, voire à la quasi-disparition des mécanismes de contrôle social. Simultanément, la société s'est pluralisée et est devenue fortement hétérogène.

Sur le plan des stratégies policières, en raison de l'intégration de nouvelles technologies (véhicules, système de télécommunication — téléphone et radio), le modèle réactif s'impose et supplante l'insertion locale du policier et la patrouille à pied. La police devient donc essentiellement une police de réquisition. Sa visibilité est liée au passage rapide de véhicules d'intervention avec avertisseurs sonores et lumineux. Le constat d'échec du modèle réactif, du fait de son incapacité à juguler la croissance de la criminalité d'appropriation dans le sillage des trente glorieuses et à prendre en compte le développement du sentiment d'insécurité (Monjardet 1996 ; Roché 2004 et 2005), a motivé le développement des philosophies et des modèles de police communautaire ou de proximité redécouvrant les principes de Robert Peel.

Plus précisément selon Monjardet, l'histoire récente de la police (à partir de 1950) est marquée, de manière générale, par deux phénomènes : l'explosion de la petite et moyenne criminalité et l'émeute urbaine — cette dernière relevant d'une spécificité française dans le monde francophone occidentale (voir Roché 2006). À partir des années 1970, apparaît un autre phénomène, concomitant aux deux précédents : la naissance d'un sentiment d'insécurité. L'insécurité et la lutte contre la délinquance entrent dans le débat public et se politisent. Tous les gouvernements, quelle que soit leur tendance, se saisissent de la problématique dans une perspective très semblable. La police est mise en question par rapport au sentiment d'insécurité de deux façons. D'une part, s'étant attribué la responsabilité prioritaire de la répression de la délinquance, la police est manifestement submergée par une délinquance de masse, dont le traitement semble se limiter à un enregistrement administratif en vue de l'intervention de l'assurance. D'autre part, les taux d'élucidation sombrent. La petite et moyenne délinquance ainsi que les violences urbaines mettent au défi la police de réinvestir l'espace urbain (Monjardet 1999).

Les nouveaux modèles dits proactifs et préventifs reposent en particulier sur la résolution de problèmes et sont confortés par le développement du modèle de police d'expertise. Ils constituent une réponse à l'évolution décrite par Monjardet, en recourant à de nouveaux outils et méthodes d'analyse, notamment environnementale et opérationnelle (nous y reviendrons). Selon Brodeur, les modèles de police communautaire et de résolution ou d'expertise ont un substrat commun : l'élargissement du mandat de la police, l'établissement de partenariats et l'accent mis sur les problèmes locaux. Ces deux modèles, s'ils divergent sur certains points, en particulier ceux liés à leur priorité, la police de proximité visant une obligation de moyen tandis que la police de résolution postule une obligation de résultat, apparaissent compatibles et même complémentaires sur le plan théorique (Brodeur 2003 : 200-207).

L'un et l'autre modèles auront une incidence sur la création de services d'études ou de recherches au sein des services de police. Si Brodeur pose la question sur le plan pratique de la synthèse entre ces deux modèles, d'autres auteurs franchissent le pas : « L'élargissement du mandat de la police fait sans aucun doute partie des mesures destinées à instaurer la police de proximité. Le maintien de l'ordre public et la résolution des problèmes l'emportent ainsi sur la lutte contre le crime. Cette police de résolution est également une police d'expertise, car elle s'appuie sur la recherche et l'analyse pour solutionner les problèmes communautaires, pour en prévenir la répétition et en réduire les conséquences. » (Chalom et Léonard 2001 : 112) En effet, une approche en résolution de problèmes et adaptée localement implique que la police ait une connaissance plus large de son environnement dont on a vu qu'il s'est pluralisé, entre autres sur les plans démographiques, ethniques et culturels. Cela nécessite, ainsi que nous le verrons, de recourir à d'autres types de données que les traditionnels indicateurs policiers et à d'autres méthodes d'analyse et de collectes de données et, finalement, à des compétences professionnelles nouvelles ou différentes.

L'intégration de ces compétences s'inscrit par ailleurs dans un mouvement général de professionnalisation et de spécialisation tant des entreprises que des administrations publiques. Elle est également renforcée par une nouvelle culture du management issue, ou du moins largement inspirée, du privé qui a donné naissance à un ensemble d'approches, de méthodes que par commodité et raccourci nous réunirons de manière générique sous l'étiquette de *new public management* (voir Dupont 2002 à partir du cas australien). De manière schématique, la gestion moderne des administrations et donc des services de police prône une méthodologie reposant sur la conduite par objectifs, déterminés sur la base d'analyses, et dont les effets sont évalués par des indicateurs de performances. La police d'expertise s'arrime à ce modèle de gestion (Brodeur 2003).

Une fonction de relais, de traduction et d'intégration

Dans le contexte esquissé ci-dessus, certains services de police ont constitué des unités d'études ou de recherches composées pour l'essentiel d'universitaires issus des sciences sociales et humaines et dotés d'un statut de personnel civil. Il s'agit d'une position « d'interface » entre l'université, la recherche et la police. Les réflexions alimentées à la fois par la recherche et l'observation du terrain doivent pouvoir se traduire en outils d'aide à la décision ou permettre la construction d'outils de diagnostic. La fonction de relais s'élargit à d'autres intervenants sociaux dans la logique de partenariat des modèles de police de proximité.

Ce positionnement à la jonction entre l'organisation et son environnement comprend certaines spécificités. Il doit permettre de lire l'environnement externe, de réduire l'incertitude qui lui est liée et, pour ce faire, il faut être en mesure d'interagir avec des partenaires et des institutions dont les objectifs et les logiques de fonctionnement diffèrent dans une mesure certaine de ceux de la police. C'est, dans les termes de la sociologie des organisations, « le *pouvoir dit du "marginal-sécant"*, c'est-à-dire d'un acteur qui est partie prenante dans plusieurs systèmes d'action en relation les uns avec les autres et qui peut, de ce fait, jouer le rôle indispensable d'intermédiaire et d'interprète entre des logiques d'action différentes, voire contradictoires » (Crozier et Friedberg 1981 : 86).

Les acteurs impliqués dans cette fonction de relais assument un rôle qui comporte deux aspects. D'une part, « les relais sont censés représenter le segment d'environnement visé par tout ou partie de l'organisation. Ils sont choisis pour informer celle-ci de la situation qui caractérise leurs segments respectifs et des conséquences qui en découlent pour elle. » D'autre part, leur rôle se double de « celui de représentant de l'organisation et de ses intérêts auprès de leurs segments d'environnement au sein desquels ils doivent imposer le respect des règles établies avec l'organisation. Bras allongés de l'environnement face à l'organisation, les relais sont aussi les agents de celle-ci dans l'environnement. Ces deux aspects de leur rôle sont inséparables parce que complémentaires. L'un ne va pas sans l'autre : structurellement les relais ont une double face et doivent vivre avec les contradictions qui en sont la conséquence. » (Crozier et Friedberg 1981 : 167)

Ce rôle de charnière explique largement qu'indépendamment d'une insertion réussie de plusieurs années dans le service de police, les membres de ces unités d'études ou de recherches restent souvent perçus comme étant externes à l'institution. Cette perception n'est pas réductible simplement au corporatisme policier, dont on connaît l'importance dans l'établissement des frontières entre le « nous [policiers] » et les « autres [non policiers] ». Elle traduit précisément le fait que les « relais » importent des éléments extérieurs qu'il s'agit d'intégrer — en partie du moins — dans les modes de fonctionnement interne. Ce positionnement « externe » paraît être nécessaire voire indispensable à la réalisation du mandat qui est confié aux unités d'études ou de recherches. Il s'apparente au phénomène de prise de parole selon Hirschmann (1972). Face à l'évolution d'une organisation, les individus peuvent soit faire défection, donc démissionner, soit prendre la parole, c'est-à-dire travailler à modifier de l'intérieur certaines orientations. C'est le loyalisme — nous dirions plutôt loyauté — qui fait la balance, freine la défection et favorise la prise de parole. En effet, par loyalisme, les acteurs restent fidèles parce «qu'ils prévoient au terme d'un calcul fondé en raison qu'il leur sera possible d'agir de l'intérieur pour réaliser des réformes ou des améliorations» (Hirschmann 1972: 83). La distance «critique» et l'autonomie des unités d'études et de recherches s'insèrent dans cette forme spécifique de loyauté, parfois mal comprise à l'interne.

Dans la même ligne se pose la question de la perméabilité des corps de police face à ces connaissances et à leur prise en compte. Brodeur (1998), dans sa critique d'Ericson et Haggerty (1998) qui voient dans les policiers des «enquêteurs de sciences sociales» (*social science fieldworkers*) et dans leurs supérieurs des «chercheurs associés» (*research associates*), souligne que le trait est un peu forcé compte tenu de la réticence de nombreuses organisations policières à engager des diplômés des sciences sociales pour leurs états-majors. Outre le dosage homéopathique de tels recrutements, on mentionnera la difficulté à promouvoir des approches et des outils de sciences sociales[1] face à la prégnance du savoir lié à l'expérience du terrain. Dans son analyse des émeutes urbaines, Roché parle même du «dédain vis-à-vis des sciences humaines et [de] leur présumée inutilité pour la police» (Roché 2006: 165)! Au-delà de cet exemple particulier, il subsiste selon les organisations, les moments et les thématiques abordées, un problème de légitimité ou de reconnaissance de la validité de ces apports.

RECHERCHE ET POLICE: UNE INTERCOMPRÉHENSION À CONSTRUIRE OU À RENFORCER

On peut se poser la question de la nécessité pour les polices de disposer d'universitaires pour faire le lien avec l'académie et la recherche. La réponse s'inscrit clairement dans la fonction de relais. Pour le service de police, il s'agit de contribuer à la définition et à la réalisation de recherches, en particulier appliquées, qui tiennent compte de ses attentes ou de ses interrogations, orientées sur des dimensions stratégiques, voire sur des dimensions plus opérationnelles. Réciproquement, il appartient aux relais de maintenir les relations avec les centres de recherche, de mener des veilles documentaires, afin d'identifier les nouvelles connaissances et méthodes qui pourraient avoir une incidence sur la police ou dont la police pourrait

---

1. Les sciences forensiques relevant des sciences dures et dans la mesure où elles apportent des éléments de preuves incontournables à l'appui de l'enquête policière jouissent au contraire d'un crédit quasiment sans faille.

tirer profit. Ce transfert de connaissances se fait par une traduction ou une intégration dans le langage ou les pratiques internes.

Les contextes nationaux et universitaires influencent les échanges entre recherche et police. Si les ponts semblent fermement établis au Canada et au Québec, si l'orientation sur des recherches appliquées intégrant les préoccupations policières relève d'une pratique affirmée (Cusson 1993), la réalité est plus diverse en Europe francophone. La recherche se fait davantage dans une perspective sociologique et criminologique critique sur la police, plutôt qu'avec la police. Un sociologue français, à la suite d'un exposé sur les violences urbaines dont les forces de l'ordre sont les cibles, ne s'est-il pas exclamé — au tournant de l'an 2000 — «qu'il était normal qu'un flic se fasse taper dessus»! Au-delà de l'impossibilité d'aborder la police autrement que de manière critique, la police est un champ d'intérêt pour d'autres chercheurs qui veulent valider leurs théories et leurs observations sur un terrain réputé difficile d'accès. Le rôle des unités d'études et de recherches consiste à poser des objectifs de recherche sur une base plus partenariale, à favoriser une ouverture bénéfique pour les deux côtés. Une telle approche s'inscrit naturellement dans le respect de l'autonomie de l'université. Elle vise simplement à ce que certaines questions soient prises en compte ou que les résultats de la recherche puissent trouver une traduction pour faire évoluer les pratiques. Il faut souligner ici pour la France le rôle précurseur de Dominique Monjardet et de plusieurs de ses collègues, qui ont permis de sortir du «fossé critique» susmentionné. Ce constat peut sans doute être élargi à d'autres contextes universitaires, en particulier relevant des sciences forensiques (voir le chapitre 21 dans cet ouvrage), même s'il reste encore (trop) minoritaire.

Deux exemples illustrent les rapports problématiques entre recherche et police. L'examen des politiques de sécurité en Belgique (Van Campenhoudt et autres 2000), dans une approche critique et constructiviste, met en évidence la nécessité de déconstruire des notions qui paraissent évidentes. C'est une invitation lancée aux gens du terrain de réfléchir aux enjeux plus «cachés» de leur mission ou de leurs objectifs. Cette démarche peut être déstabilisatrice pour les acteurs pris dans la problématique de la gestion de la sécurité au quotidien et à l'intersection de demandes souvent contradictoires, voire peut-être même confuses. Dans la lutte d'appropriation de l'espace, Hubert met ainsi en évidence un phénomène de triangulation: la relation entre les groupes sociaux du quartier est anonyme, sans co-présence, sans face-à-face des acteurs, et c'est l'agent des forces de l'ordre qui connecte les deux espaces et les deux acteurs. L'auteur décrit en particulier les interventions policières visant le contrôle d'identités et la dispersion des jeunes à la suite des dénonciations téléphoniques de voisins. La répétition de ces interventions est perçue par les jeunes «qui tiennent les murs» comme du harcèlement, voire comme relevant d'incivilités (Hubert 2000). L'observation de terrain de type ethnologique révèle un enjeu important en matière d'action policière, sociale et de socio-prévention. Il y a en effet risque que les intervenants sociaux et les forces de l'ordre se fassent instrumentaliser et que cette instrumentalisation soit «inéquitablement» partagée. En d'autres termes, l'objectif nous paraît être de tirer profit des résultats d'une recherche s'inscrivant dans une temporalité plus longue pour «recadrer» des situations quotidiennes dans leur complexité. La déconstruction de la notion d'insécurité est en quelque sorte un préalable incontournable, qui plus est dans le contexte actuel d'élargissement du mandat policier. Toutefois, l'intégration de tels résultats dans l'analyse des pratiques de la police peut difficilement se faire sans leur «traduction» par les unités d'études et de recherches.

Indépendamment de leurs apports dont nous venons de mettre l'intérêt en évidence, les approches critiques atteignent également une forme de limite. Si, comme le relèvent les auteurs, «les politiques publiques légitiment l'idée fausse que la solution ne peut naître que des espaces locaux» (Van Campenhoudt et autres 2000 : 18), il ne faudrait pas taire le fait qu'une partie de la solution doit venir des espaces locaux, dans la mesure où c'est très localement que se concrétisent le mal-être et les insécurités. D'une certaine façon, ces approches critiques et constructivistes, après avoir disséqué finement la mécanique sociale, laissent le lecteur et l'acteur sur leur faim en ne proposant aucune piste. Roché critique les sociologues militants pour qui «les victimes d'agression seraient aux prises avec des "constructions sociales de la réalité", le sentiment d'insécurité serait purement irrationnel» (Roché 2006 : p. 8). À la suite de Rojzman (1998) et de Boydy-Gendrot (1998), nous estimons que les explications généralisantes, globalisantes, tout comme, à l'opposé, les explications psychologisantes, ont un effet démobilisateur par le sentiment d'impuissance qu'elles peuvent générer.

L'échelle des violences urbaines ou de Bui Trong, du nom de sa conceptrice, est intéressante du point de vue de sa construction d'une part, et de sa réception dans les milieux universitaires d'autre part. C'est en effet à partir de monographies locales émises par les agents des Renseignements généraux (RG) que s'est structurée par induction l'échelle d'évaluation des quartiers sensibles. L'instrument de mesure validé par l'expérience, les faits les plus récents sont alors interprétés en fonction de leur classification dans l'échelle (Bui Trong 1993 et 1998). Mentionnons au passage que cette échelle recense et classifie tant des incivilités que des infractions, ce qui prouve la diversité des données et des sources à exploiter dans une perspective policière opérationnelle, qu'elle soit préventive ou répressive. Cette échelle souffre d'un certain nombre de défauts ou de limites, notamment par le fait qu'elle mesure la violence que subissent les forces de l'ordre et que le déclencheur des violences — souvent une action policière malheureuse — en est complètement absent. Au final, «l'échelle mesure plus la qualité des relations entre les jeunes et la police que le réel "niveau d'insécurité" d'un quartier. Cet outil [...] constitue néanmoins un excellent baromètre des préoccupations policières pour la gestion de l'ordre public dans les quartiers périphériques. » (Ocqueteau et autres 2002 : 27; aussi Roché 2006) Cette appréciation nuancée est très éloignée de celles de sociologues qui voient dans cette échelle l'outil policier tendant à criminaliser les jeunes d'origine maghrébine (Ocqueteau et autres 2002 : 27). Qui plus est, à notre connaissance, les critiques n'ont pas proposé d'alternatives !

LE CHAMP D'ACTIVITÉ

D'une organisation à l'autre, les services d'études et de recherches vont déployer des activités d'analyse dont le dénominateur commun est l'aide à la décision, le conseil à la direction et l'appui aux services opérationnels. En fonction de leur positionnement spécifique et de leur fonction de relais, ces services vont plus rarement exercer des fonctions de pilotage. Le cas échéant, il s'agira de projets transversaux et qui impliquent des partenaires externes, en lien notamment avec la police de proximité. Il y a bien entendu des particularités liées à chaque organisation. Le service stratégique peut par exemple être responsable de la gestion du changement dans une approche transversale (Charrier 2004), rompant ainsi avec la structure traditionnelle qui veut que les chefs des service opérationnels détiennent et engagent les moyens. L'évaluation des opérations, des processus de changement, appartient en revanche souvent à ces services d'études et de recherches.

De manière générale et synthétique, voici une liste non exhaustive des domaines possibles d'activité (voir aussi Charrier 2004) :

1. Recherches et analyses en vue de la réalisation du plan stratégique (voir le chapitre 22 dans ce volume), lecture de l'environnement ;
2. *Monitoring* et évaluation du processus et des résultats en fonction des objectifs du plan stratégique ou d'opérations spécifiques (Canter 2000) ;
3. Examen des processus organisationnels et proposition d'ajustements (par exemple, analyse des taux de charge selon les secteurs de police, de l'adéquation des horaires de service) ;
4. Détection des problèmes à travers l'analyse de tendances et sur la base d'indicateurs prédictifs ;
5. Recherche des réponses apportées dans d'autres lieux et organisations ;
6. Recherche des approches préventives fructueuses, des « bonnes pratiques » et proposition d'adaptation au contexte local ;
7. Contacts et collaboration avec des instituts de formation, des consultants externes et des partenaires ;
8. Veille documentaire des programmes de recherche afin de déterminer leur intérêt pour les besoins du service de police.

Le champ d'activité est largement influencé par les évolutions mentionnées en introduction, à savoir la prise en compte de l'environnement et de ses mutations (McDonald 2002), ainsi que l'élargissement du champ d'intervention de la police et les approches partenariales (Moore 1992). En particulier, les réponses à l'insécurité portent sur des enjeux qui dépassent de beaucoup la question de la sécurité *stricto sensu*, ou plus prosaïquement encore, la simple réponse policière. Il est en effet largement question de lutte contre l'exclusion sociale, d'intégration sociale, de précarisation de certains quartiers, etc. Les dispositifs récents — par exemple, les contrats locaux de sécurité — mettent en évidence la volonté des États ou plus largement des collectivités publiques de favoriser les approches intégrées et multidisciplinaires, en lieu et place des approches sectorielles (Van Campenhoudt et autres 2000).

Parmi un ensemble d'outils de consultation, le développement des diagnostics locaux de sécurité, des sondages de victimisation et d'insécurité ou portant sur les attentes des usagers (Barbeau et Dupont 2006) s'intègre parfaitement dans ce contexte. L'exemple de la police de quartier à Montréal est particulièrement illustratif d'une approche reposant simultanément sur l'analyse de la littérature et la consultation du public[2] et des collaborateurs, de l'évaluation et des ajustements subséquents (SPCUM 1995; SPVM 2003; Monjardet 2000). En matière de consultation et plus particulièrement de diagnostics, on rencontre deux types de démarche: une démarche relevant de l'observatoire de la sécurité ou des contrats locaux de sécurité et une démarche émanant des services de police.

La première démarche s'inscrit dans une logique partenariale de diagnostic partagé, des données à l'analyse. L'exercice est difficile et se heurte à un certain nombre d'obstacles, qui ont notamment trait à la catégorisation des «troubles à la tranquillité publique» (Ocqueteau et autres 2002), à la manière d'agencer des données qui suivent la logique, le découpage territorial et le cadre temporel déterminé par chaque partenaire (Lagrange 1998) et, en amont, la question de la transmission des données sur le plan légal (Suretis 2005).

La seconde démarche émane des corps de police et traite des données policières ainsi que des données de sondage (Wouters et Pattyn dans ce volume). Elle peut associer des instituts universitaires ou des consultants privés, tout en mettant largement à contribution leur service d'études ou de recherches. C'est notamment sur ce modèle qu'a été réalisé le diagnostic de sécurité du canton de Genève (DLS 2004). Ce document comporte, outre les analyses, une partie de recommandations dites stratégiques, rédigées de manière indépendante par les auteurs du diagnostic, soit le consultant externe et le service des études stratégiques. Les recommandations portent sur les principaux thèmes et résultats s'agissant de l'insécurité, du climat des différents quartiers, de l'intégration des populations étrangères et de l'image de la police. Leur mise en œuvre repose sur l'engagement de la police (lutte contre le trafic de drogue), sur celui de la police et de partenaire(s) (sécurité autour des établissements scolaires, restaurer un climat de quartier plus sûr), ou finalement sur l'intervention d'autres services (lutte contre certaines

---

2. Relevons que la loi québécoise sur l'administration publique rend obligatoire pour les services de s'assurer de connaître les attentes des citoyens (Barbeau et Dupont 2006).

formes d'incivilités, par exemple l'abandon d'objets sur la voie publique, les salissures et les graffitis). Les résultats ont mis en évidence que la perception de la qualité du travail de la police dépend de la visibilité de la police et du niveau du sentiment d'insécurité. Or, ce dernier est directement lié à la perception du quartier en fonction de la présence ou de l'absence de solidarité ou d'entraide. Une réponse strictement policière par un renforcement des patrouilles et donc de la visibilité ne constitue qu'un pan d'une réponse, peut-être même minoritaire. L'autre pan réside dans l'amélioration du climat de quartier par la création ou le raffermissement de liens sociaux. Les recommandations doivent prendre en considération ces différents aspects.

Que la démarche soit interne à la police ou partenariale, une attention particulière doit être portée au niveau des données. En effet, dans ces approches «environnementales», les chercheurs doivent opérer une sélection parmi toute une série de variables et spécifier aussi précisément que possible la relation entre le niveau écologique, macrosocial et le niveau microsocial ou individuel. Les analyses écologiques apportent des éléments de compréhension générale des quartiers en fonction de leur composition morphologique et démographique, ainsi que de leur niveau de criminalité, et de ce fait une aide à la décision quant à la répartition des effectifs et des ressources. Le niveau microsocial permet d'identifier au sein des quartiers des *hot spots* ou des situations particulières ou individuelles (Swartz 2000). Ce deuxième niveau permet d'adapter des dispositifs opérationnels sociaux ou de sécurité ciblés.

Outre le fait que le passage d'un niveau à l'autre doit rendre attentif à tout risque de stigmatisation, étant entendu que le «score» d'un quartier sensible ou défavorisé sur le niveau de criminalité ne fait pas de tous ses résidents des criminels ou des délinquants, il marque la séparation entre des approches stratégiques et des approches opérationnelles ou tactiques.

DU STRATÉGIQUE À L'OPÉRATIONNEL : LES DIFFÉRENTS NIVEAUX D'ANALYSE[3]

Ces notions de stratégique et d'opérationnel font partie du langage courant au sein des services de police — et bien plus largement au sein des entreprises : ne parle-t-on pas de stratégie d'entreprise déclinée en un ensemble d'objectifs opérationnels à l'instar du *Nouveau Petit Robert* (1993) ? Selon la littérature et l'acception commune, l'analyse stratégique porte sur des données collectées sur plusieurs années, s'intéresse aux grandes évolutions et tente des prévisions sur la base des tendances. Au point de vue spatial, elle traite des données démographiques, économiques et morphologiques (bâti, voies de circulation, etc.) et criminelles par zones. Elle donne

---

3. Ce paragraphe reprend certains éléments de Froidevaux (2005).

donc des indications générales ou des orientations, dont la concrétisation sur le terrain sera indirecte. D'une certaine façon et de manière analogique à l'agriculture, l'analyse stratégique est extensive, tandis que l'analyse opérationnelle — ou tactique pour certains — est intensive. Cette dernière est de portée temporelle réduite (en nombre de jours ou de semaines), et surtout aussi immédiate que possible. Elle se concentre sur la mise en évidence de schémas ou de liens entre suspects, leur mobilité et leurs cibles (voir par exemple Canter 2000). Sa traduction sur le terrain est directe.

La réalité offre une image aux contours moins nets. En effet, en regardant de plus près les organisations policières, on observe un enchevêtrement extrêmement complexe de processus de traitement des informations à des niveaux de détails et aux objectifs très variés. Pour essayer d'y voir un peu plus clair, reprenons à notre compte le slogan du Service du renseignement criminel du Québec, «pour que l'information devienne renseignement» qui pointe l'aspect central : l'information pour être utile ou utilisable doit être interprétée et dotée de sens. Dans cette perspective, l'information relève de la donnée brute, tandis que le renseignement (*intelligence*) est un produit fini, utilisable à un moment donné et dans un contexte spécifique. La transformation implique une reconstruction de l'objet (Ribaux et autres 2003). Avant même de s'intéresser aux différents niveaux d'analyse, il est essentiel de mesurer le caractère incontournable de ce processus dont l'influence augmente en passant du niveau stratégique au niveau opérationnel.

L'échelle dite de Bui Trong (voir *supra*) est une première illustration de ce travail de transformation, du relevé à la codification pour dégager un sens permettant d'orienter la prise de décision opérationnelle. Le degré atteint dans l'échelle donne des indications quant aux dispositifs policiers à prévoir.

L'identification de phénomènes criminels et l'enquête judiciaire sur ceux-ci suivent un processus similaire avec une dimension très spécifique. Alors que l'évaluation générale (statistique) de la criminalité va essentiellement reposer sur une définition légale et pénale (atteinte à l'intégrité corporelle par exemple), combinée éventuellement avec des notions plus policières pour certains types de délits, en particulier ceux dits de forts volumes (le vol est décliné en cambriolage, vol à la tire ou à l'astuce, etc.), l'analyse criminelle opérationnelle va recourir à des données très différentes pour caractériser, par exemple, telle série de cambriolages (Ribaux et Margot 2003 et dans ce volume).

Les premières données que l'on qualifiera de brutes ne sont que d'une utilité relative au niveau opérationnel pour les polices. Elles mettent simultanément en évidence la nécessité de distinguer les niveaux d'approche et d'analyse. Tentons l'exercice en suivant Ribaux, Birrer et Walsh (2003). Le premier niveau est le plus général et relève de l'analyse criminelle stratégique. Dans la conception de Ribaux et autres, même à ce niveau, l'analyse se focalise sur un phénomène ou un type de délit particulier, dans leur cas, les cambriolages. L'étude de l'évolution du marché de la prostitution à Genève sur un peu plus d'une décennie (Sardi et Froidevaux, 2001) se situe à ce même niveau. Pourtant, les deux exemples montrent que l'analyse stratégique recouvre des réalités qui diffèrent sensiblement sur un point crucial en matière de degré d'opérationnalisation. L'analyse du marché de la prostitution a permis d'illustrer les principaux changements de ce marché, que ce soit en termes de types de pratique — «transfert» d'une prostitution de rue vers une prostitution de salon ou d'appartement — ou de pays d'approvisionnement, pour les cabarets avec l'émergence des pays de l'Europe de l'Est, d'abord la Russie puis l'Ukraine principalement. Cette analyse esquisse ainsi un certain nombre de tendances et permet de générer des recommandations ou des orientations stratégiques. Le destinataire de ce type d'analyse se situe soit au niveau politique, soit au niveau du commandement de la police. Le policier de front n'y trouvera guère d'intérêt ou d'utilisation, sauf à reconnaître une mise en forme de ce qu'il sait d'expérience! Ce constat rejoint les propos de Harries pour qui les états-majors policiers peuvent nourrir une certaine curiosité pour les configurations criminelles de la décennie passée, mais une telle analyse relève du luxe compte tenu des ressources limitées des polices et de leur mode de fonctionnement qui privilégie l'opérationnel immédiat (Harries 2000: 23).

Dans le cas des cambriolages, l'analyse est certes stratégique, mais elle ouvre des perspectives immédiates pour le deuxième niveau, celui de l'analyse opérationnelle. En effet, dès le premier niveau, le cambriolage est décliné sous ses principales formes — cambriolage résidentiel ou commercial, vols dans les véhicules — dans le but d'en tirer des enseignements sur les plans opérationnel ou de l'enquête. Cette ouverture est rendue possible par le travail de transformation de la donnée brute ou originelle dans des termes pertinents pour le travail de police. Ainsi, le cambriolage n'est pas défini ici pénalement selon le cumul de trois infractions: le vol, la violation de domicile et les dommages à la propriété, mais selon une notion policière qui ne retiendra que les deux premières infractions. En effet, ce que traduisent notamment les dommages à la propriété renvoie au mode de pénétration dans le lieu, avec ou sans effraction. Ce sont les niveaux suivants qui enrichiront l'analyse de nouvelles données et impliqueront un travail plus important d'*intelligence.*

Le continuum de l'analyse stratégique à l'analyse opérationnelle est clairement lisible. Le but sera ici d'affiner les mécanismes propres à chacune des formes de cambriolages. Ainsi, en matière de cambriolages résidentiels, l'analyse va intégrer notamment les modes opératoires en faisant l'hypothèse que le cambriolage du jour est commis de manière très différente du cambriolage nocturne. Le troisième niveau enfin portera sur la détection des séries, à l'intérieur des classifications issues de la deuxième étape, et fera intervenir l'exploitation des traces forensiques (traces d'outils, semelles, ADN, empreintes digitales, etc.; pour plus de détails, voir les diverses contributions déjà citées de Ribaux et autres).

L'analyse criminelle opérationnelle mobilise ainsi de manière méthodique toutes les données disponibles relatives à un ensemble d'événements criminels dont les premiers éléments d'enquête permettent de faire l'hypothèse de l'existence de liens conduisant à (re)constituer une série ou un phénomène spécifique. C'est le versant « enquête judiciaire » de la police d'expertise. Cela correspond à ce que Cusson désigne par *pensée ou approche stratégique*, dont l'objet est le problème criminel (Cusson 1993). Par ailleurs, nous sommes ici dans le pur domaine policier au sens de la typologie de Monjardet (1996), dans laquelle la police judiciaire relève de la compétence exclusive de la police.

L'analyse stratégique se situe dans un champ moins bien défini pour une double raison. D'une part, son rapport à la gestion des affaires courantes de la police est assez lointain, ou perçu comme tel. Si les approches en résolution de problèmes insistent sur la nécessité de passer d'une logique de traitement des incidents à une logique plus compréhensive au sens sociologique, le quotidien du policier n'en demeure pas moins encore fortement rythmé séquentiellement par les réquisitions ou le cas par cas (Brodeur 1999 : 177). D'autre part, ce niveau d'analyse, dans la mesure où il intègre des données criminelles et environnementales, renvoie pour partie à l'élargissement de mandat policier et donc à la police de proximité, domaine où la police jouit d'une compétence partagée (Monjardet 1996) avec de nombreux intervenants et la population. Or, cet élargissement du mandat trouve un écho limité auprès des policiers de première ligne, si l'on en juge par les processus de socialisation qui se traduisent par un resserrement de l'image de la profession sur les activités classiques de lutte contre la criminalité et répressives (Monjardet et Gorgeon 2005) au détriment des tâches préventives. La distinction opérée entre stratégique et opérationnel renseigne finalement davantage sur la sociologie interne aux organisations policières que sur une différence substantielle. Plus encore, elle tend à masquer ce qui les réunit.

CONCLUSION

L'évolution récente de la société, de plus en plus complexe et éclatée, l'émergence de nouveaux modèles de police, couplée à la nécessité pour les administrations publiques de rendre des comptes, ont incité des services de police à se doter de nouvelles structures d'analyse, composées de personnel civil universitaire. Leur rôle se situe clairement à l'interface entre l'organisation policière et, d'une part, la société en raison des approches partenariales ainsi que, d'autre part, la recherche universitaire et privée au vu de la nécessité de mieux lire l'environnement et ses transformations. Ce positionnement à la fois « dedans » et « dehors », s'il peut parfois surprendre à l'interne par la distance critique lors de la prise de parole, permet de répondre tant à l'élargissement du mandat policier qu'à la nécessité d'intégrer des connaissances, des méthodes et des outils nouveaux.

Le champ d'activité de ces unités d'études ou de recherches est large et porte sur les aspects organisationnels et criminels. De manière courante, on oppose analyses stratégiques et opérationnelles. C'est sans doute davantage du point de vue des niveaux d'analyse plutôt que de celui d'approche ou de substance que l'on peut distinguer ces deux notions. La typologie des missions de la police de Monjardet (1996) permet également de spécifier ces niveaux en fonction de la compétence exclusive ou partagée de la police. Plus l'analyse sera proche de la compétence exclusive de la police, plus elle sera considérée ou perçue comme opérationnelle. Par «défaut», les analyses d'un autre type, notamment celles intégrant des données environnementales et multidimensionnelles, seront qualifiées de stratégiques. Au-delà de cette lecture bipolaire, l'essentiel est ailleurs : le virage stratégique est «d'abord une méthode intellectuelle pour la découverte des procédés les plus efficaces parce que les plus adaptés à une situation donnée» (Cusson 1993 : 302). Dans cette perspective, l'analyse stratégique ou opérationnelle relève dans tous les cas de la pensée stratégique. L'enjeu est bien celui de fournir une réponse adaptée, fondée sur les connaissances scientifiques et l'observation empirique dans un modèle de police de résolution.

CHAPITRE 25

L'analyse de problèmes de sécurité et la conception de solutions adaptées

▶ STÉPHANE LEMAN-LANGLOIS

INTRODUCTION

On a souvent l'impression que les problèmes de sécurité liés à des personnes, à des sites ou à des biens se manifestent naturellement à l'observateur un tant soit peu perspicace. En réalité, pourtant, si certaines failles manifestes tendent à l'évidence, comme les barrages hydroélectriques d'Hydro-Québec qui étaient ouverts à tous en janvier 2005, la plupart des facteurs réduisant notre sécurité sont beaucoup moins faciles à identifier. Il y a donc lieu de poser un regard théorique et analytique sur la notion de problème et plus précisément sur les activités qui consistent à identifier, comprendre, communiquer et remédier aux situations définies comme des problèmes de sécurité dus à des actions humaines intentionnelles (donc, mis à part ceux qui proviennent des incendies accidentels, des accidents ou des inondations). Il sera question de la notion même de problème, des niveaux où des problèmes peuvent être identifiés et de l'impact des solutions disponibles dans l'identification des problèmes.

La conception de problème qui est utilisée ici ne différencie pas de manière fondamentale entre les problèmes privés, publics, entre ceux qui sont du ressort de la police et ceux qui concernent la sécurité privée, les institutions, les groupes ou les individus. Identifier un problème et y faire face, dans tous ces cas, procède des mêmes outils conceptuels. Même dans les cas où le problème est de nature criminelle, l'utilisation du système pénal doit être conçue comme un outil parmi d'autres. C'est d'ailleurs un des outils les moins efficaces pour faire diminuer les problèmes de criminalité (Clarke et Eck 2003 : chapitre 4). En pratique, avoir à surveiller et à arrêter, à répétition, *ad vitam eternam*, une suite toujours renouvelée de délinquants est une tâche assommante, ni efficace, ni efficiente, et qui porte à des cónséquences indésirables sous les angles social, individuel et commercial. Une telle réponse ne correspond pas à notre définition de solution à un problème.

L'identification d'un problème, pour avoir une utilité pratique, doit être adaptée aux caractéristiques de la personne ou de l'organisation qui en subit les conséquences et de celles de la personne ou organisation qui est respon- sable de le régler. L'approche analytique de la sécurité doit donc s'adapter à son «client», puisque les circonstances physiques, légales, économiques diffèrent radicalement, par exemple entre les organismes communautaires locaux, les grands organismes gouvernementaux, les petites et moyennes entreprises qui remplissent nos parcs industriels et le citoyen moyen. Si les institutions gouvernementales peuvent s'intéresser aux problèmes générali- sés qui affligent la société entière, ces derniers ne forment au contraire qu'un décor inaltérable pour la plupart des gens ordinaires. Par exemple, il est inutile d'annoncer au propriétaire d'un petit commerce que son problème de criminalité est causé par le mauvais fonctionnement du système d'édu- cation. La modification du système d'éducation étant hors de la portée et de la responsabilité de la petite entreprise, il est inutile de l'identifier comme problème de sécurité, même si c'est effectivement la cause principale de ses difficultés. Cela dit, nous verrons tout de même plus loin qu'il n'est pas approprié d'exclure d'emblée toutes les formes de prévention à caractère social de la sphère d'influence des acteurs non gouvernementaux.

Le tableau 23-1 montre à quel point les contextes pouvant présenter des problèmes de sécurité sont variés. Identifier des problèmes est une tâche microscopique d'analyse spécifique. Il n'y a pas de ruban à mesurer les problèmes ni de recette de la sécurité : chaque nouvelle évaluation de sécurité est unique, différente des précédentes et des suivantes. Ainsi, ce que l'expert en sécurité doit développer n'est pas une encyclopédie des problèmes et des solutions, mais bien une façon de percevoir et une attitude propice à la résolution originale de situations spécifiques.

Tableau 23-1 • Diversité des problèmes de sécurité

Sites	« Problèmes » typiques	Impacts potentiels
1. industriels	11. vol de matériel	21. pertes financières
2. commerciaux	12. vol de services	22. hausse des primes d'assurances
3. gouvernementaux	13. vol d'informations	23. responsabilité civile
4. communautaires	14. vol de devises	24. diminution de la productivité
5. personnes	15. fraude	25. diminution de la compétitivité
6. espaces publics	16. corruption	26. réduction de la clientèle
7. espaces privés	17. violence, intimidation	27. dommages à la santé
8. espaces « privés de masse »	18. destruction	28. perte d'informations
9. espaces virtuels	19. incivilités	29. perte de la vie privée
10. environnement	20. sentiment d'insécurité	30. désorganisation sociale
		31. tensions interpersonnelles

RISQUES, MENACES, VULNÉRABILITÉS

Dans ce qui suit, les mots risque, menace et vulnérabilité ont un sens précis et ne sont pas interchangeables. Je suivrai les définitions conventionnelles, qui ont cours dans la littérature spécialisée. Une menace est constituée par la présence d'éléments pouvant s'attaquer à la sécurité d'une organisation, d'un groupe ou d'une personne. Ceci inclut bien sûr les menaces écologiques, météorologiques, celles qui viennent de la concurrence normale du marché (pour ce qui est des entreprises) et des accidents, mais comme je l'ai déjà mentionné, ce chapitre porte exclusivement sur les menaces humaines intentionnelles. Nous nous pencherons, dans une sous-section suivante, sur le fait que ces menaces soient de nature criminelle ou non et sur l'importance de cette distinction.

Les menaces sont d'une variété infinie et distribuées inégalement, c'est-à-dire que chaque site, organisme, groupe, individu, est exposé à un ensemble de menaces qui lui est particulier. Elles peuvent provenir de l'extérieur, c'est-à-dire d'individus, de groupes et d'organisations dont les activités sont indésirables pour l'entité qui doit être protégée. Pour un magasin à rayons, une menace classique est celle représentée par l'existence d'individus s'adonnant au vol à l'étalage. Pour un édifice gouvernemental, la menace peut provenir de citoyens manifestant à l'extérieur. Pour un réseau de transport en commun, elle peut provenir de citoyens préparant une attaque terroriste. Pour une compagnie d'assurances, il peut s'agir de clients qui tentent d'inclure dans leur formulaire de réclamation des dommages qu'ils n'ont pas réellement subis. Un aéroport peut être paralysé par un canular au sujet d'une bombe.

Les menaces sont aussi internes, lorsqu'un membre de l'organisation ou autre groupe social se conduit d'une manière qui peut causer un tort au groupe. Pour une banque, il peut s'agir de gestionnaires qui détournent des fonds. Pour un ministère, il peut s'agir de fonctionnaires faisant un mauvais usage de banques de données officielles. Dans un hôpital, des employés peuvent voler des médicaments ou des équipements. Des professeurs d'université peuvent s'approprier du matériel informatique qui ne leur appartient pas.

Les vulnérabilités sont la contrepartie des menaces : ce sont les facteurs qui exposent personnes, biens et sites à des attaques potentielles. Une porte mal verrouillée, un faux plafond trop élevé et où on peut ramper, des murs fragiles, etc., sont des vulnérabilités typiques des édifices à bureaux ordinaires. Des réseaux informatiques mal sécurisés et des employés à qui on peut facilement soutirer leur code d'utilisateur sont des vulnérabilités très répandues dans la plupart des organisations (sans compter les failles technologiques : un *Blackberry* duquel on croit avoir effacé les données ne fait que les cacher à un utilisateur peu expérimenté et les conserve tout de même en mémoire jusqu'à ce que cette portion de la mémoire soit à nouveau requise — ou jusqu'à ce qu'un curieux aille les chercher). Un commerce est vulnérable au vol à l'étalage si ses rangées de tablettes sont trop étroites, mal éclairées, mal surveillées, trop loin du centre d'activité des employés. Un barrage hydroélectrique est vulnérable si l'accès à ses turbines est ouvert, si personne n'y monte la garde, etc. Un réseau de transport en commun est vulnérable si on ne fouille pas les passagers, si on n'identifie pas qui y entre et qui en sort, si on ne contrôle pas l'achat des billets et si on ne retire pas toutes les poubelles et autres contenants pouvant servir à cacher une bombe. Ce dernier exemple souligne au passage qu'on ne peut, en aucun cas, viser à faire disparaître ou même contrôler toutes les vulnérabilités — surtout dans les lieux ouverts au public. L'invulnérabilité ne peut donc pas être le but d'un programme raisonnable de sécurité.

Le risque est la correspondance d'une vulnérabilité à une menace. Une porte déverrouillée constitue toujours une vulnérabilité, mais si vous vivez dans un village où personne n'a intérêt à entrer chez vous, elle n'engendre aucun risque. Que l'accès à un barrage hydroélectrique dans le Grand Nord ne soit pas contrôlé ne constitue pas non plus un risque pour la sécurité — mis à part le risque que des orignaux aillent y brouter du lichen. Puisqu'il n'y a aucun malfaiteur désirant y entrer, cette vulnérabilité reste sans conséquence tangible sur la sécurité des lieux. Le risque, on l'aura compris, est donc une notion statistique, probabiliste : il s'agit d'évaluer la probabilité qu'une personne décide de tenter de profiter d'une vulnérabilité ; l'action humaine n'est pas déterminée, elle est contingente.

Dans bien des cas, cette évaluation est fondée sur le passé : si un commerce a connu une moyenne relativement stable de 17 vols à l'étalage par mois dans les 48 derniers mois, il est clairement à prévoir que le mois prochain comptera à peu près 17 vols à l'étalage. En obtenant des informations complémentaires, on pourra également prévoir la valeur des pertes subies, les caractéristiques des voleurs et celles des produits qui seront volés — et donc leur emplacement exact sur le plancher. On peut également prévoir à quelle heure, quel jour de la semaine les vols sont les plus probables. On sera alors en mesure de trouver un moyen adapté pour en faire la prévention.

Dans d'autres cas, l'évaluation des risques est beaucoup plus approximative. Par exemple, dans la planification de dispositifs de sécurité pour un édifice qui n'est pas encore construit ou pour ce qui est des événements très rares, comme le risque d'attaque terroriste. Dans le premier cas, il s'agit de risques conventionnels, mais qui n'ont pas encore été encourus par l'entité particulière qu'il faut protéger. Une évaluation relativement fiable du risque peut être réalisée en comparant l'édifice futur à d'autres de type, vocation et contexte géographique apparentés. Dans le second cas, l'évaluation du risque reste subjective. Les compagnies d'assurances ont des formules de calcul du risque d'événements rares, mais elles ne sont utiles qu'avec l'agrégation massive de leurs clients et servent uniquement à déterminer le coût de la prime qu'ils devront payer afin de compenser ou de minimiser les conséquences éventuelles de cet événement (ce qui ne constitue aucunement une prévention, bien sûr : au contraire, les assurances dédommagent par définition les clients qui n'ont pu se protéger efficacement). Les chiffres qui ressortent de ce genre de calcul sont très peu utiles dans l'analyse de problèmes propres à une entité donnée (voir Ericson et Doyle 2004).

Par ailleurs, il faut être bien certain de savoir distinguer le risque de son penchant opposé, l'incertitude. L'incertitude, bien que donnant également lieu à un certain sentiment d'insécurité et à un désir de se protéger, représente — contrairement au risque — ce que l'on ne sait pas au sujet du futur — donc, rationnellement parlant, il n'est pas possible de savoir comment s'en protéger et peu efficient d'engager des ressources pour le faire (on peut tout de même avoir des raisons politiques, idéologiques ou sociales de le faire, pour rassurer le public. C'est alors un exercice symbolique, entièrement subjectif).

Enfin, la notion de problème mérite également une définition. Ni les risques, ni les vulnérabilités, ni les menaces — ni les crimes, d'ailleurs — ne sont des problèmes. Certains risques, à certaines conditions, peuvent devenir des problèmes et demander une intervention. Le rôle de l'analyste est de déterminer les critères permettant de passer en mode de résolution de problème, exercice généralement fondé sur un calcul des pertes possibles. Le tableau 23-2 illustre la relation entre le risque, la gravité des conséquences ou de l'impact de la conduite indésirable (nommée «criticalité», *criticality*, dans certains ouvrages), et la notion de problème.

Tableau 23-2 • Matrice typique d'évaluation des problèmes de sécurité

« RISQUE »	Probabilité		
Conséquences	faible	moyenne	élevée
insignifiantes	zone des « irritants »		
sensibles		zone des « problèmes »	
graves			

Au sens pratique, exposer un problème c'est faire la description détaillée des menaces, des vulnérabilités, des probabilités de méfaits et de la gravité de leurs conséquences éventuelles. En vue d'une solution, il faut y ajouter l'articulation logique d'une hypothèse quant aux actes particuliers qui pourraient se produire dans le futur, ainsi qu'au sujet des motifs qui sous-tendent la conduite des personnes qui les poseront. Par exemple, un risque d'espionnage industriel ne deviendra un problème, au sens pratique, que lorsqu'on l'aura mis en contexte précis : quels sont les secrets industriels qui doivent être protégés ? sous quelle forme se présentent-ils ? qui a besoin d'y avoir un accès légitime ? qui pourrait vouloir les voler et pourquoi ? quelle est la durée de la vie utile de ces secrets ? combien de temps faudrait-il à un concurrent ou une personne mal intentionnée pour profiter de ces secrets ? (ce temps dépasse-t-il leur vie utile ?), quelles seront les conséquences pour l'organisation de la subtilisation de ces secrets ?

Enfin, il faut noter qu'une matrice comme celle présentée au tableau 23-2, bien qu'extrêmement répandue dans la littérature sur la sécurité (presque tous les ouvrages en ont une version ou une autre. Par exemple, Broder 2000: 24; Fischer et Green 2004: 141; Johnson 2005: 351), tend à donner une importance démesurée aux impacts qui peuvent être traduits en valeur financière. La version offerte par Broder calcule uniquement la valeur financière des impacts. C'est une approche héritée des compagnies d'assurances, qui a certes sa place dans plusieurs contextes mais qui doit être prise comme un outil conceptuel et non comme un modèle à suivre.

COMMENT RECONNAÎTRE UN PROBLÈME

On peut avoir l'impression que certains problèmes sont immédiatement évidents à l'expert en sécurité faisant son inspection. À simplement visiter les lieux, il apercevra tout de suite les recoins mal éclairés où peuvent se dissimuler les malfaiteurs, les portes, clôtures et autres contrôles d'accès insuffisants, le manque de gardiens physiquement présents ou surveillant à l'aide de caméras, etc. On pourrait appeler cette approche empirique, non pas au sens scientifique, mais bien au sens où elle provient de l'expérience subjective de l'inspecteur. Or, cela est nettement insuffisant et une approche plus rigoureuse donnera des résultats beaucoup plus clairs. Un des défauts de l'approche empirique est de cantonner l'inspecteur dans les recettes habituelles. Un expert des caméras en circuit fermé, par exemple, analysera les lieux en fonction de la présence et de l'efficacité de caméras installées — alors que les problèmes propres aux lieux sont peut-être d'une nature invisible aux caméras. Adopter une approche plus objective s'impose donc.

Ici, une courte digression est nécessaire. Souvent l'inspecteur/expert en sécurité n'est pas libre de tout conflit d'intérêt. C'est le cas d'experts qui, au-delà de l'évaluation de la sécurité des lieux, sont aussi entrepreneurs en services de sécurité (souvent oublié, cet aspect est tout de même mentionné dans Broder 2000: 223). Dans ce cas exemplaire, l'inspection ne vise pas seulement l'identification de problèmes mais bien la vente de services. C'est, au-delà et potentiellement au détriment d'une analyse rigoureuse, une perspective commerciale. On ne s'étonnera pas de constater que ces experts découvrent une foule de problèmes auxquels, par pure coïncidence bien sûr, leur entreprise peut remédier.

La phase «pré-problème»

Il s'agit du point de départ de l'analyse. Pourquoi est-on là en train de vérifier les accès ou de demander aux personnes leur opinion sur leur sécurité? L'élément déclencheur du processus d'évaluation de la sécurité a un effet profond sur le déroulement ultérieur des activités et sur le choix des solutions.

Plusieurs points de départ sont possibles, dont trois types principaux. Premièrement, dans un grand nombre de cas, l'expert en sécurité est appelé sur les lieux d'un problème déjà défini par ceux qui recourent à ses services. Un policier fait face aux revendications de résidents d'un quartier ou aux demandes de ses supérieurs qui ont identifié une statistique qu'ils jugent nécessiter une intervention. Un expert-conseil est engagé pour trouver un remède à une série de vols dans un entrepôt.

Les personnes qui font appel à l'expert sont elles-mêmes des sources importantes d'information et des acteurs sociaux capables d'analyser les situations qui les entourent. Ainsi, leur conclusion qu'un phénomène est problématique est utile, qu'ils soient eux-mêmes experts en la matière ou simples citoyens. Par contre, il est courant pour ces acteurs de commettre un certain nombre d'erreurs assez typiques. La première est de sous ou surévaluer le risque que représentent les situations pour la sécurité parce qu'ils ne disposent pas de moyens de comparer leur environnement quotidien à d'autres environnements, bref, de contextualiser les faits. La seconde est de donner une importance disproportionnée à certains événements ayant marqué leur mémoire, tout en ignorant leur prévalence statistique réelle. Par exemple, il faut s'attendre à ce que des gens mis au courant d'une attaque particulière dans un stationnement concluent immédiatement que ce genre d'attaque est fréquent, alors qu'en fait il est exceptionnel — c'est son caractère exceptionnel, justement, qui le rend si saillant. Au contraire, sur le plan de l'analyse statistique, le risque réel d'une telle attaque serait, dans cet exemple fictif, extrêmement faible (il s'agit en fait d'un incident isolé). L'exemple de l'attaque au collège Dawson, en septembre 2006, l'illustre : des citoyens réclamèrent aussitôt un contrôle plus strict des armes à feu, l'installation de détecteurs de métal aux entrées des écoles, et les journalistes introduisirent leurs reportages par les mots «encore une fois»; or, ce genre d'attaque, bien qu'horrible, est extrêmement rare (la dernière remonte à 1989, dans un autre établissement bien sûr). Troisièmement, mentionnons brièvement que des raisons illégitimes peuvent être à la source de la consultation d'un expert : par exemple, l'administration d'une entreprise peut tenter de transformer en déviance de ses employés des problèmes de sécurité au travail qui sont en fait reliés au mauvais fonctionnement de ses équipements, afin de se déresponsabiliser.

La première tâche de l'évaluateur de la sécurité est donc de définir indépendamment la nature de la situation qui lui est soumise. Il est donc possible que cette définition diffère de celle de ses clients — situation qui requerra un certain doigté dans la présentation de son rapport. Si l'expert résout ce dilemme en installant un système qui, selon toute analyse rationnelle, sera inutile mais sur lequel le client insiste, il faudra clairement et explicitement noter cela et avertir que l'évaluation de l'intervention, qui est une étape cruciale du modèle de prévention par résolution de problème, ne sera pas positive (par exemple, l'installation de détecteurs de métal au collège Dawson susmentionné, alors que l'attaque débuta à l'extérieur de l'édifice).

Le second type de point de départ d'une évaluation en sécurité est celui où la cible 1) n'est pas encore implantée ou 2) est implantée dans un environnement en transformation imminente (par exemple, un organisme communautaire désire connaître l'impact qu'aura la construction éventuelle d'un complexe sportif ou d'un casino sur la sécurité d'un quartier). Dans ces deux cas, l'évaluation du risque est entièrement théorique, au sens où elle procède d'une série d'hypothèses sur 1) la position future de la cible, 2) le mode, la rapidité du changement environnemental et sa forme finale. Dans ces cas, les problèmes ne sont pas déterminés à l'avance, il faut les identifier. Généralement, on procède par analogie : à quelle autre situation celle-ci ressemble-t-elle ? Un inventaire de situations analogiques doit être dressé, à partir duquel on procédera à la même collecte d'information décrite ci-dessus.

Le dernier type d'enclenchement d'une évaluation est le cas de ce que nous pourrions appeler la responsabilité continue. Il y en a deux illustrations assez courantes, celle du cadre responsable de la sécurité d'une organisation et celle de la police. Dans les deux cas, l'analyse de problème s'inscrit dans un effort continu d'assurer une sécurité ou une qualité de service maximisée. Il est presque certain non seulement que les problèmes principaux sont déjà identifiés, mais Qu'un ensemble de mesures ont déjà été prises pour tenter de les contrôler. L'information de base est relativement plus facile à trouver, et l'analyste dispose en plus des résultats des solutions déjà tentées ou en cours.

Analyser la situation

Une approche rigoureuse de toute situation nécessite en premier lieu d'obtenir des informations suffisamment détaillées sur le contexte social et géographique des lieux, personnes, espaces ou espaces virtuels à protéger — cela de deux façons principales. La première consiste à effectuer une collecte systématique d'informations pertinentes déjà disponibles, par exemple des statistiques sur les pertes, sur les activités des individus, et des descriptions d'événements et de phénomènes moins tangibles (la peur du crime de résidents d'un quartier, par exemple). Ces informations peuvent être disponibles dans diverses institutions, dont la police, les compagnies d'assurances, les organismes communautaires et les institutions de recherche scientifique comme les universités. Souvent, les organisations colligent leurs propres statistiques — à l'occasion, ce sont justement ces statistiques, jugées alarmantes, qui sont la raison pour laquelle on a fait appel à un expert-évaluateur de la sécurité.

La seconde forme de collecte est l'approche expérimentale : il s'agit, dans les cas où l'information disponible est inadéquate ou inexistante, d'ajouter une étape préliminaire spécifiquement vouée à l'observation du terrain. Par exemple, si on fait face à une problématique identifiée de prostitution dans un quartier, sachant que les statistiques policières sont généralement déficientes dans ces cas (c'est un crime typiquement peu rapporté à la police), il faut prévoir une période d'observation systématique. Cela permettra de mieux comprendre la situation. Typiquement, il faut disposer d'informations sur 1) les endroits physiques, 2) le déroulement chronologique des phénomènes, 3) la méthodologie, 4) les objectifs probables, 5) les victimes et 6) les caractéristiques sociales de l'endroit où ont lieu les faits à l'étude. Dans un second temps, il faut savoir organiser ces informations en un tout intelligible, sous forme de cartes, de séries chronologiques, de tableaux comparatifs appropriés. La capacité d'organiser ainsi l'information est souvent négligée par les professionnels, qui se fient à leur expérience pour relever les données intéressantes. C'est insuffisant, peu rigoureux et, surtout, peu favorable au développement d'approches novatrices en matière de sécurité.

Une fois les informations collectées, il faut savoir les rendre utiles, en fonction de l'objectif d'intervention qui est fixé — l'exercice ne vise pas simplement à satisfaire la curiosité, mais bien à modeler une solution adéquate. En effet, ni l'observation ni la mesure d'un fait ne révéleront sa signification : il faut savoir interpréter. Par exemple, placer des points sur une carte électronique peut révéler des concentrations de criminalité dans un quartier, mais il reste encore à comprendre pourquoi les crimes sont commis à ces endroits. Si c'est un simple hasard, il n'y a pas de raison de supposer que cet endroit continuera d'être « chaud » dans le futur. C'est pourquoi plusieurs organisations de police n'arrivent pas à tirer profit de logiciels de géomatique comme *MapInfo*, qui sont de puissants outils d'analyse, mais qui ne font pas eux-mêmes l'analyse des données (Willis, Mastrofki et Weisburd 2003).

Pour analyser, des êtres humains adéquatement formés doivent réfléchir aux données des faits identifiés, ce qui veut dire les approcher avec une logique rigoureuse, à la fois déductive et inductive. Déductive, au sens où l'analyse forme des hypothèses et les vérifie en se rapportant aux faits connus ; inductive, lorsque des hypothèses sont formées à partir de l'information disponible. Prenons un exemple cité dans Shearing (2000 : 204-205), où un directeur de la sécurité doit répondre à des vols d'outils électriques dans une grande entreprise canadienne. Plusieurs outils disparaissent et les pertes commencent à être importantes. Une première déduction est qu'il est possible qu'un employé ou un petit groupe d'employés volent les outils pour les revendre. Cette hypothèse est écartée, puisque, après vérification, les faits montrent que les outils disparaissent à l'unité et à la veille des week-ends. Il semble donc que les coupables risquent d'être des employés ordinaires, utilisant ces outils pour travailler chez eux et non pour en faire le trafic. On voit donc l'importance de disposer d'informations précises sur les situations à analyser. Le tableau 23-3 dresse une liste des principales informations cruciales.

Comme nous le verrons dans un instant, cette conclusion eut un impact profond sur la solution trouvée au problème. Au départ, le directeur

Tableau 23-3 • Aspects des situations sur lesquels il faut disposer d'informations détaillées

Matériel	Humain	Géographique	Temporel
Ce qui a été volé/ endommagé. Inclut services et informations (sites sur la toile, informations confidentielles, etc.).	Dommages faits aux personnes, incluant dommages psychologiques et relationnels ; état des relations interpersonnelles.	Où les actes ont-ils eu lieu/ risquent-ils d'avoir lieu ; comparaison avec d'autres lieux équivalents. Inclut localisation sur une carte et sur les plans d'un édifice/site.	À quelle heure, quel jour les actes ont-ils lieu ; y a-t-il une variation saisonnière, une coïncidence avec d'autres événements, etc. ?

de la sécurité avait songé à placer des caméras pour démanteler le réseau de voleurs et les traduire en justice. Étant donné que des employés ordinaires étaient responsables, cette solution parut inacceptable : 1) ces employés ont coûté cher à former et sont compétents ; 2) ce genre d'approche, mettant tous les employés sous surveillance, créerait un climat de suspicion, nuirait aux relations de travail, au moral des employés, et pourrait réduire la productivité et durcir les relations avec le syndicat ; 3) il n'y a pas de raison de croire que les employés qui remplaceraient les coupables seraient moins disposés à voler les mêmes équipements.

Les niveaux de problèmes

Un problème, somme toute, n'est rien de plus que l'articulation logique d'un état de fait, perçu par un acteur social, donné comme méritant d'être corrigé. Les acteurs sociaux étant situés dans différents contextes sociaux, organisationnels, économiques, etc., on ne doit pas se surprendre de constater que chacun voit les problèmes à des endroits différents. Au début de l'histoire citée ci-dessus, les faits sont incontournables : des outils disparaissent. Ils sont de tel type, ils disparaissent à telle fréquence, à tel jour de la semaine et ils ont une valeur x. Par contre, alors qu'un individu y verra un problème de criminalité ou de contrôle des déplacements physiques sur le site, un autre y verra un problème plus large de besoins individuels se déployant dans un certain contexte de relations industrielles. Qui a tort ? Ni l'un ni l'autre : il y a effectivement des actes criminels commis, qu'on pourrait sans doute contrôler avec des caméras ou des mouchards électroniques (de type RFID, entre autres) collés sur les objets convoités. Il y a pourtant aussi des êtres humains évoluant dans une structure organisationnelle et sociale donnée. Ainsi, sans se tromper, on peut voir un problème sous divers angles, ou à divers niveaux de complexité variable.

Le premier niveau est celui de l'environnement physique immédiat. Essentiellement, ce type de définition du problème fait abstraction des raisons qui motivent les acteurs causant un tort et se concentre sur les éléments physiques qui rendent possible leur conduite dommageable. Ces éléments facilitateurs sont de deux ordres : 1) une surveillance inadéquate ;

Tableau 23-4 • Vulnérabilités environnementales et réponses tactiques

INFORMATIONNELS	PERSONNELS	PHYSIQUES	
Lignes téléphoniques, réseaux informatiques non sécurisés ; copies de sauvegarde non protégées ou non cryptées.	Mode de sélection et de surveillance du personnel défaillant ; absence de formation continue, en particulier pour les prémunir contre l'ingénierie sociale ; formation défaillante du personnel dédié à la sécurité.	*Déplacements* points d'accès (de l'extérieur, entre les zones intérieures) insuffisamment contrôlés ; objets et services (par exemple, espace sur un serveur, réseau de distribution électrique) facilement amovibles ou exploitables.	*Visibilité* facilité de dissimuler les objets et personnes ; endroits sans surveillance ou peu fréquentés ; endroits peu éclairés, retirés ; endroits voisins permettant de préparer un méfait.
RÉPONSES TACTIQUES CONVENTIONNELLES			
Sécurisation et surveillance des réseaux ; journalisation (*logging*) systématique des accès.	Critères d'embauche plus stricts ; meilleur contrôle des activités quotidiennes du personnel ; formation continue du personnel ; audits spécialisés, systématiques et répétés de la sécurité.	Sécuriser les accès ; déterminer des zones internes d'accès restreint selon les besoins des tâches des employés ; suivi des déplacements des employés.	Partenariats avec les sites ou acteurs avoisinants ; améliorer la capacité de surveillance électronique ou humaine du site et des environs.

2) une protection physique inadéquate. Remédier à un de ces aspects peut souvent faire disparaître l'autre. Par exemple, la protection physique de produits sur un étalage (par divers mécanismes tous plus ingénieux les uns que les autres) réduit la nécessité de surveillance directe des lieux, et vice-versa. Le choix d'une approche sera dicté surtout par la question des coûts relatifs des deux solutions.

On l'a remarqué souvent en criminologie (et plus spécifiquement chez Cohen et Felson 1979), le nombre des infractions liées à l'appropriation de biens et services est fortement dépendant de la présence de personnes les surveillant et, bien sûr, des occasions créées par l'abondance des biens et services en question (de biens mobiles et de services automatisés, bien sûr ; on vole rarement les maisons ou les mises en plis). Le tableau 23-4 donne une courte liste d'exemples de facteurs facilitateurs et de tactiques permettant d'y remédier.

On peut constater que la solution tactique est souvent relativement facile à trouver, puisqu'une fois le problème bien posé, elle coule de source : elle est fondée sur les capacités anatomiques et physiologiques de l'être humain (pensez à la manière dont sont conçues les trappes des machines distributrices de boissons) et sur l'élément de dissimulation qui est intrinsèque à l'usage illégitime d'un bien ou service (il est difficile de profiter illégitimement d'un bien à la vue de tous — ou du moins à la vue de son propriétaire). Le mode précis d'implantation de ces solutions peut être extrêmement complexe, comme l'installation de centaines de caméras et du matériel nécessaire à leur surveillance dans une grande entreprise, mais l'effort conceptuel liant un problème de visibilité à la solution des caméras, par exemple, reste élémentaire.

Pallier les défaillances de l'environnement physique se situe au niveau tactique de l'intervention immédiate. Trouver une solution adéquate à ce genre de problème sera efficace immédiatement et à court terme, mais la question de savoir combien de temps le problème restera réglé est ouverte. En effet, la plupart des solutions purement tactiques donnent lieu à des contre-solutions, constamment inventées par les individus décidés à continuer leurs activités dommageables. Par exemple, il n'est pas rare que la réduction d'un type d'activité à un endroit donne lieu à son apparition à un autre, phénomène appelé déplacement. Les approches purement tactiques peuvent aussi envenimer les relations sociales liant les personnes qui fréquentent les lieux.

Le second niveau de problème est celui des caractéristiques systémiques et institutionnelles. Ici, les raisons pour lesquelles des conduites dommageables sont adoptées par des personnes commencent à prendre de l'importance. On ne se demande plus si la clôture est suffisamment haute, mais bien «pourquoi voudrait-on la franchir?». Par exemple, la prolifération de graffitis sur les murs d'édifices d'un quartier peut être conçue comme un problème purement tactique, nécessitant un meilleur éclairage des édifices ou l'installation de caméras pour décourager ou saisir les coupables. Elle peut aussi être conçue comme un problème systémique, par exemple l'absence de lieux ou d'installations où les jeunes peuvent adopter des activités alternatives moins irritantes pour les résidants du quartier (ou tout simplement une mauvaise synchronisation de la fin des classes et des moyens de transport des élèves). Identifier de telles activités, des lieux où elles peuvent se dérouler et les ressources humaines et financières nécessaires à leur création peut constituer un casse-tête insoluble et n'est évidemment pas à la portée de tous. De plus, il n'existe pas de garantie que les graffitis disparaîtront immédiatement lorsque des avenues plus productives existeront. Rappelons tout de même que la prévention purement tactique n'est pas davantage garante de ses résultats.

Dans une organisation, les relations sociales entre les employés, les cadres, les clients, les visiteurs et les membres d'autres organisations peuvent donner lieu à une impressionnante liste de problèmes. Il est évident que les conflits de travail entraîneront certaines conséquences facilement identifiables, telles que le vandalisme, le zèle inutile, la diminution de la productivité, etc. Cela dit, sans que les relations de travail se soient détériorées à ce point, une foule d'autres données relatives aux systèmes dans lesquels les individus doivent évoluer ont un effet sur leur conduite. Par exemple, Greenberg (1990) a montré comment les coupures dans les salaires font grimper les cas de vol au sein des entreprises; à l'inverse, notons qu'une des raisons de l'augmentation fulgurante du salaire des policiers dans la deuxième moitié du XXe siècle fut la nécessité de contrer leur corruption. Enfin, placer un problème au niveau social c'est le placer à l'apex de la pyramide de la complexité. C'est le comprendre en le plaçant au centre d'un certain nombre de faits sociaux déterminants : les grands courants économiques, démographiques et idéologiques, les événements historiques, qui façonnent non seulement les sociétés mais également les individus et les relations qu'ils entretiennent avec leur environnement.

Nous l'avons déjà mentionné, on pense souvent que ces éléments sont entièrement hors de portée de la plupart des entités aux prises avec des difficultés de sécurité — et qu'ainsi il est inutile d'identifier des problèmes sociaux. Cela est évidemment faux lorsque le « client » de l'expertise en sécurité est un organisme gouvernemental qui vise justement à mettre sur pied un programme de prévention sociale de la criminalité, par exemple. En fait, la plupart des institutions gouvernementales, individuellement ou en tant que représentantes de l'État dans son ensemble, ont des missions se situant justement dans la sphère sociale (bien sûr, les points de vue politiques sont divisés sur l'étendue que devrait avoir le rôle de l'État en matière de programmes sociaux, d'intervention dans les relations sociales et de prestation de divers services).

Identifier un problème comme étant social peut également être utile pour d'autres types d'acteurs. L'entreprise qui perdait ses outils électriques identifia non pas un problème de sécurité, qui aurait amené une solution tactique, mais un problème de niveau social : la société de consommation exige qu'on achète les outils dont on veut se servir, même si c'est pour quelques heures par année, et ces outils sont généralement spécialisés, donc doivent être accumulés à fort prix. La solution, dans ce cas, ne fut pas sociale. En effet, l'entreprise ne pouvait espérer changer la signification du concept de propriété dans notre culture, ou quelque autre notion du genre ! Il fut donc décidé de créer une « bibliothèque d'outils » que l'entreprise mettrait à la disposition de ses employés. Des fonds furent débloqués non pas pour ajouter des caméras ou des contrôles d'accès additionnels, mais bien pour se procurer un grand nombre d'outils destinés à être tout bonnement prêtés aux employés qui décidaient de faire quelques rénovations chez eux un week-end. Cette solution, en plus de faire diminuer considérablement les vols, eut pour avantage de favoriser les bonnes relations de travail au sein de l'entreprise.

En fait, la plupart des organisations d'envergure moyenne et grande peuvent affecter la structure sociale, au moins localement. Elles peuvent financer des programmes de développement local, mettre certaines installations à la disponibilité du public pour des activités communautaires, contribuer à donner une apparence plus conviviale au quartier en modifiant l'aménagement extérieur de leurs édifices (dans la mesure où on considère l'aspect extérieur du quartier comme un facteur de son taux de criminalité, comme dans la théorie des « vitres cassées » ; Wilson et Kelling 1982). Aucun de ces aspects ne produira des résultats immédiats, mais la sécurité ne doit pas uniquement être conçue à court terme.

Ici, il faut revenir un instant sur la place de la criminalisation des conduites indésirables dans les organisations, les quartiers, les édifices, les parcs, les écoles, etc. On aura remarqué l'absence des forces policières dans cet exposé. Nous l'avons mentionné plus haut, les lois pénales de la plupart des pays occidentaux permettent de confier à l'État la presque totalité des conduites représentant un problème réel de sécurité (ainsi qu'un ensemble infini d'autres qui n'en représentent aucun). Toutefois, même la police, et notamment dans les contextes de police dite communautaire ou de proximité, évite souvent de traiter les problèmes comme des crimes, favorisant les solutions non pénales, qui sont souvent plus efficaces en matière de prévention (Brodeur 2003). Étrangement, plusieurs manuels de sécurité, ainsi Fischer et Green (2004), débutent quand même leur section sur la planification de la sécurité par une discussion sur la nature de l'infraction criminelle et le fonctionnement du système pénal et présentent la sécurité privée interne comme une extension de la police et du système pénal.

Pourtant, en pratique, il est difficile d'énoncer une règle ou un principe permettant de juger à l'avance si un problème relève de la police, de la personne, organisme ou institution devant se protéger, ou des deux. D'ailleurs, la plupart des programmes de police communautaire incluent, du côté policier, l'établissement de partenariats avec les milieux et avec les personnes dont il faut assurer la sécurité, dans lesquels un certain nombre de situations sont définies comme étant de leur ressort. Il semble raisonnable, en tant qu'axiome de départ, de confier tous les crimes graves (par exemple, les vols de plus de 5000 $ et la violence causant des blessures physiques) aux forces de l'ordre. Pour le reste, l'appel à la police, que ce soit pour une intervention spécifique ou pour établir un projet conjoint de prévention, reste simplement un élément possible d'une solution éventuelle.

L'analyste policier, bien sûr, verra les choses d'un autre angle. S'il est là à analyser une situation, c'est que des citoyens, ses supérieurs ou la surveillance routinière des statistiques sur la criminalité ont déjà déterminé qu'une action policière était nécessaire. Comme l'analyste non policier, il doit aussi se demander si la solution doit inclure des procédures judiciaires contre des personnes : ce ne doit pas être une conclusion automatique (sauf dans le cas de crimes graves, bien sûr ; mais même dans ce cas, les solutions devraient dépasser le simple appel au pénal). La police dite de résolution de problèmes n'est pas une activité qui consiste à découvrir le meilleur moyen d'appliquer les outils de la justice criminelle. Pour faire de la police de résolution de problèmes de manière efficace, il faut au départ comprendre qu'une foule de solutions non pénales sont souvent plus efficaces en matière de sécurité et qu'il n'est pas intrinsèquement immoral ou injuste de contourner l'appareil judiciaire. La majeure partie de la littérature scientifique et technique sur la police converge vers une conclusion de plus en plus inévitable : la production de sécurité ne peut reposer exclusivement sur les solutions policières et l'usage du système pénal.

Une mise en garde s'impose tout de même : le système pénal est équipé d'un nombre impressionnant de garanties juridiques, plus ou moins efficaces mais du moins explicites, qui sont censées empêcher que des abus soient commis contre les citoyens accusés de méfaits. Ces garanties n'existent pas, ou du moins pas de manière systématisée et explicite, en matière de solutions non pénales.

En bref : ce qu'est un problème

Certains préceptes de base doivent être appliqués à la définition de tout problème.

1. Un problème de sécurité a pour source une conduite humaine observée ou imminente présentant certaines caractéristiques tangibles, dont principalement sa gravité et sa répétition. La gravité peut se mesurer par les coûts financiers, humains et sociaux qui sont ou seront engendrés par la conduite. Ces coûts doivent dépasser la simple irritation ou nuisance, si on veut éviter la multiplication inutile des problèmes (voir tableau 23-2). Bien sûr, mis à part le calcul des pertes financières (non seulement la valeur de remplacement ou de réparation des biens volés ou endommagés, mais l'augmentation des primes payées aux assureurs, la perte de productivité engendrée par la disparition du matériel ou par les travaux de rénovation, etc.), les autres formes de coûts sont hautement subjectives mais non moins importantes, comme la disparition du sentiment d'être en sécurité. La récurrence est également une facette importante. Ici, il faut tout de même mettre un bémol aux conclusions d'auteurs comme Clarke et Eck (2003) qui en font une condition *sine qua non* de l'existence d'un problème : selon eux, pas de problème sans répétition. À strictement parler, cela exclut les risques et les problèmes futurs de sites en préparation, alors justement qu'on en est à planifier les systèmes de sécurité. Il faut donc parler de répétition virtuelle, selon les données disponibles sur des sites comparables.

2. Un problème a des causes. Il n'est pas particulièrement utile de s'arrêter au postulat suivant : « les êtres humains veulent des choses ; si les choses sont là, ils les prendront ». La théorie du choix rationnel prévoit exactement cela, mais ne nous explique pas pourquoi certaines personnes ne se saisissent pas d'occasions qui sont pourtant alléchantes pour d'autres. Les causes qui doivent être identifiées doivent aussi se situer à la portée des acteurs qui seront chargés de la sécurité (compte tenu du fait, nous l'avons vu, que cette portée est souvent beaucoup plus large qu'on le suppose).

Il est peu utile de conceptualiser les problèmes comme des crimes. Que les conduites visées soient effectivement criminelles a son importance, bien sûr, mais par définition, un crime n'est jamais qu'un événement, commis par une personne en un lieu et temps précis — tout ce qu'un problème, tel que nous l'entendons ici, n'est pas.

3. La résolution des problèmes passe par la connaissance des situations factuelles et des opinions des acteurs concernés — donc, par la collecte et surtout l'analyse d'informations. Disposer d'informations suffisantes est certes important, mais presque secondaire au développement de la capacité de les analyser. Aucune information n'est jamais réellement complète, sans compter que plusieurs sont protégées par des règles, comme celles relatives à la protection de la vie privée. Une analyse compétente maximise la valeur des informations disponibles, en fonction d'un but. L'analyse ne vise pas à élargir la culture personnelle d'individus curieux, mais la solution de problèmes. Cet aspect peut sembler tenir de la nuance, mais il est au contraire capital de le comprendre correctement. Analyser, ce n'est pas tâtonner à l'aveugle parmi une mer d'informations disponibles, c'est organiser l'information selon des objectifs.

4. Ainsi, un problème concerne des personnes : celles qui adoptent les conduites indésirables, celles qui les subissent, celles qui en font l'expérience indirecte (témoins, passants, voisins, usagers), celles qui ont la responsabilité d'assurer la sécurité des lieux, biens et personnes. Les problèmes identifiés ne sont pas des accidents, des phénomènes naturels ou des coïncidences, ils doivent être articulés clairement en fonction des acteurs qui y jouent un rôle, et qui auront, ou pourraient avoir un rôle à jouer dans leur solution.

L'IDENTIFICATION DE SOLUTIONS : IMAGINATION ET INITIATIVE

Allons-y tout de suite d'une affirmation à la fois évidente et controversée : l'identification de problèmes est indissociable de l'identification de solutions. Si j'en ai traité ici séparément, c'est uniquement pour simplifier la présentation. En réalité, problèmes et solutions sont des concepts qui se chevauchent au point d'être pratiquement semblables. J'ai déjà discuté de l'évidence du serrurier centré sur les portes mal fermées, de l'installateur de caméras qui voit partout autour de lui des endroits non surveillés et du colporteur de portails de sécurité préoccupé par les visiteurs dissimulant des armes sous leurs vêtements. Ceci est le côté évident de l'affirmation. On doit circonscrire ce problème en faisant appel à un expert indépendant et, par conséquent, tout expert en sécurité devrait être en mesure de faire une démonstration convaincante qu'il n'est pas en conflit d'intérêts.

Il est impossible de faire un inventaire de solutions. On peut bien sûr noter quelles sont les meilleures pratiques (*best practices*), les solutions déjà utilisées qui ont donné de bons résultats (comme le font succinctement Clarke et Eck 2003, par exemple). Cela est d'autant plus facile si on conçoit les problèmes à un niveau strictement tactique, puisque l'inventaire des solutions correspondantes est relativement limité. Pourtant, même dans ce cas, faire une telle liste comporte plusieurs inconvénients qui ont déjà été effleurés plus haut : premièrement, faire une liste de solutions tend à transformer l'expertise en sécurité en exercice d'application de recettes, ce qui lui enlève toute forme d'intérêt, sauf commercial. Deuxièmement, l'usage de listes et de meilleures pratiques réduit à néant l'approche novatrice de l'expert, son imagination et sa faculté de s'adapter aux besoins. Son travail, plutôt que de consister à identifier les particularités des endroits, personnes et organisations qu'il doit sécuriser, se bornera plutôt à les classer dans un nombre restreint de catégories afin d'en reconnaître le plus bas dénominateur commun — c'est la sécurité « moule à biscuits », faite rapidement mais souvent peu adaptée aux besoins. Troisièmement, ces listes sont établies et validées avec des outils scientifiques souvent puissants et fiables, mais qui ne peuvent que mesurer selon des standards donnés par des préférences humaines subjectives et souvent arbitraires et discutables. Se concentrer exclusivement sur les baisses immédiates de statistiques criminelles, même dans un modèle quasi expérimental irréprochablement construit, c'est ignorer une foule d'autres bénéfices et coûts que peuvent engendrer les fameuses meilleures pratiques. Enfin, les listes de solutions sont trompeuses : elles donnent à penser qu'il est simple de régler un problème avec l'installation de dispositifs, la formation de personnel, etc., choses qui sont en elles-mêmes hautement complexes. Par exemple, et comme il a été démontré à maintes reprises (entre autres par Grandmaison et Tremblay 1997), la solution à la mode d'installer des caméras de surveillance occulte le fait incontournable qu'une installation moins qu'optimale de ces caméras ne donnera jamais les résultats escomptés.

Ainsi, ce chapitre ne comporte pas de liste de solutions à sélectionner ou à adapter à l'infinie variété des problèmes passés, présents et futurs qui peuvent se présenter (le tableau 23-4 en donne tout de même une illustration). Cette section fournit plutôt un certain nombre de principes de base qui doivent guider la recherche de solutions.

Aucune solution n'est parfaite, ni ne devrait viser la perfection. Cela a pour corollaire qu'il faut prévoir une réponse aux incidents qui pourraient survenir malgré la présence de nos dispositifs de sécurité. Par exemple, il n'est pas réaliste de croire qu'on puisse se protéger du terrorisme chimique dans nos moyens de transport en commun. Cependant, il ne faudrait pas conclure à ceci qu'il n'y a rien à faire : il est impératif, au contraire, d'avoir un plan de secours (*contingency plan*), de mettre sur pied des moyens de limiter les dégâts et de permettre aux activités normales de se poursuivre aussitôt que possible.

Il faut tenir compte des effets négatifs inhérents à toute intervention visant l'amélioration de la sécurité. Si une solution donnée n'a aucun effet négatif immédiatement apparent, c'est probablement qu'on a mal analysé la situation. La plupart des ouvrages de prévention situationnelle, qui consiste à réduire et à contrôler les opportunités d'adopter une conduite dommageable, présentent les solutions comme de simples modifications environnementales, et donc avec pour seul aspect négatif les déboursés financiers engendrés par ces modifications. Ce raisonnement est d'une myopie dangereuse. Toutes ces solutions ont des impacts sociaux et organisationnels négatifs qu'il est impératif de minimiser — pour ce faire, il faut d'abord les reconnaître et les accepter.

Il faut déterminer la nécessité d'intervenir : la première étape de toute recherche d'une solution est de déterminer la gravité réelle des faits et des conduites identifiées, à commencer par déterminer s'il y a réellement problème ou non, au sens où on l'entend ici. S'il s'agit de crimes, leur gravité est relativement facile à évaluer du point de vue purement légal : la loi prévoit déjà une échelle de gravité des actes commis. Seulement, cela est peu pratique en réalité. Non pas qu'il faille contrevenir à la loi, mais bien que la loi, étant par définition générale, s'applique à une multitude de cas sans les différencier. Selon la loi, le moindre graffiti peut constituer une infraction pénale. De même pour les altercations mineures, les vols sans importance et autres incivilités. Dans la plupart des cas, ces conduites ne sont pas des problèmes et il est inutile de leur trouver une solution. Définir le moindre ennui de la vie quotidienne comme un problème est peu productif, engendrera des coûts prohibitifs et détournera l'attention des failles plus graves. Toutefois, dans la mesure où ces conduites deviennent répétitives, endémiques, qu'elles ont un impact significatif sur la qualité de vie des personnes, elles peuvent effectivement devenir des problèmes (bien qu'elles aient été des infractions pénales depuis le début).

Cela peut paraître évident, mais il faut tout de même souligner que toute solution doit avoir pour objectif de réduire le problème identifié. Il est commun pour les praticiens de prendre le déploiement des méthodes, des techniques et des technologies visant la résolution du problème pour un objectif — autrement dit, le succès du déploiement de la solution est considéré comme le succès de la solution. Par exemple, l'installation rapide et efficace d'un système de contrôle d'accès ou l'affectation de patrouilles policières additionnelles constituerait déjà un succès. C'est une erreur assez grave. Le déploiement de la solution doit être couronné de succès, bien sûr, mais ce n'est qu'une étape intermédiaire vers le but visé, qui est de réduire l'ampleur du problème. Il est important d'identifier des objectifs clairs et mesurables (ce qui ne signifie pas nécessairement au sens statistique du terme) ; ces objectifs doivent posséder quatre facettes. 1) Chronologie : on doit énoncer clairement le début de l'action proposée et le moment où on s'attend à des résultats. 2) Qui est impliqué : il s'agit de mettre à profit les caractéristiques, capacités et intérêts de tous les acteurs touchés par le problème, et d'énoncer clairement quel devrait être leur rôle et comment on s'y prendra pour les mobiliser. 3) Où se déroulera l'activité : la réponse est relativement évidente lorsqu'un site particulier est visé, mais beaucoup moins dans le cas de problèmes liés à l'échange d'information. Dans ces cas, la question de l'espace peut devenir un écheveau inextricable. 4) Un énoncé clair de l'effet qu'on veut produire.

On l'oublie souvent, mais il faut que la solution proposée ait une chance raisonnable, sur papier, d'atteindre l'objectif visé. Cela 1) évitera de tenter n'importe quelle solution en se croisant les doigts; 2) permettra de comparer les coûts du problème aux coûts de la solution (qui incluront une partie restante, irréductible du problème).

Figure 1 • Processus de résolution de problèmes

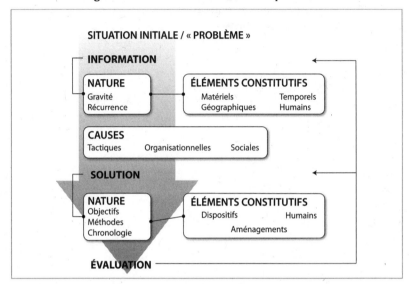

Toute activité organisée visant à améliorer la sécurité doit évaluer ses résultats. Plusieurs méthodes de mesure systématiques sont disponibles, dont la comparaison avant/après, avec ou sans site contrôle (ce qui veut dire, bien sûr, qu'il faut avoir prévu cette évaluation des résultats avant de mettre en place la solution préconisée). Il n'est pas exclu d'évaluer une solution à l'aide de méthodes qualitatives, sauf si on confond « qualitatif » avec « bâclé », comme c'est souvent le cas. Une évaluation qualitative doit être faite avec rigueur et ne consiste pas, par exemple, à recueillir ici et là l'opinion de certaines personnes importantes, ou qui étaient disponibles ce jour-là. Une évaluation bâclée n'est pas moins valable qu'une bonne évaluation : elle est carrément inutile, sa valeur est de zéro. Ainsi, multiplier les méthodes approximatives d'évaluation ne mène nulle part.

CONCLUSION

Le processus de résolution d'un problème de sécurité est, on le voit, à la fois relativement linéaire, simple à suivre et hautement complexe dans les détails de la démarche. Il demande également un esprit formé non pas à l'application de solutions, mais bien à la découverte de possibilités adaptées aux spécificités de chaque situation.

Comme le montre la figure 1, cette linéarité du processus inclut tout de même certaines boucles de rétroaction où la pratique, la mise en place de solutions et l'observation de leurs effets viennent modifier la connaissance qu'ont les acteurs de la situation. Souvent, les évaluations initiales, même lorsqu'elles sont menées de manière irréprochable, restent perfectibles. De toute façon, les situations humaines sont fluides et en constante évolution et il ne faut pas s'attendre à ce qu'une solution efficace le soit à jamais. Ainsi, une collecte constante d'information sur les pratiques et sur leurs effets peut s'avérer particulièrement fructueuse.

CHAPITRE 26

L'audit de sécurité et la protection des organisations

> SYLVAIN MIGNAULT

Avant de planifier un dispositif de sécurité, le professionnel commence par analyser l'organisation qu'on lui demande de sécuriser. L'audit de sécurité (en anglais : *security survey* ; nous utiliserons aussi l'expression « relevé de sécurité ») aide à effectuer cette analyse, permet de statuer sur le niveau de sécurité d'une organisation, de constater les faiblesses ainsi que les excès de sécurité et à trouver des solutions intéressantes aux problèmes de sécurité existants ou à venir. Cette démarche est utile pour déterminer les actions à accomplir pour atteindre un niveau de protection adéquat (Momboisse 1968 : 13 ; Kingsbury 1973 : 6). Nous définissons l'audit ou le relevé de sécurité comme étant un examen méthodique d'une organisation ou d'un site qui vise à identifier ses risques, ses vulnérabilités et les faiblesses de ses protections, à statuer sur son niveau de sécurité et à recommander des solutions aux problèmes identifiés. Dans le cadre de ce relevé, le professionnel se rend sur les lieux pour examiner l'organisation. Cet examen porte sur le milieu environnant, le périmètre de sécurité, les infrastructures, les actifs, le système de sécurité, les opérations, le personnel, les incidents passés, les procédures et les politiques ayant un impact sur la sécurité.

Ce chapitre est divisé en quatre parties. La première traite de l'offre et de la demande des audits de sécurité. Deuxièmement, nous situons l'audit dans la perspective d'analyse et de gestion des risques. Ensuite, les cinq étapes utilisées pour réaliser un audit de sécurité sont décrites : 1) La visite préliminaire, 2) La préparation, 3) La cueillette des données, 4) L'analyse des données et 5) Le rapport. Nous terminons le chapitre en traitant des actions qui sont accomplies à la suite du dépôt du rapport et nous expliquons que l'audit est un exercice qui est fait sur une base périodique.

L'OFFRE ET LA DEMANDE D'AUDIT DE SÉCURITÉ

Toutes les personnes physiques ou morales ayant suffisamment d'actifs à protéger peuvent demander un relevé de sécurité. Il peut s'agir autant d'un particulier qui veut protéger sa propriété que d'une entreprise multinationale qui désire connaître le niveau de sécurité de ses établissements. Il est possible pour les citoyens et les commerçants d'utiliser les guides mis à la disposition par les corps de police sur leur site Internet et de faire eux-mêmes l'audit de leurs actifs (maison, garage, appartement, petit commerce). Plusieurs corps de police à travers le monde offrent des guides et des conseils pour améliorer la sécurité physique. Certains offrent aussi la possibilité aux individus qui en ressentent le besoin d'être assistés par un policier pour les aider dans cette démarche. Bien que cette aide puisse être appréciée, elle ne sera pas suffisante pour les organisations plus complexes qui requièrent des examens plus approfondis et des analyses plus poussées (Fisher et Green 2004: 129).

Plusieurs raisons peuvent amener les organisations à demander un audit de sécurité. Idéalement, il est réalisé à titre préventif. Le relevé étant effectué avant qu'un incident affecte l'organisation, on met en place des mesures qui peuvent empêcher une menace d'exploiter une vulnérabilité. Le client peut aussi demander un relevé avant d'investir dans des équipements ou des services de sécurité. Les organisations peuvent être sollicitées par plusieurs entreprises qui offrent différents produits et services de sécurité et il est difficile pour un gestionnaire de décider quelles sont les mesures appropriées. Les recommandations qui suivent l'audit vont l'aider à prendre ce genre de décisions et lui épargner d'investir dans des mesures coûteuses et inutiles proposées par des fournisseurs qui pensent à leur profit avant de songer aux intérêts de leurs clients (Purpura 2002: 226-227). Trop souvent, le relevé va être demandé après un événement regrettable ou une fois que le client aura constaté un réel problème de sécurité au sein de son organisation. Le client fait alors appel à un expert. D'autres raisons peuvent expliquer la demande d'un audit, notamment le désir de se conformer à une réglementation ou à une norme de sécurité.

Les experts peuvent être choisis parmi le personnel du service de sécurité interne ou parmi les consultants externes. Le premier avantage d'un relevé réalisé par un service de sécurité interne tient au fait qu'il est fait par des employés ayant une meilleure connaissance de l'organisation. De plus, étant réalisée par ses propres employés, l'organisation bénéficie d'une plus grande latitude. Il est aussi plus facile de mobiliser les ressources. Finalement, ce type d'audit coûte moins cher.

Les conseillers externes, de leur côté, sont souvent plus qualifiés pour réaliser ces projets et peuvent comparer la sécurité entre les organisations. Effectué par des gens de l'extérieur, l'audit peut s'avérer plus objectif (Gagnon 2006: 18-19). Par contre, certains conseillers externes ne sont pas toujours d'une impartialité à toute épreuve. Ils peuvent à la fois offrir des services-conseils, vendre des équipements et offrir des services de sécurité (exemples : gardiennage, service d'une patrouille privée pour répondre à des alarmes).

LE RELEVÉ DE SÉCURITÉ DANS UNE PERSPECTIVE D'ANALYSE ET DE GESTION DES RISQUES

Selon la terminologie utilisée par l'American Society for Industrial Security (ASIS International), l'analyse des risques est un examen détaillé pour estimer, évaluer et gérer les risques, c'est-à-dire les probabilités de subir des pertes, des agressions, ou tout autre événement regrettable. Cette analyse permet de mieux prévoir les événements indésirables susceptibles d'affecter une organisation et d'évaluer les probabilités qu'ils se produisent, ainsi que les impacts qu'ils auraient sur l'organisation (ASIS International 2003 : 5). En se basant sur cette définition, l'analyse des risques comporte six éléments (le sixième élément se rattache davantage à la gestion des risques).

Premièrement, un inventaire des actifs est effectué dans le but d'identifier ceux qui doivent être protégés. On accordera un niveau d'importance aux divers actifs afin de connaître les plus stratégiques pour l'organisation. Durant cet inventaire, il ne faut pas se limiter aux biens meubles et immeubles. Il faut aussi tenir compte des employés, des fournisseurs, de la clientèle, de la notoriété de l'entreprise et des informations.

Deuxièmement, les menaces qui peuvent affecter les actifs de l'organisation sont identifiées. Il peut s'agir d'une catastrophe naturelle, d'un acte criminel, d'un acte terroriste, d'un désastre.

Troisièmement, les faiblesses de l'organisation qui rendent les actifs vulnérables sont évaluées. Par exemple, il peut être constaté que les employés laissent des documents confidentiels dans des classeurs non verrouillés. Découvrant de telles vulnérabilités, l'expert se demande quels sont les correctifs qui peuvent être apportés. Il porte aussi une attention aux contre-mesures qui sont déjà en place. Il s'interroge sur la pertinence et l'efficacité de ces mesures et détermine si elles doivent demeurer en place, être modifiées ou même supprimées. De plus, il détermine si ces contre-mesures sont bien intégrées dans l'organisation. D'excellents dispositifs de sécurité peuvent s'avérer inefficaces à cause de la négligence ou de l'insouciance des employés. Par exemple, le mot de passe pour accéder à un ordinateur n'empêchera pas une tierce personne de l'utiliser si son propriétaire ne verrouille pas son système avant de quitter son poste de travail.

Quatrièmement, une fois les actifs, les menaces et les vulnérabilités identifiés, l'expert évalue les probabilités que les risques surviennent et évalue l'impact. Il classe les risques selon qu'ils sont certains, très probables, modérément probables, peu probables ou de probabilité inconnue (ASIS International 2003 : 18). Les probabilités peuvent aussi être traduites quantitativement lorsqu'il y a des données pour appuyer l'évaluation.

Cinquièmement, il classe le niveau de gravité du risque selon qu'il est fatal pour l'organisation, très sérieux, modérément sérieux, peu important ou que la gravité de l'impact n'est pas connue (ASIS International 2003 : 20-21). Si possible, l'impact est chiffré. Pour évaluer la gravité de l'impact sur un bien, il ne tient pas seulement compte de sa simple valeur financière. Il considère d'autres coûts comme le coût de remplacement du bien, le coût des mesures qui peuvent être prises temporairement pour remplacer le bien, le coût relié à l'arrêt de la production, la perte financière (argent et intérêt), l'éventuelle hausse de la prime d'assurance, la perte de marché (client, contrat, notoriété) et tous autres coûts (Fisher et Green 2004 : 140).

Sixièmement, après avoir attribué une probabilité et un impact pour chacun des risques, l'expert les classifie pour dégager des recommandations. Il se demande si ces risques seront éliminés, réduits, diffusés, transférés ou acceptés par le client (Grose 1987 : 47 ; Hess et Wrobleski 1992 : 91-92 ; Purpura 2002 : 335 ; Garcia 2006 : 2). Quoiqu'il soit souvent impossible d'éliminer complètement un risque, il est néanmoins possible d'éliminer certains risques bien précis. Par exemple, si l'on congédie un employé malhonnête, le danger que cette personne puisse voler est éliminé. Les gestionnaires voudront mettre en place des contre-mesures afin d'éliminer un risque dont la probabilité et la gravité sont élevées. Le professionnel réduit un risque en diminuant les probabilités qu'il affecte l'organisation ou en diminuant l'impact sur cette dernière. Par exemple, on réduit la probabilité de cambriolage en installant un système d'alarme et on diminue l'ampleur d'un éventuel vol, puisque le voleur quittera les lieux rapidement s'il déclenche l'alarme. En diffusant un risque, le professionnel cherche à répandre ce dernier. En entreposant des objets de valeur à différents endroits, on parvient à diffuser le risque de se faire voler l'ensemble de ces objets. Le transfert de risque se réalise souvent avec l'aide des compagnies d'assurances. Un risque improbable avec un niveau de criticité très sérieux sera sûrement transféré à une compagnie d'assurances. Finalement, une organisation accepte un risque lorsqu'elle décide sciemment de ne prendre aucune mesure vis-à-vis de ce dernier.

L'audit de sécurité est un outil éprouvé pour analyser et gérer les risques. En se rendant sur les lieux d'une organisation, le professionnel recueille plusieurs informations pertinentes et utiles pour les gestionnaires qui auront à gérer les risques.

LA RÉALISATION D'UN AUDIT DE SÉCURITÉ

Pour réaliser un relevé de sécurité complet, nous proposons cinq grandes étapes : 1) la visite préliminaire, 2) la préparation, 3) la cueillette des données, 4) l'analyse des données et 5) la rédaction d'un rapport.

La première étape, la visite préliminaire, s'impose à l'expert pour : se renseigner sur l'organisation ; négocier le mandat ; établir les paramètres de l'audit ; encourager le personnel à s'approprier le mandat ; se familiariser avec les lieux.

L'expert commence par se renseigner sur l'organisation. Il recueille un maximum d'informations sur ses caractéristiques, sa clientèle, son historique, son mandat, sa mission, ses valeurs, sa culture organisationnelle et ses objectifs stratégiques. La première rencontre avec le demandeur est préparée. Les informations ainsi recueillies serviront aussi lors de la collecte et l'analyse des données.

Par la suite, l'expert rencontre son supérieur ou son client dans le but de concevoir un mandat clair avec lui. Il faut connaître les raisons qui incitent le demandeur à désirer un audit de sécurité et ses attentes vis-à-vis de la démarche. Si c'est l'expert qui propose l'audit, il en expose la raison et explique ce qu'il implique. Cette rencontre est encouragée afin que les deux parties aient une idée claire du projet dès le départ et pour éviter les malentendus.

Troisièmement, il profite de cette rencontre pour établir les paramètres du relevé. Le demandeur et le professionnel s'entendent sur les objectifs qui doivent être atteints et sur les limites du projet. Qu'est-ce qui sera inspecté et qu'est-ce qui ne le sera pas? Certains actifs sont plus importants que d'autres pour l'organisation et ils doivent être identifiés. Ils conviennent aussi des moyens et des facilités qui seront mis à la disposition de l'expert. Par exemple, ce dernier peut demander à rencontrer certaines personnes, à avoir accès à des secteurs de l'organisation, à tester des dispositifs ou à lire des documents confidentiels. Le demandeur doit lui fournir les accès et les outils nécessaires à la réalisation de son mandat. Un échéancier est aussi prévu. La direction doit appuyer le mandat et les paramètres.

Quatrièmement, le professionnel construit le mandat avec le demandeur afin que ce dernier s'y intéresse et qu'il se l'approprie. Ayant participé à la conception du mandat et ayant mis des efforts dans le projet, le demandeur sera plus enclin à coopérer pour le reste du projet. Il est beaucoup plus facile de travailler si l'expert a l'appui des gestionnaires et des employés.

Finalement, il se familiarise avec les lieux en faisant un examen rapide de l'organisation. Il se déplace et vérifie les lieux qui seront examinés. Cet examen rapide est surtout nécessaire pour le conseiller externe qui ne connaît pas l'organisation.

Avant d'entreprendre la cueillette des données, le professionnel se prépare. Il rassemble les outils nécessaires à la réalisation du mandat (exemples: plans, appareil photo). Il se concerte avec d'éventuels collaborateurs. Si un problème est identifié dès le départ dans le mandat, il formule des hypothèses pouvant l'expliquer qui seront plus tard mises à l'épreuve (Clarke et Eck 2003; voir aussi le chapitre 25 dans ce volume).

C'est aussi à cette étape qu'il élabore un guide (*checklist* ou liste de contrôle) servant à objectiver et à structurer la démarche. Ce guide est généralement constitué d'un ensemble de questions portant sur les éléments à inspecter. Il peut s'agir de questions ouvertes et de questions fermées (Broder 2000: 11). Le défi est de choisir les bonnes questions qui permettent de couvrir tous les éléments à relever, de dresser un portrait fidèle du niveau de sécurité de l'organisation, de trouver les vulnérabilités, les excès de sécurité et de bien documenter les recommandations. Le guide sert d'aide-mémoire pour ne rien oublier d'important. Nous présentons dans ce qui suit un exemple de guide général de sécurité qui énumère les questions qui peuvent être posées durant cet exercice. Le guide est conçu de manière à procéder à l'examen de l'organisation de l'extérieur vers l'intérieur, comme le proposent Geiben et Nasset (1998 : 98).

Exemple de guide de sécurité (liste de contrôle)

1. Sources de données, d'informations et de statistiques (sources extérieures et internes)
   a) Est-ce qu'il y a des sources extérieures en mesure de fournir des informations ou des statistiques, par exemple des données sur la criminalité?
   i) Sources policières
   ii) Assurances
   iii) Médias
   iv) Organisations similaires
   b) Est-ce que l'organisation tient l'historique de ses incidents, ou possède toute autre base de données sur ses pertes?

2. Milieu environnant
   a) Est-ce que le climat peut avoir un impact sur la sécurité de l'entreprise (possibilité de vents violents, de pluie abondante, brouillard, sécheresse)?
   b) Est-ce qu'il y a des caractéristiques géographiques qui peuvent avoir un impact sur la sécurité (faille sismique, cours d'eau)?
   c) Quelles sont les caractéristiques sociales ou politiques de la région (tension politique, tension sociale, guerre, taux de criminalité)?
   d) Est-ce qu'il y a des services d'urgence à proximité (police, pompiers, hôpital)?
   e) Le site est-il isolé, situé dans un milieu industriel, dans un milieu urbain?
   f) Quelles sont les infrastructures avoisinantes (autoroute, voie ferrée, aéroport, aqueduc)?
   g) De quoi est constitué le voisinage (présence d'industries, de commerces, d'habitats, école, centres commerciaux)?
   h) Est-ce que le secteur à l'extérieur du périmètre est bien éclairé?

3. Périmètre de sécurité
   a) Le périmètre est-il délimité par une clôture, un mur, une haie dense?
   b) Des contrôles d'accès sont-ils en place?
   c) Des capteurs sont-ils installés pour détecter la présence d'un intrus?
   d) Est-ce qu'il y a un stationnement? Si oui, est-il contrôlé?

e) Est-ce qu'il y a des végétaux ou des structures grâce auxquels un intrus pourrait se cacher?

f) Comment les lieux sont-ils entretenus?

g) Le périmètre est-il partout éclairé?

h) Un système d'alarme permet-il de détecter les intrus?

i) Des gardiens ou des chiens patrouillent-ils le périmètre?

4. Contrôle d'accès

a) Les employés et les visiteurs sont-ils contrôlés? Si oui, comment?

b) Sont-ils fouillés?

c) Y a-t-il un registre des visiteurs?

d) Les employés ainsi que les visiteurs sont-ils identifiés à l'aide de cartes?

e) Y a-t-il un système de contrôle d'accès (carte magnétique, code d'accès)?

5. Bâtiment

a) Le bâtiment est-il partagé avec d'autres locataires? Si oui, qui sont-ils?

b) Les portes et fenêtres facilement accessibles sont-elles sécurisées, renforcées?

c) Quels types de portes et fenêtres?

d) Quels types de serrures?

e) Le toit est-il accessible? Est-il possible d'entrer par le toit?

f) Les sorties de secours sont-elles conçues pour permettre une évacuation rapide et pour empêcher les personnes non autorisées d'entrer?

g) Les échelles de secours sont-elles accessibles?

h) D'autres accès peuvent-ils être empruntés pour accéder à l'intérieur du bâtiment (accès souterrain, conduite d'aération, air climatisé, système de chauffage, drain, égout)?

i) Un système d'alarme protège-t-il le bâtiment?

j) Est-ce qu'il y a des zones sécurisées à l'intérieur du bâtiment?

6. Éclairage

a) L'éclairage est-il efficace la nuit?

b) L'éclairage laisse-t-il des zones ombragées, sombres, trop éclairées (éblouissantes)?

c) Les endroits stratégiques sont-ils davantage éclairés?

d) Est-ce que les installations électriques sont vérifiées et entretenues?

e) Une source d'alimentation est-elle prévue en cas de panne électrique du réseau?

   i) Permet-elle de maintenir toutes les sources d'éclairage?

   ii) Cette source peut pallier le problème pendant combien de temps?

f) Y a-t-il un éclairage spécial prévu en cas d'urgence?

7. Système d'alarme
    a) Y a-t-il un système d'alarme? Quelles zones sont couvertes par ce système?
    b) Lorsque l'alarme est déclenchée, y a-t-il une sirène ou une lumière qui s'allume pour indiquer l'endroit?
    c) Le système d'alarme est-il relié à une centrale prévue pour gérer les alarmes (24 heures sur 24)?
    d) Quelle est la procédure de réponse aux alarmes?

8. Télésurveillance
    a) Est-ce qu'il y a des caméras de surveillance sur le site?
    b) Combien y a-t-il de caméras et où sont-elles placées?
    c) Les caméras peuvent-elles pivoter et faire des zooms?
    d) Est-ce que la qualité des images est suffisante?
    e) La visibilité des espaces surveillés par les caméras est-elle suffisante?
    f) Est-ce que les images sont enregistrées? Si oui:
        i)   Combien de temps les images sont-elles conservées?
        ii) Sur quel support les images sont-elles conservées?
        iii) Les enregistrements sont-ils en sécurité?
    g) Est-ce qu'il y a des personnes qui visionnent les images en temps réel?
    h) Y a-t-il une centrale de surveillance et comment fonctionne-t-elle?
    i) À la vue d'incidents en temps réel, quelle est la politique d'intervention?
    j) Intervient-on réellement?
    k) Les espaces sous surveillance réunissent-ils les conditions de visibilité (éclairage, vue dégagée de tout obstacle)?
    l) Comment le système de télésurveillance est-il coordonné aux autres éléments de la sécurité et au personnel?

9. Autres équipements de sécurité
    a) La biométrie est-elle utilisée?
    b) Est-ce qu'il y a des portiques pour la détection du métal?
    c) Le GPS est-il utilisé?
    d) D'autres équipements sont-ils utilisés (exemple: étiquettes électroniques)?

10. Entreposage des biens et valeurs
    a) Quels sont les biens les plus susceptibles d'être volés?
    b) Est-ce qu'il y a des caisses enregistreuses pour recevoir l'argent des clients?
    c) Une procédure est-elle imposée aux caissiers afin qu'ils gardent une somme maximale dans leur tiroir-caisse?
    d) Y a-t-il un coffre ou une voûte pour conserver les biens de valeur et l'argent?
    e) La marchandise à la réception est-elle contrôlée?

f) L'entrepôt pour conserver les produits, l'équipement et les outils est-il bien sécurisé?

g) Des contrôles et des inventaires sont-ils faits régulièrement?

h) La sortie du matériel est-elle contrôlée?

11. Informatique (matériel informatique, logiciels et informations)

  a) La salle des serveurs informatiques est-elle protégée?

  b) Est-il possible de verrouiller les ordinateurs?

  c) Des programmes de sécurité sont-ils installés sur les ordinateurs et les serveurs?

  d) Les ordinateurs sont-ils dotés de coupe-feu?

12. Protection des informations

  a) Où sont entreposés les documents confidentiels?

  b) Les documents confidentiels sont-ils déchiquetés après leur utilisation? Si oui, par qui et comment?

13. Communication

  a) Les moyens de communication sont-ils disponibles en tout temps (téléphone, Internet, radio, télévision)?

  b) Y a-t-il des boutons paniques reliés au bureau de la sécurité ou à une centrale externe en cas d'urgence?

14. Mesures d'urgence

  a) Y a-t-il un plan d'évacuation développé et connu des employés?

  b) Les procédures d'urgence sont-elles mises en pratique périodiquement?

15. Personnel de sécurité

  a) Y a-t-il des employés attitrés à la sécurité à temps plein ou à temps partiel?

  b) Les employés sont-ils embauchés par l'organisation ou travaillent-ils à contrat pour une agence externe?

  c) Quel est leur salaire?

  d) Combien d'employés sont affectés à la sécurité?

  e) Les employés ont-ils des outils pour intervenir et se défendre? Si oui, lesquels?

  f) Les employés sont-ils bien formés?

  g) Quelles sont leurs tâches, quel est leur mandat?

16. Ressources humaines

  a) En quoi consiste le processus de sélection de tous les employés?

    i) Le processus est-il rigoureux?

    ii) Des tests et entrevues sont-ils prévus?

    iii) Une enquête de sécurité est-elle effectuée?

    iv) Y a-t-il une entente de confidentialité et de non-concurrence avec les employés?

    v) Y a-t-il un programme de dépistage des drogues?

    vi) Est-ce que le casier judiciaire de chaque employé est vérifié?

17. Fournisseurs de services
   a) L'entretien ménager est-il exécuté par le personnel d'une entreprise externe?
   b) Le ramassage des ordures se fait-il dans le périmètre de sécurité?
   c) Un service de déchiquetage de documents est-il utilisé?

D'autres guides plus spécifiques ou plus complets sont disponibles (voir par exemple le guide de Schaub et Biery 1998). Plusieurs auteurs proposent dans leur ouvrage des listes de contrôle ou des éléments à vérifier (Momboisse 1968; Kingsbury 1973; Hess et Wrobleski 1992; Geiber et Nasset 1998; Broder 2000; Sennewald 2003; Fisher et Green 2004; Fennely 2004). En les consultant, l'expert ne doit pas chercher à trouver LE guide, mais bien à s'inspirer de ceux-ci afin d'en développer un qui soit adapté pour l'organisation qu'il souhaite inspecter. Il ne s'agit pas d'un outil rigide et il peut être modifié tout au long du projet si l'expert juge qu'il y a eu des aspects importants qui n'ont pas été intégrés dès le départ.

Pour Garcia (2001 et 2006), les listes de contrôle sont utilisées pour vérifier la présence ou l'absence de composantes de sécurité (équipement, procédure et personnel) servant à protéger les actifs ayant une faible valeur. Pour protéger les actifs vitaux de l'organisation et pour vérifier la réelle efficacité du système de sécurité, Garcia recommande d'évaluer la performance et l'efficience des composantes de sécurité en les testant. Par exemple, il est possible de tester un portique conçu pour détecter le métal en le franchissant à plusieurs reprises avec un objet censé être détecté. Après ce test, le professionnel obtient des statistiques sur le bon ou le mauvais fonctionnement de la composante (exemple: un objet détecté 19 fois sur 20 ou à 95%). Cette statistique jumelée à un intervalle de confiance permet d'établir les probabilités qu'une personne soit détectée si elle traverse le portique avec un objet de métal (Garcia 2006: 7).

Après avoir réalisé la visite préliminaire et s'être préparé, l'expert est prêt pour la cueillette des données. Elles sont collectées à plusieurs sources.

Les données provenant des sources extérieures à l'organisation sont recueillies (Cusson, Tremblay, Biron, Ouimet et Grandmaison 1994: chapitre 4; Tucker 2000: 92-93). Il peut s'agir de données policières qui aident à comprendre le crime dans le secteur (exemple: taux de criminalité, distribution du crime dans le temps et dans l'espace, types de crimes commis et rapports d'incidents). Il peut aussi s'agir de données amassées par des organisations analogues (historique des incidents) ou de statistiques disponibles auprès des compagnies d'assurances.

Il est possible de colliger des données internes relatives aux incidents passés. Les rapports d'inventaire qui permettraient d'estimer les pertes subies par l'entreprise pourraient aussi être consultés. Malheureusement, les organisations ne compilent pas toujours rigoureusement ces données et l'expert n'a parfois d'autre choix que d'aller sur les lieux pour constater par lui-même les faits et pour rechercher les informations pertinentes.

L'auditeur rencontre le personnel de l'organisation et s'informe auprès de lui. Puisqu'il est impossible et inutile de rencontrer tous les employés, il sélectionne les personnes clés en fonction de leurs connaissances et de leur position.

Il examine systématiquement l'organisation : les lieux, les employés et les équipements. L'expert découvre ainsi les forces et les faiblesses du dispositif de sécurité. Cette observation permet aussi de corroborer ou d'infirmer certaines informations qui sont données par les employés.

Des documents sont consultés et analysés : les règlements, les politiques et procédures de l'organisation, ainsi que tous les documents contenant des informations ayant un impact sur le niveau de sécurité d'une organisation.

Il teste les dispositifs de sécurité déjà en place. Il peut s'agir de tests rapides ou de tests plus élaborés comme ceux proposés par Garcia (2006). Le premier type de test est fait rapidement et facilement. Par exemple, il peut tester un système d'alarme pour vérifier s'il fonctionne ou s'il est désuet. Étant plus coûteuse en temps et en argent, la réalisation des tests plus élaborés doit être convenue dans le mandat initial avec le client.

Après avoir rassemblé toutes les données, le professionnel procède à l'analyse dans le but de connaître le niveau de sécurité de l'organisation, ses problèmes, ses risques, et de recommander des solutions appropriées. En sécurité privée, l'analyse apparaît comme le point faible de l'audit de sécurité. L'expert qui sait traiter, analyser et interpréter les données sera davantage en mesure de recommander des actions efficaces pour améliorer la sécurité (voir le chapitre 25 du présent volume).

Parmi les analyses recommandées par Clarke et Eck (2003 : chapitres 20 à 31) se trouve l'identification des endroits où les incidents se concentrent. Il n'est pas rare que les vols, les intrusions ou autres incidents soient nettement plus fréquents qu'ailleurs. Quand un tel point chaud est découvert, la recommandation qui s'impose est de concentrer les efforts à ces endroits. Il est aussi utile de situer les incidents dans le temps (heures, jours, saisons). Dans l'éventualité où l'expert constate des concentrations dans le temps, il s'interroge sur les raisons qui les expliquent.

Il est aussi intéressant de découvrir les raisons pour lesquelles certaines organisations sont plus à risque que les autres (Clarke et Eck 2003 : chapitre 26). Par exemple, une organisation peut avoir en sa possession des produits convoités vulnérables au vol. Le professionnel identifie les « points et les produits chauds » et met en place des mesures qui visent à dissuader les gens de s'attaquer à ces endroits et à ces produits (Clarke et Eck 2003 : chapitre 29). Plusieurs actions, notamment les mesures utilisées en prévention situationnelle, découragent les gens de s'attaquer à une organisation et à ses actifs (Clarke et Eck 2003 ; voir les chapitres 28, 30, 31 et 32 dans ce volume). Par exemple, la présence d'un gardien ou d'un système d'alarme augmente les risques d'être détecté.

Les ouvrages consacrés à la sécurité privée proposent aussi des éléments à prendre en considération lorsque vient le temps d'analyser les données et de prendre des décisions face aux risques identifiés. L'expert tient compte d'un certain nombre de contraintes lorsqu'il effectue ses recommandations et il fait des compromis (Fisher et Green 2004: 138). Par exemple, recommander des mesures dispendieuses et ne pas tenir compte des contraintes budgétaires peuvent inciter les gestionnaires à rejeter les recommandations.

Il est aussi recommandé d'effectuer une analyse coût/bénéfice pour identifier les avantages et les inconvénients rattachés à chacune des mesures de sécurité (Broder 2000: chapitre 5). Il est déconseillé de recommander des mesures de sécurité importantes pour des problèmes mineurs. Il faut aussi tenter de réaliser un bénéfice égal ou supérieur au coût du dispositif.

Après avoir identifié les risques, le professionnel établit des priorités et choisit les mesures (Broder 2000). Pour établir ses priorités, il peut tenir compte des probabilités et du niveau de gravité de chacun des risques (voir section 2 du présent chapitre). Par la suite, il détermine aussi l'ordre dans lequel les mesures seront mises en place. Qu'est-ce qui doit être fait immédiatement et qu'est-ce qui peut attendre?

Même si des mesures ont pour but d'éliminer ou de réduire certains risques, il existe toujours un risque résiduel. Il s'agit de la portion du risque qui demeure même si des mesures de sécurité sont prises. Le risque résiduel va être plus ou moins important selon les actifs qui doivent être protégés ou les personnes qui ont à le maîtriser.

La dernière étape consiste en la rédaction et la présentation du rapport. En nous basant sur le style de rapport établi par Broder (2000: 70-71), nous proposons un plan divisé en sept parties: le sommaire décisionnel, l'introduction, la connaissance du milieu, le mandat, la démarche adoptée pour réaliser l'audit, les constats et les recommandations, et, finalement, la conclusion.

1. Il est préférable d'inclure un sommaire décisionnel au rapport. Les hauts gestionnaires ont souvent peu de temps à accorder à sa lecture et le sommaire est un outil qu'ils apprécient.

2. En guise d'introduction, le projet et le rapport sont présentés.

3. Une partie intitulée «La connaissance du milieu» peut être introduite. Le but n'est pas de faire connaître l'organisation au demandeur, puisqu'il la connaît déjà. Ce qui est recherché, c'est de lui démontrer que l'expert la connaît bien. Cette partie est utile pour les consultants externes qui réalisent un mandat pour un client ou pour un gestionnaire en sécurité récemment embauché dans une organisation.

4. Le mandat est précisé afin que les lecteurs comprennent le travail qui a été réalisé. Il est préférable d'expliquer ce qui a été inclus et exclu du mandat.

5. Dans la cinquième partie, l'expert décrit la démarche adoptée. Il mentionne la durée du projet, décrit sa méthodologie et sa cueillette des données.

6. Sixièmement, il décrit les constats et recommande des mesures pour faire face aux problèmes. Quelles sont les menaces pesant sur l'organisation?

Quels sont les actifs non protégés ? Quelles sont les vulnérabilités observées ? Y a-t-il des protections déjà en place qui doivent être modifiées, améliorées ou supprimées ? Quel est le niveau de sécurité de l'entreprise ? Quels sont les risques en matière de sécurité ? Pour faciliter la lecture du rapport, il est conseillé de diviser cette partie par éléments. Il est suggéré d'introduire des photos pour appuyer les constatations.

À la suite des constats, l'expert fait ses recommandations. Selon les probabilités et l'impact, il suggère les décisions à prendre pour chacun des risques. Est-il préférable d'accepter, de transférer, de diffuser, de diminuer ou d'éliminer le risque ? Faute de moyens, il n'est pas possible ni recommandé pour une organisation de viser à éliminer tous les risques. L'expert suggère d'éliminer et de réduire les risques susceptibles d'affecter les actifs importants et stratégiques de l'organisation. Il recommande les contre-mesures appropriées. Quatre catégories de contre-mesures sont proposées par Sennewald (2003 : 185-186).

La première catégorie englobe tout ce qui se rapporte au matériel de sécurité (exemple : porte, serrure, coffre, barrière, mur). Les systèmes électroniques constituent la deuxième catégorie (exemple : caméra, biométrie, système d'alarme). La troisième catégorie est l'implantation de procédures de sécurité ou la modification de ces dernières (exemple : recommander qu'un inventaire soit réalisé sur une base plus régulière). Quatrièmement, le recrutement de personnel affecté à la sécurité. Cette dernière solution est envisagée en dernier recours parce que c'est la plus coûteuse (Sennewald 2003 : 183-186). De plus, l'efficacité de cette dernière dépend grandement de la compétence et de l'intégrité des personnes engagées.

7. En guise de conclusion, les éléments importants du projet sont repris.

L'APRÈS AUDIT

À l'aide du rapport, le demandeur est maintenant en mesure de décider des actions qui s'imposent pour atteindre le niveau de sécurité désiré. C'est lui seul qui décidera de suivre ou non les recommandations. L'expert demeure disponible pour répondre à ses questions et, si on le lui demande, vérifier ce que le relevé a permis de réaliser et voir quelles sont les recommandations qui ont été retenues. Le demandeur peut demander d'être accompagné dans l'implantation des contre-mesures. Il peut s'agir de « magasiner » les fournisseurs de biens et services pour lui, de vérifier les prix, de l'aider à rédiger des procédures de sécurité, etc. Ultérieurement, une évaluation peut être réalisée dans le but de vérifier si le dispositif mis en place est réellement efficace.

L'audit est, en principe, un exercice qui est répété périodiquement. Étant dynamiques, les entreprises changent et les risques évoluent aussi. Par exemple, un actif qui autrefois n'était pas attrayant peut le devenir (exemple : la hausse du prix de l'or peut faire en sorte que des mineurs soient davantage incités à voler leur employeur). Avec le temps, le niveau de sécurité d'une organisation change. Des mesures inexistantes ou hors de prix à un moment donné sont offertes plus tard à un prix abordable.

QUATRIÈME PARTIE

Prévenir

CHAPITRE 27

La prévention : les principes et la prévention policière

▶ MAURICE CUSSON

Un professionnel de la sécurité déteste apprendre la survenance d'un crime qu'il aurait pu prévenir. Et il n'aime pas tellement plus se faire reprocher d'avoir eu recours à des moyens brutaux. L'expérience le lui a appris : mieux vaut prévenir que réprimer et gérer la crise. Il sait aussi que la prévention ne suffit pas, car il est rigoureusement impossible de prévenir tous les crimes et délits dans une société imparfaite, ouverte et libre. Mais d'abord de quoi s'agit-il quand nous parlons de prévention ?

DÉFINITIONS

Il n'existe pas de notion communément acceptée de la prévention. Les uns utilisent le terme sans le définir et les autres proposent une grande variété de définition. Un effort de clarification s'impose. Trois sens du mot prévention apparaissent légitimes et fourniront les ingrédients de la définition retenue.

1. *La prévention-résultat.* Plusieurs criminologues anglo-saxons considèrent que la prévention englobe l'ensemble des actions qui réduiront la délinquance. Par exemple, Sherman et ses collaborateurs (1997 et 2002 : 3) écrivent que la prévention du crime est un résultat : moins de crimes, la sanction pénale étant un moyen parmi d'autres pour l'atteindre. Dans cette acception, prévenir la criminalité c'est la réduire par n'importe quel moyen, seul compte le résultat démontré. Cette conception est défendable, mais présente l'inconvénient de confondre prévention et répression.

2. *L'intervention a priori.* Prévenir, c'est aussi agir avant, devancer le crime pour empêcher sa perpétration. En ce sens, la prévention s'oppose à la gestion de crise et à la peine rétributive. (Elle ne s'oppose cependant pas à la peine dissuasive qui tente de prévenir, au temps 1, qu'un crime soit commis au temps 2). Avant le crime, il y a ses causes, comme la négligence

des parents, ou ses raisons, par exemple le bénéfice facile que l'on peut réaliser en volant une voiture mal protégée et enfin les préparatifs du crime, par exemple un complot. Prévenir pourrait alors consister à agir soit sur les causes, soit sur les raisons, soit sur les préalables du crime.

3. *La prévention opposée à la répression.* Quand un policier jette un suspect en cellule ou abat un forcené, il ne nous vient pas à l'esprit de parler de prévention. Ici la prévention et la répression sont antinomiques. L'attention se déplace de la fin vers le moyen, et la prévention désigne alors les mesures non punitives et non contraignantes. Ce troisième élément paraît devoir être retenu non seulement parce qu'il correspond à un usage accepté, mais encore parce que la prévention et la répression obéissent à deux logiques d'actions différentes. Équiper les automobiles de dispositifs antivols, c'est une chose, incarcérer en est une autre.

La définition que nous retiendrons est celle-ci : la prévention de la délinquance consiste en l'ensemble des actions non coercitives sur les causes, les raisons et les préliminaires des délits dans le but d'en réduire la proba-bilité ou la gravité. (Cette définition est assez proche de celle que propose Gassin 2003 : 677 ; voir aussi Cusson 2002 : 10.)

Aujourd'hui, on distingue deux catégories de prévention dont l'effi-cacité est avérée par des résultats probants : la prévention développementale et la prévention situationnelle.

1. *La prévention développementale* porte sur l'individu, plus précisément, sur l'enfant. Elle vise l'amélioration de la compétence sociale et cognitive d'enfants qui risquent de dériver vers la délinquance. L'intervention est précoce ; elle se réalise dans le contexte de la famille et de l'école et l'action est de nature éducative. Dans la famille, elle a pour but d'améliorer la compétence parentale de la mère et du père. Pour sa part, l'enfant reçoit une formation aux habiletés sociales et à la résolution de problèmes. Des évalua-tions scientifiques comparant des groupes comparables de sujets traités et non traités ont démontré que les programmes de prévention développementale bien conçus et bien implantés empêchent de nombreux enfants de verser dans la délinquance juvénile. Ces enfants apprennent l'art de vivre en paix avec leurs semblables et à se soumettre aux règles. Ils deviennent capables d'échanger, de persuader. Ils s'adaptent mieux à l'école et réussissent mieux (voir Tremblay et Craig 1995 ; Vitaro et Gagnon dir. 2000 ; Cusson 2002). Cependant, les projets de prévention développementale dont on a démontré l'efficacité respectaient d'exigeantes conditions de durée, d'intensité et de qualité. Ils duraient au moins un an. Ils portaient sur la mère et l'enfant. Les programmes s'attaquaient à plusieurs problèmes à la fois : aux désordres de la conduite, à l'échec scolaire, à l'abus de drogue, etc. Les intervenants passaient plusieurs heures par semaine en contact direct avec l'enfant. Ils étaient triés sur le volet, fort compétents et très motivés.

2. *La prévention situationnelle* porte sur les circonstances dans lesquelles les délits pourraient être commis. Elle consiste à modifier les situations rencontrées par les délinquants pour que les délits projetés leur paraissent

plus difficiles, risqués ou inintéressants. La prévention situationnelle c'est, par exemple, la télésurveillance dans les stationnements ; les antidémarreurs dans les voitures ; la vigilance des agents de sécurité ; les contrôles préembarquement dans les aéroports. Les résultats positifs rapportés par les chercheurs qui ont signé une centaine d'évaluations nous démontrent qu'en agissant sur les situations, on a réussi à faire reculer des crimes aussi divers que l'homicide, le terrorisme, le cambriolage, le vol qualifié, le vol de voitures et le vol à l'étalage (Clarke 1980, 1983, 1995a, b, 2002, 2003, 2005 ; Clarke dir. 1997 ; Cusson 2002 ; Eck 2002 ; Clarke et Newman 2006). Il est indiscutable que nous parvenons à faire baisser la fréquence des délits en agissant sur les situations précriminelles. En sécurité privée, l'expression prévention situationnelle est peu utilisée, mais sa réalité est omniprésente. En effet, l'essentiel de l'activité des praticiens de la sécurité privée relève de la prévention situationnelle et on ne traite pratiquement que de cela dans les ouvrages écrits pour ou par des professionnels de la sécurité privée (Fisher et Green 1990 ; Hayes 1991 ; Walsh 1995 ; Hess et Wrobleski 1996 ; Fennelly dir. 1999 ; Collins et coll. 2000).

3. Il existe une troisième forme de prévention, mais ses résultats sont moins encourageants que ceux des deux premières, c'est la prévention-animation ou récréative. Elle consiste en des activités de loisir, de sensibilisation et d'animation au sein de gangs ou de groupes réunissant des délinquants : sports d'équipe, camps d'été, clubs de prévention, groupes de discussion. Malheureusement, les évaluations scientifiques de ces programmes échouent à montrer qu'ils sont efficaces. On cherche en vain une seule recherche démontrant que de telles opérations font reculer la délinquance. Pire, on en trouve plusieurs qui montrent qu'elles sont carrément nuisibles. En effet, certaines évaluations établissent que les sujets ayant participé à des programmes de prévention-animation commettent un plus grand nombre de délits que des sujets comparables non participants. Ainsi, une évaluation réalisée en Californie a permis de constater que des membres de gang commettaient un plus grand nombre de délits pendant qu'ils étaient encadrés et animés par des travailleurs de rue que lorsque ces derniers avaient cessé leurs activités d'animation. Les travailleurs de rue avaient cimenté la cohésion du gang, ce qui s'était traduit par une intensification de l'activité délictueuse de ses membres (Cusson 2002 : chapitre 4).

Étant donné l'inefficacité de la prévention-animation et même les risques d'effets pervers qu'elle comporte, elle est à déconseiller. Restent la prévention développementale et la prévention situationnelle. S'impose alors de marquer leurs différences et de discerner celle qui s'inscrit dans la logique de l'action de sécurité. Les moyens de la prévention développementale sont essentiellement éducatifs : il s'agit de préparer les jeunes à devenir de bons citoyens, de leur apprendre à aller au-devant d'autrui, de les soutenir dans leur démarche scolaire. Très différents apparaissent les moyens de la prévention situationnelle : on protège les cibles et les victimes potentielles ; on surveille les lieux ; on contrôle les accès ; on sépare les adversaires sur le point d'en découdre. La prévention développementale veut infléchir un développement personnel qui paraît aller dans la mauvaise direction. La prévention situationnelle veut influencer la décision de passer à l'acte. Il suit que la prévention développementale relève de la compétence des éducateurs, des psychologues et des travailleurs sociaux, alors que la prévention situationnelle est d'abord une expertise détenue par les professionnels de la sécurité. Dans cet ouvrage destiné aux spécialistes de la sécurité, l'accent sera mis sur la prévention situationnelle : c'est elle qui relève de leurs compétences, c'est elle qu'ils ont les moyens de mettre en œuvre.

Du point de vue de la sécurité intérieure, deux questions se posent à propos de la prévention situationnelle. Premièrement, pourquoi les délinquants sont-ils arrêtés par des changements circonstanciels ? Deuxièmement, la prévention ne devrait-elle pas être réservée à la sécurité privée, la police consacrant l'essentiel de ses ressources à la répression ? Le présent chapitre répond à ces deux questions. Une première partie est consacrée à la logique et aux raisons qui fondent la prévention situationnelle. La deuxième partie montre en quoi les interventions quotidiennes des policiers en tenue ont une composante préventive très réelle.

LES RAISONS DE L'EFFICACITÉ DE LA PRÉVENTION SITUATIONNELLE

Une mesure situationnelle offre des chances raisonnables de faire reculer les voleurs hésitants tout simplement parce que ceux-ci s'adaptent à leur environnement. Les propositions qui suivent développent cette idée.

1. Les choix des délinquants et ceux des acteurs de la sécurité sont fonction de leurs coûts et avantages respectifs.

Le délinquant potentiel ne passera pas à l'acte si la situation ne lui permet pas d'espérer un gain ou s'il craint d'en pâtir. Il sera donc sensible aux modifications qui rendent le délit envisagé trop difficile, trop risqué ou peu intéressant.

Pour sa part, le spécialiste de la sécurité cherche la solution préventive la moins coûteuse et la plus permanente. Pour lui, le coût d'une mesure préventive inclut les salaires des agents de sécurité ou autres personnels, le prix d'achat et d'entretien des équipements et, enfin, les inconvénients et les désagréments liés à son utilisation. Par exemple, le renforcement des contrôles de préembarquement dans l'aviation civile a ralenti les passagers et a suscité de la grogne. Bref, le coût de la prévention correspond à la valeur de ce à quoi doit renoncer celui qui s'arrête sur cette option. De l'autre côté, le bénéfice de la prévention correspond aux crimes et délits qui n'ont pas été commis et qui l'auraient été sans elle. Or, ce bénéfice est incertain, futur et difficilement mesurable, alors que les coûts sont immédiats. C'est la raison pour laquelle, en l'absence d'une menace évidente, les gens sont portés à négliger la prévention. Bref, le rapport coût-avantage à court terme peut expliquer, d'un côté, l'efficacité d'une mesure situationnelle sur le délinquant et, de l'autre, les hésitations des gens à investir dans la prévention.

2. *La situation précriminelle informe l'acteur des coûts et des bénéfices de ses options au moment même où il balance entre le crime et le non-crime.*

La notion de situation précriminelle sert à désigner l'ensemble des circonstances qui se présentent à l'individu précisément quand il envisage de passer à l'acte. Les délinquants reçoivent de la situation dans laquelle ils se trouvent des signaux leur permettant d'estimer leurs gains, leurs risques, et d'entrevoir les difficultés de l'entreprise, et ce, à l'heure de vérité. Or, de manière générale, les circonstances présentes — ici et maintenant — pèsent plus lourdement sur nos choix que notre expérience passée et que nos anticipations sur l'avenir. Cela vaut à plus forte raison pour les délinquants. Il est donc logique de penser qu'une modification de la situation précriminelle offre de bonnes chances d'exercer une influence décisive sur les choix des délinquants.

3. *L'influence de la situation précriminelle est inversement proportionnelle à la détermination du délinquant potentiel.*

Les mesures situationnelles ne produiront pas le même effet sur toutes les catégories de délinquants. En effet, la force de l'intention criminelle est très variable. Distinguons trois degrés. Au premier, il n'y a tout simplement pas d'intention de mal faire. C'est le cas de celui qui ne veut nullement mal agir, mais qui rencontre une belle occasion et cède. À ce propos, le dicton « l'occasion fait le larron » pourrait être nuancé. Il vaudrait mieux dire : l'occasion crée l'intention. La première fonction de la prévention situationnelle est ici négative : ne pas présenter aux gens de trop belles occasions.

Au deuxième degré, on passe à la velléité, au désir vague et hésitant. Le velléitaire pourra être arrêté par un dispositif préventif léger. Par exemple, il suffira qu'il se sente regardé pour battre en retraite.

Au troisième degré, se trouve la décision ferme d'exécuter le projet criminel. Le criminel résolu, par exemple le braqueur invétéré, ne sera pas empêché facilement. Pour le faire reculer, il sera nécessaire de combiner des mesures de prévention fortes et la répression.

Les recherches sur la délinquance autorapportée nous apprennent que le nombre des délinquants opportunistes et velléitaires est sans doute très élevé. Cela explique pourquoi les mesures de prévention situationnelle sont efficaces, car elles s'adressent au plus grand nombre.

4. *Face à un dispositif de prévention situationnelle, de nombreux individus renonceront tout simplement à leurs projets délinquants. D'autres iront sévir ailleurs — c'est le déplacement. Inversement, plusieurs délinquants surestimeront la portée de la mesure situationnelle et s'interdiront d'agir*

même là où elle n'est pas en place. Au total, même quand il y a déplacement, une mesure situationnelle prévient un plus grand nombre de délits qu'elle n'en déplace.

Le déplacement s'apparente à une mesure de contournement. Le délinquant, constatant qu'une cible est trop bien protégée à son goût, va chercher ailleurs ou adopte une autre méthode, ou il agit à un autre moment. Le déplacement exige un effort supplémentaire auquel les délinquants hésitants ou opportunistes se refusent. Hesseling (1994) a fait un bilan de 55 études sur le sujet. Dans 22 d'entre elles, nul déplacement n'est repéré et, dans les 33 autres études, le déplacement n'est jamais de 100%. Seul un délinquant résolu partira à la recherche d'une autre occasion quand le premier délit apparaît irréalisable.

La diffusion des bénéfices d'une mesure situationnelle est le contraire du déplacement. Elle se produit quand l'influence préventive d'une mesure ou d'un programme s'étend du secteur (ou cible) protégé vers le secteur (ou cible) non protégé ou d'un type de délit vers un autre (Clarke et Weisburd 1994). Dans ce cas, l'effet préventif déborde le secteur spécifiquement protégé par la mesure. Pourquoi? Les délinquants savent qu'une nouvelle mesure est en place, mais ils ne savent pas exactement où et ils surestiment l'étendue de sa couverture (Clarke 2005).

Le déplacement est donc moins important qu'on l'a cru et la diffusion des bénéfices est un phénomène fréquent. Cela se comprend quand on sait que le nombre des délinquants opportunistes et hésitants est plus nombreux que le nombre des délinquants déterminés.

5. *La prévention situationnelle parle un langage concret pouvant être entendu par la plupart des délinquants.*

Un bon délinquant se laisse rarement toucher par les discours édifiants. Il fait la sourde oreille aux interdictions et aux avertissements. Les chances sont meilleures de se faire entendre, non par des mots, mais par des choses et des actes: en verrouillant les portes, en postant un gardien, en contrôlant les accès.

6. *Pour déjouer les dispositifs de prévention, les délinquants imaginent des mesures de contre-prévention auxquelles les acteurs de la sécurité doivent trouver des parades.*

Tôt ou tard, des délinquants découvrent des stratagèmes pour rendre inopérantes les mesures préventives. Ils les contournent, les esquivent, les déjouent, les neutralisent ou exploitent leurs points faibles. C'est la contre-prévention. Par exemple, les voleurs à l'étalage profitent des angles morts du système de surveillance à l'abri desquels ils opèrent sans être vus. Ils spéculent sur l'inattention et la passivité du personnel de sécurité. Ils arrachent les étiquettes électroniques. Les voleurs d'autos désamorcent les

systèmes d'alarme. Les braqueurs se déguisent. Pour contrer ces stratagèmes, les spécialistes de la sécurité avertis imaginent des parades, des
mesures pour déjouer et neutraliser les ruses des délinquants. Si la contre-
prévention n'est pas neutralisée par une riposte contre contre-préventive, les
dispositifs de prévention risquent de perdre progressivement leur efficacité.

7. *La délinquance et la prévention ont tendance à suivre des mouvements
cycliques.*

Ces mouvements résultent de l'interaction entre les éléments évoqués
plus haut. Le cycle se développe en cinq étapes. Première étape, une forme
de criminalité apparaît et gagne en fréquence. Deuxièmement, face à cette
criminalité jugée insupportable, on oppose la prévention. Troisièmement, la
criminalité visée recule. Quatrièmement, cette réduction conduit les acteurs
de la sécurité à baisser la garde et, de leur côté, les délinquants découvrent
des solutions contre-préventives. Cinquième étape, la criminalité remonte
de nouveau et on revient au point de départ.

LA PRÉVENTION QUI RELÈVE DE LA POLICE
ET CELLE QUI N'EN RELÈVE PAS

Quelle place la prévention occupe-t-elle dans l'action policière et
quelle place devrait-elle occuper? Si nous demandions à un policier de la
base pris au hasard ce qu'il en pense, sa réponse pourrait ressembler à ceci:
«Je ne suis pas contre, après tout notre mission est de prévenir le crime.
Mais ne me demandez pas de faire des conférences dans les écoles ou de
distribuer des dépliants. C'est sans doute de la prévention, mais ce n'est pas
de la vraie police.» Cette réserve et cette ambivalence apparaissent sympto-
matiques. Une réflexion s'impose pour préciser la nature et la place de la
prévention policière.

Une étude consacrée à la Division sociopréventive de la Sûreté du
Québec nous fait voir l'idée que l'on s'y fait de la prévention (Carbonneau
2005). Cette division met de la documentation à la disposition des policiers
et les incite à entreprendre des activités préventives dans cinq domaines.

1. *Sensibilisation.* Des policiers vont dans des écoles prononcer des
   conférences sur le respect de la loi et les dangers de la drogue. Des
   trousses de conférence adaptées à divers groupes d'âges sont mises
   à leur disposition.
2. *Animation de loisirs.* Des événements sportifs, par exemple des
   compétitions de ski, sont organisées avec les policiers.
3. *Burinage et identification des objets de valeur.* Des autocollants et des
   marqueurs permettant de buriner les objets de valeur sont mis à la
   disposition des citoyens qui peuvent ainsi les identifier dans le but
   de prévenir les introductions par effraction.

4. *Conseils à la population.* Les policiers distribuent des dépliants offrant des conseils aux victimes potentielles dans le but de protéger les résidences ou les commerces contre le vol.

5. *Aménagements routiers.* Sur les tronçons de route présentant des risques d'accidents, les policiers demandent que la signalisation soit améliorée ou que la route soit rendue plus sûre.

Parmi ces cinq catégories de mesures, nous avons des raisons de penser que le burinage, les conseils aux victimes et les aménagements routiers peuvent être efficaces. Malheureusement, ce n'est pas le cas des activités de sensibilisation et d'animation de loisirs. En effet, le verdict des meilleures évaluations de l'impact des conférences dans les écoles par les policiers est clair : elles échouent à prévenir la délinquance, même quand l'opération est soigneusement conçue et mise en œuvre (Gottfredson 2000 : 196 et ss). Les évaluations des programmes d'animation de loisirs et d'encadrement des jeunes ne sont guère plus encourageantes : elles établissent que ces programmes ne font pas reculer la délinquance (Cusson 2002 : chapitre 4).

La question de la prévention policière paraît mal posée non seulement parce que les policiers gaspillent de l'énergie dans des programmes d'une efficacité douteuse, mais encore parce qu'on s'imagine que la prévention devrait rester confinée dans une section marginale des organisations policières. En réalité, un examen du passé et du présent de la police montre que la prévention occupe dans le travail policier quotidien une place beaucoup plus centrale que ne le pensent les intéressés eux-mêmes. L'histoire de France nous en fournit une première démonstration.

En 1677, le roi Louis XIV, exaspéré par l'insécurité qui sévit à Paris, décide sur les conseils de Colbert de séparer la police de la justice et de la placer sous l'autorité d'un lieutenant de police. M. de la Reynie est nommé à ce poste. La répression, bien sûr, figure en bonne place dans son ordre de mission. Les hommes de la lieutenance doivent arrêter les voleurs et les interroger. Ils sont aussi chargés de réprimer les duels et le port d'armes. Cependant, M. de la Reynie juge que cela ne suffit pas à la sûreté de la ville. Soucieux de prévention, il fait installer 2736 lanternes pour éclairer les rues de Paris. Suit un train de mesures qui participent à la fois de la prévention et de la répression. Il fait surveiller les cabarets, tavernes louches et maisons de jeu fréquentées par la pègre. Il ordonne de faire respecter les règlements sur les mesures, les poids et les prix pour éviter que les différends entre acheteurs et vendeurs ne dégénèrent en rixes. Il réorganise le guet de nuit. Il recrute de nombreux indicateurs de police appelés les mouches (Saint-Germain 1962 ; Lebigre 1993 et 2005).

Ainsi, à une époque où il fallait aller à l'essentiel, un chef de police exemplaire juge que s'impose la prévention entendue dans le sens que nous lui avons donné : action non coercitive. De plus, en très bonne place dans l'activité policière, nous trouvons des activités qui, comme la surveillance des cabarets, ne relèvent ni de la répression pure ni de la pure prévention.

Retour au XXIe siècle. Le patrouilleur contemporain, comme son ancêtre du XVIIe siècle, conjugue répression et prévention. Son action est répressive quand il passe les menottes à un suspect pour ensuite le conduire en cellule et quand, par la force, il maîtrise un enragé. Puis il entre dans une zone grise entre répression et prévention quand, à un intrus qu'il veut expulser, il dit : « Vous quittez les lieux, sinon nous vous embarquons. » Il combine aussi prévention et répression quand il s'interpose lors d'incidents qui risquent de dégénérer en échange de coups. Au Canada et aux États-Unis, entre 15 % et 33 % des appels 911 relèvent de cette catégorie. Il y est question de dispute, tapage, harcèlement, violence conjugale, bagarre, individu à expulser, individu armé (Labonté 1997). Appelés sur les lieux où un conflit fait rage, les policiers tentent de rétablir la paix. Ils calment les protagonistes ; ils les écoutent ; ils esquissent une conciliation en cherchant l'assentiment des deux parties ; ils distribuent les blâmes ; ils menacent ; ils séparent les bagarreurs par la force ; si nécessaire, ils les conduisent à la cellule du poste de police (Black 1980).

Lors de ces interventions, il arrive aux policiers d'utiliser leur pouvoir d'arrestation, mais leur préférence va à la persuasion. En effet, de nombreuses recherches démontrent que les policiers sont réticents à contraindre les justiciables. Black (1980 : 90-103) constate que les policiers sous-utilisent leurs pouvoirs, ne procédant à une arrestation que dans la moitié des cas où ils soupçonnent qu'un individu a commis une infraction. Examinant les interventions policières en Floride, Klinger (1996) rapporte que les policiers se contentent de discuter du problème et de suggérer une solution dans 60 % des épisodes. Ils imposent une solution dans 9 % des cas. Ils rédigent un procès-verbal 13 % des fois. Enfin, ils arrêtent et mettent en cellule dans 14 % des occasions. De manière répétée, les chercheurs américains ont démontré que les policiers utilisent rarement la force physique et quand ils y ont recours, elle est en général de faible intensité (Skogan et Fryld dir. 2004 : 67-69 et le chapitre 37 dans ce volume : L'usage de la force par la police). Brodeur (2003 : 55) parle à ce propos de la « force retenue ». Cette préférence policière pour les moyens non coercitifs trahit une intention préventive qui ne dit pas son nom. Comme M. Jourdain fait de la prose, les policiers font de la prévention sans le savoir.

CONCLUSION

Quelles sont les mesures préventives en usage dans la police qui offrent des chances d'être efficaces ? Lesquelles sont inefficaces ? Quelles sont celles qui relèvent de la compétence policière et lesquelles devraient être laissées à d'autres ? La réponse tient en quatre points.

1. L'efficacité des conférences de sensibilisation et de l'animation de loisirs est proche de zéro ; pire, il n'est pas exclu que ces programmes produisent des effets pervers. À supposer même que ces activités soient

efficaces, il est douteux qu'elles soient du ressort et de la compétence de la police.

2. Des projets de prévention développementale ont été évalués avec des résultats satisfaisants. Cependant, ils étaient réalisés par des éducateurs solidement formés qui menaient un travail de longue haleine sur des enfants et sur leurs parents. Étant des intervenants de première ligne, les policiers n'ont pas pour mission d'entreprendre ce genre de prévention. De plus, ils n'ont pas la formation nécessaire.

3. De nombreuses évaluations recensées dans divers chapitres de cet ouvrage établissent que plusieurs mesures de prévention situationnelle sont efficaces quand elles sont mises en œuvre selon les règles de l'art. Or, au fil de leurs interventions quotidiennes, les policiers sont bien placés pour repérer les occasions de délits. Et, tout naturellement, ils proposent des correctifs. La prévention situationnelle est donc du ressort de la police.

4. Les agents de police et de gendarmerie sont naturellement conduits à combiner la prévention et la répression. Ils surveillent et, quand la surveillance ne suffit pas, ils distribuent les contraventions. Ils avertissent, étant bien décidés à sanctionner si les avertissements sont ignorés. Ils ordonnent puis contraignent quand les ordres ne sont pas suivis. Ils punissent de petites infractions pour stopper le processus d'aggravation. Ils tentent la persuasion avant d'envisager la coercition. Bref, quand ils surveillent et quand ils interviennent de manière autoritaire dans des situations explosives, ils préviennent, même si la répression n'est jamais loin. Ils veulent d'abord donner sa chance à la prévention tout en étant disposés à sévir si elle ne suffit pas.

CHAPITRE 28

Comment prévenir?
Les techniques et la méthode de
la prévention situationnelle
▶ MAURICE CUSSON

À la question « Comment fait-on de la prévention situationnelle ? » on peut répondre de trois manières. La première porte sur l'éventail des mesures concrètes visant à faire obstacle au délinquant en situation. Tel est l'objet de la première et plus importante partie de ce chapitre. Le lecteur y trouvera toute une gamme de techniques potentiellement efficaces. La deuxième se rapporte à la manière dont diverses mesures pourraient être intégrées et combinées pour maximiser leur efficacité préventive. C'est le propos de la section deux du chapitre. La troisième réponse porte sur la méthode à suivre quand un professionnel cherche une solution préventive adéquate au problème particulier qu'il rencontre. C'est ce dont il sera question dans la dernière partie du chapitre.

L'ÉVENTAIL DES OBSTACLES SITUATIONNELS

Dorénavant, les professionnels de la sécurité ont le choix parmi un grand nombre d'actions et de techniques qui présentent des chances raisonnables de faire reculer la criminalité si elles sont utilisées selon les règles de l'art. Mais comment distinguer les mesures efficaces de celles qui ne le sont pas ? En tenant compte du corpus des évaluations scientifiques. Ces recherches nous apprennent que certains moyens n'atteignent pas le résultat visé, alors que d'autres font reculer la délinquance quand ils sont correctement appliqués (voir Clarke dir. 1997 ; Clarke 2005 et les chapitres 7, 31 et 32 du présent volume). En l'absence d'évaluation scientifique, certaines mesures paraissent prometteuses sur la foi de raisons donnant à penser qu'elles peuvent augmenter les coûts et diminuer les bénéfices des délinquants. Par exemple, même si nous manquons d'évaluations vraiment scientifiques, il est permis de croire que l'arbitrage des conflits pourrait empêcher l'aggravation des violences.

Dans sa plus récente mouture, la classification de Clarke et de ses collègues ne compte pas moins de 25 techniques de prévention situationnelle illustrées par 75 exemples précis (Clarke et Eck 2003 ; Clarke 2005). Nous nous inspirons de cette classification pour en proposer une autre qui compte huit grandes catégories de techniques et une quarantaine de sous-catégories illustrées par une centaine d'exemples concrets. Le principe organisateur de notre classification est présenté dans le schéma qui suit. Il repose sur l'idée que la probabilité du renoncement à une infraction sera accrue par l'augmentation des risques ou des difficultés de l'entreprise, par la réduction des bénéfices escomptés ou des provocations et, enfin, par l'offre de solutions de rechange à l'acte délictueux.

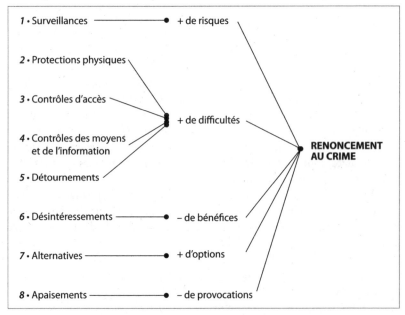

Dans ce qui suit, ces huit catégories d'actions seront définies, commentées, accompagnées d'une liste d'exemples concrets ; enfin, des évaluations relatives à l'efficacité de chacune des catégories de mesures seront présentées.

Les surveillances et les vérifications

Les surveillances et les vérifications visent à faire savoir au délinquant potentiel qu'il s'expose à être vu, contrôlé ou détecté s'il passe à l'acte. Se sentant surveillé, il hésitera devant le risque d'être arrêté ou la honte d'être vu.

La surveillance n'est qu'un élément d'un dispositif de contrôle social classique qui comporte, en outre, la règle et la sanction. Une autorité édicte

Tableau 1 • Les surveillances et les vérifications

1) La surveillance par les personnes   • Agent de sécurité   • Patrouilleur de la police   • Surveillance policière des débits de boissons   • Portier, videur   • Concierge   • Préposé au stationnement   • Chauffeur d'autobus   • Vendeur dans les magasins   • Voisins organisés en « cocon »
2) Les équipements de surveillance   • Télésurveillance   • Radars photographiques   • Alcootest   • Rayons X   • Centres de télésurveillance   • Miroirs
3) Les mesures de détection   • Systèmes d'alarme   • Détecteurs de métaux   • Détecteurs électromagnétiques de livres   • Étiquettes électroniques   • Chiens de garde   • Alarmes portatives
4) L'amélioration de la visibilité des cibles potentielles et des accès   • Éclairage   • Installation de fenêtres et de portes vitrées donnant sur des lieux à risque   • Élimination des recoins et cachettes   • Installation des caisses et des marchandises précieuses dans le secteur le plus visible   • du magasin   • Installation des guichets de distributeurs de billets automatiques dans des lieux fréquentés   • Suppression des haies dissimulant les entrées de la vue des voisins et passants   • Aménagement d'un champ de vision dégagé
5) Systèmes de localisation des délinquants et des objets volés   • Localisation des véhicules par GPS ou réseau cellulaire (Lojack, Boomerang)   • Utilisation du réseau cellulaire pour localiser les téléphones volés   • Afficheurs sur les téléphones
6) Les vérifications et contrôles   • Inventaire   • Comptabilité

une règle; elle s'assure de son respect par la surveillance et sanctionne les individus surpris à violer la règle. Ces trois éléments sont complémentaires : sans règle, la surveillance n'a pas d'objet et la sanction est injuste; sans surveillance, les infractions ne seront pas détectées et, sans sanction, la règle cessera d'être prise au sérieux. Il arrive qu'une surveillance sans sanction fasse temporairement reculer les contrevenants, mais des surveillants qui se contenteraient de contempler passivement des contrevenants en action finiraient par laisser croire que la règle n'est plus en vigueur.

Évaluations des surveillances

En Angleterre, les vols d'automobile ont baissé dans un parking après qu'on eut recruté des préposés qui le surveillaient durant les heures de pointe (Laycock et Austin 1992; Clarke 2002; Clarke 1997). En Iowa, dans un groupe d'écoles équipées de systèmes d'alarme, les chercheurs enregistrent une baisse de 75% du nombre des cambriolages contre une baisse de 25% dans les écoles dépourvues de tels systèmes (Rosenbaum et coll. 1998: 134). Un sondage de victimisation récent établit que les systèmes d'alarme protègent les résidences contre les introductions par effraction (Budd 2001). L'efficacité de ces systèmes augmente avec les technologies modernes qui minimisent les fausses alarmes (Shapland 1995: 314).

Le système de repérage connu aux États-Unis sous le nom de Lojack et de Boomerang au Québec est un transmetteur radio dissimulé dans un véhicule. En cas de vol, l'appareil émet un signal permettant de localiser et de récupérer le véhicule en utilisant le réseau de télécommunications cellulaires. Le dispositif ne protège pas du vol le propriétaire du véhicule dans lequel il est installé, mais il lui offre de bonnes chances de récupérer son bien. Ayres et Levitt (1998) ont mené une analyse économétrique de l'effet de l'introduction sur le marché de Lojack dans 13 villes américaines comparées à 44 autres où l'appareil n'était pas vendu. Leurs calculs établissent que la diffusion du dispositif de repérage produit un important effet de prévention générale. Chaque fois que trois appareils sont installés au cours d'une année dans une ville, un vol de voiture est prévenu. À Boston, la réduction consécutive à l'introduction graduelle de Lojack a été suivie d'une baisse des vols de 50%. Cet impact découle d'une forte augmentation des taux d'élucidation de ces vols. En Californie, le dispositif fait tripler les risques d'arrestation qui passent de 10% à 30%. Ayres et Levitt rapportent aussi qu'à Los Angeles, l'appareil de repérage a conduit les policiers à localiser 53 *chop-chops* (ateliers dans lesquels on démonte les voitures volées pour y prendre les pièces qui seront vendues sur le marché noir). De semblables dispositifs de localisation peuvent être installés dans toutes sortes de véhicules, dans des ordinateurs portables, etc., et présentent un potentiel de prévention non négligeable. (Le lecteur est aussi invité à consulter dans ce volume le chapitre 29 sur la surveillance, le chapitre 31 sur la télésurveillance et le chapitre 7 qui présentent plusieurs évaluations.)

Les protections physiques

Les protections physiques sont des dispositifs matériels conçus pour mettre les personnes et les biens à l'abri des attaques ou des vols.

Évaluations des protections physiques

À Ottawa, un projet de prévention fut lancé en 1986 dans 5 immeubles à logements de 8 à 20 étages. Il fut ensuite évalué par Meredith et Paquettte (1992). Ce projet comportait plusieurs éléments parmi lesquels se trouvait

Tableau 2 • Les protections physiques

1) Les obstacles à la pénétration
• Portes renforcées
• Clôtures
• Barrières
• Serrures
• Grilles
• Vitres anti-balles pour protéger les caissiers, les chauffeurs d'autobus et de taxi
• Réceptacles à monnaie d'acier dans les cabines téléphoniques
2) L'immobilisation des cibles
• Antivol dans les automobiles
• Neutralisation des démarreurs
• Coffres-forts
• Attaches
• Fixations (pour ordinateurs)
3) Le ralentissement du délinquant lors de sa fuite
• Doubles portes à la sortie des banques qui fonctionnent comme un sas
4) Améliorations des protections physiques résidentielles à la suite des inspections de sécurité

une opération de renforcement des cibles visant à lutter contre le vol par effraction. Toutes les portes des appartements furent équipées de serrures à pêne dormant ; les cadres de ces portes furent renforcés ; les systèmes de verrouillage des entrées principales des immeubles furent améliorés. Si les locataires en faisaient la demande, les portes des balcons des appartements des étages inférieurs étaient dotées de serrures à pêne dormant et les fenêtres équipées de meilleurs loquets. Les objets de valeur des locataires furent burinés pour fins d'identification. À l'extérieur des immeubles, l'éclairage fut amélioré. L'évaluation menée par Meredith et Paquette compare le nombre des introductions par effraction durant l'année suivant l'opération au nombre correspondant durant l'année précédente. Il en ressort que le chiffre des cambriolages passa de 44 à 8 : une réduction de 82 %. Par ailleurs, les autres catégories d'infractions, notamment les vols liés à l'automobile, n'évoluèrent ni à la hausse ni à la baisse.

En Angleterre, les vols de monnaie dans les téléphones publics ont pratiquement disparu quand la compagnie de téléphone fit remplacer les réceptacles à monnaie en aluminium par des réceptacles en acier plus résistants (Clarke 1983 ; Bridgeman 1997).

L'installation d'antivols sur la colonne de direction des véhicules automobiles au cours des années 1970 eut pour effet de faire baisser le nombre des vols de véhicules, singulièrement en Allemagne où la loi obligeait l'installation d'un antivol sur tous les véhicules, y compris les anciens modèles (Webb 1997).

Au Royaume-Uni, l'installation d'écrans de plastique transparent a protégé efficacement des chauffeurs d'autobus contre les agressions (Poyner et coll. 1988). Dans des banques et des bureaux de poste, les vitres pare-balles ont fait chuter le nombre de braquages (Ekblom 1987 ; Grandjean 1988).

Quand on veut améliorer le dispositif de protection physique d'une résidence ou d'un établissement, il est souhaitable de commencer par un audit de sécurité. On examine soigneusement le bâtiment dans le but d'en identifier les vulnérabilités. Ensuite, la situation est corrigée : une porte est renforcée, des fenêtres sont équipées de verrous. Plusieurs évaluations anglaises et américaines ont établi que ces améliorations étaient suivies de baisses significatives du nombre des cambriolages (Tien et Cahn 1986 ; voir aussi Budd 2001). En Angleterre, Tilley (1993 in Farrell 2005) enregistre une baisse de 40 % des cambriolages à la suite de l'amélioration des protections physiques dans les résidences cambriolées une première fois.

Les contrôles d'accès et de sortie

Les contrôles d'accès et de sortie laissent entrer les gens autorisés et interdisent l'accès aux autres (suspects, bagarreurs connus, intrus, gens armés, hooligans). Ils coupent la fuite des individus qui auraient commis un délit dans un lieu fermé. Ces contrôles rendent les crimes et les délits plus difficiles et plus risqués en empêchant les malfaiteurs d'avoir accès à leurs cibles, en les désarmant, en les empêchant de fuir et en facilitant les enquêtes. Le pont-levis du château fort d'antan témoigne du fait qu'un strict contrôle des accès s'impose depuis toujours comme moyen de sécuriser un lieu.

Tableau 3 • Les contrôles d'accès

1) Les postes de garde à l'entrée des sites • Gardiens • Clôtures
2) Les contrôles d'entrée dans les immeubles • Téléphones à l'entrée • Portiers ou concierges • Système d'entrée par carte magnétique, carte de proximité, à puce
3) Les codes d'accès • Numéro personnel d'identification dans les guichets automatiques des banques • Mot de passe dans les ordinateurs
4) Fouilles • Examens des bagages dans les aéroports • Fouilles aux frontières
5) Marquages • Étiquettes électroniques sur des vêtements • Détecteurs dans les livres
6) La fermeture des rues et des ruelles

Il est utile de distinguer deux éléments dans un système de contrôle d'accès.

1. L'identification permet de discriminer entre les individus qui sont autorisés à entrer ou à sortir et les autres. L'identification est directe et personnelle quand le préposé à l'entrée connaît bien les gens qui fréquentent

l'établissement. Elle peut se faire par la présentation d'une carte d'identité ou d'un passeport. Ensuite viennent les technologies de plus en plus sophistiquées : les clés, les codes entrés sur un clavier, les cartes magnétiques, les cartes à code-barres, les cartes munies de circuits intégrés dont la mémoire contient des informations sur le porteur, les cartes de proximité contenant un émetteur passif (transpondeur) qu'un capteur peut lire à distance — le transpondeur réfléchit le signal émis par un émetteur-récepteur qui reconnaît la fréquence radio et identifie le porteur de la carte (Walsh 1995 ; Leman-Langlois et Brodeur 2005). Comme les cartes dont il vient d'être question peuvent être volées, perdues, prêtées, falsifiées ou copiées, on peut avoir recours à la biométrie. L'identification, dans ce cas, repose sur les particularités physiques propres d'une personne : ses empreintes digitales, la géométrie de sa main, son iris, sa rétine, sa voix, son visage. Un appareil « lit » l'empreinte des doigts, l'iris, et en numérise la configuration. Ensuite, un ordinateur équipé du logiciel approprié compare l'empreinte de l'individu avec celles qui ont été accumulées dans une banque de données à la recherche d'une correspondance. Comme cette technique est difficile à déjouer, elle est utilisée dans les sites à haute sécurité comme dans les centrales nucléaires.

2. L'autorisation ou l'interdiction d'entrer ou de sortir est le deuxième élément du système de contrôle d'accès et la conséquence de l'identification. Cette autorisation peut se traduire par le déclenchement automatique d'une entrée ou par une action humaine. La procédure peut être effectuée sur place ou commandée à distance, à partir d'une centrale de contrôle.

Évaluations des contrôles d'accès

L'efficacité des contrôles d'accès est indubitable comme en témoignent les évaluations suivantes.

À partir de 1972, les autorités de l'aviation civile ont remarquablement bien réussi à tenir la piraterie aérienne en échec par le filtrage et la fouille des passagers avant l'embarquement. Ce succès est une illustration du fait qu'un obstacle situationnel peut agir même sur les criminels les plus déterminés (Wilkinson 1986 ; Clarke et Newman 2006).

L'installation à la sortie d'une bibliothèque de détecteurs qui déclenchent un signal quand on tente de sortir avec un livre qui n'a pas été démagnétisé occasionne une forte baisse des vols (Scherdin 1992).

Dans le commerce de détail, la mise en place de systèmes d'étiquettes électroniques s'accompagne de substantielles réductions du nombre de vols à l'étalage (Farrington et Coll. 1993 ; Bamfield 1994 ; Dilonardo 1997).

Au Royaume-Uni (à Liverpool), plus de 3000 barrières sont érigées aux entrées de ruelles donnant accès à l'arrière de maisons en rangée. Ces barrières sont munies de serrures et les résidents reçoivent la clé. Ce contrôle d'accès un peu spécial fait l'objet d'une évaluation fouillée par Bowers et coll. (2004). Il en ressort que, au cours des trois ans suivant le début de l'implantation de la mesure, le nombre des cambriolages chute de 37 % dans la zone expérimentale comparée à la zone témoin. Cette mesure rend difficile l'accès à l'arrière des maisons tout en compromettant la fuite des voleurs. Bowers et ses collaborateurs enregistrent un effet de diffusion des bénéfices préventifs de l'intervention dans la zone adjacente jusqu'à un rayon de 200 mètres et un léger effet de déplacement dans la zone située à plus de 800 mètres.

À Los Angeles, la police installe des barrières pour contrôler l'accès à 14 rues où sévissait un intense trafic de drogue et des *drive-by shooting* (fusillade contre une bande ennemie à partir d'une voiture en marche). Après quoi le nombre des homicides y baisse de 65% (Eck 2002: 277).

Dans des HLM de Londres, l'installation de clôtures autour des immeubles, de téléphones aux entrées et de contrôles électroniques à l'entrée des garages se solda par des baisses importantes du nombre de vols et d'actes de vandalisme. Dans une tour d'habitation, l'ajout d'un réceptionniste a fait aussi reculer le vandalisme (Clarke dir. 1997: 17).

Les contrôles des moyens et de l'information

Les contrôles des moyens et de l'information sont destinés à réduire l'accessibilité des armes, des substances, des outils, ou des informations qui facilitent l'exécution du délit.

Tableau 4 • Les contrôles des moyens et de l'information

1) Les contrôles des armes • Interdiction du port d'armes dans les lieux à risque • Détecteurs de métaux • Fouilles et confiscations des armes à feu • Réglementation de la vente et du port des armes à feu
2) Élimination des objets pouvant servir d'arme • Dans les bars, les parcs, les stades, remplacement des bouteilles en verre par des contenants en plastique
3) Photographie sur les cartes de crédit ou d'assurance maladie
4) Réglementation de la vente d'instruments pouvant servir aux vandales, comme les cannettes de peinture munies d'un vaporisateur
5) Contrôles d'alcool • Réglementation et contrôle des débits de boisson • Interdiction des politiques de prix qui encouragent les beuveries dans les bars • Antidémarreur contrôlé par l'alcootest
6) Contrôle des informations • Dissimulation des objets qui excitent la convoitise des voleurs • Secret sur les trajets de fourgons blindés

Évaluations des contrôles des moyens et de l'information

Homel et ses collaborateurs (1997) ont démontré que la violence recule dans les débits de boisson quand on cesse d'encourager les consommateurs à boire trop d'alcool et trop vite.

Dans un quartier très violent de Philadelphie où les homicides et les blessures par balles étaient fréquents, une intervention policière qui consistait à fouiller systématiquement tout individu suspect et à confisquer l'arme à feu trouvée en sa possession fit baisser le nombre des crimes commis avec une telle arme (Ludwig 2005). (Voir au chapitre 7 dans ce volume le bilan des opérations de contrôle des armes à feu.)

Les détournements

Les détournements empêchent les délinquants potentiels d'entrer en contact avec leurs victimes ou leurs cibles. On modifie les trajets pour que deux groupes ennemis n'aient pas l'occasion de se rencontrer et d'en découdre. On maintient une bonne distance entre les voleurs et les objets qu'ils convoitent.

Tableau 5 • Les détournements

1) Aménagements des trajets pour éviter la convergence des délinquants potentiels et de leurs cibles (ou de leurs victimes) • Aménagement urbain utilisant les culs-de-sac (obligeant les cambrioleurs à faire un effort supplémentaire pour repérer leurs cibles) • Sens uniques (secteur moins perméable) • Arrêts d'autobus situés pour que des groupes de sujets à risque (exemple : habitués d'une taverne) ne convergent pas spontanément vers des cibles intéressantes
2) Séparer physiquement les adversaires ou l'agresseur et la victime • Cloisons, dans les stades, séparant les supporters de clubs adverses • Ordonnances d'interdiction du domicile conjugal à un conjoint violent • Hébergements sûrs pour femmes battues
3) Gestion des horaires pour limiter les convergences des délinquants vers leurs cibles ou leurs victimes • Horaires d'autobus ajustés aux heures de fermeture des débits de boisson • Raccourcissement des périodes d'attente aux arrêts d'autobus • Aménagements, dans les stades, des arrivées et les départs pour que les adversaires ne se rencontrent pas

Évaluations des détournements

En Angleterre, la police enregistrait un nombre élevé de violences après l'heure de fermeture des bars. En attendant l'arrivée de l'autobus, des groupes de jeunes gens ivres trouvaient le temps de se provoquer et de se battre. La solution trouvée consistait à faire arriver les autobus immédiatement après le moment de fermeture du bar (Hope 1985).

La fréquence des cambriolages est plus élevée quand une maison est située à un coin de rue ou dans une rue passante ; inversement, les cambriolages sont peu fréquents dans les culs-de-sac (Fowler et Mangione 1982 ; Felson 1998 : 60).

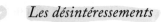

Les désintéressements

Les désintéressements sont des actions conduisant les individus à perdre l'intérêt à commettre un délit. Il s'agit de réduire ou d'annuler les gains espérés par les contrevenants. Ils renonceront s'ils n'ont rien ou pas grand-chose à tirer de leurs délits.

Tableau 6 • Les désintéressements

1) Paiements sans argent comptant • Paiement par tarif exact, ticket ou carte dans les autobus • Téléphones publics fonctionnant avec une carte • Paiement par carte de crédit
2) Réduction des sommes d'argent conservées dans les caisses • Dépôts fréquents dans les *drop-box*, les coffres-forts ou à la banque
3) Nettoyage rapide des graffitis et réparation de la propriété détruite pour enlever aux vandales le plaisir de revoir le fruit de leur « travail »
4) Marquage et burinage des objets de valeur et des pièces d'automobile (opération identification)
5) Arrestation des receleurs
6) Désactivation des appareils volés • Appareils (téléphones portables, ordinateurs, véhicules, radios) activés par un code
7) Étiquettes d'encre fixées aux vêtements dans les magasins

Évaluations des désintéressements

À partir du moment où les chauffeurs d'autobus de New York ont cessé de vendre des tickets aux passagers, ils n'ont plus été victimes de braquage (Chaiken et coll. 1974).

Volkswagen a installé dans ses produits des appareils radio contrôlés par un code de sécurité. Quand la radio est retirée de son boîtier, elle cesse de fonctionner tant que son code secret n'a pas été reprogrammé. Cette mesure a fait baisser ces vols de radios (Braga et Clarke 1994).

Les autorités du métro de New York ont mis fin à une épidémie de graffitis en les faisant effacer dès leur apparition (Sloan-Howitt et Kelling 1992).

On connaît ces étiquettes contenant de l'encre indélébile fixées aux vêtements en vente au magasin. Si l'étiquette est arrachée sans l'instrument approprié, l'encre se répand et souille irrémédiablement le vêtement. Dilonardo et Clarke (1996) ont établi que ce moyen fait baisser la fréquence des vols à l'étalage.

Quand une opération d'identification est menée avec suffisamment de vigueur pour susciter un taux élevé de participation, il est possible de faire baisser les taux agrégés de cambriolages. Ainsi, une vigoureuse campagne en faveur du marquage menée à grand renfort de publicité dans trois villages du Pays de Galles fut suivie d'une baisse de 40 % des taux de cambriolages. La clé du succès : les biens avaient été marqués dans 72 % des ménages (Laycock 1991).

Aux États-Unis où la loi a rendu obligatoire le marquage des pièces d'automobiles, l'analyse menée par Rhodes et Kling (2003) établit que cette mesure conduit à de substantielles réductions des vols de véhicules.

Les alternatives

Les alternatives sont des solutions de rechange à l'infraction. On offre aux gens un moyen légitime de satisfaire leur désir ou leur besoin.

Tableau 7 • Les alternatives

1) Substituts à l'autodéfense et à la vengeance • Réponses rapides de la police aux appels 911 • Accueil de plaintes pour agression et intervention appropriée
2) Offre de prix avantageux pour des biens exposés au vol • Réductions pour l'employé qui achète la marchandise de son magasin
3) Dépôts d'ordures • Toilettes publiques • Poubelles

L'arrivée rapide de la police à la suite d'un appel d'urgence offre une alternative à l'autodéfense et à la vengeance. Imaginons, à la campagne, une personne inquiétée par un rôdeur qui tourne autour de sa maison. Elle préférera appeler la police plutôt que de le chasser à coups de fusil. De la même manière, une femme battue préférera appeler la police plutôt que de se défendre avec un couteau de cuisine. Et les victimes de taxage porteront plainte plutôt que de recourir à l'autodéfense ou à la vengeance si les autorités scolaires interviennent fermement dans de tels cas.

Nous ne connaissons pas d'évaluation de cette catégorie de mesures. Cependant, un fait historique majeur justifie de penser que les alternatives sont des moyens de prévenir le crime. Les historiens qui ont étudié l'évolution des homicides depuis le XIIIe siècle ont démontré que les hommes du Moyen Âge s'entre-tuaient au moins 20 fois plus souvent que nous : aux XIIIe, XIVe et XVe siècles, les taux d'homicides moyens étaient de l'ordre de 30 ou 40 pour 100 000 habitants, puis la décroissance est nette : 11 pour 100 000 habitants au XVIIe siècle, 3 au XVIIIe siècle, 1,4 au XXe (Eisner 2003). Pourquoi ? En partie parce que, au fil des siècles, l'État prend en charge la vendetta tout en interdisant aux victimes de l'exercer : la peine est devenue un substitut de la vengeance.

Les apaisements

Les apaisements visent à rétablir la concorde en cas de conflit et à réduire les provocations, les offenses, les iniquités ou les frustrations qui déclenchent des réflexes de peur ou de colère (Clarke et Eck 2003). À Montréal, les policiers sont souvent appelés par le système 911 (équivalent du 17 en France) pour s'interposer lors d'altercations. La plupart du temps, ils réussissent à faire cesser, au moins pour un temps, le combat. Ils jouent alors le rôle de pacificateurs. Ils commencent par séparer les adversaires ; ils les empêchent de s'invectiver et de se frapper. Ensuite, ils ouvrent les négociations et recherchent un terrain d'entente (Cusson 2002 : 152-156).

Tableau 8 • Les apaisements

1) Pacifications   • Interventions pacificatrices rapides de la police lors d'altercations   • Arbitrage des conflits
2) Politesse   • Politesse et courtoisie de la part des policiers, gardiens, videurs et vendeurs   • Respect des règles de la civilité
3) Réduction des frustrations   • Circulation fluide au cours de rassemblements et d'attroupements   • Contrôle du tapage nocturne   • Sièges pour éviter la fatigue et l'énervement   • Réduction des encombrements dans les discothèques

Évaluation des mesures d'apaisement

Felson et ses collaborateurs (2005) analysent des sondages de victimisation successifs et démontrent que la répétition d'épisodes de violence conjugale est moins fréquente, toutes choses égales par ailleurs, quand la police a été appelée que quand elle ne l'a pas été (voir le chapitre 33 de ce traité portant sur la prévention de la violence familiale grave).

INTÉGRATION ET SYNERGIE

Que nous apprennent les recherches évaluatives sur l'efficacité d'une seule mesure préventive comparée à un ensemble intégré de méthodes différentes ? Dans certains cas, une seule intervention bien adaptée suffit (voir par exemple, Webb 1997 ; Dilonardo 1997 ; Barclay et coll. 1997 ; Masuda 1997). En d'autres occasions, une combinaison de mesures complémentaires est nécessaire pour avoir raison d'un problème criminel (Forrester et coll. 1988 ; Meredith et Paquette 1992 ; Pease 1997 ; Tilley 1993 ; Anderson et coll. 1997 ; Hanmer et coll. 1999 ; Farrell 2005 ; Webb 2005). Quand vient le moment de protéger un établissement important et exposé à une diversité de menaces, une seule mesure paraît insuffisante ; il vaut mieux intégrer une brochette de moyens.

L'intégration, c'est la coordination de plusieurs mesures complémentaires et coordonnées les unes aux autres. La figure 2 illustre la manière dont cette intégration peut être réalisée au sein d'une organisation ou d'un établissement dans lequel des contrôles d'accès peuvent être imposés. La centrale de contrôle a une fonction d'intégration. On y reçoit les signaux qui émanent

Figure 2

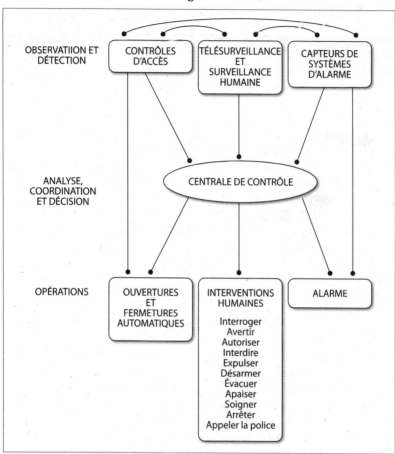

des systèmes de détection et des observations faites par le personnel. Une opération peut être commandée à distance, par exemple en déclenchant une sonnerie, ou en ouvrant ou renfermant une porte. Il est aussi possible que, de la centrale, un intervenant soit dépêché pour faire évacuer les lieux, expulser un intrus, l'arrêter, le désarmer, prodiguer les premiers soins à une victime, appeler la police, les pompiers, un médecin.

Il paraît utile de distinguer trois niveaux d'intégration. Premièrement, l'intégration des mesures préventives. La télésurveillance, la surveillance humaine, les contrôles d'accès, les systèmes d'alarme, les opérations commandées à distance sont combinés et coordonnés les uns avec les autres. La figure de la page précédente en fournit une illustration. Deuxièmement, l'intégration des fonctions de sécurité. À elle seule, la prévention ne suffit pas à assurer la sécurité d'une organisation. Le renseignement paraît indispensable pour connaître les problèmes et orienter la recherche de solutions. La répression s'avère nécessaire, par exemple, quand un individu passe outre aux mesures de prévention et commet un délit. Les mesures d'urgence s'imposent elles aussi pour éviter qu'une crise ne s'aggrave ou dégénère. Troisièmement, l'intégration de la sécurité aux autres activités et finalités non sécuritaires d'une organisation. Dans une usine, les ouvriers apprécient de se sentir en sécurité, mais leur tâche première c'est de produire. Dans un hôpital, l'essentiel pour les patients c'est d'être soignés. Il importe donc de distinguer, d'une part, les fonctions principales d'une organisation et, d'autre part, la sécurité pour ensuite subordonner et harmoniser cette dernière aux premières.

Pourquoi un éventail intégré de mesures sécurise-t-il mieux un site qu'une mesure isolée ? Quatre raisons viennent à l'esprit. 1) *L'intensité*. En combinant plusieurs mesures, l'action de sécurité peut atteindre un niveau d'intensité suffisant pour faire reculer la grande majorité des délinquants potentiels. 2) *La diversité*. Contre plusieurs menaces différentes, on oppose des parades variées. 3) *L'étanchéité*. Plusieurs mesures combinées assurent une protection plus étanche qu'une seule. 4) *La discrimination et l'adaptation fine des réponses aux problèmes*. Des détecteurs d'alarme couplés à des caméras de surveillance permettent à un préposé de vérifier visuellement si l'anomalie détectée appelle une réponse et laquelle. La nature exacte d'un incident est mieux saisie si l'on combine des informations de sources différentes.

QUESTIONS DE MÉTHODE

Toute action préventive particulière doit être une réponse adaptée à un problème singulier. Pour réussir à faire reculer la délinquance, il ne suffit pas de recourir à des mesures qui se sont révélées efficaces ailleurs. Encore faut-il découvrir la solution taillée sur mesure qui s'ajusterait au problème et à sa configuration particulière. La prévention est un art qui consiste à traduire des connaissances générales et abstraites en une action particulière et concrète. Impossible d'y parvenir sans poser un diagnostic. S'impose donc un travail d'analyse. À cette étape, le danger est de s'éparpiller dans une interminable collecte de données déconnectées des préoccupations préventives. Le diagnostic et l'analyse devraient plutôt être menés en gardant à l'esprit d'éventuelles solutions. La méthode pourrait être de jumeler les questions sur le problème à d'autres questions sur des hypothèses de solution. Les interrogations les plus pertinentes et les plus fécondes portent sur trois points : premièrement, les tactiques délinquantes ; deuxièmement, les cibles et les victimes ; troisièmement, le lieu et ses vulnérabilités. (Dans le présent traité, les chapitres de la troisième partie sur le renseignement et l'analyse contiennent de nombreuses indications utiles. Nous y renvoyons le lecteur.)

Les tactiques délinquantes. Il n'est pas rare qu'un professionnel de la sécurité se trouve aux prises avec une série de délits qui présentent sensiblement les mêmes caractéristiques et la même structure. Plusieurs termes servent à désigner le fait qu'une tactique criminelle ait tendance à se répéter : *modus operandi*, *pattern*, *script*, système de délinquance. Par exemple, aux

États-Unis, le schéma typique d'un braquage perpétré à proximité d'un guichet de distributeur automatique de billets de banque se présente comme suit. Un agresseur armé opérant seul aborde une victime seule qui sort du guichet après avoir retiré de l'argent. Sous la menace, il l'oblige à donner son argent (perte moyenne : entre 100 et 200 $). Cela se passe la nuit et le guichet est situé non loin d'un marché de cocaïne (Scott 2001). Il importe d'être attentif aux caractéristiques distinctes du crime auquel on a affaire afin de découvrir quelles sont les occasions qui la facilitent et qu'elles seraient les contre-mesures efficaces. Clarke et Newman (2006) proposent d'analyser les étapes de réalisation d'un tel pattern criminel pour découvrir les moyens d'y faire obstacle à chacune de ces étapes. Voici quelques-unes des questions sur les tactiques délinquantes qui pourraient mettre sur la piste de solutions :

1. Quels sont les gains des voleurs et comment les en priver ?
2. Quelles armes ou instruments utilisent-ils et comment les rendre moins accessibles ?
3. Comment ont-ils accès à leurs cibles et comment les empêcher d'y accéder ?
4. Comment échappent-ils à la surveillance et comment les empêcher d'y échapper ?
5. Comment prennent-ils la fuite et comment les empêcher de fuir ?
6. Quelles mesures contre-préventives ont-ils imaginées et quelles actions contre contre-préventives les déjoueraient ?

Les victimes et les cibles. L'expérience de la victimisation n'est pas distribuée au hasard. De plus, les criminologues observent fréquemment des victimisations répétées, c'est-à-dire le fait que la même personne (ou la même résidence en cas de cambriolage) subit deux ou plusieurs victimisations successives au cours d'une période donnée. Une personne qui a été victime une fois présente un risque anormalement élevé de l'être de nouveau. La fréquence des victimisations répétées est plus élevée dans les crimes contre la personne que contre la propriété (Farrell 2005). Le fait que les mêmes personnes, biens ou établissements risquent, à brève échéance, d'être de nouveau frappés est une information utile pour fixer les priorités de l'action préventive. De plus, nous savons que les principales caractéristiques des produits les plus exposés au vol sont les suivantes : 1) valeur financière élevée, 2) facilité de revente, 3) objets faciles à déplacer (soit parce qu'ils sont petits, soit parce qu'ils sont mobiles comme des voitures), 4) objets faciles à dissimuler (Clarke et Eck 2003). On en déduit que les questions suivantes peuvent éclairer la recherche de solutions préventives :

1. Les mêmes personnes ou cibles sont-elles frappées à répétition et, si oui, comment les mieux protéger ?
2. Quels sont les biens qui présentent les caractéristiques des objets les plus souvent volés et comment les protéger ?
3. Quelles précautions les gens qui risquent d'être victimisés prennent-ils ? Lesquelles pourraient-ils adopter ?

4. Par qui ou par quoi l'agresseur est-il provoqué? Comment réduire ces provocations?

5. Telle catégorie de crime violent résulte-t-elle d'un mouvement d'ascension aux extrêmes? Quel en est le déclencheur? La police dispose-t-elle du temps nécessaire pour intervenir? Comment peut-elle stopper l'escalade?

Le lieu et ses vulnérabilités. Le lieu dans lequel se pose un problème de sécurité peut être défini comme un espace circonscrit ayant un nombre limité de fonctions. Il est souvent sous la responsabilité d'un propriétaire ou d'un gestionnaire. Un tel lieu peut être un magasin, une usine, un bar, une station de métro, un parc, un parking, un hôpital, un HLM. La criminalité a tendance à se concentrer dans certains lieux. Selon un calcul américain, 10% des lieux sont le site de 60% des infractions (Eck 2002). Les lieux sont généralement protégés par un ensemble de mesures de prévention allant des portes verrouillées jusqu'au système de sécurité très élaboré. Voici quelques questions qui se posent à propos d'un lieu:

1. Qui est le garant du lieu? Comment prend-il ses responsabilités et comment devrait-il mieux les assumer?

2. Quel est l'état du dispositif de sécurité actuellement en place? Quelles sont ses vulnérabilités et comment corriger la situation?

3. Dans quel coin précis du lieu et à quel moment les délits sont-ils commis et comment modifier la situation?

4. Comment les gens ont-ils accès au lieu? Les intrus peuvent-ils y pénétrer? Les accès pourraient-ils être mieux contrôlés?

5. Comment le lieu est-il surveillé? Y trouve-t-on des recoins, cachettes ou coins sombres?

6. Comment améliorer la visibilité et la surveillance du lieu?

7. Trouve-t-on dans ce lieu un repaire dans lequel les membres d'une bande se réunissent, s'amusent et complotent en toute quiétude? Comment les en déloger et reprendre le contrôle de l'endroit?

CHAPITRE 29

La surveillance et la contre-surveillance

▶ MAURICE CUSSON

L a surveillance paraît indissociable de la sécurité. Pour voir venir le danger, les gens ont de tout temps voulu mettre sur pied un dispositif de surveillance. Dans les villes du Moyen Âge, des tours étaient érigées pour scruter l'horizon à l'affût de toute menace. La nuit tombée, les hommes du «guet bourgeois» circulaient dans les rues, une lanterne dans une main et l'épée dans l'autre. De nos jours, les services de renseignement seraient aveugles et sourds s'ils ne mettaient les organisations criminelles sous surveillance. Et si — pure hypothèse — la sécurité privée n'était plus autorisée à exercer sa fonction de surveillance, elle cesserait pratiquement d'exister: plus de gardiennage, ni de centrales d'alarme, ni de vidéosurveillance, ni de filature.

Par surveillance, nous entendons l'observation attentive, d'une part, des individus suspects et, d'autre part, des sites, personnes et biens à protéger en vue de prévenir la délinquance, d'obtenir des renseignements, de détecter une infraction ou de découvrir un contrevenant. Le surveillant observe et écoute, avec ou sans l'aide de caméras, de micros ou autres appareils, attentif aux menaces et aux vulnérabilités.

La surveillance atteint des objectifs différents selon qu'elle s'exerce avant, pendant, ou après la perpétration du délit.

Avant même qu'une infraction ne soit commise, la surveillance — en elle-même et sans autre intervention — la prévient. Un garçon est tenté «d'emprunter» une voiture et, soudain, il constate qu'un policier l'observe. Cela suffit pour le faire renoncer. Il n'est pas impossible que ce regard ait réveillé sa conscience. Même s'il est insensible à la honte d'être surpris en flagrant délit, il renonce à son projet parce que ce policier qui le regarde fait grimper ses risques, rendant ainsi crédible la menace de la peine. La surveillance fait également découvrir un complot que l'on fera ensuite avorter. Elle met en lumière la vulnérabilité d'un dispositif de protection, par exemple un système d'alarme défectueux; le problème peut alors être corrigé. Enfin, la surveillance fournit aux services de renseignement les données utiles à la compréhension des organisations criminelles et à la planification des opérations.

Pendant les faits, la surveillance révèle le début d'exécution d'un crime, ce qui conduit au déclenchement d'une intervention rapide pour empêcher que le criminel ne consomme son forfait.

Après le crime, on obtient la preuve de la culpabilité d'un suspect en le mettant sous surveillance.

La surveillance est souvent indispensable au renseignement, mais les deux ne devraient pas être confondus. C'est ainsi que la surveillance exercée par le patrouilleur peut être suivie d'une action immédiate : le policier constate une infraction et, sans hésiter, donne une contravention. Pour sa part, le renseignement s'inscrit dans la durée. Plutôt que de déboucher sur une action rapide, l'analyste prend le temps nécessaire pour traiter l'information. Autre différence, la surveillance préventive est volontairement ostensible. De son côté, la surveillance liée au renseignement tend au secret, car elle vise des individus qui, s'ils se savaient surveillés, prendraient des précautions supplémentaires pour que leurs méfaits ne soient pas connus.

La face d'ombre de la surveillance. La surveillance — surtout quand elle s'exerce secrètement — est mal vue. Ceux qui l'exercent sont souvent méprisés. En témoignent les termes péjoratifs utilisés pour désigner certaines catégories de surveillants : espion, mouchard, indicateur, délateur, balance, traître, Judas. Elle est aussi une intrusion dans l'espace privé d'une personne. Le code civil reconnaît à chacun le droit de vivre comme il l'entend et de n'être pas épié ou suivi. « Il sied d'accorder à l'individu une sphère secrète de sa vie d'où il aura le pouvoir d'écarter les tiers. » (Carbonnier 1996 : 140) La surveillance présuppose la méfiance et répand la méfiance dans le corps social, comme le démontrent les exemples de l'ex-URSS et de l'ex-Allemagne de l'Est. Quand tout le monde épie et dénonce tout le monde, chacun doit se méfier de tous ; chacun s'autocensure. Or, le lien social repose sur la confiance. L'excès de surveillance inhibe l'ouverture à l'autre, atomise la société et sape les bases de la cohésion sociale.

Notre examen de la surveillance sera mené en deux étapes. 1) Il importe d'abord de présenter au lecteur les diverses facettes de la surveillance. 2) Il faut ensuite que soient connus les stratagèmes grâce auxquels les individus cherchent à échapper à la surveillance : c'est la contre-surveillance.

UN TABLEAU DES SURVEILLANCES

Nous présentons, dans cette partie, une vue d'ensemble des divers aspects de la surveillance : la vigilance de tout un chacun et celle des spécialistes de la sécurité ; la surveillance qui se porte sur les suspects et celle qui vise à protéger des actifs ; les différentes technologies de surveillance ; la surveillance qui s'affiche par opposition à celle qui se cache.

De la surveillance naturelle à la surveillance spécialisée. La surveillance n'est pas réservée aux spécialistes. Quand j'entre en contact avec un inconnu, je l'observe pour prévoir ses réactions, et lui aussi m'examine. À l'école, les enseignants restent vigilants. En ville, les voisins s'observent discrètement. Au boulot, les employés tiennent à connaître leurs collègues. Par ailleurs, il existe des rôles sociaux dans lesquels la surveillance occupe une place non négligeable : dans les magasins, les vendeurs gardent les yeux ouverts ; on attend des concierges qu'ils soient vigilants. C'est ainsi que, au fil de la vie quotidienne, la société civile accumule quantité d'informations pouvant intéresser les spécialistes de la sécurité. Une partie de cette information leur est communiquée, d'abord quand les victimes ou les témoins leur signalent une infraction, ensuite quand les individus interrogés par les détectives acceptent de parler. Face à une organisation criminelle, la police recrutera des informateurs et indicateurs qui lui fourniront des informations moyennant rémunération ou protection, ou encore, par désir de vengeance (Brodeur 2005).

Les cibles de la surveillance

La surveillance porte premièrement sur les suspects : récidivistes, membres d'une mafia et, de manière générale, les individus sur qui pèsent des soupçons ; deuxièmement, sur les sites, personnes et biens que l'on veut protéger.

Les outils de la surveillance

Les technologies de surveillance les plus couramment utilisées en sécurité sont les suivantes. 1) Le système d'alarme assure une surveillance « par exception » : l'avertissement se déclenche en cas d'anomalie. L'appareil permet au responsable de la sécurité de vaquer à d'autres occupations, certain qu'une intrusion ou tout autre incident seront détectés. 2) La télésurveillance sert à voir à distance, à enregistrer les incidents, à dissuader et à guider l'intervention. 3) Les tables d'écoute téléphonique servent à intercepter les communications et à les enregistrer. 4) La miniaturisation des appareils électroniques a rendu possible la fabrication de minuscules micros et caméras qui peuvent être dissimulés sur une personne, dans une pièce, dans une voiture. 5) Les appareils de localisation utilisant le GPS ou les réseaux de télécommunications cellulaires retracent les personnes ou les véhicules.

Surveillance ostensible et surveillance cachée

Le patrouilleur et le garde de sécurité, tous deux en uniforme, ne cherchent pas à se cacher, bien au contraire. Très souvent, la présence des alarmes et des caméras de surveillance est soulignée par une affiche ou une forme quelconque de publicité pour que les individus animés de mauvaises intentions se retiennent de passer à l'acte. Nous sommes ici en présence de surveillances volontairement ostensibles.

De leur côté, les surveillances cachées s'imposent quand les professionnels de la sécurité veulent découvrir les projets et les agissements d'un suspect, d'un réseau ou d'une bande à l'insu des intéressés. Pour ce faire, ils ont recours : 1) à la filature ; 2) à l'infiltration par un agent qui se fait accepter au sein d'un groupe sous une couverture quelconque ; 3) à la dissimulation d'appareils de surveillance, par exemple de caméras cachées ; 4) à l'interception des communications par des tables d'écoute ; 5) à un indicateur ou à un délateur.

Le tableau qui suit donne une vue d'ensemble des surveillances dont il vient d'être question. Le tableau croise les surveillances ostensibles et secrètes avec celles qui visent soit les suspects, soit ce que l'on veut protéger.

Tableau 7 • Tableau des surveillances

Des suspects	Ostensibles	Secrètes
	Patrouilles	Filature
	Contrôles d'identité	Agent double
	Radars photographiques	Indicateur
	Alcootests	Micros cachés
	Télésurveillance	Caméras cachées
	Surveillance des bars	Tables d'écoute
Des biens, des personnes et des sites à protéger	Gardiennage	Alarmes silencieuses
	Alarmes	Micros cachés
	Préposé au stationnement	Caméras cachées
	Étiquettes électroniques	Systèmes de localisation (Lojack)

LA CONTRE-SURVEILLANCE

Les malfaiteurs déterminés ont tout intérêt à échapper au regard d'autrui, spécialement à celui du policier. Certains déploieront des trésors d'ingéniosité pour dissimuler leurs délits et déjouer les surveillants. Et ces derniers, de leur côté, chercheront à percer les secrets des suspects (voir aussi le chapitre 36 sur la dissuasion et la contre-dissuasion).

Par contre-surveillance, on entend les manœuvres auxquelles les surveillés ont recours pour échapper à la surveillance, la déjouer ou la rendre inefficace. Elle se réalise par quatre catégories d'actions : 1) épier, 2) esquiver, 3) cacher et 4) neutraliser.

   1. Épier consiste à surveiller la surveillance pour découvrir et exploiter ses points faibles.

      a) Le délinquant surveille le gardien : ses absences, ses distractions, ses moments d'inattention, la vitesse de ses réactions.

b) Avant de passer à l'acte, le voleur recherche les angles morts, les zones mal éclairées, les obstacles qui empêcheront le surveillant de le voir.

c) Il prend connaissance du fonctionnement des systèmes de surveillance : dans quelle direction les caméras sont-elles pointées ? les appareils sont-ils en bon état de marche ? le système d'alarme est-il armé ?

d) Les membres d'une organisation criminelle demandent à un technicien d'effectuer un balayage électronique de leur lieu de réunion pour détecter des caméras ou des micros cachés.

e) Ils recrutent des adolescents comme guetteurs.

f) Le délinquant de la route équipe sa voiture d'un détecteur pour repérer les radars utilisés par la police pour le *flasher.*

g) Un malfaiteur commet ouvertement une infraction mineure pour vérifier si elle sera détectée et si une intervention suivra.

h) C'est en se fondant sur la connaissance ainsi acquise que les délinquants pourront esquiver la surveillance, se cacher, ou neutraliser les surveillants.

En guise de parade, les organisations policières ont recours à la surveillance secrète ou organisent des rondes aléatoires pour laisser les délinquants dans l'incertitude. Elles se dotent de détecteurs de détecteurs de radar.

2. *Esquiver consiste à éviter d'être pris en défaut par les dispositifs de surveillance.*

a) Le jeune contrevenant agit de manière conformiste quand il se sent observé et fait à sa guise en l'absence de surveillance.

b) Le voleur opère dans les angles morts du champ de vision des gardiens ou des caméras, dans les cachettes, dans les zones où la vue est obstruée.

c) Il choisit de voler dans les magasins mal surveillés.

d) Le cambrioleur profite du fait que le gardien est distrait, absent ou regarde ailleurs pour s'introduire dans un entrepôt.

e) Le voleur à l'étalage dérobe l'objet qu'il convoite par un geste furtif presque indétectable.

f) Une organisation criminelle aménage un repaire bien protégé contre la surveillance.

g) Le braqueur fuit rapidement avant l'arrivée de la police.

De leur côté, les surveillants s'efforcent de découvrir les parades appropriées : ils assurent une surveillance constante et omniprésente des lieux ; ils améliorent la visibilité des espaces en supprimant les angles morts, les cachettes et par un meilleur éclairage ; ils interviennent rapidement ; ils investissent le repaire.

3. *Cacher consiste à dissimuler une infraction, l'identité de son auteur ou des faits compromettants.*

   a) Le criminel s'entoure d'un mur de silence : il refuse d'avouer, il impose l'*omerta* aux victimes, aux témoins et aux complices.

   b) Le tueur prend soin de ne laisser aucune trace : il porte des gants ; il jette son pistolet ; il brûle la voiture qu'il a utilisée pour fuir la scène du crime.

   c) Le braqueur se déguise en portant une cagoule.

   d) Il demande à un complice d'opérer une diversion pour attirer le gardien ailleurs.

   e) À l'approche d'un barrage policier, le chauffeur de voiture qui a trop bu d'alcool demande à son passager qui est sobre de prendre le volant.

   f) Les membres d'une organisation criminelle s'abstiennent de tout propos compromettant au téléphone ou dans les appartements dans lesquels des micros pourraient avoir été dissimulés.

   g) Ils communiquent en utilisant un langage codé.

   h) Ils couvrent leurs conversations par une musique à fort volume.

   i) Le voleur à l'étalage tapisse de papier aluminium le sac dans lequel il dissimule des articles volés, ce qui empêche le déclenchement de l'alarme si l'article est doté d'une étiquette électronique (Marx 2003).

   j) Le fraudeur utilise de faux papiers.

C'est pour percer les secrets des criminels que se sont développés la criminalistique, l'art de l'interrogatoire des suspects et le détecteur de mensonges.

4. *Neutraliser consiste à s'attaquer aux surveillants ou aux équipements de surveillance pour les rendre inefficaces.*

   a) Les organisations criminelles tentent de corrompre ou d'intimider les policiers pour qu'ils ferment les yeux ou s'abstiennent d'intervenir.

   b) Les cambrioleurs prudents détruisent ou désarment les systèmes d'alarme ; ils obstruent les caméras de surveillance ; coupent leurs fils électriques.

   c) Les membres d'une mafia détruisent les micros et caméras cachés dans leur salle de réunion.

En guise de parade contre les tentatives de corruption et d'intimidation, les organisations policières sélectionnent avec soin leur personnel, font travailler les policiers en équipe de deux ou trois et leur offrent des salaires relativement élevés. Les techniciens installent dans les systèmes d'alarme des dispositifs qui font que le fait même de couper le signal déclenche un signal (Marx 2003). Les spécialistes de télésurveillance installent leurs caméras dans des boîtiers solides et dans des endroits peu accessibles.

La contre-surveillance peut sans doute être efficace, mais elle ne va pas sans coûts, inconvénients et complications pour les délinquants qui la pratiquent. Elle les force à commettre moins de crimes qu'ils n'en auraient commis autrement, car, se sachant surveillés, ils n'osent mettre à exécution certains de leurs projets. Ils doivent se contenter de butins modestes parce que les cibles les plus intéressantes sont trop bien surveillées. Forcés de multiplier les précautions, les membres des réseaux criminels ne peuvent communiquer librement entre eux. Ils sont privés des moyens de paiement moderne. Ils s'interdisent de mettre par écrit les termes de leur entente, ce qui engendre des malentendus difficiles à arbitrer. On comprend alors pourquoi, au XIXᵉ siècle, sous Napoléon, Fouché prenait un malin plaisir à faire courir le bruit qu'il disposait de milliers de mouchards à sa solde. Se croyant surveillés, les membres des groupes qui menaçaient la sécurité de l'État n'osaient ni se réunir ni passer à l'action (Brodeur 2003). Bref, la pression exercée par la surveillance sur les malfaiteurs les freine, les fait reculer; elle produit un effet d'usure et limite l'expansion de leurs réseaux.

CONCLUSION : LA TECHNOLOGIE NE SUFFIT PAS

Si on garde à l'esprit la capacité des êtres humains à imaginer des mesures de contre-surveillance, on conviendra que, à elles seules, les nouvelles technologies de surveillance sont affligées de graves limites. Or, ces faiblesses échappent à l'attention, autant des techniciens de la sécurité qui en vantent les mérites, que des sociologues qui annoncent l'avènement d'une société de surveillance totale (voir par exemple Norris et Armstrong 1998). En réalité, que se passe-t-il? On installe de plus en plus de caméras et de systèmes d'alarme et on recrute de moins en moins de personnel. Or, des systèmes de surveillance dépourvus de capacité d'intervention humaine ne peuvent pas faire reculer durablement les malfaiteurs. Ceux-ci auront tôt fait de détecter leurs failles et d'en profiter. Il est vrai que ces technologies nous font voir, entendre et détecter beaucoup mieux qu'avec seulement nos sens. Grâce à ces instruments, les surveillants perçoivent à distance, derrière les portes closes, durant tous les moments du jour et de la nuit. Cependant, plusieurs conditions doivent être réunies pour que la surveillance surclasse la contre-surveillance : il faut que les espaces sous observation soient bien éclairés et dégagés ; que les surveillants puissent faire la différence entre l'anodin et le sérieux. Qui plus est, si nous convenons qu'une surveillance jamais suivie d'intervention perdra à la longue sa crédibilité, il faut que la détection d'infractions soit suivie de sanctions, au moins d'avertissements. Finalement, des correctifs devront être apportés au fur et à mesure que de nouvelles manœuvres de contre-surveillance auront été découvertes. De telles conditions peuvent tant bien que mal être réunies dans un lieu fermé, par exemple dans une usine dont les accès sont contrôlés. On peut alors y aménager l'espace pour une visibilité maximale; le nombre de personnes à surveiller reste limité et les agents de sécurité peuvent appréhender des délinquants dont la fuite peut être coupée. Mais il en va tout autrement dans les espaces ouverts de nos sociétés de masse. En effet, dans les rues et autres places publiques dans lesquelles les foules se pressent, les délinquants ont beau jeu d'esquiver la surveillance et, une fois leur coup fait, de disparaître dans la nature. Dans ces lieux achalandés, la contre-surveillance se révèle plus forte que la surveillance.

Nous pouvons en conclure que l'efficacité préventive de la surveillance dépend de plusieurs conditions. Elle résulte du contexte, de la compétence des surveillants, de l'ingéniosité des surveillés, des réactions des surveillants aux gestes des surveillés. Selon cette logique, la surveillance sera efficace si les faits et gestes suspects sont visibles; si les surveillants sont vigilants et interprètent correctement ce qu'ils observent; si les brèches des dispositifs de surveillance sont colmatées au fur et à mesure qu'elles sont identifiées; enfin, si les surveillants osent intervenir.

CHAPITRE 30

Les technologies de protection des espaces

▶ STÉPHANE LEMAN-LANGLOIS ET LUCIE DUPUIS

INTRODUCTION

Les technologies sont généralement vues comme de simples outils pouvant augmenter la puissance, la rapidité, la fréquence, ou l'efficacité économique d'activités humaines infiniment variées. C'est oublier la profondeur des changements sociaux provoqués par la technologie. Ce chapitre se penche sur un type particulier de technologie, celui appliqué au contrôle, à la surveillance et à la protection des espaces. On y retrouve des dispositifs visant à contrôler l'accès à des sites, à surveiller les individus qui s'y trouvent, à analyser leur comportement et à prédire leurs activités futures.

Toutes les activités de protection des espaces ont traditionnellement été prises en charge par des humains, avec des taux de réussite hautement variables. La promesse des technologies est d'objectiver le jugement et les autres activités «instinctives» des acteurs, d'améliorer leurs capacités sensorielles et intellectuelles et de réduire les besoins en présence physique d'individus affectés à la surveillance des lieux. Ce faisant, les technologies deviennent beaucoup plus que de simples instruments de la sécurité; elles reconfigurent, réorganisent et redéfinissent les menaces, les solutions et les activités des gestionnaires. Bref, elles transforment peu à peu la manière dont nous pensons la sécurité, le danger, la protection et par extension la vie sociale.

Pour le gestionnaire de la sécurité, le casse-tête de la technologie est non seulement une question d'analyse des besoins en sécurité, des risques et des coûts, mais également une question de relations de travail, de droits de la personne et de communication et de coopération — voire d'interopérabilité des systèmes — avec d'autres entités responsables de la sécurité dans la société en général (par exemple, au Royaume-Uni, certains opérateurs privés de caméras de surveillance doivent se brancher au système policier; à Montréal, les responsables d'immeubles stratégiques du centre-ville se branchent volontairement au service de police dans le but d'augmenter l'efficacité de l'intervention policière lors d'événements d'importance).

La plupart des auteurs décrivent l'espace social dans lequel se déploie la sécurité comme structuré autour de deux pôles d'apparence contradictoire: le niveau local, propre au contexte immédiat, et le niveau international, où se répercutent les phénomènes locaux. Dans ce monde «glocalisé», chaque acteur responsable d'une forme ou d'un niveau de sécurité particulier fait inévitablement partie d'un réseau régulé par un écheveau d'intérêts commerciaux, de cadres institutionnels privés et publics, de lois et règlements, d'attentes, par les revendications de citoyens et de groupes de citoyens (incluant clients, employés et les organisations qui les représentent) et par les lois du marché. Les technologies de la sécurité s'imbriquent dans ce système hautement complexe en causant plusieurs effets secondaires dont il importe de prévoir autant que possible la nature et la portée avant leur mise en fonction.

Ce chapitre porte sur le processus de sélection et de mise en marche de dispositifs de haute technologie visant à protéger les espaces. Nous excluons de notre analyse les technologies classiques comme les serrures, les clôtures et autres dispositifs communs pour nous arrêter plus en détail sur les technologies émergentes faisant usage de développements récents dans l'électronique et l'informatique. Le secteur de la haute technologie de sécurité a connu ces dernières années une expansion fulgurante, remorqué par la préoccupation toujours plus grande du public pour sa sécurité et les coûts de plus en plus élevés des techniques de surveillance et de protection traditionnelles. Il est également d'un intérêt sociologique particulier, surtout à cause de son évolution rapide et constante.

La démarche d'acquisition ou de mise à niveau d'une technologie de sécurité se déroule en six étapes: 1) l'analyse du risque, 2) l'identification des besoins, 3) le choix des dispositifs, 4) l'implantation des dispositifs, 5) leur utilisation et enfin 6) l'évaluation de leur efficacité. L'analyse des risques liés à la situation peut être menée selon deux approches. La première consiste en une analyse fondée sur un plan détaillé de l'ensemble des activités de l'organisation. La seconde consiste à cibler une problématique particulière et à s'y attaquer avec une stratégie spécifique de résolution. À la deuxième étape, il s'agit de déterminer clairement les besoins sécuritaires de l'organisation; on doit être en mesure de déterminer si la situation demande effectivement une approche technologique — dans la négative, le processus de sécurisation de l'organisation prend à partir d'ici une tournure qui sort du sujet de ce chapitre. La troisième étape consiste à procéder au choix de la technologie qui répondra le mieux aux besoins identifiés. Il faut préalablement avoir raffiné et organisé clairement les informations cumulées aux étapes précédentes afin de pouvoir les transmettre aux fournisseurs potentiels. À l'étape suivante, on doit implanter la solution technologique choisie, en prenant les mesures qui s'imposent pour minimiser les perturbations sur l'organisation durant cette transition. Enfin, les dispositifs seront utilisés en contexte réel et, étape finale mais non moins importante, évalués. En effet, même au risque de constater que des ajustements s'imposent, voire que la technologie a été mal choisie ou ne répond pas aux attentes créées par le fournisseur, il faut absolument se doter d'outils méthodologiques qui permettent d'en juger les performances, sinon on risque de faire confiance à un système inadéquat (sur l'évaluation, voir chapitre 7).

Pour les besoins de ce chapitre, nous avons regroupé ces étapes en trois sections: 1) analyse des risques et identification des besoins; 2) choix et implantation du dispositif; 3) utilisation et évaluation des résultats obtenus.

Figure 1 • Processus d'adoption de technologies de protection des espaces

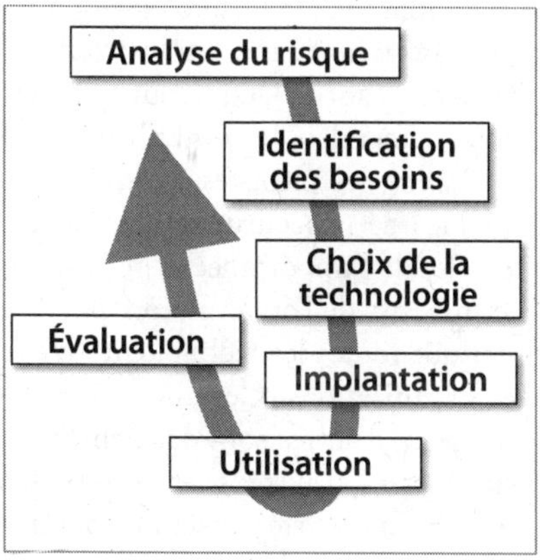

ANALYSE DES RISQUES ET IDENTIFICATION DES BESOINS

L'objectif principal des technologies de la sécurité, et en particulier celles qui sont vouées à la protection des espaces, est de contrôler le comportement humain. Un objectif secondaire est de surveiller l'apparition, le déroulement et l'impact d'événements physiques et naturels tels que la température, un incendie électrique dans une salle de serveurs ou un bris mécanique dans une cage d'ascenseur. Dans ce chapitre, nous nous concentrerons surtout sur les aspects comportementaux de la sécurité.

Ceux qui adoptent ces technologies ont des buts spécifiques de deux ordres, c'est-à-dire la prévention des pertes matérielles et la protection des personnes. D'un point de vue éthique, on place souvent la protection de la vie, de la santé et de l'intégrité physique en priorité absolue, mais dans les faits, cela est rarement le cas. Pour la plupart des consommateurs de technologies de sécurité, la considération prioritaire est la protection des biens contre les dommages et contre le vol. De toute manière, les statistiques démontrent que les crimes contre la personne sont rarissimes dans la plupart des lieux de travail des sociétés modernes. Ainsi, la plupart des consommateurs de sécurité sont des organisations qui tentent de réduire leurs pertes financières dues à des malversations de la part d'usagers, de clients, d'employés ou d'autres membres du public. De toute évidence, une caméra qui surveille des biens permettra également de détecter des agressions ; mais, en pratique, puisque la priorité est donnée aux pertes financières, la caméra sera sans doute placée à un endroit qui privilégie la sécurité des biens et l'intégrité des bâtiments plutôt que la sécurité des personnes. Ces choix sont discutables mais restent une prérogative administrative ; en général, pour une entreprise à but lucratif, la sécurité est un élément dans la liste des investissements structurels et doit se justifier financièrement. Un système de sécurité efficace est un système qui coûte moins cher que les pertes qu'il réussit à prévenir, à plus ou moins long terme.

D'un point de vue industriel, la technologie doit permettre de faciliter l'efficacité économique, la performance industrielle et la continuité des affaires en cas d'urgence. D'autres acquéreurs de ces technologies, par exemple les institutions carcérales, les organismes policiers et les installations militaires, établissent des priorités différentes. Les objectifs spécifiques que les technologies de la sécurité doivent atteindre diffèrent d'un site à l'autre et sont le reflet de l'importance et de la signification données au mot sécurité, à tous les niveaux de l'organisation, par sa direction.

Il faut aussi noter que toutes les technologies n'atteignent pas tous les objectifs de toutes les organisations. Certaines visent des menaces qui ne pèsent pas sur l'organisation, d'autres sont déficientes et ne remplissent tout simplement pas leurs promesses, d'autres sont trop complexes, trop coûteuses ou nécessitent une supervision experte constante dont ne dispose pas l'entreprise. Ainsi, la mission du responsable de la sécurité n'est pas simplement d'acquérir des systèmes qui peuvent être couverts par son budget : c'est d'acquérir le système adapté aux circonstances particulières du site dont il a la responsabilité.

Connaître l'organisation

Sans une connaissance en profondeur du contexte organisationnel, il est impossible de mettre en place des mesures appropriées ; adopter une technologie sans connaissance du contexte où elle sera utilisée relève de la gageure. Cela signifie également de prendre un certain recul pour éviter de s'empêtrer dans des détails immédiats, mais sans importance à moyen ou à long terme. Le recul permet de voir l'ensemble de l'organisation qui doit être protégée et de placer cette protection dans un contexte qui comprend les organisations géographiquement avoisinantes, celles qui sont éloignées mais avec lesquelles des relations importantes existent, et qui comprend également les lois et règlements en vigueur, les individus concernés et la direction à court, à moyen et à long terme dans laquelle l'organisation s'est engagée. Il faut comprendre la stratégie des dirigeants, comprendre où ils comptent amener l'organisation dans les 5 ou 10 prochaines années : dans le cas d'entreprises commerciales, comment veulent-ils positionner l'organisation par rapport au marché, dans quel nouveau marché entreront-ils, quelles sont les réglementations qui viendront modifier leurs façons de faire ? Cette démarche de connaissance et de recul est indispensable à tout gestionnaire responsable de la sécurité, qu'il œuvre dans une entreprise privée, une agence de sécurité, un service de police, un service public, institutionnel, ou un organisme à but non lucratif.

En premier lieu, et au plus haut niveau d'abstraction, il faut comprendre la mission, la raison d'être de l'organisation. Cette mission consiste en un ensemble de concepts qui révèlent les valeurs que l'entreprise désire véhiculer, et peut éliminer d'emblée certaines technologies. Par exemple, le contrôle d'accès biométrique est probablement incompatible avec l'image que veut projeter une auberge de campagne de style rustique ; un foisonnement de caméras ne sera pas bien reçu dans une piscine publique. Ensuite, il faut réfléchir à la sécurité à partir des activités principales de l'organisation, qui sont en ligne directe avec sa mission. Toutes choses égales d'ailleurs, la sécurité des activités principales est évidemment à mettre en priorité ; inutile de voir aux détails avant que le noyau fonctionnel de l'organisation soit protégé. Enfin, il faut garder à l'esprit que la sécurité est, justement, une activité secondaire de l'entreprise, qui existe pour la soutenir, et non l'inverse. La sécurité doit s'adapter à l'organisation, dans la mesure du possible (dans certains cas, des réformes structurales seront inévitables). Ainsi, toute technologie doit passer un premier filtre fondamental : est-ce que l'acquisition ou la mise à niveau d'une technologie de sécurité soutiendra la mission et les activités principales de l'organisation ?

En second lieu, il faut apprendre à connaître la culture organisationnelle et les valeurs ayant cours au sein des organisations, et ainsi « le style de conduite individuelle ou sociale qu'elles privilégient » (Bergeron 2001 : 179). Il est souvent tentant — en particulier pour un consultant en sécurité venu de l'extérieur de l'organisation — de simplement se baser sur ses propres valeurs et de supposer qu'elles reflètent celles de l'organisation. C'est une erreur qui mène à évaluer les technologies avec le mauvais code de déontologie.

L'acquisition et l'utilisation des technologies de sécurité ne relèvent pas seulement du gestionnaire responsable d'un service de sécurité. Elles sont aussi l'affaire de l'organisation dans sa totalité. L'administration doit donner son soutien à ses gestionnaires en leur allouant les ressources humaines, matérielles et financières suffisantes afin qu'ils puissent répondre aux attentes de l'organisation. Inutile de demander à un gestionnaire de sécuriser un site sans lui allouer les ressources suffisantes pour y arriver. Toutefois, il est du ressort d'un expert en sécurité de maximiser l'efficacité des ressources existantes, et c'est justement en grande partie pourquoi on fait appel à la technologie : en règle générale, les technologies permettent d'augmenter la surveillance à moindre coût qu'avec l'emploi d'agents de sécurité, par exemple. En principe, un édifice dont l'accès serait entièrement automatisé pourrait se passer de gardiens (au sens large, criminologique, qui signifie toute personne en mesure de faire la surveillance des lieux), ce qui à long terme représenterait d'énormes économies pour l'organisation. Évidemment, en réalité, on ne peut pas toujours se passer de l'élément humain, mais on peut en limiter les coûts.

Identifier les besoins en sécurité

La première étape d'une démarche d'acquisition de technologie en sécurité débute par une analyse de la situation dans le but de poser un diagnostic. Cette analyse, nous l'avons vu, peut se faire à deux niveaux distincts. L'un, macro, vise à obtenir une vue d'ensemble des problèmes sécuritaires réels ou potentiels de l'organisation afin de déployer une solution à grande échelle; l'autre, micro, s'attaque à une problématique spécifique qu'on doit résoudre.

Quel que soit le niveau d'analyse, cette étape du travail demande la contribution d'un bon nombre d'intervenants à l'interne et à l'externe. Il faudra en particulier faire appel, à l'interne, aux cadres et employés clés des différents niveaux hiérarchiques, aux spécialistes techniques et, pour les questions juridiques, au service du contentieux. À l'externe, les interlocuteurs principaux seront les manufacturiers, les fournisseurs, les services d'urgence, les groupes de pression concernés, divers services publics, les entreprises voisines ou partenaires, les associations professionnelles et d'autres entreprises qui ont vécu des situations similaires.

Plusieurs sources d'information devront être consultées méthodiquement. Cela inclut les statistiques sur la criminalité du quartier où se trouve l'entreprise, celles qui sont applicables au type d'entreprise et au type d'activité. Les données colligées par l'entreprise sur ses pertes et sur divers incidents sont aussi précieuses. En vue de l'évaluation finale de la solution implantée, une cueillette préliminaire de statistiques internes peut s'imposer, si ces dernières ne sont pas déjà disponibles. Elles constitueront l'échantillon « avant », qui pourra ensuite être comparé à un autre échantillon « après » solution. D'autres statistiques peuvent également être utiles : sur les temps de réponse des services de sécurité internes et des services d'urgence, sur l'achalandage du site ou encore des données historiques relatives aux événements survenus dans l'organisation, des analyses démographiques, les réclamations faites aux assureurs, la situation internationale, des données d'organisations comparables lorsqu'elles sont disponibles, des sondages et des entrevues, etc. L'idée est de disposer d'un portrait aussi complet que possible de l'organisation, du point de vue de l'espace physique qu'elle occupe.

L'analyse de risque nécessite une approche globale de l'ensemble des activités ayant lieu sur un site donné. Idéalement, elle doit être réalisée par une équipe afin de bénéficier de différentes perspectives. Les gestionnaires futés consulteront aussi des experts extérieurs, qui sont des spécialistes de la protection des espaces. Certains cadres croient que faire appel à de tels consultants externes serait un aveu d'impuissance, voire d'incompétence de leur part. Au contraire, c'est plutôt la démonstration que la sécurité est prise suffisamment au sérieux pour diversifier les approches en matière de résolution.

Figure 2

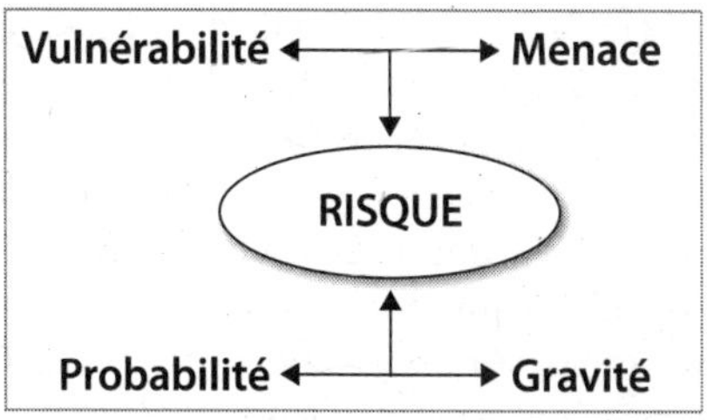

Vulnérabilité ←——→ Menace

RISQUE

Probabilité ←——→ Gravité

L'analyse porte sur deux facettes distinctes mais indissociables : l'identification des vulnérabilités des actifs humains, matériels et financiers et l'identification des menaces qui peuvent les exploiter. Une vulnérabilité sans menace correspondante n'est pas un risque. Qui dit risque dit aussi probabilité. La probabilité qu'une vulnérabilité soit exploitée est l'aspect principal de cette étape d'analyse, mais un autre aspect doit être considéré, celui de la gravité des conséquences liées à cette exploitation. Un graffiti est d'importance négligeable, la disparition d'ordinateurs contenant des données protégées est d'importance capitale. En toute logique, même à un faible niveau de probabilité, il faut considérer le risque comme important si les conséquences peuvent mettre une entreprise en faillite, par exemple. Ici, une bonne dose de jugement s'impose : il est économiquement irrationnel d'engager des dépenses considérables afin de se protéger contre un événement hautement improbable, même si on juge que ses conséquences seraient très graves. Ces choix doivent faire l'objet d'une analyse actuarielle rigoureuse (voir chapitre 23).

En matière de sécurité, les risques généraux et spécifiques de l'organisation sont évalués à l'aide d'un examen détaillé, notamment des procédures, de l'efficacité des équipes de travail, des équipements et des technologies déjà en place, de manière à en identifier les forces et les faiblesses. L'objectif est d'établir les priorités en fonction des risques les plus préoccupants pour l'organisation et des ressources financières qui peuvent être engagées dans leur réduction. Ces priorités sont celles qui seront visées par les mesures technologiques appropriées. Notons d'ailleurs tout de suite qu'il s'agit toujours de réduire les risques et non de les faire disparaître, objectif irréaliste. Ainsi, il faut toujours calculer que la situation qui suivra l'installation d'une solution technologique comportera encore un certain niveau de risque et donc des coûts résiduels persistants (pertes, réparations, réclamations). Cela contribue toujours à réduire l'efficience des solutions adoptées.

L'approche par résolution de problème est utilisée à la pièce lorsqu'on fait face à un phénomène spécifique localisé, qui ne semble pas nécessiter d'approche globale (toutefois, il faut être prêt à faire face à l'éventualité qu'à l'analyse, des problèmes structuraux beaucoup plus fondamentaux se révèlent). C'est aussi une approche qui est de plus en plus adoptée par les forces policières (voir chapitre 6). La tâche consiste à identifier clairement le problème et, chose essentielle à comprendre, à préciser quelle en est la cause — l'analyse de problème vise à neutraliser les causes des problèmes plutôt qu'à réparer les dégâts.

Que l'approche analytique soit micro ou macro, elle doit servir l'étape suivante, celle du diagnostic et de l'établissement des besoins en sécurité. D'entrée de jeu, le gestionnaire doit s'assurer que la solution aux failles sécuritaires identifiée passe par une technologie, mais la solution peut aussi être davantage une question d'organisation du travail, d'attitude, de pratiques, de renforcement physique de barrières traditionnelles (clôtures, portes, murs) ou de meilleures politiques d'embauche, par exemple. Les technologies ne sont pas le remède à tous les maux, et si l'étape d'examen de l'organisation a été brûlée, on risque fort d'informatiser ou d'automatiser des procédés inefficaces et de les répéter indéfiniment, de les institutionnaliser davantage. Dans ces cas, la technologie ne pourra que garantir que les erreurs préexistantes seront désormais commises de façon systématique, constante et rigoureuse.

CHOIX ET IMPLANTATION DU DISPOSITIF

La sécurité physique de l'espace se répartit sur trois lignes de défense consécutives : les extrémités du site où se trouve l'immeuble, l'enveloppe de l'immeuble lui-même et les zones spécifiques à sécuriser à l'intérieur de l'immeuble (IFPO 2003). Les technologies s'appliquant à la sécurité des espaces ont pour but ultime la protection des personnes, des biens et de l'information situés dans un lieu physique. Pour le réaliser, elles doivent remplir deux sous-objectifs tangibles : assurer le contrôle de l'accès aux lieux (intrusions et évasions), et assurer la surveillance de l'espace (celle des malfaiteurs potentiels, bien sûr, mais également les victimes potentielles qui adoptent des comportements à risque).

Identifier les besoins technologiques en matière de sécurité physique demande non seulement une connaissance de l'espace devant être sécurisé, mais aussi une très bonne connaissance des dispositifs disponibles sur le marché, de leurs usages, de leurs forces et leurs faiblesses. Le tableau 35-1 fait une liste, à titre d'illustration, de deux types principaux de technologies et de leurs objectifs respectifs.

Les technologies de contrôle des accès peuvent être subdivisées en deux grandes catégories, d'une part celles qui permettent de connaître l'identité des personnes qui sont présentes sur les lieux ou qui tentent d'y entrer, et d'autre part celles qui permettent de détecter les passages des divers périmètres de sécurité extérieurs et intérieurs. Bien sûr, les deux fonctions sont combinées dans les systèmes d'accès par identification : avec un dispositif d'accès biométrique, on sait instantanément à la fois qui est entré, où et quand. De tels dispositifs sont utilisés dans les aéroports, à la fois pour contrôler les accès aux zones sécurisées de l'installation et pour accélérer l'entrée des voyageurs (le système Nexus Air utilise la lecture de l'iris pour contrôler les voyageurs entre les États-Unis et le Canada).

Tableau 35-1 • Types de technologies de protection des espaces

	CONTRÔLE DE L'ACCÈS		SURVEILLANCE DE L'ESPACE	
Moyens	Identification	Détection	Visibilité	Analyse
Utilité	Savoir qui a accès aux lieux ; savoir qui est sur les lieux ; savoir qui a eu accès aux lieux, et quand	Détecter les intrusions et déplacements	Contrôle visuel de l'espace	Reconnaître les activités et les mouvements des personnes
Exemple	Cartes, codes d'accès, biométrie, banques de données	Biométrie à distance, puces radio, dispositifs antivol mécaniques et électroniques, détecteurs d'interférence, de pression magnétique, micro-ondes, vibrations	Caméras (ainsi que variations comme infrarouge, rayons X)	Détecteurs de mouvement, logiciels d'analyse du comportement

La seconde catégorie comprend les dispositifs servant à contrôler les activités des personnes qui sont à l'intérieur de l'espace sécurisé. Certains visent à permettre le contrôle visuel des espaces sans que la présence physique de surveillants soit requise. Les caméras en circuit fermé en sont bien sûr l'outil principal, auquel il faut ajouter les technologies qui peuvent augmenter leur efficacité — permettre de voir dans l'obscurité, ou à travers des parois par exemple. Par extension, les technologies d'analyse de l'information visuelle recueillie par les caméras peuvent seconder les facultés des agents de contrôle en faisant un premier filtrage de l'information et alléger leur tâche. Les logiciels d'analyse du comportement, par exemple, peuvent distinguer une personne marchant vers sa voiture pour y monter, d'une autre qui marche d'un véhicule à l'autre pour tenter d'y voler des objets. Ce faisant, la technologie permet aux surveillants humains de se concentrer sur les comportements suspects.

Une technologie adaptée aux besoins en sécurité physique particuliers à un espace donné sera celle qui correspond le plus parfaitement possible aux risques identifiés, c'est-à-dire qu'elle remédie aux vulnérabilités qui ont obtenu la priorité. Dans les cas où des systèmes complexes doivent être installés, où on cherche à régler plusieurs vulnérabilités par l'apport de deux dispositifs (ou davantage), une attention toute particulière doit être portée aux interactions entre les technologies et à l'effet que leur combinaison aura sur l'usage pratique. Deux technologies peuvent entrer en conflit, ce qui mènera les utilisateurs à neutraliser une sinon les deux technologies en place. Enfin, en dressant la liste des technologies requises, il faut prendre soin de préciser les attentes quant à la forme que devraient prendre la réaction du système et l'intervention qui suivra. Par exemple, un dispositif de surveillance de périmètre pourrait 1) détecter une violation de la ligne de défense, 2) émettre un signal, 3) transmettre des informations à un destinataire pré-identifié, 4) activer une caméra, 5) verrouiller ou déverrouiller une porte.

D'un point de vue administratif, il importe bien sûr de tenir compte de l'impact financier des technologies qui sont considérées. Cela signifie qu'il faut produire des évaluations des coûts et des amortissements des installations et les comparer aux coûts du *statu quo*. Il faut également être en mesure d'évaluer à quel point les activités de l'organisation seront affectées par la migration vers un nouveau système de sécurité — à la fois pendant cette migration et après qu'elle aura été mise en place. Bref, on doit pouvoir faire la démonstration d'une valeur ajoutée pour l'organisation.

Pour arriver à faire cette démonstration de façon concluante, le niveau de performance attendu des dispositifs (qu'il s'agisse de quantité, qualité, vitesse, volume, résistance, ou d'aspect visuel) doit être clairement établi ; la meilleure manière d'y arriver est la création d'une grille d'évaluation. Cet exercice est nécessaire à la rédaction d'un cahier des charges, et permettra également de déterminer plus tard si les objectifs sont atteints. Des objectifs clairs sont nécessaires à l'élaboration de la grille, qui servira à arrêter le choix sur l'un ou l'autre des produits et services offerts (dispositifs, systèmes, contrats externes d'installation clés en main). Certains des critères de la grille peuvent servir, dès le départ, de conditions d'admissibilité au dépôt d'une soumission.

La grille d'évaluation permet une comparaison objective et rapide des propositions reçues, parmi lesquelles il faudra identifier les technologies et les fournisseurs pouvant mieux répondre aux besoins. De toute évidence, le gestionnaire de la sécurité doit se tenir informé de ce qui se fait dans le marché afin de pouvoir évaluer efficacement les devis proposés. Il est relativement facile de rester au fait des développements technologiques, en allant dans les salons d'exposition spécialisés, en participant à des activités de réseautage, en s'abonnant à des publications spécialisées, en assistant à des présentations de manufacturiers ou en visitant d'autres organisations. Cependant, et ceci est d'importance capitale, il faut absolument éviter la tentation d'inverser le processus rationnel d'acquisition en se laissant séduire par une technologie qui semble intéressante pour ensuite chercher des moyens de l'utiliser.

À la suite de la décision d'achat, quatre options d'implantation se présentent : le banc d'essai, le projet pilote, les systèmes en parallèle ou la bascule. Peu importe la stratégie adoptée, la première phase sera toujours de s'assurer de remplir les besoins en formation des futurs utilisateurs.

Un banc d'essai est la création d'une unité fictive *ad hoc* au sein de l'organisation afin d'y installer l'ensemble des dispositifs avant de les implanter réellement. En cas de problème majeur, l'organisation n'est aucunement affectée. Le projet pilote consiste plutôt à implanter une partie de la technologie à l'ensemble de l'organisation ou l'ensemble du système à une section choisie de l'organisation (par exemple, un nouveau type de contrôle d'accès dans une section d'un édifice). Le parallélisme est relativement simple, c'est tout simplement l'utilisation de la nouvelle technologie, pour un certain temps, en double avec les systèmes existants. Dans les trois cas, on peut juger des impacts de la migration à venir à partir de sites expérimentaux restreints, ou en conservant les anciens systèmes comme protection en cas de défaut, ce qui minimise l'impact des problèmes liés à la mise en marche et les ratés liés à l'utilisation initiale des dispositifs. Dans le pire scénario, ces essais limités permettront de constater que la technologie choisie est inadéquate, inefficace, voire contre-productive.

À la suite de ces périodes d'essai, on doit être en mesure de prévoir l'effet global de la migration finale et avoir une liste de précisions utiles sur les particularités réelles du nouveau système. L'avantage du banc d'essai est d'éviter de ralentir ou de paralyser l'organisation ou une de ses parties ; par contre, cette technique est difficile à mettre en marche (parce que l'unité fictive doit fonctionner réellement comme le reste de l'organisation) et très coûteuse. La bascule, au contraire, consiste à passer du jour au lendemain à la nouvelle technologie. Si cette dernière est relativement simple ou parfaitement éprouvée, les risques de compromettre les activités normales de l'organisation sont minimes (quoique réels). On le voit bien, le choix des stratégies d'implantation dépend fortement du type de technologie adopté et de la capacité de l'organisation à assumer les risques de ratés durant la période de rodage.

UTILISATION ET ÉVALUATION DES RÉSULTATS

Résultats immédiats en matière de sécurisation de l'espace

Lorsque la technologie aura été implantée, le gestionnaire devra intégrer dans ses activités courantes des ressources humaines, matérielles et financières destinées à effectuer un suivi efficace. Idéalement, ce suivi en efficacité devrait être indépendant des activités quotidiennes des utilisateurs normaux des dispositifs, et si possible être effectué par du personnel également indépendant. Ne pas respecter cette condition ouvre la porte aux évaluations complaisantes et à la domination par la routine (les activités de sécurité devenant indissociables de l'évaluation de leur évaluation). Les objectifs de ce suivi sont triples : premièrement, comparer méthodiquement et rigoureusement la nouvelle situation à celle qui existait avant l'installation des dispositifs, au niveau des problématiques qui étaient ciblées et à celui des activités principales de l'organisation. Ici on répondra à deux questions : 1) a-t-on fait diminuer significativement la problématique sécuritaire de départ 2) tout en minimisant les impacts sur les activités centrales ayant lieu dans l'espace sécurisé ? En général, un rapport complet sur les effets de l'investissement en technologie sera requis par l'administration. Deuxièmement, s'assurer que le personnel utilise correctement les dispositifs installés et remédier à la situation si ce n'est pas le cas. Troisièmement, s'assurer que les dispositifs fonctionnent de façon optimale et continuent d'atteindre les objectifs visés à court, moyen et long terme.

Cette étape, bien que parfaitement logique, est relativement difficile pour les gestionnaires et ce, pour deux raisons. Premièrement, évaluer, c'est créer une possibilité de constater un échec. Toute organisation soucieuse de sa sécurité doit néanmoins encourager l'évaluation systématique et indépendante des résultats et être prête non seulement à corriger le tir lors d'échecs potentiels, mais également à accepter que ses employés responsables de la sécurité évoluent dans un monde hautement fluide, imprévisible, où toute solution reste imparfaite. Mieux vaut un constat d'inefficacité après une procédure rigoureuse qu'une impression d'efficacité jamais réellement démontrée. La seconde raison est que bien souvent les responsables de la sécurité sont entièrement accaparés par la réponse aux incidents immédiats et ont peu de temps à investir dans la programmation à long terme de stratégies en sécurité — dont l'évaluation paraît comme la portion la moins importante (on verra bien si ça fonctionne, croit-on).

Effets sociaux des technologies de sécurité

Si la fonction d'une technologie sécuritaire est de contrôler le comportement humain, il faut s'attendre à ce qu'elle ait un impact social dans les environnements où elle est adoptée. Cet impact sera senti non seulement du côté des individus contrôlés, mais également du côté de ceux qui les contrôlent et de ceux pour qui le contrôle a lieu.

De plus, la technologie n'a pas seulement un impact au sens où elle augmente, raffine, accélère ou précise le contrôle du comportement, mais elle a également ce qu'on pourrait appeler des propriétés émergentes, c'est-à-dire qui étaient imprévisibles au stade de leur implantation. Les technologies ne changent pas simplement les méthodes et les stratégies de la sécurité ; elles changent sa signification. Ainsi, l'adoption et le succès d'un système d'accès biométrique peuvent accaparer l'attention des responsables de la sécurité et dissimuler d'autres problèmes qui n'entrent pas dans le nouveau schème de pensée centré sur le contrôle des accès. Exemple encore plus terre à terre : l'installation périphérique de contrôles d'accès peut donner une telle assurance que seules les personnes autorisées peuvent se déplacer sur le site qu'aucun autre contrôle intérieur ne semble nécessaire, ce qui pourrait être une grossière erreur.

La contre-surveillance

La plupart des stratégies de contrôle des êtres humains peuvent être détournées, déjouées ou subverties par ceux qui en sont la cible. Notons au départ que les surveillants, ceux qui sont assis derrière les caméras, qui consultent les bases de données, qui font des rondes programmées par ordinateur, qui gèrent les systèmes d'accès biométriques, sont eux aussi sous surveillance intensive. Presque sans exception, les systèmes de sécurité prennent note non seulement des événements qui sont ciblés par les dispositifs, mais également des activités des préposés humains à la surveillance et au contrôle. Ainsi, il faut compter non seulement sur les contre-stratégies adoptées par les malfaiteurs, mais également sur celles qu'adopteront les employés surveillants. Dans leur cas, il ne s'agit pas nécessairement de laisser commettre des infractions dans les espaces dont ils ont la charge, mais de tenter d'échapper eux-mêmes au contrôle, pour diverses raisons. Ce faisant, ils peuvent compromettre l'intégrité du système de surveillance.

En criminologie, nous avons dû, il y a longtemps déjà, faire face aux débordements et à l'ouverture de « soupapes de sécurité » en bordure de systèmes trop stricts et autoritaires. Ce phénomène se reproduit dans le contexte de la sécurité des espaces. Trop de contrôle encourage une multitude d'acteurs à tenter de se soustraire au système.

Dans certains cas, les technologies sont détournées : une technologie de surveillance trop étroitement ciblée peut faire apparaître des failles sécuritaires qui étaient restées invisibles jusque-là. Se concentrer exclusivement sur la protection d'une entrée particulière peut faire porter l'attention de malfaiteurs sur un mur trop bas situé ailleurs. À l'occasion, les technologies sont tout simplement déjouées : aucun système de caméra ne peut voir partout. Et si c'était le cas, la quantité d'information visuelle produite dépasserait largement la capacité des surveillants de l'analyser. Donc, certains endroits seront toujours « invisibles ». On fait souvent référence à cette situation sous le vocable de « déplacement » d'une activité indésirable vers les zones moins surveillées. Enfin, la technologie peut être subvertie, c'est-à-dire retournée contre les intentions de leurs propriétaires. L'exemple le plus évident est l'entrée non autorisée dans une banque de données pour créer une permission d'entrer pour un individu. La banque de données des clés, qui visait l'identification rigoureuse des personnes, sert maintenant au contraire à garantir à une personne malveillante l'accès aux espaces sécurisés.

Ainsi, il est peu probable que l'ajout *ad infinitum* de nouveaux dispositifs visant à protéger les dispositifs vulnérables ait un jour l'effet désiré — sans compter la spirale de coûts qu'il peut entraîner. Chaque nouveau dispositif est à son tour sujet à être détourné, déjoué, ou pire, subverti. La solution réside dans l'usage raisonnable de la technologie, dans un environnement où le contrôle est maintenu au minimum et vise premièrement les activités principales de l'organisation. S'il n'est pas utile de contrôler les allées et venues du personnel, le fait qu'une technologie qui en soit capable existe ne devrait pas encourager à le faire quand même. Un contrôle inutile et vexatoire s'ouvre aux contre-stratégies.

La polarisation et la stratification

Qu'est-ce que la sécurité ? À première vue, cette question peut sembler incongrue, mais à l'analyse elle apparaît fondamentale. Nous avons déjà noté au passage une absence de correspondance entre la protection des biens et la protection des personnes. Assurer la sécurité des uns n'implique pas automatiquement que celle des autres émergera instantanément comme une sorte de sous-produit. Plus grave encore, dans certains cas, on ne pourra tout simplement pas assurer les deux et un choix devra être fait. Si peu de gestionnaires en sécurité abandonneront sciemment les personnes aux prédations qui peuvent les mettre en danger, il n'en reste pas moins qu'au sens purement économique, la prévention des pertes matérielles est plus profitable que la protection des personnes. Par ailleurs, on peut supposer que les personnes responsables se protégeront elles-mêmes, alors que les biens, inanimés, intrinsèquement vulnérables, sont la responsabilité des services de sécurité.

Dans toute organisation existe une hiérarchie potentiellement source de tensions sociales qui pourraient se manifester, par exemple, par des relations de travail tendues, une perte de productivité, voire un arrêt de travail ou d'autres moyens de pression. Marx (2006) l'a fait remarquer, les stratégies de sécurité, et donc les technologies qui peuvent en faire partie, sont des objets qui sont plongés dans un univers hiérarchique où la probabilité d'être surveillé et contrôlé n'est pas distribuée de manière équitable. L'utilisation immodérée de technologies puissantes peut exagérer cette stratification et avoir un effet majeur sur la structure de l'organisation, surtout si cette dernière a adopté un modèle administratif décentralisé et participatif, fondé sur l'initiative et la créativité de ses membres. Le contrôle continuel des activités quotidiennes microscopiques des employés paralysera la plupart des processus qui forment le noyau du fonctionnement de l'organisation.

Le fétichisme technologique

La technologie peut souvent donner une impression d'invulnérabilité surtout sur papier. Bien sûr, la plupart des distributeurs et des consommateurs de technologies de sécurité sont au fait des limites et, dans une moindre mesure, des failles des produits qui sont proposés et adoptés. Cependant, deux phénomènes importants, dérivés de la manière dont nous conceptualisons la technologie, viennent niveler toute hésitation et donner une impression optimiste des résultats attendus et obtenus (par exemple, Leman-Langlois 2003). La première est celle de l'évolution constante, du perfectionnement infini des dispositifs. La caméra de sécurité d'aujourd'hui a peu à voir avec les modèles qui étaient vendus dans les années 1990, et la prochaine génération sera sans aucun doute plus performante encore, en matière de sensibilité lumineuse, de résolution, de spectre perçu (infrarouge, notamment, mais non exclusivement), de puissance optique et de bien d'autres aspects qu'on a aujourd'hui peine à imaginer. On lui ajoute déjà des accessoires qui la transforment profondément, comme des détecteurs de mouvement intelligents, la capacité d'analyser le visage, la démarche et le comportement des individus observés. Ces perfectionnements, bien réels, poussent à la conclusion que tous les défauts présents aujourd'hui sont infiniment corrigibles avec une application plus poussée de technologie.

On pourrait nommer le deuxième phénomène la «lunette technologique». Marx (1988) l'a assez bien décrit avec la métaphore du marteau : «Pour quelqu'un qui a un marteau à la main, le monde ressemble à un clou.» Comme il est montré dans le chapitre 25 de ce livre, disposer d'une solution, au sens matériel ou au sens où on peut l'acquérir, constitue un élément important de la manière dont on identifie notre contexte réel. Ainsi, il n'est pas rare de voir des solutions technologiques appliquées à des endroits qui n'en nécessitaient pas. Par exemple, après l'intrusion non autorisée de journalistes dans un centre de traitement de l'eau potable à Montréal, il fut décidé d'y augmenter le nombre des caméras. Bien sûr, la solution la plus simple était tout bonnement de verrouiller les portes de l'endroit — sans doute déjà munies de verrous parfaitement adéquats. Ajouter des caméras, alors qu'il n'y a personne pour surveiller le signal envoyé par celles qui sont déjà installées, ne fera aucunement augmenter la sécurité de l'endroit.

CONCLUSION

Inutile de s'étendre davantage sur la question : les technologies de sécurisation des espaces ne sont pas la panacée présentée par les vendeurs et installateurs de systèmes. Ces technologies doivent être évaluées à la pièce, en vue d'un usage spécifique, dans des lieux particuliers, pour faire face à des problèmes qui lui sont propres, et avec des objectifs clairs et réalistes. Leurs coûts, au sens matériel (acquisition, formation, maintenance, interférence avec les activités primaires de l'organisation) et au sens social (relations humaines, productivité, loyauté à l'organisation), ne peuvent pas être négligés et doivent faire partie de l'équation sécuritaire. Enfin, installer un dispositif quelconque sans en évaluer les résultats à court, moyen et long terme montre qu'on ne prend pas la sécurité au sérieux.

CHAPITRE 31

La télésurveillance

▶ MAURICE CUSSON

Les termes télésurveillance, vidéosurveillance et télévision en circuit fermé sont communément utilisés pour désigner les dispositifs technologiques qui permettent de voir à distance et d'enregistrer les images captées par des caméras. Un système moderne de télésurveillance est formé de caméras pouvant généralement pivoter horizontalement ou verticalement et il est muni d'un zoom. Les images captées par la caméra sont retransmises vers les moniteurs d'une centrale de surveillance ou vers un ordinateur portable, puis enregistrées. Un système de télésurveillance peut être combiné à des détecteurs de mouvement sachant reconnaître la vitesse, la taille, la distance, la direction des êtres ou objets entrant dans le champ de vision des caméras, tout mouvement suspect ou inhabituel déclenchant une alarme. Il peut être aussi équipé de dispositifs de localisation des sons permettant à la caméra d'être pointée automatiquement dans la bonne direction (Leman-Langlois 2003).

Télésurveillance et présence humaine. Avec la télésurveillance, un seul surveillant voit à distance et simultanément dans plusieurs lieux éloignés. Cette surveillance est plus constante et systématique que celle du patrouilleur, car elle peut s'exercer 24 heures sur 24 dans tous les endroits où se trouvent des caméras. Ces appareils peuvent donc remplacer plusieurs personnes et réaliser de substantielles économies. Cependant, la télésurveillance ne remplace ni le garde ni le policier : elle permet d'en diminuer le nombre et elle conduit à leur donner un autre rôle. Et elle laisse sans réponse la question de l'intervention.

Dans un secteur du centre-ville de Montréal bien connu pour être fréquenté par des dealers de drogue, les autorités policières avaient fait installer des caméras de surveillance. D'Elia (2006) évalua ce projet. Il s'installa pendant de longues heures dans les lieux sur lesquels étaient pointées les caméras de surveillance et fit le décompte des transactions de drogue qu'il observait. Ensuite, il compara le nombre de transactions directement observées avec le nombre de celles qu'avaient enregistrées les agents assignés aux moniteurs de télésurveillance. Résultat : par l'observation directe, il détectait au moins 16 fois plus de transactions que par la surveillance sur moniteurs. D'Elia rapporte aussi que les caméras étaient souvent pointées dans des directions où il ne se passait rien, que leur champ de vision était quelquefois obstrué et que les agents éprouvaient des difficultés à diriger les caméras. Au-delà de ces problèmes techniques, D'Elia fait la démonstration de la supériorité de la surveillance directe sur la télésurveillance, du moins dans un espace public dans lequel circulent un grand nombre de personnes.

Ce chapitre est divisé en cinq parties. La première rappelle qu'en sécurité, la télésurveillance se prête à de nombreux usages. Ceux-ci sont énumérés et brièvement décrits. La deuxième partie présente un bilan des recherches qui ont évalué l'efficacité préventive de la télésurveillance. La troisième s'appuie sur la recherche dans le but d'identifier les mécanismes par lesquels la vidéosurveillance réussit à réduire la délinquance. La quatrième explique pourquoi la télésurveillance échoue assez souvent à faire reculer la fréquence des délits pris pour cible. La cinquième et dernière partie dégage les implications pratiques des connaissances actuelles sur la télésurveillance.

À QUOI LA TÉLÉSURVEILLANCE SERT-ELLE ?

La vidéosurveillance est un outil polyvalent entre les mains des responsables de la sécurité. Ceux-ci peuvent en faire au moins cinq usages.

Prévenir

Se sachant dans le champ de vision de caméras de surveillance, des individus ne commettront pas les délits qu'ils envisageaient. Cet effet préventif peut se maintenir à la condition que les intéressés croient qu'une infraction sera détectée et sanctionnée. Cela exige des caméras visibles pour tous, une surveillance en temps réel et une possibilité d'intervention rapide.

Investiguer

Un crime a été commis la nuit dans un lieu donné (petit commerce, salle d'ordinateurs). Dans la prévision d'une nouvelle victimisation, on y installe une caméra. Les images de l'individu en train de commettre un nouveau crime sont captées, enregistrées et utilisées comme preuve pour le confondre. On a pu ainsi faire condamner des auteurs de hold-up, des voleurs de voitures, des cambrioleurs, des voleurs d'ordinateurs, des émeutiers, des terroristes. Pour que les images d'un criminel en action soient acceptables comme preuve, elles doivent être nettes et il faut que l'enregistrement soit de bonne qualité (Brown 1997).

Renseigner

En vue d'une opération coup-de-poing, les policiers dissimulent des caméras et des micros dans les lieux fréquentés par les membres d'une bande pour mieux connaître leurs complots, leurs agissements, leur organisation, leur réseau, leurs habitudes. Dans de tels cas, la télésurveillance est temporaire, cachée et focalisée sur un groupe de suspects.

Intervenir en cas de flagrant délit

Un agresseur ou un voleur est vu en pleine action sur un moniteur. L'agent communique par radio ou par téléphone à des policiers patrouillant dans le secteur; il leur décrit l'incident et le suspect. Les policiers accourent et, grâce aux informations ainsi obtenues, ils parviennent à arrêter l'individu. Ce résultat ne peut être obtenu sans surveillance en temps réel et sans une excellente communication entre les opérateurs du centre de surveillance et les policiers.

Gérer la crise et l'urgence

Un incendie se déclenche ou une bombe explose dans un bâtiment muni de caméras de surveillance. Les images sur les moniteurs donnent une bonne idée de ce qui se passe. Le responsable de la sécurité sait alors où diriger les pompiers et les secouristes.

On le voit, la télésurveillance se présente sous plusieurs modalités. Les images peuvent être visionnées en temps réel ou enregistrées. Les caméras peuvent être visibles, cachées ou semi-cachées (on place la caméra sous un dôme de verre teinté; les surveillés savent qu'il y a une caméra, mais ne peuvent savoir dans quelle direction elle est pointée). Elles sont focalisées sur des suspects ou sur des biens que l'on veut protéger. Elles sont installées temporairement ou en permanence.

QUE NOUS APPRENNENT LES ÉVALUATIONS DE LA TÉLÉSURVEILLANCE PRÉVENTIVE ?

La télésurveillance a fait l'objet d'évaluations éclairantes. Nous ferons état de deux bilans.

Welsh et Farrington (2002) ont passé au crible 46 évaluations de programmes de télévision en circuit fermé. Ils en ont retenu 22 dont la méthodologie répondait aux critères de l'évaluation scientifique, notamment une mesure avant et après ainsi qu'une comparaison entre un site expérimental et un site contrôle. Par la suite, ils ont dû exclure quatre autres études parce que certaines données manquaient. Une méta-analyse des 18 projets restants conduit Welsh et Farrington à constater que 9 programmes avaient fait baisser la délinquance ciblée, mais que les 9 autres étaient restés sans effet. C'est dans les parkings que la performance de la vidéosurveillance est la meilleure : quatre programmes sur cinq font baisser la fréquence des vols de véhicules et dans les véhicules.

Le bilan de Ratcliffe (2006) compile 20 recherches évaluatives. Il en ressort que 10 évaluations détectent une baisse significative d'au moins une des catégories d'infractions mesurées, alors que les 10 autres font constater que la délinquance n'a pas baissé ou que les résultats sont incertains.

Ratcliffe rejoint Welsh et Farrington sur le fait que la télésurveillance obtient ses meilleurs résultats contre les vols liés à l'automobile commis dans les stationnements. Elle réussit aussi à faire reculer les cambriolages. Par contre, elle reste sans effet sur les délits liés à la drogue (voir aussi Tilley 1993 ; Brown 1997 ; Poyner 1991 ; Clarke 2002 ; D'Elia 2006).

Généralement, l'efficacité dissuasive de la télésurveillance est maximale durant la période qui accompagne et qui suit immédiatement la mise en place des appareils, ensuite elle tend à s'amenuiser, puis à s'estomper complètement. La « durée de vie » de l'effet de la télésurveillance ne dépasse pas 3 mois dans les magasins étudiés par Beck et Willis en 1999 et 12 mois dans le métro de Londres (Webb et Laycock 1992), sans doute parce que, dans ces cas-là, les dispositifs n'avaient pas permis de procéder à des arrestations.

Fait curieux : quand on analyse la courbe de la criminalité avant et pendant l'installation d'un dispositif de télévision en circuit fermé, on constate quelquefois que le nombre de délits baisse pendant l'installation, avant même que les caméras ne soient opérationnelles (Brown 1995 ; Armitage et autres 1999). Ce résultat plus rapide que prévu est, dans ce cas, un effet d'annonce, car l'installation de la télésurveillance avait fait l'objet de publicité. Il s'explique aussi par l'action de la simple présence des caméras (même si elles ne sont pas en marche) sur des individus facilement intimidables. Cette efficacité prématurée de la télévision en circuit fermé témoigne des vertus de la publicité et de la simple présence visible de caméras. Sauf quand des raisons spéciales militent en faveur de caméras cachées, il n'est donc pas mauvais de laisser les caméras bien à la vue et même de souligner leur présence par des affiches et par la publicité.

COMMENT LA TÉLÉSURVEILLANCE OSTENSIBLE RÉUSSIT-ELLE À DISSUADER LES DÉLINQUANTS ?

Pour rendre compte des succès et des échecs dont il vient d'être question, examinons la télésurveillance avec les yeux des délinquants. C'est l'attitude adoptée par quelques-uns des chercheurs qui ont évalué des projets de télésurveillance. Ce faisant, ils sont parvenus à expliquer dans quelles conditions la télésurveillance est efficace.

Première observation, et elle est décisive, les délinquants sont dissuadés dans les situations où la télésurveillance fait réellement augmenter leurs risques d'être arrêtés. Dans la ville anglaise de Hartlepool, des caméras d'excellente qualité sont disposées dans des aires de stationnement. Des affiches soulignent le fait que les lieux sont sous surveillance. Jour et nuit, les moniteurs sont sous observation et les surveillants restent en communication avec des policiers et des gardes qui patrouillent dans les lieux. Ce dispositif conduit à l'arrestation de voleurs et les condamnations sont annoncées avec tambours et trompettes. Il en résulte une forte baisse des vols liés à l'automobile (Tilley 1993). Si les vols de voitures et les cambriolages sont plus souvent dissuadés par la télésurveillance que les autres infractions, c'est sans doute parce que le temps d'exposition durant lequel les voleurs restent visibles est assez long. Crocheter une porte ou une portière passe difficilement inaperçu et prend quelques minutes ; ensuite, il faut rester quelque temps dans la maison pour la dévaliser ou dans la voiture pour la faire démarrer (voir Brown 1995 ; Skinns 1998 ; Armitage et coll. 1999 ; Ditton et Short 1999 ; Eck 2002 ; Gill et Spriggs 2005).

Inversement, si le nombre des *deals* de drogue ne recule pas devant la télésurveillance, c'est qu'il s'agit d'une activité apparemment anodine ; elle est furtive, difficile à détecter. Qui plus est, si les acheteurs et vendeurs veulent échapper à toute détection, ils peuvent s'entendre pour finaliser la transaction hors du champ de vision des caméras.

Il vaut la peine de s'étendre sur une réussite singulière de la télésurveillance parce qu'elle nous suggère un moyen original d'en accroître l'effet dissuasif. En 2000, dans un vaste entrepôt desservant des boutiques de vêtements de la région de Montréal, la télévision en circuit fermé devient un élément important du nouveau dispositif de protection contre le vol interne mis en place par l'entreprise (Cameron 2003). Durant l'inventaire de l'hiver 2001, période qui suit ce déploiement, Cameron enregistre une maigre diminution des pertes de 8 % par rapport à la période correspondante de 2000. C'est au cours de la période couverte par l'inventaire printemps-été 2001 que le pourcentage des pertes baisse pour vrai : il est de 60 % plus bas que celui du printemps-été 2000. Que s'est-il passé ? Puisque les agents de sécurité s'ennuyaient à rester à ne rien faire devant les moniteurs, il fut convenu de se servir de la télésurveillance pour donner des avertissements aux employés qui enfreignaient les règles de santé et de sécurité au travail (par exemple, conduite imprudente du chariot élévateur). Chaque fois qu'une infraction était détectée, un garde allait dans l'entrepôt et rappelait à l'ordre l'employé fautif, ce qui ne pouvait échapper à l'attention de ses collègues. C'est ainsi que, entre novembre 2000 et juin 2001, 12 avertissements sont donnés en moyenne chaque mois (auparavant, on en donnait moins de 5 par mois). Ces interventions répétées rappelaient aux employés qu'on les avait à l'œil. Or, l'inventaire printemps-été 2001 couvre les opérations allant de janvier à juillet 2001 ; c'est donc à la suite de l'augmentation des avertissements que le pourcentage des pertes dans l'entrepôt baisse fortement. Parce que les infractions aux règles de santé et sécurité étaient fréquentes et visibles, les gardes avaient souvent l'occasion d'intervenir ; la procédure avait éveillé leur vigilance. Et les surveillés en avaient pris conscience. Quand le nouveau dispositif fut pleinement en place, les pertes dues au vol se chiffrèrent à 223 548 $ de moins qu'en 2000. Ces faits donnent à penser que l'efficacité de la télésurveillance est amplifiée quand les infractions mineures détectées sur moniteurs sont régulièrement suivies d'avertissements.

POURQUOI LA TÉLÉSURVEILLANCE NE PARVIENT-ELLE PAS À FAIRE RECULER LA DÉLINQUANCE ?

La vidéosurveillance n'obtient un effet préventif que dans la moitié des évaluations dont il a été question plus haut. Étant donné que les chercheurs ont tendance à évaluer les meilleurs projets et à ignorer les autres, il est fort probable que le taux d'échec réel de la télésurveillance soit beaucoup plus élevé. L'explication de ces insuccès devrait d'abord être cherchée dans la qualité de la mise en œuvre du dispositif, comme on le voit dans le métro de Montréal. Grandmaison et Tremblay ont publié en 1997 une évaluation de l'impact des caméras de surveillance dans 13 stations du métro de Montréal. Ils nous apprennent que la télévision en circuit fermé a échoué à y faire reculer la délinquance. Grandmaison et Tremblay expliquent sans peine cet échec. Les caméras avaient été installées sans tenir compte de la disposition des lieux et sans égard à la distribution de la criminalité. Les équipements transmettaient une image en noir et blanc trop imprécise pour permettre l'identification d'un suspect. Pire, les appareils tournaient à vide, car personne n'observait les moniteurs. Enfin, nulle affiche n'informait le public de la présence des caméras. Dans de telles conditions, comment des individus animés de mauvaises intentions auraient-ils pu être retenus par la télésurveillance, alors que leurs risques aussi bien réels que perçus d'être appréhendés en cas d'infraction restaient inchangés ? Comment croire que des caméras discrètes au point de n'être pas vues, retransmettant des images floues à des moniteurs que personne ne regarde, pourraient produire un effet quelconque ?

L'autre raison de l'échec de maints projets de vidéosurveillance tient à l'ingéniosité des délinquants. Ceux-ci choisissent d'opérer dans les espaces échappant au champ de vision des caméras. Ainsi, dans la ville de Devonport en Australie, le nombre des cambriolages baisse dans les rues balayées par les caméras et il augmente dans les rues avoisinantes non surveillées. De plus, les cambrioleurs ne s'introduisent plus par l'avant des maisons qui sont sous l'observation des caméras, mais par l'arrière (Goodwin 2002). De leur côté, Gill et Spriggs (2005) enregistrent des recrudescences de délits dans les angles morts du champ de vision des caméras (voir aussi Webb et Laycock 1992 : 15).

Dans la ville anglaise de Wolverhampton, une caméra était braquée le jour sur un parking, mais, durant la nuit, elle était dirigée vers le toit d'un immeuble parce que, quelque temps auparavant, des cambrioleurs s'y étaient introduits en passant par le toit. Quand Tilley (1993) calcule le nombre de vols de voitures commis dans le parking, il en compte 17 le jour, avant l'installation de la caméra, et 5 après. Durant la nuit (quand la caméra n'est plus dirigée sur le parking), le nombre de vols de véhicules monte, passant de 5 à 8 : il n'échappe pas aux voleurs que le stationnement n'est plus sous surveillance la nuit, et ils passent à l'horaire de nuit.

Ces observations montrent que les voleurs s'adaptent à la surveillance et tentent de la déjouer, ce que leurs propres propos corroborent. Short et Ditton (1998) ont interrogé 30 délinquants d'une petite ville d'Écosse munie d'un système de télésurveillance. Les répondants disent qu'ils vont commettre leurs délits dans les secteurs de la ville qui échappent à l'œil des caméras. Certains profitent même du fait qu'une caméra est pointée quelques minutes dans une direction puis dirigée dans une autre pour commettre prestement un vol quand la caméra a, en quelque sorte, le dos tourné.

Bref, les délinquants cherchent, trouvent et exploitent les failles de la télésurveillance. (Voir la section portant sur la contre-surveillance dans le chapitre 29 de ce volume.)

De leur côté, les malfaiteurs les plus déterminés se permettent d'être vus en train de commettre une infraction quand ils savent que, une fois leur coup fait, la voie pour fuir est libre, comme on le voit dans l'exemple qui suit.

En avril 1988, les autorités doublent le nombre de caméras dans la station Oxford Circus du métro de Londres et la police intensifie ses patrouilles. Malgré ces efforts, le nombre de vols qualifiés et celui des vols sur la personne augmentent (Webb et Laycock 1992). Or, la station Oxford Circus est un carrefour de lignes de métro comportant 6 quais, 8 entrées et sorties et 14 escaliers mobiles. Une fois leur coup réussi, les voleurs peuvent fuir sans peine de telle sorte que, même s'ils risquent d'être vus sur un moniteur, ils savent qu'ils échapperont aux poursuites dans le labyrinthe de la station. La disposition des lieux est très différente dans une autre station du même métro, celle de Clapham. Le dispositif de surveillance est aussi bon qu'à Oxford Circus, mais la station ne dispose que d'une seule sortie et elle est contrôlée par des préposés du métro. Un délinquant repéré grâce à une caméra serait en danger de se faire coincer. L'évolution des vols à Clapham n'a rien à voir avec celle d'Oxford Circus : le nombre des vols qualifiés tombe de 52 avant l'installation du dispositif, à 8 après (baisse de 85 %). Les braqueurs de Londres ne sont pas stupides : avant de passer à l'acte, ils examinent les lieux en se demandant par où ils peuvent fuir. Ils continuent de sévir de plus belle à Oxford Circus sachant qu'ils ont l'embarras du choix de la route de fuite et ils se tiennent loin de Clapham où leur retraite pourrait être coupée (Webb et Laycock 1992).

D'autres indications s'ajoutent montrant que la vidéosurveillance tend à être plus dissuasive dans les lieux fermés dont les accès sont contrôlés que dans les espaces ouverts, comme les rues des grandes villes (Mazerolle et autres 2002 ; Gill et Spriggs 2005 ; Ratcliffe 2006). On comprend alors pourquoi la fréquence des vols ou des méfaits baisse à la suite du déploiement de caméras dans les résidences pour personnes âgées (Chatterton et Frenz 1994 in Armitage 2002), dans les parkings (Tilley 1993), dans un entrepôt

(Cameron 2003) et dans une ville médiévale ceinturée par un mur (Ditton et Short 1999).

COMMENT UTILISER STRATÉGIQUEMENT LA TÉLÉSURVEILLANCE ?

La télésurveillance est un outil, non la panacée trop souvent adoptée sans analyse préalable, sans objectif précis, sans examen des lieux et sans penser à l'intervention qui devrait suivre. C'est de la pensée magique que de croire qu'elle pourrait avoir une efficacité intrinsèque indépendamment de la vigilance et de l'intervention humaine. Qui croira sérieusement qu'une surveillance inerte, jamais suivie de sanction, sera durablement efficace ?

En dernière analyse, quand la télésurveillance échoue à réduire la délinquance ou quand son effet est éphémère, c'est parce qu'elle ne modifie pas réellement les risques d'arrestation. Son excellente performance dans les stationnements anglais étudiés par Gill et Spriggs (2005) s'explique largement par les arrestations qui suivirent son installation. La question à laquelle il importe de trouver une réponse est donc celle-ci : comment la télésurveillance peut-elle faire augmenter pour vrai les risques d'interpellation ?

Un travail préalable d'analyse et de réflexion s'impose en la matière comme dans les autres aspects de l'action de sécurité. Cette réflexion est d'autant plus nécessaire que la télésurveillance ne devrait être qu'un instrument au service d'une action de sécurité, qu'il s'agisse d'un projet de prévention, d'une opération coup-de-poing, d'une enquête ou de la sécurisation d'un site. Voici les questions qui se posent quand la télésurveillance est envisagée :

1. Qui ou quoi veut-on surveiller (des suspects, des objets précieux) ?
2. Pour quelles raisons (prévention, investigation, opération, flagrant délit, gestion de crise) ?
3. Le niveau de criminalité dans le secteur que l'on veut surveiller justifie-il l'investissement ?
4. Où se concentrent précisément les infractions ?
5. Où les caméras devraient-elles être disposées ?
6. Comment assurer la visibilité de l'espace surveillé ?
7. Qui interviendra en cas de détection et comment ?
8. Comment intégrer la télésurveillance aux autres dispositifs de sécurité ?

Étant donné que les délinquants exploitent les faiblesses de la télésurveillance, il importe d'assurer une surveillance étanche doublée d'une capacité d'intervention rapide. La visibilité de l'espace balayé par les caméras est obtenue grâce à l'éclairage et à l'élimination des obstacles obstruant le champ de vision des caméras. Dans un parking étagé de Bradford, au Royaume-Uni, en plus d'installer des caméras, on améliore l'éclairage et fait peindre les murs de couleur claire. Résultat : les vols de véhicules chutent de 44% et les vols dans les véhicules de 69% (Tilley 1993). En installant plusieurs caméras dont les champs de vision se recouvrent, on élimine les angles morts et on obtient une couverture complète (Gill et Spriggs 2005). Enfin, les intervenants restent en communication directe avec les agents placés devant les moniteurs.

Plus la fréquence des délits est élevée, plus la télésurveillance a des chances de produire l'effet désiré (Eck 2002 : 256). À Devonport en Australie, l'impuissance de la télésurveillance à faire reculer la criminalité s'explique par le fait qu'au départ, il se commettait fort peu de délits dans le secteur de la ville visé par les caméras (Goodwin 2002). Dans des stationnements fortement touchés par le vol étudiés par Gill et Spriggs (2005), le nombre des vols chute de 80% après l'installation de caméras ; cependant il ne diminue que de 37% dans les stationnements les moins touchés par le problème. Il est douteux que la télésurveillance soit un investissement rentable dans les secteurs de faible criminalité.

Le problème que pose la rareté des infractions à un surveillant, c'est l'ennui : comme il ne se passe rien, son attention se relâche et quand exceptionnellement, un délit est commis, il lui échappe. De leur côté, les surveillés, jamais rappelés à l'ordre, oublient que des caméras sont en place. Nous avons vu que les employés d'un entrepôt de la région de Montréal se retiennent de voler quand, grâce à la télésurveillance, ils sont avertis s'ils enfreignent les règles de l'établissement. L'adoption d'une telle procédure pourrait accroître l'efficacité dissuasive d'un dispositif de télésurveillance.

Dans un site fermé dont les accès sont contrôlés, la télésurveillance devrait être intégrée aux détecteurs des systèmes d'alarme, aux contrôles d'accès et à l'équipe de sécurité. En cas d'intrusion, de vol ou d'incendie, les détecteurs signalent le problème, des caméras sont pointées vers l'anomalie puis transmettent à l'agent et au chef de la sécurité les informations nécessaires pour prendre les décisions appropriées (Berger 1999 ; Kruegle 1999).

Dans les espaces ouverts — qui sont souvent des lieux publics —, il est difficile de rendre la télésurveillance dissuasive, car les malfaiteurs se disent qu'ils ont le temps de prendre la fuite. La solution pourrait être d'établir une communication en temps réel entre les surveillants et les policiers pour que ces derniers puissent intervenir rapidement quand les surveillants leur signalent une infraction (Gill et Spriggs 2005).

CHAPITRE 32

L'agent de sécurité et l'agence Securitas

▶ MASSIMILIANO MULONE, MAURICE CUSSON ET
MÉLANIE BEAULAC

Par le poids de leur nombre, les agents de sécurité s'imposent comme une réalité qu'un traité de sécurité ne saurait passer sous silence. Au Canada, en 2001, on comptait environ 84 000 agents de sécurité (Juristat 2001; Sanders 2005). En France, en 2002, 117 000 salariés se consacraient à la surveillance humaine (Union fédérale de sécurité privée et Tournyol du Clos 2006). Aux États-Unis, en 2003, on dépasse le million de *security guards*, ce qui comprend les agents recrutés sur une base contractuelle et les agents directement employés par l'organisation qu'ils protégeaient (US Department of State). Dans plusieurs pays du monde, les agents de sécurité sont devenus plus nombreux que les policiers. Bien que le garde, comme le fantassin dans l'armée, ne jouisse pas d'une grande considération, on le juge indispensable au point d'en recruter des milliers et des centaines de milliers.

Sans être le plus vieux métier du monde, celui de gardien n'est pas du tout jeune. Durant la fin du Moyen Âge, à Paris et dans plusieurs villes de France, le guet était un élément essentiel du dispositif de protection de l'espace urbain. Cette surveillance était assurée par les bourgeois qui y étaient délégués à tour de rôle. On l'appelait le guet des métiers ou le guet bourgeois. Au XVIe siècle, il fut remplacé par le guet royal. Le guet de jour était attaché à la garde des murs et des portes de la ville. Durant la nuit, le guet se faisait par rondes. Les bourgeois étaient armés et circulaient en groupe. Ils interpellaient les rôdeurs — surtout s'ils étaient armés —, les prostituées, les itinérants (Gauvard 2005: 133-135).

Bien que très ancien et toujours pratiqué, ce métier n'intéresse guère les chercheurs. Et les rares travaux où il en est question n'entrent pas toujours dans le vif du sujet. Pour dissiper quelque peu le brouillard, l'un de nous a opéré une petite incursion dans une grande agence internationale: Securitas. Il a voulu savoir ce que cette entreprise dit d'elle-même, comment elle organise le travail de ses agents et ce qu'elle peut nous apprendre sur la nature du gardiennage. Dans un deuxième temps, nous nous sommes demandé si ces centaines de milliers d'agents de sécurité dans le monde ont quelques chances d'apporter une contribution à la sécurité de leurs concitoyens. Nous avons été réduits à une réponse indirecte reposant sur quatre recherches évaluant l'impact d'agents de sécurité un peu spéciaux. Dans la troisième et dernière partie de ce chapitre, nous faisons état des écrits grâce auxquels un portrait de la pratique quotidienne du gardiennage peut être brossé.

L'AGENCE SECURITAS

Notre démarche repose sur la conviction que nous pouvons apprendre à mieux connaître le gardiennage en écoutant attentivement ce que dit de lui-même un leader mondial de la sécurité. Dans le marché de la sécurité, comme ailleurs, les entreprises ont tendance à se mondialiser et à se concentrer dans de gros conglomérats. Securitas est l'une des plus grosses entreprises de sécurité de la planète, la place de leader du marché se jouant entre elle et Group4/Securicor. En 2004, Securitas avait plus de 200 000 employés à son service, opérait dans plus de 20 pays (en Europe et en Amérique du Nord) et avait un chiffre d'affaires de 59 millions d'euros.

Les sources sur lesquelles nous nous sommes appuyés pour cette étude sont le magazine *Securitas*[1], le rapport annuel de la compagnie, le site Internet du siège social[2] et celui de Securitas Canada[3]. Enfin, nous avons mené deux entrevues semi-directives, l'une avec le directeur des comptes de Securitas Québec, l'autre avec le formateur-instructeur de Securitas Québec. Ces sources ne nous font pas connaître la réalité du terrain, mais fournissent des informations intéressantes sur l'organisation de la compagnie, la conception que Securitas se fait d'elle-même, sa définition du rôle des agents de sécurité et sur la manière dont ceux-ci sont recrutés, formés et encadrés.

Securitas dans le monde

Tout d'abord, quelques mots sur l'organisation globale de l'entreprise. Securitas se compose de cinq grandes divisions : 1) Security Services USA ; 2) Security Services Europe, tous deux offrant des services de gardiennage ; 3) Security Systems, chargé des systèmes de sécurité dans les grandes entreprises ; 4) Direct, qui offre des systèmes de sécurité aux petites entreprises et aux particuliers ; 5) Cash Handling Services, fournisseur de services de transport de valeurs.

---

1. Le magazine *Securitas* est disponible en ligne à l'adresse suivante :
   <http://195.242.59.227/www/secmagazine.nsf>.
2. http://www.securitasgroup.com/
3. http://www.securitas.ca/

Securitas considère sa taille considérable comme un atout face à la concurrence. Elle lui permet de vanter l'expertise et le professionnalisme de ses employés. De plus, la présence de l'entreprise dans un grand nombre de pays fournit à Securitas un avantage concurrentiel pour décrocher des contrats d'envergure internationale. En effet, si une entreprise présente dans plusieurs pays souhaite signer un contrat unique pour la sécurité de l'ensemble de ses installations, elle trouvera avantageux de s'adresser à une agence de sécurité multinationale.

Securitas Canada

Securitas Canada découle, comme Securitas Security Services USA, de l'acquisition de Pinkerton en 1999. Toutefois, à l'inverse de son voisin du sud, cette branche de l'entreprise n'offre pas encore de services de transport de valeurs ou de systèmes de sécurité, mais se limite à fournir des agents de sécurité. Elle compte environ 8 000 professionnels de sécurité en uniforme, divisés en deux grandes catégories de services : les « services de sécurité en uniforme » (agents fixes) et les « services d'inspection et de patrouille » (agents mobiles). La première catégorie représente plus de 90 % du chiffre d'affaires, mais la seconde tend à gagner des parts au fil des ans.

Les valeurs et les politiques de l'entreprise

La compagnie a pour emblème trois points rouges que l'on voit sur les uniformes des agents. Ces trois points symbolisent les valeurs que l'entreprise veut promouvoir auprès de son personnel : l'intégrité, le professionnalisme et la serviabilité. Securitas juge essentiel que ses agents soient des employés irréprochables, honnêtes et dignes de confiance ; qu'on puisse leur confier les biens du client sans qu'il soit nécessaire de les surveiller constamment. Le professionnalisme, c'est la qualité de l'employé toujours alerte, capable de bien observer son environnement, de détecter et d'évaluer les menaces puis de prendre les décisions qui s'imposent. Enfin, la troisième valeur est la serviabilité. Securitas attend de ses agents qu'ils se fassent toujours un plaisir et un devoir d'aider les gens, même si cela n'est pas directement lié aux tâches pour lesquelles ils ont été assignés (AR 2004:8). En sus de ces 3 valeurs générales, les employés de Securitas doivent aussi se conformer à 20 autres valeurs plus spécifiques telles que le secret professionnel, le sens des responsabilités, la préservation de la vie/santé et des biens. En dernière analyse, la valeur sur laquelle la compagnie insiste vraiment c'est l'intégrité. On aura deviné qu'une entreprise de sécurité qui fournirait des agents d'une honnêteté douteuse n'aurait pas beaucoup de chance de survivre à la concurrence.

Pour tirer son épingle du jeu face à ses compétiteurs, Securitas mise aussi sur la compétence de son personnel. Pour s'en assurer, l'entreprise est prête à payer des salaires relativement élevés pour pouvoir offrir les meilleurs services. De cette manière, la compagnie espère pouvoir les retenir et ainsi résoudre le problème posé par le taux élevé de rotation du personnel (*turn-over*) qui sévit dans l'industrie. En outre, cela donne à Securitas un argument de vente, lui permettant de vanter la spécialisation de ses agents ou, plus précisément, leur connaissance précise du site dans lequel ils travaillent depuis un certain temps. Plus un agent surveille longtemps le même site, plus il connaît son terrain. Il devient alors un véritable spécialiste de la sécurité d'un site particulier : hôpital, école, banque, compagnie pharmaceutique, industrie pétrochimique, manufacturier de téléphones cellulaires, grand magasin, raffinerie de pétrole, port, etc.

La force minimale

La politique de Securitas en matière d'intervention et d'utilisation de la force est particulièrement restrictive, du moins au Canada. L'agent de sécurité reçoit des directives précises. Il n'a pas le droit d'enfermer quelqu'un dans une pièce, de l'empoigner, de l'intimider ni même de lui donner un ordre comme «Pas un geste!». La consigne est d'éviter toute intervention qui pourrait donner lieu à des poursuites en dommages et intérêts. Si l'agent de sécurité est menacé, on lui demande d'éviter tout contact physique, de se réfugier en lieu sûr et d'appeler la police. La seule force autorisée est celle dont il aurait absolument besoin pour se protéger d'une attaque.

Chez Securitas, on n'a donc pas besoin de «gros bras»; on veut plutôt des gens sachant conserver leur sang-froid et capables de persuader. Ils doivent utiliser d'autres moyens que la force physique pour désamorcer les crises et faire respecter les règlements en vigueur sur le site qu'ils sont chargés de surveiller. Puisqu'on demande aux agents de se retirer chaque fois qu'il y a danger de confrontation physique, il n'est pas étonnant que l'entreprise ne forme pas ses agents à maîtriser physiquement un individu.

On comprend alors pourquoi Securitas s'appuie sur l'opposition entre la prévention et l'intervention pour se démarquer de la police. Selon cette conception, l'agent de Securitas se borne à la prévention, alors que les policiers interviennent quand la prévention n'a pas suffi à assurer la sécurité. Bien que la coopération avec la police soit présentée comme souhaitable et nécessaire, la compétition ne peut être niée pour autant. En effet, même si l'entreprise se défend de remplacer et de concurrencer le travail de la police, elle se targue d'offrir des prix beaucoup plus compétitifs.

Le processus de recrutement et de formation des agents de sécurité

L'un des thèmes récurrents qui traverse la revue *Securitas*, c'est le fait qu'aujourd'hui l'agent de sécurité est bien plus qu'un simple gardien posté à une porte. Il bouge, il comprend, il s'adapte, il possède des qualités humaines qui lui permettent de bien interagir avec le public et d'intervenir rapidement quand survient un incident. Il réagit adéquatement quand quelqu'un a besoin d'assistance médicale; quand un enfant est perdu; en cas d'alerte à la bombe; quand deux individus sont en train de se battre.

Cela conduit Securitas à développer un processus de sélection en «entonnoir» qui permet de ne retenir qu'un nombre restreint d'individus au stade de la formation, stade lui-même insuffisant pour garantir la réussite.

Les conditions préalables. Pour être admissible comme agent de sécurité chez Securitas, il faut satisfaire à cinq critères: 1) Posséder au moins un niveau de 5e secondaire; cependant, comme l'on tient aussi compte de l'expérience et de la maturité, il arrive de faire des exceptions à cette règle. 2) Sans être parfaitement bilingue, il faut se débrouiller en anglais. 3) On recherche des candidats ayant des compétences relationnelles, par exemple des personnes chaleureuses qui sont à l'aise avec les gens. Le fait d'avoir eu l'occasion de travailler en contact avec le public représente un avantage. Plutôt que le costaud au physique impressionnant, on préfère le candidat sachant communiquer et capable de désamorcer une querelle. 4) Un minimum de connaissances en informatique, car la sécurité d'aujourd'hui ne peut se passer d'équipements informatisés. 5) Un casier judiciaire vierge, ce qui constitue un impératif légal pour obtenir un permis d'agent.

La formation, d'une durée de 16 heures, ne se terminera pas par un examen, mais sera l'occasion de procéder à une évaluation continue du candidat: assiduité, ponctualité, motivation, facilité à communiquer. Les échecs sont très rares.

Le contenu de la formation est reproduit dans le *Manuel des agents de sécurité.* On y traite d'uniforme, de service à la clientèle, d'alerte à la bombe, de prévention des incendies, des pouvoirs légaux d'un agent de sécurité, de rédaction de rapport, de vols, de vandalisme. Dans la formation, comme dans le manuel, le rôle d'un agent est défini par trois mots-clés: prévenir, découvrir et signaler. L'agent prévient quand il dissuade par sa simple présence les visiteurs importuns et quand il informe le client et son superviseur de tout risque d'accident, d'incendie et d'infraction. Il découvre, c'est-à-dire qu'il garde l'œil ouvert, reste alerte et attentif à toute situation anormale. Il signale quand, par ses rapports, il informe les autorités compétentes de tous dangers et incidents.

Les affectations temporaires. Normalement, un candidat retenu et formé commence par être en disponibilité, et ce, pour une période d'environ trois mois. Après quoi l'entreprise essaie de lui trouver une affectation permanente. La période durant laquelle l'employé est de permanence remplit deux fonctions. D'une part, elle permet de mieux connaître l'agent et de poursuivre son évaluation, cette fois sur le terrain. Au cours des différentes affectations temporaires, le superviseur peut vérifier que l'agent est disponible, ponctuel, assidu, serviable et suffisamment en forme pour faire des rondes durant lesquelles on marche pendant des heures. D'autre part, elle permet à Securitas de disposer d'un bassin d'agents qui peuvent répondre rapidement aux besoins imprévus de ses clients.

Le poste permanent. Puis vient le moment où le garde est affecté sur une base stable à un site particulier. L'entreprise souhaite alors garder son employé le plus longtemps possible s'il donne satisfaction. En effet, les meilleures garanties de la compétence sont l'expérience et la connaissance intime des lieux qu'il s'agit de sécuriser. L'agent le plus compétent pour un contrat sera toujours celui qui a travaillé depuis longtemps sur les lieux. C'est pourquoi Securitas tient à conserver ses agents, ce qui n'est pas toujours facile. En effet, parmi les agents de sécurité recrutés par l'entreprise, on trouve deux catégories distinctes. À côté de ceux qui désirent faire carrière, une majorité d'employés envisagent le métier d'agent comme un travail provisoire, en attendant la fin de leurs études ou tout simplement en attendant mieux. Chez Securitas, un agent reste en moyenne trois ans.

Les tâches de l'agent de sécurité

Les tâches de l'agent de Securitas sont largement déterminées par les différents postes qu'il est susceptible d'occuper.

1) L'agent se retrouve à l'accueil, le plus souvent à l'entrée d'un édifice ; il s'occupe alors principalement de contrôler la circulation des personnes et de guider les visiteurs.

2) Il peut être posté à un centre de contrôle de télésurveillance. Ici, deux situations se présentent : premièrement, il est préposé dans un centre de contrôle mis en place par le client sur son site ; en second lieu, il est affecté au Centre de contrôle de Securitas, situé dans les bureaux de Montréal.

3) Certains agents sont placés dans une guérite. Le plus souvent, ils sont responsables de la circulation du matériel : camions et marchandises.

4) Les rondes peuvent être de deux types : à l'intérieur des édifices ou à l'extérieur. Dans ce dernier cas, l'agent est un patrouilleur mobile et il circule en voiture. La plupart du temps, les agents se contentent de passer devant le site à sécuriser — par exemple, un guichet de banque —, de ralentir le véhicule et d'observer s'il n'y a aucun signe suspect. Quelquefois, ils vont devoir sortir du véhicule pour faire le tour de l'édifice. Ils sont aussi chargés de répondre aux alarmes.

Il est surprenant de constater que de toutes ces tâches, qui paraissent pour le moins essentielles au maintien d'un bon niveau de sécurité, aucune n'a jamais fait l'objet d'une évaluation de la part de Securitas quant à leur effet. Il faut toutefois mentionner que la rareté de ce genre d'évaluations s'étend à l'ensemble du champ et non pas qu'à Securitas. Cette constatation nous conduit à la question plus générale de la mesure de l'efficacité du gardiennage.

EXISTE-T-IL DES ÉVALUATIONS DU GARDIENNAGE ?

Chez Securitas, la question pourtant cruciale de l'évaluation ne fait pas partie des priorités de l'entreprise. Pour tout dire, l'objectif principal semble moins la sécurité des citoyens que la satisfaction du client. Securitas se contente de faire remplir à ses clients des formulaires visant à mesurer leur satisfaction. Ajoutons que les superviseurs, de leur côté, évaluent la qualité du travail des agents en visitant des sites et en observant le rendement de chacun. Mais ce faisant, même s'ils peuvent apprécier la qualité du travail, ils n'évaluent pas l'effet du gardiennage sur le niveau de sécurité du site.

Au Canada, le salaire moyen d'un agent de sécurité est à peu près deux fois plus bas que le salaire moyen d'un policier. Pour autant, le chef d'une entreprise qui veut faire protéger un de ses bâtiments par un seul garde, présent 24 heures sur 24 tous les jours de l'année, doit consentir dans la province de Québec à une dépense d'environ 155 000 $. Nous savons que des milliers de chefs d'entreprise qui n'ont pourtant pas la réputation de jeter leur argent par les fenêtres acceptent de payer une telle somme, et ce, sans réellement connaître l'efficacité de cette mesure. Si d'emblée cette situation peut paraître surprenante, elle s'explique. On embauche des agents de sécurité pour réaliser des économies sur les primes d'assurances; il arrive même que les compagnies d'assurances obligent les entreprises à se doter d'agents de sécurité. Pourquoi? Possiblement parce que les calculs des actuaires des compagnies d'assurances établissent que le travail des agents est profitable. Cela dit, même si les véritables évaluations de l'efficacité du gardiennage sont rares, nous avons malgré tout repéré quatre évaluations sérieuses, bien que ne portant pas sur le gardiennage classique.

1. Aux Pays-Bas, au cours des années 1980, les autorités recrutèrent des agents de surveillance et d'information dans les transports en commun. Ils avaient pour mission d'enrayer le resquillage, le vandalisme et les agressions dans les autobus et le métro d'Amsterdam, de La Haye et de Rotterdam. Leur travail s'apparentait à celui de l'agent de sécurité. Ils surveillaient, contrôlaient les tickets et donnaient de l'information aux passagers. Ils circulaient en groupe de deux ou trois dans le métro, les autobus et les tramways. À Amsterdam et Rotterdam, ils étaient autorisés à donner des amendes. En cas de besoin, ils demandaient l'aide de la police. L'évaluation démontra, entre autres choses, que dans le métro d'Amsterdam, le déploiement de ces agents fit baisser les pourcentages de passagers non munis de ticket valide de 24 % à 7 %. De plus, la fréquence des incidents d'agression ou de harcèlement décrût, avec des taux de victimisation chutant de 5 % avant à 2 % après l'introduction de ces agents (Van Andel 1992).

2. Farrington et ses collaborateurs (1993) ont mené dans neuf magasins anglais une expérience au cours de laquelle ils ont voulu établir laquelle des trois mesures — les gardes de sécurité en uniforme, les étiquettes électroniques ou le réaménagement des étalages des magasins — peut prévenir le plus efficacement le vol à l'étalage. Il ressort de la comparaison que les gardes en uniforme qui circulaient dans le magasin n'ont eu aucun effet dissuasif sur les voleurs, alors que le système d'étiquettes électroniques faisait reculer significativement la fréquence des vols à l'étalage. Cependant, ces agents n'étaient restés dans les magasins que durant quatre jours et Farrington et

ses collègues les décrivent comme de vieux messieurs qui se contentaient de faire acte de présence.

3. L'évaluation d'une expérience au cours de laquelle des agents de sécurité à bicyclette avaient patrouillé dans un vaste parking vaut le détour (Barclay et coll. 1997). Ces agents à vélo furent embauchés dans le but de lutter contre de très fréquents vols d'automobiles dans un stationnement de 2 411 places desservant les automobilistes de banlieue voulant se rendre au centre de Vancouver par une sorte de métro appelé le *Sky Train*. Cet immense parking avait été aménagé dans les environs immédiats de l'une des gares de ce métro. Durant l'année 1994, il s'y volait plus de 20 automobiles par mois. La British Columbia Transit Security décida de réagir. Il fut convenu que quatre agents de sécurité en uniforme seraient embauchés. Ils devaient circuler à bicyclette, en équipe de deux, dans toutes les sections du stationnement. Du haut de leur vélo, les agents avaient une excellente vision et eux-mêmes étaient très visibles. L'expérience ne dura qu'un mois, en avril 1995. L'initiative fut précédée, en mars 1995, d'une campagne de publicité efficacement relayée par les journaux locaux.

Quels furent les résultats de cette mesure originale ? Dès le déclenchement de la campagne publicitaire, le nombre des vols de voitures se mit à décroître. Puis, l'instauration de la patrouille à vélo elle-même accéléra cette réduction. Enfin, durant les trois mois qui suivirent l'expérience, le nombre de vols remonta puis se maintint à un niveau nettement plus bas qu'auparavant. Voici les chiffres compilés par Barklay et ses collaborateurs. Durant les 8 mois avant que les agents à vélo n'arrivent, on enregistra 24 vols de voitures par mois. En avril 1995, mois durant lequel la patrouille est en exercice, la police ne compte plus que 3 vols et, durant les 3 mois suivants, la moyenne des vols se maintient à 11,3 par mois. Les chercheurs établissent par ailleurs qu'il n'y a que peu ou pas de déplacement des vols vers les secteurs adjacents.

4. Enfin, Chamard (2006) fait état d'une évaluation qui, comme les autres, ne porte pas directement sur le gardiennage classique, mais sur les services de sécurité des BIDs (Business Improvment District). Les BIDs sont des conglomérats de propriétaires immobiliers américains qui se réunissent pour améliorer l'attractivité de leur secteur, attirer touristes, emplois et commerces. Leurs activités s'étendent bien au-delà de la simple sécurité (nettoyage, promotion du quartier, embellissement des rues), mais cette dernière occupe néanmoins une place importante. Dans un premier temps, l'auteur rapporte que les patrouilles de sécurité d'un BID, dans la gare Grand Central à New York, auraient fait baisser la criminalité de 60 %. Chamard montre également que l'implantation d'un BID dans le centre-ville de Columbia, en Caroline du Sud, serait à l'origine d'une chute de 50 % des vols à l'intérieur des véhicules et de 25 % en ce qui a trait à la criminalité en général.

Ces évaluations sont trop peu nombreuses pour autoriser une conclusion ferme. Elles accréditent cependant l'opinion selon laquelle le déploiement d'agents de sécurité n'est pas sans effet sur la criminalité.

LA PRATIQUE DU GARDIENNAGE ET SES RAPPORTS À LA SÉCURITÉ

L'agent de sécurité a pour mission de protéger les personnes et la propriété se trouvant sur le site du client qui a requis les services de son agence. C'est là le principe, mais l'observateur a plutôt l'impression que l'agent est un homme à tout faire. Il n'est donc pas inutile d'y aller voir de plus près en se posant deux questions : comment le garde remplit-il sa mission ? que fait-il précisément pour sécuriser le site qu'on lui a confié ? Nous trouvons des éléments de réponse d'abord dans trois recherches sur la sécurité privée (Shearing et Stenning 1981; Wakefield 2003 et Crawford et coll. 2005), ensuite dans deux ouvrages américains destinés aux professionnels de la sécurité (Walsh 1995 et Fennelly 1999). Enfin, nous nous appuyons sur l'expérience de l'un d'entre nous qui travaille depuis quelques années comme agent de sécurité. De ces différentes sources, il ressort que si nous classons les diverses tâches des gardes en ayant la sécurité à l'esprit, elles se présentent sous six catégories : 1) surveiller; 2) contrôler; 3) informer; 4) contraindre; 5) intervenir; 6) assister.

Surveiller

On attend de l'agent de sécurité qu'il garde grands ouverts ses yeux et ses oreilles. Il surveille soit à partir d'un poste fixe, soit en faisant ses rondes à pied, en voiture ou à vélo. Cette surveillance est directe quand il est physiquement présent et, de plus en plus, elle se fait à distance, quand il se trouve dans une centrale de surveillance. Il ne cherche pas à détecter seulement les infractions, les intrusions et les incidents, mais aussi les facteurs de risque, les vulnérabilités et les occasions offertes aux malfaiteurs, par exemple la porte qu'on a oublié de verrouiller, la fenêtre ouverte, l'ordinateur portable exposé au vol, le système d'alarme en panne. Il est aux aguets des risques associés aux incendies : objets inflammables proches d'une source de chaleur, fils électriques découverts, extincteur défectueux.

Contrôler

Quand une agence de sécurité reçoit pour mission de sécuriser un espace fermé, par exemple une usine, c'est généralement au garde que revient la tâche de contrôler les accès. On lui confie la tâche d'identifier toute personne qui désire pénétrer dans la place. Il va s'opposer à l'entrée des indésirables et, quelquefois, fouiller les gens qui sortent. Si le système de contrôle d'accès est automatisé, l'agent intervient quand surgit un problème ou un cas d'exception.

Communiquer l'information

Que fait l'agent de sécurité quand il constate une anomalie, une panne, un incident, une intrusion, une infraction ? Le plus souvent, il signale le fait à son superviseur, à la police, aux pompiers, au client de l'agence. Le signalement peut être fait de vive voix, par téléphone, dans un rapport d'incident ou dans un journal de bord. Rappelons qu'une agence comme Securitas n'encourage pas ses agents à intervenir directement. Elle réduit leur rôle à détecter puis à informer une autorité compétente.

L'agent de sécurité qui exerce sa vigilance sur le même site depuis plusieurs mois ou plusieurs années, finit par détenir une connaissance intime des lieux, des personnes et de leurs habitudes. Il sait distinguer l'insignifiant de l'inquiétant, le normal de l'anormal. Cette connaissance, il la fait remonter vers d'autres. Quand survient un accident, un incendie ou tout autre événement grave, sa connaissance des lieux et des gens peut être précieuse pour guider les policiers, les pompiers et les secouristes.

Contraindre

Le rôle de l'agent de sécurité est essentiellement préventif. Il arrive cependant qu'il se retrouve face à un intrus, à un délinquant, à un agresseur. Se pose alors la question du recours à la force. Nous savons que, à Securitas, les directives données aux gardes n'autorisent pas l'emploi de la force, sauf en cas de légitime défense. L'agent reçoit pour instruction d'éviter l'affrontement et d'appeler la police. Mais dans d'autres agences, notamment celles qui fournissent du personnel lors d'événements spéciaux ainsi que dans les bars et les discothèques, le recours à la force est accepté. Ce recours est inévitable quand l'agent de sécurité ayant pour mission de contrôler les accès fait face à un indésirable tentant de forcer le contrôle ou de se bagarrer.

Dans les bars et dans certains établissements commerciaux, l'expulsion est utilisée fréquemment comme moyen de se débarrasser de fauteurs de troubles. Cette forme de coercition a été analysée par Wakefield (2003 : 170-191) dans un ouvrage consacré à la sécurité privée dans trois centres commerciaux britanniques. Les agents expulsent des individus parce qu'ils sont ivres, qu'ils sont des voleurs connus, intimident les passants, se conduisent de manière indécente, mendient, se bagarrent. Wakefield constate que 65 % des cas d'expulsion visent des délinquants réguliers, c'est-à-dire des individus déjà connus pour avoir commis des infractions dans le passé. Si une infraction est signalée, le garde demande au contrevenant de mieux se tenir et, si le problème est sérieux ou persistant, l'agent l'invite à quitter l'établissement. Puis il le raccompagne jusqu'à la sortie. Si l'individu refuse d'obtempérer, il fait venir d'autres gardes ou la police.

Intervenir d'urgence et secourir

Quand un début d'incendie est signalé, en cas d'alerte à la bombe ou si une personne est blessée ou s'évanouit, le garde est souvent le premier sur les lieux pour faire le nécessaire. Peut-être pourra-t-il alors éteindre le feu, faire évacuer l'immeuble, prodiguer les premiers soins. Sinon, il alertera les pompiers, la police, les ambulanciers et il les guidera dans les dédales du lieu.

Aider

Dans certains établissements, l'agent de sécurité est la seule personne disponible 24 heures sur 24. Il est alors sollicité pour tout et n'importe quoi. Il répond aux demandes d'information que lui adressent les clients. Il accueille les visiteurs. Il déverrouille les portes. Il prend en charge les objets perdus. Il porte des messages. Cette assistance générale n'entretient qu'un rapport indirect avec la sécurité. Il n'en reste pas moins qu'elle conforte le sentiment de sécurité et de confiance des gens qui se sentent rassurés de savoir qu'un préposé est constamment disponible pour les aider et, le cas échéant, pour les protéger et les secourir.

La sécurité ou l'intérêt du client ?

Ce qu'une organisation recherche lorsqu'elle fait appel aux services d'un agent de sécurité, c'est une personne qui saura agir dans son intérêt. Toutefois, agir dans l'intérêt du client n'est pas toujours, dans les faits, agir de manière à ce que la sécurité soit optimale. L'agent de sécurité est alors conduit à faire passer les intérêts du client avant la sécurité elle-même. Dans des hôtels, des boutiques ou lors de festivals, le client demandera que les agents n'exercent pas une surveillance ou un contrôle trop serré sur les personnes qui circulent sur son site dans le but d'éviter que les clients se sentent importunés, aient une image négative de l'établissement et ne reviennent plus.

Rôles féminins et rôles masculins

Les agences de sécurité ne répartissent pas au hasard leurs agents féminins et masculins dans les différents sites. En général, les femmes sont envoyées sur des sites où l'on désire projeter l'image d'une sécurité bon enfant comme dans les lieux à caractère familial ou les postes d'accueil. De plus, on évitera de les faire travailler la nuit, surtout si elles sont seules à leur poste. Les hommes, surtout s'ils ont un physique imposant, peuvent être affectés partout. C'est pourquoi, à compétence égale, les agences et leurs clients préfèrent encore l'agent de sécurité costaud à l'agente ou à l'agent de petite taille, même si l'on sait très bien que les altercations violentes sont rares. Comme quoi il n'est pas toujours suffisant pour un agent de posséder les qualités humaines nécessaires : la force physique compte elle aussi. Cela explique pourquoi les agences de sécurité ne recrutent pas tellement de femmes. La sécurité est question d'image et celle qui prédomine encore dans le milieu du gardiennage est marquée du sceau de la virilité. Cette sous-représentation des femmes et les assignations ciblées dont elles font l'objet pourraient aussi s'expliquer par le fait que les gardiens de sécurité, contrairement aux policiers, n'ont droit au port d'armes que dans des circonstances très particulières. Quoique très symboliques, les armes — poivre de cayenne, bâton télescopique, pistolet ou autre — donnent une autorité certaine à ceux qui les portent. Faute de pouvoir se forger une crédibilité à partir des armes, il semblerait bien que l'agent de sécurité ait à compenser par son apparence physique.

CONCLUSION : À LA RECHERCHE D'UN GARDIENNAGE PERFORMANT

Le garde endormi et incompétent ne voit et n'entend rien ; il laisse passer d'inquiétants intrus ; il ferme volontairement les yeux sur d'évidentes infractions ; ses rapports sont nuls ; le jour où pointe la crise, on frôle la catastrophe. Se pose alors la question : comment faire pour s'assurer les services d'agents compétents et vigilants ? Walsh (1995) s'est posé cette question et il a mis de l'avant quelques solutions intéressantes. Il n'insiste pas à l'excès sur le recrutement et la formation. En effet, il est difficile de détecter les qualités du garde compétent avant qu'il ne soit mis à l'épreuve et il est connu que les agences de sécurité ne tiennent pas à investir dans de longues formations. L'idée essentielle de Walsh est d'organiser le travail, la supervision et les sanctions de manière à stimuler l'intérêt, la motivation et la vigilance de l'agent de sécurité. Il part du fait que l'ennui et le sommeil sont les pires ennemis du gardien. Surtout quand l'agent se trouve seul, sans supervision directe et devant passer de longues heures sans qu'il ne se passe rien. Si soudain un événement se produit, il ne le voit pas venir. Une solution à ce problème pourrait être une organisation du travail qui soutiendrait la vigilance du garde et le tiendrait constamment en alerte. Pour y arriver, on introduit de la variété dans les tâches et on fait alterner l'agent d'une activité à une autre. C'est ainsi que l'ordre de mission quotidien d'un même employé pourrait inclure : de la patrouille, la surveillance à partir d'un poste fixe, l'accueil des visiteurs, le contrôle d'un accès, la vérification du bon état de marche des équipements de sécurité, la rédaction des synthèses de rapports. Une alternance entre ces différentes activités pourrait être organisée en prenant soin d'éviter les longues périodes de surveillance passive.

Un moyen complémentaire de lutter contre la passivité et l'ennui serait de multiplier les occasions de détection et de réaction. La découverte de plusieurs incidents ou anomalies pendant un quart de travail encourage l'agent à rester vigilant : cela produit un effet de renforcement. Un surveillant a de meilleures chances de détecter un signal ou un incident s'il s'y attend et il s'y attend quand il en a relevé antérieurement un certain nombre. Or, les faits graves ont tendance à être rares. Cela veut dire que, si le travail du garde se réduit à n'intervenir qu'en cas d'événement grave, il ne sera appelé à réagir qu'exceptionnellement et sa vigilance tombera. C'est la raison pour laquelle il est souhaitable de faire intervenir le garde préventivement sur des faits mineurs comme les portes déverrouillées, les incivilités, les négligences. Walsh (1995) préconise de soutenir la vigilance des gardes postés à une centrale de surveillance en leur envoyant occasionnellement des signaux-tests auxquels ils doivent répondre par une procédure fixée à l'avance. Enfin, une performance de qualité peut être soutenue par des encouragements et des sanctions positives autant que négatives. C'est le rôle du superviseur de lire les rapports, de les commenter, de féliciter l'agent qui s'est bien comporté, de souligner ses erreurs et, éventuellement, de sanctionner les fautes manifestes.

CHAPITRE 33

Les violences familiales graves : ce que peut faire la police

▶ MAURICE CUSSON ET JACQUES MARLEAU

L es policiers sont fréquemment appelés à pénétrer dans l'intimité familiale parce que la violence n'est pas plus tolérable dans la famille qu'ailleurs. Il leur arrive cependant de douter de l'efficacité de leurs interventions. Dans ce chapitre, nous allons tenter de montrer que les policiers parviennent assez souvent à apaiser les membres d'une famille emportés par la colère et qu'ils peuvent même sauver des vies humaines.

L'homicide familial ne saurait être dissocié de la violence familiale non mortelle. En effet, le geste fatal est souvent le point culminant d'une série d'épisodes violents. Si nous découvrons les moyens de prévenir la violence familiale non létale, nous contribuons du même coup à la prévention de l'homicide familial. Et le problème n'est pas insignifiant. Au Canada, entre 1993 et 2003, 37% des homicides résolus avaient été perpétrés au sein de la famille (Gannon 2004 : 40).

Pour concevoir une stratégie de réduction de la violence familiale, nous avons mobilisé les recherches sur la violence conjugale, sur l'homicide familial, sur la prédiction de ces violences, sur l'efficacité des interventions policières et sur les pratiques policières courantes. Mises ensemble, ces connaissances nous autorisent à mettre de l'avant une stratégie pour prévenir aussi bien la violence familiale non mortelle que de nombreux homicides familiaux.

Le chapitre présente d'abord les éléments nécessaires à la compréhension de la violence familiale la plus grave, celle qui se termine par le décès de la victime. Il se poursuit par l'examen d'une série de recherches américaines portant sur l'impact de l'arrestation et de la présence policière sur la répétition de la violence conjugale. La troisième partie est la plus substantielle. Elle propose une stratégie de lutte contre la violence familiale en trois volets : 1) l'anticipation, 2) la pacification, 3) le désarmement.

POURQUOI LE PIRE EST-IL ARRIVÉ ?

La dynamique de la violence familiale grave nous est principalement connue par les recherches — fort bien documentées — sur divers types d'homicides familiaux. Nous y apprenons pourquoi et comment un drame familial finit quelquefois par la perte d'une vie humaine. La connaissance des raisons de la pire issue imaginable à un conflit domestique servira de point de départ à notre réflexion sur une stratégie de prévention.

Il existe quatre principaux types d'homicides familiaux différents par le rôle des protagonistes, leurs relations et leur motivation : 1) l'homicide conjugal perpétré par un conjoint jaloux ; 2) l'homicide d'autodéfense commis par la conjointe ; 3) le filicide perpétré par un parent abusif ; 4) le filicide commis par une mère suicidaire.

La possession et la domination de la femme

La manifestation la plus classique de la violence conjugale découle d'une volonté masculine de possession et de domination. Un homme plus jaloux que de raison revendique la propriété sexuelle exclusive sur sa conjointe et exige d'elle une soumission qu'il assure par une surveillance sans relâche. Il la frappe quand elle affirme son indépendance et quand elle n'est pas assez soumise à son goût. Il arrive qu'elle riposte. Les enjeux des altercations ne sont pas seulement la jalousie, mais aussi l'argent, les corvées domestiques, les enfants. L'homme devient vraiment dangereux quand il apprend qu'elle veut rompre, qu'elle lui est infidèle ou si elle le quitte définitivement. Il lui annonce alors qu'il préfère la voir morte plutôt que de la savoir dans les bras d'un autre. Quelquefois, l'homicide est le point culminant d'une altercation. D'autres fois, il est l'aboutissement d'un projet longtemps ruminé. Le meurtre apparaît comme une vengeance perpétrée par un homme à la fois enragé et désespéré au point d'envisager le suicide. Au Canada, 25 % des hommes se suicident après avoir tué leur conjointe (Daly et coll. 1995). Il arrive que l'homme, dans sa rage et son désespoir, élimine non seulement sa femme, mais encore ses enfants et toute personne qui se trouve sur son chemin. Quelquefois, il tue son enfant pour se venger de sa femme. Souvent, il pourchasse son ex-conjointe et la tue quelques semaines ou quelques mois après la séparation. Pour ce genre d'individus, la décision prise par la femme de rompre apparaît comme une provocation inexpiable. C'est pourquoi moins les couples sont stables, plus ce type d'homicide est fréquent. Les unions libres étant plus fragiles que les mariages, il s'ensuit que les homicides sont beaucoup plus nombreux parmi les conjoints en union de fait que parmi les couples mariés en bonne et due forme (Daly et Wilson 1988 ; Cusson et Boisvert 1994 ; Boisvert et Cusson 1999 ; Marleau et coll. 1999 ; Dubé et coll. 2004 ; Beattie 2005).

La riposte fatale de la femme battue

Il arrive que cette violence dominatrice et jalouse accule la femme à tuer. Une femme victime de coups répétés, menacée de mort, craignant pour sa vie et celle de ses enfants finit, au terme d'une ultime dispute, par tuer celui qui la terrorisait et la tyrannisait. Notons que, dans de tels cas, la motivation de la femme est très différente de celle de l'homme. Elle ne tue pas par jalousie, mais bien pour se défendre (Wilson et Daly 1992 ; Browne et coll. 1999).

L'excès de punitions parentales

La dynamique de la violence envers les enfants se démarque de celle qui éclate entre les conjoints. Il s'agit de coups — dans des cas extrêmes, ils causent la mort — portés par des parents qui ne parviennent plus à se maîtriser quand l'enfant pleure ou refuse d'obéir. Un jeune parent dont les compétences éducatives sont médiocres doit faire face à un enfant qui pleure ou qui, malgré les menaces, n'en fait qu'à sa tête. L'adulte interprète les pleurs et les désobéissances de l'enfant comme autant de provocations. Il le frappe alors de plus en plus fort au point de le tuer (Tedeschi et Felson 1994 ; Marleau et coll. 1999 ; Chamberland 2003 ; Dubé et coll. 2004).

Le filicide maternel associé à des troubles mentaux

Une jeune mère en détresse, isolée, abandonnée de tous envisage le suicide. Auparavant, elle tue son jeune enfant croyant que personne d'autre ne pourra en prendre soin et le rendre heureux. Ensuite, elle tente de se suicider. Il semble que la plupart de ces femmes souffrent de troubles mentaux — dépression majeure, psychose, trouble de la personnalité (Marleau et coll. 1995 et 1999 ; Dubé et coll. 2004).

QUE NOUS APPRENNENT LES RECHERCHES SUR L'ARRESTATION ET SUR L'INTERVENTION POLICIÈRE ?

Quelle intervention policière présente les meilleures chances d'empêcher un conjoint de battre de nouveau sa femme ? Pour répondre à cette question, nous disposons d'une série de recherches dont la valeur scientifique ne peut être récusée.

Faut-il arrêter et incarcérer les conjoints violents ?

En 1984, Sherman et Berk publient les résultats d'une expérience menée dans la ville américaine de Minneapolis (Sherman 1992). Les chercheurs et les policiers s'étaient mis d'accord pour laisser le hasard décider si une affaire de brutalité conjugale se solderait ou non par une arrestation suivie d'une brève détention. Quand la chance statuait que le suspect ne serait pas arrêté, les policiers lui demandaient de quitter les lieux, tentaient une conciliation ou lui donnaient un avertissement. Le résultat de la comparaison entre les deux types d'intervention fut spectaculaire: la détention des conjoints violents réduisait de moitié le taux de récidive. L'importance d'un tel résultat n'échappa pas au ministère de la Justice américain qui décida de subventionner cinq recherches sur le même modèle dans autant de villes. Mais leurs résultats laissaient perplexe, car, d'un site à l'autre, l'arrestation avait ou n'avait pas d'effet dissuasif. Par ailleurs, les chercheurs constatèrent que les conjoints violents ayant eu le sentiment d'avoir été traités avec respect et équité recommençaient moins fréquemment que ceux qui disent avoir été traités injustement et avec mépris. Dernier rebondissement, en 2001, Maxwell, Garner et Fagan reprennent toutes les données de ces recherches, fusionnent les cinq échantillons (nombre total de cas = 4032), calculent des mesures de récidive uniformes, standardisent l'analyse statistique et étendent la période de suivi sur deux ans. Leurs résultats sont plus nets:

1. Dans tous les sites, l'arrestation est suivie d'une baisse de la violence contre la femme qui en avait été la victime quand toutes les autres variables sont tenues constantes.

2. Quand l'indicateur vient des réponses des victimes à qui on demande, six mois après les faits, si elles ont été frappées de nouveau, la récidive des conjoints arrêtés et détenus est inférieure de 25% à celle des autres conjoints. Quand l'indicateur provient des données policières, la baisse est plus faible et non significative. Bref, l'effet dissuasif de l'arrestation accompagné d'une courte détention paraît réel mais modeste.

3. Nulle part l'arrestation n'est suivie d'une augmentation de la récidive.

4. Chez près de 70% des conjoints, arrêtés ou non, aucune récidive n'est enregistrée.

5. Une minorité, de l'ordre de 10% des sujets, se révèle être des conjoints violents chroniques. Qu'ils soient détenus ou non, ils recommencent à battre leur conjointe et sont responsables d'un fort pourcentage du nombre total d'agressions dans l'échantillon.

6. La durée de la détention n'a pas d'effet dissuasif (sa durée moyenne était de neuf jours).

Voici la ligne d'action qui se dégage de ces constatations. Arrêter et mettre en cellule un homme qui bat sa femme s'avère légèrement plus dissuasif que de le laisser en liberté, mais le bénéfice reste mince. Cette option ne peut donc être exclue, mais elle n'a rien d'une panacée, d'autant plus que la majorité des individus surpris à frapper leur femme ne recommencent pas, quoi qu'on fasse. Cependant, ces recherches nous éclairent peu sur la conduite à tenir face à un conjoint qui présente un danger imminent et grave; nous y reviendrons.

Faut-il appeler la police ?

Une recherche différente des précédentes met en rapport l'intervention policière et les violences conjugales subséquentes. Elle permet de répondre à la question suivante : quand les policiers interviennent, ont-ils des meilleures chances de faire reculer la violence conjugale que quand ils n'interviennent pas (Felson et coll. 2005) ?

L'analyse exploite les données d'un sondage américain de victimisation au cours duquel 2564 répondants victimes d'un conjoint ou d'un ex-conjoint avaient été interviewés 6 fois pendant une période de 3 ans. Cette méthodologie longitudinale permet de constater que 17 % des répondantes avaient été de nouveau victimisées par le même conjoint. Les interviewers demandaient aussi si la police avait été informée de l'incident initial (elle l'avait été dans 57 % des cas). L'analyse visait à vérifier si le signalement à la police avait été ou non suivi d'un nouvel épisode de violence conjugale. Quand les chercheurs tiennent constante l'influence de plusieurs autres variables (notamment, les antécédents violents et l'abus d'alcool), ils constatent que, lorsque la police est appelée, la probabilité d'une nouvelle victimisation est significativement plus faible que lorsqu'elle n'est pas appelée. De plus, les victimes qui appellent elles-mêmes la police ne s'exposent pas à des représailles plus fréquentes que celles qui ne l'avaient pas fait. Felson et ses collaborateurs obtiennent ce résultat en comparant la fréquence des nouvelles victimisations dans les cas où la victime a appelé la police et dans les autres cas où un tiers s'en est chargé. Les chercheurs constatent alors que la fréquence des récidives ne varie pas selon que l'incident est rapporté par la victime ou par un tiers. En d'autres termes, le conjoint violent ne semble pas spécialement porté à se venger quand c'est sa conjointe qui appelle la police.

Bref, quand les agents de police ont eu l'occasion d'intervenir, les risques d'une rechute dans la violence conjugale baissent très sensiblement. Ce résultat est encourageant pour les policiers. Il pourrait dissiper l'impression que leurs interventions sont futiles. Il est donc souhaitable d'inciter les citoyens — et d'abord les victimes — à appeler la police. Comment ? Si les policiers prenaient l'habitude d'agir avec rapidité, courtoisie, doigté, fermeté et équité, cela finirait par se savoir et les gens n'hésiteraient pas à les aviser.

Pacifier et apaiser

La recherche dont il vient d'être question débouche sur la conclusion que les policiers font baisser les risques de nouvel épisode de violence conjugale. Mais comment y parviennent-ils ? Que font-ils précisément ? La ligne de conduite des patrouilleurs intervenant en violence conjugale nous est connue grâce aux observations des pratiques policières, aux rapports d'entrevues de policiers et aux sondages de victimes (Banton 1964 ; Muir 1977 ; Black 1980 ; Bayley 1994 ; Drouin 2001 ; Manganas 2001 ; Mihorean 2005). Ces travaux mis ensemble donnent une bonne idée de l'action des policiers expérimentés quand ils prennent un problème de violence conjugale au sérieux et se soucient de bien faire. Dès la réception d'un appel signalant la possibilité de violence familiale, une voiture de police est dépêchée et arrive vite sur les lieux. Si le combat fait encore rage, les agents s'interposent et maîtrisent les protagonistes. Le calme revenu, ils les envoient dans des pièces différentes. Ayant inspecté les lieux, ils écoutent la version de chacun. Ils esquissent une médiation. Ils cherchent une solution au conflit, un accommodement. Si l'affaire ne paraît pas grave, ils donnent un avertissement clair à l'homme et lui enjoignent de quitter le domicile pour quelque temps. En cas de violence sérieuse, l'agresseur sera menotté puis conduit au poste. Et s'il ne paraît pas souhaitable que la victime reste à la maison, les policiers la reconduisent à l'hôpital, dans un refuge ou chez un parent ou un ami pouvant l'accueillir. Ils l'incitent à porter plainte ou encore ils s'en chargent eux-mêmes.

Cette ligne de conduite fondée sur le sens commun offre de bonnes chances d'apaiser les protagonistes et de stopper l'escalade. Elle dissuade l'agresseur et lui fait prendre conscience de ce qu'il a fait. C'est du moins ce que la recherche de Felson résumée plus haut nous autorise à penser.

UNE STRATÉGIE POUR PRÉVENIR LA VIOLENCE CONJUGALE GRAVE

Quelle stratégie proposer aux policiers en tenue qui sont appelés à intervenir dans les familles aux prises avec la violence conjugale ? Une première réponse nous vient d'un projet britannique ayant fait l'objet d'une évaluation.

Un projet d'intervention graduée sur les violences conjugales répétitives

Ce projet part de l'idée que plus les incidents violents antérieurs sont nombreux et sérieux, plus les mesures de surveillance, de contrôle et de protection devraient être nombreuses et strictes. L'intervention devrait donc être graduée, croissant en intensité au fur et à mesure qu'augmentent les risques d'un nouvel épisode de brutalité. Trois niveaux seront distingués. Il importe aussi de protéger la victime et de démotiver l'agresseur. La femme violentée devrait être entourée de mesures de sécurité et encouragée à parler de ce qu'elle a subi. Pour l'agresseur, c'est en lui faisant clairement savoir que sa conduite est intolérable et en mettant sa victime hors de sa portée qu'on court les meilleures chances de le démotiver.

Le premier niveau d'intervention s'adresse aux couples ayant fait l'objet d'un seul signalement à la police, au cours des 12 derniers mois. Après un examen des faits et du contexte, la victime fait l'objet des mesures qui suivent. Une lettre l'informe que la police prend l'affaire au sérieux et lui indique comment communiquer avec la policière spécialement affectée aux affaires de violences conjugales. Suivent quelques conseils de sécurité.

Un dispositif de surveillance policière est mis en place dans les cas où le conjoint a fait l'objet d'une accusation criminelle (ce qui signifie qu'il est soupçonné d'avoir commis un acte grave). Deux fois par semaine, et durant les six semaines suivant immédiatement les faits, un policier patrouille le secteur et se rend visible à la victime et à l'agresseur. On s'efforce même de faire coïncider les heures de la patrouille avec celles du premier épisode. De son côté, l'agresseur reçoit lui aussi une lettre. Elle contient un avertissement officiel et un énoncé de la politique du service de police en matière de violence conjugale. Si l'individu tombe sous le coup d'une accusation criminelle, la police s'assure qu'il respecte bien les conditions qui lui ont été imposées par le magistrat.

L'intervention passe au niveau deux quand la police doit se déplacer pour un deuxième incident. Aux mesures du premier niveau viennent s'ajouter la visite à domicile d'un constable, une offre de surveillance en cocon et le renforcement des protections physiques de l'appartement, quand le conjoint n'habite plus avec la victime. La surveillance en cocon consiste à demander aux parents, voisins et organismes communautaires d'être vigilants et d'appeler sans tarder la police au premier signe de danger. Pour sa part, l'agresseur reçoit un deuxième avertissement officiel et les policiers l'ont à l'œil.

L'intervention passe au niveau trois quand trois incidents ou plus ont été signalés à la police. Outre les mesures de niveau un et deux, la victime reçoit la visite d'un agent spécialisé en violence conjugale. Elle se voit offrir une alarme portative (*panic button*). Cette alarme a d'abord pour fonction de dissuader l'agresseur et, ensuite, de déclencher une intervention rapide de la police.

Pour fins d'évaluation, les chercheurs ont comparé la fréquence des répétitions de violence signalées à la police durant l'année 1997 (quand le projet a cours) à celles de 1996 (année de non-intervention). Cette comparaison fait voir que, durant l'année de l'intervention (1997), le nombre de cas où la police est appelée pour un 2e, 3e et 4e épisode est significativement plus bas qu'en 1996. Au cours de l'année 1997, le projet est de mieux en mieux rodé et le résultat est le suivant: la baisse des «revictimisations» est de plus en plus importante au fur et à mesure qu'on avance dans l'année. Autre résultat encourageant: l'intervalle de temps qui sépare deux appels à la police (entre le 1er et le 2e ou le 2e et le 3e incident) grandit (Hanmer et coll. 1999; Hanmer et Griffiths 2000).

Cinq principes d'action pour contrer la violence conjugale

Une autre manière de concevoir une stratégie de prévention de la violence conjugale grave consiste à énoncer les principes qui paraissent les mieux étayés par la recherche. Nous osons croire que si les policiers suivaient les cinq principes suivants, ils contribueraient à la prévention de la violence, et ils pourraient même sauver des vies humaines.

Premier principe, savoir anticiper le pire pour calibrer l'intervention en conséquence.

Les policiers peuvent-ils prévoir la récidive et l'aggravation ? La part de l'imprévisibilité restera toujours grande, mais nous connaissons plusieurs « prédicteurs » permettant de réduire l'incertitude. Le premier signal annonciateur de la violence à venir, c'est simplement la violence actuelle. En Grande-Bretagne, 35 % des femmes victimes de violence conjugale le seront de nouveau au cours des cinq semaines suivant le premier incident (Walby et Myhill 2000). Qui plus est, la violence de faible gravité est aussi un prédicteur de la violence très grave, notamment de l'homicide. En effet, il est établi que les homicides familiaux ont été souvent précédés par des violences de moindre gravité. Au Canada, dans 6 homicides familiaux sur 10 commis entre 1994 et 2003, des antécédents de violence avaient déjà été signalés dans la famille (Beattie 2005) ; aux États-Unis, de tels antécédents étaient présents dans deux tiers des cas d'homicides conjugaux (Campbell 2003). Des épisodes de violences antérieures sont aussi notés dans les trois quarts des homicides conjugaux commis par la femme (Campbell et coll. 2003). Au Québec, une recherche sur le filicide établit que 42 % des pères qui finissent par tuer leur enfant lui avaient déjà fait subir des mauvais traitements, et ils avaient été violents envers leur conjointe dans 57 % des cas (Dubé et coll. 2004). Enfin, les individus qui sont violents dans un contexte non familial ont aussi tendance à l'être dans leur famille. Le fait a été constaté en Suisse, où un sondage de victimisation sur la violence faite aux femmes établit que les hommes violents en général, c'est-à-dire hors du contexte familial, ont fortement tendance à aussi être violents envers leur conjointe (Killias et coll. 2005 : 79 et 109).

Le premier facteur de risque de l'homicide familial est donc un signalement de violence antérieure. Campbell a tenu compte de cette réalité quand elle a conçu et mis au point un instrument destiné à prévoir et prévenir l'homicide conjugal appelé *Danger Assessment*, grâce à une série de comparaisons entre des données rétrospectives sur des échantillons d'homicides conjugaux et sur des échantillons de violences conjugales non mortelles (Campbell 1995 ; Campbell 2005 ; Campbell et coll. 2000 ; Campbell et coll. 2003). Les comparaisons nous apprennent que les risques d'homicides augmentent significativement lorsque les faits suivants se sont produits :

1. Le conjoint a déjà menacé la femme avec une arme ou a proféré des menaces de mort.
2. Il y a une arme à feu à la maison.
3. Il a essayé de l'étrangler.
4. Il est constamment jaloux et il contrôle tous les faits et gestes de la femme.
5. La violence augmente en fréquence et en gravité.
6. Il a forcé sa conjointe à avoir une relation sexuelle.
7. Il abuse d'alcool et de drogue.
8. Il l'a battue quand elle était enceinte.

Des recherches semblables font repérer de semblables prédicteurs en Angleterre (Maguire et Brookman 2005). Notons qu'il tombe sous le sens que ces faits et gestes sont des signaux d'alarme inquiétants.

Par conséquent, les policiers qui sont appelés à intervenir dans une famille frappée par la violence pourraient s'enquérir des points suivants.

1. Dans le passé, a-t-on signalé à la police, aux urgences médicales ou ailleurs d'autres épisodes violents? Si oui, a-t-on noté un mouvement d'aggravation?
2. Des menaces de mort ont-elles été proférées?
3. La famille possède-t-elle une arme à feu?
4. Le conjoint est-il excessivement jaloux?
5. Abuse-t-il d'alcool ou de drogue?

Deuxième principe, si le danger est faible, l'intervention vise l'apaisement, le blâme et la dissuasion.

En cas de chicane de ménage sans gravité et en l'absence de signe clair de danger, les policiers visent trois objectifs. Premièrement, calmer le jeu, c'est-à-dire faire cesser les cris et les invectives, inviter chacun à s'expliquer calmement. Deuxièmement, blâmer, c'est-à-dire rappeler que la violence n'est pas acceptable. Troisièmement, dissuader : avertir que si cela recommence, ils n'auront d'autre choix que de sévir.

Troisième principe, quand le danger est élevé, l'intervention vise la neutralisation de l'agresseur et la protection de la victime.

Quand les policiers augurent le pire, l'agresseur doit être mis hors d'état de nuire. Au Canada, un juge peut émettre une ordonnance d'interdiction et de protection visant à empêcher un ex-conjoint violent de communiquer avec la victime ou de s'approcher de l'endroit où elle habite et travaille (Mihorean 2005). Si cela ne suffit pas, l'incarcération pourrait être envisagée. Même si son effet dissuasif est faible, l'agresseur est neutralisé au moins tant qu'il reste derrière les barreaux. Une surveillance intensive pourrait suivre. Le bracelet électronique, combiné à un GPS pour connaître les déplacements de l'individu, permettrait à un surveillant de savoir si un ex-conjoint violent s'approche de la résidence de son ex-conjointe et de déclencher une intervention en conséquence.

Un scénario de protection pour la victime vient compléter le dispositif (Rondeau et coll. 2002 ; Drouin et Drolet 2004). On conseille à la victime de ne plus retourner vivre avec son conjoint et de ne le rencontrer que dans des lieux publics ou en présence de tiers. On peut aussi lui fournir une alarme portative et un téléphone portable. On s'assure que la femme et les enfants sont hébergés en lieu sûr, par exemple dans un refuge sécurisé dont l'adresse n'est pas divulguée.

Quatrième principe, tenir compte du facteur temps. Des mesures d'urgence devraient être déployées dès qu'un conjoint violent réagit à une rupture par des menaces graves et un dispositif de protection devrait être maintenu après que la femme a quitté le domicile conjugal.

En matière de violence conjugale, «la période qui précède ou suit immédiatement une rupture de relation constitue un des moments où les risques de létalité sont les plus importants» (Drouin et Drolet 2004). Un homme maladivement possessif prend la décision de tuer quand il se rend à l'évidence que la séparation est irrémédiable ou quand il est placé devant le fait accompli. Or, il ne suffit pas à la femme de quitter le domicile conjugal pour être tout à fait à l'abri. Dans l'échantillon analysé par Felson, 77% des conjoints ne vivaient plus sous le même toit lors de l'agression. Dans la moitié des homicides conjugaux étudiés par Wilson et Daly (1993), la femme avait été tuée au cours des deux mois suivant la séparation (voir aussi Browne et coll. 1999). Si, au cours d'un processus de séparation, un conjoint jaloux annonce qu'il tuera sa femme si elle l'abandonne, cette dernière devrait alors partir vite et s'entourer de mesures de sécurité. Au bout de quelques mois, la colère de cet homme aura des bonnes chances de retomber et il passera à autre chose. Le danger s'estompe habituellement avec le temps qui passe.

Cinquième principe, désarmer les conjoints violents.

Le sens commun et les données des recherches s'accordent pour préconiser de retirer les armes à feu des familles dans lesquelles couve la violence. Les faits sur lesquels nous nous appuyons pour avancer que les armes à feu contribuent à faire monter les taux d'homicides familiaux ne manquent pas.

L'immense arsenal d'armes à feu entre les mains des civils américains (300 millions d'armes), pousse à la hausse les taux d'homicides conjugaux aux États-Unis (Browne et coll. 1999). Dans ce pays, en 1992, une arme à feu avait été utilisée par un homme pour tuer sa conjointe dans 60% des cas (Campbell et coll. 2003). En comparaison, au Canada, entre 1993 et 2003, 31% des homicides d'une conjointe avaient été perpétrés avec une arme à feu: deux fois moins qu'aux États-Unis (Beattie 2005). Une confirmation supplémentaire vient d'une comparaison internationale de 21 pays. On y constate une forte corrélation entre les pourcentages de foyers disposant d'une arme à feu et les taux de femmes tuées par de telles armes (Killias 2001: 321). La situation devient dangereuse quand un pistolet ou un fusil se trouve dans le lieu même où un violent conflit marital éclate. De plus, une arme à feu peut être utilisée pour menacer et terroriser la conjointe et les enfants.

Comment empêcher une personne violente d'avoir une arme à feu à portée de la main lors d'une dispute familiale? Les meilleurs spécialistes s'entendent sur le fait que le contrôle de la vente des armes à feu n'est pas un moyen bien efficace de prévention du crime. La mesure qui a fait ses preuves consiste à retirer les armes à feu en possession de criminels et autres individus dangereux (Ludwig 2005). En la matière, les contrôles devraient être mieux ciblés, ils devraient viser les situations et les individus violents. Par conséquent, les armes à feu trouvées en possession des auteurs de violence familiale devraient être systématiquement confisquées. Nos lois devraient donc donner aux policiers qui interviennent lors d'épisodes de violence familiale le pouvoir de perquisitionner, de fouiller et de confisquer sans tarder les fusils et pistolets se trouvant dans la maison. De plus, une fois qu'un accusé a été reconnu coupable d'un crime violent, son domicile devrait faire l'objet d'une perquisition dans le but de saisir toutes armes à feu pouvant s'y trouver (voir Cook et Moore 1999 et le chapitre 7 dans ce volume).

CHAPITRE 34

La sécurité et la prévention des pertes dans le commerce de détail

▶ ÉRIC BOUCHER ET MAURICE CUSSON

Dans le commerce de détail, la sécurité est un enjeu quotidien, car les problèmes comme le vol à l'étalage, le vol par des employés ou la fraude s'y posent avec des fréquences et une récurrence qui ne se trouvent pas ailleurs. Les commerçants n'espèrent pas vraiment éliminer tous les vols et toutes les fraudes, ils veulent plutôt limiter les dommages financiers causés par ce qu'ils appellent communément les pertes. Les marges de profit peu élevées de ce type de commerce justifient l'importance qu'ils accordent à la prévention des pertes.

Dans ce chapitre, nous concentrons l'attention sur les vols et fraudes commis par les employés, les clients et les livreurs. Nous traitons aussi des cambriolages dont les établissements commerciaux sont les victimes. Seront exclus de notre propos la violence ou le harcèlement en milieu de travail, les incendies, le vandalisme, les désastres naturels et les accidents. Nous excluons aussi les fraudes comptables perpétrées par les responsables des services financiers ou par les acheteurs ainsi que les vols à main armée.

LES SCÉNARIOS DE PERTES

Les résultats d'un sondage réalisé annuellement aux États-Unis indiquent que dans les commerces de détail américains, les pertes dues au vol interne, au vol à l'étalage, aux fraudes de fournisseurs et aux erreurs administratives représentent bon an mal an entre 1,5 % et 2,0 % des ventes des commerces (University of Florida 2005). Un sondage réalisé annuellement par le Conseil québécois du commerce de détail dresse un constat similaire. Ainsi, en 2004-2005, les commerçants québécois rapportent avoir perdu en moyenne 1,72 % de leurs ventes en raison de ces phénomènes (CQCD 2005).

Tous les commerces de détail sont exposés à des risques issus autant de la malhonnêteté des clients que de celle des employés et des livreurs. Il est possible de dresser un inventaire des principaux événements entraînant des pertes de profits en tenant compte des étapes typiques du processus commercial : 1) la réception des marchandises, 2) l'entreposage et la mise en vente, et 3) les transactions aux caisses (voir aussi : Hayes 1991).

Les pertes reliées à la réception des marchandises

L'étape de réception des marchandises est cruciale pour un commerce de détail, puisqu'une erreur ou une faute peut suffire à réduire le profit à zéro. Les pertes issues du processus de réception peuvent être causées par la négligence ou la malhonnêteté des employés, des livreurs ou des deux à la fois. Les scénarios les plus courants sont les suivants :

1. *Écarts dans la quantité de marchandises livrées.* L'employé signe un bon de livraison et accepte la marchandise malgré un écart entre la quantité indiquée sur le bon et la quantité reçue. Il peut s'agir d'une erreur mais aussi d'une fraude orchestrée par l'employé et le livreur.

2. *Écarts de retour de marchandises au fournisseur.* Parallèlement au scénario précédent, les quantités retournées, par exemple pour cause de non-conformité, ne correspondent pas aux quantités indiquées sur le bon de retour. Il peut encore une fois s'agir d'une erreur mais aussi d'une fraude.

3. *Vol par les livreurs.* Laissé à lui-même dans l'entrepôt, un livreur en profite pour voler de la marchandise pour ses besoins personnels ou pour les revendre. La proximité de son véhicule de livraison facilite sa tâche.

Les pertes reliées à l'entreposage et à la mise en vente

Les scénarios de pertes les plus courants à l'étape de l'entreposage et de la mise en vente sont les suivants :

1. *Le vol à même l'entrepôt.* Les employés peuvent profiter d'un relâchement de la surveillance et de la proximité d'un véhicule pour voler de la marchandise. Les boîtes à dîner et sacs à dos servent à dissimuler la marchandise afin de la sortir du lieu de travail en toute discrétion.

2. *La consommation de marchandises sans la payer.* Elle sévit là où il y a vente de denrées périssables, par exemple les marchés d'alimentation.

3. *Le vol à l'étalage.* Sans doute le plus connu de tous les vols commis par la clientèle. Individuellement ou à l'aide de complices, un client dissimule des articles sous ses vêtements ou à l'aide d'accessoires (parapluie, journaux, poussette). Les articles peuvent aussi être dissimulés dans d'autres articles payés par le client. Une pratique courante consiste aussi à vider le contenu d'une boîte pour la remplir de produits dont le coût est supérieur. Certains clients laissent volontairement des articles sous un panier au moment de passer à la caisse. Du point de vue du voleur, l'avantage de cette pratique est qu'il peut toujours prétexter un oubli, ce qui rend cette technique populaire auprès de monsieur/madame tout le monde. Des tests « clients mystères » effectués chez un propriétaire de plusieurs marchés d'alimentation démon-

trent que cette technique de vol fonctionne deux fois sur trois si aucune initiative n'est déployée pour la contrôler.

Les pertes reliées aux transactions aux caisses

C'est dans le cadre des opérations de caisses que se multiplient les possibilités de fraudes et de vols. Les scénarios entraînant des pertes sont nombreux :

1. *Le vol du contenu du tiroir-caisse.* L'employé assigné à une caisse vole simplement de l'argent comptant dans son propre tiroir-caisse. Dans certains cas, il peut s'agir d'un prêt à court terme, le montant étant remboursé par l'employé au lendemain de la paie. Dans le cas contraire, il y aura inévitablement « débalancement » de la caisse et des soupçons seront soulevés dès le premier contrôle, si contrôle il y a.

2. *La fraude par remboursement.* L'employé qui procède aux remboursements, en produit des faux et encaisse les montants. Les employés futés tentent de repérer les codes des superviseurs pour effectuer seuls des remboursements sans autorisation. Aussi, à l'aide d'une ancienne facture ou d'une facture trouvée près des poubelles du commerce, un client peut tenter de se faire rembourser un article qu'il a pris sur un étalage sans jamais l'avoir payé.

3. *La fraude par annulation.* En présence d'un client payant comptant, l'employé produit la facture, exige le montant total, reçoit l'argent du client, effectue une annulation, remet la monnaie au client sans la facture et encaisse la différence. La fréquence d'utilisation de la touche d'annulation fait généralement l'objet d'une surveillance accrue de la part du gérant des caisses.

4. *La fraude par bons de réduction.* L'employé utilise ou accepte des bons de réduction ne correspondant pas à la marchandise pour profiter des rabais. Il déduit des bons de réduction de transactions et encaisse la différence.

5. *Le vol des incitatifs promotionnels et chèques-cadeaux.* L'employé accumule les points ou vole les timbres des clients ne participant pas à différents concours ou incitatifs promotionnels. Il bénéficiera de rabais auxquels il n'aurait normalement pas droit.

6. *Le vol lors d'achats par des parents et amis.* L'employé n'enregistre pas tous les articles apportés à la caisse pour en faire bénéficier gratuitement ou à rabais des membres de sa famille ou certaines connaissances.

7. *La fraude par carte de crédit.* Un client paie ses articles avec une carte volée ou contrefaite. Si l'employé n'a pas effectué les vérifications exigées par l'institution bancaire, par exemple la comparaison entre la signature sur le reçu et celle derrière la carte, le commerçant pourrait se voir débiter le montant de la fraude.

8. *La fraude par chèque.* Un client paie ses achats avec un chèque volé ou sans provision. Pour se protéger, la plupart des commerçants n'acceptent

que les chèques des clients détenant une carte de membre du commerce. Ainsi, l'identité du client et sa solvabilité ont pu être établies au préalable.

9. *La monnaie contrefaite.* Un client paie ses articles avec de faux billets. Encore une fois, si le commerçant ne fait pas preuve de diligence raisonnable, son institution bancaire pourrait ne pas accepter de rembourser la valeur des faux billets.

10. *Les chèques-cadeaux contrefaits.* Un client paie avec de faux chèques-cadeaux ayant toute l'apparence de ceux émis par le commerçant.

11. *Le vol par l'utilisation d'autocollants.* Un client s'empare d'une roulette d'autocollants servant à signifier qu'un article trop volumineux pour être emballé vient d'être payé, appose un autocollant sur un produit quelconque et quitte le magasin sans être soupçonné.

De toute évidence, les commerces sont exposés à une diversité de délits et de crimes qu'on ne saurait énumérer ici de façon exhaustive. Le sondage annuel réalisé par l'Université de la Floride indique toutefois que le vol interne constitue la principale préoccupation des commerces de détail aux États-Unis. Ainsi, en 2001, 45,9 % des pertes étaient attribuables à ce phénomène, alors que le vol à l'étalage représentait 30,8 % des pertes. Cependant, la part de ce dernier serait passée à 34,0 % en 2004, et ce, en raison d'un accroissement des vols perpétrés par des gangs de criminels organisés. Ces derniers œuvrent en équipe pour subtiliser très rapidement de grandes quantités de biens (University of Florida 2005).

LA CONNAISSANCE DU MILIEU

Le commerçant tirera avantage d'une meilleure connaissance et compréhension de son milieu, et par conséquent des facteurs pouvant influencer son niveau d'exposition aux pertes. La réflexion doit porter sur l'environnement externe du commerce et l'environnement commercial et physique de celui-ci. Il faut aussi faire porter la réflexion sur les avoirs les plus attrayants pour les voleurs, et ce, avant même d'entreprendre une analyse des dispositifs déployés pour les protéger. Trop souvent, cette réflexion est négligée et il en résulte une multiplication des efforts de prévention mal ciblés et peu rentables.

L'environnement externe

La décision d'installer un commerce dans un environnement donné est d'abord et avant tout guidée par le bassin potentiel de clients. Force est d'admettre que les questions de sécurité font rarement partie de l'équation servant à prendre une telle décision et les responsables de la sécurité doivent composer avec cette réalité. Cela dit, il est crucial de saisir les défis que présentent certains facteurs hors du contrôle du commerce.

Par exemple, on sait que les services de police et les tribunaux sont surchargés, débordés par le volume des crimes commis dans l'espace public et chez les particuliers. Les vols à l'étalage et même les vols des employés paraissent aux yeux des policiers et des procureurs comme des broutilles qui ne méritent pas une enquête et encore moins un procès. Qui plus est, ces vols sont difficiles à détecter et les voleurs ne sont pas facilement attrapés. Dans ces conditions, la prévention reste le principal recours. Le commerçant qui concentre ses efforts uniquement sur la répression aura tôt fait de réaliser qu'elle n'est pas rentable si elle n'est pas combinée à des mesures de prévention.

Certains commerçants risquent d'outrepasser leurs droits en voulant se protéger contre les voleurs. Par exemple, ils apposent un cadenas sur toutes les portes extérieures d'un entrepôt, même à la sortie d'urgence, compromettant par le fait même la sécurité des personnes en cas d'évacuation.

Les environs immédiats d'un établissement commercial peuvent être associés à des risques particuliers qu'il est utile de connaître. Par exemple, un magasin situé à côté d'une école secondaire est exposé à des vols durant des heures précises. La surveillance des sacs à dos à l'heure du midi ou en fin d'après-midi est de mise. Quelques opérations de surveillance bien orchestrées conduisant à des arrestations au début de l'année scolaire offrent un certain potentiel de dissuasion pour les mois suivants. La proximité d'une station de métro ou d'un arrêt d'autobus ne peut aussi être ignorée.

L'environnement commercial et organisationnel

L'étendue et la nature des pertes dans les commerces de détail sont étroitement liées aux stratégies commerciales, lesquelles apportent leur lot de risques que l'on peut qualifier de dynamiques. Ces risques, pouvant entraîner à la fois des gains et des pertes pour le commerçant, exigent des responsables de la sécurité de travailler en étroite collaboration avec les gestionnaires des fonctions traditionnelles du commerce, et ce, afin de comprendre et d'approuver certaines décisions d'affaires susceptibles de compromettre la sécurité des avoirs. Surtout, cela permettra de reconnaître et de prévoir les risques de vols et de fraudes qui se cachent derrière chaque décision d'affaires.

Pour attirer la clientèle, les commerçants multiplient les promotions, concours et autres incitatifs qui comportent des risques de vols et de fraudes. Par exemple, si un commerçant distribue à sa clientèle une carte sur laquelle est apposé un autocollant identifiant chaque achat dans le but de lui octroyer éventuellement un rabais ou un cadeau, il aura avantage à exercer un contrôle serré sur les autocollants et les cartes.

Bon nombre d'emplois dans les commerces de détail sont peu attirants du point de vue de la rémunération, ce qui tend à augmenter le taux de roulement de la main-d'œuvre. De plus, de tels emplois sont souvent convoités par des étudiants ou d'autres personnes souhaitant travailler à temps partiel ou durant une période précise de l'année seulement. Le roulement du personnel n'est pas propice à la fraude, laquelle exige du temps pour détecter et exploiter les vulnérabilités d'un commerce. En contrepartie, il expose le commerce au vol par les employés.

L'environnement physique

Les commerces de détail peuvent difficilement échapper au dilemme : en multipliant les occasions de vente, ils créent des occasions de vol. Car c'est en exposant leur marchandise de manière attrayante et accessible qu'ils excitent la convoitise des acheteurs aussi bien que celle des voleurs. Ils sont alors inéluctablement forcés de se poser la question : comment minimiser les pertes dues au vol sans faire reculer les ventes (Cusson 2002) ? Le responsable de la sécurité doit donc reconnaître les caractéristiques de l'environnement physique ayant une influence sur le niveau de la menace.

Le paysage du commerce de détail est de plus en plus caractérisé par la multiplication des établissements à grande surface. Ce genre de commerce permet de réaliser des économies d'échelle importantes, mais permet aux voleurs à l'étalage d'échapper à la surveillance.

Un commerce risque plus d'être victimisé si on y offre des articles dont le rapport entre le poids, la grandeur et la valeur marchande est intéressant pour les voleurs. Par exemple, on sait que les cigarettes, les DVD et les produits de beauté sont des «produits chauds» en ceci qu'ils sont plus souvent volés que d'autres. Les objets les plus convoités par les voleurs présentent une bonne valeur de revente tout en étant faciles à voler et à dissimuler (Clarke 2003).

Une pratique courante pour attirer la clientèle est de procéder à des braderies sur les trottoirs qui augmentent la probabilité de gains mais aussi de pertes.

LES MESURES DE PRÉVENTION CONTRE LES VOLS ET LES FRAUDES

Le Conseil québécois du commerce de détail a réalisé en 2006 un sondage auprès de ses membres dans lequel on demandait quelles sont les mesures utilisées pour prévenir les pertes. Voici, dans l'ordre de fréquence, les moyens utilisés par plus de la moitié des répondants : la formation et la sensibilisation des employés, les systèmes d'alarme, la télésurveillance, la vérification des sacs à la sortie du magasin, les affiches contre le vol, les détectives de plancher (dans le magasin), les verrous, câbles et autres moyens de sécuriser la marchandise, les étiquettes antivol et alarmes fixées sur la marchandise, les «clients mystères» et les miroirs. Il est remarquable que la majorité des commerçants utilisent une grande diversité de mesures préventives. Ces moyens présentent presque tous des chances raisonnables de prévenir le vol et la fraude. Dans ce qui suit, nous discutons des principales mesures de prévention contre le vol ou la fraude dans le commerce de détail en nous appuyant sur la recherche, et principalement sur les évaluations scientifiques. Nous commençons par les mesures visant le personnel de vente, poursuivons en traitant du personnel de sécurité et terminons par un examen des différentes technologies disponibles.

La vérification de l'intégrité des futurs employés

On dit souvent que le meilleur congédiement a lieu à l'embauche. Cet adage traduit l'importance devant être accordée à une politique de vérification de l'intégrité des candidats à un emploi. Une entrevue de sélection ainsi que la vérification des références professionnelles, des plumitifs criminels et civils de même que du dossier de crédit sont autant de méthodes permettant de prendre une décision éclairée. Dans un contexte de pénurie de main-d'œuvre et de taux de roulement élevé, bien des commerçants estiment que de telles vérifications représentent un luxe qu'ils ne peuvent se payer. Il ne s'agit pas de rejeter du revers de la main un candidat ayant une tache à son dossier s'il possède la compétence recherchée, mais plutôt de faire le choix conscient de procéder tout de même à l'embauche de cette personne.

Le manuel d'accueil et les procédures

Un manuel d'accueil constitue un bon outil pour éduquer les employés sur les attentes de l'employeur. En plus d'exposer la mission et les valeurs de l'entreprise, ce manuel devrait inclure des normes de comportement et des politiques en rapport avec des enjeux tels que les conflits d'intérêts, le vol et la fraude interne ou les achats personnels. Le manuel devrait aussi préciser les conséquences auxquelles s'exposent les contrevenants et comprendre la signature de l'employé.

Une démarche de prévention repose aussi en bonne partie sur l'élaboration de politiques et de procédures faisant état de ce qui doit être fait de même que sur les marches à suivre sur le plan opérationnel. Des procédures en rapport avec la réception et le retour de marchandises, de même qu'en rapport avec les opérations de caisses sont incontournables.

Les programmes de sensibilisation des employés

Le travail d'éducation et de formation du personnel s'arrête trop souvent au moment de l'embauche. Dans les faits, une grande majorité d'employés signent le manuel d'accueil au moment où celui-ci leur est remis et ne consultent jamais son contenu par la suite. En cas de litige, on sort le manuel d'accueil du tiroir et on se rabat sur la signature de l'employé pour étayer une démarche de congédiement. On risque alors de voir un arbitre en relations de travail n'accorder que peu de valeur à cette démarche. Un programme de sensibilisation des employés non seulement protège l'employeur, mais encore fournit l'occasion de développer la vigilance des employés.

En effet, la vigilance des vendeurs apparaît comme une excellente mesure de prévention du vol à l'étalage. Même si cette mesure n'a pas été évaluée scientifiquement, nous avons de bonnes raisons de penser que les vendeurs vigilants qui vont au-devant des clients font reculer ce type de vol. Nous savons que la plupart des voleurs à l'étalage sont pusillanimes et aisément dissuadés (Carroll et Weaver 1986). Il suffit qu'un vendeur s'approche d'eux pour qu'ils renoncent à tenter quoi que ce soit.

Plusieurs évaluations démontrent que la surveillance sous toutes ses formes peut faire reculer la délinquance (voir le chapitre 29 portant sur la surveillance dans ce volume). Ces faits nous autorisent à penser qu'un bon moyen de prévention consiste à sensibiliser le personnel au vol à l'étalage et à l'encourager à garder les yeux ouverts. La fréquence des vols baissera si on fait connaître aux vendeurs les trucs des voleurs à l'étalage et si on les convainc à aller au-devant des clients, de garder à l'œil les clients suspects et d'intervenir en cas de besoin.

L'inventaire

Il est probable que l'inventaire lui-même produise un effet préventif : les voleurs qui savent que des pertes anormales seront détectées en cours d'inventaire se retiendront de passer à l'acte. C'est ainsi que, dans un commerce d'appareils électroniques du New Jersey, un inventaire très fréquent des articles les plus souvent volés fut suivi d'une forte baisse des vols (Masuda 1997).

Des logiciels contribuent à réduire les efforts consacrés à la prise d'inventaire et surtout d'économiser du temps précieux en matière de détection des anomalies. En effet, pour chaque produit, ces logiciels peuvent pointer les écarts entre ce qui devrait normalement se trouver sur les tablettes et ce qui s'y trouve en réalité. Par le fait même, les responsables de l'inventaire peuvent plus rapidement déterminer la cause des écarts : produits placés dans un mauvais étalage, surplus de produits expédiés par erreur, erreurs effectuées lors du décompte. Dans de tels cas, un rappel des procédures et de la formation s'impose. En contrepartie, si le mystère persiste après l'examen des erreurs potentielles, la piste du vol et de la fraude devrait être envisagée. Puisque le taux de résolution des problèmes tend à diminuer au fur et à mesure que le temps passe, l'utilisation d'un logiciel adapté apparaît incontournable pour les grands commerces devant effectuer des centaines de transactions d'inventaire par jour (Sheridan 2002).

Les détectives de magasins

Les détectives qui, dans les magasins, s'efforcent d'attraper les voleurs, sont au centre des dispositifs de lutte contre le vol à l'étalage dans plusieurs commerces. Cependant, leur efficacité est douteuse. Ces détectives ne réussissent pas à arrêter beaucoup de voleurs et quand ils y parviennent, l'arrestation est discrètement exécutée, ce qui veut dire que les autres voleurs ont peu de chances de s'en apercevoir. Attraper trois ou quatre voleurs alors qu'il en reste une centaine ignorant tout de ces arrestations ne peut dissuader que le petit nombre des individus arrêtés et leurs amis. Les autres, ne le sachant pas, ne pourront être intimidés. Pour ces raisons, l'impact dissuasif des détectives de magasins est faible. Cela dit, ces détectives pourraient apporter une contribution à la sécurité s'ils étaient utilisés comme une force d'appoint à d'autres mesures préventives comme la télésurveillance pour arrêter les voleurs.

Les agents de sécurité en uniforme

L'une des rares évaluations dont nous disposons sur les agents de sécurité en uniforme, montre que leur simple présence ne fait pas reculer les vols à l'étalage dans des magasins anglais (Farrington et coll. 1993). Cependant, un de ces deux agents n'avait aucune expérience et l'autre était un homme âgé nullement impressionnant. Il est raisonnable de penser que des agents expérimentés, actifs, vigilants, motivés et connaissant bien un magasin facile à surveiller réussiront à exercer une réelle pression dissuasive sur les voleurs. Nous verrons plus loin que des agents de sécurité peuvent rendre véritablement dissuasif un système d'étiquettes électroniques.

Pour prévenir les vols commis par les employés, certains commerces mandatent des agents de sécurité afin de vérifier, au moment où les employés quittent le commerce à la fin du quart de travail, le contenu de leurs effets personnels, par exemple les sacs à dos et les boîtes à dîner. Il est raisonnable de croire que cette pratique constitue une bonne mesure de prévention du vol interne pour autant qu'elle n'affecte pas le climat et les relations de travail. C'est pourquoi il est important d'obtenir le consentement d'un employé dès son embauche et de s'assurer que les vérifications sont effectuées systématiquement auprès de tous les employés ou de manière tout à fait aléatoire.

L'aménagement des lieux

Un aménagement préventif de l'espace intérieur d'un commerce apparaît comme une bonne mesure de prévention du vol, car il le rend plus risqué et plus difficile. La surveillance est facilitée par l'élimination des recoins, des cachettes, des étagères trop hautes et des angles morts. Il importe aussi que les sorties du commerce soient peu nombreuses et qu'elles soient contrôlées et surveillées. Pour prévenir le vol par les employés, leurs casiers personnels peuvent être réunis dans une salle commune plutôt que dans les aires de travail respectives, augmentant ainsi la surveillance entre eux. Pour les mêmes raisons, leurs véhicules personnels devraient être réunis au même endroit et à une distance raisonnable de l'entrepôt.

Les étiquettes électroniques

Les étiquettes électroniques (*electronic article surveillance*) sont utilisées de plus en plus fréquemment dans le commerce de détail. Leur fonctionnement est dorénavant connu : si l'étiquette n'a pas été désactivée ou retirée, une alarme se déclenche à la sortie du magasin. Leur impact a été mesuré à l'occasion de deux évaluations. Dans huit grands magasins de la côte ouest américaine, la direction décide de faire installer des étiquettes électroniques dans les rayons à vêtements (les plus touchés par le vol). Cela fait, les inventaires permettent d'estimer que ces systèmes font baisser les pertes de 47 %, en moyenne, ce pourcentage grimpant jusqu'à 80 % dans l'un des magasins. Par ailleurs, dans huit autres magasins comparables ne disposant pas de cette technologie, les pertes avaient tendance à augmenter. Étant donné que les déficits d'inventaires avaient baissé à des niveaux très bas dans les rayons protégés, la direction décide de replacer les appareils ailleurs. Les étiquettes électroniques sont retirées des vêtements. Malgré tout, pour bluffer les voleurs, on décide de laisser les caissons des appareils à la sortie des rayons du magasin. Cependant, les voleurs ne mordent pas à l'hameçon. Immédiatement, les pertes augmentent pour atteindre le niveau antérieur à l'installation des systèmes. Ce fait pousse la direction à réinstaller les systèmes de surveillance électronique. Il s'ensuit une nouvelle baisse importante de la fréquence des vols, et cette baisse se maintient des années durant (Dilonardo, 1997). De cette expérience, trois leçons se dégagent : 1) les étiquettes électroniques font baisser les vols significativement, 2) le succès de l'opération ne s'explique pas par l'arrestation des voleurs mais par l'augmentation des risques perçus, 3) les voleurs ne sont pas stupides. Ils s'aperçoivent vite que les appareils ne fonctionnent plus et ils recommencent à voler de plus belle. Pour produire son effet, cette mesure préventive doit donc continuer d'être en opération.

Une autre évaluation réalisée en Angleterre nous fournit des enseignements supplémentaires (Bamfield 1994). Une chaîne de grands magasins souffrait de niveaux élevés de vols à l'étalage aggravés par les comportements de clients agressifs qui menaçaient et même attaquaient les employés. La présence de détectives de magasins n'y faisait rien. La solution adoptée dans le projet qui fut évalué consista à faire installer dans quatre magasins un système d'étiquettes électroniques d'excellente qualité et de poster un agent de sécurité à la sortie (ce garde avait pour mission d'intervenir chaque fois que l'alarme se déclenchait et de contrer la violence). De plus, l'administration centrale s'assura que les gérants de ces magasins étaient motivés et participaient activement au projet. Au terme de l'évaluation, on enregistra des réductions des pertes qui s'établissaient comme suit dans les quatre magasins : -44 % ; -40 % ; -22 % et +5 %. Le résultat anormal du quatrième magasin déclencha une enquête qui fit découvrir et arrêter quatre employés complices dans l'organisation de vols. Bamfield (1994) conclut que, pour être efficace, un système d'étiquettes électroniques ne doit pas être conçu comme un produit, mais comme un processus, c'est-à-dire un ensemble d'éléments dans lequel, aux étiquettes, viennent s'ajouter les agents de sécurité et la participation active des gérants.

Notons toutefois qu'il existe des tactiques pour déjouer la surveillance par étiquettes électroniques. Par exemple, les voleurs peuvent sortir le produit de l'emballage sur lequel l'étiquette est collée ou l'étiquette peut être arrachée ou décollée. Les voleurs peuvent aussi placer l'objet par-dessus ou en dessous de la zone balayée par le détecteur en profitant de l'inattention du personnel, placer le produit dans un sac isolant ou tout simplement sortir du commerce en courant. Ces stratagèmes réduisent l'efficacité de la mesure mais ne l'annulent pas (Clarke 2003). Soulignons finalement que le commerçant a avantage à ne pas révéler à tous ses employés les produits dans lesquels a été dissimulée une étiquette électronique, puisque, combiné à une directive obligeant à quitter le magasin par l'entrée principale, ce système peut contribuer à dissuader aussi le vol interne de marchandises.

La télésurveillance

Les systèmes de surveillance par caméras ne sont pas durablement efficaces contre le vol à l'étalage. Lorsqu'ils viennent d'être installés, un certain effet est noté, mais il s'estompe assez rapidement. Le vol à l'étalage résulte d'un acte furtif et preste difficile à percevoir. Pour le détecter, des appareils de surveillance sophistiqués et une attention très soutenue sont nécessaires. Or, il est difficile pour un surveillant placé devant des moniteurs de rester attentif durant de longues heures (voir le chapitre 31 sur la télésur-veillance dans ce volume).

Toutefois, grâce aux systèmes numériques, la surveillance par caméras peut de plus en plus être utilisée à des fins d'analyse stratégique. Ainsi, on peut cibler des produits particuliers avec les caméras et programmer ces dernières de manière à enregistrer l'image seulement lors du déplacement desdits produits. La comparaison entre les images isolées par le système et les rapports de vente se fait dorénavant en un temps record, améliorant par le fait même la réaction préventive.

Les caméras de surveillance à des fins de prévention doivent être utilisées avec prudence, car si elles s'avéraient trop intrusives, elles pourraient nuire au climat et aux relations de travail et entraîner des dommages encore plus importants que ceux qu'elles cherchent à prévenir. Les caméras devraient être orientées vers les actifs à protéger et les accès au commerce et non vers les employés.

Les câbles de sécurité et les serrures

Ces systèmes de protection physique peuvent prévenir à moindre coût. La marchandise précieuse peut être attachée par un câble cadenassé, notamment près des caisses. De plus, un outil de travail tel que l'étampe de réception des marchandises devrait toujours être conservé dans un tiroir ou un contenant verrouillé afin de réduire le risque qu'un livreur estampille un bon de livraison à l'insu du préposé à la réception et quitte l'entrepôt sans laisser la marchandise sur place.

LES CAMBRIOLAGES

Les introductions par effraction posent de sérieux problèmes à certains établissements commerciaux : ceux-ci se font cambrioler à répétition et ils essuient des pertes importantes. Comme le cambriolage est un délit singulièrement difficile à élucider pour la police, ici aussi la prévention s'impose. L'excellent guide sur le sujet préparé par Clarke (2002) passe en revue un ensemble de quatre catégories de mesures qui offrent de bonnes chances d'être efficaces.

1. Assurer la protection physique des magasins. Il va de soi que les portes et les serrures d'entrée devraient être solides et l'établissement équipé d'un système d'alarme.

2. Mettre l'argent et les objets de valeur hors de portée. Durant la nuit, on devrait les cacher, les mettre dans un coffre-fort et retirer de tels objets des vitrines.

3. Bloquer la route de fuite des cambrioleurs. La nuit, s'il n'y a aucun employé dans le magasin, les portes ne devraient pas pouvoir s'ouvrir de l'intérieur.

4. Maintenir une présence quand le magasin est fermé. Si l'embauche d'un agent de sécurité apparaît comme une mesure trop coûteuse, le commerçant pourrait recruter une équipe de nuit pour faire le ménage et d'autres tâches. En Angleterre, l'aménagement d'un appartement locatif au deuxième étage de magasins a permis de prévenir de nombreux cambriolages.

L'ENQUÊTE DES INCIDENTS

Malgré tous les efforts de prévention, des vols et des fraudes sont pratiquement inévitables. C'est pourquoi il faut prévoir une politique et des procédures d'enquête des incidents.

L'enquête constitue le point d'ancrage d'une saine gestion des incidents. Elle permet de valider les allégations de vol ou de fraude, de déterminer comment s'est déroulé le délit, d'estimer les pertes financières et, idéalement, de confirmer l'identité des coupables. Cela dit, même si les fautifs ne peuvent être identifiés et interpellés à tout coup, l'enquête représente un excellent exercice d'apprentissage à partir duquel on doit tirer une leçon. Elle constitue une occasion de détecter les vulnérabilités du commerce et de procéder à des ajustements sur le plan préventif.

Peu importe son envergure, l'enquête doit être planifiée avec soin et comporter cinq étapes.

1) L'analyse documentaire permet d'écarter la possibilité d'erreur administrative. Selon la nature de l'incident, il peut être nécessaire d'analyser les rubans d'enregistrement des caisses, le registre des dépôts, les bons de réception et d'expédition, les horaires de travail, le journal d'armement et de désarmement du système d'alarme et ainsi de suite. Dans tous les cas, il est primordial de conserver en lieu sûr toute la documentation pouvant éventuellement servir de preuve.

2) Des entrevues avec des cadres, des employés, des fournisseurs ou autres collaborateurs seront nécessaires. Il ne s'agit pas ici de procéder à des interrogatoires, mais plutôt de recueillir des données de base sur l'événement de manière à le documenter et à confirmer ou infirmer certains renseignements tirés de l'analyse documentaire.

3) Une étape d'enquête dite active peut être nécessaire pour recueillir des informations supplémentaires sur certains suspects, à partir des plumitifs criminel et civil, des antécédents de crédit, de fichiers sur les faillites, etc. Il arrivera même que l'on mène des opérations visant à observer certains suspects dans le but de confirmer des activités malhonnêtes : achats « mystères », surveillance par caméras cachées, infiltration. L'approche choisie doit somme toute être cohérente et proportionnée à la nature du problème.

4) Il convient par la suite de formuler des hypothèses et d'identifier les contrevenants. On devra interroger ces derniers en ayant en main tous les éléments de preuve disponibles.

5) Au terme de la démarche, le commerçant peut opter pour différentes formes de mesures disciplinaires à l'égard d'un employé fautif, en fonction de la gravité du geste et de sa récidive. Il peut s'agir d'une réprimande verbale ou écrite, d'une suspension, d'un congédiement ou de poursuites criminelles et civiles.

Peu importe l'approche choisie, les moyens sélectionnés et les mesures disciplinaires envisageables, il est impératif que le commerçant assume ses responsabilités morale et légale tout au long de la démarche d'enquête. Une attention particulière doit être accordée au respect des droits de la personne, des normes du travail et des conventions collectives.

Le débat persiste sur la pertinence de poursuivre ou non les voleurs à l'étalage devant les tribunaux. Selon certains, ne pas poursuivre lance le message pernicieux selon lequel, dans tel établissement, on ne risque rien à voler. Pour d'autres, cela a peu d'importance parce que les voleurs ne communiqueraient pas entre eux (Longmore-Etheridge 2001). Chacune de ces positions possède sans doute une part de vérité. Si, dans un commerce, on choisit l'option de poursuivre devant les tribunaux les voleurs à l'étalage, il faut mettre en place des politiques et des procédures pour éviter des poursuites pour fausses arrestations, lesquelles peuvent entraîner des coûts nettement supérieurs aux vols eux-mêmes. Une étude américaine sur 235 cas de poursuites pour fausse arrestation entreprises par des clients contre des commerçants établit que, dans 47 % des cas, les clients ont entrepris des poursuites après avoir été acquittés ou après que le commerçant ait abandonné la cause (Patrick et Gabbidon 2004). Si le commerçant ne dispose pas de bons motifs ou de preuves solides, il ne devrait pas procéder à une arrestation. Et advenant le cas où il décide d'aller de l'avant avec des poursuites devant les tribunaux, il a intérêt à investir les ressources nécessaires pour aider son procureur à monter un solide dossier.

Finalement, une pratique de plus en plus populaire dans le domaine de la prévention des pertes consiste à se tourner vers les tribunaux civils afin d'obtenir une compensation financière de la part du voleur, celle-ci couvrant généralement le montant du vol ainsi que des frais pour la gestion de l'affaire. Chaque juridiction fixe ses propres conditions et limites en ce domaine (Longmore-Etheridge 2001).

LES CONDITIONS D'UNE SÉCURITÉ EFFICACE

Il ne suffit pas de disposer du personnel et des mesures potentiellement efficaces pour lutter contre les vols et les fraudes, encore faut-il que ces ressources soient utilisées adéquatement. Quelles pourraient être les conditions à réunir afin de maximiser les chances d'obtenir un retour sur l'investissement à la hauteur des attentes? Dans ce qui suit, nous indiquons trois conditions à respecter pour que les mesures de protection soient pleinement efficaces.

Combiner et intégrer les mesures

Ce que nous savons des délinquants conduit à préconiser de combiner plusieurs mesures préventives pour créer un programme intégré. En effet, il serait surprenant qu'une seule mesure assure l'étanchéité de la protection. Différentes brèches ne pourront être colmatées que par l'addition de mesures variées. Il faut viser la bonne combinaison entre l'aménagement des lieux, les systèmes, les politiques et les ressources humaines pour contrôler les accès, surveiller et intervenir si nécessaire. Ces trois dernières fonctions doivent d'ailleurs être perçues comme un continuum: d'abord protéger physiquement le commerce, ensuite garder le commerce sous observation et, enfin, passer à l'action à la suite de la détection d'un incident ou d'une menace de vol. Ce concept est illustré à la page suivante par la figure 1.

Concentrer les efforts sur des cibles précises et là où le besoin s'en fait le plus sentir.

Pour maximiser l'efficacité préventive, il est recommandé de concentrer les mesures préventives sur les secteurs les plus problématiques, tout en assurant une couverture minimale sur tous les autres secteurs du commerce. Les mobilisations au cours desquelles l'effort préventif se porte là où les problèmes se posent de manière plus aiguë qu'ailleurs apparaissent comme un

Figure 1 • Les mesures et objectifs de prévention

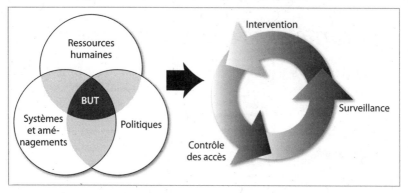

bon moyen de mettre le personnel sur la brèche, en plus de tirer le meilleur profit des investissements en systèmes et technologies.

Annoncer les mesures préventives et en souligner la visibilité

La publicité amplifie l'efficacité des mesures préventives contre le vol à l'étalage. La plupart des individus tentés par ce genre de vol battent en retraite devant le moindre risque. Leur calcul est simple : chaque vol pris individuellement rapporte peu ; il ne vaut donc pas la peine de prendre des risques pour un gain médiocre. Encore faut-il que les voleurs sachent que des mesures ont été mises en place. Pour cela, il est de bonne guerre de souligner la visibilité du personnel de sécurité et des équipements. C'est ce qui se fait souvent : on met les agents de sécurité en uniforme ; on souligne la présence des caméras par des affiches ; on installe à la sortie des magasins des détecteurs qui ne peuvent pas passer inaperçus. De ce point de vue, la politique des grands magasins qui consiste à afficher les règlements dans les cabines d'essayage apparaît comme une bonne idée. Pour prévenir le vol interne, des messages ou des thèmes insérés dans l'enveloppe de paie, dans les casiers ou sur un babillard installé dans la salle de repos peuvent aussi démontrer aux employés que le commerçant prend la prévention des pertes au sérieux. Bref, le responsable de la sécurité devrait mettre en scène le déploiement du programme de prévention du commerce.

CHAPITRE 35

La sécurité dans une tour de bureaux

▶ LUCIE DUPUIS

INTRODUCTION

Pour bien décrire les activités de sécurité dans une tour de bureaux, nous établirons un parallèle avec les activités économiques d'une petite ville et sa population active. Nous retrouvons dans une petite ville des entreprises dans les secteurs industriels, commerces de détail et bureaux, des organismes publics, une population active et des gens qui ne sont que de passage. Une segmentation presque identique caractérise une tour de bureaux. Outre les bureaux qui occupent le gros de l'espace, on y trouve un secteur commercial situé dans la galerie marchande ou au rez-de-chaussée. L'achalandage créé par la circulation des occupants et les gens de passage est stratégique pour la survie des commerces et pour la vie active de l'immeuble. Ce secteur regroupe les services de restauration, de nettoyage, d'agents de voyages, de soins de santé, d'esthétique, des boutiques de vêtements. Occasionnellement, des commerces sont présents aux étages de la tour de bureaux, telles une agence de voyages, une clinique médicale ou de soins dentaires.

Le troisième secteur est peu connu du grand public, puisqu'il s'agit d'espaces en arrière-plan. Ces espaces sont non accessibles au grand public ; ils sont utilisés pour des activités d'entreposage, de cuisine pour restaurateurs ou services de traiteur, de reproduction de documents, d'assemblage, de salles techniques et mécaniques. Il s'agit en fait du secteur industriel de la petite ville que constitue la tour de bureaux, compte tenu de la présence de machineries ou des activités de production ou de transformation telles que : impression de documents, développement de photos, nettoyage de vêtements. Ces activités entraînent l'utilisation et l'entreposage de produits chimiques générant certains risques pour l'immeuble. Finalement, pour assurer l'ordre et la paix publique, le service de sécurité fait office de service de police, de pompiers et d'ambulanciers de première ligne.

Ce chapitre vise à dresser un portrait général de la sécurité dans une tour de bureaux. Dans un premier temps, l'aspect dit territorial des espaces privés *versus* ceux qui sont publics et les responsabilités des principaux joueurs seront abordés dans le but de mieux cerner les obligations et les attentes respectives de ces différents intervenants. Par la suite, nous aborderons la sécurité d'une tour de bureaux selon l'approche du facteur humain. Pour ce faire, nous examinerons le rôle que jouent le directeur de la sécurité et les membres de son équipe, et les liens étroits qu'ils doivent tisser avec le personnel d'exploitation de l'immeuble et les fournisseurs en sécurité. Trop souvent encore, le mot sécurité rime automatiquement avec technologies. Nous aborderons ces dernières en considérant qu'elles sont au service de la sécurité au même titre qu'un outil pour un ouvrier ou un logiciel de traitement de texte pour un rédacteur. Nous terminerons en dressant un portrait des activités de prévention, des interventions et des situations perturbantes auxquelles les équipes de sécurité ont à faire face.

LES ESPACES COMMUNS ET LES ESPACES PRIVÉS

Les espaces communs sont des espaces de l'immeuble à l'usage de l'ensemble des occupants ou pour le bon fonctionnement de l'immeuble. Parmi ceux-ci, notons les corridors de circulation, les halls d'entrée, les ascenseurs, les toilettes publiques, les salles mécaniques, électriques et de communication, les aires de stationnement, le bureau de la sécurité. L'équipe de sécurité est responsable de l'ensemble des interventions dans ces espaces.

Contrairement aux croyances générales, la galerie marchande d'un immeuble de bureaux n'est pas un espace public au même titre que la rue ou le trottoir. Il s'agit en fait d'un espace privé, appartenant à un propriétaire, mais ouvert au grand public. Par conséquent, le propriétaire de l'immeuble est libre de l'administrer à sa guise et de donner accès ou non aux gens de l'extérieur. Une bonne démonstration de leur liberté d'action fut la décision prise par plusieurs propriétaires immobiliers canadiens d'implanter un environnement sans fumée dans leur galerie marchande ou leur aire de restauration bien avant que des lois ne l'exigent. Le personnel de sécurité a pour mandat d'assurer la sécurité dans la galerie marchande par la prévention des vols, l'arrestation des voleurs, en faisant circuler les flâneurs.

Les espaces loués et occupés par les locataires sont des espaces privés pour usage exclusif de ces derniers. L'espace loué peut être un commerce, un bureau, un restaurant, un bar, une terrasse, un cinéma, ou autres. Les locataires ont la responsabilité d'assurer leur propre sécurité dans leurs espaces respectifs. Les locataires sont donc libres de permettre l'entrée ou non d'un individu et de faire appel au service de la sécurité de l'immeuble pour les assister lors d'une arrestation pour vol à l'étage ou pour expulser une personne indésirable. Le locataire peut conclure une entente contractuelle pour la fourniture de biens ou de services de sécurité avec l'équipe de sécurité de l'immeuble ou une entreprise externe.

LES RESPONSABILITÉS RESPECTIVES

Pourquoi aborder la sécurité des tours de bureaux en parlant d'emblée du propriétaire d'un immeuble et du gestionnaire immobilier? En réalité, ce sont eux qui détermineront l'importance accordée à la sécurité dans leur immeuble.

Le propriétaire

Par définition, le propriétaire possède l'immeuble. Il peut décider de gérer lui-même son immeuble, nommer un gestionnaire immobilier interne ou en confier la gestion à une firme spécialisée.

Le propriétaire qui vise à conserver son immeuble à long terme sera généralement plus enclin à vouloir protéger son investissement et acceptera un retour de son investissement sur une plus longue période de temps. À l'opposé, le propriétaire qui considère son immeuble comme un des éléments d'un portefeuille de placements de courte durée voudra optimiser le retour de son investissement à court terme afin de rendre son immeuble attrayant et d'être en mesure d'en disposer rapidement. Par conséquent, dès son entrée en poste et afin de lui permettre la mise sur pied d'un plan d'action approprié, un directeur de sécurité doit s'informer des objectifs à court et à long terme du propriétaire afin de mieux saisir ses besoins et ses attentes.

Le gestionnaire immobilier

Le gestionnaire immobilier mandaté par le propriétaire devient un représentant de ce dernier et ses décisions seront prises en fonction des attentes du propriétaire. La principale responsabilité du gestionnaire immobilier est d'assurer une pleine jouissance des lieux aux occupants. En fait, il doit voir à ce qu'ils puissent vaquer à leurs affaires librement en leur offrant un milieu agréable et stimulant à des coûts compétitifs.

Le bail est l'entente contractuelle intervenant entre le propriétaire (ou son représentant autorisé) et le locataire. Ce document peut parfois s'avérer très volumineux et prévoir des clauses restrictives de part et d'autre. Certains baux contiennent même des clauses spécifiques sur la sécurité dans l'immeuble, ce qui aura pour effet de préciser les rôles et responsabilités des intervenants. De plus, la possibilité de poursuites ou de réclamations de toutes sortes ainsi que le renouvellement du bail sont des préoccupations majeures du propriétaire, du gestionnaire immobilier et, par ricochet, influent sur l'embauche d'une équipe de sécurité.

C'est l'importance que le gestionnaire immobilier accorde à la sécurité qui déterminera les ressources qui seront attribuées à la sécurité. Un investissement en sécurité dans un immeuble n'a pas un impact visuel aussi important et immédiat que la rénovation d'un hall d'entrée. La difficile tâche de choisir entre l'esthétique de l'immeuble, le confort ou la sécurité des occupants revient au gestionnaire immobilier. Les préoccupations du gestionnaire immobilier sont d'abord et avant tout d'ordre financier. S'il n'atteint pas les objectifs de rentabilité du propriétaire, il sera tout simplement remercié.

En plus des considérations contractuelles et financières, le gestionnaire immobilier doit s'assurer que tout le personnel sous son autorité et son immeuble respecte les lois et règlements en vigueur. Il ne peut donc pas se libérer de son obligation en déléguant les responsabilités au personnel de son équipe. Même s'il est secondé d'un directeur de la sécurité, le gestionnaire immobilier est ultimement responsable de maintenir un plan d'évacuation à jour et de former les équipes d'urgence. À cela s'ajoute, lors des interventions du personnel de sécurité, le respect de la charte des droits et libertés, ainsi que le respect des lois concernant la protection des renseignements personnels et de la vie privée, l'accès à l'information, la prévention du harcèlement en milieu de travail, l'exercice du pouvoir d'arrestation par les agents de sécurité, la gestion des matières dangereuses, la communication aux autorités locales des risques générés dans son immeuble, l'application des articles du code civil et du code criminel en lien avec ses activités et le développement d'un plan d'intervention à l'intention du service des incendies et des intervenants d'urgence, etc. En plus de ces obligations, le gestionnaire immobilier doit respecter les réglementations relatives à l'environnement, la santé publique, la salubrité, l'affichage, et bien d'autres.

La sécurité des espaces communs est la responsabilité du propriétaire. Celui-ci a en outre la responsabilité de maintenir en bon état les systèmes de protection contre les incendies pour tout l'immeuble, bien que certains propriétaires transfèrent cette responsabilité à leurs locataires, tels les restaurateurs (exemple : systèmes d'extinction des hottes de poêle).

Dans le but de simplifier la lecture du texte, le terme propriétaire inclura automatiquement le gestionnaire immobilier, à moins qu'il soit nécessaire de le nommer spécifiquement.

Occupant — locataire

Dans une tour de bureaux, on fait une distinction entre un locataire et un occupant. Le locataire est l'entreprise signataire du bail et cette entreprise peut occuper son espace ou pas. Il arrive régulièrement que le bail soit négocié et signé par une grande société dont le siège social est situé dans une autre ville, alors que les espaces seront occupés par une filiale ou par un sous-locataire. Par conséquent, l'occupant est celui qui occupe réellement les lieux. En raison de la présence de ces différents joueurs, la gestion des communications avec les locataires et occupants est parfois fort complexe. L'équipe de sécurité de l'immeuble doit gérer les canaux de communication. Lorsque survient une situation ayant perturbé les activités de l'occupant, telle une crise ou une mesure d'urgence, d'autres intervenants viennent s'ajouter : avocats, représentants des assureurs, spécialistes en environnement ou en hygiène du travail, enquêteurs. Dans ce présent texte, nous tenons pour acquis que l'occupant a les mêmes responsabilités que le locataire.

Le locataire a la responsabilité de prendre connaissance du plan de sécurité incendie du propriétaire, de communiquer l'information à son personnel, de mettre sur pied son équipe d'urgence et de coordonner ou donner la formation requise pour faire face aux situations urgentes. Il revient également au locataire de développer et maintenir à jour un plan des mesures d'urgence, un plan de relève opérationnelle, un plan de continuité des affaires. Le locataire doit également maintenir à jour toute information dont le propriétaire a besoin pour actualiser son plan de mesures d'urgence (exemple : noms et coordonnées des membres des équipes d'urgence, les personnes à mobilité réduite, l'emplacement des matières dangereuses dans les locaux du locataire). De plus, le locataire doit signaler au propriétaire tout risque qu'il fait encourir à l'immeuble et à ses occupants par la nature de ses activités.

Habituellement, la responsabilité de la sécurité des espaces du locataire porte sur l'intérieur de son local et inclut les portes d'accès et les murs. Lorsqu'un événement survient dans ses locaux, tel le vol d'un portable ou d'effets personnels, le locataire s'attend à ce que le service de sécurité remplisse un rapport d'événements qui servira de preuve face aux assureurs. En cas de vol, les locataires sont portés à croire que des étrangers sont entrés dans leurs bureaux ou que le voleur est un employé de l'entretien ménager ou de la sécurité, puisque ce sont les seules personnes présentes dans l'immeuble après les heures d'ouverture : les locataires admettent difficilement que la grande majorité des vols sont commis à l'interne.

Le rôle du directeur de la sécurité

La meilleure façon d'illustrer le rôle que joue le directeur de la sécurité est de le qualifier de chef d'orchestre. Pour assurer la sécurité de son immeuble, il doit connaître les activités courantes liées à la sécurité d'une tour de bureaux, à la gestion des équipements de sécurité, aux mesures d'urgence, à la prévention des incendies, aux lois et réglementations en vigueur. Il est responsable de l'administration et de l'exploitation du système de télésurveillance, du contrôle d'accès et de la serrurerie, des patrouilles, du système d'alarme incendie, du système de détection d'intrusion et de tout autre équipement. Il aura à former et à superviser le personnel qui relève de lui ; il planifiera et contrôlera le budget de sécurité pour son immeuble. Il dirigera les opérations d'urgence et s'assurera de coordonner la communication afin de reprendre ou de maintenir le contrôle lors d'une situation perturbante ou de crise. Il devra développer des contacts avec différents intervenants tels les services policiers et incendie, les ambulanciers et les immeubles limitrophes. Il sera appelé à faire des recherches et des enquêtes. En outre, le directeur de la sécurité pourra avoir à procéder à l'inspection de l'immeuble et des espaces des locataires afin d'identifier les facteurs de risque touchant l'environnement, la prévention des incendies et les règlements du propriétaire.

Parmi les activités quotidiennes du directeur de la sécurité, signalons le contrôle des accès, le suivi des anomalies identifiées pendant les patrouilles et les assignations du personnel de sécurité. Outre ces activités habituelles, le directeur de la sécurité aura parfois à amorcer des enquêtes : cueillette d'informations, rapport d'événements, rencontre de témoins et identification de l'auteur d'un vol. Il aura à communiquer son dossier d'enquête à des policiers, experts en sinistre, avocats. Finalement, il assistera les policiers dans leur enquête en leur facilitant l'accès aux informations, le contact avec les témoins, la familiarisation des lieux.

Le directeur de la sécurité procède à des analyses de risque en identifiant les menaces contre l'immeuble et ses occupants dans le but de développer un plan d'urgence et des procédures d'intervention pour chacune des situations d'urgence, comme un appel à la bombe, un désordre public, un colis suspect, une panne d'électricité de longue durée, une fuite de gaz. Il maintient à jour les listes des équipes d'urgence, tant celle de l'équipe d'exploitation que celle des occupants de l'immeuble. Il est aussi responsable du recensement des occupants de l'immeuble de manière à pouvoir fournir, à l'arrivée du service des incendies, les informations sur les occupants et la liste des personnes. De plus, le directeur de la sécurité est responsable de la formation de tous les intervenants impliqués dans ces mesures : son personnel, le personnel d'exploitation de l'immeuble, la brigade d'incendies, les équipes d'urgence des occupants. Finalement, il s'assure que les procédures mises en place optimisent le temps d'intervention et de réaction pour pouvoir faire face adéquatement aux situations.

Il revient également au directeur de mettre sur pied des programmes de prévention du crime tels que : prévention des vols de sacs à main dans les aires de restauration, vols d'ordinateurs portables.

Le directeur de la sécurité est régulièrement en contact avec les occupants de l'immeuble. Il répond à leurs préoccupations. Il est aussi un agent de sensibilisation auprès des locataires. Par exemple, lorsque des vols à la tire ont lieu à l'intérieur d'un restaurant, c'est le restaurateur (le locataire : espace privé) qui a la responsabilité d'agir. La sécurité de l'immeuble pourra seconder le restaurateur sans assumer le rôle de premier plan. En ce qui a trait à la section grand public d'une aire de restauration (espace commun), la sécurité de l'immeuble a la responsabilité d'agir pour intercepter le voleur à la tire.

Dans une tour de bureaux, un programme de sensibilisation à la sécurité doit être développé en collaboration avec le service du contentieux, le marketing, les relations publiques et parfois avec un comité représentatif de l'association des locataires. Comme dans bien d'autres sphères d'activités de la prévention du crime, la consultation et le partenariat sont garants du succès d'un programme de prévention.

Le directeur de la sécurité devra comprendre et accepter que le propriétaire de l'immeuble partage ses ressources entre plusieurs projets, en fonction des pressions du marché, afin d'offrir à la clientèle un immeuble attrayant à des prix compétitifs. Pour que ses projets soient approuvés, le directeur de la sécurité aura à relever ce défi : faire la démonstration de leur impact immédiat sur la qualité des services, la diminution du risque de poursuites judiciaires, la valeur ajoutée de son projet et du retour sur l'investissement.

Toutes les responsabilités et les actions que nous venons de décrire ne peuvent pas être réalisées par une seule personne. La sécurité d'une tour de bureaux demande une présence active de gens compétents, jour et nuit. Pour y arriver, le directeur de la sécurité doit s'entourer d'une équipe solide et fiable. Dans certaines équipes, le directeur de la sécurité bénéficie d'un adjoint, de superviseurs de quarts de travail et d'autres employés, alors que dans d'autres immeubles, il est à la fois l'agent de sécurité en poste à l'entrée de l'immeuble et le responsable des activités de sécurité de l'immeuble. Il faut ici mentionner que les membres de l'équipe de sécurité peuvent être des employés du propriétaire de la tour de bureaux, provenir d'une agence de sécurité externe ou être une combinaison des deux (par exemple les superviseurs et responsables de quarts de travail sont des employés travaillant pour le propriétaire et les agents proviennent d'une agence de sécurité externe).

Le personnel d'exploitation de l'immeuble

Le personnel d'exploitation est constitué du personnel de maintenance et d'entretien de l'immeuble. Ce sont les techniciens en électromécanique, les électriciens, les plombiers, les menuisiers, les préposés à l'entretien ménager. Généralement, le service de sécurité fait partie de l'équipe d'exploitation. L'équipe de sécurité doit entretenir d'excellentes relations avec le personnel d'exploitation, surtout lorsque surviennent des situations d'urgence au cours desquelles leur collaboration et leur expertise respectives sont mises à contribution.

Les responsables de l'exploitation contribuent largement à la sécurité de l'immeuble. Pensons au plan d'intervention incendie. Ce plan contient non seulement des informations relatives aux équipements de détection, communication et extinction en cas d'incendies, mais de toutes les informations sur les équipements électromécaniques du bâtiment : eau, électricité, ventilation, gaz, vapeur. C'est le personnel d'exploitation qui détient l'information sur de tels sujets. Lorsqu'un incident survient en pleine nuit et que seule une équipe réduite d'agents de sécurité est présente, il est trop tard pour s'asseoir autour d'une table et réunir les informations techniques indispensables. La complicité avec le personnel d'exploitation réduit le temps de réaction, permettant de résoudre efficacement le problème.

Lorsque la relation de confiance s'est développée entre l'équipe de sécurité et l'équipe d'exploitation, un agent de sécurité décelant un bruit anormal dans un système mécanique le signalera dans son rapport de patrouille. L'information sera ensuite acheminée au service technique qui réparera l'appareil, limitant ainsi les coûts reliés à un arrêt des systèmes. Réciproquement, le personnel d'exploitation signalera à la sécurité des situations anormales. Grâce à cette collaboration, le directeur de la sécurité peut compter sur des alliés et s'assure d'avoir des yeux et une vigilance partout dans l'immeuble à un coût moindre. En cas de crise, les employés d'exploitation appuient l'équipe de sécurité pour évacuer les occupants.

LES FOURNISSEURS

On retrouve les fournisseurs en sécurité dans des agences de sécurité, de technologies et équipements de sécurité, d'équipements de protection des incendies. Le fournisseur le plus présent est l'agence de sécurité.

L'agence de sécurité

L'agence de sécurité est appelée à fournir une gamme très étendue de services, tels que gardiennage en uniforme et en civil (agents de sécurité), patrouilleurs à pied et en voiture, préposés pour la gestion des systèmes de contrôle d'accès, gardes du corps, opérateurs de centrales de surveillance, techniciens en prévention d'incendie, préposés à l'accueil, contrôleurs de quai de livraison, surveillants de travaux, allant même jusqu'à des postes de cadres tels que superviseur, coordonnateur, voire directeur de sécurité. Certaines agences sont même appelées à fournir les services d'enquêteurs pour le vol à l'étalage ou le vol à l'interne et des agents armés pour des institutions où la réglementation le permet.

Dans la majorité des tours de bureaux, le personnel de sécurité provient d'une agence de sécurité. Des chefs d'équipe ou des superviseurs de quarts de travail complètent parfois l'équipe. Selon le nombre d'agents de sécurité dans l'immeuble, un superviseur y chapeautera l'ensemble des activités de sécurité.

Lorsque le superviseur est un employé de l'agence de sécurité, il se trouve souvent en conflit entre son devoir d'allégeance à l'agence pour respecter ses obligations à donner un bon service au moindre coût et, d'un autre côté, son souci de plaire à celui qui a le dernier mot: le client (le propriétaire). Il arrive même parfois que le propriétaire fasse des pressions auprès de l'agence pour protéger le superviseur de sécurité. Dans ce cas, l'agence de sécurité n'a plus pleins pouvoirs sur son propre personnel. Le facteur principal dans le choix d'un fournisseur en sécurité demeure le coût, suivi de près de la capacité de l'agence à fournir du personnel qualifié selon les attentes du propriétaire.

Les fournisseurs en sécurité incendie

On fait appel à un fournisseur en sécurité pour l'entretien, l'inspection et l'installation des systèmes de détection, d'alarme et de communication d'urgence. Son rôle se limite à fournir le service sur appel ou à contrat. Même si le gestionnaire délègue par contrat l'entière responsabilité de l'entretien du système de protection incendie au fournisseur, il demeure toujours responsable de maintenir les équipements de protection incendie en bon état de fonctionnement, d'effectuer les tests et les entretiens selon les réglementations en vigueur. En outre, il tient à jour un registre comptabilisant toutes les interventions effectuées sur les équipements de protection incendie et il conserve tous les documents à l'appui. Malheureusement, un grand nombre de gestionnaires ne connaissent pas cette obligation ; ils tiennent pour acquis que le fournisseur va assumer ce rôle à 100 % et vont s'en remettre aveuglément à ce dernier en considérant qu'il est l'expert en la matière.

Le fournisseur en technologie de la sécurité

Les technologies de contrôle d'accès et de télésurveillance sont au premier rang des technologies utilisées en sécurité. Les ententes de services pour l'entretien préventif et les réparations d'urgence sont peu fréquentes. Généralement, le gestionnaire considère que ces équipements sont rarement défectueux et qu'il peut tolérer un certain délai pour effectuer les réparations, compte tenu du fait qu'il dispose de ressources financières limitées.

LES TECHNOLOGIES

La gestion de la sécurité dans une tour de bureaux, comme dans tout autre milieu, exige d'abord et avant tout une intervention humaine. Toutefois, dans le contexte actuel, il est inconcevable d'assurer la sécurité d'un milieu en comptant sur les ressources humaines seulement. C'est pour cette raison que les intervenants de la sécurité utilisent des équipements et des technologies pour une multitude d'activités et d'interventions quotidiennes. Dans les tours de bureaux, les dispositifs de surveillance et le contrôle des accès prédominent.

Les systèmes de télésurveillance sont principalement installés pour tenter d'optimiser la surveillance en minimisant les ressources humaines. Les propriétaires tiennent trop souvent pour acquis qu'avec l'installation d'une caméra, le problème sera en partie réglé. Plusieurs études ont démontré que l'installation de caméras de surveillance demande une action immédiate. On constate encore souvent qu'il y a très peu ou pas d'effectif pour effectuer la surveillance et intervenir au besoin (voir dans ce volume le chapitre 31 portant sur la télésurveillance).

La technologie de télésurveillance progresse rapidement, alors que les ressources financières des organisations sont limitées. Il faut aussi tenir compte du fait que les équipements de télésurveillance sont ajoutés au fil du temps. C'est ainsi que le directeur de la sécurité doit être en mesure d'intégrer et d'optimiser l'efficacité de plusieurs générations de technologies. Pour y arriver, il devra procéder selon une démarche méthodique pour faire l'acquisition ou la mise à niveau des technologies de sécurité (voir chapitre 30 dans ce volume et Dupuis 2006).

Compte tenu des très grandes surfaces que représentent les tours de bureaux, les équipements de télésurveillance sont installés en priorité dans les endroits à fort achalandage et où il y a possibilité ou répétition d'actes criminels ou d'incidents incommodant les occupants. Le directeur de la sécurité se devra d'éviter d'acheter à la pièce sans avoir un plan d'ensemble, ce qui pourrait le conduire à n'utiliser qu'un assemblage hétéroclite d'équipements incompatibles entre eux.

Le contrôle des accès

Le contrôle d'accès électronique sert à identifier les personnes autorisées à entrer dans l'immeuble après les heures d'ouverture et permet de gérer l'information qui s'y rattache. Lorsque l'installation des technologies de contrôle des accès est abordée de manière intégrée, une seule carte permet de valider l'accès de l'entrée de l'immeuble jusqu'à l'intérieur des espaces du locataire. Cela ne pourra se faire que lorsque le propriétaire et les locataires auront choisi des technologies compatibles. Le dénominateur commun est alors la carte d'accès.

Certains immeubles vont jusqu'à intégrer la photo du détenteur de la carte dans leur base de données de manière à confirmer que la personne qui présente la carte d'accès au lecteur d'un poste de garde en est la détentrice autorisée. Certaines technologies permettent à la sécurité de personnaliser le service aux occupants de l'immeuble, qu'il s'agisse de vérifier la circulation d'ordinateurs portatifs à l'aide des numéros de série, de permissions spéciales d'entrée ou de sortie de matériel, de services d'assistance ou d'individualisation de service.

Si les entrées après les heures d'ouverture sont généralement bien contrôlées, le contrôle des accès des visiteurs n'a pas encore atteint le même niveau. Ce contrôle peut s'effectuer très sommairement à l'aide d'un registre papier, sans vérification de l'identité du visiteur. Il peut également être très restrictif en utilisant une technologie sophistiquée de production de carte d'identité temporaire jumelée à l'obligation pour le visiteur d'être escorté en tout temps par un locataire de l'immeuble.

Une fois l'étape de l'accès à l'immeuble franchie, un deuxième niveau de sécurité est établi grâce à la présence de lecteurs de cartes dans les cabines d'ascenseurs pour contrôler l'accès aux étages. En effet, ces cartes sont programmées pour limiter l'accès à des cabines ou à des étages spécifiques.

Notons ici qu'il est de la responsabilité du propriétaire d'instaurer et d'administrer le contrôle des accès à l'immeuble et dans les espaces communs (exemple : les ascenseurs et les portes extérieures) et les espaces qui lui appartiennent pour le fonctionnement de l'immeuble (les salles techniques et mécaniques, par exemple).

Finalement, l'accès du locataire dans les locaux pourra se faire à l'aide d'une carte d'accès, de clés ou de serrures à combinaisons numériques. Les technologies de contrôle d'accès ont changé les pratiques de certains propriétaires qui intègrent maintenant le contrôle d'accès des locataires à leurs locaux dans le système de contrôle d'accès général de l'immeuble.

En plus du filtrage de sécurité pour l'entrée après les heures d'ouverture, la majorité des immeubles font un filtrage à la sortie, tant des personnes qui partent que du matériel qui sort. Ces informations peuvent être gérées à l'aide du système de contrôle des accès, d'un logiciel de sortie de matériel ou d'un registre papier.

Le contrôle d'accès à divers points d'entrée dans l'immeuble variera en fonction des heures d'ouverture, de l'achalandage et du secteur, selon qu'il s'agit d'un stationnement souterrain, d'une galerie marchande ou d'un quai de livraison.

Technologies au service de la patrouille et de la gestion des informations

La patrouille préventive est une des plus anciennes tâches confiées aux agents de sécurité. Le volumineux horodateur mécanique utilisé au début du siècle a été remplacé par un petit lecteur électronique qu'on tient dans la paume de la main. Les informations enregistrées dans le lecteur au cours de la patrouille seront par la suite transférées dans un logiciel de gestion.

La gestion des informations relatives aux activités de la sécurité est effectuée par des logiciels appelés systèmes d'informations de sécurité. Ces derniers servent à entreposer des informations sur les incidents rapportés, les anomalies constatées, les interventions effectuées par le personnel de sécurité, les assignations du personnel, la rédaction de rapports et d'enquêtes, l'évaluation des dommages. Ils permettent de produire des statistiques, d'identifier des points chauds ou des concentrations, d'effectuer des recherches, d'uniformiser l'information. Ces systèmes d'information peuvent communiquer (importer ou exporter) avec d'autres bases de données : expédier automatiquement un courriel pour signaler un risque, communiquer la description d'un suspect, diffuser un rapport sur les interventions effectuées par l'équipe de sécurité pour une période donnée. De plus, des systèmes d'information sont utilisés pour la gestion des clés et des trousseaux, la circulation des équipements, l'inspection des équipements de protection contre les incendies, la gestion des matières dangereuses.

L'AGENT DE SÉCURITÉ ET LA PRÉVENTION

La majorité des interventions du personnel de sécurité dans une tour de bureaux sont directement reliées au service à la clientèle parce qu'on s'attend à ce qu'il règle tous les petits dérangements ou problèmes qui ne peuvent être acheminés vers un service précis. Les occupants s'attendent à ce que les agents verrouillent les portes qui sont restées ouvertes, les déverrouillent si quelqu'un a oublié ses clés, débranchent les cafetières, rassurent le personnel féminin travaillant tard le soir en faisant une petite visite à l'occasion, escortent des fournisseurs qui viennent travailler dans leurs locaux, retrouvent des objets perdus et conservent ceux qu'ils ont trouvés, préviennent les vols et interceptent les voleurs, les aident à retrouver leur auto dans un immense stationnement, expulsent une personne indésirable ou qui incommode la clientèle par son aspect ou son comportement, raccompagnent les dames à leur véhicule tard en soirée, donnent les premiers soins, distribuent les journaux et plus encore. Certains services de sécurité de tours de bureaux assurent aussi la réponse aux alarmes intrusions chez les locataires.

Au cours de sa patrouille, l'agent doit identifier les facteurs de risque et intervenir en conséquence. À l'occasion, il peut utiliser un système électronique de gestion de patrouille pour enregistrer les anomalies telles que : un coin de tapis décollé, une porte qui ferme mal, une serrure défectueuse, des lumières d'urgence déréglées. Ces informations sont transmises par la suite au personnel d'exploitation pour qu'il puisse apporter les correctifs rapidement. Au cours de sa patrouille, l'agent aura à valider la pertinence de la présence d'une personne dans l'immeuble après les heures d'ouverture et à l'intercepter lorsqu'elle semble animée de mauvaises intentions.

La prévention ne se limite pas à la patrouille de l'immeuble. Elle comporte également des programmes pour la prévention du vol des effets personnels des locataires et visiteurs ou du vol à l'étalage. La prévention se fait au quotidien dans les démarches de sensibilisation auprès des occupants de l'immeuble sur les risques d'incendie en lien avec leurs habitudes ou par la nature de leurs activités. Toujours dans une optique de prévention, l'équipe de sécurité doit être impliquée dès les premières étapes de l'organisation d'un événement spécial ou d'un rassemblement dans le but d'identifier, au préalable, les risques et les problèmes potentiels.

Les interventions

Le personnel de l'équipe de sécurité intervient en première ligne pour la réponse aux urgences. Une urgence d'origine mécanique est causée par l'arrêt non prévu d'un équipement nécessaire à l'exploitation de l'immeuble, tels une panne d'électricité, l'arrêt d'un ascenseur ou une défectuosité des systèmes de ventilation. Quelquefois surgit un fait pouvant mettre en cause la vie et l'intégrité des personnes. La découverte d'un colis suspect exigera l'établissement rapide d'un périmètre de sécurité et l'évacuation du secteur en attendant l'arrivée des services d'urgence. Un début d'incendie demandera simultanément une intervention rapide et l'évacuation de tout l'immeuble. La priorité du service de sécurité est de protéger la vie et l'intégrité des personnes et ensuite de protéger les biens. Le propriétaire et les locataires de la tour de bureaux s'entendent très bien sur ce point.

Dans certains immeubles, les membres de l'équipe de sécurité sont formés pour répondre aux demandes d'assistance et donner des soins d'urgence en attendant l'arrivée des services ambulanciers. Certains services vont même jusqu'à s'équiper de défibrillateurs cardiaques automatisés et de bouteilles d'oxygène.

En cas d'occupation des lieux (*sit in*) de tout l'immeuble par des grévistes ou des militants, le service de sécurité devra faire appel aux services policiers pour chasser les intrus. À d'autres moments, c'est un locataire qui requiert des mesures de sécurité particulières parce qu'il doit procéder au congédiement d'un employé dont on craint la réaction. Pour un autre, c'est un employé qui est victime de menaces.

Les interventions auprès des intrus

C'est à la sécurité qu'il revient d'intervenir quand est signalé un individu louche ou inquiétant. C'est ainsi que lorsqu'un mendiant ou un marginal traîne dans une tour de bureaux, plusieurs occupants se sentent mal à l'aise et voudraient le voir ailleurs. Sans tarder, la sécurité est appelée pour expulser cet intrus. Mais alors, il se trouvera d'autres occupants pour exprimer haut et fort leur indignation en voyant des agents de sécurité escorter le malheureux vers la sortie. Le personnel du service de sécurité agira en fonction des directives données par le propriétaire, en tenant compte des lois en vigueur qui influencent les pratiques à l'égard des personnes dites indésirables, qu'il s'agisse des droits de la personne, de la non-discrimination, des jurisprudences à l'égard des lieux privés ouverts au grand public.

Le service de sécurité aura, de temps à autre, à procéder à des arrestations, à bloquer l'accès à un lieu sur la demande d'un locataire qui refuse de laisser entrer une personne dans son espace privé, à s'interposer lors d'une altercation et même à refuser de remettre les clés de la voiture à un conducteur manifestement ivre.

CONCLUSION

Nous avons été à même de constater que la sécurité d'une tour de bureaux fait appel aux trois grandes missions de la sécurité: prévenir, surveiller et protéger (IFPO 2003). Ces devoirs ne peuvent être accomplis que par une approche concertée des différents intervenants sous la direction d'un directeur de la sécurité. Dans un but d'efficience, l'élément humain, quoique prépondérant pour la sécurité d'une tour de bureaux, doit être soutenu par les technologies et les systèmes d'information. L'évolution constante des méthodes et procédés relatifs à la sécurité, les situations perturbantes rencontrées, les risques d'attentats ou d'agressions violentes en progression dans certains milieux, les impacts économiques et les répercussions causés par une interruption des activités d'un ou de plusieurs locataires ne sont que quelques-uns des défis actuels auxquels la sécurité d'une tour de bureaux doit faire face.

CINQUIÈME PARTIE

La répression et l'investigation

CHAPITRE 36

Dissuasion et contre-dissuasion

❱ MARTIN BOUCHARD ET MAÏA LEDUC

Bien qu'on reconnaisse souvent l'importance d'analyser la rencontre des stratégies policières et des stratégies délinquantes comme un perpétuel jeu « d'actions-réactions », les recherches consacrées aux stratégies délinquantes sont beaucoup moins nombreuses que celles faisant état des stratégies policières. Une première conséquence de cette asymétrie est que les recherches évaluatives sur les projets et tactiques policières sont en général beaucoup mieux équipées pour évaluer ce qui se passe de l'intérieur, du côté policier — combien d'arrestations ont été effectuées ? combien de ressources ont été mobilisées ? — que du côté délinquant — combien de délinquants sont parvenus à éviter l'arrestation (et pourquoi) ? combien parmi eux ont cessé leurs activités ? combien ont seulement changé leurs stratégies ou adopté une autre pratique criminelle ? Une deuxième conséquence est que les concepts destinés à décrire les tactiques et les stratégies délinquantes sont beaucoup moins développés que ceux utilisés pour décrire ce que fait la police. Alors qu'on peut décrire les mesures policières comme des stratégies dissuasives visant à faire augmenter les risques et les coûts de la criminalité, comment décrire la réponse délinquante et ses tactiques pour déjouer celles utilisées par les corps policiers ?

L'objectif de ce chapitre est de conceptualiser les différentes réactions des délinquants aux mesures policières. Ainsi, nous proposons la notion de contre-dissuasion, définie comme l'ensemble des mesures utilisées par les délinquants pour contrer l'effet potentiellement intimidant de la menace répressive qui pèse sur eux. Nous distinguons deux stratégies contre-dissuasives générales qui nous permettent de réunir deux courants de recherche qui sont, la plupart du temps, abordés en solo. Les délinquants peuvent, d'un côté, compenser leurs risques en jouant sur leurs gains et, de l'autre, neutraliser leurs risques par des tactiques visant à les réduire. Notre hypothèse est que les délinquants les plus habiles dans l'utilisation de ces deux catégories de tactiques seront les moins dissuadés de poursuivre leurs projets.

Dans la deuxième partie du chapitre, nous proposons de nous inspirer de la conceptualisation présentée en première partie pour effectuer l'analyse stratégique d'une opération policière bien réelle, celle baptisée Printemps 2001, au cours de laquelle 122 individus reliés à l'organisation des Hells Angels au Québec furent arrêtés en une seule journée. Nous allons à cette occasion développer la thèse selon laquelle une partie du succès policier de cette opération est la résultante d'une erreur stratégique des motards qui se sont avancés sur le terrain de la dissuasion, alors que les stratégies contre-dissuasives sont les plus susceptibles, ou les seules, qui puissent vraiment faire échec aux stratégies dissuasives.

NOTIONS ESSENTIELLES SUR LA DISSUASION

Cusson (2005: 91) résume en une proposition l'hypothèse de base de la dissuasion: «Les sanctions produisent leur effet intimidant quand elles conduisent un individu à renoncer à son projet criminel en le forçant à conclure que ses risques dépassent son espérance de gain.» L'évaluation des risques n'est pas un exercice de science exacte, et ressemble plutôt à une appréciation subjective d'une combinaison de facteurs: ceux de la probabilité de réussite du projet criminel et ceux de la sévérité de la peine à purger en cas d'échec sont les plus importants pour notre propos. Que l'appréciation soit personnelle ou subjective ne signifie pas qu'elle soit dépourvue de rationalité, ou qu'elle s'écarte significativement des risques objectifs ou réels. En effet, comment se comporte la criminalité face à des variations de la probabilité des peines de fortes amplitudes? La question se pose en ces termes, car on ne peut pas attendre des délinquants qu'ils changent leurs estimations des risques à la suite de faibles changements de la probabilité objective de la peine, par exemple une évolution des taux d'élucidation des vols qualifiés qui passeraient de 15% à 20%. Le chercheur peut mesurer un tel changement, mais on voit mal comment un braqueur pourrait le détecter. C'est l'une des raisons pour lesquelles les corrélations entre la criminalité et les variations de faible amplitude des peines sont inconstantes. Il arrive cependant que le chercheur se trouve en présence de fortes fluctuations de la probabilité des peines. C'est alors qu'il peut vraiment mettre à l'épreuve l'hypothèse de la dissuasion. Il constate alors que, quand le risque d'être puni augmente fortement, la criminalité diminue sensiblement. Si une opération coup-de-poing est bien ciblée et rondement menée, elle se traduit généralement par une baisse significative de l'activité délictueuse des délinquants ayant subi cette frappe (Sherman 1990; Scott 2003; voir aussi le chapitre 40 portant sur les opérations coup-de-poing dans ce volume).

De la même manière, la fréquence des accidents graves baisse d'un peu plus de 20% sous l'impact de campagnes de sécurité routière contre la conduite automobile avec facultés affaiblies qui utilisent des tests d'alcoolémie ou des caméras radars sanctionnant systématiquement les excès de vitesse (Blais et Dupont 2004 et le chapitre 7 dans ce volume). En sens inverse, quand la police se met en grève ou est immobilisée pour d'autres raisons, la probabilité de la peine chute brusquement et, comme le prévoit la théorie de la dissuasion, la criminalité augmente sensiblement (Sherman et Eck 2002).

Plus la probabilité d'arrestation pour un type de criminalité est importante par rapport à une autre forme de criminalité, plus un délinquant pourra apprécier cette différence. Cela nous conduit à une autre observation étayant l'hypothèse de la dissuasion. Il est connu que plus une infraction est grave, moins elle est fréquente. Cette relation inverse entre la gravité objective des infractions et leur fréquence relative a maintes fois été démontrée, et ce, dans plusieurs pays occidentaux (Gassin 2003; Tremblay, Bouchard et Leclerc 2006). Les crimes les plus graves sont les plus sévèrement et les plus probablement punis, avec pour résultat qu'ils sont les moins fréquents.

Une stratégie dissuasive a donc pour objectif d'envoyer un message, de signifier par la menace (et l'actualisation ponctuelle de celle-ci) ce qui est tolérable et ce qui ne l'est pas. Les corps policiers ont une influence directe sur la certitude de la peine : les risques d'incarcération sont d'abord la résultante de l'efficacité des corps policiers à arrêter un nombre important de délinquants et à les amener devant les tribunaux. Les policiers sont les premiers intervenants, ils entretiennent la menace, ils rappellent aux délinquants la présence de la loi au quotidien. Les moyens utilisés sont bien connus, et sont abordés plus en détail dans d'autres chapitres de ce traité : visibilité, prévention, arrestations, saisies, opérations ciblées. Ces actions dissuasives atteignent leurs objectifs lorsqu'elles intimident, lorsqu'elles sont prises suffisamment au sérieux par les délinquants potentiels pour les faire renoncer à leurs projets criminels. En revanche, elles échouent lorsque le projet délinquant s'actualise et qu'il demeure impuni. C'est à ce moment qu'intervient la contre-dissuasion.

LA CONTRE-DISSUASION

Si les stratégies dissuasives visent à augmenter les risques d'échec des projets criminels afin de les rendre moins attrayants, la contre-dissuasion, à l'inverse, préserve le côté attrayant de l'activité criminelle. Les sanctions deviennent d'autant moins intimidantes que le délinquant se croit capable de les éviter et que le jeu en vaut la chandelle. Étudier la contre-dissuasion en revient donc à étudier les mesures prises par les délinquants pour éviter que les sanctions exercent leur effet intimidant sur leurs projets criminels.

Le concept de contre-dissuasion a été employé en criminologie, notamment par Cusson (2003 : 284), mais le sens de l'expression et les contours de son application n'avaient alors pas été explicités. Le concept a surtout été utilisé à propos de la dissuasion nucléaire. Dans ce contexte, la contre-dissuasion est définie comme la capacité d'un pays à neutraliser la force nucléaire d'un éventuel adversaire. On peut le faire en brandissant une menace similaire, comme ce fut le cas durant la guerre froide. La contre-dissuasion prend alors le sens de la contre-attaque, où un adversaire utilise les mêmes stratégies et vise la même fin que son opposant, soit l'évitement d'un conflit nucléaire. Il s'agit d'une forme pure de dissuasion réciproque où les deux parties se trouvent à occuper à la fois les rôles de «dissuadeurs» et de dissuadés. En principe, la menace ne s'actualise jamais, tout comme le comportement que la menace initiale visait à dissuader.

Cette situation où deux puissances s'affrontent à armes égales ne s'applique pas au phénomène que nous tentons de décrire ici. Puisqu'un parti (la police) est plus puissant que l'autre (les délinquants), chacun des partis doit choisir une stratégie de gestion de conflit qui corresponde à son rôle et à sa position. En ce sens, la police est le «dissuadeur», les délinquants sont les (ou «à») dissuadés, et non l'inverse. Alors que les corps policiers et le système de justice manifestent leur opposition aux projets délinquants par la sanction, la confrontation, ou par la menace d'une intervention, les délinquants, eux, gèrent le conflit par des stratégies d'évitement, pour fuir la confrontation. Cette manière est conforme à la typologie de Black (1993: chapitre 7), lorsqu'il décrit les stratégies de gestion de conflit qui s'offrent à deux parties non égalitaires qui s'affrontent.

La stratégie principale des délinquants est l'esquive, qui consiste à neutraliser l'effet intimidant des risques en tentant d'éviter ces derniers. Le risque n'est toutefois qu'un des éléments du calcul. L'hypothèse de base de la dissuasion veut que les gains soient également mis dans la balance. Ainsi, une bonne gestion des bénéfices tangibles et intangibles de l'activité délinquante est tout aussi susceptible de contrebalancer l'effet dissuasif. Le délinquant, plutôt que de simplement tenter d'éviter les risques, peut accepter une part de risques, du moment où ses espérances de gains parviennent à compenser les pertes prévues. Ces deux stratégies générales forment ensemble ce que nous regroupons sous le terme de la contre-dissuasion.

Éviter les risques

La plupart des projets délinquants sont conçus de façon à tenir compte des risques de détection et d'appréhension. La plupart des délinquants pratiquent, à degrés divers, une certaine forme d'esquive. Les recherches sur les stratégies d'évitement sont peu nombreuses et de qualité inégale (Johnson et Natarajan 1995 parmi les pires; Jacobs 1999 parmi les meilleures). Il existe potentiellement autant de stratégies qu'il y a de types de délinquants et de crimes. Nous nous limiterons à la présentation de trois principes susceptibles de s'appliquer à l'ensemble des pratiques délinquantes.

Faire preuve de discrétion

La plupart des délinquants utilisent une stratégie implicite de discrétion générale dans leurs activités. Ceux qui ne peuvent s'empêcher de raconter leurs prouesses à leurs confrères sont les plus vulnérables à la détection. Adler (1993) rapporte que les dealers notoires étaient également ceux qui étaient arrêtés le plus souvent. Inutile de mentionner que de porter une marque distinctive d'appartenance à un groupe criminel organisé n'entre pas dans ce qu'il convient de désigner sous le principe de discrétion. Demeurer discret touche enfin à la façon dont les délinquants vont dissimuler la nature de leurs activités illicites, de même qu'à la façon dont ils vont profiter de leurs gains criminels : des dépenses extravagantes sur des biens durables qui ne peuvent être justifiées par une façade licite sont aussi à éviter.

Choisir ses cibles et ses partenaires avec soin

À butin constant, le cambrioleur prudent choisira une maison inhabitée ayant un système d'alarme pouvant être tenu en échec et située sur une artère présentant des possibilités pour une fuite expéditive. Pour les dealer, la vente dans les endroits publics ou semi-publics à des clients inconnus représente un pari plus risqué que la vente en privé à un groupe constitué de connaissances et d'amis (Jacobs 1999 ; Bouchard 2006). Bien sûr, la prudence a son prix. Les cibles les moins risquées sont bien souvent les cibles les moins payantes. Les maisons les mieux gardées contiennent bien souvent le meilleur butin. Le « dealer » vend moins cher à ses amis qu'à des étrangers. Établir la bonne dose de risques pour un niveau acceptable de profit constitue un critère important dans le succès délinquant. Il est à noter qu'un argument similaire s'applique au choix des co-délinquants (Tremblay 1993). S'associer avec des « liens forts » — des partenaires connus de longue date et loyaux — évite de s'exposer à des risques de délation. En revanche, miser uniquement sur ces liens forts ne permet pas de renouveler ses opportunités criminelles.

Limiter la taille du groupe délinquant

S'associer à d'autres délinquants est un déterminant de la réussite criminelle (Morselli et Tremblay 2004), mais les limites à l'expansion et à la survie des groupes criminels sont bien réelles. Réunir une bande est une entreprise risquée : les niveaux de contrôle et de confiance diminuent à mesure que s'élève le nombre de co-délinquants. Plus la taille du groupe augmente, plus les chances de défection de certains membres sont importantes et plus les possibilités d'infiltration par des policiers se multiplient. Dans le cas des rassemblements délinquants et des gangs de rue, la taille du groupe est également un élément de risque, souvent par un simple effet de visibilité : plus on ajoute de membres au groupe, plus il est bruyant, plus il est visible et plus il risque d'attirer l'attention des autorités.

Curieusement, ces trois règles de base d'évitement des risques sont systématiquement violées par l'organisation des Hells Angels. Plutôt que de demeurer dans l'ombre, les Hells braquent sur eux les projecteurs : ils affichent publiquement leurs couleurs au moyen des patchs et ils organisent de grandes fêtes pour souligner promotions, mariages ou enterrements. Leurs membres ont souvent de lourds dossiers criminels et leurs cibles incluent journalistes, gardiens de prison, policiers et citoyens innocents. La taille de l'organisation est en elle-même importante, brisant ainsi la règle générale des limites à l'expansion des groupes criminels.

En conséquence, il ne faut pas se surprendre de les trouver au centre des priorités des corps policiers et du fait que ceux-ci puissent recruter assez d'informateurs et de délateurs pour pénétrer au cœur même de l'organisation. Malgré les opérations policières et les guerres contre d'autres groupes criminels, les Hells persistent, recrutent et se maintiennent comme une opportunité criminelle attrayante pour plusieurs délinquants au Québec (Leduc 2005). Comment y parviennent-ils? Un élément de réponse se trouve assurément dans les gains, tangibles et intangibles, que l'organisation apporte à ses membres.

Mettre les gains dans la balance: les séductions du crime

L'hypothèse de base de la dissuasion souligne l'importance de mettre les gains criminels dans la balance. À risque constant, plus les avantages tirés des activités illégales sont importants, moins les risques de détection et d'incarcération feront reculer les délinquants. Quelques recherches récentes sur les revenus délinquants fournissent d'excellents exemples de ce type de phénomène. Les résultats de l'étude de Robitaille (2005) — qui a ré-analysé les données de la RAND (Chaiken et Chaiken 1982) sur les gains et la récidive de plusieurs centaines de détenus incarcérés aux États-Unis — sont importants pour notre propos: toutes choses égales d'ailleurs, les délinquants ayant déclaré les revenus les plus élevés dans les années précédant leur incarcération étaient également les délinquants montrant les taux de récidive les plus élevés quelques années après leur sortie de prison. Morselli et Tremblay (2004) ont considéré la question sous un autre angle. Ils ont demandé à un échantillon similaire de 268 détenus québécois quel était le revenu légal minimal qu'ils accepteraient pour cesser leurs activités illégales. Le résultat: les revenus illégaux sont corrélés positivement avec le revenu minimal légal pour cesser leurs activités. En d'autres termes, plus les délinquants tiraient des gains importants de leurs activités illicites, plus ils avaient besoin d'arguments convaincants pour être dissuadés d'y mettre fin.

Ces recherches québécoises sur les revenus ont mis à jour un autre résultat important: une part non négligeable de délinquants — particulièrement ceux impliqués dans la délinquance de marché — tirent des revenus importants de leurs activités illégales (Tremblay et Morselli 2000; Morselli et Tremblay 2004). Même en n'étant pas majoritaires au sein du milieu criminel, ces délinquants qui ont du succès exercent une influence sur les autres et leur servent de modèle (Levitt et Venkatesh 2000; Tremblay et Morselli 2000). Comme dans un tournoi (Levitt et Venkatesh 2000), tous les participants savent qu'il y a peu de vrais gagnants — c'est-à-dire que peu d'élus occuperont les positions de tête et d'influence au sein du milieu —, mais seuls les participants au tournoi auront une chance de gagner. Ainsi, il est plus facile de comprendre pourquoi des délinquants vont poursuivre leurs activités même lorsque de l'extérieur leurs perspectives de réussite peuvent sembler minces.

Les gains tangibles ne sont pas les seuls à entrer dans le calcul. Des études de Bourgois (1995), Adler (1993) ou de Shover (1996) nous rappellent que la vie criminelle exerce un réel attrait. Plusieurs délinquants refusent, par principe, d'occuper un emploi légitime, préférant le style de vie délinquant : pas de patron, pas de longues heures de travail coincées dans un horaire fixe et plus de loisirs pour faire la fête (Cusson 2005 ; Shover 1996).

Un club comme celui des Hells Angels a bien compris l'ensemble de ces considérations et réunit, en une seule organisation, la plupart des bénéfices réputés pour séduire les délinquants. Les Hells représente « une famille » pour les membres, une fraternité où les dirigeants sont les « mononcles » et les autres « les frères » (Leduc 2005). L'organisation distribue des promotions à ses membres, des patchs qui ont une valeur à la fois symbolique et financière pour les élus (Leduc 2005). Une illustration convaincante de la force d'attraction de l'organisation est que, tout au long de la période du conflit dévastateur qui a opposé les Hells Angels à l'Alliance, les dirigeants ont pu compter sur la présence et la motivation de leurs troupes. Le prestige, le sentiment de puissance, d'appartenance et de réussite, la possibilité de promotions des aspirants et des membres, en plus de leur accès à un plus grand nombre d'opportunités criminelles enrichissantes, ont contribué au charme de l'organisation (Leduc, 2005). L'hypothèse de l'attrait de l'organisation sur ses membres permettrait, encore aujourd'hui, d'expliquer une partie de la résilience des Hells Angels dans un environnement hostile.

PRINTEMPS 2001 : ERREURS STRATÉGIQUES ET INNOVATIONS POLICIÈRES

Dans la théorie des jeux, la stratégie est définie comme l'ensemble des décisions prises par chaque parti en fonction d'hypothèses sur le comportement probable du parti adverse (Schelling 1986). Ainsi, la stratégie la plus logique pour un camp n'est pas nécessairement la meilleure, car une stratégie logique et prévisible peut facilement être contrée. C'est pourquoi, selon Luttwak (1988), les innovations technologiques et stratégiques ont été des facteurs décisifs dans l'issue de nombreux conflits armés du XXe siècle. La capacité de surprendre l'adversaire, de contourner sa défensive, de créer de nouvelles armes pour renouveler sa capacité d'attaque et pour neutraliser celles de l'adversaire, en bref, la capacité de violer les règles habituelles s'est avérée être un outil stratégique majeur dans l'art de la guerre.

Entre les années 1994 et 2001, les corps policiers et les bandes de motards criminalisées ont été engagés dans un conflit qui fut passablement dévastateur pour ces derniers. Les morts, les arrestations et les condamnations se sont accumulés à un rythme soutenu durant cette période, qui a connu son dénouement au printemps 2001, alors que 122 individus liés aux Hells Angels furent arrêtés. Pour les Hells, la guerre se jouait sur deux fronts : un front où ils devaient affronter une alliance de bandes rivales et de trafiquants indépendants, et où la stratégie impliquait l'attaque, la vengeance ; un autre front où l'adversaire se trouvait être le système de justice et les forces policières, et où la stratégie invitait logiquement à l'évitement, à la neutralisation des attaques plutôt qu'à leur provocation.

L'argument que nous développons dans cette section est le suivant : plutôt que de s'en tenir à des stratégies contre-dissuasives, les Hells se sont avancés sur le terrain de l'intimidation, le terrain de la dissuasion, et cet empiètement fut une importante erreur stratégique. Dans cette brève analyse du succès de l'opération Printemps 2001, nous nous demanderons pourquoi les Hells ont adopté cette stratégie et s'ils avaient de «bonnes raisons» de le faire. Puisque le succès d'opérations policières comme Printemps 2001 tient également aux bons coups de la partie adverse, nous soulignerons au passage à quel point l'innovation policière a joué un rôle important dans l'issue du conflit.

Erreurs stratégiques et «bonnes raisons»

À plusieurs reprises au cours des 10 dernières années, les Hells Angels ont franchi la ligne qui sépare habituellement les stratégies policières et les stratégies délinquantes, en adoptant eux-mêmes une stratégie dissuasive. Outre les mesures d'intimidation entreprises au niveau local sur des policiers (Gomez Del Prado 2004), ou la tentative de meurtre en 2000 contre un journaliste connu qui leur faisait mauvaise presse, les attaques les plus spectaculaires furent sans doute celles perpétrées à l'été 1997 contre un gardien et une gardienne de prison, pris au hasard à la fin de leur quart de travail. Bien qu'il soit possible que ces attaques sur les gardiens de prison n'eussent pas d'autres visées que de venger le traitement réservé à certains membres des Hells en prison, la réponse à ces attaques, elle, fut générale. Le système de justice tout entier s'est mobilisé contre l'organisation avec une force qu'on ne lui connaissait pas : création d'une escouade spécialisée dans la lutte contre le crime organisé, création d'une loi spéciale sur le gangstérisme, de même qu'une multiplication d'opérations policières contre les motards, opérations qui ont culminé par le coup de grâce que fut l'opération Printemps 2001 (Tanguay 2004)[1].

---

1. Il est à noter que le premier événement qui a dénoncé sur la scène publique, politique et judiciaire la guerre des motards est le meurtre accidentel d'un jeune garçon en 1995. Cet événement tragique a eu une influence directe sur le projet de loi C-95 sur le gangstérisme et, avant, sur la création de l'escouade Carcajou spécialisée dans la lutte contre le crime organisé (Turcotte 2003 ; Tanguay 2004).

Une évaluation *a posteriori* des différentes attaques perpétrées par les motards mène presque inévitablement à la conclusion que leur stratégie était dépourvue de raison. Comment les Hells ont-ils pu penser que ces mesures violentes et gratuites puissent jouer d'une quelconque façon en leur faveur? Comment ont-ils pu aussi mal évaluer la riposte qui les attendait? Du moment où l'on admet que leurs intentions n'étaient pas suicidaires, mais qu'elles pouvaient leur paraître raisonnables, la question consiste à reconstruire sommairement le processus décisionnel qui les a menés à utiliser le meurtre contre des représentants de la justice pour arriver à leurs fins. Notre hypothèse est que les dirigeants des Hells ont fait un type d'erreur «normal» selon les informations qu'ils avaient à leur disposition, et qu'ils avaient de «bonnes raisons» (Boudon 2003) de penser que leur stratégie pouvait fonctionner, ou à tout le moins qu'ils pourraient aisément en assumer les conséquences.

Bonne raison 1. Les Hells ont utilisé un type de stratégie qu'ils connaissaient bien, et qui fonctionnait par ailleurs très bien sur l'autre front, dans leur conflit contre les bandes de motards rivales: la profération de menaces, l'intimidation et le passage à l'acte spectaculaire et sans équivoque. Les Hells ont simplement transféré d'un front à l'autre une stratégie qui avait fait ses preuves dans le milieu criminel. Ils possédaient une vaste expérience dans ce type de mesure, de même que la logistique pour la mener efficacement à terme. L'organisation des Hells est synonyme de puissance dans le milieu criminel (Leduc 2005), et la méthode forte leur a depuis longtemps permis de conquérir, de dissuader, sans que les conséquences soient démesurées.

Bonne raison 2. Les Hells Angels avaient-ils également de bonnes raisons de penser que les policiers ou, dans ce cas, le système de justice pouvaient également être dissuadés par de tels actes, ou qu'ils réagiraient avec autant de force? En fait, non seulement s'agissait-il d'une stratégie qui avait fait ses preuves sur leur terrain, mais les stratégies d'intimidation, en général, paraissaient fonctionner contre la police au niveau local (Gomez Del Prado 2004). Il faut savoir qu'il existe un certain climat de tolérance entre policiers et Hells dans plusieurs villes du Québec. Comme cela est souvent le cas en dissuasion nucléaire, le calme relatif repose sur une stratégie de dissuasion mutuelle, parfois renforcée des deux côtés par un rappel des conséquences possibles d'un excès de zèle policier, ou d'un excès d'arrogance de la part des Hells. On peut émettre l'hypothèse que les meurtres des gardiens de prison avaient un objectif similaire: établir un climat de tolérance pour les représentants des Hells en prison. C'était une erreur de le croire. L'escalade qui a entraîné les Hells à passer de gestes d'intimidation plutôt mineurs aux meurtres de fonctionnaires ne pouvait manquer de provoquer une riposte d'envergure.

Bonne raison 3. Enfin, du moment où les dirigeants des Hells se fiaient aux précédents pour se faire une idée des conséquences auxquelles ils pouvaient s'attendre à la suite des meurtres, ils ne pouvaient prévoir une réponse comme celle du printemps 2001. Dans le conflit qui les opposait aux bandes rivales, une action suscitait la réplique d'une autre de la même espèce; œil pour œil, dent pour dent (voir Tanguay 2004, pour une analyse de la symétrie de la vengeance dans ce conflit). En transférant sur le front des autorités publiques, les chefs des motards pouvaient s'attendre à ce que les exécutants puissent se faire condamner: deux meurtres, deux tueurs, deux condamnations. Ce qui aurait d'ailleurs été de bonne guerre et en continuité avec les procédures judiciaires habituelles. De plus, les dirigeants croyaient, à tort, que les exécutants ne pourraient devenir délateurs, puisqu'ils risquaient, de toute façon, la prison à vie (Ouellette et Lester 2005). Dans le pire des cas, ils pouvaient prévoir une petite vague d'arrestations (Tanguay 2004).

Bref, les Hells et leurs dirigeants pouvaient difficilement imaginer une opération comme Printemps 2001, tout simplement parce qu'il n'y avait jamais eu, auparavant, une opération d'une telle envergure. Ils ne pouvaient pas prévoir que ceux qui commandent les meurtres à mots couverts puissent être ceux qui finissent par être condamnés, ou qu'un chapitre entier (les Nomads) et son club-école (les Rockers) soient éliminés d'un seul coup. La raison est simple: la loi sur le gangstérisme n'était vieille que de quelques semaines au moment des meurtres et n'avait jamais encore été appliquée. On doit en grande partie à cette loi la mise sur pied de Printemps 2001, de même que la possibilité de relier les meurtres des gardiens aux dirigeants des Hells. Ces dernières remarques méritent qu'on s'y attarde plus longuement.

L'importance de l'innovation policière

L'analyse précédente suggère que la plupart des erreurs stratégiques des Hells sont en partie attribuables au caractère innovateur de la réplique policière dont ils ont été l'objet. Pour les besoins de ce texte, seront considérées comme innovatrices des pratiques possédant les deux caractéristiques générales suivantes: 1) des pratiques qui comportent un élément de nouveauté par rapport aux façons de faire précédentes et 2) des pratiques qui se sont avérées assez importantes pour jouer un rôle majeur dans l'issue de l'enquête. Ce sont sur ces critères que repose notre brève analyse des innovations ayant joué un rôle clé dans le succès de Printemps 2001. Perras (2006) a consacré son mémoire de maîtrise à analyser l'articulation de l'enquête ayant mené à l'opération Printemps 2001, en mettant notamment l'accent sur les nouveautés et sur les innovations qui sont apparues tout au long du processus. De son travail, nous avons retenu les innovations qui ont touché à trois éléments: 1) l'approche dans la lutte contre le crime organisé; 2) les techniques d'enquête; 3) la structure organisationnelle policière.

Innovations et approche dans la lutte contre le crime organisé

La première innovation décisive liée à Printemps 2001 concerne un changement important dans la philosophie de lutte contre le crime organisé. La logique du système judiciaire a longtemps conduit les corps policiers à fonctionner à la pièce : cibler une cellule de l'organisation impliquée dans une activité particulière et clairement identifiable (par exemple, importation de cocaïne en provenance de Colombie, ou réseau de vente dans un bar). Les individus sont ensuite traités et jugés sur une base individuelle devant les tribunaux. L'expérience acquise par les enquêteurs au sein de l'escouade Carcajou (Turcotte 2003 ; Perras 2006) et, surtout, la création de la loi sur le gangstérisme ont changé la donne pour les corps policiers qui ont su en tirer profit. Il devenait alors possible de faire la preuve que des actions commises par certains individus, tels les meurtres commis sur les deux gardiens, étaient liées à un processus décisionnel touchant à l'organisation et, surtout, à ses dirigeants. Pour le prouver, il fallait réunir en une seule enquête une quantité importante d'informations sur la structure organisationnelle des Hells et sur l'ensemble de leurs activités. Le fait de montrer quelques pièces du puzzle chaque fois n'était plus une stratégie suffisante. Il fallait les arrêter en même temps, comme une seule entité, en une seule frappe. Au printemps 2001, plus de 2000 policiers se sont associés pour procéder à la plus vaste opération policière de l'histoire de lutte contre le crime organisé québécois.

Innovations et techniques d'enquête

L'analyse de Perras (2006) portant sur les pratiques d'enquête de Printemps 2001 a mis à jour deux types d'innovations qui touchent directement à la façon de conduire une enquête de grande envergure. La première est la mise sur pied d'une division du travail élaborée, alimentée par une stratégie de communication de la preuve et par l'intégration d'experts issus de plusieurs corps de travail spécialisés. En effet, divers spécialistes s'étaient greffés au corpus d'enquête habituel notamment des spécialistes en questions fiscales pour comprendre les états financiers et les processus de blanchiment d'argent impliqués de même que des analystes civils. La déconcentration des analystes civils dans les escouades était une première au Québec, une pratique qui se maintient aujourd'hui. La participation des procureurs tout au long de l'enquête contrastait avec la procédure habituelle, selon laquelle ces derniers ne recevaient l'ensemble du dossier qu'au dépôt final de l'enquête (Perras, 2006).

Cette spécialisation dans les tâches de même que le recrutement d'enquêteurs chevronnés dans les escouades ont également contribué à améliorer les techniques d'enquête sur le terrain. Par exemple, plutôt que de faire de la filature durant les heures habituelles de bureau, les escouades l'ont adaptée aux activités et déplacements des cibles, et non selon les heures de bureau. L'infiltration en elle-même a donné lieu à de belles trouvailles. La présence de Dany Kane, par exemple, a donné un regard de l'intérieur aux policiers, un informateur plus « informé » qu'il n'y en avait eu jusqu'à cette opération. Un des bons coups de Dany Kane a été son rôle dans l'installation de caméras dans les réunions ou « messes ». Ces caméras ont permis de filmer les Hells à l'heure des décisions, et ainsi d'étoffer la preuve d'une organisation structurée où les décisions importantes se prennent en comité restreint.

Innovations et structure organisationnelle policière

La dernière innovation dont nous voulons souligner la contribution peut se résumer ainsi : l'établissement d'un solide partenariat entre les différents corps policiers impliqués, un partenariat qui puisse satisfaire tous les partis. Ce type d'innovation a eu une portée plus générale que les nouveautés reliées aux techniques d'enquête particulières utilisées par les enquêteurs durant Printemps 2001, puisqu'elle touchait à la structure organisationnelle globale des unités d'enquête. Plutôt que de travailler en vase clos, sans partager l'information, les policiers ont compris que l'union fait la force et que c'est en se ralliant qu'ils amélioreraient nettement leurs chances d'arriver à leurs fins.

C'est ainsi que les dirigeants ont appliqué à la lettre les leçons retenues de l'expérience Carcajou, en s'entendant d'avance sur le contenu des conférences de presse. Les tâches et les responsabilités de chacun des corps policiers étaient attribuées en fonction de critères de compétence, plutôt que politiques. Soulignons aussi la déconcentration de l'équipe d'enquête en plusieurs escouades, chacune indépendante, chacune occupant une zone géographique distincte sur le territoire. D'ailleurs, cette structure leur permettait de copier, en quelque sorte, celle de leur organisation cible, divisée en chapitres assez indépendants déconcentrés dans plusieurs régions du Québec. Cette déconcentration géographique a permis aux unités d'être plus flexibles, d'améliorer leur temps de réaction et, surtout, de se trouver plus près de leur terrain, au niveau tant de la structure organisationnelle adoptée que de la proximité géographique.

CONCLUSION : LES LEÇONS DE LA STRATÉGIE PARADOXALE

Inspirés de Luttwak (1988), nous dégageons deux leçons qui s'appliquent au jeu stratégique joué par les Hells et les policiers.

Le succès a tendance à confluer vers l'échec

Une des leçons stratégiques des conflits armés du XXᵉ siècle est que le succès a tendance à confluer vers l'échec. Une armée qui gagne une bataille baissera souvent sa garde et ralentira parfois son investissement dans l'innovation, négligences qui finiront souvent par la rattraper (Luttwak 1988). Dans notre domaine, on peut avancer l'hypothèse que les dirigeants des Hells Angels, enivrés par leurs succès contre leurs rivaux, ont poussé trop loin l'arrogance quand ils s'en sont pris à des gardiens de prison. Selon Ouellette et Lester (2005 : 149), ils avaient d'ailleurs l'intention de poursuivre leur quête pour y inclure policiers, juges et avocats.

Une stratégie trop spécialisée est facilement contrée

Habitués aux techniques d'enquête habituelles des policiers, les membres des Hells mettaient beaucoup d'efforts à contrer l'écoute électronique, notamment en privilégiant un langage de signes et de codes ou en évitant, tout simplement, de se parler de «choses sérieuses» au téléphone. Les policiers ont toutefois multiplié leurs angles d'attaque en utilisant, par exemple, leurs contacts à l'intérieur de l'organisation pour installer des caméras et filmer des rencontres dans certains hôtels montréalais.

Une des conclusions de notre analyse est que le succès des stratégies délinquantes et policières dépend en partie de la capacité de chacun à se renouveler et à innover. La brève analyse de l'opération Printemps 2001 que nous avons effectuée suggère que les délinquants ont intérêt à diriger leurs innovations dans les stratégies contre-dissuasives, plutôt que dissuasives dans leurs relations avec les autorités. Une bonne stratégie contre-dissuasive complique le travail des policiers et permet aux délinquants de survivre et de continuer à tirer profit de leurs activités illégales. Les mesures contre-dissuasives, qu'elles prennent la forme de stratégies défensives ou de simples mais efficaces mesures d'esquive, nous rappellent qu'une analyse de l'impact des interventions policières sur les activités délinquantes doit également considérer les dispositifs défensifs du milieu criminel.

CHAPITRE 37

L'usage de la force par la police

▶ FABIEN JOBARD

Les sciences sociales, elles aussi, ont leurs rituels. Ainsi, toute contribution à la sociologie de la police s'ouvre sur une position forte, sans ambiguïté : la police est l'institution qui se définit par la force physique. Bien souvent, notamment aux États-Unis, ce geste inaugural est accompagné d'une référence à la définition proposée par Egon Bittner il y a quatre décennies de cela : « le rôle de la police se définit comme un mécanisme de distribution d'une force coercitive non négociable, mis au service d'une compréhension intuitive des exigences d'une situation » (Bittner 1970/2003). Ethnométhodologue, Bittner centre son regard sur le noyau de l'activité policière, l'interaction (le *encounter* de la tradition interactionniste). D'autres situent d'emblée l'action policière dans le cadre plus large du pouvoir politique, dont elle tire sa légitimité ou ses moyens : ainsi de Peter K. Manning en Amérique du Nord (« la police est l'organisation légitime, structurée sous la forme d'une bureaucratie, qui se tient prête à employer la force en vue de soutenir l'ordre politique », 2005 : 23) ou de Dominique Monjardet en France (la sociologie de la police est une « sociologie des usages de la force et de la légitimation de la force dans les rapports politiques », 1996 : 8).

Notons les points communs entre les définitions centrées sur l'interaction et celles ouvertes sur la nature politique des relations sociales : le caractère non négociable de la force policière, et le déséquilibre entre les policiers et leurs adversaires ; la compréhension intuitive des situations, et le caractère discrétionnaire du pouvoir confié aux agents ; la nécessaire légitimité (ou légitimation) de l'usage de la force, dans le sillage de la définition que proposait Max Weber de l'État. On le voit donc : la force qu'emploie la police encourt le risque constant de sa contestation, laquelle vise la légitimité du pouvoir politique qui la commande, ou bien les conditions de sa mise en œuvre par les agents. La sociologie de la police exige donc une identification préalable des circonstances concrètes dans lesquelles la force est employée, de manière à comprendre comment l'emploi de cette force est susceptible d'ébranler la légitimité politique de l'institution policière.

Nous examinerons ainsi la létalité des interventions policières (1), les déterminants de l'usage de la force (2) et la question de l'inégale exposition à la force policière selon l'appartenance raciale (3). Nous serons alors en mesure d'aborder le triptyque que forment police, force et légitimité, ce dans une période au cours de laquelle, sous le double effet de la lutte contre le terrorisme international et de la répression accrue de la petite délinquance, divers indicateurs suggèrent une brutalisation des rapports entre les policiers et la population (4).

Indiquons avant cela que la recherche sur la force policière est inégale selon les pays : très développée aux États-Unis, notamment sous sa forme quantitative, elle l'est quelque peu en Grande-Bretagne ou au Canada et très faiblement en Europe. Dans l'état des connaissances qui suit, on ne s'étonnera donc pas de voir la recherche anglo-saxonne privilégiée.

LA LÉTALITÉ DES INTERVENTIONS POLICIÈRES

Quelle est la létalité des interventions policières ? Cette interrogation suppose bien entendu, au préalable, que les instruments d'observation et de comptage soient uniformes, et dans le temps et dans l'espace, pour autoriser les comparaisons — c'est là une hypothèse fort audacieuse, dont nous réservons l'examen critique plus loin.

Au sein des démocraties occidentales, il faut accorder une place de choix aux États-Unis qui se caractérisent par une létalité policière sans commune mesure avec celle que l'on observe au Canada ou dans les pays européens. La sociologie états-unienne de la police se caractérise d'ailleurs par un secteur abondant, celui concernant l'usage de l'arme à feu par les policiers[1]. Pour fixer un ordre de grandeur, on estime que si le nombre annuel de morts résultant de tirs policiers s'élève à environ 5 en France de 1995 à 2000[2], il est de 1 à 9 morts en Ontario de 1991-1992 à 2004-2005[3], de 5 à 7 morts en Allemagne de 2000 à 2005[4], de 24 morts et blessés en Angleterre de 1991 à 2002 (Best et Quigley 2003), d'environ un tous les 2 ans en Suède et un peu moins d'un cas par an en Norvège de 1985 à 1999 (Knutsson et Strype 2003), de 3 morts par an de 1978 à 2000 aux Pays-Bas (Timmer 2003). On est très loin des 600 personnes tuées chaque année aux États-Unis durant les années 1980. À populations égales, la létalité des interventions policières par arme à feu est aux États-Unis, en estimation basse (500 morts annuels),

---

1. Nous avions présenté ces travaux dans Jobard, 1999, auquel l'on peut ici se référer pour les propositions générales. Nous préciserons toutefois toutes les références actualisées.
2. Sources : presse nationale.
3. Les données canadiennes dépendent des juridictions provinciales. Les données les plus accessibles sont celles de l'Ontario.
4. Nous nous référons ici aux estimations annuelles de la revue *Bürgerrechte und Polizei* (Berlin).

30 fois plus élevée qu'en Suède et 15 à 20 fois plus élevée qu'en Allemagne ou en France[5].

La mortalité due aux tirs policiers est une thématique qui a longtemps retenu l'attention de l'opinion publique et des chercheurs, qui sont en l'occurrence aux États-Unis souvent des policiers convertis à la sociologie quantitative. Dans ce pays, toutefois, le déclin continu de la violence par armes à feu depuis le milieu des années 1970, tant de la part des policiers que contre les policiers (Jobard 1999 : 45-80 ; Batton et Wilson 2006), a mis sur le devant de la scène la question des décès survenus sans arme à feu : décès au cours des arrestations et en cellule de police. Le passage à tabac de Rodney King en Californie en 1991, et les émeutes consécutives à la clémence de la décision judiciaire frappant les policiers, peut ici être considéré comme le moment emblématique d'une attention désormais moins absorbée par les tirs que par la force « à mains nues[6] ». Dans les régions qui ne souffrent pas comme aux États-Unis d'un usage endémique de l'arme à feu, les décès en cellule de police sont plus nombreux que ceux survenus avec l'arme (ainsi, de 7 à 26 décès en cellule en Ontario de 1991-1992 à 2004-2005, données comparables avec celles que l'on pourrait rassembler sur les pays européens, dont la comptabilité, du fait de l'épineuse question des suicides en cellule, est difficile). La généralisation des armes dites non létales ou moins létales, comme les divers gaz lacrymogènes (Rappert 2002) et surtout les armes à effet paralysant (*stun-guns*) comme les pistolets à décharge électrique Taser[7] (Thys 2006), la multiplication des équipes et escouades militarisées (Kraska et Kappeler, 1997) et plus récemment les tentations de légitimation de la torture dans le cadre de la lutte contre le terrorisme se présentent comme d'autres manières d'aborder le problème de la force policière mortelle. Un recensement récent estime ainsi qu'aux États-Unis et au Canada, 167 personnes ont trouvé la mort de septembre 1999 à fin 2005 par l'action d'un Taser (Anglen 2006).

LES DÉTERMINANTS DE L'USAGE DE LA FORCE

Compte tenu du nombre considérable de rapports d'incident remis par les agents après chaque usage de l'arme, la recherche états-unienne dispose

---

5. Par comparaison, rappelons que les taux d'homicide en population générale sont proportionnellement 4 à 5 fois plus élevés aux États-Unis qu'en France.
6. L'ouvrage de James Fyfe, l'un des premiers policiers ayant soutenu une thèse de doctorat sur les tirs policiers, et de Jerome Skolnick, *Above the law*, illustre très exactement cette mutation dans la formulation des problèmes publics (1992).
7. Selon la firme Taser International, plus de 2200 départements nord-américains disposent aujourd'hui de ce type d'armes. C'est cette société qui a remporté l'appel d'offres lancé en mars 2006 par le ministère de l'Intérieur français. En conséquence, d'ici août 2008, elle fournira 2000 Taser X26 aux forces de police françaises (Smolar 2006).

d'un savoir considérable sur l'étiologie des tirs policiers. Cette connaissance repose le plus souvent sur l'assortiment de séries de données entre elles et sur la mise au jour de corrélations entre les variables à expliquer (nombre de tirs, nombre de tués) et les variables explicatives (nombre, âge ou situation conjugale des agents, taille ou type de commandement des départements de police, caractéristiques socio-démographiques des villes concernées).

On peut distinguer trois ensembles de causes : les propriétés individuelles des agents (notamment l'âge, la formation, l'ancienneté, la personnalité), l'écologie de l'intervention policière (l'ensemble des éléments contextuels, tels que la taille de la ville, sa composition socio-démographique), la matérialité de l'interaction (son équipement, tel que les armes disponibles et les technologies de lecture de l'événement par les policiers ; l'adversité en présence). C'est tout cet ensemble de facteurs que les recherches tentent d'isoler, pour en hiérarchiser les impacts respectifs.

La plupart des recherches n'ont pas tardé à souligner l'importance d'un certain nombre de variables, isolément considérées[8]. L'âge des agents (ou l'ancienneté de l'expérience professionnelle) joue dans un sens minorant : ce sont les policiers les plus jeunes (ou les moins expérimentés) qui sont les plus prompts à user de leur arme. La recherche des explications individuelles devient en revanche beaucoup plus difficile lorsqu'il s'agit de tenir, d'une part, l'agent en situation (et de conjuguer les variables individuelles aux variables portant sur la nature de l'interaction) et, d'autre part, l'agent dans son milieu (et d'examiner alors l'influence sur l'agent du « climat » incitatif ou dissuasif exercé dans son service de police). Le sexe des agents présente ainsi de prime abord une influence très claire sur la létalité des interventions policières : les policières tirent moins fréquemment que leurs collègues masculins. Tout le problème est que les patrouilles de police dans lesquelles des femmes sont affectées sont susceptibles d'être employées dans des circonstances où la force a moins de risque d'être engagée ou que la répartition des tâches au sein de la patrouille peut exonérer les femmes d'un engagement en première ligne lorsque des circonstances à risque se présentent… si bien qu'il est rigoureusement impossible aujourd'hui, en dépit des données les plus apparentes, de savoir si la présence de femmes au sein de la police réduit l'usage de la force (Jobard 1999, Pruvost 2005, Slansky 2006).

De manière générale, il n'est pas logique d'isoler les caractéristiques individuelles des agents, comme si l'attitude seule commandait le comportement. Dans leur étude de 676 rapports d'incidents violents collectés au sein de la police de Miami, Alpert, Dunham et Mc Donald (2004) construisent une variable permettant d'éclairer la nature de la force employée par les

---

8. Pour une vue synthétique, nous nous permettons ici de renvoyer à Jobard 1999 : 121-167.

policiers en 1997 et 1998[9]. Ils distinguent celle-ci selon qu'elle est ascendante (c'est-à-dire qu'elle est supérieure au niveau de violence employé par l'adversaire) ou accommodante (cette fois de niveau égal, voire inférieur à la violence adverse). Par ailleurs, ils estiment que si le policier est blanc et plus âgé que l'adversaire, alors il est jugé «doté d'autorité». Leurs résultats montrent, d'une part, la faible fréquence (13% des cas) de violence ascendante et, d'autre part, que cette force ascendante est significativement corrélée (toutes choses égales par ailleurs) à la faiblesse du statut de l'adversaire. Ils confirment ainsi ce que Donald Black avait mis en avant dans les années 1970: les cas de violence abusive sont le produit de l'asymétrie de la relation entre le policier et la personne qu'il entend contrôler, la faiblesse du statut social de la personne étant le facteur explicatif majeur de l'occurrence de la violence (Black 1968, 1976).

La faveur accordée aux variables explicatives individualisantes trouve également sa limite lorsque le policier est considéré dans son milieu de travail. Les recherches de Dominique Monjardet (1996: 155-173) sur la culture policière ont montré l'influence décisive qu'exerce le milieu professionnel sur la constitution des opinions individuelles des policiers, et notamment sur la légitimité de l'usage de l'arme. Lawrence Sherman (1983) évoquait de son côté l'importance du «climat administratif», en montrant l'impact des réglementations sévères adoptées au New York Police Department ou dans les départements de police de Kansas City et Atlanta (réduction par trois du nombre de personnes touchées par tirs policiers à Atlanta, par cinq à New York, effets moins notables à Atlanta). Terril, Paoline et Manning (2003) ont de leur côté récemment tourné à nouveau le regard sur les attitudes individuelles, tentant précisément de tenir ensemble la variété des attitudes et des comportements. Ils ont considéré trois groupes constitués selon leur distance respective par rapport à la culture policière canonique, telle qu'elle est conçue dans les premiers travaux sociologiques (Westley 1951; Skolnick 1967): hostile à l'égard de l'extérieur, machiste, défiante à l'égard de la hiérarchie, gouvernée par la loi du silence, etc. Ils ont ainsi construit un groupe traditionnel, un groupe qui lui serait opposé, et un groupe médian. Pour relever les attitudes, ils ont distribué des questionnaires auprès de policiers d'Indianapolis (département permissif) et de St. Petersburg (département dissuasif) en 1996 et 1997. Pour relever les comportements, les policiers ont été observés au cours de leurs interventions: 12 000 interactions ont été notées et classées. Un premier tri montre que les traditionnels usent de la force (y compris verbale) dans 61% des interactions, contre 51% chez le groupe opposé. Toutefois, une analyse prenant en compte tout un ensemble de variables (résistance de l'interpellé, appartenance raciale de l'interpellé, alcool, apparence physique) et les hiérarchisant entre elles montre

---

9. Indicateur de la fréquence du recours à la force: seuls 676 rapports de cette nature ont été remis, alors que durant ces 2 années les policiers de la ville ont effectué 120 000 arrestations, soit un cas de violence rapporté pour 200 arrestations.

que la culture individuelle n'est significativement liée à l'usage de la force que pour le seul groupe traditionnel. Le climat administratif de St. Petersburg et d'Indianapolis ne ressort pas significativement de l'analyse statistique. Les auteurs qualifient alors la notion de culture de « mythe des sciences sociales », tant individuelle qu'organisationnelle ; plus modestement, nous retiendrons d'une part la nécessité pour la recherche de tenir ensemble attitude et comportement (ce qui, on le voit, engage de lourds moyens de recherche ; en l'occurrence passation de questionnaires et observations ethnographiques) et, d'autre part, le besoin d'une recherche spécifiquement centrée sur les policiers qui, relevant du groupe traditionnel, produisent la plupart des cas de violence, tant leur comportement au regard des autres variables explicatives semble singulier.

Au contraire de l'analyse portant sur les facteurs individuels du recours à la force, l'analyse écologique tend à rendre compte de l'ensemble des facteurs contextuels qui accompagnent sinon influencent les violences. Parmi ces facteurs, les macro-variables socio-démographiques ont toujours joué un rôle de premier plan. Qu'il s'agisse de la pauvreté relative (le quartier dispose d'un revenu global bas, d'une participation électorale faible, de l'absence de mobilité sociale ascendante), de l'instabilité démographique (les déménagements hors et dans le quartier sont trop fréquents pour y fixer des routines collectives) ou de la proportion des minorités visibles, chacun de ces trois indicateurs est positivement corrélé à l'occurrence d'incidents policiers (voir récemment encore Kane 2002). L'interprétation de la corrélation est toutefois rendue difficile par le fait que de tels villes ou quartiers sont également ceux dans lesquels les taux de criminalité violente sont les plus élevés. Or, l'anticipation d'un haut degré de risque par les policiers est plus prédictive des tirs policiers que les seules propriétés de l'environnement social. L'un des enjeux de la recherche consiste alors, une fois encore, à affiner le jeu combiné des variables macro-sociologiques et des perceptions policières. Klinger (1997) avance par exemple la notion « d'écologie de la patrouille », en montrant que certains quartiers peuvent encourager les policiers à considérer que la criminalité y est chose normale (que, de régulière, elle devient donc la règle) et que, en conséquence, la victime d'un crime l'aura au fond bien mérité (parce qu'elle boit, se drogue, élève seule ses enfants, est déscolarisée).

L'USAGE DE LA FORCE ET LES MINORITÉS VISIBLES

L'un des points les plus vivement discutés est la place qu'occupent les minorités visibles parmi les cibles de la violence policière. Aux États-Unis durant les années 1920, 1960 ou 1990, comme en Grande-Bretagne au début des années 1980, ou en France depuis la même période, ce sont des épisodes de violence illégitime sur des Noirs, ou des migrants ou leurs enfants, qui ont été les facteurs déclencheurs d'émeutes. Les statistiques américaines ont très vite fait ressortir l'inégalité flagrante d'exposition aux tirs policiers : un article fameux de 1974 concluait à l'existence d'un génocide policier à l'égard des Noirs, puisque la proportion de Noirs tués par la police dans certaines métropoles des États-Unis était au début des années 1970 20 à 25 fois plus élevée que la proportion de Blancs (Takagi 1974).

Pour en rester à l'étude des tirs mortels commis aux États-Unis (Jobard 1999 : 105-120), les recherches ont surtout distingué la mortalité différentielle des Noirs et des Blancs selon les types d'interaction : lorsque les adversaires sont armés, l'écart de mortalité n'est souvent pas significatif; en revanche, la surmortalité des Noirs est plus évidente parmi les victimes non armées ou les suspects en fuite. Autrement dit, les minorités visibles seraient moins exposées à la force policière qu'à la force la plus manifestement illégitime.

Au-delà des ratios comparés des types de victimes, la sociologie de la police est longtemps restée guidée par la notion de culture profession-nelle, fondée sur un ensemble de traits caractéristiques tels que la défiance à l'égard des non-policiers, le machisme et le racisme (voir plus haut Terril et autres 2003). La discussion visant la violence policière et les minorités visibles s'est ainsi développée comme un prolongement naturel de l'évidence selon laquelle la culture policière encourage au racisme. Or, la recherche est désormais beaucoup plus réservée sur la question de l'articulation violence différentielle/culture raciste.

D'abord, c'est le concept même de culture policière qui s'est vu fragilisé par tout un ensemble d'enquêtes montrant au contraire la diversité des opinions et attitudes au sein des appareils policiers et la permanence des discussions et différends entre les agents sur ce qu'est la forme légitime de l'action policière (Chan 1996; Monjardet 1996; Waddington 1999). Par ailleurs, et surtout, la démographie des polices a, au moins aux États-Unis, considérablement changé : si les Noirs ne représentaient en 1970 que 6 % des policiers en activité dans les départements des grandes villes, ils approchent désormais 20 % des effectifs et certaines villes comme Los Angeles, San Francisco ou Washington présentent des taux de policiers noirs supérieurs à leur part dans la population de la ville, la proportion de Noirs dans le dépar-tement de police de Washington DC s'élevant à deux tiers des policiers (Slansky 2006 : 1211-1217).

Peser sur la démographie d'un corps policier n'est cependant pas la solution magique des problèmes soulevés par le racisme policier ou l'emploi différentiel de la force policière, pour au moins deux raisons. La première tient à la formation des opinions publiques : l'appartenance raciale apparaît comme la dimension majeure (toutes choses égales par ailleurs) des opinions selon lesquelles la police contrôle les gens de manière arbitraire et use d'une force excessive (Weitzer, Tuch 2003). L'autre raison tient au fait que les policiers (et l'institution policière dans son ensemble) sont, malgré la capacité discrétionnaire dont ils jouissent, les instruments des pouvoirs politiques (centralisés en France, régionaux en Allemagne, au Canada, en Grande-Bretagne ou aux Pays-Bas, municipaux aux États-Unis). Or, la concen-tration de forces policières, et notamment de forces policières répressives, est toujours plus forte dans certains quartiers particuliers, et en premier lieu ceux dans lesquels on compte de fortes présences de minorités visibles (Kent,

Jacobs 2005). Les policiers y sont appelés à travailler plus durement, et ce, quelle que soit leur couleur de peau[10]. C'est le facteur qui explique que si les Noirs sont surreprésentés au sein des victimes de tirs policiers, les policiers auteurs de ces mêmes tirs sont eux-mêmes plus fréquemment des Noirs... et que la recherche n'est sans doute aujourd'hui pas plus capable qu'il y a 20 ans de préciser si, à l'image des femmes, l'intégration de minorités visibles a un impact favorable sur la violence policière, compte tenu des médiations organisationnelles et politiques (Jobard 1999 ; Slansky 2006).

Comme on le voit, le territoire d'affectation des policiers est une variable forte du problème de l'usage de la force et des minorités visibles. Il rejoint le problème de l'écologie de la patrouille qu'évoquait Klinger : le niveau de violence est indexé à la façon dont les policiers qualifient/disqualifient le territoire, et dont ils estiment, notamment, qu'il mérite un déploiement de force brutale. Le *quantum* de force employée et les jeux d'anticipation réciproque relèvent donc plus d'une superposition des variables territoriales et raciales que de la seule influence de cette dernière (Jobard 2006). Ne négligeons toutefois pas pour autant le fait que les quartiers à forte majorité noire sont des quartiers où la police est moins présente et ses interventions moins brutales, et ce sont dans les quartiers hétérogènes que la police est la plus présente et la plus brutale (Kent, Jacobs 2005). Aux États-Unis en effet, le surcroît de force policière semble lié à la nécessité pour les maires de protéger les communautés les unes des autres : les communautés homogènes sont, pour ainsi dire, autopolicées ; les communautés mélangées sont, au contraire, sous le regard étroit des policiers que l'on y déploie.

LA FORCE PHYSIQUE EST-ELLE CONSUBSTANTIELLE À LA POLICE ?

La force policière ne peut se résumer à la force armée. Ainsi, à l'époque même où, aux États-Unis, 2 personnes par jour décédaient de coups de feu policiers, un policier travaillant de nuit dans les zones urbaines les plus difficiles devait attendre 694 ans pour être amené à tuer un civil, compte tenu du nombre d'agents et d'heures travaillées (Bayley, Garofalo 1989). Par ailleurs, pour rester aux États-Unis, un vaste sondage commandé par le département de Justice (plus de 6000 répondants) a montré que, au cours de l'année 1999, un résident états-unien sur 5 avait eu un contact avec la police dans l'année (la moitié d'entre eux à l'occasion d'un contrôle routier), et qu'une personne sur 500 avait vu le policier user de la force (1 sur 100 si l'on inclut la menace du recours à la force[11]), le plus souvent limitée à une saisie ou une poussée par le policier (BJS 1999).

---

10. Keith, 1993, évoque à propos de ces quartiers des *authoritative policing geographies* (p. 20).
11. Pour faire suite au débat précédent, précisons que la probabilité pour un Noir ou un Hispanique de vivre de telles interactions est deux fois plus élevée que pour un Blanc.

La rareté de l'usage effectif de la force s'oppose au principe selon lequel la police consiste essentiellement en la force. Cette opposition n'est toutefois qu'apparente, puisque si l'usage de la force est en effet peu fréquent, il n'en reste pas moins que l'interaction policière est caractérisée par l'horizon toujours possible d'un usage unilatéral de la force, laquelle est sans limite[12].

La rareté de l'emploi de la force policière ne doit par ailleurs pas faire écran à certaines mutations, sur lesquelles il importe, pour finir, d'insister.

La première mutation d'importance dans l'ordre de la violence et de la police est celle de la militarisation croissante des appareils policiers, illustrée notamment dans la multiplication des unités d'intervention décalquées du modèle militaire (par leurs types de commandement, d'armement, d'uniforme, d'éthos). Peter Kraska et Victor Kappeler (1997) s'étonnent ainsi de la faveur accordée dans la littérature scientifique à l'examen des réformes menées dans le cadre des programmes de *problem-oriented policing* et de *community policing*, alors même que les unités de police paramilitaires (UPP) se multiplient, tant en Amérique qu'en Europe. Leur enquête, menée dans 550 départements de police de villes américaines de plus de 50 000 habitants, montre que 90 % des départements disposent de telles UPP, dont la moitié entraînées par des forces militaires. La police française a également multiplié les unités paramilitaires : les forces policières traditionnellement dévolues au contrôle des foules se sont vues affectées en permanence dans les villes ou les quartiers les plus durs, et des unités départementales ont également été créées (les Compagnies départementales d'intervention ou les Unités mobiles de sécurité), qui contribuent, sur certaines zones, à confier à la police d'apparence militaire un rôle de plus en plus fort, ce qui n'est pas sans rapport avec les manifestations collectives de colère de la part des populations visées comme au cours des émeutes urbaines de l'automne 2005.

Il ne faut pas déduire de la capacité d'emploi de la force ou de la formation militaire des unités un plus grand usage de la force[13]. La répression des émeutes françaises de 2005 (3 semaines de violences, 200 millions d'euros de dommages, 10 000 voitures incendiées) a été confiée aux UPP historiques que sont les Compagnies républicaines de sécurité (créées en 1944) et la gendarmerie mobile (créée en 1921), sans engendrer de mort ni, à notre connaissance, de blessé sérieux, au contraire de la répression des émeutes d'avril 1992 à Los Angeles, lorsque le maintien de l'ordre confié aux polices de la ville et de l'État de Californie avait vu se déchaîner les violences

---

12. Ce dernier point fait discussion, puisque dans un certain nombre de pays, l'armée se substitue à la police dès lors que celle-ci doit employer la force en contexte de maintien de l'ordre — c'est le cas, pour prendre des exemples antagoniques, de la Grande-Bretagne jusque dans les années 1980, des États-Unis ou de la plus grande partie des régimes dictatoriaux. Sur les termes de ce débat, voir les contributions de Bittner, Brodeur et Jobard 2001, ainsi que Brodeur 2000.
13. Voir sur ce point les débats rassemblés dans l'ouvrage de Dupont et Lemieux 2005, ainsi que Rappert 2002.

(une cinquantaine de morts), avant l'intervention de l'armée qui s'opéra dans le calme. C'est donc moins la nature des forces engagées que la nature de la conflictualité locale qui détermine le niveau de la force employée.

Une deuxième mutation dans l'ordre de la violence et de la police est liée à la répression des activités terroristes, qui semble consacrer la torture ou les mauvais traitements à l'encontre des personnes réputées détenir des informations de toute première importance. Si le Sénat américain a réitéré l'interdiction de principe de la contrainte physique (par l'amendement Mc Cain), la haute cour israélienne en a adopté le principe et les juridictions britanniques ont elles-mêmes laissé la question ouverte durant quelques mois (Rumney 2005). Il faut toutefois noter que l'usage de la torture semble moins envisagé à des fins judiciaires, comme technique d'administration de la preuve, qu'à des fins préventives, pour éviter qu'un attentat, par exemple, ne survienne. Bien entendu, la notion d'urgence (qui motive l'emploi de ces traitements) est d'une manipulation dangereuse et il est à craindre que tout signal assouplissant les règles d'application du droit international en la matière ne conduise à une généralisation incontrôlée des pressions physiques de la part des forces de sécurité, y compris à des fins judiciaires.

Il ne faut toutefois pas surestimer l'actualité de la torture dans les pratiques policières[14]. Tout d'abord, les États occidentaux (le cas des États-Unis, avec le camp de Guantanamo, fait exception) continuent de s'opposer à l'emploi des moyens coercitifs. L'exemple le plus patent est celui de l'Allemagne, où un enquêteur de Francfort fut récemment sanctionné pour avoir seulement menacé un suspect, afin qu'il révèle l'endroit où résidait le fils d'un banquier qu'il avait enlevé[15] (Narr 2005). La réaction des autorités judiciaires, mais aussi l'abondante couverture de cet événement par la presse allemande, illustrent le rejet par l'opinion de toute pression physique sur les suspects interrogés. Les rappels à l'ordre de la chambre des Lords en Grande-Bretagne, l'indignation soulevée par les tortures couvertes dans des pays arabes par la CIA ou encore l'opposition parlementaire, aux États-Unis, contre les tentatives présidentielles d'autoriser ou couvrir ces pratiques, témoignent d'une forte vigilance à l'égard des atteintes aux libertés publiques soulevées par la lutte contre le terrorisme.

Cette tension manifeste entre les diverses exigences que la société exprime à l'égard de la police (protéger la société et ne pas atteindre aux droits fondamentaux) permet d'aborder un dernier point relatif aux actuelles conditions de l'emploi de la force. D'abord, comme souvent, les débats

---

14. Il en va autrement de la force militaire, comme le montrent les exemples des centres américains de détention en Irak ou en Afghanistan.

15. On sera surpris de l'extrême proximité de cet épisode avec le cas classique du Dirty Harry exposé par Klockars, pour lequel la nature du métier de policier réside en cela que le policier, pour servir des fins justes, ne peut choisir entre des moyens bons et des moyens mauvais, mais seulement dans une palette de moyens mauvais (Klockars 1980).

oublient les évolutions historiques de plus long terme. Rappelons les conclu-sions du rapport Wickersham, prises en 1929 : la brutalité est monnaie courante chez les policiers états-uniens, et les pressions physiques consti-tuent un moyen privilégié (appelé *third degree*) d'obtention des aveux (Jobard 1999 : 169-174). Rappelons également les conditions d'exercice de la police quotidienne sur les territoires algériens et métropolitains par la police en France dans les années 1950 et 1960 (Dewerpe 2006).

Une mise en perspective historique permet de relativiser le point de vue par exemple exprimé par Jean-Paul Brodeur selon lequel « la montée du ressentiment et de la punitivité dans les sociétés occidentales favorise le glissement de l'usage de la force vers l'aval, c'est-à-dire vers son augmen-tation » (2000 : 56). Comme nous l'avons suggéré en effet, la sensibilité à l'égard des atteintes aux personnes est autrement plus élevée aujourd'hui qu'elle ne l'était hier ; et cette sensibilité s'exprime également à l'égard des forces de police. En témoigne la création, dans les pays anglo-saxons, des bureaux civils d'examen des plaintes visant les policiers ou, en Europe, la surveillance considérable qu'exercent les instances du Conseil de l'Europe, tels le Comité de prévention de la torture ou la Cour européenne des droits de l'homme[16] (Jobard 2003). Pour résumer notre propos, la police est sans aucun doute dotée de pouvoirs répressifs plus forts qu'elle ne l'était il y a une vingtaine d'années, mais elle se présente aujourd'hui comme une insti-tution pénétrée par le regard extérieur, ce qui change totalement les condi-tions d'usage de la force lorsque l'on sait que l'absence de personnes tierces a toujours été un facteur incitant à la déviance (Jobard 2005)[17]. C'est l'un des paradoxes qu'entretiennent police et politique : lorsque les préoccupations de sécurité se trouvent au centre de l'attention publique, et c'est le cas dans la plupart des pays occidentaux aujourd'hui, les polices sont soumises à deux exigences aussi fortes : assurer l'ordre, mais l'assurer sans heurt.

---

16. Rappelons ici que la France fut condamnée pour torture du fait de l'action de ses policiers en 1999, tout comme la Roumanie en 2004 et la Turquie (15 fois depuis 2000). La condamnation à l'encontre de la France amena une importante révision du droit et, notamment, la création d'une Commission nationale de déontologie de la sécurité (2000) et l'introduction de l'avocat dès la première heure de réten-tion en cellule de police (également en 2000).

17. S'il fallait reprendre l'exemple de l'introduction du Taser en France (voir note 7), nous manquerions d'honnêteté si nous taisions le fait que, en France, ces instru-ments seront équipés de caméras qui filmeront les conditions d'utilisation de l'arme.

CHAPITRE 38

L'enquête criminelle

▶ JEAN-PAUL BRODEUR

C e chapitre présente les premiers résultats d'une recherche empirique que j'ai effectuée sur l'enquête policière de 2002 à aujourd'hui. Bien que cette recherche ne soit pas encore terminée, un certain nombre de constats généraux se sont imposés dans un traitement préliminaire des données et peuvent être maintenant énoncés. Ce texte est divisé en quatre parties, suivies d'une brève conclusion. Dans la première partie, je procède à une revue de la littérature de recherche sur l'enquête, en me limitant à l'essentiel. Dans une seconde partie, je présente mon projet de recherche, ses objectifs et sa méthodologie. En troisième lieu, j'élabore une taxinomie de l'enquête, qui est le fruit de mes travaux dans les archives de la police. Dans une dernière partie, je rapporte quelques-uns des résultats quantitatifs de mon travail sur les enquêtes. En conclusion, je discute de la signification des résultats de ma recherche et je m'interroge sur les tendances futures de l'enquête policière.

LES TRAVAUX DE RECHERCHE

Il existe quelques ouvrages de référence qui contiennent une recension des travaux sur l'enquête policière. On citera au premier chef le chapitre que Mike Maguire consacre à l'enquête criminelle dans le *Handbook of Policing* (Maguire 2003 : 363-393), de même que le chapitre de Sanders et Young dans *The Oxford Handbook of Criminology* (Sanders et Young 2002 : 1034-1075). Plusieurs des chapitres de la collection de textes récemment publiés par Tim Newburn sont également utiles (Newburn 2005). Pour intéressants qu'ils soient, ces textes n'en manifestent pas moins les limites des recherches sur l'enquête criminelle. Maguire ne traite pas exclusivement de l'enquête criminelle, mais couvre tout le champ du contrôle de la criminalité. De façon similaire, Sanders et Young se penchent sur tout le processus qui prend en charge un suspect et qui le conduit de façon ultime devant le tribunal : les enquêteurs n'ont qu'une part restreinte à ce processus (voir aussi à ce sujet l'ouvrage classique de René Levy (1987), *Du suspect au coupable : le travail de police judiciaire*, dont le titre préfigure de façon exacte celui du chapitre de Sanders et Young).

Les écrits portant directement sur l'enquête policière peuvent être classés en cinq catégories.

1. *Les manuels.* La catégorie la plus étendue est celle des manuels qui sont destinés à la formation des enquêteurs. Il existe en effet une tradition très nourrie d'écriture de ces manuels, dont les premiers exemples remontent au début du XXe siècle (Niceforo 1907). L'ouvrage de Niceforo est préfacé par le Dr Lacassagne, l'un des fondateurs de la police scientifique (Kaluszynski 2002). Il serait fastidieux d'énumérer les principaux manuels sur l'enquête criminelle. On se contentera d'en citer quelques-uns parmi les plus signi-ficatifs. On trouve vers le milieu du siècle dernier des manuels qui ont fait l'objet de très nombreuses rééditions (Kirk et Thornton 1953; Aubry et Caputo 1965). On trouve parmi les plus récents manuels Palmiotto (1994); Osterburg et Ward (2000); Bennett et Hess (2001). Ces manuels sont en général des livres de plusieurs centaines de pages, où la police scientifique occupe une place prépondérante à mesure qu'on se rapproche de la fin du second millénaire.

2. *Les techniques spécialisées.* On trouve en second lieu des manuels ou des études qui portent sur une technique d'enquête déterminée, par exemple l'utilisation du polygraphe (National Research Council 2003). Certaines de ces techniques sont très anciennes, comme l'interrogatoire policier (Inbau et Reid 1967; Deeley 1971; Ben-Shakhar et Furedy 1990; Eisen et autres 2002) ou, ainsi l'écoute électronique, sont plus anciennes qu'on le croit (Greenman 1938; Dash et autres 1959). On assiste présentement à une multi-plication des publications sur les instruments les plus médiatisés, tels les empreintes génétiques (Levy 1996; Krude 2004) et le profilage (profilage géographique, Rossmo 2003; profilage psychologique, Ainsworth 2001; Turvey et autres 2002).

3. *Les monographies sur l'enquête.* On retrouve en troisième lieu des travaux de nature plus universitaire. Il s'agit d'ouvrages qui portent sur l'enquête policière en général (Sanders 1977; Ericson 1981; Forst 1982; Simon 1991; Eck 1992; Smith et Flanagan 2000) ou qui prennent pour objet un type spécialisé d'enquête ou d'enquêteur (Ocqueteau 2004). Les investiga-tions spécialisées qui ont fait l'objet des travaux les plus fréquents étudient le trafic de la drogue (Wilson 1978; Manning 2004) et l'homicide (Camps 1966; Riedel et autres 1985; Maxfield 1989; Simon 1991; IACP 1995; Wellford et Cronin 1999; Innes 2003; Mucchielli 2004). On peut s'y attendre, les nouveaux types de criminalité, en particulier la criminalité informatique, font l'objet de beaucoup d'attention (Clark et Diliberto 1996). On trouve enfin quelques pages qui sont consacrées à l'enquête dans des ouvrages classiques sur la police (Skolnick 1966: 169-181).

4. *Les études du processus judiciaire.* Ces travaux ne sont pas fondamen-talement différents de ceux qui précèdent, si ce n'est par leur insistance sur la description de la séquence des étapes que parcourt un suspect avant de

passer en jugement et de recevoir éventuellement une sanction. Le prototype francophone de ces études a été fourni par Levy (1987). La contrepartie anglophone de cette étude est *The Case for the Prosecution* (McConville et autres 1991). On trouve maintenant un assez grand nombre d'ouvrages sur ce sujet, recensés par Sanders et Young (2002). Ces études sont fréquemment développées dans une perspective constructionniste : elles s'efforcent de montrer comment l'acte et la personnalité d'un délinquant sont reconstruits à partir de son arrestation jusqu'à sa punition (Innes 2003 : 6).

5. *Les études d'évaluation.* De tous les ouvrages sur l'enquête, le plus célèbre, en même temps que le plus controversé, est sans doute celui de Greenwood, Chaiken et Petersilia (1977 ; sur Greenwood, voir Chappell et autres 1982). Ce travail, qui constituait initialement un rapport de la Rand Corporation sur l'efficacité de l'enquête criminelle, a été publié ensuite sous d'autres formes. Sa principale conclusion était qu'on pouvait supprimer la moitié de tout ce que faisaient les enquêteurs sans changer de façon sensible les résultats qu'ils obtenaient dans la résolution des affaires. On comprendra que les milieux policiers aient été choqués par cette conclusion et que de nombreuses tentatives ont été faites pour réfuter les conclusions de Greenwood. Elles continuent de nous interpeller quelque 30 ans plus tard et elles ont donné naissance à toute une littérature évaluative de l'efficacité de l'enquête de police. Ces études tendent à confirmer les conclusions de Greenwood, y compris dans le champ de l'homicide.

UN PROJET DE RECHERCHE

J'ai élaboré un projet de recherche sur l'enquête criminelle en 1999 et je l'ai plus tard soumis à un grand corps de police québécois, qui m'a autorisé à travailler dans ses archives.

Voici en gros la méthode que j'ai suivie. J'ai d'abord procédé au moyen d'une analyse documentaire. Initialement, un échantillon d'environ 25 causes résolues par la police a été constitué pour chacune des cinq infractions suivantes : l'homicide et ses variantes, l'agression sexuelle, le vol à main armée, la fraude, et des infractions dans le domaine des stupéfiants. Ces dossiers ont été choisis parmi les affaires classées par la police comme élucidées de 1990 à 2001, selon une procédure de sélection au hasard. J'ai donc ainsi recueilli un échantillon de plus de 125 enquêtes résolues. Cependant, je me suis rapidement aperçu que l'homicide laissait dans les archives des traces beaucoup plus considérables que toute autre enquête : un dossier typique d'homicide est constitué d'une douzaine de chemises qui sont regroupées dans une caisse de format courant. Par comparaison, le dossier accumulé en rapport avec toutes les autres infractions consiste en général en une seule chemise contenant quelques pages. J'ai donc décidé de concentrer une part importante de mon attention sur l'homicide et j'ai constitué une banque informatisée de données qui contient 153 cas d'homicide, de 1990 à 2001. Les aspects variés de ces causes ont été codifiés sur 163 variables, regroupées en divers ensembles.

Ce travail documentaire a été complété par des entrevues avec des membres de l'escouade des homicides et avec d'autres détectives. J'ai effectué des entretiens semi-directifs, dont le but était de vérifier les constats effectués à partir des analyses documentaires et de les modifier s'ils s'avéraient insuffisants ou incorrects. L'une des techniques que j'ai utilisée est celle de l'informateur clé : j'ai à cet égard passé plus de 10 heures d'entrevue avec l'un des dirigeants de l'escouade des homicides et j'ai passé plusieurs heures avec trois autres membres de cette escouade.

UNE TAXINOMIE DES ENQUÊTES

La taxinomie des enquêtes que je présenterai s'est imposée progressivement au cours de mon examen des dossiers. Un élément de cette typologie a été emprunté à des travaux antérieurs, à savoir la distinction entre l'instigation et l'investigation (Wilson 1978). Les autres éléments proviennent de mes propres recherches, qui en recoupent d'autres. Je présenterai cette première esquisse d'une taxinomie de l'enquête sous la forme d'un ensemble de distinctions cruciales.

Une première distinction fondamentale a été initialement formulée par James Q. Wilson dans son travail sur l'escouade des stupéfiants du FBI (Wilson 1978). Cet auteur distingue entre l'investigation et l'instigation. L'investigation ne présente pas de mystère : c'est l'enquête qui porte sur un crime qui a déjà été commis. L'instigation, par contre, est une démarche plus complexe : elle consiste à fournir à un criminel notoire les conditions de la perpétration d'un crime sous observation policière, afin de recueillir une preuve contre lui. Le prototype de ces opérations est constitué par les achats ou les ventes de drogue contrôlés, où un policier joue le rôle d'un revendeur de drogue ou d'un client. Ce genre d'opérations a été étendu à des enquêtes sur la corruption des élus et on s'y réfère fréquemment sous l'appellation anglo-saxonne d'opération *sting*. La difficulté que présentent ces opérations est la suivante : elles risquent de mettre en tentation et, éventuellement, de pousser à la délinquance des personnes qui n'auraient pas commis de délits si la police n'avait pas facilité leur passage à l'acte. Il existe une défense légale contre ces opérations de provocation ou « d'empiègement » (*entrapment*). La police connaît bien cette défense et s'efforce de respecter les normes légales en prenant pour cible des criminels de carrière ou des personnes dont l'intention de commettre un crime est explicite. Cette distinction entre l'investigation et l'instigation s'est révélée tout à fait pertinente pour traiter mes données sur les enquêtes sur les infractions aux lois sur les stupéfiants. Un cas de figure récurrent dans les affaires de drogue que j'ai analysées comporte les éléments suivants. D'abord, quelqu'un se plaint qu'il y a une piquerie dans son voisinage ou que des petits trafiquants de drogue vendent publiquement leurs produits sur la voie publique dans son quartier. La police procède alors à une opération d'instigation : un policier — très souvent une policière — rencontre un revendeur de drogue accompagné d'au moins un collègue. Ce policier feint d'être un client et un échange de drogue contre argent est effectué devant des témoins policiers ; on déclare alors la supercherie et on procède à l'arrestation du contrevenant. Il arrive également que les policiers portent sur eux un instrument d'écoute pour affermir la preuve. Ce type d'opération *sting* est le plus fréquent. J'en ai rencontré un autre. Il arrive en effet qu'une personne fréquentant les milieux interlopes se mette à la recherche d'un tueur à gages et qu'elle ait la mauvaise fortune de s'ouvrir de son projet à un policier infiltré. Dans ce cas, la police monte une opération élaborée dans laquelle un policier tient le rôle de tueur à gages. Lorsque ce policier est dûment recruté par celui qui veut se débarrasser d'une personne (par exemple son conjoint), on procède à l'arrestation du demandeur, qui est accusé de tentative de meurtre.

Il est une seconde distinction qui joue également un rôle crucial. L'enquête policière consiste, selon le sens commun, à s'efforcer de rattacher un crime dont l'auteur est inconnu à la personne qui l'a effectivement commis. Cette démarche qui procède du crime vers son auteur présumé est en réalité la plus fréquente (on dira en France qu'on formule une plainte contre X, dont il faut trouver l'identité). Toutefois, il arrive que l'enquête procède en sens inverse. On soupçonne une personne déterminée d'avoir commis un crime (non encore découvert) ou de s'être livrée à un comportement qui pourrait s'avérer criminel (par exemple, l'administration d'une substance qui pourrait être un poison) : le but de l'enquête est alors de déterminer si un individu dont le comportement est suspect a effectivement commis un crime. Ce type d'enquête est relativement fréquent dans la délinquance économique, dans le blanchiment d'argent et dans la corruption des élus ou des fonctionnaires ; il constitue le cas de figure le plus fréquent dans la lutte contre la délinquance politiquement motivée, où la prévention revêt une importance déterminante. Dans ces cas, on le voit, la démarche opère en sens inverse : on part d'un auteur présumé et on tente de le rattacher à la commission d'un crime. Cette démarche comporte deux variantes, comme on vient de le suggérer. Dans un premier cas, tant l'auteur que son comportement sont identifiés : il s'agit par exemple de vérifier si une transaction commerciale dont tous les auteurs sont connus est légale. Dans un second cas, fréquent dans la lutte contre le crime organisé, seulement l'auteur nous est connu. Par exemple, on sait de façon générale que tel mafieux est impliqué dans le blanchiment d'argent sans avoir jamais pu recueillir une preuve légalement contraignante. On fournira donc à ce mafieux les conditions dans lesquelles il pourra perpétrer un crime sous observation. C'est ainsi, par exemple, que la GRC avait ouvert un faux bureau de change à Montréal, qui facilitait les opérations de blanchiment d'argent. Cette vaste enquête a conduit à plusieurs mises en accusation.

L'enquête traditionnelle

Je traiterai maintenant du cas de figure le plus classique dans l'enquête : il s'agit d'une investigation où l'on tente de trouver quel est l'auteur d'un crime déclaré (un homicide, un vol à main armée et ainsi de suite). La plupart des enquêtes que j'ai analysées sont de ce type. Cette catégorie d'enquête procède en trois étapes :

1. *L'enquête d'identification.* C'est la première partie du processus. Elle consiste à identifier l'auteur d'un crime. C'est cette seule variante de l'enquête qui fait l'objet de presque toute la fiction policière.

2. *L'enquête de localisation.* Il arrive que le suspect principal d'un crime prenne la fuite ou qu'on ne sache où il se trouve. On effectuera alors une enquête de localisation pour tenter de le retrouver. Les enquêtes de localisation utilisent des moyens qui diffèrent de façon significative de l'enquête d'identification.

3. *La structuration de la preuve.* Une fois que l'auteur d'un crime a été identifié, localisé et mis en état d'arrestation, il est traduit devant les tribunaux. Intervient alors la troisième phase de l'enquête policière : la structuration et la présentation d'une preuve au-delà de tout doute raisonnable, qui conduira à la condamnation du suspect ou qui l'amènera à déposer un plaidoyer de culpabilité. On verra par la suite que cette troisième phase est fréquemment celle qui requiert le plus de travail de la part des enquêteurs. Elle est la plus méconnue.

L'enquête de concentration

Elle se caractérise par deux traits. Elle vise d'abord à résoudre plusieurs crimes d'un coup. Ensuite, l'enquête de concentration, comme son nom l'indique, concentre les ressources d'un corps policier ou de plusieurs corps de police réunis au sein d'une escouade mixte sur une affaire. L'enquête de concentration comporte également deux variantes. Dans un premier cas, on pourra parler d'une enquête de concentration mineure. Elle est enclenchée par la constatation que des crimes sont perpétrés de la même manière (avec le même mode d'opération ou MO). Ce constat engendre le soupçon qu'on a sans doute affaire à un même délinquant (ou une même équipe). On regroupe alors les affaires semblables et l'on tente de les résoudre toutes d'un seul coup en découvrant leur auteur ou le groupe de personnes qui les commet. La seconde variante renvoie à des opérations policières beaucoup plus élaborées. Il s'agit de vastes opérations par lesquelles on s'attaque au crime organisé et par lesquelles on tente de briser le monopole exercé par un gang sur des trafics illégaux. L'opération Printemps 2001 dirigée contre les motards criminalisés, ainsi que l'opération Colisée dirigée contre la mafia montréalaise en novembre 2006, appartiennent à ce type d'enquêtes.

L'enquête préventive

L'enquête préventive semble une contradiction dans les termes, puisque par définition l'enquête porte sur un délit qui a déjà été commis ou constitue une opération d'instigation dirigée contre des délinquants notoires. En fait, l'enquête préventive se déploie dans le domaine de ce que nous avons appelé ailleurs la haute police (Brodeur 2003 : chapitre 7). Il existe plusieurs variantes de l'enquête préventive, qui vont de la simple enquête de sécurité (vérification des antécédents d'une personne qui postule l'habilitation sécuritaire) à la mise en échec de complots dirigés contre l'État et d'attentats terroristes. Ce type d'enquêtes renvoie en réalité, comme nous venons de le suggérer, à tout un mode d'intervention de l'appareil policier (la haute police ou police politique). À cause de sa complexité, elle réclame un traitement indépendant, qui dépasse de beaucoup le cadre de cet article. Nous n'en traiterons donc pas.

Les rafles massives

Ce type d'opérations appartient à la catégorie de l'enquête de localisation. Chaque corps de police possède une liste d'individus recherchés, qui sont en fuite et qu'il faut donc localiser. À intervalle régulier, les corps de police effectuent une vaste opération qui a pour but de procéder à l'arrestation d'un très grand nombre de suspects qui sont en fuite. Les corps de police des États-Unis sont familiers de ces rafles qui prennent dans un filet plusieurs centaines, sinon des milliers de personnes. Une rafle récente d'agresseurs sexuels contre lesquels pesait un mandat d'arrestation a conduit au coffrage de 1600 personnes (Lichtblau 2006).

L'enjeu du développement d'une taxinomie de l'enquête est considérable : une taxinomie adéquate repose sur des distinctions dont l'établissement conditionne la possibilité d'élaborer une théorie adéquate et compréhensive de l'enquête. Les théories de l'enquête que nous possédons actuellement confondent des sous-types de l'enquête, qui diffèrent de plusieurs aspects — notamment l'enquête d'identification et l'enquête de localisation (ou d'arrestation) d'un suspect.

RÉSULTATS QUANTITATIFS

Les résultats quantitatifs que je présenterai sont de deux sortes, soit le temps qu'on met pour élucider une affaire et les facteurs qui déterminent sa résolution. Ces résultats ont été acquis à partir du même échantillon d'affaires d'homicide. Toutefois, pour des raisons qui tiennent au besoin variable de dédoubler les affaires qui comportent plusieurs agresseurs et plusieurs victimes, le nombre des affaires distinguées est différent dans le cas des analyses temporelles (besoin de dédoublement faible) et dans celui des facteurs de résolution (besoin de dédoublement plus élevé).

Temps et élucidation

Voici d'abord les résultats d'une partie de mes analyses[1] sur le temps qui est mis par la police pour résoudre une affaire d'homicide (12,5 % de ces affaires sont des tentatives d'homicide[2]). La notion de résolution (ou d'élucidation), telle qu'elle est utilisée par la police dans l'élaboration de ses statistiques, signifie la plupart du temps l'arrestation de l'auteur présumé d'un homicide et sa mise en accusation devant le tribunal (Skolnick 1966 : 169). C'est en ce sens qu'elle est généralement utilisée dans les dossiers sur les affaires élucidées qui ont fait l'objet de ma recherche. Il arrive toutefois qu'un suspect arrêté ne soit pas pour diverses raisons — la plus fréquente étant l'insuffisance de la preuve — mis en accusation. Le critère de l'arrestation d'un suspect est donc le critère le plus compréhensif de l'élucidation d'une affaire.

Les résultats

Quoique j'aie accepté le critère normalement utilisé par la police pour classer une affaire comme élucidée, j'ai néanmoins distingué entre l'enquête d'identification, l'enquête de localisation et la structuration de la preuve, ces diverses activités n'utilisant pas les mêmes méthodes. Je présente donc mes propres données en distinguant entre le temps dévolu à l'identification et celui consacré à la localisation (l'arrestation) du ou des suspects. Dans les affaires impliquant plusieurs suspects, les enquêtes de localisation doivent parfois être conduites de façon différente et entraînent un dédoublement des dossiers en relation avec chacun des suspects (c'est ce qui explique qu'il y ait 131 dossiers d'identification et 153 dossiers de localisation dans ma banque de données).

---

1. J'ai aussi étudié le délai entre le moment présumé de la commission du crime et son signalement à la police, quand ces moments ne coïncidaient pas (il existe 19 de ces cas). Bien que mon étude porte sur les homicides élucidés par la police, je suis aussi tombé par hasard sur des affaires non résolues (huit affaires non élucidées et quatre affaires qui l'ont été partiellement). Pour quatre des affaires non élucidées sur huit, il existe un délai significatif entre la commission du crime et son signalement à la police. Il y a là une piste à suivre.

2. La résolution d'une affaire de tentative de meurtre n'est facilitée par la survie de la victime que lorsque celle-ci peut identifier son agresseur, préalablement connu d'elle. La probabilité que la victime connaisse son agresseur n'est pas plus élevée dans les affaires de tentative de meurtre que dans les causes d'homicide. Ce type d'agressions où la victime et son agresseur se connaissent sont des violences de proximité. Dans les meurtres de proximité, le témoignage des proches supplée dans la résolution expéditive de l'affaire l'absence du témoignage de la victime, décédée. C'est pourquoi la présence d'une proportion de tentatives de meurtre dans notre échantillon ne modifie pas substantiellement le nombre des affaires dont la résolution est expéditive.

Le résultat le plus net de mes propres analyses est la rapidité avec laquelle une affaire est résolue.

- Les documents étudiés révèlent que 71 % des enquêtes d'identification (soit 93/131) sont résolues en moins de 24 heures, cette proportion passant à plus de 78 % si elle est calculée exclusivement à partir des dossiers résolus (119). Les deux tiers des suspects identifiés en moins de 24 heures (62/93) le sont de manière immédiate ou presque;
- On constate que 55 % des enquêtes de localisation sont également conclues en moins de 24 heures;
- Il devrait suivre de ces mesures de temps que les patrouilleurs, qui sont les premiers intervenants dans un signalement d'homicide, jouent un rôle déterminant dans la résolution de ces affaires. Cette inférence est effectivement confirmée par nos données: 32 % des suspects d'homicide sont d'abord interrogés par les patrouilleurs; ces derniers procèdent en outre à l'arrestation de 38 % de ces suspects (contre 34 % des arrestations effectuées par les enquêteurs).

La rapidité de la résolution des affaires de meurtre est attestée dans l'étude récente de Innes, qui a recueilli un échantillon de 20 dossiers complets d'homicide dans un service de police britannique (Innes 2003: *Appendix* B, 292-295). Innes a classé la moitié de ses dossiers dans la catégorie des affaires qui se résolvent d'elles-mêmes dans un temps court (*self-solvers:* 292).

Discussion

Je discuterai seulement deux aspects des résultats de l'analyse temporelle. D'abord, si l'on s'en tient aux affaires d'homicide élucidées, le travail des enquêteurs consiste en grande partie à recueillir et à mettre en forme la preuve qui sera présentée au tribunal. Pour ce qui est de la découverte de l'identité du suspect et de sa localisation, les affaires évoluent selon leur dynamique interne jusqu'à leur résolution. Cette affirmation doit être entendue en son sens fort: dans pas moins de 28 % des affaires que nous avons analysées, c'est le suspect lui-même qui se livre à la police, seul ou en compagnie de proches, et qui passe aux aveux. Lors de nos entrevues avec des enquêteurs, nous avons mis à l'épreuve la validité de notre conclusion sur la place prépondérante de la structuration de la preuve dans le travail des enquêteurs. Sa validité a été confirmée de manière réitérée. En fait, les enquêteurs réputés les plus compétents ne sont pas des émules des limiers de la fiction policière, mais des gestionnaires de la preuve présentée devant le tribunal.

Comme je l'ai remarqué, la part des patrouilleurs dans l'identification et la localisation (arrestation) des suspects est aussi grande que celle des enquêteurs, sinon plus. D'autres personnes, les proches d'une victime, les témoins d'un crime, des informateurs de police et des fonctionnaires non policiers comme le personnel des institutions carcérales, sont parties prenantes dans l'élucidation d'un homicide. On distingue maintenant de façon croissante entre une théorie de la police et une théorie de l'activité policière (du *policing*). Cette distinction se fonde sur la juste perception qu'un nombre beaucoup plus considérable d'intervenants que celui des membres des forces publiques de police participe à l'activité policière et à la production de la sécurité. La police entendue comme une organisation publique composée de professionnels et la police conçue en conformité avec le sens originel du terme comme un mode social d'intervention (policer; faire la police de…) sont des objets scientifiques de nature différente. Je proposerais d'introduire une distinction similaire dans la théorie de l'investigation — de l'enquête — policière. Faute de pouvoir reproduire sans barbarisme en français la distinction propre à l'anglais entre le substantif (investigation) et le participe présent (*investigating*), je distinguerai entre l'*investigation* (ou l'enquête, ce terme étant pour moi synonyme du précédent) et l'*élucidation* d'un crime. Ces termes sont solidaires sur le plan conceptuel, l'élucidation ou la résolution d'un crime étant le but de son investigation. Toutefois, ces deux termes diffèrent en tant qu'ils sont des objets possibles d'un savoir. De la même façon que vouloir connaître la police équivaut de façon effective à prendre pour objet l'activité des membres des forces publiques de la police, élaborer une théorie de l'enquête revient à scruter les pratiques des enquêteurs policiers (de la police judiciaire ou des *criminal investigation units* — escouades d'enquête — des forces publiques de police). Or, nous l'avons constaté, leur contribution à l'élucidation de la majorité des homicides — à l'identification, à la localisation et à l'arrestation des suspects — est limitée, les homicides se résolvant à partir du mouvement de la dynamique interne d'une affaire ou par suite de l'intervention d'autres acteurs que les enquêteurs eux-mêmes[3]. Nos résultats l'indiquent, 65 % des meurtriers sont identifiés dans l'heure suivant le signalement d'un homicide, c'est-à-dire avant l'intervention des membres de l'escouade des homicides. Quand l'institution effective d'une enquête d'identification d'un suspect encore inconnu (et de sa localisation éventuelle) est rendue nécessaire, la probabilité d'élucider l'affaire a déjà considérablement chuté. La méconnaissance de la distinction entre une théorie de l'investigation policière et une théorie de l'élucidation des affaires engendre des erreurs notoires. En première part, l'enquête judiciaire, conçue sur le modèle du processus élaboré d'identification et de traque d'un coupable, qui a été popularisée par le roman policier et ses dérivés, est dans la réalité une enquête qui est destinée la plupart du temps à échouer dans l'élucidation d'un crime. La résolution est expéditive ou elle dépend de façon croissante du hasard à mesure qu'elle s'allonge. En seconde part, cette méconnaissance de la distinction que nous

3. Dans son livre phare sur l'enquête criminelle, Richard Ericson concluait, à la suite de Greenwood (1975) et de Sanders (1977), que la tâche des détectives « était de traiter le dossier de suspects déjà disponibles » (*In sum, the detectives'task was to process readily available suspects*; Ericson 1981: 136).

proposons conduit à manquer la contribution spécifique des enquêteurs de police judiciaire à la résolution ultime d'une affaire par la mise en accusation et la condamnation de l'auteur de l'homicide. Cette contribution tient avant tout dans la protection (souvent matérielle) et la collecte de tous les éléments de la preuve et dans leur mise ordonnée à la disposition du ministère public.

Les facteurs d'élucidation

Je présenterai mes résultats en trois temps, à savoir 1) les facteurs d'élucidation de l'identité de l'auteur ou des auteurs présumés d'un homicide, 2) les facteurs de leur localisation et 3) une mesure de l'importance du rôle de la police scientifique.

L'enquête d'identification

Pour les affaires résolues, j'ai estimé quel était le facteur qui avait amené l'identification du ou des suspects qui seront plus tard arrêtés et traduits en cour. Cette détermination est facile à faire à partir des dossiers. J'ai distingué entre 15 facteurs et pour affiner l'analyse j'ai assigné un poids différent aux divers facteurs distingués : un facteur est réputé facteur déterminant ou facteur d'appui. Dans le tableau 1 (page suivante), je ne présente que les données relatives au facteur déterminant.

Ces résultats sont dépourvus d'ambiguïté. On peut en effet regrouper les facteurs en trois sources d'identification : les sources humaines (les huit premiers facteurs moins l'intervention des patrouilleurs — facteur 4 — et plus l'information extérieure), les sources policières (l'intervention des patrouilleurs, l'enquête de routine, la surveillance et l'instigation et finalement la section renseignements), les sources techniques (les parades d'identification, la police scientifique et le « facteur autre »). Les sources humaines sont le premier facteur de résolution dans 73 % des affaires, les sources policières et techniques sont respectivement déterminantes dans 15 % et 3,3 % des affaires. Ces résultats sont robustes. En effet, 27 affaires comportent deux agresseurs et 12 autres plus de deux agresseurs. On peut faire l'hypothèse que les complices seront identifiés par le premier suspect arrêté par la police, que celui-ci devienne un informateur de police ou demeure un simple témoin proche des agresseurs. Cette hypothèse est appuyée par nos données : le poids des sources humaines double pour l'identification du second agresseur et triple pour celle du troisième ; quant à la proportion des complices identifiés par « un proche » — c'est fréquemment le premier auteur du crime arrêté par la police —, elle se multiplie par cinq. En outre, mes résultats s'accordent avec ceux de Wellford et Cronin (1999 : Table 9 : 27) : 60 % des affaires sont élucidées par des témoins présents sur la scène du crime ou par d'autres témoins non oculaires ; 18 % des affaires sont élucidées par une arrestation effectuée sur la scène du crime ; les indices matériels traités par la police scientifique servent à élucider à peine 2 % des affaires.

Tableau 1 • Facteurs opérant dans l'enquête d'identification

FACTEURS DÉTERMINANTS	IDENTIFICATION : SUSPECT 1 (N = 153)	IDENTIFICATION : SUSPECT 2 (N = 27)	IDENTIFICATION : AUTRES SUSPECTS (N = 12)
Témoin oculaire	22,5 %	22 %	–
Aveux spontanés	20,5 %	3,7 %	–
Informateur de police	12,5 %	26 %	33 %
Patrouilleurs	10,6 %	–	–
Victime/Co-victime	10,6 %	–	–
Dénonciation proche	3,3 %	15 %	16 %
Dénonciation parent	2,6 %	–	–
Dénonciation conjoint	0,7 %	–	–
Enquête de routine	2 %	–	–
Surveillance physique et électronique	1,3 %	–	–
Instigation	1,3 %	–	–
Parade de photos	0,7 %	–	–
Section renseignement	0,7 %	–	–
Police scientifique	0,7 %	–	–
Intervention extérieure	0,7 %	–	–
Autres	1,3 %	–	–

L'enquête de localisation

Les résultats des facteurs déterminant l'issue de l'enquête de localisation — la détermination certaine de l'endroit où se trouve le suspect qu'on souhaite arrêter — sont énoncés dans le tableau 2. On peut le constater, ces facteurs ne coïncident pas avec ceux de l'identification, d'où l'opportunité de distinguer les deux processus. De plus, je préfère parler de la localisation d'un suspect plutôt que de son arrestation, bien que les deux opérations coïncident la plupart du temps. En effet, la localisation est au sens propre une démarche de recherche (d'enquête), alors que l'arrestation est une capture physique qui implique parfois l'intervention des unités spécialisées dans l'usage de la force (5 % des arrestations).

Dans 43,5 % des affaires, la localisation est immédiatement effectuée par les patrouilleurs ou elle est le résultat de la dynamique interne de l'affaire, le suspect se livrant lui-même à la police. Par contraste, il arrive dans 5,5 % des causes que le suspect soit arrêté, souvent par hasard, par suite d'une intervention externe (par exemple, le suspect est arrêté pour une violation du code de la route dans une autre province). Quand une enquête de localisation est entreprise par l'escouade des homicides, elle constitue en général une enquête de routine dont le moyen le plus habituel est la surveillance

Tableau 2 • Facteurs opérant dans l'enquête de localisation

FACTEURS DÉTERMINANTS	LOCALISATION : SUSPECT 1 (N = 153)	LOCALISATION : SUSPECT 2 (N = 27)	LOCALISATION : AUTRES SUSPECTS (N = 12)
Patrouilleurs (flagrant délit)	23,5 %	14 %	–
Le suspect se livre	20 %	–	–
Enquête de routine et surveillance physique	16,3 %	48 %	60 %
Intervention extérieure	5,5 %	–	–
Suspect immobilisé par témoin	3,3 %	–	–
Informateur de police	2,6 %	–	–
Cadre d'une autre affaire	2,6 %	–	–
Écoute électronique	2,6 %	–	20 %
Dénonciation : parent/ proche	2,6 %	–	–
Info : agent correctionnel	2 %	–	–
Avis de recherche Info-Crime	2 %	–	–
Blessé par la victime	1,3 %	–	–
Instigation	1,3 %	–	–
Section renseignement	0,7 %	–	–
Banque de données	0,7 %	–	–
Autres	3,3 %	–	–

physique. Dans les causes qui impliquent plusieurs agresseurs, on a plus fréquemment recours à l'écoute électronique : nous avons appris dans nos entrevues que l'écoute électronique ne pouvait être utilisée de façon efficace que contre un groupe de personnes (plus de deux personnes), le nombre des individus susceptibles de céder à la pression de la surveillance policière et de se compromettre au téléphone étant augmenté. Je noterai enfin le rôle très marginal du renseignement criminel et du recours aux banques de données.

L'efficacité de la police scientifique

Les résultats énoncés précédemment démontrent que le rôle de la médecine légale, du renseignement et de la police scientifique (analyse des indices matériels et de divers prélèvements à l'aide des méthodes des sciences naturelles) est très secondaire dans la résolution des affaires. Pour traiter de cette question de manière plus spécifique, j'ai tenté de déterminer l'importance du rôle d'un outil de police scientifique à l'aide d'une estimation (rôle important, moyen, nul, expertise non pertinente et non administrée). Les résultats de ces estimations sont contenus dans le tableau 3, qui énonce en pourcentage le nombre de fois qu'une forme d'expertise a joué un

Tableau 3 • Rôle de l'expertise dans l'élucidation

TYPE D'EXPERTISE	NOMBRE D'AFFAIRES (N = 153 ; 191 SUSPECTS)	POURCENTAGE
Autopsie	3	1,96 %
Scène de crime	0	-
Analyses/sang	4	2,61 %
Analyses chimiques	5	3,27 %
Analyses balistiques	3	1,96 %
Bertillonnage	3	1,96 %
ADN*	4	2,61 %
Polygraphe*	11	7,19 %
Hypnose	0	-
Information	7	4,58 %
Totaux	40 (40-15 = 25)	26 % (40) et 16 % (25)

* Pour ce qui est du polygraphe et de l'ADN, ces expertises ont servi à écarter de faux suspects plutôt qu'à prouver la culpabilité de personnes soupçonnées par la police.

rôle important (dans deux cas, nous mentionnons qu'un type d'expertise popularisé dans la fiction n'a joué aucun rôle). Ce rôle important demeure un apport auxiliaire, l'expertise scientifique déterminant par elle-même très rarement la résolution d'une affaire.

Il faut d'entrée de jeu établir une distinction entre les expertises mentionnées dans le tableau. L'expertise qui semble jouer le plus grand rôle — le polygraphe ou détecteur de mensonge — n'est pas admissible comme preuve devant le tribunal. La police s'en sert comme instrument de dernier recours, quand une affaire est parvenue dans une impasse. Dans son usage effectif, tel que nous avons pu l'observer, le polygraphe sert à écarter un suspect (le suspect innocent réussit son test); les auteurs potentiels de crime refusent en général, conseillés par leur avocat, de passer ce test. Nous avons peu d'expertises d'ADN dans notre échantillon (4). Cette technique est d'usage récent. Dans tous les cas, le résultat de l'expertise d'ADN ne s'est pas révélé concluant, soit qu'il permettait de disculper un suspect, soit que les résultats de l'analyse n'étaient pas assez persuasifs pour qu'on en tire une conclusion. Il faut donc retrancher 15 cas sur les 40 affaires où une forme d'expertise a joué un rôle significatif — mais jamais déterminant, à une exception près — dans l'élucidation d'une affaire. Considérées séparément, les diverses techniques ont un apport bien modeste. Le rôle le plus important est tenu par l'information (5 % des affaires), une appellation composite qui recouvre la consultation de banques de données et le travail des unités de renseignement. Considérées ensemble, ces techniques d'expertise ont contribué à l'élucidation de 25 affaires, soit 16 % du total. Ce pourcentage est en réalité moindre, car plusieurs expertises ont parfois joué un rôle modeste au sein de la même affaire. Notons que l'analyse de la scène de crime elle-même, qui fait présentement l'objet de plusieurs séries télévisées aux États-Unis, n'a joué aucun rôle.

EN CONCLUSION

Il y a, si l'on reprend un concept développé par Habermas, un «intérêt de connaissance» à définir le policier comme travailleur du savoir. Il se trouve que cette définition s'applique originellement au théoricien lui-même qui se penche sur la police. En définissant la police comme travail du savoir, le chercheur s'assure donc qu'il est d'emblée en pays de connaissance. Le travail du savoir, il connaît bien, puisque c'est en principe ce qu'il fait! Cependant, voir dans l'enquête policière un processus d'acquisition de savoir n'est pas lui faire violence par intérêt de connaissance. Le mot «enquête» signifie étymologiquement «recherche pour savoir» et, au vrai, les mots «enquête» et «investigation» ont été fréquemment utilisés dans le titre d'ouvrages de philosophie (par exemple dans *L'enquête* de Hume et *Les investigations philosophiques* de Wittgenstein, pour citer des ouvrages classiques).

Néanmoins, pour que l'enquête policière s'actualise comme travail du savoir, encore faut-il qu'elle s'enclenche et se déploie. Or, nous avons trouvé que dans 65% des affaires d'homicide que nous avons examinées, la police parvenait à élucider la cause en une heure ou moins[4] et que dans 71-78% des cas, l'élucidation était acquise en moins de 24 heures. Comme telle, l'élucidation d'une affaire obéit moins à une logique de production du savoir qu'à un impératif de rapidité d'intervention. De façon intéressante, j'ai trouvé fort peu d'affaires où la police suivait d'abord une fausse piste et devait changer l'orientation de son enquête, alors que les fausses pistes sont un ressort essentiel au développement d'une intrigue dans une fiction policière. Paradoxalement, c'est dans les affaires non élucidées que l'investigation s'accomplit comme quête d'un savoir, cette quête étant alors infructueuse. Je remarquerai en outre que l'expertise scientifique, le renseignement criminel et la consultation des banques de données, qui correspondent de plus près à la conception qu'on se fait du savoir, ne jouent qu'un rôle marginal dans l'élucidation des affaires.

En effet, comment parvient-on à élucider une affaire? En une phrase, on connaît l'auteur d'un homicide parce qu'on apprend son identité de la bouche de quelqu'un (un témoin, un dénonciateur, un informateur de police). De la même façon, on sait où l'auteur d'un homicide se trouve (ou se cache) parce que quelqu'un le dénonce. Dans cette mesure, l'enquête s'éloigne de la production d'un savoir pour se rapprocher du transfert des connaissances

---

4. Rappelons à cet égard que Innes (2003) range la moitié des affaires d'homicide qu'il a scrutées dans la catégorie des affaires qui se résolvent (plus au moins immédiatement) d'elles-mêmes. Le caractère expéditif de l'élucidation n'est donc pas un trait particulier de mes données.

(de la communication), le policier étant celui qui est en situation passive d'apprentissage par rapport à ses sources d'information. Je ne veux pas nier qu'il soit permis à un travailleur du savoir de s'informer auprès d'autres personnes. Toutefois, la constitution d'un savoir s'accomplit véritablement dans la production de connaissances plutôt que dans la cueillette d'informations possédées par d'autres personnes. En effet, le processus de production d'un savoir est loin de se réduire à un interrogatoire de personnes-ressources afin de trouver une réponse à un problème. Cet interrogatoire est caractéristique d'une quête d'information ou d'enseignement typique de la démarche d'un journaliste ou de celle d'un élève plutôt que d'un parcours scientifique.

L'enquêteur est surtout investi dans la préparation et la structuration de la preuve qui doit être présentée au tribunal. Il est assurément en cela un travailleur de l'information et du savoir au sens large. Toutefois, mes recherches sur l'enquête m'ont conduit à penser que la préparation d'une preuve obéissant à l'exigence d'être au-delà de tout doute raisonnable était un processus qu'on ne saurait sans autre précision homologuer à un travail du savoir ou à une construction de sens (*construction of meaning* Innes, 2003 : 25). Il existe un important corpus de textes qui de Hart à Perelman nous a appris que la logique juridique était pleinement distincte de l'inférence scientifique. En outre, la constitution d'une preuve implique tout un ensemble de tâches — la protection physique des indices matériels, celle des témoins, le transport de ces derniers, la gestion des délateurs — qui ne relèvent pas de la collecte d'information ou d'un travail du savoir.

J'aimerais enfin ajouter une remarque qui déborde le cadre des résultats présentés dans ce texte, mais qui est appuyée par toutes mes recherches sur l'homicide. On fait présentement grand cas de la gouvernance en réseau de la sécurité et d'un multilatéralisme qui impliquerait la collaboration d'instances publiques et privées. Je dois reconnaître qu'à part le rare examen d'images captées par des caméras de surveillance installées par l'industrie privée, je n'ai trouvé aucune trace de coopération entre des enquêteurs appartenant au secteur public et ceux du secteur privé. La part du privé est très congrue dans les enquêtes sur le meurtre.

Il ne suit pas de ces conclusions que les thèses sur le policier travailleur du savoir (Ericson et Haggerty 1997 ; Innes 2003 : chapitre 5) sont infirmées. Il reste encore un long chemin à parcourir pour avoir une idée juste de la validité de cette thèse et, surtout, de son champ d'application (car il est sûr que cette thèse traduit un aperçu profond). Nos résultats démontrent toutefois sans ambiguïté que cette thèse doit faire l'objet d'une élaboration beaucoup plus explicite pour s'appliquer de façon féconde à l'activité de la police.

CHAPITRE 39

Les entrevues d'enquête policière

▶ MICHEL ST-YVES ET MICHEL TANGUAY

L'audition des témoins[1] et des suspects[2] représente une part considérable du travail des enquêteurs. Ces auditions renferment souvent la clé pour résoudre l'enquête. Mais encore faut-il que les renseignements recueillis soient exacts. Or, de même que l'on prend des précautions pour protéger une scène de crime, il faut prendre tous les moyens pour éviter que la mémoire d'un témoin soit contaminée, ceci et pour que son témoignage reflète le plus fidèlement possible ce qui s'est réellement passé (St-Yves et Landry 2004).

Dans ce chapitre, nous présenterons les principaux facteurs qui influencent la qualité d'un témoignage, puis nous décrirons sommairement la méthode la plus éprouvée scientifiquement pour maximiser le rappel des témoins : l'entrevue cognitive. Ensuite, nous aborderons l'audition de suspects, couramment appelée l'interrogatoire. Nous explorerons les facteurs qui influencent le processus d'aveu, ainsi que les techniques utilisées pour faciliter la confession, sans oublier les risques — les fausses confessions — associés à ces méthodes. Nous terminerons ce chapitre en proposant cinq règles de base essentielles pour réussir une entrevue d'enquête et mieux s'acquitter de la mission de toute enquête policière : trouver la vérité, et non seulement un coupable.

---

1. Dans ce texte, les mots victime et témoin sont regroupés sous le terme générique de témoin.

2. Dans ce texte, nous utilisons le mot « suspect » pour désigner toute personne soupçonnée d'être impliquée dans un crime. En droit canadien, le policier qui procède à une arrestation doit avoir des motifs raisonnables et probables de croire que la personne détenue a participé au crime pour lequel elle est arrêtée et, du fait de la détention, il a le devoir de l'informer de ses droits : droit à l'assistance d'un avocat et droit au silence. De plus, il doit s'assurer que la personne a bien compris.

L'AUDITION DES TÉMOINS

La mémoire est une fonction qui permet de capter, coder, conserver et restituer les informations que nous percevons. Même si ses capacités de conservation peuvent être prodigieuses, la mémoire est vulnérable aux oublis, à la distorsion et aux erreurs. La perception et le codage de l'information peuvent être influencés par les croyances, les attentes, le niveau de développement cognitif, les connaissances acquises et le contexte dans lequel un événement se produit (Laurence 2004). Les travaux d'Elizabeth Loftus sur «l'effet de l'arme» (*weapon focus*) ont montré que lorsqu'une personne est menacée par une arme, son attention est en grande partie dirigée vers cette arme. Lorsqu'elle tente par la suite de se rappeler certains détails de la scène ou de l'apparence de l'agresseur, son souvenir est en général vague et peu détaillé. Elle pourra cependant décrire correctement l'arme qui la menaçait (Loftus, Loftus et Messo 1987).

Rares sont les gens qui sont rencontrés par la police immédiatement après avoir été témoins ou victimes d'un crime. Généralement, ils ont déjà appelé un voisin, un membre ou un proche, discuté avec un ambulancier ou échangé avec d'autres témoins. Tous ces échanges peuvent altérer leur souvenir. C'est ce qu'on appelle la contamination. Le temps peut également altérer le souvenir. Notre cerveau a la propriété d'éliminer tout ce qui pourrait l'encombrer inutilement. «Plus un souvenir est vague, plus il devient facile de le modifier.» (Laurence 2004: 225)

La suggestion est également un facteur qui peut influencer la qualité d'un souvenir. Surtout chez les enfants. Si l'on demande à un enfant «papa a-t-il touché ton sexe?», l'enfant peut répondre oui à la question uniquement parce qu'on lui a suggéré que son papa a pu faire cela. Lorsqu'on lui demandera plus tard de raconter ce qui s'est passé avec son père, l'enfant dira «papa a touché mon sexe». Est-ce la version de l'enfant ou celle de la personne qui a interviewé l'enfant? De la même façon, si on demande à un témoin «avait-il une moustache?», on l'oblige à considérer un détail auquel il n'avait peut-être prêté aucune attention et, par conséquent, il risque d'incorporer ce détail (dans ce cas-ci la moustache) à son souvenir. Une telle question peut également créer un doute dans l'esprit du témoin. Il aurait donc mieux valu lui demander «décrivez-moi en détail son visage».

Il est possible d'implanter des *faux souvenirs* par suggestion ou par des fausses informations (Loftus et Ketcham 1991). Près du tiers des gens à qui on a montré une fausse publicité décrivant une visite à Disneyland racontent ensuite comment ils sont persuadés d'avoir rencontré Bugs Bunny et, pour plusieurs, lui avoir serré la patte et même fait un câlin. Quelques-uns se souvenaient même lui avoir touché les oreilles ou la queue. Pourtant, le scénario décrit par l'annonce ne s'est jamais produit, puisque Bugs Bunny est un personnage de dessin animé de la Warner Bros et qu'on ne risque pas de le croiser sur une propriété de Walt Disney (Braun, Ellis et Loftus 2002).

Même si un souvenir est rapporté avec conviction, détails et éléments sensoriels, cela ne signifie pas nécessairement que les événements soient réellement survenus. Le souvenir reconstruit possède tous les attributs subjectifs du souvenir véridique. Les émotions qui y sont liées et la confiance avec laquelle il est raconté ne sont pas garantes de sa véracité historique (Laurence 2004 : 224). Un témoin peut ne pas être certain de l'information qu'il rapporte, et celle-ci peut s'avérer exacte, comme il peut afficher une certitude et rapporter une information erronée (Demarchi et Py, sous presse).

Plus un témoin fait travailler sa mémoire, plus il a de chance de se souvenir de nouveaux détails (Fisher et Geiselman 1992). Toutefois, l'hypermnésie, c'est-à-dire la capacité de se remémorer le maximum d'informations à force de tenter de se rappeler, augmente également le risque d'erreurs. Or, le but d'un entretien avec un témoin est d'obtenir le plus de détails possible avec le moins d'erreurs possible. Parfois, on peut gagner sur certains aspects, comme les détails du visage, et perdre sur d'autres, l'habillement par exemple (Py et Demarchi, sous presse). Lorsqu'ils sont exacts, les détails recueillis peuvent permettre d'identifier l'auteur d'un crime ou d'en faire un portait-robot qui, par la suite, pourra conduire à son arrestation.

L'ENTREVUE COGNITIVE

Développée au milieu des années 1980 par deux psychologues, Ronald P. Fisher et R. Edward Geiselman, l'entrevue cognitive vise à maximiser le rappel mnésique sans altérer la qualité de l'information obtenue lors de cet entretien. L'entrevue cognitive est sans doute la méthode d'audition la plus efficace avec les témoins. Les taux d'efficacité se situent entre 25 % et 100 % d'informations additionnelles comparativement à la méthode traditionnelle (Kohnken, Milne, Memon et Bull 1999). L'entrevue cognitive est un outil d'enquête qui permet à l'enquêteur d'obtenir des récits plus complets et plus exacts, de réduire de façon significative les biais communicationnels et de diminuer sensiblement le nombre de questions (Demarchi et Py, sous presse).

Pour maximiser le rappel, cinq principales étapes d'entrevue sont suggérées par Fisher et Geiselman (1992).

L'introduction

Cette première étape vise d'abord à établir un rapport avec le témoin, puis à lui expliquer le déroulement de l'entretien. Cette étape a également pour objectif de recréer le contexte dans lequel les événements sont survenus (Tulving et Thomson 1973). Les circonstances, l'environnement, les émotions, les pensées, tout compte. Pour faciliter la mise en contexte, on demande au témoin de repenser à l'événement, comment il s'est senti (émotions — pensées), l'environnement et les circonstances dans lesquels l'événement s'est produit. L'usage des sens aide à raviver la mémoire

(Moody, Blanton et Cheney 1998). Contrairement aux méthodes traditionnelles d'audition, le témoin doit prendre une part plus active que le policier
dans l'entrevue. C'est lui qui sait.

Le récit libre

Une fois l'introduction et la mise en contexte achevées, l'interviewé
est invité à décrire l'événement en ne laissant rien de côté. On lui rappelle
que tout est important. Même les détails futiles qui n'ont pas d'importance à ses yeux. On laisse à l'interviewé le loisir de commencer son récit
où il le veut et d'en contrôler le débit. Le rôle de l'enquêteur est d'écouter
sans l'interrompre. Une étude réalisée en France a révélé que plus de 85 %
des officiers de police judiciaire interrompaient la narration des déposants
quelques secondes après le début de leur récit (Ginet et Py 2001). L'objectif
de cette étape est, bien entendu, d'obtenir une version libre et détaillée
de l'événement, mais également d'identifier de quelle façon les informations ont été stockées dans la mémoire du témoin. Cela importe, puisque
les séquences pourront toutes être reprises par la suite pour être décrites en
détail dans l'ordre où elles ont été enregistrées et décrites par le témoin.

Les questions/clarifications

Contrairement à la pratique policière traditionnelle, les questions
ne sont posées qu'à la fin du récit libre, et elles doivent être posées dans
la logique du témoin, et non celle de l'enquêteur. L'enquêteur doit d'abord
exploiter la richesse des images mentales que le témoin a décrites dans son
récit libre. Pour faciliter le rappel de ces images mentales, le témoin peut être
invité à fermer les yeux pour mieux décrire ce qu'il a vu. Il existe plusieurs
façons de maximiser le rappel mnésique. On peut demander au témoin de
faire un croquis du lieu où le crime est survenu, de mimer ou reproduire
la scène, ou même de retourner sur les lieux du crime. On peut également
demander au témoin de raconter l'événement dans un ordre différent,
à rebours par exemple, ou de changer de perspective. Plus le témoin fait
travailler sa mémoire, plus il a de chance de se souvenir de nouveaux détails
(Fisher et Geiselman 1992). Ensuite, l'enquêteur passe aux clarifications. Il
pose d'abord des questions ouvertes et termine avec des questions spécifiques. Les questions négatives (Vous ne l'avez jamais vu ?) et dirigées
(Portait-il des lunettes ?) sont à proscrire parce qu'elles incitent à répondre
par la négative ou peuvent influencer son souvenir.

La révision

Cette étape permet de vérifier l'exactitude des renseignements fournis
par le témoin. Cette révision permet au témoin de corriger, s'il y a lieu, des
erreurs ou des omissions, ou d'ajouter parfois de nouveaux éléments.

La conclusion

À la fin de l'audition, le policier peut recueillir tous les renseignements qu'il souhaite à propos du témoin, puis il doit l'encourager à joindre à tout moment lorsqu'il croit se souvenir de nouveaux détails.

PARTICULARITÉS AVEC LES ENFANTS

Bien que les témoignages d'enfant ne soient pas aussi riches que ceux de leurs aînés, ils ne comportent pas plus d'erreurs que ceux des adultes (Milne et Bull 2003). Toutefois, il faut faire très attention aux questions suggestives et à la contamination. Les enfants sont plus sensibles aux questions dirigées que les adultes (Ceci et Bruck 1995). Il est également très important d'établir les règles du «je ne sais pas», «je ne m'en rappelle plus», «pas obligé de donner une réponse pour faire plaisir», et d'insister sur l'importance de dire la vérité:

> Si je te pose une question et que tu ne connais pas la réponse, dis-moi «Je ne sais pas». Si je te pose une question que tu ne comprends pas, dis-moi «Je ne comprends pas». Ok? Si je ne comprends pas ce que tu dis, je vais te poser des questions. Tu n'es pas obligé de donner une réponse pour faire plaisir. [...] C'est très important que tu me dises seulement la vérité aujourd'hui. Tu dois seulement me parler des choses qui te sont réellement arrivées. (Bruneau et Lemay 2004: 205)

Sans vouloir imposer de limite de temps à une entrevue, rappelons que plus l'enfant est jeune, plus il sera difficile de garder son attention. En moyenne, une entrevue chez les enfants de trois à six ans dure une vingtaine de minutes et peut être plus longue pour les plus âgés (Bruneau et Lemay 2004). L'enquêteur doit utiliser des mots et des concepts qui correspondent à l'âge, au développement cognitif et au milieu de l'enfant. Les très jeunes enfants présentent des problèmes particuliers en raison de leurs aptitudes verbales, cognitives et sociales limitées (Bruneau et Lemay 2004).

L'AUDITION DES SUSPECTS

L'aveu est un processus dynamique, influencé par l'interaction de plusieurs facteurs individuels, sociaux, émotionnels, cognitifs et situationnels (Gudjonsson 2003; St-Yves 2004a; Moston, Stephenson et Williamson 1992). Lorsqu'un suspect est interrogé par la police, il se retrouve dans un contexte de prise de décision complexe: parler ou garder le silence? dire la vérité ou mentir? dire toute la vérité ou seulement une partie? Ces décisions seront prises, entre autres, selon sa perception des choix disponibles, des probabilités que surviennent les conséquences de sa décision et des gains que sa décision peut lui rapporter (Irving et Hilgendorf 1980). Les menaces et les avantages, même s'ils sont subtils, peuvent aussi influencer la décision du suspect de confesser son crime.

La qualité de la preuve (qu'elle soit réelle ou perçue) est la première raison pour laquelle les gens font des aveux à la police (Gudjonsson et Petursson 1991). Deux personnes sur 3 (66,7 %) ont admis leur crime lorsque la preuve leur paraissait solide, comparativement à 1 sur 10 (9,9 %) lorsqu'il y avait peu ou pas de preuves (Williamson 1990). Récemment, nous avons observé que le taux de confessions doublait presque (de 31,4 % à 55,6 %) lorsque la preuve était perçue par le suspect comme étant relativement solide (Deslauriers-Varin et St-Yves 2006). Le principe est simple : devant des preuves accablantes, le déni devient futile. Le suspect n'a plus alors que le choix entre garder le silence et donner une version qui lui permet de s'expliquer ou de sauver la face.

Les pressions, qu'elles soient internes (culpabilité, remords, besoin de se confesser) ou externes (pressions des policiers ou de l'entourage), peuvent également favoriser l'aveu judiciaire. La confession procure un sentiment de libération qui a un important effet cathartique. Autour de 40 % des suspects rapportent un sentiment de soulagement après s'être confessés, puis une proportion comparable affirment qu'ils se sont confessés parce qu'ils se sentaient coupables de leur crime (Deslauriers-Varin et St-Yves 2006 ; Gudjonsson et Petursson 1991 ; St-Yves 2002). Quant aux pressions externes, elles couvrent habituellement les méthodes persuasives et certains types de pressions parfois exercées par les policiers, comme les promesses et les menaces, mais il peut aussi s'agir de moyens coercitifs telle la torture.

Plusieurs personnes ne font pas d'aveu parce qu'elles décident de se prévaloir de leur droit au silence, parce qu'elles ont trop honte de leur crime, ou parce qu'elles craignent trop les conséquences de leurs actes (emprisonnement, pertes de l'épouse, des enfants, des amis, pertes matérielles et financières) (sur les facteurs de l'aveu, voir Gudjonsson 2003 et St-Yves et Landry 2004).

L'INTERROGATOIRE

La quête de l'aveu demeure pour bien des enquêteurs de police le principal objectif de l'interrogatoire. On peut comprendre, puisque l'aveu permet de résoudre entre 25 et 30 % des crimes (Baldwin et McConville 1980 ; Stephenson et Moston 1994). Bien que la preuve soit le facteur déterminant, les policiers n'en détiennent pas toujours suffisamment pour accuser ou faire condamner un suspect. Des études révèlent que des preuves techniques sont amassées dans tout au plus 10 % des cas (Horvath et Meesig 1996). Les preuves reposent donc habituellement sur les témoignages… incluant celui du suspect.

Deux principaux facteurs déterminent la façon de pratiquer l'inter- rogatoire de police : 1) le cadre juridique dans lequel ce type d'entretien est exercé; 2) le respect des droits constitutionnels, lorsqu'il y en a. Contrairement aux auditions de témoins, l'audition d'un suspect commence par une mise en garde. Au Canada, le début de la mise en garde[3] est le suivant: «Vous avez le droit de garder le silence.» Le droit au silence est un droit constitutionnel.

Au Royaume-Uni, la loi ne permet l'usage d'aucune ruse ni méthode persuasive, alors que ces stratégies sont permises au Canada et aux États-Unis. À la suite d'importants changements législatifs[4], le Royaume-Uni a développé le modèle PEACE[5], un modèle d'entrevue en cinq étapes: (P) la première étape concerne la planification et la préparation de l'entrevue; (E) l'entrevue avec le suspect est relativement simple et se résume comme suit: une explication de ses droits; (A) une version obtenue librement, sinon à l'aide de stratégies appropriées de questionnement; (C) la version de l'interviewé peut nécessiter des clarifications ou faire l'objet d'une comparaison avec des éléments de la preuve. Cette étape permet également de conclure en s'assurant que tous les points ont été couverts et que le suspect est informé de la suite des événements. Quant à la dernière étape, (E) elle permet à l'enquêteur d'évaluer la qualité des éléments qu'il a obtenus au cours de l'entretien.

LA TECHNIQUE REID

La technique Reid (Inbau et coll. 2001) est la méthode d'interrogatoire la plus utilisée, mais également la plus controversée.

La technique Reid est un processus d'entrevue stratégique qui vise d'abord à: 1) s'assurer, par une entrevue préinterrogatoire, incluant une série de questions dites d'observation, qu'il s'agit bien de l'auteur du crime; 2) puis à le confronter à ses déclarations (technique en neuf étapes) en brisant ses résistances et en lui permettant d'avouer son crime en minimisant les conséquences et en sauvant la face. L'objectif de l'entrevue préinterrogatoire est

---

3. Au Canada, la mise en garde se fait en deux temps, d'abord le droit au silence, puis le droit à l'avocat: «Vous avez le droit de garder le silence. Nous devons vous informer que nous sommes des policiers. Vous n'êtes pas obligé de dire quoi que ce soit, mais vous devez comprendre clairement que si vous désirez parler, tout ce que vous direz pourra être pris par écrit et servir de preuve. Avez-vous bien compris?

Vous avez le droit d'avoir recours sans délai à l'assistance d'un avocat. Vous avez également le droit d'avoir accès aux conseils immédiats, préliminaires et gratuits d'un avocat de garde ou de l'aide juridique, sans égard à votre situation financière. — Numéro de téléphone de l'Aide juridique et numéro de téléphone du service de garde du Barreau dans le cas où il est disponible dans le district où le suspect se trouve — Avez-vous bien compris?»

4. Commission Royale d'enquête, PACE (1984), The Criminal Justice and Public Order Act (1994).

5. PEACE est l'acronyme de *Preparation (and planning), Engage, Account, Closure, Evaluation.*

de recueillir des informations aussi bien sur le suspect que sur les circonstances du crime enquêté. Cet entretien vise à établir un rapport, à créer un climat de confiance et propice à l'aveu. Le but de l'entrevue est également de connaître la version des faits du suspect, une version libre et sans contamination de la part de l'intervieweur. Selon Inbau et ses collègues (2001), l'interrogatoire est un processus accusatoire qui ne vise pas à persuader le suspect d'avouer un crime, mais à le persuader de dire la vérité.

Neuf étapes de la technique Reid

Étape 1. L'enquêteur confond le suspect en l'accusant du crime : « L'enquête démontre clairement que c'est vous qui avez commis ce crime. » Rendu à ce stade, il ne s'agit plus de savoir si le suspect est bien l'auteur du crime, mais plutôt de savoir pourquoi il a fait cela.

Étape 2. L'interrogateur développe des thèmes qui excusent moralement ou justifient les comportements du suspect. Un thème, c'est la raison probable ou possible qui explique le geste délictuel posé par le suspect.

Étape 3. L'interrogateur surmonte, par un geste de la main ou en détournant le regard, les négations du suspect (« je n'ai pas fait cela… ; vous faites erreur ») dans le but de briser le processus de déni et pour signifier au suspect que ses arguments sont inutiles.

Étape 4. L'interrogateur surmonte les objections (« je ne peux pas avoir fait cela, puisque je ne suis pas une personne violente ») du suspect.

Étape 5. L'interrogateur maintient (en grande partie par le toucher) l'attention du suspect qui, à partir de ce moment, devient effacé et troublé.

Étape 6. À ce stade, le suspect est habituellement moins tendu, voire résigné. Il écoute les thèmes développés par l'enquêteur. Il peut aussi pleurer. L'enquêteur se concentre habituellement sur un thème en particulier et le réduit à une ou deux phrases en soulignant les éléments essentiels.

Étape 7. L'interrogateur présente la question d'alternatives, c'est-à-dire deux versions (une favorable et une défavorable) pour expliquer la commission du crime. Par exemple : « Était-ce la première fois ou cela est arrivé à plusieurs reprises ? » Le suspect est encouragé à choisir l'option la plus favorable.

Étape 8. L'interrogateur demande au suspect de révéler des détails du crime. La véracité d'une confession est d'autant plus grande que l'on trouve des réponses positives aux trois questions suivantes : 1) Est-ce que la confession a conduit à la découverte de preuves qui n'étaient pas connues de la police ? 2) Est-ce que la confession contient des détails du crime qui ne sont pas connus du public ? 3) Est-ce que le suspect a fourni une description précise des détails courants de la scène de crime qui n'ont pas été publicisés ? (Leo et Ofshe 1998)

Étape 9. La déclaration orale du suspect est convertie en déclaration écrite. Au Royaume-Uni et au Canada, les auditions de suspects pour des crimes majeurs sont généralement enregistrés ou filmés (St-Yves 2004b).

Aux États-Unis, de plus en plus d'États le font maintenant. Non seulement l'usage de cette technologie n'a eu aucun effet négatif sur les taux de confession, mais l'audition audiofilmée semble générer un nombre beaucoup plus grand de réponses et plus d'informations incriminantes que la déclaration prise par écrit (Geller 1992). En plus de préserver avec exactitude le verbatim de l'interrogatoire, l'usage de l'enregistrement audiovisuel encourage les enquêteurs à faire des interrogatoires de meilleure qualité tout en les protégeant également de tout reproche injustifié. Plusieurs tribunaux ont fait remarquer que «l'enregistrement fournit un dossier objectif sur lequel le juge peut décider du caractère libre et volontaire d'une confession, les circonstances dans lesquelles elle a été faite, ainsi que son contenu, plutôt que de se fier aux affirmations subjectives et intéressées des protagonistes» (L'enregistrement audiovisuel des interrogatoires des suspects ou des accusés: Rapport d'étape 1996: 51). L'enregistrement audiovisuel permet également d'apprécier le climat dans lequel s'est déroulé l'interrogatoire, de même que les attitudes et le langage non verbal des protagonistes. C'est aussi un bon moyen de prévention des erreurs judiciaires. Il s'agit du plus fidèle témoin du déroulement de l'interrogatoire.

Malgré tous les efforts consacrés à la quête de l'aveu, les taux de confession restent modestes. La moyenne est d'environ 60 % pour le Royaume-Uni (Clark et Milne 2001) et autour de 50 % en Amérique du Nord (St-Yves 2004c). Ces différences entre les taux de confession au Royaume-Uni et les pourcentages d'aveux en Amérique du Nord sont en grande partie attribuables au cadre juridique dans lequel se pratique l'interrogatoire (Gudjonsson 2003).

La méthode Reid et, de manière générale, les méthodes utilisant la ruse et la persuasion sont récusées par plusieurs auteurs qui soutiennent que ces interrogatoires risquent de susciter de faux aveux et de déboucher sur des erreurs judiciaires.

LES FAUSSES CONFESSIONS

Les fausses confessions représentent moins de 20 % des erreurs judiciaires (Bedau et Radelet 1987). Les erreurs d'identification faites par des témoins figurent en tête de liste avec une bonne longueur d'avance (Rattner 1988). Une fausse confession peut être faite librement ou non, avec ou sans moyens coercitifs. Kassin et Wrightsman (1985) identifient trois types de fausses confessions:

1) Les fausses confessions volontaires, sans pression faites de la part des policiers. Les individus qui font de telles allégations le font souvent pour attirer l'attention et par besoin de notoriété. Lors de l'enlèvement et du meurtre du bébé de Charles Lindbergh, survenu dans les années 1930, plus de 200 personnes s'étaient rapportées à la police pour confesser ce crime.

2) Les fausses confessions par résignation faites sous les pressions des policiers. Le suspect avoue pour faire cesser la torture ou les menaces, ou

pour mettre un terme à l'interrogatoire (Gudjonsson 1992). L'exemple classique est un suspect qui, après 12 heures d'interrogatoire, finit par admettre le crime qui lui est reproché en donnant une version qui lui a été suggérée par l'enquêteur.

3) Les fausses confessions par persuasion et suggestion, qui surviennent lorsque le suspect en arrive à croire durant l'interrogatoire qu'il a commis le crime pour lequel il est accusé. Kassin (1997) affirme que ce phénomène est étroitement lié : 1) à la vulnérabilité du suspect, notamment à la malléabilité de sa mémoire, sa naïveté, son degré de suggestibilité, son niveau intellectuel — les déficients intellectuels étant plus suggestibles —, son niveau de stress et de fatigue, ou à l'altération de son état mental par l'absorption de substances intoxicantes ; 2) aux méthodes d'interrogatoire, souvent hautement suggestives et contenant parfois de faux éléments de preuve.

LA PSYCHOLOGIE DE LA RELATION : CINQ RÈGLES DE BASE

La pratique et l'enseignement des entrevues d'enquête nous ont permis d'identifier cinq règles pour réussir une entrevue d'enquête et mieux gérer les risques associés à l'interrogatoire de police (St-Yves, Tanguay et Crépault 2004).

Garder l'esprit ouvert et rester objectif

Le premier contact avec la personne interviewée est souvent déterminant. C'est lors de ce premier contact que les deux parties se forgent une impression l'une de l'autre. Cette première impression se crée à partir des premiers renseignements que l'enquêteur reçoit sur la personne à interviewer. Une déclaration, les témoignages de l'entourage, un rapport d'expertise, un dossier judiciaire, une photo. Il est donc possible, sinon probable, que l'impression sur la personne à interviewer soit déjà faite avant la rencontre. Les travaux de Asch (1987) montrent que nous nous formons rapidement une impression d'autrui à partir des premiers éléments perçus et nous arrivons difficilement à nous en défaire par la suite. Surtout lorsqu'elle est erronée. La tendance est plutôt d'essayer de valider notre perception au lieu de rester réceptif et ouvert à l'autre. C'est ce qu'on appelle l'effet Rosenthal (voir Rosenthal et Jacobson 1968).

Construire un rapport

C'est d'abord accueillir, puis créer une atmosphère qui incitera la personne à vouloir parler. Le rapport, c'est le cœur de l'entrevue, et les techniques enseignées ne sont que complémentaires. Si les techniques d'interrogatoire sont efficaces pour obtenir des aveux, le rapport quant à lui est essentiel. « Une personne ne révèle aucun secret sans rapport. » (Schafer et Navarro 2003 : 39)

Écouter

Trop souvent, les enquêteurs ne laissent pas parler leur interlocuteur. Ils l'interrompent dès qu'il commence à parler, ce qui l'empêche de se concentrer, le rend passif et ne lui permet pas de dire tout ce qu'il sait. Le manque d'écoute conduit à une entrevue stérile. L'écoute permet de comprendre ce qui s'est réellement passé, et non ce qu'on croit qui s'est passé.

Garder une attitude professionnelle

Holmberg et Christianson (2002) ont observé que le style d'intervieweur dominant est associé au déni, tandis que le style humain est associé aux aveux. Une attitude humaniste, incluant l'écoute active, l'empathie, l'ouverture, le respect, la volonté de découvrir la vérité, plutôt que de chercher à tout prix à obtenir une confession, sont des qualités qui jouent un rôle essentiel dans le déroulement d'une entrevue d'enquête (Shepherd 1991; Williamson 1993).

Savoir conclure

C'est s'assurer que tout a été dit. C'est aussi laisser à l'autre une porte ouverte. Se laisser une chance, une possibilité qu'il décide de passer aux aveux, dans une heure, le lendemain, ou plus tard. À soi, ou à quelqu'un d'autre. C'est aussi permettre à la personne de préserver ou de retrouver sa dignité.

CONCLUSION

Pour élucider un crime, il faut rassembler toutes les pièces du puzzle, c'est-à-dire les faits et les témoignages. Les témoignages mettent des mots sur les faits, leur donnent un sens et les rendent vivants. C'est à travers les témoignages que la vérité se révèle. La qualité des témoignages dépend en grande partie de la façon dont les souvenirs des témoins et des victimes ont été enregistrés et préservés, mais également des moyens utilisés par le policier pour récupérer ces souvenirs. Les questions ouvertes, sans interruption, et un questionnement approprié augmentent la qualité d'un témoignage. C'est ce qu'on appelle l'entrevue cognitive. Pour les auditions de suspects (communément appelées interrogatoires), ce sont les méthodes persuasives — principalement la technique Reid — qui sont les plus utilisées en Amérique du Nord. Ces méthodes visent à solliciter un témoignage que l'on appelle l'aveu. Cependant, la confession n'est pas toujours nécessaire pour condamner une personne. Comme une personne peut ne pas être condamnée même si elle a fait des aveux à la police.

Quelle que soit la nature d'une enquête, des gens sont impliqués. Ils sont tantôt interviewés, tantôt interrogés. Par diverses techniques, l'enquêteur tente d'accéder à leur mémoire. Il s'intéresse à leur souvenir. Lui-même devra se souvenir qu'il est en relation avec quelqu'un et que la qualité de l'entrevue dépend en grande partie de lui.

CHAPITRE 40

Les opérations coup-de-poing

▶ MAURICE CUSSON ET ÉRIC LA PENNA

L'action policière tend à se déployer selon deux modes opposés par leur intensité et leur concentration. Le premier se caractérise par une vigilance couvrant la totalité du territoire confié à un service de police. Le second mode est l'opération focalisée faisant converger temporairement des ressources importantes sur une cible déterminée (voir le chapitre 8 dans ce volume). En temps normal, c'est-à-dire en l'absence de problème aigu, les policiers, vigilants et disponibles, répondent aux demandes d'intervention au fur et à mesure qu'ils les reçoivent, maintiennent l'ordre, apaisent les conflits, contribuent à la prévention. Puis, un jour, apparaît un problème trop sérieux pour être résolu par les moyens habituels : un défi est lancé aux forces de l'ordre. Elles doivent alors sortir de leur routine, innover, se dépasser, concentrer leurs effectifs, quitte à dégarnir d'autres fronts. De tels sursauts ont reçu plusieurs noms : opération coup-de-poing, descente de police, coup de filet, opération éclair, frappe, opération spéciale, raid, rafle, blitz. En anglais, le terme *crackdown* est le plus fréquemment utilisé.

Ces opérations spéciales permettent de surmonter une difficulté maintes fois soulignée à propos de la dissuasion, à savoir la faible probabilité des peines et la difficulté de l'augmenter de manière perceptible sur l'ensemble d'un territoire. L'opération coup-de-poing paraît alors comme une solution : en concentrant des moyens forts sur une cible limitée, la police peut y faire grimper brusquement et notablement la pression dissuasive.

Le chapitre est divisé en trois parties. Après la description de la nature de l'opération coup-de-poing, la dynamique de l'opération conçue comme un événement se déroulant en plusieurs étapes fera l'objet de la deuxième partie. Enfin, seront examinés l'impact de ces opérations et les conditions de leur efficacité.

La nature des opérations coup-de-poing

Une opération coup-de-poing consiste en l'intensification brusque et marquée de l'action répressive sur un problème de sécurité sérieux, spécifique et circonscrit. Par une telle action, on veut communiquer un message clair à une catégorie de délinquants : vos risques d'être puni sont dorénavant plus élevés (voir Sherman 1990 et Scott 2003).

Les problèmes criminels ont tendance à se concentrer dans l'espace et dans le temps, ou encore ils sont le fait d'une bande ou d'un gang. Il arrive aussi qu'un type de délit préoccupe par sa fréquence. À de telles concentrations, on répond par une concentration des ressources policières.

De quelles interventions un raid est-il fait ? Principalement de contrôles et de contraventions. Les policiers interviennent à l'occasion d'infractions de faible gravité : incivilités, délits de la route, non-respect de règlements municipaux, etc. Ils distribuent alors des contraventions ; ils contrôlent et interrogent ; ils émettent des citations à comparaître ; ils fouillent à la recherche d'armes, d'objets volés, de drogue ; ils interpellent ; ils vérifient le degré d'alcool dans le sang. L'effet dissuasif de ces interventions est souvent amplifié par une campagne de publicité.

Quand une opération frappe un débit de drogue comme un *crack house* installé dans un immeuble, les interventions peuvent porter aussi bien sur les délinquants que sur l'immeuble lui-même. Par exemple, on combinera 1) l'arrestation de tous les dealers préalablement identifiés ; 2) l'expulsion des locataires qui utilisaient leur appartement pour fins de vente de drogue ou qui n'avaient pas payé leur loyer depuis longtemps ; 3) une reprise du contrôle de l'immeuble par son propriétaire soutenu par la police ou encore son expropriation.

Lors d'un raid, les policiers suscitent la collaboration de tierces parties : les propriétaires des immeubles problématiques, les services municipaux, les pompiers, les victimes. Les policiers demandent aux services responsables de la sécurité et de la salubrité des immeubles de faire respecter le code du bâtiment. Ils convainquent la municipalité d'exproprier les immeubles dans lesquels un marché de la drogue est installé. Ils obtiennent que l'éclairage de la rue soit amélioré. Ils font poser des caméras de surveillance. Ils offrent aux victimes de cambriolage des améliorations à la sécurité de leur logement. On le voit, la prévention vient s'ajouter à la répression.

La dynamique de l'opération coup-de-poing

Un raid est un événement qui a un début, un déroulement et une fin. Les actions des policiers et les réactions des délinquants s'y enchaînent dans une succession de mouvements. L'opération est emportée par une dynamique qui peut être découpée en neuf étapes. Dans ce qui suit, ces étapes sont illustrées chaque fois que c'est possible par une opération réalisée dans le quartier montréalais de Cartierville le 21 septembre 1989 (La Penna 1998 et

La Penna, Tremblay et Charest 2003). Pour compléter le portrait, nous nous appuierons sur les travaux de Sherman et sur plusieurs recherches évaluatives de *crackdowns* menés aux États-Unis. En combinant ces informations, nous obtenons l'image de ce à quoi pourrait ressembler une opération éclair idéale.

1° *Le défi*

Cartierville, mars et avril 1989. Une croissance brusque de la criminalité dans la zone centrale de ce quartier du nord de Montréal sonne l'alarme chez les policiers. Plusieurs types de délits augmentent soudainement, et d'abord les cambriolages et les vols simples. Dans ce secteur défavorisé, la criminalité est habituellement élevée, mais cette fois-ci elle passe du simple au double. Les policiers qui connaissent bien le secteur font rapidement le lien entre cette augmentation et l'apparition d'un marché de crack (drogue à base de cocaïne). En effet, ils constatent que, dans une rue en cul-de-sac située là où les délits contre la propriété viennent d'augmenter, des appartements abritent une intense activité de vente et de consommation de drogue. Pour faire prospérer leur commerce impunément, les trafiquants et les dealers avaient mis au point une tactique efficace. Ils louaient un appartement pour ensuite le sous-louer à un comparse surnommé le « concierge ». Ils prenaient soin de ne jamais entreposer la drogue sur place. Quand un client passait une commande, le « concierge » communiquait par téléphone à son fournisseur pour se faire livrer la dose que le client devait consommer immédiatement. Grâce à cette manœuvre, la police ne pouvait saisir que de petites quantités de drogue, ce qui l'empêchait de porter des accusations de trafic. Autre précaution, on déménageait fréquemment.

Les policiers américains sont aussi exposés à ce genre de problème : croissance brusque et circonscrite de la criminalité associée au trafic de la drogue.

2° *Le temps de la réflexion*

La préparation du blitz de Cartierville dure deux mois. L'analyse permet de valider l'information rapportée plus haut. L'unité des renseignements criminels identifie les appartements servant de points de vente de crack. Des agents doubles y font des achats de drogue, ce qui permet à la police d'identifier les dealers et d'obtenir des mandats d'arrestation et de perquisition. Quelques policiers vont à New York consulter des collègues expérimentés dans la lutte contre les marchés de crack. Avec le bénéfice du recul, La Penna, Tremblay et Charest (2003 : 181) concluent que les policiers avaient posé, en 1989, un diagnostic « juste et précis du problème à résoudre ».

Un raid digne de ce nom ne va pas sans préparation. Un travail d'analyse s'impose pour connaître la nature et l'ampleur du problème ainsi que le système défensif des malfaiteurs. Car, au moment crucial, les policiers doivent savoir où frapper, quand, sur quelles catégories de délits et sur quels délinquants.

3° *La mobilisation et l'attaque*

L'opération éclair de Cartierville mobilise plus d'une centaine de policiers : agents doubles, patrouilleurs, enquêteurs, escouade anti-émeute. L'équipe est sous la direction de Jacques Duchêneau, qui devait devenir plus tard chef de la police de la Communauté urbaine de Montréal et qui dirigera ensuite l'Administration canadienne de la sûreté du transport aérien. Des procureurs de la couronne et des juges sont mis dans le coup. Le raid ne dure qu'une journée (le 21 septembre 1989). L'effet de surprise est total. Tous les appartements préalablement identifiés comme points de vente sont perquisitionnés. Vingt-trois individus sont arrêtés.

4° *La déstabilisation*

Dans le secteur de Cartierville touché par la descente de police, le nombre moyen de délits par mois tombe de 111 avant à 65 après le raid. Ce sont les cambriolages et les vols qui reculent le plus fortement. Le raid annule la hausse de délinquance engendrée par le marché de crack; celle-ci retourne à son niveau d'avant mars 1989 (La Penna et coll. 2003).

Sous le choc d'une attaque qu'ils sont incapables de parer, les malfaiteurs perdent leur assurance et leurs moyens. Ils se croyaient assurés de l'impunité et ils se découvrent vulnérables. Ils savent que leurs risques ont augmenté, mais ils ignorent jusqu'à quel point. Cette incertitude les paralyse (Sherman 1990).

5° *L'essoufflement*

Le raid de Cartierville fut exceptionnellement bref : une journée. Aux États-Unis, certaines opérations durent quelquefois des mois. Dans de tels cas, Sherman (1990) constate que la fréquence des interventions policières a tendance à tomber après quelques jours d'une opération qui dure. Cet essoufflement s'explique d'abord par la fatigue des policiers et ensuite par les efforts des délinquants pour parer les coups. En effet, un élan offensif intense ne peut être soutenu longtemps. À la longue, les policiers se lassent, surtout quand — justement à cause de l'opération — le nombre d'infractions détectées baisse. La routine s'installe. De leur côté, une fois la surprise passée, les délinquants se ressaisissent. Ils fuient. Dorénavant, chaque fois qu'ils sont contrôlés, ils ripostent par des propos hostiles, insultants ou intimidants qui minent la détermination des policiers.

6° *L'érosion et la dissuasion résiduelle*

Une fois la rafle terminée, la criminalité qui avait chuté tend à remonter vers son niveau antérieur. Cependant, elle reste pendant quelque temps à un niveau inférieur à celui d'avant le raid. Même si l'opération est terminée, les délinquants ne le savent pas tous et ils restent dans une prudente expectative. C'est ce qui conduit Sherman (1990) à distinguer deux facettes de l'effet subséquent du *crackdown :* premièrement, l'érosion progressive de l'efficacité dissuasive du raid et, deuxièmement, la dissuasion résiduelle, c'est-à-dire le fait que, durant quelques semaines après l'interruption de l'opération, il se commet moins de délits qu'avant son déclenchement.

7° *La suspension et la rotation*

Il arrive qu'une frappe soit suspendue pendant quelque temps puis qu'elle soit reprise sans crier gare. Cette «dose de rappel» tient compte de trois réalités évoquées plus haut : 1) l'essoufflement des policiers, 2) l'érosion de l'effet intimidant et 3) le prolongement de l'effet dissuasif après le raid. Une suspension temporaire de l'opération prévient la lassitude des policiers. Sa reprise fait de nouveau baisser la criminalité puis vient s'ajouter un nouvel effet de dissuasion résiduelle. Il est donc de bonne guerre de mener des interventions rotatives en changeant de cible, quitte à retourner plus tard à la cible initiale.

Dans un quartier de Montréal, en 2001-2002, la rotation des interventions sur diverses catégories d'infractions au code de la route fait reculer sensiblement le nombre d'accidents sur une artère très achalandée où on enregistrait 40 % des accidents du quartier. Suivant une planification précise, les policiers prennent d'abord pour cible les automobilistes qui ne portent pas la ceinture de sécurité et ils leur distribuent force constats d'infraction, ils passent ensuite aux excès de vitesse, puis aux stationnements illégaux qui nuisent à la fluidité de la circulation. Résultat : baisse des accidents avec blessés de 25 % (La Penna et Arseneault 2002).

8° *La consolidation*

En 1990 (donc peu après le raid de Cartierville), la Société d'habitation et de développement de Montréal rachète plusieurs immeubles d'appartements multiples situés précisément dans le secteur où avait sévi le trafic de crack. Cette appropriation par une autorité municipale pouvant assumer une gestion responsable apparaît comme le volet préventif de l'opération. Les trafiquants renoncent à revenir dans le secteur sachant qu'ils s'exposent à être expulsés s'ils reprennent leur trafic dans les appartements expropriés.

9° *Le* statu quo ante

À Cartierville, la chute de la criminalité obtenue grâce au coup de filet perdure pendant au moins trois ans. Elle n'est cependant pas éradiquée : elle est simplement retournée à son niveau d'avant l'apparition du marché de crack. Une fois la bande de dealers démantelée et dispersée, la fréquence des délits contre la propriété retrouve son niveau habituel.

L'EFFICACITÉ ET SES CONDITIONS

Les opérations coup-de-poing sont-elles des moyens efficaces de lutte contre le crime ? Deux bilans évaluatifs nous proposent des réponses partagées. Dans le bilan de Sherman (1990), nous apprenons que 15 *crackdowns* sur 18 produisent au moins un effet de dissuasion initiale, c'est-à-dire que la fréquence des délits diminue pendant l'opération. Parmi ces 15 raids, Sherman en trouve 5 qui produisent aussi un effet de dissuasion résiduelle : la criminalité se maintient à un niveau relativement bas quelque temps après la fin de l'opération.

Le bilan de Scott (2003) porte sur 43 *crackdowns* parmi lesquels il trouve 23 succès clairs, 11 échecs et 9 résultats mitigés ou incertains. Parmi les 23 succès, Scott identifie 17 opérations à propos desquelles les chercheurs avaient procédé à la vérification de l'hypothèse du déplacement de la criminalité vers des secteurs adjacents. Il en ressort qu'il y eut déplacement dans 6 cas et aucun déplacement mesurable dans 11. Par ailleurs, il constate le phénomène contraire, à savoir la diffusion des bénéfices de l'opération vers des secteurs adjacents dans cinq cas.

En somme, ce bilan nous laisse dans l'incertitude : il arrive qu'un raid atteigne son but et il arrive qu'il échoue. Il est cependant possible d'aller plus loin. Dès lors que nous disposons d'informations sur plusieurs raids efficaces et plusieurs autres inefficaces, il est possible de comparer les uns aux autres pour découvrir les raisons des succès et des échecs ainsi que les conditions d'une opération éclair efficace. Cet exercice comparatif nous a permis de repérer cinq conditions pour qu'une opération coup-de-poing réussisse à atteindre son objectif.

Première condition : s'attaquer à un problème spécifique, sérieux et analysé

L'échec de nombreux raids est signé avant même qu'ils ne soient déclenchés. C'est ainsi que, à Houston, l'analyse du problème ayant été escamotée, la descente de police échoue à faire reculer la criminalité (Kessler et Duncan 1996). En revanche, à Cartierville, nous avons vu que l'analyse du problème et la planification de l'opération avaient exigé deux mois de travail (La Penna 1998). Un travail de réflexion est nécessaire pour faire découvrir la nature, les causes du problème et les vulnérabilités des délinquants (voir aussi Braga et coll. 1999).

C'est dans la nature du blitz de frapper une cible circonscrite : un lieu délimité (un parc, un segment de rue, un immeuble), une bande, un type d'infraction. De plus, il serait absurde de mobiliser de fortes ressources contre un problème insignifiant. Il faut donc s'assurer de sa gravité.

Deuxième condition : l'approche indirecte

En stratégie militaire, c'est à Liddell Hart (1954) que nous devons la théorie de l'approche indirecte. Elle préconise d'éviter l'épreuve de force frontale et d'approcher plutôt l'ennemi par des manœuvres détournées et imprévues afin de le diviser, le surprendre, le désarçonner. On l'attaque sur sa ligne de moindre résistance pour lui faire perdre l'équilibre. Appliquée aux opérations policières, la stratégie indirecte consiste à frapper les délinquants sur leurs points faibles, en l'occurrence sur les multiples petites infractions par lesquelles ils prêtent quotidiennement flanc à l'intervention dans le but de faire reculer des crimes graves. Les exemples ne manquent pas.

1. À Richmond, en Virginie, dans des quartiers marqués par des taux très élevés d'homicides et autres violences, une opération antidrogue au cours de laquelle 10 fois plus de patrouilleurs contrôlent, interrogent, émettent des citations à comparaître et interpellent des dealers et leurs clients parvient à faire baisser les taux de crimes violents de 92 % (Smith 2001).

2. À Kansas City, la police déclenche une campagne de saisies d'armes à feu dans une zone où les taux d'homicides étaient 20 fois supérieurs à la moyenne américaine. Le nombre de saisies augmente de 65 % pendant l'opération. Les armes à feu sont confisquées à l'occasion de constats d'infractions routières, de contrôles de piétons suspects et d'arrestations. Il s'ensuit une diminution de 49 % des crimes commis avec une arme à feu dans le secteur visé. Les autres infractions se maintiennent cependant à leur niveau habituel (Sherman et Rogan 1995 ; voir aussi Cohen et Ludwig 2002 et le chapitre 7 dans ce volume).

3. À Dallas, préoccupés par la présence de jeunes adolescents dans les gangs, les policiers interpellent systématiquement les jeunes d'âge scolaire qui traînent dans les rues durant les heures où ils devraient être à l'école ou après 11 heures du soir (un règlement impose le couvre-feu aux moins de 17 ans). L'opération se solde par une chute de 60 % des crimes violents attribués aux gangs (Fritsch et coll. 1999).

4. Les infractions au code de la route fournissent aux policiers l'occasion d'interroger des suspects, de donner des contraventions et de procéder à des arrestations. À Indianapolis, en 1995, la police multiplie la fréquence de ces interventions par 10. L'opération dure 90 jours et vise des secteurs à forte criminalité. Elle débouche sur des réductions de vols à main armée et de coups et blessures de 40 % (Weiss et McGarrell 1999).

5. À New York, en 1997, la police s'attaque aux infractions mineures qui détériorent l'image du métro et engendrent de l'insécurité : resquillage, graffitis, mendicité agressive. En fouillant les resquilleurs, les policiers trouvent de nombreuses armes à feu portées illégalement. Résultat : la fréquence des vols qualifiés dans le métro baisse de 64 % (Kelling et Coles 1976).

Le modèle traditionnel de *policing* est trop direct. On compte sur une réponse policière rapide pour intercepter les criminels, mais ces derniers parviennent à fuir avant l'arrivée des agents. On consacre beaucoup d'énergie aux enquêtes, mais les taux d'élucidation de la plupart des infractions restent très faibles (Sherman et Eck 2002 ; Skogan et Frydl, dir. 2004). Une stratégie plus prometteuse est de faire porter l'effort sur des infractions vulnérables à la répression et associées à d'autres crimes qu'on veut faire baisser.

Les criminologues ne cessent de découvrir de nouveaux liens entre les divers types d'infractions commises par les délinquants actifs (Voir Gottfredson et Hirschi 1990 ; Felson 2002 : chapitre 8 ; Cusson 2005). Certains de ces liens sont évidents, d'autres moins.

1. Le port d'arme rend, bien sûr, possibles le vol à main armée et le meurtre.
2. La consommation de stupéfiants pousse à commettre des délits contre la propriété puis à dealer. Or, on sait que les trafics de la drogue ne peuvent se faire sans violence.
3. Les adolescents qui traînent dans les rues en violation des règles sur l'obligation scolaire, prennent l'habitude de fréquenter des bandes ; ils servent de guetteurs et de commissionnaires aux dealers ; ils rencontrent des occasions de voler.
4. La multiplication des incivilités dans un lieu fait peur aux gens et permet aux malfaiteurs d'agir en toute impunité comme en terrain conquis.
5. Le principal trait d'union entre divers types d'infractions tient au polymorphisme des délinquants prolifiques. Ceux-ci sont des transgresseurs généralistes qui n'ont aucun scrupule à voler, vandaliser, frauder, braquer, menacer, agresser. Leur mépris des lois — de toutes les lois — tient notamment à leur manque d'inhibition et à leur style de vie de flambeur.

Les délinquants actifs prêtent donc flanc à l'intervention policière de plusieurs manières. Ils s'exposent à être interpellés, interrogés et sanctionnés quand ils s'amusent à brûler ostensiblement les feux rouges, à conduire avec les facultés affaiblies, à consommer des boissons alcooliques sur la voie publique, à briser des fenêtres. Par ces agissements répétés, ils se désignent eux-mêmes à la répression. Ces transgressions mineures sont plus faciles à découvrir que les plus graves parce qu'elles sont nombreuses, visibles et commises sans précaution. De plus, les policiers peuvent les sanctionner facilement sans devoir se soumettre à une procédure judiciaire longue, contraignante et incertaine. Ils peuvent donner des contraventions, émettre des citations à comparaître, interroger, reconduire un mineur à la maison, l'expulser d'un débit de boissons, confisquer une arme ou un stock de drogue.

Comment ces sanctions légères mais répétées se répercutent-elles sur des faits plus graves ? De quatre manières.

Premièrement, elles produisent un effet dissuasif diffus qui s'étend à l'ensemble des agissements commis par les délinquants généralistes. Ceux-ci constatent qu'ils sont beaucoup plus souvent contrôlés qu'auparavant, interrogés, fouillés, mis à l'amende. Ils sont alors forcés de réviser à la hausse les estimations de leurs risques généraux, c'est-à-dire des risques attachés à l'ensemble de leurs activités délictueuses. Dorénavant, ils ne se sentent plus invulnérables.

Deuxièmement, les contrôles fournissent à la police l'occasion de désarmer maints malfaiteurs en leur retirant les instruments dont ils ont besoin pour perpétrer leurs crimes les plus graves.

Troisièmement, les sanctions contribuent à réduire le nombre des incivilités. Les citoyens sont alors moins souvent intimidés et plus disposés à briser la loi du silence pour coopérer avec la police qui peut en retour obtenir des informations sur des événements graves.

Quatrièmement, sous la pression policière, les mineurs ne peuvent plus traîner dans les rues et les débits de boissons, ni fréquenter des truands, ni rencontrer des occasions criminelles.

Troisième condition : l'intensité, l'activité et la concentration

Cette condition tient à la nature même du raid qui consiste en une intensification de l'activité policière concentrée sur un point d'application circonscrit. Voyons d'abord ce qui se passe quand cette exigence n'est pas satisfaite.

1. Dans une ville du centre-ouest états-unien, un prétendu *crackdown* consistait principalement en patrouilles dans des véhicules banalisés et en surveillance passive dans des voitures stationnées aux intersections les plus problématiques de la ville. L'évaluation menée par Novak (1999) débouche sur un constat d'échec : la criminalité n'a pas bougé dans les secteurs visés. Deux facteurs semblent avoir joué : premièrement, le territoire couvert par l'opération était trop étendu, ce qui interdisait la concentration ; deuxièmement, les agents n'étaient pas assez proactifs, se contentant de patrouiller et de surveiller.

2. Un problème semblable se posait dans l'opération menée à Dallas : les policiers se contentaient d'une présence visible dans les rues du secteur ciblé et ils intervenaient fort peu. L'évaluation menée par Fritsh et coll. (1999) débouche sur un constat d'échec.

3. À Minneapolis, une *hot spots patrol* (patrouille de points chauds) fut évaluée par Sherman et Weisburd (1995). L'intervention portait sur 55 points

chauds de la criminalité expérimentaux dans lesquels on assurait trois heures par jour de présence policière, ce qui était beaucoup plus qu'en temps normal. Les patrouilleurs y venaient en voiture, restaient quelques minutes, quelquefois une heure, repartaient puis revenaient de manière imprévisible. Les agents n'ayant pas pour consigne d'intervenir, ils bavardaient avec les passants, lisaient le journal, etc. Les résultats de cette forte augmentation de présence policière furent décevants : Sherman et Weisburd détectent un léger recul de 25 % des incivilités, mais aucun effet sur les crimes plus graves.

Le point commun de ces interventions, c'est la passivité des policiers. Les résultats des opérations dans lesquelles les policiers sont actifs sont généralement meilleurs. Ainsi, dans l'expérience de Richmond évoquée plus haut, qui avait fait baisser la fréquence des crimes violents de 92 %, les policiers avaient procédé à plus de 400 arrestations sans compter de très nombreuses contraventions et des interrogatoires de suspects en pleine rue (Smith 2001). Si les policiers de Richmond ont obtenu un aussi bon résultat, c'est largement parce qu'ils prenaient systématiquement l'initiative d'intervenir et de sanctionner.

Un véritable blitz sort les policiers de la passivité. Ceux-ci intimident, non par leur simple présence, mais par leurs interventions. Ils forcent ainsi les délinquants à se rendre à l'évidence que dorénavant ils ne sont plus assurés de l'impunité.

En 1983, à Lynn au Massachusetts, le chef de police décide de concentrer tous ses effectifs de lutte contre la drogue sur un voisinage dans lequel sévissait ostensiblement le trafic de l'héroïne. Les policiers surveillent les dealers, interrogent les suspects, procèdent à des arrestations pour possession, perquisitionnent. Cent quarante individus sont interpellés en 10 mois. Résultat : baisse des cambriolages de 37 % et des crimes contre la personne de 66 %. En revanche, non loin de là, à Lawrence, une intervention semblable mais moins intense et moins concentrée se solde par un échec (Kleinman 1988 et 1989).

Une répression forte et concentrée est nettement plus efficace qu'une opération faible et diluée pour deux raisons. Dans un premier temps, l'augmentation du nombre des interventions policières dissuade et réduit le nombre des délinquants opérant dans le secteur. Dans un deuxième temps, les malfaiteurs devenant moins nombreux, le ratio délinquants-policiers évolue de plus en plus à l'avantage de ces derniers, ce qui fait augmenter davantage les risques d'interpellation des délinquants qui n'ont pas évacué le secteur (Kleinmann 1988).

Quatrième condition : surprendre d'abord, annoncer ensuite

Il est de bonne guerre de garder le secret d'une descente de police pour frapper au moment où les délinquants s'y attendent le moins. Cependant, une fois la surprise passée, la publicité donnée à l'opération pourra en amplifier les effets.

Voyons d'abord ce qui se passe en l'absence d'effet de surprise.

1. À Houston, le 27 janvier 1989, une centaine de policiers investissent un quartier dans lequel le trafic de la drogue sévissait. Ils fouillent les appartements dans lesquels des *squatters* étaient supposés habiter, mais n'en trouvent guère. Ils font inspecter les immeubles dans lesquels on vendait de la drogue. L'évaluation rapportée par Kessler et Duncan (1996) n'apporta pas une bonne nouvelle aux instigateurs du projet : celui-ci ne fit aucunement baisser la criminalité. Cet échec s'explique quand on sait que deux grands journaux de Houston avaient annoncé le *crackdown* quelques jours avant son déclenchement. Mis en garde, les dealers avaient discrètement déguerpi avant l'arrivée des policiers.

2. À Kansas City, la police conduit, en 1991 et 1992, 98 raids très brefs dans autant d'appartements dans lesquels le crack était vendu et consommé. Les policiers faisaient irruption en enfonçant la porte d'un *crackhouse*, puis ils menaient une fouille en règle. Sherman et Rogan (1995) évaluent ces raids en utilisant 109 maisons de crack comme groupe témoin. La baisse relative du nombre des crimes violents, des délits contre la propriété et des incivilités reste faible. De plus, cet effet s'estompe après 12 jours. L'explication la plus plausible de ce résultat fort mitigé se trouve dans le nombre de raids réalisés par la police à la même époque. En effet, en 1990, le service de police avait mené 687 raids et 554 en 1991. Plus de 1000 opérations contre la vente de crack dans une ville moyenne, cela veut dire que les raids étaient devenus une routine autant pour les policiers que pour les dealers. Ces derniers réussissaient d'ailleurs la plupart du temps à échapper à l'arrestation. La répétition d'un grand nombre de rafles sur le même modèle ne surprend plus les délinquants et ils s'y adaptent.

C'est dans la nature même de la surprise d'être éphémère. Il en découle qu'on ne peut produire cet effet ni par des raids répétés à l'identique ni par des opérations prolongées. Pour éviter que les délinquants ne puissent trouver de parade, les coups de filet gagneraient donc à être brefs et changeants.

Si la surprise s'impose face à des délinquants coriaces et organisés, en revanche elle n'apparaît guère nécessaire quand on vise des individus moins déterminés. Une intensification des barrages de sobriété précédée d'une campagne publicitaire fait souvent reculer la fréquence des accidents liés à la conduite automobile avec facultés affaiblies. C'est ainsi qu'une telle mesure appliquée en Nouvelle-Zélande réussit à faire baisser le nombre d'accidents de la route causant des blessures, alors que l'opération avait été annoncée plusieurs semaines d'avance (Sherman 1990 : 26). Smith et coll. (2002) ont montré que, dans de nombreux projets de prévention situationnelle, la délinquance avait commencé à reculer avant même la mise en place d'une mesure ayant fait l'objet de publicité. Bref, un blitz peut être annoncé si l'on a des raisons de croire que les individus visés ne sont pas des délinquants déterminés. Par contre, le secret devrait être gardé si l'on a affaire à des malfaiteurs prêts à déployer des trésors d'ingéniosité pour continuer leurs agissements en dépit de tout. Dans ce dernier cas, la publicité devrait intervenir après, une fois l'opération déclenchée et le secret éventé.

Cinquième condition : prévenir pour assurer un effet durable

Les opérations éclair sont-elles condamnées à ne produire que des résultats éphémères ? En stricte logique dissuasive, l'effet d'une rafle ne peut durer que pendant son exécution et quelque temps après. Ensuite, les délinquants retrouveront leur rythme habituel après avoir réalisé que les policiers sont passés à autre chose. Il n'en reste pas moins qu'à Cartierville, la criminalité retrouva le niveau relativement bas qu'elle présentait avant l'apparition du marché de crack, puis s'y maintint pendant au moins trois ans, parce que les vendeurs de drogue furent durablement dispersés et désorganisés, et aussi parce que les autorités municipales prirent possession des immeubles.

Dans un secteur de la ville anglaise de Leeds, une opération répressive réalisée en 1995 contre des cambrioleurs invétérés fut complétée par des mesures préventives (Farrell et coll. 1998). C'est ainsi que l'on entreprit d'inspecter les appartements qui venaient d'être cambriolés pour en découvrir les vulnérabilités et corriger la situation. De meilleures serrures furent alors installées. Des cadres de portes fragiles furent remplacés. Grâce à ces mesures, le recul des cambriolages se manifesta durant une assez longue période.

Une succession de blitz répétés pendant plusieurs années pourrait aussi produire des effets durables. Dans plusieurs pays occidentaux, des barrages de sobriété répétés durant des années accompagnés de campagne publicitaire semblent avoir provoqué des changements d'attitude dans les populations. Les gens sont de plus en plus convaincus que conduire une voiture en état d'ébriété est un acte répréhensible. C'est ainsi que nous avons vu, notamment au Québec, d'importantes baisses de la fréquence des accidents mortels liés à la consommation d'alcool (voir le chapitre 7 dans ce volume).

Après un raid, une stratégie d'occupation du terrain paraît indiquée. Pendant les semaines suivant le blitz, on assure une présence policière constante sur place, par exemple en y stationnant en permanence un véhicule de police qui sert de point de rencontre aux patrouilleurs. On encourage les citoyens à se réapproprier l'espace. Les propriétaires d'immeubles dans lesquels on avait laissé s'incruster des marchés de drogue sont incités à expulser les dealers. Certains immeubles sont expropriés, rénovés et pris en charge par l'administration municipale. De telles mesures peuvent être imposées à l'aide de divers règlements et lois : code du bâtiment, droit civil, règlements municipaux (Mazerolle et Roehl 1998). Ces mesures préventives peuvent assurer la pérennité des effets d'une opération coup-de-poing, comme en témoigne l'évaluation d'une intervention au cours de laquelle la police avait exercé des pressions sur les propriétaires d'immeubles pour qu'ils expulsent les trafiquants de drogue (Eck et Wartell 1998).

En dernière analyse, une frappe policière obtient ses résultats les plus durables quand elle parvient non seulement à crever l'abcès criminel, mais encore à inoculer des anticorps à la micro-communauté qui hébergeait le crime contre son gré. En effet, par la force des choses, dans un point chaud du crime, les contrôles informels s'effondrent, les voyous ayant réussi à imposer leur loi. Sous l'accumulation des incivilités, des menaces et des transgressions impunies, les résidants du coin se réfugient dans le silence, la tolérance et la passivité, n'osant plus intervenir ni même appeler la police. Survient l'opération coup-de-poing qui renverse le rapport de forces : les délinquants n'ont plus le dessus. Et le message qu'elle envoie aux honnêtes gens dit ceci : dorénavant, si vous appelez la police, celle-ci viendra, et si vous vous mobilisez pour restaurer la civilité en ce lieu, vous ne serez plus seuls.

SIXIÈME PARTIE

Le maintien de l'ordre et la gestion des crises

CHAPITRE 41

Désastres et crises majeures : le dysfonctionnement du système

▶ FRÉDÉRIC LEMIEUX

INTRODUCTION

Les risques d'occurrence des désastres et des crises majeures ont consi-dérablement augmenté depuis le début du XXᵉ siècle. Selon les statisti-ques cumulées par le Centre for Research on the Epidemiology of Disasters (CRED), on observe une croissance exponentielle globale du nombre de désastres rapportés par les pouvoirs publics. Annuellement, on estime en moyenne à 58 000 décès et à 255 millions le nombre de personnes affectées par les catastrophes naturelles pour la période comprise entre 1994 et 2003 (avec des maximums atteignant respectivement 123 000 et 618 millions selon les années). Au chapitre des pertes financières, le CRED estime à plus de 60 milliards de dollars la moyenne annuelle des coûts financiers pour la dernière décennie (avec un maximum de 230 milliards de dollars). Les chiffres avancés par l'organisme, pour la période 1994-2003, montrent que les pertes finan-cières sont 14 fois plus importantes qu'au milieu du siècle dernier. Ainsi, nous assistons depuis quelques décennies à une augmentation croissante des risques d'être exposé à des événements catastrophiques générant des pertes considérables. Or, il appert que la grande majorité des institutions publiques et des organisations privées négligent l'importance de ces risques et prévoient rarement un plan d'urgence.

Par exemple, un sondage cité par Broder (2000) nous informe que 47 % des entreprises affectées par un incendie ou un vol majeur ont fait banque-route dans les deux années qui ont suivi l'épreuve ; 44 % des compagnies qui ont subi des pertes à la suite d'un désastre ne sont jamais retournées en affaires ; 93 % des compagnies qui subissent des pertes significatives de données ont déclaré faillite dans les 5 années qui ont suivi l'épreuve. Or, la grande majorité des entreprises et des institutions interrogées avaient dépensé moins de 3 % de leur budget total dans la planification d'urgence. Au Québec, le rapport de la Commission Nicolet (1999) sur la tempête de verglas survenue au mois de janvier 1998, indiquait que les plans d'urgence étaient pour la plupart désuets (75% des plans d'urgence des municipalités touchées par le verglas ont été produits avant 1990); la tenue d'exercices était peu fréquente (90% des municipalités touchées par le verglas n'avaient pas tenu d'exercice depuis 1995) et le comité de sécurité civile n'était actif que dans 28% des municipalités. Bien que de nombreux désastres soient survenus depuis, citons en exemple le tremblement de terre de Bam en Iran (2003), le tsunami en Asie (2004) et l'ouragan Katrina aux États-Unis (2005), sans parler des attentats terroristes du 11 septembre 2001, le réflexe de prévenir les risques et de réduire l'impact d'événements catastrophiques n'est pas encore totalement acquis. Trop souvent, les plans existent sur papier, mais n'ont jamais été éprouvés en raison du calcul coût-avantage relié à la planification et aux exercices d'urgence.

Selon Roux-Dufort (2000), cette négligence découle essentiellement d'erreurs de la pensée qui minimisent la nature même des désastres et qui surestiment la capacité à les éviter ou à les surmonter. Parmi les mythes contribuant à consolider ces erreurs, nous retenons les suivants: 1) la taille et le bon fonctionnement des systèmes (organisation, société) en temps normal sont un gage de protection contre les désastres; 2) les désastres surviennent ailleurs et si jamais ils se produisent, il y aura toujours une organisation pour se charger des secours; 3) les désastres sont uniques, il est donc difficile de s'y préparer; 4) un degré de développement technologique élevé permet de prévenir les catastrophes ou de trouver rapidement des solutions lorsqu'elles surviennent. Ces mythes sont entretenus par des gestionnaires imprudents dont la vision étroite contribue à l'accentuation de la sévérité des désastres. Dans ce chapitre, nous proposons d'explorer quelques dimensions fondamentales de la gestion des urgences majeures, à savoir la planification, le rôle des acteurs et l'organisation de la réponse (incluant les aspects culturels et légaux). Plus précisément, nous abordons les éléments essentiels associés à la gestion des risques, de l'impact des désastres et des crises selon trois phases: pré-impact, impact et post-impact. Ce chapitre poursuit deux objectifs. D'une part, nous souhaitons récuser les idées reçues qui minent la gestion des urgences majeures et, d'autre part, nous voulons mettre en évidence les constats émanant des nombreuses études dans le domaine de la sociologie des désastres et de la gestion des crises. Toutefois, avant d'aller plus loin, nous allons prêter attention à la définition des concepts de désastres et de crises qui sont trop souvent confondus.

QUELQUES ÉLÉMENTS DE DÉFINITION

Selon la Federal Emergency Management Agency (FEMA) et le Centre for Research on the Epidemiology of Disasters (CRED), les désastres représentent des situations causant des dommages considérables et des destructions qui dépassent la capacité de répondre des autorités locales, nécessitant ainsi une assistance nationale ou internationale. Les désastres peuvent être regroupés en trois grandes catégories. Tout d'abord, les catastrophes naturelles qui comprennent des événements hydrométéorologiques tels que les inondations, les tempêtes, les températures extrêmes, les glissements de terrain et les avalanches. Cette catégorie comprend également les désastres géophysiques, notamment les tremblements de terre, les tsunamis et les éruptions volcaniques. Enfin, il y a les catastrophes biologiques principalement les épidémies et les infestations d'insectes. La seconde catégorie comprend des événements découlant de défaillances technologiques: les accidents industriels, les accidents dans les transports et autres types d'accidents (incendies ou explosions domestiques spectaculaires ou survenant dans les commerces). Finalement, la dernière catégorie renferme les événements qui sont provoqués par l'être humain, ainsi les guerres civiles et autres formes d'exactions collectives, le terrorisme et les grandes manifestations violentes. Il s'agit d'événements qui possèdent un potentiel élevé d'incertitude, d'instabilité et de dangerosité et pour lesquels les besoins dépassent largement la capacité des autorités publiques à y faire face en raison d'un manque de ressources (Denis 2002; Quarantelli 1985).

Un désastre n'est pas une crise, mais il peut en être porteur s'il n'y a pas de consensus dans la prise de décision et dans l'organisation de la réponse. En effet, selon Lagadec (1991), la crise c'est l'urgence, plus la déstabilisation. Elle va combiner déferlement de difficultés, dérèglement du fonctionnement des organisations, divergences dans les choix fondamentaux. Elle ne pourra pas être résolue par de simples mesures techniques, définies par des spécialistes et imposées par l'autorité. Pour Roux-Dufort (2000), la crise est un processus dynamique qui, en réaction à un événement déclencheur (il peut s'agir d'un désastre), met en évidence un ensemble de dysfonctionnements organisationnels et d'inadéquations des pratiques de gestion. Enfin, pour Denis (1998, 2002 : 33), la crise est un blocage de l'action, d'une durée relativement longue, qui provient d'un manque de consensus entre les protagonistes face à des incertitudes et qui contraint ceux-ci à trouver des issues. En somme, la crise est principalement caractérisée par une absence de consensus (plus qu'une divergence d'opinions), de profondes incertitudes quant aux conséquences des actions à poser (complexité) et une conception mythique de certaines composantes de la crise (connaissances limitées). Ces éléments contribuent à bloquer le processus décisionnel et à paralyser la réponse des autorités faisant en sorte que l'impasse peut s'étendre sur une longue période (Denis 2002).

Afin d'éviter les dérapages lorsque survient un désastre, les autorités doivent planifier de manière séquentielle et réfléchie leurs réponses dans le but de neutraliser le potentiel de crise ou, tout au moins, d'en atténuer les conséquences. Dans les sections suivantes, nous allons nous intéresser aux composantes essentielles de la gestion des urgences majeures en examinant les phases charnières qui la constituent et en nous positionnant dans la perspective des acteurs publics.

PHASE 1 : PRÉ-IMPACT

Pendant cette première phase, on identifie les risques d'occurrence d'un désastre et on planifie la réponse afin de réduire leurs effets néfastes pour le système (organisation ou société). Après l'identification des risques qui ont la plus forte probabilité d'occurrence ou le potentiel le plus élevé de pertes, on planifie la réponse en élaborant un plan d'urgence.

Analyse et gestion des risques

Cette première démarche consiste à évaluer le potentiel des menaces présentes ou non dans l'environnement et de déterminer le degré de vulnérabilité auquel le système fait face (pour plus de détails, voir les ouvrages de Broder 2000 et Roper 1999). Le terme menace peut parfois prendre une dimension extensive, puisqu'en réalité il s'agit de n'importe quelle circonstance ou événement pouvant causer des pertes ou des dommages considérables qui affecteraient le fonctionnement des institutions et de la société. Notons que pour les fins de ce chapitre, la menace fera référence aux différentes catégories de catastrophes citées précédemment. L'évaluation de la menace cherche à comprendre et à identifier les spécificités d'une situation potentiellement dangereuse. Il s'agit d'émettre des hypothèses sur l'occurrence de désastres et d'analyser de manière rétrospective les événements perturbateurs qui se sont produits dans le passé. Pour identifier de manière rigoureuse des éléments tels que la fréquence et le contexte d'occurrence, la durée et l'intensité de l'impact, les secteurs affectés (géographique, institutionnel), la prévisibilité (caractère soudain) et le caractère évolutif de la menace, les gestionnaires peuvent prendre appui sur une collecte rigoureuse d'informations provenant de sources diversifiées (gouvernementales, privées, universitaires et médiatiques). Ce travail permettra la mise en forme d'une liste d'incidents qui pourront être classés en catégories de menaces dont le niveau de dangerosité s'échelonnera de « faible » à « élevé ».

D'autre part, les vulnérabilités passées et actuelles du système sont prises en compte. Pour ce faire, les secteurs à risques sont examinés : la population, les infrastructures essentielles, le fonctionnement de l'État. Ce type d'examen permet d'identifier les vulnérabilités relatives à un événement indésirable ou à un secteur particulier, d'identifier les contre-mesures déjà existantes et leur degré d'efficacité dans la réduction de la vulnérabilité, d'identifier les pertes subies lors d'un impact passé et les défaillances[1] qui ont permis la matérialisation de l'événement indésirable, d'estimer le degré de vulnérabilité relative à chacune des menaces ou des secteurs à protéger. Ces éléments permettent de déterminer le niveau de vulnérabilité (« faible » à

---

1. La défaillance des contre-mesures peut être de nature humaine, opérationnelle, physique et technique.

« élevé ») en estimant le nombre de vulnérabilités selon les secteurs, le degré d'efficacité des contre-mesures et le nombre de contre-mesures mises en place pour chaque secteur à risque. L'interaction entre les pertes attendues et la probabilité qu'un désastre survienne (menace x vulnérabilité) nous informe sur le niveau de risque auquel un système est exposé. La priorité accordée aux désastres sera déterminée en fonction de la tolérance aux risques qui elle-même dépend des valeurs, des croyances et des normes qui sont en vigueur dans la société et ses institutions.

L'analyse de risque ne peut s'opérer en vase clos, elle doit être intégrée à la stratégie de gestion des gouvernements et de leurs institutions. Actuellement, le gouvernement canadien tente d'implanter la gestion intégrée du risque qui préconise une évaluation continue des risques auxquels les institutions peuvent faire face afin de faciliter la détermination des priorités et d'améliorer la prise de décisions. La gestion intégrée du risque fait partie intégrante de la stratégie globale du gouvernement et tente de soutenir le développement d'une culture de gestion du risque. L'identification, l'évaluation et la gestion du risque à l'échelle des institutions permettent de saisir l'importance d'une vision élargie à l'ensemble des risques et des interdépendances qui existent au sein des institutions et entre elles. Bien que l'intégration de la prévention par la gestion des risques soit susceptible d'amoindrir la probabilité d'occurrence d'un désastre et de réduire son impact, il n'en demeure pas moins que le risque zéro n'existe pas et que la préparation ne doit pas être négligée.

La planification de la réponse : un outil de gestion de l'urgence

En situation d'urgence, les décisions doivent être prises sur-le-champ et appliquées immédiatement, alors que les responsables sont souvent privés des ressources nécessaires et des moyens de communication habituels. Dans l'agitation du moment, ceux-ci peuvent commettre des erreurs de jugement dont les conséquences sont susceptibles d'entraîner des pertes considérables. À cet égard, les travaux de Fischer (1996) montrent qu'en règle générale, et contrairement à la croyance populaire, la réponse des pouvoirs publics est chaotique et inefficace. Ceux sur qui la population compte sont souvent dépassés par les événements et prennent du temps à réagir. On constate que l'efficacité des autorités découle principalement de leur degré de préparation et de l'expérience qu'elles ont acquise dans la gestion de situations catastrophiques antérieures. Néanmoins, en établissant un plan d'urgence qui servira de guide d'intervention, les gestionnaires seront à même de découvrir et d'éliminer des situations susceptibles d'aggraver l'état d'urgence. Par exemple, le processus de planification peut attirer leur attention sur une pénurie potentielle de ressources (équipement, personnel qualifié, fournitures) à laquelle il sera possible de remédier avant qu'un désastre ne se produise. L'adoption d'un plan d'urgence fait ainsi ressortir l'importance d'une réponse réfléchie prenant en compte un ensemble de contingences qui peuvent retarder le retour à la normale.

Lorsque survient une perturbation majeure des activités quotidiennes découlant d'un désastre, les organisations doivent faire preuve d'une flexibilité et d'une capacité de coordination inter-organisationnelle sans précédent (Fischer, Schaefer et Trowbridge 1992). Une planification d'urgence appropriée peut s'inspirer du Système Intégré de Gestion de l'Urgence (SIGU). Pour développer ce système, il est impératif d'obtenir la collaboration de tous les acteurs concernés par l'occurrence d'une catastrophe. En effet, la gestion intégrée de l'urgence peut comporter l'implication de plusieurs agences partenaires. La première chose dont il faut s'assurer avant de développer une telle gestion, c'est le degré d'engagement des partenaires. Plus précisément, il faut s'interroger sur le fait suivant : est-ce que les protagonistes comprennent bien les enjeux d'un partenariat (avantages et désavantages) ? Si les partenaires ne réalisent pas l'importance et la portée de leur implication, ils risquent de participer de manière inconstante à la planification et à la réponse. À cet égard, des travaux dans le domaine de la sociologie des désastres ont montré que les organisations ont tendance à se préoccuper principalement de l'atteinte de leurs propres objectifs sans coordonner leurs efforts avec ceux déployés par les autorités compétentes (Fischer 1996). De plus, en l'absence de mécanismes de coordination préétablis et reconnus, on observe des rivalités entre les organisations prenant part à la gestion de l'urgence (Fischer 1989).

Pour stimuler la participation des partenaires et maintenir leur engagement tout au long du processus de planification, cinq règles devraient être respectées. Dans un premier temps, il faut identifier les mandataires (ceux qui seront chargés du projet) et s'assurer que les partenaires sont représentés au sein du groupe de travail chargé d'élaborer le plan d'urgence. Deuxièmement, un expert sera désigné. Il occupera les fonctions de conseiller. Étant donné que l'expert risque de provenir de l'extérieur du groupe et que sa présence peut influencer la propension des partenaires à participer, il faut que sa crédibilité et sa légitimité soient reconnues de tous. Troisièmement, il faut s'assurer que le processus de planification prévoit un protocole de protection des informations, sans quoi certains partenaires seront tentés de ne pas dévoiler des informations qu'ils détiennent créant ainsi des zones d'incertitude qui laisseront la place à de mauvaises surprises. Quatrièmement, il faut ajuster la terminologie afin d'élaborer un lexique qui a du sens pour l'ensemble des organismes partenaires. Cela n'est pas un simple exercice, le lexique représente parfois une adaptation culturelle considérable. Cinquièmement, le groupe de travail établit des priorités et détermine quels sont les secteurs ou organisations les plus vulnérables, quelles sont les menaces les plus importantes. Il n'est pas évident que les priorités arrêtées pour l'ensemble des partenaires représentent les priorités réelles pour chacune des organisations membres.

La mise en commun des différentes préoccupations des organismes partenaires permettra de dégager plusieurs options dans le développement d'un Système Intégré de Gestion de l'Urgence. Il permettra également d'identifier les ressources disponibles pour répondre à l'occurrence d'un désastre. La prochaine étape consiste à identifier les urgences majeures pour lesquelles les organismes partenaires possèdent de l'information ou une expérience passée significative. Il s'agit de recourir à la mémoire collective pour connaître les spécificités des situations désastreuses connues. La planification de l'urgence doit être simple et flexible afin de garantir un minimum de marge de manœuvre devant la mosaïque d'événements qui surviennent dans les phases d'impact et de post-impact. Ensuite, sont précisés les différents rôles des professionnels et des partenaires impliqués dans le SIGU. Il faut ainsi identifier les champs professionnels nécessaires dans la mise en place du plan (incendie, sécurité des lieux, gestion des ressources humaines, finances, ressources médicales, communication). Certaines organisations plus importantes ou ayant une position de pouvoir privilégiée assurent la stabilité et le leadership du partenariat. Il peut s'agir de la police, par exemple. Il faut également que les membres s'assurent de détenir les autorisations afin de mener à bien l'exécution du plan. À cet égard, rappelons le dilemme légal qui opposait le décret d'évacuation des populations à risques et le droit des personnes à demeurer dans leur domicile lors de la tempête de verglas survenue au Québec en 1998. Ensuite, les individus chargés d'assurer la liaison entre les différents partenaires doivent être clairement identifiés. Ils représentent en quelque sorte la courroie principale de transmission des informations critiques entre les partenaires lors de la réponse à l'impact.

Un avantage indéniable du plan d'urgence est qu'il permet l'élaboration d'un pacte d'aide mutuelle. L'objectif d'une telle entente entre les organismes partenaires réside dans l'allocation des surplus aux endroits susceptibles de connaître une pénurie. Un pacte d'entraide doit prendre en considération les éléments suivants: le type de ressources qui devront être fournies (financier, personnel, matériel); les personnes-ressources et les procédures pour obtenir les moyens demandés; les arrangements financiers concernant le remboursement; les modalités d'utilisation des équipements (livraison, retour, personnel qualifié pour manœuvrer); le remboursement pour les ressources perdues ou endommagées; les considérations légales ou les restrictions (code du travail, convention collective) et, dans une certaine mesure, la confidentialité des ententes. Bien que l'élaboration de pactes d'aide mutuelle semble aller de soi, les chances que ces accords demeurent viables dans le feu de l'action restent tributaires du type de relations qu'entretiennent les organismes partenaires en temps normal (Fischer 1996).

En général, les agences chargées de la gestion de situation d'urgence adoptent une attitude rassurante appelant les gens à garder leur calme en leur indiquant que tout est sous contrôle. Or, la réalité montre plutôt qu'il s'agit d'une désorganisation organisée (Fischer, Schaefer et Trowbridge 1992). Les bonnes informations circulent difficilement, la communication entre les gestionnaires est problématique, l'agence désignée comme coordonnateur durant la phase pré-impact n'est pas celle qui a le leadership dans la phase post-impact. Pour éviter que ces situations se manifestent, plusieurs chercheurs recommandent une gestion décentralisée des urgences majeures (Mileti, Drabek et Haas 1975; Kreps 1978; Drabek 1986; Fischer 1996). Il appert que plus les autorités locales possèdent de l'autonomie dans le déclenchement de l'alerte, sur le plan des secours, de l'estimation des dommages, de la gestion de l'information, de la distribution de l'aide et de la relocalisation des victimes, des activités de reconstruction et de la coordination de la prise de décisions locales (mesures de sécurité), plus la réponse organisationnelle sera efficace et structurée.

Le plan d'urgence définit les lignes directrices de l'organisation de la réponse en spécifiant la structure de commandement à privilégier afin d'organiser la réponse et de coordonner les ressources. La coordination s'effectue à deux niveaux distincts: les équipes de gestion et le commandement unifié (ou centre de commandement). La première structure est principalement composée des premiers répondants appartenant à chacun des partenaires et elle coordonne les activités d'intervention sur un site spécifique dont les ressources qu'elle utilise. Dans la mesure où un incident demande l'implication de plusieurs partenaires, l'équipe de gestion est intégrée à l'intérieur d'une structure unificatrice (commandement unifié) qui se situe dans un Centre d'Opération d'Urgence. Ce mode de fonctionnement permet aux divers spécialistes de mettre en commun leur expertise et de réduire les délais dans la prise de décisions. Toutefois, la mise en place d'une telle structure exige une longue préparation logistique et un accès à un imposant système de communication afin d'assurer la coordination stratégique des ressources entre les équipes de gestion à l'œuvre sur le terrain.

Une fois la planification achevée, il reste à mettre à l'épreuve le plan d'urgence dans le cadre d'exercices. Le but étant d'acquérir des habiletés, de mettre au jour des faiblesses insoupçonnées, d'identifier de nouveaux problèmes de ressource et d'éprouver la coordination et la confiance des intervenants. De plus, les exercices permettent d'éviter les erreurs pouvant être fatales au processus de gestion. Ainsi, les gestionnaires sont en mesure de mieux identifier les risques d'une mauvaise détection: une communication défaillante, un personnel en congé, l'absence de veille tactique. C'est également le moment de prendre conscience du degré de réalisme du plan d'urgence, des informations erronées qu'il contient; de découvrir que les personnes désignées ont été affectées à d'autres tâches, que les coordonnées des partenaires ne sont pas à jour.

L'inexpérience dans l'application d'un plan d'urgence amène les intervenants à sous-estimer certains éléments conceptuels qui devraient entrer en ligne de compte au moment de l'application dans une situation réelle. Ces éléments montrent l'importance de ne pas miser sur un seul plan d'urgence, puisque les événements se passent rarement comme on le prévoit. Avec les années et le cumul d'expériences, on constate que les organisations chargées de la gestion des urgences envisagent des scénarios alternatifs d'impact leur permettant ainsi de produire des plans selon le degré de sévérité de l'impact. Les scénarios alternatifs rationalisent la réponse à l'urgence en évitant de mobiliser des secteurs ou des partenaires inutilement et pour ne pas risquer de les surcharger avant même qu'ils entrent en action. Les constatations effectuées lors des exercices et la planification par niveau de gravité améliorent la gestion de l'urgence en réduisant les coûts et en accélérant le retour à la normale.

PHASE 2 : L'IMPACT

La période d'impact est celle où les risques et le danger sont à leur point le plus élevé. C'est pendant cet intervalle temporel que les dommages majeurs se produisent. Cette période représente en quelque sorte le point de rupture entre la marche normale et le dérèglement des activités sociales. Les caractéristiques de cette phase dépendent de la nature du désastre. Lors de certains désastres, naturels, technologiques ou conflictuels (guerre, accident nucléaire, famine ou épidémie), la phase d'impact de la perturbation peut être beaucoup plus longue. La mission des agences chargées de la gestion de l'urgence durant cette phase consiste à identifier les besoins les plus urgents et à déterminer les priorités d'action. D'une part, il s'agit d'évaluer les effets immédiats de la catastrophe sur la population et les infrastructures. D'autre part, les autorités compétentes doivent procéder le plus rapidement possible à une collecte systématique d'informations valides afin d'orienter la prise de décisions devant la mosaïque de situations critiques qui s'impose. La phase d'impact est dominée par une culture de l'urgence qui repose essentiellement sur une réponse mécanique, pouvant paraître parfois chaotique, dans laquelle des acteurs tels que la police, les pompiers et les ambulanciers jouent un rôle de premier plan. Une des caractéristiques les plus marquantes de cette culture est l'instauration d'un processus décisionnel de type *Command & Control*. Mais avant même de répondre à l'impact, encore faut-il donner l'alerte au moment opportun.

L'alerte

La période d'alerte permet aux pouvoirs publics et à la population de déployer les ressources disponibles pour minimiser les dégâts éventuels et limiter le nombre de victimes. L'élément clé dans cette étape tient à la rapidité et à la clarté du traitement de l'information et de sa diffusion. De cette rapidité dépend la capacité des personnes exposées de placarder les points vulnérables de leurs résidences ou d'évacuer en bon ordre les lieux du secteur. Les désastres ne sont pas tous prévisibles et la période d'alerte constitue souvent un «luxe» auquel les populations éprouvées n'ont pas toujours accès. Cette première période est bien plus que le simple fait d'actionner le signal d'alarme. Selon plusieurs recherches dans le champ de la sociologie des désastres, l'alerte doit être comprise et conceptualisée comme un processus social qui est soumis à une règle élémentaire : la sédentarité des populations (Quarantelli 1980; Perry 1985; Drabek 1986; Perry, Lindell et Greene 1986). Les êtres humains tendent à maintenir le rythme des activités dans lesquelles ils se sont engagés et ils sont peu enclins à changer leurs habitudes. Ainsi, il est fréquent que les signaux d'alarme soient volontairement ignorés ou encore discrédités par les membres de la population. C'est particulièrement vrai lorsque l'occurrence d'un désastre est totalement inattendue, lorsque ce sont les pouvoirs publics qui alertent la population ou encore lorsque les messages d'alerte sont diffusés de manière inconstante ou non systématique. Pour que l'alarme soit prise au sérieux et pour qu'elle engendre des comportements souhaités, plusieurs conditions doivent être respectées : 1) la clarté des messages, c'est-à-dire spécifier la nature de la menace et ce qui est attendu des citoyens; 2) la cohérence entre les messages diffusés par différents intervenants (police, médias, autorités locales); 3) la fréquence des messages; 4) la source qui diffuse les messages et qui influence le degré de réceptivité des citoyens (les médias ont plus de crédibilité que la police ou les pompiers); 5) la précision des messages quant à la nature de la menace, à son imminence et à sa dangerosité; 6) la fréquence du désastre pour lequel un message d'alerte est diffusé (plus son occurrence est rare, moins la population lui accorde du crédit).

L'occurrence du désastre

Selon Lagadec (1991), les collectivités touchées par le sinistre font face à un triple défi. En premier lieu, le sinistre dépasse, par définition, les capacités de réponse ou de réaction de la collectivité. Celle-ci est submergée par la complexité et la variété des problèmes et l'inefficacité des moyens pour les circonscrire. Les activités humaines cessent d'être prévisibles. Un second effet est le dérèglement du système social. Les infrastructures de base des collectivités cessent d'être fonctionnelles, «les capacités d'autocorrections se perdent et l'écart avec la marche normale se creuse» (Lagadec : 57). Finalement, le désastre menace de désintégrer l'univers de référence et de faire plonger le système dans ce que nous avons identifié comme une crise. Le sinistre provoque ainsi une rupture du système. En effet, les problèmes deviennent insurmontables, la contradiction et l'ambiguïté marquent profondément les stratégies et les tactiques des décideurs, la situation tourne en rond : l'état de crise s'installe. Le désastre peut également remettre en cause la validité implicite des présupposés de base qui articulent la vie quotidienne des individus (Hodgkinson et Stewart 1991 : 2).

Le rôle des acteurs

Bien entendu, l'impact d'un désastre modifie et altère temporairement le fonctionnement du système ou de la société qui est affectée. Il en va de même pour les agences chargées de gérer cette perturbation. Lors de catastrophes, on observe que les organisations connaissent parfois des changements majeurs dans leur mode de fonctionnement et on remarque également l'émergence de nouveaux acteurs qui viennent combler un vide ou une demande dans le processus de réponse à l'impact. Ainsi on retrouve une première catégorie d'acteurs dont le rôle et les fonctions sont d'entrée de jeu établis. Il s'agit d'organisations qui interviennent régulièrement dans les situations d'urgence telles que les services de police, les services d'incendie et les services ambulanciers. Sont ensuite impliquées, les agences dont les fonctions se trouvent momentanément en extension : les missions humanitaires et d'assistance aux pouvoirs publics des forces armées sont de bons exemples. Troisièmement, figurent les organismes dont le rôle prend de l'expansion lors de catastrophes, d'une part des agences telles que la Croix rouge ou la protection civile et, d'autre part, certaines organisations qui prennent une place importante dans la gestion de la réponse sans toutefois avoir été désignées comme telles avant l'occurrence d'un désastre (par exemple, Hydro-Québec lors du verglas en 1998). Finalement, on observe l'émergence d'acteurs dont la longévité fonctionnelle se limite à la période d'impact jusqu'au retour à la normale. Citons en exemple les regroupements de citoyens qui assurent la sécurité des zones résidentielles affectées par un désastre, ou les groupes d'entraide qui se forment spontanément pour soutenir les victimes plus lourdement touchées. De plus, le rôle et le degré d'implication des acteurs sont également fonction de leur degré de responsabilité et de leur légitimité (autorité légale) à intervenir dans la gestion d'un désastre. La question de la responsabilité légale, notamment dans les cas d'accidents industriels de grande ampleur, génère parfois des tensions palpables qui introduisent du bruit dans la gestion des ressources et dans le partage des coûts associés aux opérations de nettoyage (déversements de matières dangereuses).

PHASE 3 : POST-IMPACT

Durant cette phase, la population éprouvée est soumise à une nouvelle réalité. Les sinistrés constatent l'ampleur des pertes qu'ils ont subies. Les premières mesures pour secourir et héberger les sinistrées s'organisent. Cette phase, qualifiée de transitionnelle, est celle où peut se produire un état de désorganisation sociale, où les réseaux de communication, d'influence ou de pouvoir sont temporairement suspendus, où la population touchée est laissée à elle-même. Dans un ouvrage collectif intitulé *Community Response to Disaster : Functional and Structural Alterations* publié en 1978, Dennis E. Wenger définit les collectivités humaines comme des entités caractérisées par leur capacité à résoudre les problèmes (*problem-solving*) et qui se dotent de structures destinées à répondre à cette fonction. C'est pendant la phase de post-impact qu'on observe l'émergence d'une culture de type « protection civile » faisant en sorte que les citoyens sont en mesure de s'organiser et de recourir à des moyens pratiques pour assurer leur protection et leur survie, indépendamment des interventions de l'État.

La réaction des populations : panique, hystérie collective et criminalité

Malgré les recherches sur l'émergence d'une communauté altruiste dans la période suivant l'impact d'un sinistre, le sens commun ne cesse de nous rappeler les facteurs criminogènes liés à ces événements. Hystérie collective, panique, pillage et criminalité organisée sont autant de comportements associés à l'impact d'un désastre. Ces comportements égoïstes orientés vers la survie individuelle et l'appât du gain émergent-ils invariablement lors de désastres ? Le stress induit par l'impact d'un désastre peut prédisposer l'individu à la paranoïa, la suspicion, l'agressivité et l'hostilité (Lagadec 1991). Ces attitudes psychologiques négatives se traduisent parfois dans le *acting out* de comportements antisociaux. Si ces comportements individuels s'agrègent, la communauté sinistrée doit faire face à un mouvement de panique et d'hystérie collective. Cette réaction de la population est régulièrement associée, tant par les spectateurs que par les autorités, au contexte cataclysmique et catastrophique. Elle est caractérisée par une conduite irrationnelle contagieuse reliée à des décisions illogiques des acteurs (Johnson, Freinberg et Johnston 1994). Elle est souvent illustrée par l'image d'une foule apeurée qui fuit un danger sans se soucier de l'endroit où elle se dirige et sans se préoccuper des dégâts qu'elle produit sur son passage (individus piétinés dans la fuite). Cette image est surtout associée à l'imminence de l'impact et à l'urgence de fuir son caractère douloureux ou mortel. L'adoption de ces comportements par les sinistrés suppose l'abandon de certaines normes sociales. Sous cette emprise, chacun tente par tous les moyens de sauver sa vie.

Les travaux de Quarantelli (1960, 2001) sur la question des comportements de panique et d'hystérie collective remettent en cause cette opinion largement répandue. Ses études montrent au contraire que, de manière générale, les populations éprouvées par un désastre refusent de quitter leur domicile ou leur zone de résidence même si le désastre annoncé est particulièrement sévère (l'impact d'un puissant ouragan). En fait, « les gens démontrent une forte tendance à vouloir continuer ce qu'ils font plutôt que d'amorcer une autre séquence d'activités » (Quarantelli 1960 : 69). Quarantelli souligne également que les médias ont tendance à qualifier d'hystérie collective un état d'effervescence chaotique où une proportion importante de la foule essaie tant bien que mal de prodiguer les premiers soins aux blessés (convergence désorganisée des secours). Plusieurs travaux de recherche effectués par le Disaster Research Centre montrent, sauf exceptions, que les désastres destructeurs qui affectent l'intégrité physique et matérielle des populations génèrent un resserrement des liens parmi les membres des communautés sinistrées et un contrôle accru des comportements antisociaux. En revanche, les désastres dont la nature de la menace est invisible et silencieuse (émanations toxiques, accident nucléaire) génèrent un sentiment d'angoisse qui attise parfois la méfiance envers le discours des autorités chargées de la gestion, provoquant ainsi des comportements de défiance ou de non-conformité aux directives de sécurité.

Par ailleurs, plusieurs études suggèrent qu'une perturbation majeure, survenant brusquement et se prolongeant dans le temps, n'a pas en soi d'effets criminogènes. Néanmoins, la nature de cette perturbation, l'ampleur de son intensité, les difficultés de la gestion de crise, la capacité de mobilisation prosociale des communautés locales, les tensions sociales antérieures, sont autant d'éléments qui peuvent influencer le volume de criminalité et ses fluctuations quotidiennes. À cet égard, les travaux de Lemieux (2004) ont montré que la frustration des victimes quant aux stratégies de gestion des pouvoirs publics peut engendrer des comportements déviants, voire de la violence dans les zones sinistrées. De plus, notons que dans plusieurs études, il a été démontré que de nombreuses fraudes sont perpétrées par des individus provenant des régions non sinistrées qui veulent profiter de la rareté des ressources pour tirer un profit en pratiquant des prix inflationnistes (matériel de construction, denrées alimentaires).

Adaptation structurelle

La phase de post-impact est associée au développement des liens sociaux et des structures organisationnelles. Les activités entre les organisations locales s'intensifient en augmentant la cohésion de la communauté et son autonomie par rapport à l'extérieur. La communauté se tourne vers elle-même en mettant l'accent sur la protection de ses membres. Cependant, les liens avec l'extérieur se rétabliront au moment où la communauté atteindra les limites de ses ressources (matérielles et humaines). Dès lors, des groupes et des organisations extérieurs apporteront une aide qui viendra compléter ou suppléer les mesures initialement déployées par la communauté. Finalement, le pouvoir se concentre entre les mains d'un groupe cohésif d'individus afin de court-circuiter les bureaucraties. En somme, la réponse de la communauté à une catastrophe sera d'abord facilitée par la suspension des activités habituelles qui libérera des ressources matérielles et humaines considérables susceptibles d'être réaffectées. Ensuite, cela affectera la disponibilité d'un large segment de la communauté disposé à répondre aux demandes liées à la catastrophe. Enfin, à la suite de l'émergence d'éléments normatifs et d'un consensus autour de valeurs prosociales, un segment significatif de la communauté s'engagera et assumera les tâches collectives qui permettront le retour à la normale (Wenger 1978 : 43-44).

Les ajustements interorganisationnels

La phase post-impact représente un défi considérable au chapitre de la coordination entre les acteurs impliqués dans la réponse à l'urgence. L'articulation de la méga-organisation de l'urgence (voir Denis 2002) met en évidence un ensemble d'interdépendances organisationnelles qui affectent directement l'ordonnancement des actions posées par les organisations privées et publiques ainsi que la gestion des ressources. Selon Denis (2002 : 113), il existe trois types d'interdépendances : 1) interdépendances séquentielles, exigeant des acteurs qu'ils interviennent dans un ordre prédéfini afin d'assurer la bonne marche des opérations liées au rétablissement des infrastructures essentielles ; 2) interdépendances simultanées, exigeant des organisations des interventions parfois massives sans ordre établi, mais nécessaires à la sécurité de tous. Citons en exemple les situations où les services d'incendie, de police et les ambulanciers sont appelés à collaborer dans une même zone sinistrée afin de neutraliser une menace, de sécuriser les lieux et d'évacuer les victimes. 3) Les interdépendances partagées surviennent lorsque des acteurs différents doivent partager les mêmes ressources qui sont à la fois rares et vitales (source d'énergie, équipements). La coopération interorganisationnelle devient dès lors un concept aux dimensions pragmatiques et qui peut être mis en œuvre avec une certaine efficacité si, par exemple, un pacte d'aide mutuelle a été préalablement élaboré.

Le potentiel de crise

Il se dégage des communautés sinistrées un fort altruisme, au niveau tant individuel qu'organisationnel. Ce constat doit être intégré dans la dynamique de gestion de l'urgence et les pouvoirs publics chargés de la gestion de la catastrophe doivent capitaliser sur ces éléments, afin de coordonner avec efficacité l'allocation des ressources et déterminer les priorités d'intervention. Dans le cas contraire, des décisions inappropriées ou une mauvaise gestion des ressources risquent d'entraîner les pouvoirs publics dans une impasse, dans un état de crise. Le potentiel de crise peut s'activer lorsqu'il y a plusieurs zones d'incertitude, lorsque les dommages collatéraux se multiplient. Une crise peut également s'instaurer si les circonstances de l'occurrence d'un désastre possèdent des composantes « mythiques » découlant de la nature même de l'événement et qui échappent à la compréhension des gestionnaires (effets nocifs de produits chimiques, présence de radiations nucléaires — pour les aspects mythiques, voir Denis 2002).

Le retour à la normale

C'est la dernière étape qui survient dans le cycle d'un désastre et elle combine les périodes de recouvrement (retour à la normale) et de reconstruction. La première coïncide avec la fin du nettoyage des débris et la reprise des services essentiels et commerciaux. C'est également durant cette période que les autorités planifient la reconstruction des infrastructures. La seconde période dépend de la gravité et de la nature du désastre. Dans certains cas, la reconstruction est incontournable, dans d'autres, elle n'est pas requise. Certains désastres toucheront de façon très limitée les infrastructures. Pensons notamment aux sécheresses, aux famines et aux radiations qui n'attaquent pas le domaine du bâti. D'autres, par contre, auront un impact dévastateur sur les infrastructures (secousses sismiques, ouragans, guerres). La phase de reconstruction, dans ces derniers cas, s'étendra sur plusieurs mois, voire plusieurs années. C'est également durant cette étape que les acteurs ayant participé à la gestion ou ayant subi les conséquences d'un désastre peuvent effectuer un retour d'expérience afin d'apprendre et de tirer des leçons quant au processus de gestion, aux éléments juridiques, humains, scientifiques et techniques (Lagadec 1991 ; Denis 2002).

Le retour d'expérience offre la possibilité de dégager des recommandations destinées à faciliter la coordination des interventions publiques et privées, ainsi qu'à prévenir certaines erreurs de parcours. Malheureusement, le retour d'expérience demeure un exercice trop souvent négligé ou incomplet. Les organisations ayant participé de près ou de loin à la gestion d'une catastrophe sont tentées de ne faire valoir que le côté positif de leurs actions. Par exemple, lors des travaux de la Commission Nicolet, une commission d'enquête publique chargée de faire la lumière sur la gestion de la tempête de verglas survenue au Québec au mois de janvier 1998, des services de police avaient présenté des mémoires dans lesquels ils n'indiquaient que les catégories d'infractions ayant subi de fortes baisses. Or, des travaux de recherche réalisés plus tard ont montré que les fluctuations de la criminalité étaient inégales d'une catégorie à l'autre (Lemieux 2002). Plusieurs raisons peuvent expliquer cette réticence à participer ouvertement et objectivement à un retour d'expérience. Parmi celles-ci, soulignons le fait que la plupart des organisations ayant été impliquées dans la gestion d'un désastre, souhaitent éviter de prendre publiquement la responsabilité de situations malencontreuses pour lesquelles elles pourraient faire l'objet de poursuites judiciaires ou voir leur réputation entachée. Pour éviter ce type de réactions, on retrouve dans certains pays une règle de droit administratif garantissant une protection contre les recours légaux (*no fault rule*).

CHAPITRE 42

Organiser la sécurité des rassemblements festifs

▶ FRÉDÉRIC DIAZ

Comment réussir l'organisation de la sécurité d'événements festifs, comme un festival de musique ou de cinéma, une rencontre sportive, un grand spectacle, un défilé, un feu d'artifice ? Comment prévenir et gérer des problèmes aussi différents qu'une simple insolation, des voies de fait, des bagarres, des dégradations, des problèmes de pollution, des vols, des menaces terroristes ? Quelles sont les étapes à retenir et à suivre pour construire ce type d'organisation ? Comment assumer ses obligations et ses responsabilités ? Comment divers acteurs (sécurité/secours ; pouvoirs publics/sociétés privées) parviennent-ils à travailler en partenariat et à négocier les questions que pose l'organisation de la sécurité de ces grands rassemblements ? Il est notoire que les grands événements réunissant des foules posent des problèmes de prévention, de maintien de l'ordre, de mesures d'urgence, de gestion de crise. Il s'agira ici de décrire les principaux problèmes qui se posent lors de tels événements. Ce chapitre établit les principes généraux de la prévention et de la gestion des crises lors des rassemblements festifs. Il dresse les étapes devant être suivies pour évaluer, planifier, organiser, coordonner et gérer la sécurité de tels événements. Il y sera question de l'évaluation des risques (selon le type de manifestations, l'espace, le type de public et les enjeux), de la détermination des besoins techniques et humains, du recrutement et de la formation du personnel, des procédures de gestion des risques et des crises, de la coordination des acteurs publics et privés. Les mesures de prévention seront examinées : la surveillance par les gardes, les patrouilleurs, les *stewards* (ou «stadiers»), les caméras ; les contrôles d'accès et les fouilles (dans les espaces fermés) ; la séparation des spectateurs ; le contrôle des boissons alcoolisées ; la gestion de l'espace et les couloirs de sécurité ; la gestion des communications ; les règles et procédures de sécurité.

Le développement d'événements festifs dans le monde est allé de pair avec une réflexion des acteurs de la sécurité (police et agences privées) et des secours (services d'incendie, services d'urgence) pour développer une connaissance pragmatique des risques et des modes de gestion opérationnels. Or, paradoxalement, lorsqu'on tente de faire le point sur les expériences tirées, on s'aperçoit qu'un événement fait oublier l'autre et que les actions, les bonnes pratiques s'accumulent le plus souvent sans mémoire (Crozier 1991). Lors d'un processus d'organisation de la sécurité d'un grand événement sportif ou culturel, force est de constater qu'il y a le plus souvent une amnésie collective. Les organisateurs oublient le passé et ne réfléchissent presque jamais au futur. Nous sommes sur le registre d'un présent qui s'organise à chaque fois. C'est de cette mémoire perdue qu'il est question dans ce chapitre.

Dans le même ordre d'idées, si des expériences paraissent satisfaisantes aux yeux des décideurs et des acteurs de la sécurité, il est rare de les voir réutilisées dans le cadre d'autres événements, pour d'autres moments ou pour d'autres espaces (par exemple, espaces privés réunissant des foules : université, centres commerciaux, habitats sociaux, aéroports, métros). Il s'agit ainsi ici d'ouvrir une réflexion plus générale sur les choix de modes de gestion de la sécurité dans toutes formes de grand rassemblement.

L'approche retenue s'appuie sur une méthodologie qui présente l'intérêt de partir de l'action[1] pour aller vers la réflexion. Nous cherchons, de manière inductive, à observer de plus près diverses situations sur le terrain et à extraire une analyse empirique et comparative.

L'organisation de la sécurité des rassemblements festifs, comme dans bien d'autres contextes, gagne à adopter une démarche en quatre étapes (Broder 2006 ; Clark et Eck 2003) : 1) Rassembler les éléments pertinents pour penser, comprendre et planifier à partir du contexte de l'événement et des enjeux politiques, économiques, etc., qui y sont rattachés (évaluation des risques, des besoins et des capacités) ; 2) Déterminer les possibilités disponibles pour répartir, coordonner et négocier (négociation des responsabilités et des modes de partenariat, et coordination des procédures d'urgence) ; 3) Mettre en œuvre, agir et réagir suivant les problématiques soulevées (gestion des actions en interne et en externe ; gestion courante

---

1. Ces expériences effectuées sur le mode de l'observation participante depuis huit ans, reposent sur une démarche comparative entre ce qui peut se faire en France (Coupe du monde de soccer 1998, Championnat du monde de cyclisme 2000, de handball 2001, tournoi de tennis de Rolland Garros, festival de Cannes, festival international de théâtre de rue d'Aurillac, festivals de musique rock en plein air — Carhaix, Bourges, Belfort, La Rochelle —, concerts en salle — Paris), et quelques cas en Angleterre (Coupe du monde de rugby 1999), en Belgique et aux Pays-Bas (Championnat d'Europe de soccer 2000) et au Québec (Festival International de Jazz de Montréal, Francofolies de Montréal, 2004 à 2006, Championnat du monde de natation 2005, Flora Montréal 2006 et Grand prix de Formule 1, 2007). Pour un développement des avantages et des limites de cette posture méthodologique, on lira Diaz (2005a).

et exceptionnelle) ; 4) Évaluer, assurer le suivi des actions et repenser les diverses procédures (bilan, développement d'événements tests, transmission des savoirs).

PENSER, COMPRENDRE, PLANIFIER

Les principes de prévention et de gestion des rassemblements festifs sont examinés dans la chronologie qui est suivie par tout organisateur, qu'il appartienne aux institutions publiques ou privées. Le plan proposé est le fruit d'expériences de terrain réalisées depuis neuf années, et correspond à ce que pourrait être un échéancier pour tout responsable de la sécurité ou des secours.

Prenons une image plus familière : organiser un événement festif revient, à une plus petite échelle, à organiser un mariage. Les décideurs doivent penser à un lieu, à inviter les personnes, louer les hébergements et choisir la nourriture, créer des animations et les organiser, le tout avec un budget déterminé. Pour l'événement festif, ces actions sont quelque peu plus compliquées et s'apparentent davantage au mariage de Céline Dion. Le rassemblement va réunir un grand nombre de personnes, occasionner la présence d'invités de marque et de la presse, et nécessitera donc un encadrement encore plus rigoureux, et notamment des flux (des personnes et des véhicules), et donnera un poids plus important à la sécurité et à l'évaluation des risques que l'événement va entraîner. En parallèle, tout organisateur doit prendre conscience de ses besoins, en fonction de ses forces et de ses faiblesses.

Analyser de manière tridimensionnelle les risques (espace, temps et acteurs)

L'ensemble des actions se développent et s'imaginent dans une double logique d'espace et de temps (Diaz 2005b). Cette logique apparaît dès les années 1970, période où commencent à se multiplier ce type d'événements. Les professionnels s'attachaient alors uniquement à améliorer la qualité artistique des programmations, occultant toutes les questions liées à la sécurité. Puis, à partir du milieu des années 1980, à la suite des problèmes de sécurité de divers ordres (violence entre supporters, incendie, écroulement d'estrades, mouvements de foule, envahissement de terrain, assassinat d'artistes, menace terroriste), les pouvoirs publics et les sociétés privées se sont penchés sur les modes de gestion de la sécurité les mieux adaptés pour répondre aux exigences de toutes les personnes participant au spectacle (artistes, techniciens, médias, commerciaux, personnalités, spectateurs). Ces gestionnaires et décideurs ont alors adopté un mode ferme de résolution des problèmes, ce qui s'est traduit par une démarche complexe, structurée et systématique. Il s'agissait d'abandonner une prise de décision fondée uniquement sur l'intuition ou sur des éléments issus d'expériences passées ayant plus ou moins fonctionné, pour laisser place, de plus en plus, à une structuration ordonnée et raisonnée de la pensée et de l'action.

Le premier travail est de délimiter les risques. En presque quatre décennies, nous avons assisté à un perfectionnement des outils utilisés. Que le problème soit alors très large (organiser et assurer la sécurité d'un événement festif) ou plus restrictif (faire entrer en une heure 12 000 personnes dans un espace privé; limiter l'intrusion dans certains espaces; diminuer la menace terroriste; assurer une fluidité dans les déplacements des personnes ou des véhicules; contrôler l'entrée de matériaux non souhaités; augmenter la capacité de réaction face à un problème), il s'agit pour ces professionnels de déterminer des niveaux de risque suivant les expériences passées, d'évaluer les vulnérabilités et, dans le même temps, de trouver les manières pour arriver à mieux les contrôler et donc à mieux les accepter.

Le professionnel se demande en premier lieu quels sont les facteurs qui rendent un événement risqué et sont plus ou moins favorables à l'émergence des risques. Cinq facteurs émergent de recherches précédentes (De Vreese 1996; Le Noé 1998; Diaz 2001). Ces variables se conjuguent dans une double approche: spatiale (avec une distinction intérieur/extérieur de l'espace de la manifestation — privé/public dans le cadre d'une salle de spectacle); et temporelle (avec une distinction avant, pendant et après la manifestation). Ces facteurs conditionnent la mise en sécurité des personnes, des espaces et des biens. Nous y retrouvons:

1. Les aspects juridiques;
2. La technologie de la prévention (par exemple, la vidéosurveillance) et les structures (architecture de l'espace d'accueil);
3. Les dispositifs humains;
4. La qualité des spectateurs (âge, profession, origine géographique, degré de «passion»);
5. La qualité du spectacle et les enjeux qui y sont rattachés (économiques, médiatiques, politiques, sociaux, culturels, et ce, au niveau local, national et international).

Généralement, cet exercice est réalisé pour des risques généraux par les pouvoirs publics (incendie, criminalité, terrorisme, mouvements sociaux, flux de circulation, accidents de la circulation, intempéries, accident nucléaire, pandémie, catastrophe aérienne, accident à victimes multiples, empoisonnement alimentaire). Pour des grands événements internationaux (Jeux olympiques, Coupe du monde de soccer), l'organisateur privé procède de la même manière pour d'autres types de risque: technique (électricité, informatique), tentative d'intrusion, violence interpersonnelle, dégradation contre l'espace, vols de biens, protection des personnes (disparition, blessure, décès).

L'objectif est alors autant d'évaluer la menace que de se donner des outils pour chercher à réfléchir sur les moyens de répondre à telle ou telle problématique à partir de l'évaluation de ses besoins et de ses capacités.

Évaluer la capacité d'une organisation et le contexte légal en présence (responsabilités, budgets, échéanciers)

Lorsque les acteurs de la sécurité ont conscience de leurs vulnérabilités, mais aussi de leurs forces et faiblesses, il s'agit pour eux de délimiter leurs responsabilités respectives et donc de répartir, notamment entre les organisateurs privés et les institutions publiques, les risques d'organiser l'événement et les procédures pour y faire face. Mais avant de rentrer dans la négociation, il s'agit de bien connaître la législation et les réglementations. Ensuite, c'est une affaire de discussion entre les acteurs afin de se partager les missions et les coûts s'y rattachant.

La mise en œuvre des éléments de planification de la sécurité s'inscrit à l'intérieur d'un processus plus complexe et plus important. En amont sont décidés les éléments qui compteront pour la sécurité, mais qui ne pourront plus être discutés une fois la « machine » lancée. Nous pensons ainsi au choix du lieu, à l'obtention des autorisations administratives, aux prévisions des aménagements nécessaires, aux garanties et assurances, au choix du type de spectacle et à l'identification des publics potentiels, au budget prévisionnel des opérations (dont la sécurité fera partie) avec l'évaluation des dépenses et des recettes, ainsi qu'à la mobilisation de financements publics et privés (Bayle et Humeau 1997). Dès lors, les responsables de la sécurité tant privés que publics ont la charge d'assumer la coordination des opérations concernant la sécurité et les secours, articulée autour de deux dimensions : premièrement, l'appréciation des diverses responsabilités, la répartition des missions et la coordination des activités des différentes institutions engagées dans l'événement, et deuxièmement, les mesures et procédures d'urgence et de gestion des incidents.

RÉPARTIR, COORDONNER, NÉGOCIER

Tous les éléments discutés en amont font l'objet d'une négociation particulière entre les pouvoirs publics et les organisateurs de l'événement en question. Ces éléments répondent à une logique d'action définie par François Ewald (1997 : 99-126), reprise et commentée par Patrick Lagadec (2002 : 31-36). Trois principes dans trois périodes différentes sont évoqués. Le premier principe serait celui de prévoyance dans une logique de responsabilité ; le deuxième principe de prévention dans une logique de solidarité ; et enfin, de nos jours, le principe de précaution dans un équilibre entre la responsabilité et la solidarité. Cependant, à ce stade, force est de constater que le dernier principe, celui de précaution, si cher à nos décideurs actuels, empêche le changement.

Il existe pour le moment un flou quant à la délimitation de ce que doivent produire les acteurs en matière de sécurité (au regard des responsabilités). Ces divers acteurs ne savent pas jusqu'où ils doivent aller pour assurer la sécurité, notamment des personnes ; alors qu'ils savent, dans le même temps, que le risque nul n'existe pas et que donc, quoi qu'ils fassent, il sera toujours possible que leur responsabilité soit engagée. En définissant ainsi plus clairement ce qu'attendent les pouvoirs publics des acteurs privés (et inversement), il serait envisageable de créer une dynamique de réflexion avec les acteurs les plus concernés par la problématique et ainsi faire profiter les organisations les moins outillées des connaissances des organisations les plus avancées sans faire peser tout le poids des responsabilités sur ceux qui investissent (en temps et en argent).

Négocier les responsabilités et les obligations imposées par les assurances et l'État

Le cadre juridique tout comme les obligations imposées par les assurances sont des variables fondamentales. Celles-ci fluctuent, cependant, suivant la période considérée et varient selon l'espace utilisé.

Les responsabilités sont définies par le droit pénal, le droit civil, le droit des assurances, le droit administratif et bien d'autres. Mais il n'est pas simplement question de loi. Le cadre juridique peut être national ou international, et surtout plus ou moins formel. Il comprend aussi la petite réglementation (décrets, règlements, contrats, voire, pourquoi pas, règles de coutume, savoir-faire, contrats verbaux ou autres particulièrement informels). Et si des textes législatifs ont vu le jour en France pour encadrer les organisateurs de spectacles sportifs et culturels avec une harmonisation au niveau national, la législation québécoise, par exemple, est plus délicate à envisager du fait des principes de *Common Law*, de l'existence simultanée de textes de loi codifiés, et de la nécessité de différencier les normes fédérales des lois provinciales. Consacrer un simple paragraphe à un domaine aussi complexe n'aurait pas plus de sens que d'intérêt. Néanmoins, les différents pays d'Europe et d'Amérique du Nord restent comparables sur divers points :

1. La nécessaire contribution de la municipalité d'accueil de l'événement et notamment l'obligation d'un dépôt par l'organisateur d'un dossier de sécurité pour la France, par exemple, ou d'un protocole d'entente pour le Québec, présentant la manifestation et les éléments permettant d'assurer la sécurité des personnes ;
2. La participation et la contribution de la police ;
3. La mise en place de services privés de sécurité ;
4. La souscription d'un contrat d'assurance ;
5. La responsabilisation civile et pénale des personnes (depuis peu, en France, des personnes morales également) et la recherche de la faute en cas d'incident.

La réglementation s'est construite au fil des incidents à partir du milieu des années 1980. Pour la France, la législation s'est ensuite étendue à l'ensemble du pays, quel que soit le spectacle (sportif ou culturel) qui accueille au moins 1500 personnes (plus récemment 250 personnes dans le cadre des manifestations de musique électronique). Elle repose sur plusieurs textes dont le premier n'apparaît qu'en 1988 et concerne l'organisation des moyens de secours pour des grands rassemblements. Il faut attendre le milieu des années 1990 pour voir d'autres textes qui organisent les moyens de sécurité et notamment la répartition des responsabilités et des dispositifs entre acteurs privés et publics. Divers textes plus anciens, relatifs aux règlements de sécurité contre les risques d'incendie et de panique (notamment pour les établissements recevant du public) viennent compléter l'appareil législatif. Au Canada, il n'existe pas de cadre légal qui définisse de manière systématique les responsabilités des organisateurs de manifestations culturelles. L'organisateur doit répondre aux demandes du propriétaire des lieux, et c'est la ville qui donne ses prérogatives. On déterminera les responsabilités suivant le cas en recherchant si une faute a été commise et par qui. C'est davantage l'assurance qui fixe ce qu'elle attend de l'organisateur afin d'évaluer les risques et de faire peser sur lui les coûts d'une éventuelle mise en responsabilité.

Créer des procédures de gestion des incidents et des mesures de crise en partenariat

Une fois les responsabilités délimitées, il s'agit pour chacun de définir les modes de gestion qui seront organisés pendant l'événement, notamment les procédures qui seront mises en œuvre, les modes de gestion des opérations, les modes de communication et de leadership.

Les opérations de gestion d'un incident suivent une logique en trois temps : vérification, évaluation et réaction. Ensuite, trois niveaux sont le plus souvent adoptés : une gestion courante, une gestion des incidents mineurs, une gestion des incidents majeurs. À chacun de ces modes correspondent des opérations particulières et des modes de communication avec une répartition des actions suivant les cas de figure. On voit apparaître des modes de partenariat entre cinq acteurs principaux (ville, police, pompiers, urgence médicale, privé) suivant la problématique considérée. Plusieurs principes sont généralement identifiés. Ils consistent à établir la préparation, en amont, des réponses à apporter afin d'éviter au maximum qu'un risque se réalise, mais aussi à mieux préparer les réponses s'il advenait que la probabilité que le risque se réalise soit très forte.

Deux temps sont ainsi observés dans ces principes de gestion des incidents :

1. Le travail en amont avec, notamment, l'identification, la hiérarchisation et l'analyse de la menace ; la prise en compte des expériences d'autres manifestations de même type ; la mise en place de scénarios de réponses ou l'approche anglaise dite *and if?* («et si» tel incident arrivait, qui le géreait et comment serait-il géré ?) ; la formation des acteurs de la sécurité rattachés à la manifestation et la délimitation

des missions de chacun et de leur responsabilité. Notons qu'il n'existe aucune évaluation précise et scientifique de la probabilité d'occurrence d'un risque, d'un danger ou d'une menace. La même chose est vraie concernant son impact si le risque se réalisait. Nous sommes encore, le plus souvent, davantage dans une évaluation que nous pourrions juger quelque peu « pifométrique ».

2. La gestion opérationnelle, avec un commandement unique qui doit prévoir, s'adapter et intervenir vite. La prévention situationnelle est ici omniprésente. Le commandant doit aussi tenir compte des obligations juridiques et des consignes liées au règlement intérieur ainsi que du cadre partenarial et du partage des responsabilités entre les acteurs privés et publics.

AGIR, RÉAGIR, METTRE EN ŒUVRE

À côté de la mise en exergue des responsabilités et de la planification de procédures de gestion de l'urgence, s'organisent pendant les événements des actions selon une double logique. D'une part, une logique d'action pour des opérations courantes, le plus souvent exercées uniquement en interne par chacun des acteurs ; puis, des actions plus ou moins exceptionnelles, développées en partenariat entre deux ou plusieurs acteurs.

Gérer des actions en interne : la gestion courante

Le premier principe de la gestion interne est celui de la centralisation de l'information avec un centre de communication. Ce lieu est le centre nerveux de l'information et des opérations pendant l'événement. Il sert de support pour les principaux départements (sécurité, transport, secours, placiers ou *stewards*, logistique, aménagement). Il a pour mission principale de concentrer l'information pour la redonner, et de servir de lien de coordination entre les différents départements. C'est également à travers lui que sont indiquées les procédures et les marches à suivre pour toutes interventions d'urgence et de sécurité.

Le deuxième principe est celui d'une répartition de missions de gestion suivant quatre perspectives : 1) Une gestion des espaces (aéroport, gare, métro, bus, hôtels, sites d'entraînement, espace propre à la festivité, loges des artistes) ; 2) Une gestion du temps (en amont : montage ; pendant l'événement : compétition et hors compétition — répétition et concert ; en aval : démontage) ; 3) Une gestion des acteurs (dans une relation entre acteurs privés et publics ; et dans deux dimensions sécurité — police/privé — et secours — incendie/urgence médicale) ; 4) Une gestion des activités (transport et circulation des spectateurs, gestion des entrées des sites, plan de secours et d'évacuation, gestion de l'hébergement, gestion des parkings, gestion des communications).

Parallèlement à cette gestion en interne, les divers partenaires privés et publics échafaudent des modes d'intervention pour des incidents plus ou moins graves ou fréquents.

Gérer des actions face aux incidents avec les autres partenaires

Face aux incidents d'une certaine importance, le partenariat s'impose. Celui-ci met en rapport soit deux partenaires, soit l'ensemble des partenaires. Des exemples d'interventions à deux mettraient ensemble l'organisateur privé et la police, à l'occasion d'une interpellation d'un revendeur de stupéfiants; l'organisateur et les opérateurs d'urgence médicale pour un malaise nécessitant des soins hospitaliers; l'organisateur et les services d'incendie pour une fuite de gaz; et pour une gestion à plusieurs, une évacuation à la suite d'un incendie ou d'un attentat.

Par ailleurs, deux logiques de gestion coexistent: la première, courante par sa fréquence, comme le fait d'accueillir des spectateurs et d'assurer la gestion des flux; la deuxième, hypothétique, comme la menace d'un attentat. Suivant ces logiques, un certain nombre de réponses sont pensées et mises en place. D'un côté, des protocoles d'entente avec la ville, la police, les services de secours (plan d'accès, plan de secours, plan d'évacuation, plan de gestion de crise) pour organiser les modes de gestion humaine et, ce qui est de plus en plus discuté, une répartition des coûts. De l'autre, une gestion selon un mode exclusif de prévention situationnelle, avec ce que nous pourrions appeler une «sécurité passive» et l'aménagement de tout ce qui touche aux aspects architecturaux (contrôle des entrées et contrôle des couloirs de sécurité), matériels et technologiques, comme la structure, les équipements (présence de plus en plus fréquente de vidéosurveillance), les installations, les tribunes, les accréditations, les moyens de communication; et une «sécurité active», par exemple le choix de la société de sécurité privée, la répartition des postes et des missions, les dispositifs stratégiques d'intervention aux entrées pour les palpations de sécurité, etc.

Dernier principe, les organisations tant privées que publiques adoptent une politique de responsabilisation de chaque département et de chaque agent travaillant dans ces départements. Les structures pyramidales s'étendent des présidents aux chefs d'équipe pour le privé, des commandants aux patrouilleurs pour le public. À chaque niveau, il est demandé aux personnes de réagir au problème si elles s'en estiment capables. À défaut de compétence appropriée, on passe au niveau supérieur. L'ensemble de ces événements doit répondre de manière générale aux mêmes exigences de sécurité quel que soit le lieu. Il semble dès lors naturel que des organisateurs de spectacles, tant en Europe qu'en Amérique du Nord, fassent appel aux mêmes types de logiques organisationnelles. Parmi ces points communs, on peut noter:

1. Un principe de découpage du site par zones. Les différentes zones ainsi créées sont autant de périmètres distincts différenciés permettant une certaine décentralisation de la gestion de la sécurité (ce qui prend tout son sens dès qu'il s'agit de traiter avec des espaces clés, notamment les entrées pour le public, les tribunes, le devant de scène, le *backstage* (arrière de scène, où circulent les artistes, les techniciens et autres invités), les loges des artistes, les espaces médias);
2. Des méthodes particulières de gestion des flux de personnes et de véhicules avec l'utilisation, entre autres, de la signalétique, du «barriérage» et des voies de secours réservées aux véhicules d'urgence et d'incendie;
3. Un système d'accréditation comparable;
4. Un système de communication classique : talkies-walkies et cellulaires.

ÉVALUER, ASSURER LE SUIVI, REPENSER

Finalement, force est de constater que paradoxalement, on ne jauge que trop rarement les effets des mesures que l'on applique sur le terrain. C'est très certainement sur ce dernier point que les acteurs ont le plus de travail à faire, où l'écart avec ce qui devrait être fait est le plus important. D'une manière générale, on n'évalue pas, ou plutôt on ne parvient pas à évaluer l'activité de la sécurité sur les déviances. Les trois conditions (critère mesurable de succès ou d'échec, audit et comparaisons avant/après et entre groupe expérimental et groupe contrôle) ne sont presque jamais réunies, ne permettant pas de savoir si les divers risques envisagés ont diminué ou non. Et paradoxalement, on ne sait donc pas si ces formes de contrôle assurent plus de sécurité pour la population. Enfin, on ne cherche que très rarement à envisager une formation adéquate et une transmission des savoirs.

Établir des bilans et développer des tests grandeur nature

Pendant des années, les diverses institutions ne tiraient aucun enseignement de l'expérience de l'organisation de l'événement. Ce n'est que depuis peu que certaines institutions tant privées que publiques essayent d'extraire du dernier événement un retour d'expériences. Avant cela, une fois l'événement terminé, c'était un peu la course pour fermer les dossiers et repartir sur une autre activité. Chacun gardait ses divers documents issus de l'expérience du moment, mais peu s'appliquaient à en tirer les leçons autrement que de manière personnelle.

On constate aujourd'hui le remarquable effort de certaines organisations qui cherchent à développer la transmission de connaissances sur les modes d'organisation à tenir face à telle ou telle situation. Ces retours d'expériences sont d'autant plus utiles qu'ils peuvent profiter autant à d'autres événements de même type que pour une gestion plus quotidienne.

Ce qui est valable pour un événement peut l'être tout autant au quotidien (gestion du renseignement, lutte contre le terrorisme, planification du personnel, mesures d'urgence). Il est également intéressant de remarquer le développement de groupes de travail réfléchissant à la manière de gérer des situations de crise criminelles ou non criminelles. C'est par exemple le cas à Montréal où le service de police de la ville développe au sein de la direction stratégique une réflexion sur les situations de crise dans trois dimensions : terrorisme, changement climatique, gestion de foule. Nous pouvons constater le même phénomène en ce qui concerne les institutions privées qui font dorénavant appel à des expertises pour réfléchir à des modes de gestion de crise, notamment à partir de tests grandeur nature pour évaluer les modes de réaction des divers acteurs et en tirer des leçons.

Transmettre des savoirs et former les personnes

Des enseignements ont été tirés d'événements dramatiques survenus lors de spectacles sportifs ou culturels. Mais cette capitalisation de connaissances ne se fait pas toujours automatiquement. Par exemple, lorsque les choses se déroulent globalement bien, on ne sait pas toujours en tirer les leçons. Plus inquiétant, quand un événement qui aurait pu être dramatique mais très peu médiatisé survient, on ne s'accorde pas toujours le temps et les moyens de le généraliser, de reprendre le travail effectué et de l'utiliser pour d'autres contextes. Nous faisons ici allusion, notamment, à l'évacuation de 20 000 spectateurs, en juillet 2001, sur le site des Eurockéennes de Belfort, à la suite de fortes intempéries. L'année suivante, en partenariat avec la préfecture, l'organisation privée proposait la mise en œuvre d'un plan d'évacuation du site en cas d'intempéries nécessitant à nouveau l'évacuation complète du site. Ce plan est cependant resté confiné à cette manifestation. Il n'y a pas toujours un souci d'harmonisation des expériences positives ou négatives. Les motifs invoqués peuvent être autant le manque de temps que les dépenses engagées par les organisations concernées qui ne veulent pas, pour des raisons économiques, en faire profiter les autres. La connaissance en matière de sécurité a un coût que les acteurs veulent faire peser sur les autres, qu'importe si c'est la vie des personnes qui peut être en cause. Ainsi, d'une structure à une autre, on garde certes des dispositifs identiques concernant, par exemple, l'accueil du public, la billetterie, les systèmes d'accréditation, de moyens de communication, etc., mais on ne retrouve pas certaines spécificités d'action, concernant par exemple la prévention des toxicomanies, la gestion des dealers sur les sites, les moyens d'évacuation en cas d'intempéries. Autant de bonnes pratiques qui ne sont pas toujours harmonisées sur le plan national et encore moins sur la scène internationale. Cela s'explique tout simplement parce que l'on n'a pas été exposé au problème, que l'on n'a pas envisagé d'y consacrer du temps et donc de l'argent, ou encore que l'on ne sait pas forcément ce qui se fait ailleurs.

Il reste cependant, individuellement, des structures qui font un réel effort pour développer, année après année, des procédures d'urgence et de sécurité. En parallèle, une formation à divers paliers de l'organisation est offerte à différents individus ayant besoin de ce type de connaissance. Mais ce genre d'action est propre aux initiatives personnelles et ne fait en aucun cas l'objet d'une harmonisation et d'une capitalisation des savoirs à un niveau collectif.

* * *

Si nous n'avions à garder qu'une seule intention à ce chapitre, ce serait celle de poursuivre une transmission d'un savoir et d'un savoir-faire pour des applications pratiques opérationnelles, et d'ainsi commencer à cumuler une certaine forme de connaissance sur ces modes de gestion, pas seulement pour gagner du temps ou de l'argent, mais surtout pour aller, une prochaine fois, un peu plus loin dans la capitalisation d'un savoir qui ne devrait avoir qu'une seule orientation, celle d'assurer, autant que faire se peut, la sécurité de spectateurs venus tout simplement prendre du plaisir pendant un spectacle.

CHAPITRE 43

Manifestation et maintien de l'ordre

▶ FRANÇOIS DIEU

Miroir de nos sociétés, la rue est un des espaces privilégiés où, dans un État démocratique, s'affrontent l'ordre et le désordre dans un mouvement dialectique au terme duquel l'ordre se définit, empiriquement, comme une forme de désordre acceptable. Depuis la fin du XIXe siècle, la manifestation est devenue, en France, une pratique politique et culturelle dépassant l'ensemble des clivages (gauche/droite, jeunes/vieux, rural/urbain, Paris/ province), de sorte qu'il n'existe pas de groupes sociaux (même les chômeurs et les retraités) qui n'aient utilisé ou n'utilisent, sous des formes les plus diverses, le procédé manifestant. Il s'agit aujourd'hui d'une donnée importante de la vie politique et sociale, ne serait-ce que parce que la manifestation s'inscrit en bonne place dans une histoire dans laquelle la rue a joué, à de nombreuses reprises, un rôle majeur. Forme de participation politique reconnue (1), la manifestation constitue, par ailleurs, un facteur prépondérant d'adaptation de l'appareil policier (2).

LA MANIFESTATION : UNE FORME DE PARTICIPATION POLITIQUE

Le phénomène manifestant se distingue des insurrections et émeutes émaillant l'histoire de France et provoquant sur la voie publique la confrontation de deux formes de violence politique, celle des contestataires et celle des forces de répression. Son origine peut se situer sous la Restauration et la Monarchie de Juillet, avec diverses formes de mobilisation pacifique à caractère politique, comme le charivari, la promenade sur l'âne et l'enterrement des opposants (Robert in Favre 1989 : 69-89). À la même période, des rassemblements tumultueux ont également lieu le plus fréquemment pour demander aux autorités « du travail et du pain », à grand renfort de drapeaux et de tambours. Les grèves ouvrières sont aussi le théâtre de défilés souvent accompagnés de violences. Ce n'est qu'avec la révolution du printemps 1848 qu'il est possible d'observer la naissance effective de la manifestation de rue (avec les rassemblements des 16-17 mars, 16 avril et 15 mai 1848), ce phénomène étant jusque-là plutôt le signe d'une situation pré- ou post-révolutionnaire. L'essor du phénomène manifestant peut être identifié dans les années 1880, même si le procédé peut s'avérer en contradiction avec les évolutions politiques. Le suffrage universel (masculin), combiné aux conquêtes démocratiques (telle la reconnaissance du droit de grève), semble permettre, en effet, l'expression du citoyen par la voie parlementaire (et syndicale) et rendre inopportun, si ce n'est illégitime, le recours à des formes d'expression concurrentes comme la manifestation de rue. Aussi, malgré les nombreuses demandes de la gauche républicaine, les gouvernements successifs de la Troisième République se refusèrent à toute intégration du droit de manifester dans le catalogue des libertés publiques. Interpellé le 21 janvier 1907 par le député Édouard Vaillant, Clemenceau, alors ministre de l'Intérieur, exprima sans ambages combien la rue devait demeurer un espace d'ordre, à l'abri des émeutes et troubles : « il y a une grande différence entre le droit de manifestation et les autres libertés publiques parce qu'il s'exerce dans la rue et que la rue appartient à tout le monde ». Avec les crises politiques et sociales des années 1930, la manifestation allait acquérir progressivement une dimension nationale et une fonction politique majeure, qui culminent avec les événements du 6 février 1934 et de mai 1968 (Tartakowsky 1998).

Démocratie manifestante et pouvoir d'influence

La participation à une manifestation est une affirmation publique d'un engagement politique, ne serait-ce que parce que les manifestants se donnent à voir (notamment lorsqu'il s'agit d'une micro-mobilisation), c'est-à-dire qu'ils utilisent le fait de descendre dans la rue comme un moyen de s'exprimer et de témoigner, tout en étant plus ou moins conscients de s'exposer alors aux risques inhérents à toute manifestation (Favre et Fillieule 1994 : 115-139). Lorsqu'elles se déroulent de manière pacifique, les manifestations s'apparentent à une composante de la culture politique participative généralement acceptée par la collectivité, de sorte qu'il existe une sorte d'antinomie entre le pluralisme politique et l'usage de la violence d'État contre les citoyens contestataires. Dans cette logique, la charge des forces de l'ordre et les coups de matraque deviennent le moyen ultime de rétablir l'ordre dans la rue, le respect de l'intégrité physique du manifestant devant primer sur une application littérale de la loi.

Cette approche, qui appréhende la manifestation comme une forme légitime de participation politique, a été développée par Amitaï Etzioni avec le paradigme de la « démocratie manifestante » (Etzioni 1970). Il existerait, selon lui, dans toute démocratie pluraliste, une complémentarité entre l'expression des opinions par la manifestation (démocratie manifestante) et celle empruntant la voie des élections au suffrage universel (démocratie représentative). La manifestation serait alors, de manière conjoncturelle, un équivalent fonctionnel, voire un correctif légitime de l'expression électorale. En se fondant sur l'émergence dans cinq pays développés (Pays-Bas, Grande-Bretagne, États-Unis, ex-RFA et Autriche) de nouvelles pratiques politiques d'action directe (manifestation pacifique, pétition, boycottage, grève sauvage, occupation de locaux), Samuel Barnes et Max Kaase ont souligné la continuité entre la participation politique conventionnelle orientée vers le vote (lecture de journaux, discussions politiques, assistance à des meetings) et ces formes de participation politique non conventionnelle (Barnes et Kaase 1979). Ainsi, avant de devenir ce mode d'expression des opinions et des revendications à caractère catégoriel couramment employé de nos jours par les groupes sociaux les plus divers (des infirmières aux agriculteurs, en passant par les surveillants de prisons et les défenseurs de l'environnement), la manifestation a représenté l'un des modes d'action politique privilégiés des dominés et de leurs organisations représentatives (syndicats ouvriers et partis de gauche). Tous les groupes sociaux manifestent, même les policiers — comme ce fut le cas, début juin 1983, avec la manifestation d'environ un millier de policiers place Vendôme aux cris de «Badinter assassins» (Mann 1998 : 114-119) — et les gendarmes — afin d'exprimer leurs revendications, le 7 décembre 2001, un demi-millier de gendarmes rassemblés porte Maillot pour une manifestation improvisée avaient été bloqués avenue de la Grande Armée par un cordon de CRS les empêchant de descendre les Champs-Élysées (Dieu 2002 : 83-86).

Diverses objections existent cependant quant à cette reconnaissance d'une fonction démocratique exercée par la manifestation, au rang desquelles figurent l'efficacité douteuse du procédé souvent trop banalisé, ainsi que l'absence de maîtrise véritable, si ce n'est sur le déroulement et les conséquences, au moins sur le sens et l'interprétation donnés à la démonstration de rue. Par ailleurs, la manifestation ne peut valablement concurrencer l'élection comme mode principal d'expression démocratique, tant sur le plan du principe même de la démocratie (loi de majorité) que sur celui de la représentativité de l'expression manifestante. Empruntant la rue comme caisse de résonance, la manifestation a tendance à amplifier la représentativité des revendications et des individus ou groupes qui les mettent en avant, tout en pouvant laisser penser que l'usage même résiduel de la violence est un moyen d'expression légitime. En effet, indépendamment de sa nature et de son objet, le déroulement de toute «manif», parce que cette dernière conduit à mettre dans la rue un ensemble indéfini et hétéroclite d'individus aux motivations différentes (manifestants, service d'ordre, police, casseurs, provocateurs, presse, passants), est par nature imprévisible. À ce titre, elle est potentiellement source de troubles, que ces derniers soient accidentels ou consécutifs à des actes de vandalisme ou de violence, qu'une partie plus ou moins importante de la foule manifestante en soit à l'origine ou la victime, qu'ils surviennent ou non dans le cadre d'une confrontation avec les forces de l'ordre ou de heurts avec des contre-manifestants.

La manifestation peut ainsi se définir comme une action collective protestataire qui se traduit par une mobilisation d'individus massés formant ponctuellement un groupe (d'expression) occupant ou défilant momentanément sur la voie publique par l'entremise de revendications partagées. Pour autant, elle s'adresse paradoxalement davantage à ceux qui n'y prennent pas part (les gouvernants, l'opinion publique, les personnalités, les forces politiques), qu'il s'agisse de leur faire parvenir un témoignage de soutien, une marque de défiance, un appel de détresse, une provocation ou une menace. La manifestation apparaît alors comme un instrument populaire de communication politique, dont le caractère démocratique dépend largement de l'absence de violence au cours de son déroulement. D'un point de vue ethnologique, la manifestation constitue ainsi une production culturelle d'un genre singulier, en ce sens qu'elle est une « mise en scène individuelle et collective », une « accumulation et concentration de signes », utilisant, dans un dessein militant, slogans, banderoles, panneaux, cris et gestes (Collet 1982 : 167-176). Dès lors, et parce que le phénomène manifestant est à la fois attitude et langage naturels de la démocratie, l'accroissement et la diversification des manifestations pacifiques peuvent être considérés comme un paramètre significatif du caractère démocratique du régime, auquel les gouvernants doivent alors s'interdire de porter atteinte par des restrictions excessives de la liberté de manifester. De même, toute erreur ou bavure commise dans le domaine du maintien de l'ordre peut avoir des conséquences importantes sur l'issue du mouvement de revendication, quand ce n'est pas sur le gouvernement et le régime politique.

Aussi, l'une des caractéristiques du statut de la manifestation dans un régime démocratique se situe dans l'acceptation globale de cette forme de participation politique, dont la régulation s'effectue principalement, sur le plan de la relation entre forces de l'ordre et manifestants, par le recours au pouvoir d'influence (négociation avec les organisateurs de la manifestation, mise en place d'un service d'ordre interne, déploiement préventif de forces policières) plutôt que sur celui d'injonction et de coercition (Fillieule 1997 : 101-125).

Usage politique de la rue, les manifestations apparaissent également comme un élément de régulation du système politique. Elles tendent à interpeller, à exercer une pression sur les gouvernants. Pierre Favre en distingue ainsi trois types :

1. Les manifestations « initiatrices », qui sont destinées à imposer sur la scène politique un problème délaissé par le jeu institutionnel ; ce fut le cas des manifestations féministes du début des années 1970 ;
2. Les manifestations « routinières », qui permettent à des organisations de rappeler périodiquement leur capacité mobilisatrice et leur représentativité, tels les manifestations syndicales classiques et les défilés du 1er mai ;
3. Les manifestations « de crise », qui sont associées à des affrontements politiques tendant à renverser ou à sauvegarder le pouvoir en place, comme la manifestation du 6 février 1934 ou celle du 30 mai 1968 (Favre 1990 : 11-65).

À l'instar du sondage d'opinion (Champagne 1989), la manifestation constitue donc un moyen direct d'information et d'interpellation du pouvoir politique, en rapport avec la crise de la représentation (même si l'élection demeure le mode privilégié de participation politique, la remise en cause de l'efficacité, voire de la compétence et de l'honnêteté des représentants conduit le citoyen à vouloir se faire entendre directement), ce qu'illustre, en particulier, la fréquence des manifestations « dépendantes » (Favre et Fillieule 1994 : 126), c'est-à-dire dont l'existence est en rapport immédiat et causal avec la survenance d'un événement extérieur (comme un déplacement présidentiel ou ministériel en province).

Une pratique tolérée et (car) pacifique

Moyen privilégié d'expression démocratique, prolongement dans la rue des libertés de réunion et d'expression, la manifestation n'en représente pas moins un usage anormal de la voie publique, parce que de nature à provoquer des troubles, à constituer une menace pour la sécurité des riverains et à restreindre la liberté fondamentale d'aller et de venir par les problèmes de circulation qu'elle engendre. S'agissant du droit de manifester, c'est-à-dire d'exprimer collectivement une opinion ou une revendication par une action mobilisatrice prenant la forme d'un déplacement de personnes sur la voie publique, la législation française a opéré une dichotomie entre la manifestation (pratique tolérée soumise, depuis le décret-loi du 23 octobre 1935, à une obligation de déclaration préalable auprès de l'autorité préfectorale ou municipale) et l'attroupement (rassemblement de personnes sur la voie publique susceptible de troubler l'ordre public et de faire l'objet, à ce titre, d'une dispersion par les forces de l'ordre, par le recours si nécessaire à la force).

La légalité ou l'illégalité de l'action collective dépend donc, dans un premier temps, moins du comportement des manifestants que de la réponse du pouvoir à cette action, voire à son projet. La qualification juridique d'une manifestation peut également varier selon son fonctionnement. En effet, l'action est légale tant que l'itinéraire est respecté et que les manifestants ne se livrent pas à des actes contraires à la loi. La manifestation devient illégale, c'est-à-dire assimilable à un attroupement, lorsque l'itinéraire n'est plus respecté ou que l'ordre de dispersion n'est pas suivi d'effets. L'une des caractéristiques de la manifestation en tant que forme de participation politique se situe justement dans le caractère précaire et relatif de la frontière entre l'action légale et l'action illégale. Ainsi est-il possible d'observer la survenance de nombreuses manifestations non déclarées, qui ne donnent pas lieu pour autant à une intervention policière, au regard de leur caractère pacifique ou bien par pragmatisme. Aussi, paraît-il exister empiriquement une liberté de se rassembler spontanément sur la voie publique admise, en l'absence d'observation du décret-loi de 1935, tant que l'ordre public n'est pas menacé, l'ordre de dispersion constituant alors, pour les forces de l'ordre et les manifestants, la frontière entre la tolérance et l'illégalité.

La liberté de manifester est une « liberté précaire dans son principe et fortement encadrée quant à sa pratique » (Hubrecht 1989 : 185) — avec la procédure de déclaration préalable, le développement d'une pratique administrative où se conjuguent concertation et encadrement et l'existence d'un régime de sanctions et de responsabilités spécifiques. « Liberté innomée » (Tercinet 1979 : 1012) aucunement consacrée par le pouvoir constitutionnel et législatif, manifester ne constitue donc pas une liberté fondamentale, mais relève plutôt, plus prosaïquement, du domaine de la tolérance administrative.

Cette pratique tolérée par le droit est tendanciellement pacifique. Le recul de la violence au cours de manifestations, qu'elle soit le fait des manifestants ou des forces de l'ordre se révèle par le nombre de personnes tuées. Entre 1919 et 1989, en laissant de côté la tragique manifestation du 17 octobre 1961, on recense ainsi 118 morts au cours de manifestations de rue (Fillieule 1997 : 105). Avec l'émergence du régime républicain devait progressivement s'imposer, du côté des forces préposées au maintien et au rétablissement de l'ordre, le principe du nécessaire respect de l'intégrité physique des manifestants, y compris dans les situations de tensions et de confrontations collectives. Cette pacification du maintien de l'ordre se traduit, fonctionnellement, par l'émergence d'une police des foules et, organiquement, par la constitution d'une force spécialisée. En d'autres termes, l'acceptation par la puissance publique des expressions de mécontentement sur la voie publique a permis d'opérer une gestion conciliante des antagonismes sociaux, à l'intérieur d'un cadre physique et normatif dans lequel ces expressions pourraient être canalisées, régulées et pacifiées. Ainsi, au cours des manifestations organisées à Paris et dans les grandes villes pour le 1er mai 2002 (contre la présence de Jean-Marie Le Pen au second tour de l'élection présidentielle), près d'un million et demi de personnes ont défilé, sans que ces mobilisations donnent lieu à des incidents notables. Cette réduction très significative de l'usage de la violence s'effectue conjointement à une formidable explosion quantitative de ce phénomène (à l'heure actuelle, une trentaine par jour en moyenne). Seulement 5 % des manifestations donnent lieu aujourd'hui à des incidents — dégâts matériels et blessures corporelles (Favre 1990 : 153) — qui n'aboutissent que de manière exceptionnelle à mort d'homme, comme celle de Malik Oussekine, dans la nuit du 5 au 6 décembre 1986, sous les coups de matraques du peloton de voltigeurs motocyclistes de la préfecture de police, à l'occasion des manifestations étudiantes contre le projet de loi Devaquet.

À partir de l'étude des 187 manifestations et rassemblements enregistrés à Paris au premier semestre 1989, Pierre Favre a dégagé, tout en insistant sur l'imprévisibilité par nature du déroulement de tout phénomène collectif, un certain nombre de régularités quant à la survenance de violences au cours des manifestations (Favre 1990 : 149-169) :

1. Toute manifestation qui rassemble un nombre élevé de participants n'est plus entièrement contrôlable (pour la police comme pour les

organisateurs), le déséquilibre numérique par rapport aux forces de l'ordre pouvant rendre la manifestation difficilement maîtrisable et permettre à des activistes de prendre part au cortège pour casser et en découdre avec la police ;

2. Toute manifestation de groupuscules extrémistes est potentiellement violente ;

3. Les manifestations composées exclusivement ou majoritairement d'étrangers de statut défavorisé comportent fréquemment des violences, en raison de l'absence de «savoir manifestant», du caractère hétérogène des groupes manifestants en présence, des difficultés des relations avec les forces de l'ordre, des hostilités et incompréhensions réciproques ;

4. Moins le groupe manifestant a un recours usuel à la manifestation et plus le risque de violences est important, compte tenu d'une certaine absence de mémoire manifestante ; à l'inverse, plus le groupe manifestant est habitué à manifester pacifiquement, plus il peut être tenté de recourir à la violence pour sortir de la routine manifestante ;

5. Plus le groupe manifestant est amené à renouveler les manifestations sur des bases identiques, plus le risque de survenance de violences augmente ;

6. Les manifestations regroupant sur une journée des personnes ayant fait préalablement un long déplacement sont potentiellement sources de violences ;

7. Il existe des traditions de manifestations violentes chez certains groupes sociaux, par exemple, les agriculteurs.

Du côté des forces de l'ordre, les débordements violents, c'est-à-dire les violences policières autres que celles prévues par les règles de droit et rendues nécessaires par les circonstances, sont généralement à ranger dans le chapitre des «bavures». Ces violences résultent alors, d'une part, des tensions provoquées par l'attente dans des conditions souvent difficiles, face à une foule qui ne ménage pas ses invectives et ses projectiles et, d'autre part, de l'excitation difficilement maîtrisée que peut créer l'affrontement physique. D'où les matraquages sans justification au cours des charges des forces de l'ordre («course à l'échalote») ou les passages à tabac de manifestants interpellés pour, en quelque sorte, se venger des coups reçus et des humiliations subies. Du côté des manifestants, les débordements violents sont dans un certain nombre de cas le fait de casseurs agissant généralement lors de la dislocation des cortèges et donc en marge de la manifestation proprement dite (affrontements avec la police, bris de vitrines et pillages de magasins, incendies de véhicules). D'un côté (celui des manifestants), il y a donc une banalisation de manifestations dans leur grande majorité ordonnées et pacifiques ; de l'autre (celui des forces de l'ordre), une logique de professionnalisation tendant à favoriser un usage minimal de la violence policière lors du rétablissement de l'ordre et à valoriser des règles d'emploi liées à la maîtrise de soi, au légalisme et au respect de la personne.

Cette volonté de maîtriser et de limiter la violence s'est traduite de trois manières : premièrement, par la mise en place de services d'ordre propres aux manifestations (Sommier 1993 : 69-88), deuxièmement, par l'existence d'un dialogue entre les organisateurs de manifestations et les autorités responsables du maintien de l'ordre (négociation pour l'horaire et le choix des itinéraires, instauration d'un contact permanent lors de la manifestation) et, troisièmement, par le souci des pouvoirs publics d'interdire les manifestations uniquement en cas de risques flagrants de troubles violents. La présence de la presse est également un facteur de limitation de la violence, le journaliste jouant le rôle d'observateur, susceptible de rendre compte, dans les colonnes de son journal ou avec l'objectif de sa caméra, des incidents et d'en désigner les responsables. Patrick Champagne a montré l'importance de cette couverture médiatique et a avancé — avec la notion imagée de «manifestations de papier» — l'idée selon laquelle la manifestation n'est pas seulement une démonstration de rue, mais aussi et surtout un événement produit à des fins de propagande, de sorte que «le lieu où se déroulent les manifestations, qu'elles soient violentes et spontanées ou pacifiques et organisées, n'est pas la rue, simple espace apparent, mais la presse au sens large» (Champagne 1984 : 28).

LA MANIFESTATION : UN FACTEUR D'ADAPTATION DE L'APPAREIL POLICIER

Les manifestations ont transformé les organisations policières dans le sens de la spécialisation et de la professionnalisation. Ces mutations se sont traduites par le passage de la notion de répression à celle de maintien de l'ordre et correspondent à l'intervention, depuis le début des années 1920, de forces spécialisées en matière de protestations et d'expressions collectives sur la voie publique. Ces forces se sont constituées à la faveur de l'émergence d'une conception du maintien de l'ordre qui peut se résumer de la manière suivante : mettre en place au sein des structures coercitives de l'État une «troisième force» (entre l'armée et la police) permanente, d'interposition, de temporisation et d'intervention, à même de concilier, par une action prioritairement défensive et dissuasive, le désordre (acceptable) de la manifestation avec l'ordre (nécessaire). Réponse étatique à cette perturbation tolérée qu'est la manifestation, le maintien de l'ordre moderne s'inscrit dans une logique à la fois de démocratisation et de renforcement de l'appareil coercitif d'État.

De la répression au maintien de l'ordre

L'histoire du maintien de l'ordre en France s'est construite à partir d'un double refoulement des tâches de maintien de l'ordre par les troupes de ligne et par les forces policières classiques, dans le prolongement d'ailleurs de la suppression, après les événements de la Commune, de la garde nationale qui, de par son enracinement social (bourgeois) lié à son mode de recrutement, avait joué, depuis sa création en 1789, un rôle ambigu dans les désordres de rue et autres mouvements sociaux (Carrot 2001). À la fin du XIXᵉ siècle, sous la direction du préfet Lépine et de son successeur Hennion, la préfecture de police de Paris avait mis en place des techniques spécifiques pour contenir la foule et disperser les attroupements. Cette police parisienne des foules, coûteuse en hommes, était malgré tout relativement peu efficace, se singularisant surtout par la brutalité de ses interventions, avec des effectifs toujours insuffisants et une absence d'équipements particuliers. En province, les formations de gendarmerie départementale étaient presque systématiquement employées lors des opérations de maintien de l'ordre, par le rassemblement temporaire de plusieurs brigades. Cependant, la constitution de telles formations, qui manquaient le plus souvent de cohésion, de préparation et d'engouement, présentait le risque majeur de désorganiser le service des brigades et de les priver, dans des moments de troubles, d'une partie importante de leurs effectifs. Quant à l'armée de ligne, qui avait pris le relais de la garde nationale à partir de 1872, son emploi s'avérait problématique :

1. L'utilisation fréquente de l'armée pour briser les grèves et ramener l'ordre dans les rues n'était pas sans conséquences néfastes sur le service, notamment au niveau de l'instruction des soldats et de l'organisation des manœuvres ;

2. Les cadres et les hommes du rang manifestaient peu d'enthousiasme pour ce «boulot de cognes» aussi douloureux qu'impopulaire ;

3. L'emploi d'une armée de conscription dans ce type d'opérations présentait deux principaux risques : transformer une manifestation plus ou moins pacifique en drame lorsque les soldats, lourdement armés, inexpérimentés, mal utilisés ou encore paniqués, tirent sur la foule, avec des conséquences tragiques, comme ce fut le cas à Fourmies le 1ᵉʳ mai 1891 ; acculer la troupe à des manifestations d'indiscipline et d'insubordination, voire de fraternisation avec les émeutiers, parmi lesquels, compte tenu du recrutement régional des régiments, peuvent se trouver des proches, des parents, en mettant les «crosses en l'air», ainsi que le firent les soldats du 17ᵉ régiment d'infanterie, ce 21 juin 1907, en se rangeant à Béziers du côté de viticulteurs.

À l'origine de la constitution d'une force chargée des émeutes et manifestations se trouve le postulat selon lequel le maintien de l'ordre requiert l'engagement de forces mobiles et disponibles en permanence, d'une réserve générale mise à la disposition du gouvernement pouvant être en mesure de rétablir efficacement l'ordre sans pour autant transformer les rues en champs de bataille. Après de nombreuses années d'hésitations et d'expériences tragiques, et non sans résistance au regard de la menace que semblait représenter pour certains parlementaires la création de ce qui pouvait apparaître comme un instrument affûté pour les coups d'État, cette idée, assez largement battue en brèche par les auteurs anglo-saxons (*Déviance et Société* 1992 : 375-403), s'est traduite par la mise en place de deux forces spécialisées présentant nombre de points communs malgré leur différence de statut : l'une militaire (gendarmique), la gendarmerie mobile (1921) ; l'autre civile (policière), les compagnies républicaines de sécurité (1944).

Dans cette histoire du maintien de l'ordre depuis l'avènement de la Troisième République, il est possible de distinguer, avec Patrick Bruneteaux, trois grandes périodes, les matériels employés permettant de traduire l'évolution des doctrines d'utilisation de la violence d'État, caractérisée par un mouvement progressif de distanciation destinée à éviter (ou à différer) les contacts directs, les corps à corps (Bruneteaux 1996 : 169-180) :

1. De 1880 à 1921 : la répression modérée, caractérisée par la conservation des moyens traditionnels de répression (fusils), mais avec le souci de les rendre le moins violents possible (pas d'utilisation de la baïonnette, emploi de la crosse, un seul tir de balle autorisé) ;

2. De 1922 à 1944 : la constitution d'une force spécialisée (garde républicaine mobile), même si cette force se trouve dépourvue de moyens spécifiques (mousqueton utilisé comme repoussoir ou comme matraque) pour exécuter sa mission (introduction de la technique du barrage du corps), de sorte que, en cas de situation de crise, le sang-froid et le sens de la manœuvre ne paraissent pas toujours suffisants pour empêcher le recours à l'ouverture du feu sur la foule ;

3. De 1944 à nos jours : l'institutionnalisation progressive des forces de maintien de l'ordre, avec deux étapes. De 1944 à 1968 l'apparition de moyens spécifiques (matraque, grenade offensive, grenade lacrymogène, lance à incendie, fumigènes, bouclier, casque, barrage du corps). Depuis 1968 : la sophistication technologique, avec une recherche de perfectionnement (fourgon-pompe, casque de maintien de l'ordre, tenue de protection, véhicule blindé), destinée à garantir une distanciation physique et temporelle avec les manifestants.

Analysant la technique de maintien de l'ordre et l'idéologie professionnelle des CRS, Dominique Monjardet a montré que l'action de ces forces spécialisées est déterminée par une tentative de gestion de la peur, qui a pour fondement la croyance dans la force du collectif que représente la compagnie et dans le pouvoir dissuasif auprès des manifestants de cette force à la fois ostensiblement montrée et essentiellement contenue (Monjardet 1988 : 101-126). Ainsi, l'allure martiale que donnent l'uniforme, le casque, la matraque et le bouclier, la disposition compacte sur le terrain, la descente ordonnée des véhicules ou l'attente ferme sous une pluie d'invectives et de projectiles sont autant de signes destinés à impressionner les manifestants et à convaincre chaque CRS qu'il appartient à une formation qui, malgré son infériorité numérique fréquente, est de nature à s'imposer par sa discipline, son entraînement et la solidarité de ses membres. L'objectif est d'apparence simple : il s'agit de surmonter sa peur individuelle par l'immersion dans le groupe soudé par son esprit de corps, de montrer sa force pour ne pas avoir à s'en servir, de n'utiliser, le cas échéant, la violence que de manière «instrumentale» (par opposition à un usage «colérique»), c'est-à-dire de recourir à une violence codifiée, graduée et circonscrite.

Le système dualiste de maintien de l'ordre : gendarmerie mobile et CRS

Subdivision de la gendarmerie, la gendarmerie mobile comprend, à l'heure actuelle, environ 17 000 hommes répartis dans 123 escadrons (organisés au niveau régional en groupements). Avec un effectif de 130 militaires, l'escadron comprend un peloton hors rang, destiné à apporter un soutien logistique aux trois autres pelotons chargés des tâches de maintien de l'ordre, dont un peloton d'intervention. Service actif de la police nationale, les CRS sont organisées en directions zonales (zones de défense) et délégations (régions) et en 61 compagnies (soit au total environ 15 000 fonctionnaires). Chaque compagnie est composée de trois sections de service général, d'une section de protection et d'intervention et d'une section de commandement et de soutien, pour un total de 170 fonctionnaires.

En raison de l'appartenance aux forces armées de la gendarmerie mobile, l'intervention de cette dernière se trouve régie par le principe fondamental du partage des responsabilités dans les opérations de maintien de l'ordre, entre l'autorité civile (responsable de la mise en œuvre des forces) et l'autorité militaire (responsable de l'exécution de la mission assignée au moyen d'une réquisition). Acte juridique qui a pour effet de déclencher et de formaliser les opérations de maintien de l'ordre, la réquisition est la conséquence directe de la subordination de la force armée à l'autorité civile, mais aussi du caractère somme toute exceptionnel que peut représenter, dans un État démocratique, l'intervention de militaires en cas de troubles à l'ordre public. Les CRS interviennent, quant à elles, dans le cadre d'une procédure moins formalisée, nécessitant simplement un ordre du ministre de l'Intérieur, le préfet pouvant mettre en action les unités de CRS implantées dans le département placé sous son autorité à condition d'émettre un ordre écrit et d'en rendre compte au ministre de l'Intérieur.

Pour ce qui est de la participation des armées, compte tenu du volume des forces préposées au maintien de l'ordre, de leur niveau de qualification ou encore de leurs équipements, cette intervention revêt, à l'heure actuelle, un caractère pour ainsi dire apocalyptique, puisqu'elle n'est concrètement envisageable qu'en cas de circonstances exceptionnelles (crises graves, guerres, insurrections), sous réserve des actions de contrôle des foules menées dans les opérations internationales de maintien de la paix, comme ce fut le cas au Kosovo (Nogues 2003 : 113-143).

Qu'elle soit menée par la gendarmerie mobile ou les CRS, l'action des forces spécialisées en matière de troubles collectifs à l'ordre public revêt un caractère non pas militaire ou paramilitaire, mais bel et bien militarisé, compte tenu de la nature même des opérations de maintien de l'ordre. Ce type d'opérations nécessite, en effet, le déploiement de forces particulièrement homogènes et disciplinées, préparées à faire face à une foule de manifestants dans ce qui peut osciller entre le combat de rue et le défilé bon enfant. Mission de défense civile placée sous la responsabilité du ministre de l'Intérieur (Dieu 1994: 5-14), le maintien de l'ordre diffère de la conduite des opérations militaires classiques par trois facteurs:

1. Sa finalité: empêcher la survenance de violences et disperser les manifestants agissant en marge de la loi/détruire les éléments ennemis (dans le cas de l'opération militaire);
2. Ses techniques: contenir les manifestants et les obliger à se retirer en leur en laissant la possibilité/affronter et encercler l'ennemi pour lui interdire tout mouvement de repli;
3. Ses règles: exécuter un ordre écrit du ministre de l'Intérieur ou une réquisition de l'autorité civile, tout en n'utilisant la force (notamment les armes) que de manière exceptionnelle/utiliser toute la puissance de feu des armes en dotation en vue d'infliger de lourdes pertes à l'ennemi et de détruire ses matériels et cantonnements.

L'objectif des forces de l'ordre ne peut donc être de combattre le manifestant, de telle sorte que leur principe premier semble être le suivant: le maintien de l'ordre n'est pas la guerre, mais une opération de police dans laquelle l'emploi de la violence (matraques, canons à eau, grenades lacrymogènes) ne peut être que limité au strict nécessaire; le manifestant n'est pas un ennemi, mais un citoyen en situation d'être un adversaire temporaire.

Par-delà le principe réaffirmé par le discours officiel du caractère indifférencié du recours à la gendarmerie mobile et aux CRS, il existe, dans la pratique, un principe de graduation d'emploi. Si dans les situations de troubles ordinaires (manifestation ou attroupement avec un usage limité de la violence), il est possible d'envisager indifféremment l'intervention des CRS et des escadrons de gendarmerie mobile, les situations de troubles extraordinaires (attroupement armé ou avec un usage important de la violence) semblent nécessiter l'intervention plus formalisé (réquisition) et mieux adaptée, de par l'usage de moyens militaires, des unités de gendarmerie mobile dont certains escadrons disposent de véhicules blindés. Quelque peu occulté par la tendance à la pacification des mouvements de contestation sociale, ce principe de graduation d'emploi, observé pourtant ces dernières années lors de certains épisodes de troubles quasi insurrectionnels (événements de Nouvelle-Calédonie en 1988 et de Polynésie en 1995), confère à la gendarmerie le statut privilégié d'ultime rempart de l'État, avant, bien évidemment, l'intervention des armées (Dieu 1993: 17-26).

Forme de participation et de communication politiques banalisées et pacifiées, la manifestation n'en demeure pas moins un usage atypique de la rue, dont l'existence est perpétuellement menacée par son rapport originel et fonctionnel au désordre. Ainsi, si elle apparaît aujourd'hui comme une pratique solidement ancrée dans le « répertoire d'actions collectives des

Français» (Tilly 1986), différents problèmes paraissent de nature à remettre en cause le droit de cité qu'elle est parvenue à acquérir au terme de plusieurs siècles d'incertitude et de méfiance, alimentées, il est vrai, par de nombreux événements dramatiques. Au-delà de l'absence d'une véritable reconnaissance du droit de manifester, qui prive cette liberté d'une proclamation solennelle précisant les droits et les obligations du citoyen manifestant, la principale inquiétude se situe dans la recrudescence des manifestations violentes, qu'il s'agisse de celles organisées par des groupes informels ou peu structurés (comme les coordinations rurales et étudiantes), de celles associées à des épisodes de violences urbaines dans les banlieues des grandes agglomérations, enfin, de celles anti-mondialisation qui, à l'occasion de sommets internationaux, donnent lieu à des rassemblements de groupuscules contestataires déterminés et bien organisés (Della Porta et Reiter 2002: 51-77). Observatoire des comportements politiques qui ne semblent pas devoir disparaître de sitôt de nos rues, la manifestation représente, au final, un événement analyseur, c'est-à-dire un champ d'investigation susceptible de fournir une somme d'informations permettant de saisir les tensions qui affectent la société d'aujourd'hui.

CHAPITRE 44

La négociation de crise

▶ MICHEL ST-YVES

L'intervention policière en situation de crise est souvent synonyme d'événements tragiques, comme la tuerie dans une école secondaire à Columbine au Colorado, la longue et tragique prise d'otages à Beslan (Russie) par des terroristes tchétchènes, le massacre de Polytechnique à Montréal où 14 jeunes femmes sont tombées sous les balles d'un tireur fou qui voulait s'attaquer au féminisme. Pourtant, la presque totalité des interventions policières en situation de crise ne fait pas la manchette des journaux et se fait auprès de désespérés, barricadés seuls chez eux ou en compagnie de leur (ex)conjointe, armés et menaçant de s'enlever la vie si quiconque tente de s'introduire dans leur résidence. Leur principale revendication: arrêter de souffrir ou mourir.

Annuellement, la Sûreté du Québec[1] fait en moyenne une trentaine d'interventions de ce genre qui nécessitent le déploiement de sa structure d'intervention en situation de crise[2]. La très grande majorité (86,6 %) de ces appels concerne des personnes barricadées seules chez elles ou qui menacent de sauter d'une haute structure. Près d'une personne sur deux a des antécédents psychiatriques connus, principalement un trouble de l'humeur (St-Yves et Tanguay 2007). Amendola, Leaming et Martin (1996) définissent une situation de barricade comme un incident dans lequel une ou plusieurs personnes armées ou potentiellement armées se barricadent

---

1. La Sûreté du Québec, police nationale, concourt, sur l'ensemble du territoire québécois, au maintien de la paix et de l'ordre public, à la préservation de la vie, de la sécurité et des droits fondamentaux des personnes ainsi qu'à la protection de leurs biens. La Sûreté du Québec coordonne des opérations policières d'envergure, contribue à l'intégrité des institutions étatiques et assure la sécurité des réseaux de transport qui relève du Québec (Mission de la Sûreté du Québec, www.surete.qc.ca).
2. L'équipe d'intervention en situation de crise est constituée principalement d'un commandant et de commandants adjoints, de policiers négociateurs, d'enquêteurs, du groupe d'intervention tactique, de la surveillance électronique (pour l'aide technique) et du service de l'analyse du comportement (psychologue judiciaire).

elles-mêmes dans un endroit (édifice, résidence, véhicule, pont) avec ou sans otage et refusent de se rendre à la police. Les prises d'otages sont rares (13,4 %), et lorsqu'elles surviennent, il s'agit plus souvent de séquestrations que de réelles prises d'otages (St-Yves, Tanguay et St-Pierre 2001). Le FBI considère ces événements comme étant des situations de non-otage parce que la personne en crise n'a pas de demande précise ou réaliste. Il s'agit donc davantage d'une victime séquestrée que d'un otage.

Au cours des dernières années, plus particulièrement depuis le nouveau millénaire, le nombre de situations de crise nécessitant l'intervention des négociateurs a diminué. D'une moyenne de près de 50 interventions[3] par an au milieu des années 1990 (St-Yves, Tanguay et St-Pierre 2001), nous sommes passés à moins d'une vingtaine par an en 2005 (Michaud et St-Yves 2006). Cette diminution marquée du nombre d'interventions en situations de crise serait attribuable à différents facteurs, telle une plus grande accessibilité à des services d'aide pour les personnes en détresse, mais surtout à une évaluation plus judicieuse des situations de crise — ne requérant pas toujours le déploiement immédiat de l'équipe d'intervention de crise —, ainsi qu'à une meilleure qualité d'intervention des premiers répondants.

L'objectif de ce chapitre est de décrire sommairement le processus d'intervention policière en situations de crise, notamment le rôle des policiers négociateurs, ainsi que les principaux types d'auteurs de situations de crise. Nous nous attarderons également sur le modèle d'intervention en situation de crise — le modèle SINCRO[4] — développé par la Sûreté du Québec et enseigné à l'École nationale de police du Québec.

LE RÔLE DES PREMIERS RÉPONDANTS

L'intervention de la police commence habituellement par un appel fait au 911 par une personne en détresse ou un témoin. Le signalement est transmis à des patrouilleurs qui se rendent sur les lieux pour évaluer la situation. Le rôle des premiers répondants est d'abord de sécuriser les lieux, puisqu'ils interviennent durant la phase la plus risquée de la crise. C'est au moment où la crise éclate que les risques de suicide et d'homicide sont les plus élevés (Feldmann 2001). Lorsque cela est possible, les premiers répondants tentent d'établir un contact avec la personne en crise et de le maintenir en utilisant les techniques d'écoute active — cela a pour effet de réduire l'intensité de ses émotions et son niveau de stress — pour recueillir le maximum de renseignements jusqu'à ce que les négociateurs soient prêts à prendre le relais (Slatkin 2005: 12).

---

3. Nombre de situations de crise uniquement sur le territoire desservi par la Sûreté du Québec.
4. Stratégie d'Intervention et de Négociation par Couleurs selon le Rythme Observé (St-Yves, Tanguay et St-Pierre 2001).

LES SITUATIONS DE CRISE

Le mot crise est issu du grec *krisis*, dérivé de *krino* qui signifie séparer. «Les crises sont donc des ruptures, des possibilités de changement et d'amélioration. Encore faut-il qu'elles soient perçues et acceptées comme telles.» (Combalbert 2005: 129) Slaiku (1990: 15) définit un état de crise comme étant un état temporaire de désorganisation entraîné par l'incapacité d'affronter un problème en se servant des méthodes d'adaptation habituelles. En réponse à une situation hautement stressante, le sujet agit et répond intensément. L'élément déclencheur le plus fréquent est un problème conjugal ou familial (Michaud et St-Yves 2006). Les troubles mentaux les plus fréquemment rencontrés lors de situations de crise sont les troubles de l'humeur: la dépression (trois personnes sur quatre verbalisent des intentions suicidaires) et la schizophrénie paranoïde (Soskis et VanZandt 1986; St-Yves et Tanguay 2007).

La plupart des classifications de situations de crise qui requièrent une intervention policière sont centrées sur la motivation des auteurs (voir Goldaber 1979; Hacker 1976). On retrouve trois principales motivations: 1) Psychologique (qui regroupe les individus suicidaires, vindicatifs ou troublés mentalement); 2) Criminelle (incluant ceux pris sur le fait, les prisonniers, les ravisseurs); 3) Politique (protestation, idéologie, terrorisme). Les incidents critiques peuvent également être classés selon le comportement de l'individu en crise — violence instrumentale *versus* expressive (Noesner et Webster 1997) —, ou selon le degré de préméditation du geste — spontané *versus* planifié (Lanceley 1999).

De son côté, le FBI divise les incidents critiques en deux catégories, selon qu'il s'agit d'une situation dite d'otage (individu rationnel) ou de non-otage (individu perturbé mentalement) — voir McMain et Mullin 2001. Les individus «rationnels» posent leur geste avec un but précis et des motifs qui justifient leur comportement. Les otages sont utilisés pour faire des demandes substantielles (argent, évasion, échanges). Or, ils ont intérêt à ne pas blesser l'otage, puisqu'il s'agit d'une monnaie d'échange. À cet égard, le FBI recommande d'employer le groupe d'intervention tactique avec une grande visibilité, de gagner du temps — cela permet de réduire les attentes du sujet —, de montrer les bénéfices de se rendre plutôt que de résister, d'utiliser des techniques de négociation (techniques de persuasion et d'influence), puis de leur permettre de se rendre sans perdre la face.

Quant aux individus perturbés mentalement, leur comportement est souvent autodestructeur, sans but précis, motivé par la colère, la frustration ou la dépression. Ils n'ont pas de demandes précises ou réalistes. Ils s'attaquent aux personnes séquestrées (puisqu'il ne s'agit pas réellement d'otages) avec l'intention de les blesser ou de les tuer. Contrairement au cas des individus rationnels, on recommande de déployer discrètement le groupe d'intervention tactique (les gens perturbés mentalement peuvent devenir très anxieux et réagir d'une manière inadaptée, surtout s'il s'agit d'un trouble paranoïaque), d'user de patience, d'avoir une attitude non menaçante, d'éviter les remarques réprobatrices et la confrontation. Avec ce genre d'individus, on peut donner un peu (cigarettes, nourriture) sans attendre en retour. La méthode privilégiée pour désamorcer ces crises est l'écoute active pour réduire l'intensité des émotions et établir un lien de confiance. Durant ce temps, ils sont moins enclins à s'en prendre à leur otage. On doit également introduire des solutions non violentes et rassurantes, puis leur permettre une sortie honorable.

L'ÉVALUATION DES RISQUES DE SUICIDE ET D'HOMICIDE

L'évaluation des risques est la toute première chose que l'on doit faire lors d'une situation de crise. On doit évaluer les risques pour autrui, d'abord pour les otages s'il y en a, puis pour l'entourage, c'est-à-dire pour toutes les personnes se trouvant sur les lieux ou à proximité, incluant les policiers. Ensuite, on doit évaluer les risques de comportements autoagressifs, notamment le risque de suicide (pour en savoir davantage sur l'évaluation des risques de suicide et d'homicide en situation de crise, voir Lord 2004 ; McMain et Mullin 2001 ; Strentz 2006 ; St-Yves, Michaud et Tanguay 2007).

L'évaluation des risques hétéro et autoagressifs guide les commandants dans leur prise de décision et les négociateurs dans leurs stratégies d'intervention. Les antécédents de violence, l'utilisation d'une arme à feu, l'instabilité de l'humeur, la verbalisation d'intentions suicidaires (plan précis), la consommation d'alcool et de drogue (que l'on retrouve dans un peu plus de 50 % des cas), puis le nombre et le type de stresseurs responsables de l'état de crise (rupture amoureuse, perte d'emploi), figurent parmi les principaux facteurs de risque (Strentz 1991 ; St-Yves, Michaud et Tanguay 2007). Certains facteurs dynamiques, la qualité du rapport entre le négociateur et la personne en détresse, par exemple, et le type de menaces (inconditionnelles — ce sont les plus dangereuses —, offensives ou défensives) sont également d'une importance capitale dans l'évaluation des risques. On doit également évaluer le risque de « suicide par procuration » — par les policiers —, communément appelé *suicide by cop*. Geberth (1993) décrit ce phénomène comme étant « [An] *Incidents in which individuals, bent on self-destruction, engage in life-threatening and criminal behavior to force the police to kill them*» (Geberth 1993 : 105). Selon certaines études, entre 10 % et 30 % des décès lors d'interventions policières seraient des *suicides by cop* (Lord 2004). « En temps normal, le choix de l'arme pour un suicidaire est une arme à feu, un couteau ou les médicaments. Dans un *suicide by cop*, l'arme est le policier. » (Lindsay et Dickson 2004 : 154.)

SINCRO : LE RYTHME DE LA CRISE

La philosophie d'intervention à la Sûreté du Québec est *Pax per conloquium*, qui signifie résolution par le dialogue (St-Yves, Tanguay et St-Pierre 2001 : 4). Sur 358 situations de crise survenues entre 1990 et 2004, 86 % d'entre elles ont été résolues pacifiquement par la négociation (Michaud et St-Yves 2006). Les autres ont nécessité une intervention du groupe tactique d'intervention ou l'individu s'est suicidé pendant l'intervention. Une étude de Leviton et Greenstone (2002) a démontré que les interventions tactiques, incluant l'usage d'armes chimiques, étaient responsables d'un taux relativement élevé de blessures et de décès, par rapport à la négociation qui ferait des victimes dans moins de 1% des cas.

Puisque la plupart des interventions de crise portent sur des individus mentalement perturbés, la stratégie pour obtenir une reddition pacifique consiste davantage en *psychociation* qu'en négociation (St-Yves, Tanguay et St-Pierre 2001 : 4). L'intervention est basée sur la gestion immédiate de la crise, et non sur la résolution du problème. Le rôle du négociateur est d'abord d'offrir de l'espoir et pas nécessairement une solution.

LE MODÈLE SINCRO

Une situation de crise classique comporte trois phases : 1) La crise ; 2) La résolution de problème ; 3) La reddition (voir Slatkin 2000 ; Butler, Leitenberg et Fuselier 1993). Souvent pressé de désamorcer la crise et d'obtenir une reddition, le négociateur se retrouve trop rapidement en mode de résolution rationnelle alors que la personne barricadée est encore en crise. Lorsque cela se produit, non seulement la situation piétine, mais le risque qu'elle dégénère augmente (St-Yves, Tanguay et St-Pierre 2001 : 4).

En nous inspirant des travaux de Butler, Leitenberg et Fuselier 1993, nous avons développé un modèle d'intervention basé essentiellement sur le rythme de la personne en crise : le modèle SINCRO. En plus de décrire les trois phases classiques de l'intervention et de rappeler les objectifs à atteindre à chacune de ces étapes, ce modèle a pour particularité de guider le négociateur à travers chacune des étapes de la crise, de l'aider à respecter le rythme de la personne en crise, puis à identifier — par des phases de transition (A et B) faisant le pont entre chacune des étapes — les indices lui permettant de savoir à quel moment l'individu en crise est prêt à passer à l'étape suivante.

Phase 1. La crise

La première phase est celle de la crise. C'est la phase critique où le risque est le plus élevé. Durant cette phase, le négociateur doit d'abord établir et maintenir un contact avec l'individu en crise et le maintenir. Dans les trois quarts des cas, ce contact se fait par téléphone ou avec l'aide d'un porte-voix. Lorsque la personne en détresse n'est pas armée ou dans une position menaçante (perchée sur une haute structure, par exemple), la négociation peut se faire de vive voix. Le négociateur doit bien écouter et favoriser les échanges, par des questions ouvertes, pour lui permettre d'exprimer ses émotions, d'apporter des précisions sur son état mental et sur les facteurs (souvent irrationnels) responsables de cette crise. Pour bien saisir ce que l'individu vit et pour décoder tous les messages qu'il envoie, le négociateur doit être attentif à une multitude de détails : ton de voix, émotions, changements d'attitude. Toutes ces informations sont précieuses, puisqu'elles permettent d'évaluer les risques d'incidents mortels. L'écoute active demeure le meilleur outil pour intervenir dans ce genre de situation de crise (Noesner et Webster 1997).

Lorsque la situation le permet, il est important de gagner du temps. Le temps permet d'induire un comportement plus rationnel chez la personne en crise, en plus de faciliter le développement d'un rapport entre l'individu en crise et le négociateur et, du même coup, entre le forcené et l'otage. L'établissement d'un rapport entre le forcené et l'otage, communément appelé syndrome de Stockholm[5] (voir Crocq 1989 ; Torres et Grenier-Boley 2000), augmente les chances de survie de la personne séquestrée (McMain et Mullin 2001).

Transition A

Une fois que la charge émotive est suffisamment réduite pour permettre à la personne en crise de comprendre et d'écouter — elle est moins centrée sur elle-même, moins émotive (et moins agressive) et, par conséquent, plus rationnelle —, le négociateur peut entreprendre la phase 2, celle de la résolution du problème. Cependant, le parcours ne se fait pas directement. Il y a une zone dite de transition qui permet de faire le pont entre la phase de la crise et celle de la résolution du problème. Dès lors, le négociateur doit être très attentif aux indices, souvent subtils, qui permettent de croire que le forcené est mûr pour passer à la phase suivante. Durant la phase de transition A, il est fréquent de voir des sujets en crise replonger dans leurs émotions avant d'être enfin prêts à passer à l'étape suivante. Lorsque cela se produit, c'est souvent parce que l'individu n'a pas suffisamment ventilé ou qu'il n'a pas trouvé l'écoute dont il a besoin. Le négociateur doit donc respecter le rythme du sujet en crise en demeurant dans la phase 1 jusqu'à ce qu'il soit prêt à progresser vers la phase subséquente.

---

5. Ce syndrome a été décrit pour la première fois en 1978 par le psychiatre américain F. Ochberg.

Phase 2. La résolution du problème

Une fois que la phase 2 est entamée, le risque peut être considéré comme étant modéré. Celui-ci est réduit, puisque le sujet est maintenant capable de réfléchir aux conséquences de ses actes et se montre plus réceptif aux solutions qui lui sont proposées par le négociateur. Cette fois, le négociateur doit se montrer plus volubile et créatif. Il doit non seulement bien maîtriser les techniques pour désamorcer les situations de crise, mais il doit trouver une solution satisfaisante pour la personne en crise. Son principal objectif: susciter de l'espoir.

Transition B

Une fois que la phase 2 est bien avancée et que l'individu est réceptif, le négociateur doit être attentif aux prochains indices qui lui permettront de passer à la phase 3, la reddition. À cette étape, la personne en détresse montre des signes de résignation et est préoccupée par ce qui va lui arriver (les conséquences de ses actes). Lorsqu'elle détient une personne (séquestration ou otage), elle n'est plus menaçante envers elle et ne s'oppose plus à sa libération.

Phase 3. La reddition

Pour préserver la dignité de la personne en crise et faciliter sa sortie, le négociateur doit renforcer sa décision de se rendre volontairement aux policiers. Avant de concrétiser la reddition, le négociateur doit s'assurer que la personne est réceptive aux consignes et qu'elle accepte de se livrer de son gré. Durant cette phase, le sujet a souvent tendance à défier — une dernière fois — l'autorité, soit en dépassant légèrement le délai préalablement déterminé pour la reddition, soit en demandant de fumer (encore) une dernière cigarette avant de sortir... question de faire un gain, si minime soit-il, pour restaurer sa dignité. Au moment de la reddition, il importe de bien préparer le sujet au contexte extérieur qui l'attend pour éviter que la panique fasse écrouler tous les efforts déployés. L'expérience montre que les revirements de dernière minute sont possibles. Une mauvaise interprétation des indicateurs de risque ou un soudain changement d'attitude expliquent habituellement ces revirements inattendus. La situation de crise n'est jamais terminée tant que la personne en crise n'est pas physiquement entre les mains de la police.

CONCLUSION

La majorité des situations de crise concerne des personnes en détresse, souvent dépressives, qui menacent de se suicider. Pour désamorcer la crise, le négociateur doit créer un rapport avec l'individu en crise, l'écouter pour lui permettre de ventiler et réduire l'intensité de ses émotions afin qu'il soit plus rationnel. Puis, il doit accompagner la personne en détresse à travers les étapes de sa crise, selon son rythme, jusqu'à la reddition. Une reddition volontaire, autant que possible. À cette fin, le négociateur va tout faire pour permettre à cette personne de préserver ou de restaurer sa dignité. C'est parfois, à ses yeux, tout ce qui lui reste.

Le modèle SINCRO
St-Yves, Tanguay et St-Pierre (2001)

PHASE 1. LA CRISE

Durant cette phase, le contexte est souvent très tendu. L'individu vit et manifeste d'intenses émotions. Le négociateur doit bien écouter et favoriser les échanges pour permettre au sujet de verbaliser et de ventiler.

OBJECTIFS À ATTEINDRE	COMMENT ?
• Établir un contact et rassurer l'individu • Recueillir des renseignements sur l'individu (trouble mental, intoxication, risque) et sur la nature du problème • Évaluer les risques de suicide et d'homicide • Construire un lien • Aider le sujet à ventiler ses affects pour désamorcer la situation de crise • Identifier les demandes du sujet	• Se présenter, l'informer sur le mandat et sur votre rôle, puis confirmer son identité. • Poser des questions ouvertes pour savoir et comprendre ce qui se passe. • Demander de raconter les événements qui ont précédé la barricade (les dernières 24 heures). • Demander quels impacts émotionnels ces événements ont eu sur lui. • Demander si les événements ont débuté quelques jours auparavant ou s'il s'agit d'une crise subite. • Découvrir l'événement provocateur et les facteurs qui affectent ses capacités à résoudre le problème. • Connaître la perception qu'a l'individu de l'événement provocateur. • Connaître les soutiens situationnels sur lesquels il compte. • Savoir ce qu'il fait habituellement lorsqu'il fait face à un problème. • Savoir s'il est intoxiqué, ce qu'il a pris comme substances, la quantité et quand. • Questionner sur les gestes qu'il a posés envers la victime. • Questionner sur les armes dont il dispose. • Connaître son état de santé (physique et mental) et ses intentions. • Évaluer le risque de suicide, puis identifier les facteurs de risque pour un homicide ou une situation de suicide par personne interposée (*suicide by cop*). • Utiliser les techniques d'écoute active pour permettre au sujet de ventiler. • Gagner du temps pour induire un comportement plus rationnel.

TRANSITION A. CRISE — RÉSOLUTION DU PROBLÈME

Il s'agit d'une phase critique qui permet de savoir si l'individu est prêt pour amorcer la résolution du problème. Durant cette phase, le sujet parle d'une manière moins émotive ou avec moins d'agressivité. Il n'est plus centré uniquement sur lui-même.

OBJECTIFS À ATTEINDRE	QUAND ?
S'assurer que nous sommes prêts à entamer la phase de résolution de problème avec le sujet	Être attentif aux indices qui permettent de croire que le sujet a suffisamment ventilé (moins émotif) et qu'il est moins centré sur lui-même. Par exemple, l'individu pose des questions, démontre de l'intérêt pour vous ou pour autrui, se préoccupe de ses besoins primaires.

Phase 2. La résolution du problème	
À ce stade, le sujet ne devrait plus revenir en arrière ni se montrer trop émotif. Tout doit être fait pour le garder le plus rationnel possible et pour l'amener sur un mode de résolution de problème.	
Objectifs à atteindre	**Comment ?**
• Aider l'individu à corriger ses perceptions erronées ou déformées • Identifier avec lui des soutiens situationnels appropriés • Identifier un mécanisme d'adaptation pour faire face (temporairement) au problème • Créer de l'espoir • Le responsabiliser	• Utiliser les méthodes d'intervention de crise et de négociation (incluant les techniques d'influence) adaptées au profil du forcené et à son problème (voir St-Yves et Tanguay 2007). • On peut demander au sujet s'il a déjà vécu une situation semblable par le passé et, dans l'affirmative, ce qu'il a fait pour s'en sortir. Dans la négative, le négociateur doit lui suggérer des solutions de rechange ou des ressources disponibles (même si elles ne sont que temporaires) afin de créer de l'espoir. • Utiliser des exemples personnels auxquels le sujet peut s'identifier. Faire du renforcement positif et utiliser des analogies et des clichés tels que « un jour à la fois », « petit à petit », « remonter la pente », etc. • Le faire participer à la solution. • Pour le responsabiliser, on peut lui montrer que lui seul peut choisir la suite des événements, mais qu'il doit choisir.
Transition B. Résolution du problème — Reddition	
À ce stade, les négociations sont suffisamment avancées pour qu'on puisse envisager une reddition. L'individu se montre préoccupé par ce qui va lui arriver (« Il va m'arriver quoi ? »), ou il est soucieux de son entourage (« Qui va s'occuper de mon chien ? »).	
Objectifs à atteindre	**Quand ?**
• Amener le sujet à élaborer un plan de reddition • Récupérer les victimes d'une manière sécuritaire	• Le sujet est plus rationnel (ton de voix posé) et montre des signes de résignation. Il écoute les consignes du négociateur et pose des questions sur ce qui va lui arriver. • Lorsqu'il détient une personne (séquestration ou otage), il n'est plus menaçant envers elle et ne s'oppose plus à sa libération.
Phase 3. La reddition	
C'est l'étape ultime. Parfois très courte. Le sujet est prêt à se livrer aux autorités policières et à faire face aux conséquences de ses actes. Avant de conclure la reddition, il faut réévaluer le risque de revirement de dernière minute (exemple : *suicide by cop*).	
Objectifs à atteindre	**Comment ?**
• Permettre à l'individu de sauver la face • Obtenir une reddition non violente	• Renforcer le sujet (le féliciter pour son courage) dans sa décision de se livrer volontairement aux policiers. Lui permettre de retrouver un peu de dignité (sauver la face). • Informer le sujet sur la façon dont la sortie va se dérouler et s'assurer qu'il a bien compris les consignes.

CHAPITRE 45

Les mesures d'urgence et la gestion de crises en sécurité privée

▶ ÉRIC BOUCHER

Aucun dirigeant d'une grande organisation ne peut se permettre d'ignorer la possibilité de survenance d'une crise causée par un incendie, une explosion, un acte de sabotage ou une prise d'otage. Les conséquences potentiellement désastreuses de tels événements rendent insensée une attitude d'acceptation résignée. Il en va quelquefois de la survie même de l'entreprise. C'est pourquoi la plupart des dirigeants de grande organisation demandent à leur service interne de sécurité ou à un consultant en sécurité un plan de mesures d'urgence et de gestion de crise.

Dans le cadre de ce chapitre, notre attention sera portée non seulement vers l'intervention en cas d'urgence, mais aussi vers l'évaluation, la prévention et la préparation permettant de faire face aux situations d'urgence, aux sinistres et aux crises pouvant toucher les entreprises. Par contre, nous n'aborderons pas la question du rétablissement et de la continuité des affaires, domaine qui dépasse le cadre de ce chapitre. Nous nous concentrerons sur ce que la sécurité, en tant que fonction, peut apporter afin de parer et de réagir aux urgences, aux sinistres et aux crises pouvant perturber l'entreprise et l'empêcher de réaliser sa mission.

LES SITUATIONS D'URGENCE ET DE CRISE

D'entrée de jeu, il faut définir nos termes, parce que toutes les situations d'urgence n'entraînent pas nécessairement un sinistre et une crise et que, d'autre part, une crise peut survenir sans qu'il y ait eu sinistre.

Danger, risque, menace et vulnérabilité

Une situation d'urgence, un sinistre ou une crise ne peuvent survenir que si certaines variables de base sont réunies à l'intérieur d'un contexte donné. On fait plus précisément référence aux notions de danger, de risque, de menace et de vulnérabilité, termes qu'il convient de définir en priorité.

1. Un danger, c'est le pouvoir de causer un dommage que certains objets ou choses possèdent, de façon inhérente. Par exemple, une matière dangereuse comme de l'essence, ou encore une arme à feu.

2. Un risque, c'est l'éventualité de la rencontre entre l'humain, le produit de ses activités et un danger auquel il peut être exposé (Andéol-Aussage et Dornier 2005). Par exemple, l'entreposage ou le transport d'un réservoir rempli d'une matière dangereuse comme de l'essence est une opération qui comporte un certain risque d'explosion et d'incendie.

3. Une menace, c'est un événement qui compromet la sécurité des personnes, des biens et de l'environnement. Par exemple, la menace d'accident de la route.

4. Une vulnérabilité, c'est une faiblesse ou une défectuosité qui a pour effet d'augmenter la probabilité d'un risque. Par exemple, une défectuosité du système de freinage d'un camion-citerne peut provoquer un accident de la route et ainsi être à l'origine d'un déversement, d'une explosion et d'un incendie.

Les événements susceptibles d'entraîner une urgence, un sinistre ou une crise

Dresser une liste exhaustive de tous les événements pouvant entraîner une situation d'urgence, un sinistre ou une crise est impossible. Nous proposons de réunir les événements selon qu'ils appartiennent à l'une ou l'autre des catégories suivantes :

1. Les menaces technologiques, par exemple un déversement de matières dangereuses, un incendie, une explosion, un bris mécanique, une panne électrique, un accident de véhicule, de train, d'avion. En somme, il s'agit d'événements à caractère accidentel et industriel dont il est généralement possible de prévenir la réalisation, puisqu'ils sont étroitement liés aux procédés organisationnels.

2. Les menaces naturelles, tels une tornade, un ouragan, une inondation, un séisme, une tempête de verglas ou un blizzard. Bien qu'il soit parfois possible de les prévoir, ainsi l'arrivée d'un ouragan, ces événements ne peuvent être prévenus, de sorte qu'ils exigent une bonne capacité de préparation et d'intervention.

3. Les menaces sociales, lesquelles peuvent représenter des actes criminels ou illégaux, ou encore relever du désordre. Par exemple, un acte de sabotage, une alerte à la bombe, un acte terroriste, une prise d'otage, un conflit de travail, une manifestation, l'altération d'un produit. De tels événements relèvent directement de comportements humains conduisant à des gestes individuels ou de groupes de personnes.

Différencier incident, accident, urgence, sinistre et crise

Selon Pauchant et Mitroff (1995: 52 et 54), la majorité des crises obéissent à des effets systémiques, c'est-à-dire «qu'un changement dans une variable peut déclencher des changements dans d'autres variables, ce qui risque d'entraîner, faute d'intervention, un désastre pour le système en entier». Par exemple, «il est difficile de déterminer précisément si un accident environnemental a été causé par un sabotage, considérant que ce sabotage a pu lui-même être causé par des injustices perpétrées dans l'usine, elles-mêmes résultantes de conflits syndicaux, qui eux-mêmes...». Perrow (1984), dans une étude sur les technologies à haut risque, soutient par ailleurs que la complexité des systèmes socio-techniques d'aujourd'hui et le couplage serré entre les variables qui composent de tels systèmes augmentent les probabilités des accidents industriels. Par exemple, l'introduction du radar dans le domaine du transport maritime aurait entraîné, à un certain moment, une augmentation du nombre de collisions parce que les capitaines avaient tendance à prendre plus de risques. En somme, en s'appuyant sur une vision systémique des crises, on retient que celles-ci sont souvent précédées de signaux et que des incidents peuvent donc évoluer en accidents, en sinistres ou en crises s'ils sont amplifiés par différentes variables, d'où l'importance de faire aussi porter la réflexion en amont des crises et de comprendre ce qui peut constituer ses éléments déclencheurs.

1. Un incident, c'est une perturbation d'une partie de l'entreprise qui ne menace toutefois pas le fonctionnement de celle-ci dans son ensemble (Perrow 1984). C'est le cas d'un employé qui échappe des barils d'essence sur le sol dans son secteur de travail.

2. Un accident, c'est une perturbation qui affecte le fonctionnement de l'entreprise ou de l'usine dans son ensemble (Pauchant et Mitroff 1995). Une explosion et un incendie majeur sur le site d'une raffinerie, par exemple, constituent des accidents industriels. Supposons que, dans le cadre de l'incident décrit précédemment, la chute des barils d'essence entraîne un déversement, que l'employé en question n'effectue pas un nettoyage approprié de son secteur de travail et que, par surcroît, l'un de ses collègues effectue par la suite une opération de soudure dans ce même secteur, on comprend qu'une étincelle pourrait entraîner un incendie.

3. Une urgence, c'est une situation qui nécessite une intervention immédiate et pour laquelle les ressources et les procédures courantes de l'entreprise sont adéquates. Dans l'exemple précédent, des gicleurs ou l'utilisation efficace d'un extincteur pour circonscrire le début d'incendie dans le secteur de travail concerné pourrait éviter qu'une situation d'urgence ne se transforme en sinistre.

4. Un sinistre est une situation suffisamment grave pour que les ressources et les procédures courantes de l'entreprise pour en contrer les effets soient considérées comme inadaptées. Toujours en rapport avec le même exemple, si le début d'incendie ne peut être circonscrit et qu'il se

transforme en incendie majeur, il est évident que l'entreprise aura besoin de l'aide des pompiers, ses ressources et ses procédures n'étant pas conçues pour jouer un tel rôle.

5. Une crise, c'est une situation dont la gravité est telle qu'elle peut menacer la survie de l'entreprise, voire sa légitimité et celle de toute l'industrie dans laquelle celle-ci œuvre (Pauchant et Mitroff 1995). On n'a qu'à penser aux crises majeures de Three Mile Island et de Tchernobyl, qui ont porté atteinte à toute l'industrie de l'énergie nucléaire. On mesure généralement l'ampleur d'un sinistre ou d'une crise selon les conséquences néfastes qu'ils peuvent avoir sur la santé et la sécurité des personnes se trouvant dans la zone affectée, la santé et la sécurité des intervenants, la continuité des services, la propriété, les installations et les infrastructures, les conditions environnementales, économiques et financières, les obligations réglementaires ou contractuelles, la réputation de l'organisation (Association canadienne de normalisation 2003).

Pour poursuivre avec l'exemple de l'incendie majeur sur le site d'une raffinerie, supposons que celui-ci provoque une réaction en chaîne d'explosions et de multiples foyers d'incendies majeurs, que les opérations de la raffinerie doivent être arrêtées, que la raffinerie est située dans une zone hautement peuplée, que cette zone est par surcroît une île, que les vents soufflent la fumée toxique vers les quartiers résidentiels, que des personnes fragiles meurent au-delà du site, que tous les médias couvrent le sinistre, que les foyers d'incendies sur le site sont devenus incontrôlables et perdurent, bref, que la suite des événements demeure inconnue, il y a crise. Il est probable que la crise affectera aussi, à court terme du moins, le prix de l'essence à la pompe. Si la direction de la raffinerie ne prend pas ses responsabilités et communique mal son message aux médias, elle doit s'attendre à ce que le nom de l'entreprise soit associé à la crise pour les années à venir, que sa réputation soit affectée, que les citoyens s'opposent à voir l'entreprise s'installer dans leur quartier, et même toute entreprise du genre.

LA CRISE EST MAJEURE

La plupart des crises coûtent extrêmement cher, car les ressources normalement utilisées pour réaliser la mission de l'entreprise sont allouées pour gérer la crise et ses effets (Pauchant et Mitroff 1995). Par exemple, la tragédie d'Exxon a coûté plus d'un milliard trois cents millions de dollars à l'entreprise pour nettoyer la marée noire du *Valdez* survenue en 1989 en Alaska, ainsi que pour régler les amendes. À ces coûts doivent s'ajouter des conséquences beaucoup moins visibles, mais sans doute aussi importantes, par exemple les impacts émotionnels pouvant être subis par des individus de même que la perte de confiance des investisseurs, des clients, des partenaires d'affaires.

En s'appuyant sur une vision systémique des crises et sur la reconnaissance de leurs conséquences potentiellement dévastatrices, on comprend que la première étape de la gestion des crises est de se préparer au pire, de prévoir tous les scénarios possibles et de tenter d'éviter qu'ils ne se réalisent. C'est pourquoi l'entreprise aura tout avantage à se doter, entre autres choses, d'un plan de mesures d'urgence. La responsabilité de développer un tel plan revient généralement au chef de la sécurité.

PLANIFIER LES MESURES D'URGENCE

La planification et l'organisation des mesures d'urgence constituent avant tout une démarche dont le but est d'établir des mesures de prévention et d'organiser les ressources requises et les mesures à prendre dans le cas où il faudrait intervenir lors d'un événement, et ce, afin de protéger les personnes, les biens et l'environnement.

L'Association canadienne de normalisation (2003) définit bien les objectifs généraux recherchés par la planification des mesures d'urgence, notamment: 1) promouvoir la sécurité des travailleurs, des intervenants et du public; 2) réduire les risques de destruction des biens ou de pertes de produits; 3) réduire l'ampleur des répercussions sur l'environnement et sur d'autres secteurs; 4) aider les intervenants à prendre rapidement les mesures appropriées; 5) faire en sorte que les intervenants, l'industrie et le public aient une plus grande confiance que le sinistre soit adéquatement géré. À ces objectifs généraux peuvent être rattachés certains objectifs spécifiques, tels que: 1) mettre en place des mesures efficaces de prévention; 2) définir les rôles et responsabilités des divers intervenants en cas d'urgence; 3) élaborer un mécanisme pour alerter les intervenants et organismes concernés; 4) assurer la coordination des forces d'intervention en cas d'urgence; 5) définir les paliers d'autorité; 6) réduire les délais d'intervention de façon à minimiser les effets.

Chaque entreprise a non seulement une responsabilité corporative en ce domaine, mais aussi une responsabilité sociale. Elle doit se doter d'un plan de mesures d'urgence et de gestion de crises prenant en considération l'ensemble de ses activités et des risques pouvant affecter les employés, le public et l'environnement. À ce sujet, beaucoup de gestionnaires d'entreprise craignent une telle démarche, soit parce qu'ils l'imaginent beaucoup plus complexe qu'elle ne l'est en réalité, ou par peur d'ouvrir un «panier de crabes». Pourtant, nul n'est tenu à l'impossible et il y a beaucoup plus d'avantages à faire preuve de diligence raisonnable qu'à faire preuve d'ignorance ou de négligence. Le plan de mesures d'urgence d'une entreprise peut parfois même bénéficier à toute une population, et ainsi servir l'image de l'entreprise. Ce fut le cas de la société Wal-Mart qui, lors du passage de l'ouragan Katrina en 2005, a dû fermer temporairement 126 de ses magasins situés dans la mire de l'ouragan. Grâce à la force de son réseau, la société a pu soutenir les magasins touchés et dépêcher des camions remplis de matériel d'urgence afin d'épauler les secouristes et les citoyens dont la vie avait soudainement basculé, et ce, souvent plusieurs jours avant la Federal Emergency Management Agency (FEMA) (Zimmerman et Bauerlein 2005).

La connaissance du milieu : préalable essentiel à la planification

Peu importe la dimension et la complexité d'une organisation, un fait demeure : des humains sont en contact continu avec l'environnement d'une entreprise. Lorsque des dangers y sont présents, cette interaction engendre inévitablement des risques dont le niveau dépend de l'importance de la menace et de l'étendue des vulnérabilités. Pour atténuer ces risques, donc diminuer sa vulnérabilité face aux menaces, l'entreprise doit éviter certains environnements ou tenter de les influencer à son avantage, et agir sur son micro-environnement à l'aide de procédés organisationnels.

C'est sur la base de cette prémisse que le chef de la sécurité doit orchestrer une étape importante de la planification des mesures d'urgence et de la gestion de crises, c'est-à-dire la connaissance du milieu. L'Organisation de la sécurité civile du Québec (1994) définit cette étape comme étant la mise en commun des renseignements en vue d'établir un profil utile aux étapes ultérieures de la démarche de planification. Bien que la complexité de la connaissance du milieu soit souvent fonction de la taille de l'entreprise et de la gravité des situations d'urgence anticipées, elle doit dans tous les cas être structurée de manière à recueillir et organiser des renseignements en rapport avec l'environnement, les procédés de l'entreprise et les humains. L'élaboration d'un guide complet de connaissance du milieu dépasse le cadre de ce chapitre, mais voici quelques exemples de renseignements qu'il peut être pertinent de recueillir.

L'environnement

Pour bien apprécier l'environnement de l'entreprise et les enjeux qui en découlent, l'entreprise doit notamment s'interroger sur les éléments suivants :

1. Quel est le niveau de pauvreté et de criminalité du secteur dans lequel se trouve l'entreprise ? La population locale peut-elle se retourner contre l'entreprise ou, au contraire, être attirée par la recherche d'emplois ? En quoi le paysage économique et social a-t-il été modifié depuis l'arrivée de l'entreprise, et quels sont les impacts de tels changements ?

2. Sur le plan de l'environnement *naturel*, la région est-elle particulièrement susceptible d'être touchée par des catastrophes naturelles ? En quoi ces catastrophes peuvent-elles affecter l'entreprise directement ou par l'entremise des fournisseurs ? On sait que le nombre d'ouragans de catégorie 4 et 5 a presque doublé au cours des 35 dernières années et que les systèmes de catégorie 5, tel celui de l'ouragan Katrina, atteignent leur maximum dans des régions comme le golfe du Mexique (National Science Foundation

2005). Une entreprise qui s'y installe ou dont la chaîne d'approvisionnement dépend en grande partie de cette région ne peut ignorer ce facteur.

3. Quelles obligations découlent de la législation, c'est-à-dire des codes (du travail, criminel et civil), des lois ou des règlements concernant les aspects suivants : la santé et la sécurité au travail, les bâtiments et normes de construction, la prévention des incendies, la qualité et la protection de l'environnement, le secteur d'activité de l'entreprise (mines, gaz, pétrochimie, marine marchande, pêches, etc.), l'utilisation et le transport des matières dangereuses et des produits contrôlés, la sécurité civile, la protection des personnes et des biens en cas de sinistre, les établissements industriels, commerciaux et édifices publics ? Ces informations fournissent une bonne indication des responsabilités qui attendent l'entreprise en matière de construction et d'aménagement sécuritaire des lieux, d'installation de systèmes d'autoprotection, d'élaboration de procédures spécifiques d'urgence, d'attribution de responsabilités à des ressources humaines, d'interaction entre les ressources et de fréquence de réalisation des exercices et des simulations.

4. Quelles caractéristiques du milieu environnant peuvent affecter ou appuyer l'entreprise ? S'agit-il d'un quartier industriel ou résidentiel ? L'entreprise voisine utilise-t-elle des matières dangereuses ? Des trains de marchandises circulent-ils sur la voie ferrée adjacente à l'usine ? Cette dernière est-elle située à proximité d'une autoroute où circulent des véhicules transportant des matières dangereuses ? Le site est-il facile d'accès pour les services d'urgence tels que la police et les pompiers ? Y a-t-il un hôpital à proximité ?

5. Identifier et connaître les partenaires externes pouvant influencer la démarche de planification, par exemple les services d'incendie, de police et d'ambulance, de même que les agences ayant des responsabilités en matière de sécurité publique ou environnementale.

Les procédés de l'entreprise

Cette étape de l'analyse vise des aspects particuliers à l'entreprise. Ils sont de nature organisationnelle, physique et technique. L'entreprise doit s'interroger sur les éléments suivants :

1. Quelle est la mission, la raison d'être de l'entreprise ? En cas de crise, des choix difficiles doivent souvent être faits. En plus d'accorder la priorité à la protection de la vie humaine et de l'environnement, l'entreprise doit être capable de s'en tenir à l'essentiel.

2. Quelle est la structure organisationnelle de l'entreprise et de ses départements en situation normale ? Il faudra adapter celle-ci en situation d'urgence ou de crise.

3. Quels sites sont visés par la démarche de planification des mesures d'urgence ? Ce qui inclut les terrains, les bâtiments et autres types d'installations.

4. Quelles sont les heures d'activité du site visé? Les événements susceptibles de toucher une entreprise peuvent varier selon que le site est en activité ou non, par exemple le risque de séquestration des employés d'une succursale bancaire.

5. Quels actifs sont stratégiques pour la réalisation de la mission de l'entreprise? Cela implique d'identifier les activités et opérations qui doivent impérativement être maintenues. Par exemple, dans l'industrie minière, l'arrêt impromptu d'un concentrateur de minerai (étape du mélange entre la matière première et des substances chimiques afin d'en extraire les métaux) en raison d'un acte de sabotage peut entraîner des coûts de plusieurs dizaines de millions de dollars.

6. Quelle est la superficie du périmètre et des bâtiments? Quel est le type de construction, principalement les matériaux qui composent les murs, les plafonds, les planchers, les portes, les fenêtres, de même que leur épaisseur? Quelles sont les voies et les moyens d'évacuation, tant des bâtiments que du périmètre extérieur?

7. Sur le plan des infrastructures de soutien, où sont les salles techniques permettant de contrôler l'approvisionnement en air, en eau, en électricité, en gaz naturel, en communications? Par exemple, si une manifestation hostile se déroule à l'extérieur d'un site, il est généralement avisé de fermer la ventilation au cas où un manifestant tenterait de contaminer un immeuble en jetant une matière fumigène près de l'entrée d'air frais.

8. Où sont situées les sources de dangers sur le site, par exemple les matières dangereuses (solvants, bonbonnes de gaz) et les procédés organisationnels (de fabrication ou autre) les plus susceptibles d'entraîner des accidents industriels?

Les humains

L'entreprise doit s'interroger sur les personnes qui interagissent avec l'entreprise, soit les employés, clients, visiteurs, fournisseurs.

1. Quel est le nombre de personnes sur les lieux selon les heures d'activité. Cette information sera utile lors de l'évacuation d'un site.

2. Quel est l'historique en matière de violence en milieu de travail? Des employés, clients ou fournisseurs ont-ils déjà proféré des menaces à l'endroit de l'entreprise ou du personnel?

3. Des employés sont-ils aux prises avec des problèmes de santé? Y a-t-il des femmes enceintes sur le site? Certaines personnes éprouvent-elles des problèmes de consommation abusive d'alcool ou de drogue?

4. Quelle est la distribution géographique des lieux de résidence des employés, et quelles sont leurs différentes habiletés? Ces informations permettront non seulement de savoir, dans un premier temps, si des ressources d'intervention sont disponibles sur les sites à protéger, mais également de procéder à une pré-identification des ressources d'intervention, en fonction de leur proximité et de leurs habiletés.

Somme toute, la compréhension et la synthèse des renseignements recueillis permettent de dégager une vue d'ensemble des réalités de l'entreprise et de porter un premier jugement neutre sur la situation, et ce, indépendamment du niveau de la menace et des mesures de sécurité en place.

L'ÉTUDE DE VULNÉRABILITÉS : PIERRE ANGULAIRE DE LA PLANIFICATION

Choisir parmi différentes options de maîtrise des risques présuppose une identification et une analyse préalable des menaces et des vulnérabilités.

En s'appuyant sur la connaissance du milieu, de même que sur les connaissances scientifiques, le travail consiste à repérer les risques et à se prononcer sur le niveau d'exposition de l'entreprise. Des sources d'informations telles que l'historique des incidents dans l'entreprise, les résultats d'inspections physiques des lieux effectuées sur une base régulière, les plaintes, l'enregistrement des nouveaux incidents, les statistiques d'assurances, l'historique des sinistres des entreprises œuvrant dans le même secteur et les inspections effectuées par des autorités externes comme le service des incendies ou le service de police seront particulièrement utiles pour évaluer le niveau d'exposition. Globalement, l'analyse doit renseigner sur où, quand, comment et pourquoi un événement est susceptible de survenir, et avec quelle probabilité et conséquence.

Cela dit, dans le domaine des mesures d'urgence et de la gestion des crises, l'intérêt est davantage porté vers l'analyse des conséquences associées aux risques identifiés, vers les risques résiduels et vers l'analyse de la capacité à réagir de l'entreprise (CRAIM 2002). Au terme de l'exercice, il faut pouvoir répondre aux questions suivantes : Quel niveau l'événement peut-il atteindre ? Quels seront les impacts sur la santé des personnes et sur l'environnement ? Avec quelle attention les médias et les organismes gouvernementaux examineront-ils l'événement ? Jusqu'à quel point l'événement peut-il nuire à l'exploitation de l'entreprise ? L'événement pourrait-il empêcher l'entreprise de commercialiser son produit ou de dispenser ses services ? Le personnel de l'entreprise devra-t-il consacrer tellement de temps à l'événement qu'il ne pourra plus s'occuper des autres tâches importantes ? Quel préjudice sera causé à l'image et à la réputation de l'entreprise ? Dans quelle mesure les finances de l'entreprise seront-elles touchées ? Quels impacts aura l'événement sur le moral des employés ? (Association Canadienne de Normalisation 2003 : 21) Une fois cet exercice réalisé, on examine la disponibilité, l'état et l'organisation des ressources pouvant contribuer à la prévention, à la préparation et à l'intervention.

LES MESURES DE PRÉVENTION

En s'appuyant sur l'étude des vulnérabilités, il est primordial d'identifier, de sélectionner et de mettre en œuvre des mesures de prévention et d'atténuation des événements pouvant conduire à des urgences, des sinistres ou des crises. Il s'agit ici de rechercher un juste équilibre entre l'aménagement sûr des lieux, des systèmes et équipements, des procédures et des ressources humaines compétentes. Notons que l'étape de la connaissance du milieu aura préalablement fourni une importante quantité de renseignements permettant d'évaluer l'écart entre la situation actuelle et la situation désirée.

En matière d'aménagement des lieux, la mesure la plus évidente consiste à concevoir un bâtiment de manière à ce qu'il dispose d'un nombre suffisant de sorties d'urgence pour permettre l'évacuation des personnes. On pourra aussi faire appel à des locaux d'entreposage de matières dangereuses, à des passages piétonniers pour réduire le risque de collision entre les piétons et des véhicules, à des dos d'âne pour réduire la vitesse, à des panneaux de signalisation pour mettre en évidence un arrêt obligatoire et ainsi de suite.

Divers systèmes et équipements pourront être envisagés : systèmes de protection et de détection des incendies (gicleurs, détecteurs de fumée, avertisseurs incendie), éclairage de sécurité et d'urgence, clôtures ou barrières pour contrôler l'accès à des endroits stratégiques, pellicules anti-bris de verre, systèmes d'alarme intrusion, génératrices d'urgence.

Des procédures visant à s'assurer que les lieux sont protégés et conservés en bon état, de même que pour vérifier le bon fonctionnement des systèmes et équipements, pourront aussi être mises en place. Par exemple, on s'assurera que les travaux de déneigement et de déglaçage des trottoirs, des toits et des sorties de secours sont effectués en cas de tempête de neige ou de verglas. On vérifiera périodiquement le panneau d'alarme incendie à l'aide des lampes témoins et on inscrira le résultat dans un rapport quotidien. On mettra sous essai les groupes électrogènes. On inspectera les extincteurs portatifs. On vérifiera l'audibilité des messages phoniques du panneau d'alarme et ainsi de suite.

Finalement, des ressources humaines devront être mandatées pour effectuer les tâches prévues dans les procédures et pour conduire des audits périodiques afin de mesurer l'efficacité du programme dans son ensemble. Les personnes devront disposer des compétences et de la formation requise pour effectuer les tâches de prévention en question. Des campagnes de sensibilisation pourront aussi être mises en œuvre afin de solliciter la participation de l'ensemble du personnel en rapport avec les risques de situations d'urgence et les priorités de l'entreprise.

Cela dit, on ne saurait dresser ici un inventaire exhaustif des mesures de prévention potentielles, puisque celles-ci découlent directement des risques et vulnérabilités particuliers à chaque entreprise.

LA PRÉPARATION ET L'INTERVENTION

Nous avons jusqu'ici insisté sur le fait qu'en matière de planification des mesures d'urgence et de gestion de crises, il convient de mettre l'accent sur l'évaluation (la connaissance du milieu et l'étude de vulnérabilités) et sur la prévention plutôt que sur la réaction. Toutefois, puisque l'évaluation n'est pas une fin en soi, que le risque zéro n'existe pas et que la nature même des activités de l'entreprise (son environnement, ses procédés et les humains) est telle que des événements regrettables se produiront malgré les efforts de prévention, il convient d'en atténuer les conséquences grâce à des mesures d'urgence. Les deux principaux éléments de la gestion des urgences sont la préparation et l'intervention.

En premier lieu, la préparation consiste à maintenir une capacité effective d'intervention. Elle agit en quelque sorte comme un trait d'union entre les étapes précédentes et l'intervention proprement dite. Dans le cadre de cette étape, on procède à l'élaboration des procédures d'urgence (exemples : une procédure d'évacuation, d'appel à la bombe ou d'urgence médicale), on sélectionne les personnes ayant un rôle et des responsabilités particulières en cas d'urgence (les responsables d'étage ou les agents de sécurité), on donne des séances de formation (utilisation des extincteurs ou réanimation cardio-respiratoire), on procède à des exercices (évacuation d'urgence) et à des simulations (employés incommodés par la fumée, arrêt cardio-respiratoire et réanimation).

En second lieu, il y a l'intervention proprement dite, laquelle doit être à la fois stratégique et opérationnelle. L'intervention stratégique est principalement liée aux notions d'anticipation des conséquences et des besoins, de coordination entre les différents intervenants et aux questions de rétablissement et de continuité des affaires de l'entreprise. L'intervention opérationnelle fait quant à elle référence à toutes les actions réalisées directement sur le site de l'événement à caractère d'urgence par les intervenants de première ligne, par exemple des employés, des agents de sécurité ou une brigade d'incendies.

Toutes les personnes appelées à exercer un rôle en matière d'intervention stratégique et opérationnelle doivent être appuyées par des ressources prévues et mises en place préalablement, et ce, afin d'assurer leur sécurité et de minimiser les dommages corporels ou matériels causés par la situation d'urgence. Par exemple, les intervenants stratégiques pourront se réunir dans un centre de coordination déterminé à l'avance et disposant du matériel requis, notamment une copie du plan de mesures d'urgence, des téléphones et des ordinateurs. Les intervenants opérationnels disposeront entre autres de boyaux incendie, de trousses de premiers soins ou de déversement de matières dangereuses et d'émetteurs radio.

Cela dit, l'intervention stratégique et opérationnelle est conditionnelle à la réalisation d'une étape préalable, soit le déclenchement d'une alerte.

L'ALERTE ET LA MOBILISATION

Une alerte est une action ayant pour but de diffuser, au sein de l'entreprise, un état d'urgence exigeant une mobilisation immédiate ou imminente. Une alerte peut, par exemple, être déclenchée par un panneau d'alarme incendie ou de détection de gaz, ou par une personne témoin d'un événement tel qu'un accident, un incendie, une explosion, un déversement ou une fuite de matière dangereuse ou la découverte d'un colis suspect. La mobilisation est, quant à elle, l'action ayant pour but de mettre sur pied et de préparer un groupe de personnes pour intervenir de façon concertée.

La façon la plus répandue pour associer l'alerte et la mobilisation requise est de lui attribuer différents niveaux, par exemple une phase de pré-alerte, puis une alerte jaune, orange et rouge. Le niveau de pré-alerte indiquerait, par exemple, que les activités se déroulent normalement, que l'évaluation des risques se poursuit comme à l'habitude mais que toute information relative à un incident ou à un événement inhabituel devra être transmise à un coordonnateur afin de procéder à son interprétation et à son évaluation. Selon les conclusions de l'évaluation, des mesures additionnelles de prévention pourraient être mises en place et, si la situation le requiert, les membres du centre de coordination des urgences ou d'une cellule de crise seront mobilisés et prêts à intervenir à tout moment.

Dans l'ensemble, la description des niveaux d'alerte (jaune, orange ou rouge) dépend de chaque entreprise. Exception faite des conséquences évidentes de certains événements sur la vie humaine (un décès, par exemple) et sur l'environnement (notamment une marée noire), des conséquences telles que des dommages à la propriété dépendent de la valeur stratégique accordée aux biens touchés. Une alerte rouge serait associée aux événements survenant dans les sites dont les opérations et les activités sont jugées extrêmement critiques pour la société, tandis que le niveau jaune correspondrait aux événements survenant dans ceux dont l'interruption des opérations n'affecterait que peu la société.

Puisque le passage d'un niveau d'alerte à un autre n'est possible que s'il y a, au préalable, déclenchement de l'alerte, les responsables du plan de gestion de crise identifient à l'avance les conditions de passage en mode alerte. Une perturbation majeure des activités sur un site, des dommages ou préjudices causés aux installations ou aux produits, de l'intimidation auprès des représentants de l'entreprise pourraient justifier le déclenchement de l'alerte.

Lorsqu'un événement se produit, la mobilisation des intervenants peut être influencée par l'absence d'un intervenant important, le manque de connaissance d'un nouvel intervenant, un problème technique ou l'heure de l'événement. La mobilisation étant directement affectée par ces facteurs, les procédures d'urgence restent un guide théorique. Cela dit, l'important est que tous les intervenants maîtrisent leurs rôles et responsabilités afin de pouvoir, selon le contexte, réaliser leur mission le mieux possible. À cet égard, il importe de former les intervenants. Bien que le World Trade Center (WTC) ait fait l'objet d'un attentat à la bombe en 1993, certaines études réalisées après les attentats du 11 septembre 2001 révèlent que seulement 45% des 445 employés du WTC rencontrés en entrevue savaient que les tours possédaient trois escaliers de secours, et que seulement 50% savaient que les portes donnant accès au toit des tours étaient verrouillées. Sachant aujourd'hui qu'au moins 135 victimes avaient théoriquement accès à un escalier de secours et le temps de l'utiliser, il est raisonnable de croire que des vies auraient pu être sauvées grâce à une meilleure préparation (Ripley 2005).

LES CENTRES DE DÉCISION

De nos propos se dégagent quelques grands centres d'activités en mesures d'urgence et en gestion de crise c'est-à-dire le comité d'urgence, le comité de gestion de crise, le centre de coordination, les intervenants de première ligne et les intervenants externes à l'entreprise.

Le comité d'urgence

Afin de s'assurer que l'orientation des mesures d'urgence correspond aux besoins et aux risques, un comité d'urgence doit être constitué en permanence. Piloté par un coordonnateur des mesures d'urgence (souvent le chef de la sécurité), le comité doit assurer le développement et la mise à jour du plan de mesures d'urgence. Évidemment, le coordonnateur et les autres membres du comité d'urgence doivent être nommés dès le début de la démarche de planification, puisqu'ils doivent piloter les étapes de la connaissance du milieu, de l'étude de vulnérabilités, de l'identification des mesures de prévention et de la préparation. Notons que des spécialistes externes à l'entreprise et la participation ponctuelle d'intervenants des services publics peuvent aussi venir appuyer les travaux du comité.

Le comité de gestion de crise

En ce qui concerne la gestion de crise proprement dite, beaucoup d'entreprises ne disposent pas d'un comité de crise permanent, mais optent plutôt pour un comité *ad hoc* pouvant être modifié selon la situation. La décision de se doter ou non d'une structure permanente dépend du niveau de risque associé aux opérations de l'entreprise et des avantages et inconvénients liés à l'une ou l'autre des stratégies. À ce sujet, quelques leçons se dégagent des propos de Pauchant et Mitroff (1995) ainsi que de Lagadec (1991). La première est que la formation d'une structure permanente ne doit pas créer une mentalité d'urgence dans l'entreprise, notamment pour légitimer l'existence même du comité. La deuxième est que la fonction primordiale du comité de crise ne doit pas être le pilotage des urgences, le comité d'urgence étant justement là pour exercer cette fonction. La troisième est que le comité de crise doit constituer un véritable outil, notamment de prévention, et pas seulement une unité réactive donnant l'impression que sa simple activation suffira à résoudre tous les problèmes. Qu'il soit *ad hoc* ou permanent, le comité de crise doit donc faire preuve de leadership et de créativité, puisque l'une de ses principales tâches sera de faciliter les échanges entre les divers services et fonctions de l'entreprise, et ce, afin d'interpréter les signes précurseurs de crises dans l'ensemble de l'organisation et de les prévenir autant que possible.

Le centre de coordination

Lors du déclenchement d'une alerte, le comité d'urgence doit se mobiliser au centre de coordination d'urgence. Le mandat de ce dernier est de soutenir stratégiquement les intervenants de première ligne et de prévoir les besoins et les actions de reprise des activités après l'événement. De façon plus spécifique, le centre de coordination est responsable de s'assurer du complet déploiement des mesures en cas d'urgence, de fournir les ressources humaines et matérielles nécessaires au coordonnateur des mesures d'urgence, d'établir les liens de communication (direction, comité de crise, médias, communauté, autorités) et de coordonner les ressources déployées lors d'un événement majeur. De plus, les questions soulevées antérieurement lors de l'étude des vulnérabilités doivent rapidement être abordées lorsqu'on dresse un état de la situation. La réponse à ces questions permettra d'établir s'il s'agit d'une simple crise de fonctionnement (dommages limités, interruption partielle, sécurité des personnes ou de l'environnement non compromise) ou s'il s'agit d'une crise majeure. Dans ce dernier cas, une cellule de crise devra être activée afin d'évaluer la situation, les contingences, les options, les objectifs et les ressources disponibles, ainsi que pour développer un plan d'action et diriger les opérations (mobiliser les ressources, ordonner l'enclenchement des procédures telles qu'une évacuation, établir les liens de communication).

Notons que compte tenu du rôle stratégique du centre de coordination, il faut s'assurer que l'accès à ce lieu est contrôlé, qu'il est occupé par du personnel 24 heures par jour et qu'il dispose de moyens de communication adéquats. Le centre doit évidemment disposer d'un bottin des ressources où figure la liste des adresses et des numéros de téléphone de tous les intervenants de même que des principaux partenaires externes.

Les intervenants de première ligne

Qu'il s'agisse d'une urgence ou d'une crise majeure, des intervenants de première ligne devront être mobilisés pour assumer des responsabilités sur le terrain : assurer l'évacuation des lieux, protéger les biens meubles et immeubles, contrôler les accès à l'entrée de lieux stratégiques, contrôler une foule de manifestants afin d'éviter l'occupation des lieux, manipuler des systèmes d'extinction incendie. Cela dit, même si ces intervenants doivent maîtriser le fonctionnement d'équipements d'intervention, ils ne doivent en aucun temps se substituer aux intervenants externes, par exemple en combattant un incendie majeur.

Idéalement, un poste de commandement situé près de la zone touchée devra être mis en place. Son rôle sera de diriger les intervenants de première ligne et de prendre les décisions de nature opérationnelle. L'une de ses tâches sera d'inscrire dans un registre d'opération tous les gestes posés par les intervenants et de faire rapport au centre de coordination.

Les intervenants externes

L'étape de la connaissance du milieu aura notamment permis d'identifier les intervenants externes en mesure d'appuyer l'entreprise lors du sinistre ou de la crise. Lors d'un incendie majeur, le service de police ou d'incendie peut établir un périmètre de sécurité et affecter un officier au poste de commandement. S'il s'agit d'un appel à la bombe, les policiers peuvent aussi participer à une fouille minutieuse de l'immeuble avec la collaboration des personnes familières des lieux. Dans tous les cas, lorsqu'ils interviennent dans des situations où la sécurité du public est compromise, les policiers et les pompiers disposent de toute l'autorité requise pour passer à l'action, et ce, même à l'intérieur de la propriété d'une entreprise.

UNE CONCEPTION INTÉGRÉE DE LA SÉCURITÉ ET DES CRISES

De toute évidence, une entreprise qui souhaite survivre en affaires doit savoir composer avec la turbulence. Or, la gestion efficace des perturbations ne peut reposer uniquement sur la fonction sécurité. Des personnes aux compétences variées et issues de toutes les fonctions d'une entreprise doivent apporter une contribution à la gestion des crises, notamment les responsables des relations publiques. Certaines crises ont été amplifiées par une mauvaise communication avec les clients, le public et les médias.

La composition, le mandat et la structure de la cellule de crise doivent tenir compte de toutes les fonctions majeures d'une entreprise. Mitroff, Pauchant et Shrivastava (1988a et 1988b) rapportent à ce sujet que le chef de la sécurité est présent dans 83 % des cellules de crise constituées en entreprise, après le conseiller juridique (90 %) et le directeur des relations publiques (87 %). Il est suivi de près par le directeur des opérations (82 %) et par le directeur des affaires environnementales (80 %).

Cela nous amène à insister sur le fait que pour exercer son rôle avec brio, la fonction sécurité doit se donner suffisamment d'élévation pour acquérir une vision globale de l'organisation puisque cette dernière est inévitablement exposée à une grande variété de dangers et de risques dont l'importance dépend de l'ampleur des menaces et de l'étendue des vulnérabilités. Pour atténuer les risques de l'entreprise, le chef de la sécurité doit pouvoir recommander d'éviter certains environnements ou sensibiliser la haute direction aux risques associés à la décision de s'y exposer. De concert avec le comité d'urgence, il lui sera aussi primordial d'identifier, de sélectionner et de mettre en œuvre des mesures de prévention et d'atténuation des événements pouvant conduire à des sinistres ou des crises. Et, quand des événements se produiront malgré les efforts de prévention, il conviendra d'atténuer les conséquences en maintenant une capacité effective d'intervention et en favorisant une intervention concertée en cas d'alerte. Le tout avec comme but prioritaire de protéger la mission de l'entreprise, de même que la vie dans son sens le plus large, c'est-à-dire la vie humaine et l'environnement. La figure suivante illustre cette vue d'ensemble.

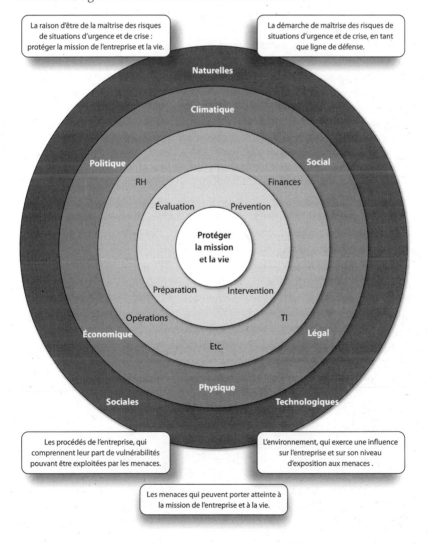

En guise de conclusion, puisque les situations d'urgence et de crise sont susceptibles de provenir de toutes les unités de travail d'une entreprise et de toucher à celles-ci, le chef de la sécurité doit non seulement savoir corriger les vulnérabilités relevant de sa compétence mais aussi signaler au comité d'urgence ou de crise celles qui débordent de son champ d'expertise. Cela exige d'établir une relation étroite avec toutes ces unités, et avec «l'état-major» de l'entreprise en particulier.

Bibliographie

ADLER, P. A. *Wheeling and dealing: An ethnography of an upper-level drug dealing and smuggling community* (2ᵉ éd.), New York, Columbia University Press, 1993.

AINSWORTH, P. B. *Offender Profiling and Crime Analysis*, Cullompton, Devon, Willan Publishing, 2001, 197 p.

AITKEN, C. C. G. et F. TARONI. *Statistics and the Evaluation of Evidence for Forensic Scientists*, London, John Wiley & Sons, 2004.

ALAIN, M. «"The trapeze artist and the ground crew" police cooperation and intelligence exchange mechanisms *in* Europe and North America: a comparative empirical study», *Policing and Society*, 2001, 11 (1), p. 1-27.

ALBRECHT, H. J. «Forschungen zur Wirtschaftskriminalität in Europa: Konzepte und empirische Befunde», *in* Bauhofer, S., Queloz N., Wyss E. (éd.), *Wirtschaftskriminalität — Criminalité économique*, Zürich/Chur, Verlag Rüegger, 1999, p. 101-130.

ALEGRE DE LA SOUJEOLE, F. et C. CHOCQUET. «La professionnalisation du maintien de l'ordre», *Revue Historique des Armées*, 4, 2001, p. 97-112.

ALPERT, G., R. DUNHAM et J. MCDONALD. «Interactive police-citizen encounters that result in force», *Police quarterly*, 7, 4, 2004, p. 475-488.

AMENDOLA, K., M. LEAMING et J. MARTIN. *Analyzing characteristics of Police-Citizen Encounters in High Risk Search Warrant Issuances, Domestic Disturbances, Hostage and Barricaded Persons Incidents, and Encounters with Fleeing Felony Suspects* (Grant 92-IJ-CX-K019), Washington DC, Police Foundation, 1996.

AMERICAN ASSOCIATION OF RETIRED PERSONS. *A report on the 1994 study of the use of volunteers in police agencies*, AARP, Washington DC, 1994.

AMIR, Menachem et Stanley EINSTEIN. *Police Corruption: Challenges for Developed Countries — Comparative Issues and Commissions of Inquiry*, Huntsville, TX, Sam Houston State University, 2004.

ANDENAES, J. *Punishment and Deterrence*, Ann Arbor, University of Michigan Press, 1974.

ANDÉOL-AUSSAGE, B. et B. DORNIER. *Le point des connaissances sur l'évaluation des risques professionnels*, Institut National de Recherche et de Sécurité, 2005.

ANDERSON, Annelise G. *The Business of Organized Crime: A Cosa Nostra Family*, Stanford, Hoover Institution Press, 1979.

ANDERSON, D. et K. PEASE. «Biting back: Preventing Repeat Burglary and Car Crime in Huddersfield», *in* Clarke, R. V. ed. *Situational Crime Prevention. Successful Case Studies, 2nd edition.* Guilderland, New York, Harrow and Heston, 1997.

ANDERSON, Malcolm et Joanna APAP. *Police and justice co-operation and the new European borders*, New York, Kluwer international, 2002.

——————. *Policing the European Union*, Oxford, Clarendon Press, Toronto, Oxford University Press, 1995.

——————. *Policing the world: Interpol and the politics of international police cooperation*, Clarendon Press, Oxford University Press, Oxford (Angleterre), New York, 1989.

ANDREWS, D. A., J. BONTA et J. S. WORMITH. *Level of Service / Case Management Inventory: An Offender Assessment System*, Toronto, Multi-Health Systems, Inc., 2004.

——————. «The recent past and near future of risk and/or need assessment», *Crime and Delinquency*, 52, 2006, p. 7-27.

ANGLEN, R. «167 cases of death following stun-gun use», *The Arizona Republic*, Jan. 5, 2006.

ANONYMOUS. *Imperial Hubris: Why the West Is Losing the War on Terror*, Washington, Brassey's, 2004.

APOSTEL, Léo, Benoît MANDELBROT et Albert MORF. *Logique, langage et théorie de l'information*, Paris, Presses Universitaires de France, 1957.

ARMITAGE, R. *To CCTV or not to CCTV?* London: Narco, Crime and Social Policy Section, 2002.

ARMITAGE, R., G. SMYTH et K. PEASE. «Burnley CCTV Evaluation», *in* Painter, K., Tilley, N. (dir.) *Surveillance of Public Space. Crime Prevention Studies, vol. 10*, Monsey, New York, Criminal Justice Press, 1999, p. 225-250.

ASCH, S. E. *Social psychology*, Oxford, Oxford University Press, 1987.

ASIS INTERNATIONAL. *Physical Security*, Washington, ASIS International, 2001.

_____. *General Security Risk Assessment: An ASIS International Guideline*, Alexandria, ASIS International, 2003.

ASSOCIATION CANADIENNE DE NORMALISATION. *Planification des mesures et interventions d'urgence. Norme nationale du Canada* CAN/CSA-Z731-03, 2003.

ASSOCIATION CANADIENNE POUR LES ÉTUDES DE RENSEIGNEMENT ET DE SÉCURITÉ (ACERS). *Allocution de M. Jim Judd, directeur du SCRS*, 2006. *http://www.csis. gc.ca/en/newsroom/speeches/speech27102006.asp*

AUBRY JR., A. S. et R. R. CAPUTO. *Criminal Interrogation*, Springfield, Illinois, Charles C. Thomas, 1965.

AUGSBURGER, Isabelle (éd.). *La Criminalité économique: ses manifestations, sa prévention et sa répression*, Les actes de l'Institut de Lutte contre la Criminalité Économique (ILCE), Paris, L'Harmattan, 2005.

AUGSBURGER-BUCHELI, I. et J. L. BACHER (éd.). *La criminalité économique: ses manifestations, sa prévention et sa répression*, Paris, L'Harmattan, 2005.

AXELROD, R. *The Evolution of Cooperation*, Basic Books, New York, 1984.

AYRES, I. et S. LEVITT. *Measuring Positive Externalities from Unobservable Victim Precaution: an Empirical Analysis of Lojack*, Cambridge, National Bureau of Economic Research, 1997.

_____. «Measuring positive externalities from unobservable victim precaution: an empirical analysis of LoJack», *The Quarterly Journal of Economics*, 1998, p. 43-77.

BABIAK, P. et R. D. HARE. *Snakes in Suits: When Psychopaths Go to Work*, New York, HarperCollins, 2006.

BACHER J.-L. et M.-M. COUSINEAU. «Heurts et bonheurs de la collaboration entre enquêteurs privés et policiers», *in Police et sécurité: contrôle social et interaction public/privé*, édit. par Joanna Shapland et Lode van Outrive, Paris, L'Harmattan, 1999, p. 101-114.

BACHER, J.-L. «Dissuasion», *in Dictionnaire critique des sciences criminelles*, Dalloz, 2004, p. 260-263.

BACHER, J.-L. et E. BLAIS. «L'introduction d'un stimulus dissuasif pour contrer la majoration excessive des réclamations à l'assurance: prévention de la délinquance ou règlement différentiel?», *Revue assurance*, vol. 73 (1), 2005, p. 55-77.

BAECHLER, J. *Précis de la démocratie*, Paris, Calmann-Lévy, 1994.

BAER, Robert. *See No Evil: The True Story of a Ground Soldier in the CIA's War on Terrorism*, New York, Three Rivers Press, 2002.

BALDWIN, J. «Police interviewing techniques. Establishing the truth or proof?» *The British Journal of Criminology*, 33, 1993, p. 325-352.

BALDWIN, J. et M. MCCONVILLE. *Confessions in Crown Court trials*, Royal Commission on Criminal Procedure Research Study nᵒ 5, London, HMSO, 1980.

BAMFIELD, J. «Electronic Article Surveillance: management learning in curbing theft», *in* Gill, M. (dir.), *Crime at Work*, vol. I, Leicester, Perpetuity Press, 1994.

BAMFORD, James. *Body of Secrets: Anatomy of the Ultra-Secret National Security Agency From the Cold War to the Dawn of the New Century*, New York, Doubleday, 2001.

BANTON, M. *The Policeman in the Community*, London, Tavistock, 1964.

BARBEAU, S. et B. DUPONT. *Guide de consultation Police — Citoyens*, Montréal, Université de Montréal, Centre International de Criminologie Comparée, 2006. *http://www.mapageweb.umontreal.ca/dupontb/consult/guide %20consultation %20dwld.PDF*.

BARCLAY, P., J. BUCKLEY, P. J. BRANTINGHAM, P. L. BRANTINGHAM et T. WHIN-YATES. « Preventing Auto Theft in Commuter Lot: A Bike Patrol in Vancouver », *in* Clarke, R. V. (dir.), *Situational Crime Prevention. Successful Case Studies, 2nd edition*. Guilderland, New York, Harrow and Heston, 1997.

BARNES, S. et M. KAASE. *Political Action: Mass Participation in Five Western Democracies*, New York, Sage Publication, 1979.

BARNETT, A., A. BLUMSTEIN et D. FARRINGTON. « Probabilistic Models of Youthful Criminal Careers », *Criminology*, 25, 1987, p. 83-107.

BARNETT, Michael et Liv COLEMAN. « Designing Police: Interpol and the Study of Change in International Organisations », *International Studies Quarterly*, 49, 2005, p. 593-619.

BARTON, A. et R. EVANS. *Proactive Policing on Merseyside*, Police research series paper 105, London, Home Office, 1999.

BATTON, C. et St. WILSON. « Police murders. An examination of historical trends in the killings of law enforcement officers in the USA », *in Homicide Studies*, 10, 2, 2006, p. 79-97.

BAYLE D. et M. S. HUMEAU. *Réussir un spectacle ou une manifestation culturelle*, Paris, Groupe Moniteur, coll. « Guides », 1997.

BAYLEY, D. H. *Patterns of Policing: A Comparative International Analysis*, Nouveau-Brunswick, N. J., Rutgers University Press, 1985.

——————. *Forces of Order: Policing Modern Japan*, Berkeley, University of California Press, 1991.

——————. *Police for the Future*, New York, Oxford University Press, 1994.

BAYLEY, D. H. et J. GAROFALO. « The tactical choices of police patrol officers », *Criminology*, 27, 1, 1989.

BAYLEY, D. H. et C. D. SHEARING. *The New Structure of Policing*. Washington DC, Department of Justice, Nationale Institute of Justice, 2001.

BAYLEY, D. H. et J. SKOLNICK. *Community Policing: Issues and Practice Around the World*, National Institute of Justice, Washington DC, 1991.

BEATTIE, K. « Homicides entre conjoints », *in La violence familiale au Canada: un profil statistique*, Ottawa, Statistique Canada, Centre canadien de la statistique juridique, 2005.

BECK, A. et A. WILLIS. « Context-Specific Measures of CCTV Effectiveness », *in* Painter, K. et Tilley, N. (éd.), *Surveillance of Public Space. Crime Prevention Studies*, vol. 10, Monsey, New York, Criminal Justice Press, 1999, p. 251-268.

BECK F., Stéphane LEGLEYE et Stanislas SPILKA. « Les drogues à 17 ans: évolutions, contextes d'usages et prises de risque », *Tendances*, 49, septembre 2006, p. 1-4.

BEDAU, H. A. et M. L. RADELET. « Miscarriages of Justice in Potentially Capital Cases », *Stanford Law Review*, 40, 1987, p. 21-179.

BEERNAERT, Marie-Aude. *Repentis et collaborateurs de justice dans le système pénal: analyse comparée et critique*, Bruxelles, Bibliothèque de la Faculté de droit de l'Université catholique de Louvain, Bruylant, 2002.

——————. « De l'irrésistible ascension des "repentis" et "collaborateurs de justice" dans le système pénal », *Déviance et société*, 27, 2003, p. 77-91.

BÉLAND, Daniel. « Insecurity, Citizenship, and Globalization: The Multiple Faces of State Protection », *Sociological Theory*, 23, 2005, p. 25-41.

BENNET William, John DIIULIO et John WALTERS. *Body Counts*, New York, Simon and Schuster, 1996.

BENNETT, T. *Evaluating Neighbourhood Watch*, Gower, Aldershot, 1990.

——. «Community policing on the ground: Developments in Britain», *in* Rosenbaum D. P. (éd.), *The Challenge of Community Policing*, SAGE Publications, Thousand Oaks, 1994, p. 224-246.

BENNETT, W. W. et K. M. HESS. *Criminal Investigation*, sixth Edition, Belmont, CA, Wadsworth-Thomson Learning, 2001.

BEN-SHAKHAR, G. et J. J. FUREDY. *Theories and Applications in the Detection of Deception. A Psychophysiological and International Perspective*, New York, Springer-Verlag, 1990.

BENYON, J. «Policing the European Union: The Changing Basis of Cooperation on Law Enforcement», *International Affairs*, vol. 70, 1994, p. 497-517.

BERGER, D. L. *Industrial Security*, 2ᵉ éd., Boston, Butterworth-Heineman, 1999.

BERGERON, Pierre. *La Gestion dynamique. Concepts, méthodes et applications*, Montréal, Gaëtan Morin, 2001.

BEST, D. et A. QUIGLEY. «Shootings by the police. What predicts when a firearms officer in England and Wales will pull the trigger?», *Policing and Society*, 13, 4, 2003, p. 349-364.

BIGO, Didier. *Polices en réseaux : l'expérience européenne*, Paris, Presses de la Fondation nationale de sciences politiques, 1996.

——. «Liaison officers in Europe: new officers in the European security field», *in* J. W. E. Sheptycki (éd.), *Issues in Transnational Policing*, New York, Routledge, 2000, p. 67-99.

BILLINGS, R. S. et autres. «A Model of Crisis Perception: A Theoretical and Empirical Analysis», *Administrative Science Quarterly*, 25, 1980, p. 300-316.

BISHOP, Matt. *Computer security Art and Science*, Addison Wesley, 2003.

BITTNER, E. *The Function of Police in Modern Society*. Washington, DC, National Institute of Mental Health, 1970.

——. «De la faculté d'user de la force comme fondement du rôle de la police (trad.)», *in* J.-P. Brodeur, D. Monjardet (dir.), *Connaître la police. Grands textes de la recherche anglo-saxonne*, Paris, La Documentation française, 2003, p. 47-67.

——. «Florence Nightingale in Pursuit of Willy Sutton: a Theory of the Police», *in* Jacob, H. (éd.) *The Potential for Reform of Criminal Justice*, Beverly Hills, Sage, 1974, p. 17-44.

——. «De la faculté d'user de la force comme fondement du rôle de la police», *Cahiers de la sécurité intérieure*, 3, 1991, p. 224-235.

BITTNER, E., J.-P. BRODEUR et F. JOBARD. Contributions au dossier «Débat: autour de Bittner», *Déviance et société*, 25, 3, 2001, p. 279-345.

BLACK, D. *The Behaviour of Law*, New York, Academic Press, 1976.

——. *The Manners and Customs of the Police*, New York, Academic Press, 1980.

——. *The Social Structure of Right and Wrong*, San Diego, Academic Press, 1993.

——. «L'organisation sociale des arrestations», *in* J.-P. Brodeur, D. Monjardet (dir.), *Connaître la police. Grands textes de la recherche anglo-saxonne*, Paris, La Documentation française, 2003, p. 69-103.

BLAIS, E. et B. DUPONT. «Accessing the Capability of Intensive Police Programmes to Prevent Severe Road Accidents. A Systematic Review», *British Journal of Criminology*, 45, 6, 2005, p. 914-937.

BLAKEY, G. Robert. «RICO: The Federal Experience (Criminal and Civil) and an Analysis of Attacks Against the Statute», *in* R. J. Kelly, K.-L. Chin, et R. Schatzberg (éd.), *Handbook of Organized Crime in the United States*, Westport, Greenwood Press, 1994.

BLAKEY, G. Robert et Brian GETTINGS. «Racketeer Influenced and Corrupt Organizations (RICO): Basic Concepts — Criminal and Civil Remedies», *Temple Law Quarterly*, 53, 1980, p. 1009-1048.

BLOCK, Alan. *Perspectives on Organizing Crime: Essays in Opposition*, Dordrecht, Kluwer, 1991.

_____. *Space, Time, and Organized Crime*, New Brunswick, Transaction, 1994.

BLOCK, Alan et William J. CHAMBLISS. *Organizing Crime*, New York, Elsevier, 1981.

BLOK, Anton. *The Mafia of a Sicilian Village, 1860-1960: A Study of Violent Peasant Entrepreneurs*, New York, Harper and Row, 1974.

BLUMSTEIN, A., D. FARRINGTON et S. MOITRA. «Delinquency careers: Innocents, desisters and resisters», *in* M. Tonry & N. Morris (éd.), *Crime and Justice: An Annual Review of Research*, Chicago, University of Chicago Press, 6, 1985, p.187-219.

BODY-GENDROT, Sophie. *Les Villes face à l'insécurité. Des ghettos américains aux banlieues françaises*, Paris, Bayard Éditions, 1998.

BOISVERT, R. et M. CUSSON. «Homicides et autres violences conjugales», *in* Proulx, J., Cusson, M., Ouimet, M. (dir.) *Les violences criminelles*, Sainte-Foy, Presses de l'Université Laval, 1999, p. 219-242.

BOLAN, K. *Loss of Faith. How the Air-India Bombers Got away with Murder*, Toronto, McClelland & Stewart Ltd, 2005.

BONTA, J. *Offender Rehabilitation: From research to practice*, ministère du Solliciteur général du Canada, 1997.

BOTTOMS, A. et P. WILES. «Understanding crime prevention in late modern societies», *in* Bennet, T., (éd.) *Preventing Crime and Disorder: Targeting Strategies and Responsabilities*, Cambridge, University of Cambridge, 1996, p. 620-656.

BOUCHARD, M. *Segmentation et structure des risques d'arrestation dans les marchés de drogues illégales*, Thèse de doctorat, École de criminologie, Université de Montréal, 2006.

BOUDON, R. «Action», *in* Boudon, R. (éd.), *Traité de sociologie*, Paris, Presses Universitaires de France, 1992, p. 21-55.

_____. *Le Juste et le vrai*, Paris, Fayard, 1995.

_____. *Le Sens des valeurs*, Paris, Presses Universitaires de France, 1999.

_____. *Raisons, bonnes raisons*, Paris, Presses Universitaires de France, 2003.

BOURDIEU, P. *Questions de sociologie*, Paris, Éditions de Minuit, 1989.

BOURGEOIS, P. *In Search of Respect: Selling Crack in El Barillo*, Cambridge, Cambridge University Press, 1995.

BOUSQUET, Richard. «La police et le logement social», *in* Didier Peyrat (dir.), *Habiter et cohabiter*, rapport à Marie-Noëlle Lienemann, secrétaire d'État au Logement, Paris, ministère des Transports, 2001.

BOUSSAGUET, L., S. JACQUOT et P. RAVINET (dir.). *Dictionnaire des politiques publiques*, Paris, Les Presses de la Fondation nationale de sciences politiques, 2004.

BOWERS, K. J., S. D. JOHNSON et A. F. G. HIRSCHFIELD. «Closing off Opportunities for Crime: An Evaluation of alley-gating», *European Journal on Criminal Policy and Research*. 10, 2004, p. 285-308.

BRAGA, A. «The effects of hot spots policing on crime», *Annals of the American Academy of Political and Social Sciences*, 578, 2001, p. 104-125.

_____. «Hot spots policing and crime prevention: A systematic review of randomized controlled trials», *Journal of experimental criminology*, 1, 3, September 2005, p. 317-342.

BRAGA, A. et R. CLARKE. «Improved radios and more stripped cars in Germany: A Routine Activities Analysis», *Security Journal*, 5, 1994, p. 154-159.

BRAGA, A., D. WEISBURD, R. WARING, L. MAZEROLLE, L. GREEN et F. GAJEWSKI. «Problem-Oriented Policing in Violent Crime Places: A Randomized Controlled Experiment», *Criminology* 37, 3, 1999, p. 541-580.

BRAITHWAITE, J. *Crime, Shame and Reintegration*, Cambridge, UK, Cambridge University Press, 1989.

BRAITHWAITE, J. «The new regulatory state and the transformation of criminology», *The British Journal of Criminology*, 40, 2, 2000, p. 222-238.

_____. *Restorative Justice and Responsive Regulation*, New York, Oxford University Press, 2002.

BRANS, J.-P. et B. MARESCHAL. «The PROMETHEE-GAIA Decision Support System for Multicriteria Investigations», *Decision Support Systems*, 12, 1994, p. 297-310.

BRANS, J.-P., B. MARESCHAL et P. VINCKE. «PROMETHEE: A New Family. of Outranking Methods in Multicriteria Analysis» *in* J.-P. Brans (éd.), *Operational Research '84*, Amsterdam, North Holland, 1984.

BRANTINGHAM, P. L. et P. J. BRANTINGHAM. *Patterns in Crime*, New York, Macmillan, 1984.

_____. «Situational crime prevention in practice», *Revue canadienne de criminologie et de justice pénale*, 32, 1, 1990, p. 17-39.

BRAUN, K. A., R. ELLIS et E. F. LOFTUS. «Make My Memory», *Psychology and Marketing*, 19, 2002, 1-23.

BREI, W. S. *Getting intelligence right: the power of logical procedure*, Occasional paper 2, Washington, DC, Joint military intelligence College, 1996.

BRIDGEMAN, C. «Preventing Pay Phone Damage», *in* Felson, M. ; Clarke, R. V. (éd.), *Business and Crime Prevention*, Monsey, New York, Criminal Justice Press, 1997.

BRODER, J. *Risk Analysis and the Security Survey, Second Edition*, Boston, Butterworths Heinemann, 2000.

BRODEUR, J.-P. *Comparisons in Policing: an International Perspective*, Brookfield, Avebury, 1997.

_____. *Le crime organisé hors de lui-même*, Cahiers de l'École de criminologie, Université de Montréal, 1997, n° 96-12.

_____. «Special Review Essay: Policing the Risk Society by Ericson and Haggerty», *Revue canadienne de criminologie*, octobre 1998, p. 455-465.

_____. «Police et prévention au Canada et au Québec», *Cahiers de la Sécurité Intérieure*, 37, 1999, p. 161-181.

_____. «Cops and spooks», *Police Practice and Research*, 1, 3, 2000, p. 299-321.

_____. «Le Centre de sécurité des télécommunications et les libertés civiles», *in* David Daubney, Wade Deisman, Daniel Jutras, Errol P. Mendes, Patrick A. Molinari (dir.), *Terrorisme, droit et démocratie*, Institut canadien d'administration de la justice (ICAJ/CIAJ), Montréal, Éditions Thémis, 2002, p. 201-211.

_____. *Les Visages de la police*, Montréal, Presses de l'Université de Montréal, 2003.

_____. «Police et coercition», *in* Brodeur, J.-P., *Les visages de la police. Pratiques et perceptions*, Montréal, Les Presses de l'Université de Montréal, coll. «Paramètres», 2003, p. 49-79.

_____. «Cosa Nostra et repentis. Entretien avec Pino Arlacchi», *in* J.-P. Brodeur et F. Jobard (dir.), *Citoyens et délateurs: la délation peut-elle être civique ?*, Paris, Éditions Autrement, 2005.

_____. «L'enquête criminelle», *Criminologie* 38 (2), 2005, p. 39-64.

_____. «Le renseignement: distinctions préliminaires», *Revue canadienne de criminologie et de justice pénale*, 47, 1, 2005, p. 15-44.

BRODEUR, J.-P. «Force policière et force militaire», *in* Fr. Lemieux et B. Dupont (dir.), *La Militarisation de la police. Réalignement des perspectives*, Sainte-Foy, Presses de l'Université Laval, 2005, p. 41-57.

_____. «Introduction. La délation organisée», *in* J.-P. Brodeur et F. Jobard (dir.), *Citoyens et délateurs: la délation peut-elle être civique ?*, Paris, Éditions Autrement, 2005.

BRODEUR, J.-P., Gill PETER et Dennis TÖLLBORG. *Democracy, Law and Security. Internal Services in Contemporary Europe*, Aldershot, Ashgate, 2003.

BRODEUR, J.-P. et F. JOBARD (dir.). *Citoyens et délateurs: la délation peut-elle être civique?*, Paris, Éditions Autrement, 2005.

BRODEUR, J.-P. et S. LEMAN-LANGLOIS. «La surveillance totale», *Cahiers de la sécurité intérieure*, 55, 2004, p. 61-90.

BRODEUR, J.-P. et D. MONJARDET. «En guise de conclusion», *in* J.-P. Brodeur et D. Monjardet (dir.), *Connaître la police: grands textes de la recherche anglo-saxonne*, Paris, La Documentation française, 2003, p. 417-425.

BRODEUR, J.-P. et C. SHEARING. «Configuring Security and Justice», *European Journal of Criminology*, 2, 4, 2005, p. 379-406.

BROWN, B. «CCTV in Three Town Centers in England», *in* R. V. Clarke (éd.), *Situational Crime Prevention. Successful Case Studies, 2nd edition.* Guilderland, New York, Harrow and Heston, 1997.

BROWN, D. K. et K. SPELMAN, K. *Calling the Police: Citizen Reporting of Serious Crime*, Washington DC, US Department of Justice, National Institute of Justice, 1984.

BROWNE, A., K. R. WILLIAM et D. G. DUTTON. «Homicide Between Intimate Partners: A 20-years Review», *in* M. D. Smith et M. A. Zahn (éd.), *Homicide. A Sourcebook of Social Research*, Thousand Oaks CA, Sage, 1999.

BRUNEAU, G. et LEMAY, L. «L'entrevue policière de l'enfant victime ou témoin», *in* M. St-Yves et J. Landry (dir.), *Psychologie des entrevues d'enquête: de la recherche à la pratique*, Éditions Yvon Blais, Cowansville, 2004, p. 193-219.

BRUNETEAUX, P. *Maintenir l'ordre. Les transformations de la violence d'État en régime démocratique*, Paris, Presses de la Fondation nationale de sciences politiques, 1996.

BUCKLEY, J. P. «The Reid Technique of interviewing and interrogation», *in* T. Williamson (éd.), *Investigative Interviewing: Rights, Research, Regulation*, Cullompton, Willan Publishing, 2006, p. 190-206.

BUDD, T. *Burglary: Practice Messages from the British Crime Survey.* Briefing Note, London, Home Office, Policing and Reducing Crime Unit, 2001.

BUERGER, M. «The limits of community», *in* D. Rosenbaum (éd.), *The Challenge of Community Policing*, Thousand Oaks, Sage Publications, 1994, p. 270-273.

BUI TRONG, L. «L'insécurité des quartiers sensibles: une échelle d'évaluation», *Cahiers de la sécurité intérieure*, 14, 1993, p. 198-248.

_____. «Les violences urbaines à l'échelle des RG. État des lieux pour 1998», *Cahiers de la sécurité intérieure*, 33, 1998, p. 215-224.

_____. *Violences urbaines*, Paris, Bayard, 2000.

BULL, D. et E. STRATTA. «Police community consultation: an examination of its practice in selected constabularies in England and New South Wales, Australia», *Australian and New Zealand Journal of Criminology*, 27, 3, 1994, p. 237-249.

BUREAU DU COMMISSAIRE DU CENTRE DE LA SÉCURITÉ DES TÉLÉCOM-MUNICATIONS (BCCST), *Rapport annuel, 2005-2006*, 2006: http://csec-ccst.gc.ca/ann-rpt/2005-2006/cover_f.php.

BUREAU OF JUSTICE STATISTICS (BJS). *Contacts Between Police and the Public. Findings from the 1999 Survey*, Washington, DC, US Department of Justice.

BURRIS, S. «From security to health», *in* J. Wood et B. Dupont (dir.), *Democracy, Society and the Governance of Security*, Cambridge, Cambridge University Press, 2006, p. 196-216.

BURROWS, J. et R. TARLING. «Measuring the Impact of Forensic Science in Detecting Burglary and Autocrime Offences», *Science & Justice*, 44, 4, 2004, p. 217-222.

BUSCAGLIA, Edgardo et Jan VAN DIJK. «Controlling Organized Crime and Corruption in the Public Sector», *Forum on Crime and Society*, 3, 2003, p. 3-34.

BUTLER, W. H., H. LEITENBERG et G. D. FUSELIER. «The Use of Mental Health Professional Consultants to Hostage Negotiation Teams», *Behavioral Science and Law*, 1, 1993, p. 213-221.

BUZZINI, P. et G. MASSONNET. «A Market Study of Green Spray by Fourier Transform Infrared (FTIR) and Raman Spectroscopy», *Science & Justice*, 44, 3, 2004, p. 123-131.

CABINET OFFICE. *Professional Policy Making for the Twenty First Century*, Strategic Policy Making Team London cm 4310 (1999), *The Modernising Government White Paper*, London, HMSO, 1999.

CAHIERS DE ROYAUMONT. *Le Concept d'information dans la science contemporaine*, Paris, Les Éditions de Minuit, 1965.

CALDER, James D. «RICO's «Troubled... Transition»: Organized Crime, Strategic Institutional Factors, and Implementation Delay, 1971-1981», *Criminal Justice Review*, 25, 2000, p. 31-75.

CAMERON, Y. «Les effets d'un système de sécurité sur les vols commis par les employés», *Revue internationale de criminologie et de police technique et scientifique*, 2, 2003, p. 147-165.

CAMPBELL, J. C. «Prediction of Homicide of and by Battered Women», *in* J. C. Campbell (éd.), *Assessing Dangerousness*, Thousand Oaks, CA, Sage, 1995, p. 96-113.

_____. «Assessing Dangerousness in Domestic Violence Cases: History, Challenges, and Opportunities», *Criminology and Public Policy*, 4, 4, 2005, p. 653-673.

CAMPBELL, J. C., P. SHARPS et N. GLASS. «Risk Assessment for Intimate Partner Homicide», *in* G. F. Pinard et L. Pagani (éd.), *Clinical Assessment of Dangerousness*. Cambridge, Cambridge University Press, 2000, p. 136-157.

CAMPBELL, J. C., D. WEBSTER, J. KOZIOL-MCLAIN et C. R. BLOCK. «Assessing Risk Factors for Intimate Partner Homicide», *National Institute of Justice Journal*, 250, 2003, p. 15-19.

CAMPS, F. E. et R. BARBER. *The Investigation of Murder*, London, Michael Joseph Ltd, 1996.

CANADA. *Deuxième rapport de la Commission d'enquête sur certaines activités de la Gendarmerie Royale du Canada: la liberté et la sécurité devant la loi* (Rapport McDonald, 2 vol.), Ottawa, ministère des Approvisionnements et Services, 1981a.

_____. *Troisième rapport de la Commission d'enquête sur certaines activités de la Gendarmerie Royale du Canada: certaines activités de la GRC et la connaissance qu'en avait le gouvernement* (Rapport McDonald), Ottawa, ministère des Approvisionnements et Services, 1981b.

_____. *Loi sur le Service canadien du renseignement de sécurité*, L. R., ministère de la Justice, 1985, ch. C-23,

_____. *The Report of the Special Senate Committee on Security and Intelligence*, Senate of Canada, 1999: www.parl.gc.ca/36/1/parlbus/commbus/senate/com-e/secu-e/rep-e/repse-cintjan99-e.htm.

_____. *Loi sur l'Immigration et la protection des réfugiés*, ministère de la Justice, 2001, ch. 27: *http://lois.justice.gc.ca/fr/I-2.5/index.html*

_____. *National Security in Canada: The 2001 Anti-Terrorism Initiative*, Report of the Auditor General of Canada, 2004: http://www.oag-bvg.gc.ca/domino/reports.nsf/html/20040303ce.html

_____. *Rapport annuel concernant les audiences d'investigation et les engagements assortis de conditions, du 24 décembre 2003 au 23 décembre 2004*, ministère de la Justice, 2005: *http://www.justice.gc.ca/fr/anti_-terr/annualreport_2003-2004.html*

_____. *Loi sur le Service canadien du renseignement de sécurité*, ministère de la Justice, 2006: http://lois.justice.gc.ca/fr/C-23/227018.html

_____. *Loi sur la défense nationale*, ministère de la Justice, 2006b: *http://lois.justice.gc.ca/fr/N-5/255555.html#rid-255602.*

_____. *Liste des entités inscrites*, ministère de la Sécurité publique, 2006: *http://www.psepc.gc.ca/prg/ns/le/cle-fr.asp.*

CANADIAN POLICE INFORMATION CENTRE (CPIC), *CPIC National Directory*, Ottawa, RCMP HQ: http://www.cpic-cipc.ca/pdfs/CPICPVCIPC.pdf.

CANTER, P. «Using a Geographic Information System for Tactical Crime Analysis», *in* Victor Goldsmith, Philip G. McGuire et autres, *Analyzing Crime Patterns*, Thousand Oaks, Sage Publications, 2000, p. 3-10.

CARBONNEAU, V. *La Conceptualisation du rôle et des activités en matière de prévention de la criminalité de la Sûreté du Québec et de sa Division sociopréventive*, Rapport de stage présenté à la Faculté des études supérieures, Montréal, Université de Montréal, École de criminologie, 2005.

CARBONNIER, J. *Droit civil. Tome 3*, Paris, Presses Universitaires de France, 1996.

CARROL, J. et F. WEAVER. «Shoplifter's perceptions of crime opportunities: A process-tracing study», *in* D. B. Cornish et R. V. Clarke (dir.), *The Reasoning Criminal*, New York, Spinger-Verlag, 1986.

CARROT, G. *Histoire de la police française*, Paris, Tallandier, 1992.

_____. *La Garde Nationale (1789-1871). Une force publique ambiguë*, Paris, L'Harmattan, 2001.

_____. *Le Maintien de l'ordre en France au XXᵉ siècle*, Paris, Veyrier, 1990.

CASSELL, P. G. et B. S. HAYMAN. «Police interrogation in the 1990s: an empirical study on the effect of Miranda», *in* R. A. Leo and G. C. Thomas III (éd.), *The Miranda Debate, Justice and Policing*, Boston, Northeastern University Press, 1998, p. 222-235.

CECI, S. J. et M. BRUCK. *Jeopardy in the Courtroom: A Scientific Analysis of Children's Testimony*, Washington, APA Press, 1995.

CENTER OF INTERNET SECURITY EXPERTISE (CERT), Carnegie Mellon University.

CHAIKEN, J., M. LAWLESS et K. STEVENSON. *The Impact of Police Activity on Crime: Robberies on the New York City Subway System*, Report nᵒ R-1424-N.Y.C., Santa Monica, CA, Rand Corporation, 1974.

CHAIKEN, J. M. et M. R. CHAIKEN. *Varieties of Criminal Behavior*. Santa Monica, CA, Rand Corporation, 1982.

CHALIAND, Gérard. *Les Stratégies du terrorisme*, Paris, Desclée de Brouwer, 1999.

CHALOM, M. «La police communautaire de Peel à Goldstein. Détours et détournements», *Cahiers de la sécurité intérieure*, 1999, p. 215-244.

CHALOM, M., et L. LÉONARD. *Insécurité, police de proximité et gouvernance locale*, Paris, L'Harmattan, 2001.

CHAMARD. *Partnering with Businesses to Address Public Safety Problems*, US Department of Justice, Washington DC, 2006.

CHAMBERLAND, C. *Violence parentale et violence conjugale*, Sainte-Foy, Presses de l'Université du Québec, 2003.

CHAMPAGNE, P. «La manifestation: la production de l'événement politique», *Actes de la Recherche en Sciences Sociales*, 52-53, juin 1984, p. 18-41.

_____. *Faire l'opinion. Le nouveau jeu politique*, Paris, Éditions de Minuit, 1989.

CHAN, J. «Changing police culture», *British Journal of Criminology*, 36, 1, 1996, p. 109-134.

_____. *Changing Police Culture: Policing a Multicultural Society*, Cambridge University Press, Melbourne, 1997.

CHAPPELL, D., R. GORDON et R. MOORE. *L'Enquête criminelle: revue de documents choisis et bibliographie*, Ottawa, Solliciteur général, Division de la recherche, 1982.

CHAREST, M. *Réussites et échecs des trajectoires criminelles*, Montréal, Université de Montréal, Thèse de doctorat, Faculté des études supérieures, École de criminologie, 2007.

CHARRIER, K., Strategic Manager, Phoenix Police Department, Arizona. «The Role of the Strategic Manager», *Police Chief*, juin 2004, p. 60-64.

CHOO, C. W. *Information Management for the Intelligent Organization*, Medford, Information today, 2002.

CLARK, F. et K. DILIBERTO. *Investigating Computer Crime*, New York, CRC Press, 1996.

CLARK, C. et R. MILNE. *National Evaluation of the PEACE Investigative Interviewing Course*, Police Research Award Scheme, Home Office, report n° PRAS/149, 2001.

CLARKE, R. V. «Situational Crime Prevention: Theory and Practice», *The British Journal of Criminology*, 20, 2, 1980, p. 136-147.

_____. «Situational Crime Prevention: Its Theoretical Basis and Practical Scope», *in* M. Tonry et N. Morris (éd.), *Crime and Justice: A Review of Research*, vol. 4, 1983, p. 225-256.

_____. «Introduction», *in* R. V. Clarke (dir.), *Situational Crime Prevention. Successful Case Studies*, New York, Harrow and Heston, 1992, p. 3-38.

_____ (dir.). *Situational Crime Prevention. Successful Case Studies*, New York, Harrow and Heston, 1992.

_____. «Les technologies de la prévention situationnelle», *Les Cahiers de la sécurité intérieure*, 21, 1995a, p. 101-113.

_____. «Situational Crime Prevention», *in* M. Tonry et D. P. Farrington (dir.), *Crime and Justice: A Review of Research. Vol. 19. Building a Safer Society. Strategic Approaches to Crime Prevention*, Chicago, University of Chicago Press, 1995b, p. 91-150.

_____ (dir.). *Situational Crime Prevention. Successful Case Studies, 2nd edition.* Guilderland, New York, Harrow and Heston, 1997.

_____. *Thefts of and from Cars in Parking Facilities*, Washington DC, US Department of Justice, Office of Community Oriented Policing Services, COPS Programs, 2002.

_____. *Burglary of Retail Establishments*, Washington DC, US Department of Justice, Office of Community Oriented Policing Services, COPS Programs, 2002.

_____. *Shoplifting*, Washington DC, US Department of Justice, Office of Community Oriented Policing Services, COPS Programs, 2003.

_____. «Seven misconceptions of situational crime prevention», *in* N. Tilley (dir.), *Handbook of Crime Prevention and Community Safety*, Cullompton, Devon, Willan, 2005.

CLARKE, R. V. et J. ECK *Become a Problem-Solving Crime Analyst*, Jill Dando Institute of Crime Science, London, 2003.

CLARKE, R. V. et H. GOLDSTEIN. «Reducing theft at construction sites», *in* N. Tilley (dir.), *Analysis for Crime Prevention. Crime Prevention Studies*, Monsey NY, Criminal Justice Press, 2003.

CLARKE, R. V. et G. R. NEWMAN. *Outsmarting the Terrorists*, Westport Connecticut, Praeger Security International, 2006.

CLARKE, R. V. et D. WEISBURD. «Diffusion of Crime Control Benefits: Observations on the Reverse of Displacement», *in* R. V. Clarke (éd.), *Crime Prevention Studies*, vol. 2, New York, Willow Tree Press, 1994, p. 165-184.

CLECKLEY, H. *The Mask of sanity*, St. Louis, Mosby, 1941.

CLÉROUX, Richard. *Official Secrets. The Story behind the Canadian Security Intelligence Service*, Toronto, McGraw-Hill Ryerson, 1990.

_____. *Pleins feux sur les services secrets canadiens*, Montréal, Éditions de l'Homme, 1993.

COHEN, J. et J. LUDWIG. «Policing Crime Guns», *in* J. Ludwig and P. Cook (éd.), *Evaluating Gun Violence: Effects on Crime and Violence*, Washington, DC, Brookings Institution Press, 2002.

COHEN, Lawrence et Marcus FELSON. «Social Change and Crime Rates», *American Sociological Review*, 44, 1979, p. 588-608.

COLEMAN, J. W. «The causes of White-Collar Crime and the Validity of Explanation in the Social Sciences», *in* Sven-Age Lindgren (éd.), *White-Collar Crime Research; Old Views and future Potentials*, Stockolm, Fritzes Offentliga Publikationer, 2001, p. 55-68.

COLLET, S. «La manifestation de rue comme production culturelle militante», *Ethnologie française*, XII, 2, 1982, p. 167-176.

COLLINS, P. A., T. A. RICKS et C. W. VAN METER. *Principles of Security and Crime Prevention*, 4ᵉ éd., Cincinnati, OH, Anderson, 2000.

COMBALBERT, L. *Le Management des situations de crise. Anticiper les risques et gérer les crises*, Paris, ESF Éditeur, coll. «Formation permanente», 2005.

COMMERCE. *Quand le ciel vous tombe sur la tête*, 1997, p. 80 à 86.

COMMISSION DU DROIT DU CANADA. *En quête de sécurité: le rôle des forces policières et des agences privées*, Ottawa, CDC, 2002.

COMMISSION NICOLET. *Commission scientifique et technique chargée d'analyser les événements relatifs à la tempête de verglas survenue du 5 au 9 janvier 1998*, Sainte-Foy, Les Publications du Québec, 1999.

CONSEIL QUÉBÉCOIS DU COMMERCE DE DÉTAIL. *Sondage sur les pertes dans les commerces de détail au Québec*, Montréal, 2005 et 2006.

COOK, P. J. et M. H. MOORE. «Guns, Gun Control, and Homicide: A Public Health Perspective», *in* M. D. Smith et M. A. Zahn (éd.), *Homicide. A Sourcebook of Social Research*, Thousand Oaks CA, Sage, 1999.

COPE, N. «Crime analysis: principles and practices», *in* T. Newburn (éd.), *Handbook of policing*, Cullompton, Willan publishing, 2003, p. 340-362.

_____. «Intelligence-led policing or policing-led intelligence? Integrating volume crime analysis into policing», *British Journal of criminology*, 44, 2004, p. 188-203.

COQUOZ, R. et F. TARONI. *Preuve par l'ADN*, Lausanne, Presses polytechniques et universitaires romandes, 2006.

CRAIM. *Guide de gestion des risques d'accidents industriels majeurs*, juillet 2002.

CRAWFORD, A. *The Local Governance of Crime: Appeals to Community and Partnership*, Clarendon Press, Oxford, 1997.

_____. «Policing and security as «club goods»: the new enclosures?», *in* J. Wood et B. Dupont (dir.), *Democracy, society and the governance of security*, Cambridge, Cambridge University Press, 2006, p. 111-138.

CRAWFORD, A., S. LISTER, S. BLACKBURN et J. BURNETT. *Plural Policing: the Mixed Economy of Visible Patrols in England and Wales*, Bristol, The Policy Press, 2005.

CRELINSTEN, R. D. «Television and Terrorism: Implications for Crisis Management and Policy-Making», *Terrorism and Political Violence*, 9, 4, 1997, p. 8-32.

CRESSEY, Donald R. *Theft of the Nation: The Structure and Operations of Organized Crime in America*. New York, Harper and Row, 1969.

CROALL, H. « The Victims of White-Collar Crime », *in*: *White-Collar Crime Research; Old Views and future Potentials*, Sven-Age Lindgren (éd.), Stockholm, Fritzes Offentliga Publikationer, 2001, p. 35-54.

CROZIER M. «La transformation des modes de contrôle social et la crise des régulations traditionnelles», *La Revue Tocqueville*, vol II, n° 1, 1980, p. 40-54.

_____. «La crise comme facteur de changement social?», *Les Cahiers de la Sécurité Intérieure*, Thème: «La gestion de crise», 6, 4, 1991, p. 209-217.

CROZIER, M. et E. FRIEDBERG. *L'acteur et le système*, Paris, Seuil, coll. «Points», 1981 [1977].

CUSSON, M. «Le virage stratégique en criminologie appliquée», *Revue internationale de criminologie et de police technique*, 3, 1993, p. 295-308.

_____. «La sécurité privée: le phénomène, la controverse, l'avenir», *Criminologie*, 31, 2, 1998, p. 31-46.

_____. «Paradoxes américains: autodéfense et homicides», *Revue internationale de criminologie et de police technique et scientifique*, 3, 1999, p. 259-277.

_____. *Prévenir la délinquance: les méthodes efficaces*, Paris, Presses Universitaires de France, 2002.

_____. «Le phénomène criminel à la lumière de la psychologie de la peur», *in* A. Manganas (dir.), *Études en hommage à Alice Yotopoulos-Marangopoulos. Droit de l'homme, crime, politique criminelle, volume A*, Athènes, Nomiki Bibliothiki ; Bruxelles, Bruylant, 2003, p. 275-288.

_____. «Les conditions de la prévention efficace en entreprise», *in Prévenir le crime, c'est payant*, colloque de la Chambre de commerce et d'industrie de Trois-Rivières, 28 septembre 2005.

_____. *La Délinquance, une vie choisie*, Montréal, Hurtubise HMH, 2005.

CUSSON, M. et R. BOISVERT. «L'homicide conjugal à Montréal, ses raisons, ses conditions et son déroulement», *Criminologie*, XXVII, 2, 1994, p. 165-183.

CUSSON, M., P. TREMBLAY, L. L. BIRON, M. OUIMET et R. GRANDMAISON. *La Planification et l'évaluation des projets en prévention du crime*, recherche commandée par le ministère de la Sécurité publique du Québec. 1994. (Ce texte a été réédité dans : Normandeau, A. (dir), *Une police professionnelle de type communautaire*, Montréal, Éditions du Méridien, 1998.)

D'ÉLIA, M. *La Télésurveillance policière dans les lieux publics. Une évaluation du projet Robotcam*, Montréal, Mémoire de maîtrise, École de criminologie, Faculté des études supérieures, Université de Montréal, 2006.

DALGLEISH, David et Andy MYHILL. *Reassuring the Public — a Review of International Policing Interventions*, Home Office Findings, 241 (Research Study 284), London, 2004. *www.homeoffice.gov.uk/rds/pdfs04/r241.pdf,*

DALY, M. et M. WILSON. *Homicide*, New York, Aldine de Gruyter, 1988.

DASH, S. et autres. *The Eavesdroppers*, New Jersey, Rutgers University Press, 1959.

DAVIDS, C. «Understanding the significance and persistence of Neighbourhodd watch in Victoria», *Law in Context*, 13, 1, 1995, p. 57-80.

DE JOUVENEL, B. *Du pouvoir*, Genève, Le Cheval ailé, 1946, p. 414.

DE LAMY, Bertrand. «La loi du 9 mars 2004 portant sur l'adaptation de la justice aux évolutions de la criminalité», *Recueil Dalloz 27 : 1910-1918 ; 1982-1990*, 2004.

DE VAULT, C. et W. JOHNSON. *Toute ma vérité : les confessions de l'agent S. A.T. (section antiterroriste) 945-171*, Montréal, Stanké, 1981.

DE VREESE, S. «Pour une statistique des matches de football», *Les Cahiers de la Sécurité Intérieure*, Thème : «Football, ombres au spectacle», 26, 4, 1996, p. 68-74.

DE WAARD, J. «The Private Security Sector in Fifteen European Countries : Size, Rule and Legislation», *Security Journal*, 4, 2, 1993, p. 58-63.

_____. «The private security industry in international perspective», *European Journal on Criminal Policy and Research*, 7, 1999, p. 143-174.

DECORTE, T, W. VAN LAETHEM et L. VAN OUTRIVE. «Des tâches policières privatisées à une police grise», *in* J. Shapland et L. Van Outrive (dir.), *Police et sécurité : contrôle social et interaction public/privé*, Paris, L'Harmattan, 1999, p. 71-100.

DEELEY, P. *Beyond Breaking Point*, London, Arthur Barker Limited, 1971.

DEFLEM, M. «"Wild Beasts Without Nationality" : The Uncertain Origins of Interpol, 1898-1910», *in* P. Reichel (éd.), *Handbook of Transnational Crime and Justice*, London, Sage Publications, 2005, p. 275-285.

_____. «International policing in 19th century Europe : The Police Union of German states, 1851-1866», *International Criminal Justice Review*, 6, 1996, p. 36-57.

_____. *Policing World Society : Historical Foundations of International Police Cooperation*, New York, Oxford University Press, 2002.

DELÉMONT, O. *Intégration de l'influence de l'évolution dynamique du feu dans l'investigation d'incendies en criminalistique : évaluation du recours à la modélisation informatique*, Thèse de doctorat, École des Sciences Criminelles, Université de Lausanne, 2005.

DELLA PORTA, D., et H. REITER. «Mouvement anti-mondialisation et ordre public. L'exemple de Gênes», *Les Cahiers de la Sécurité Intérieure*, 47, 2002, p. 51-77.

DEMARCHI, S. et J. PY (sous presse). «L'entretien cognitif: son efficacité, son application et ses spécificités», *Revue québécoise de psychologie.*

DENIS, H. *Comprendre et gérer les risques sociotechnologiques majeurs*, Montréal, Éditions de l'École Polytechnique de Montréal, 1998.

_____. *La réponse aux catastrophes. Quand l'impossible survient*, Montréal, Éditions de l'École Polytechnique de Montréal, 2002.

DENNING DOROTHY, E. *Information Warfare and Security*, Addison-Wesley, 1999.

DESLAURIERS-VARIN, N., et M. ST-YVES. *An Empirical Investigation of Offenders' Decision to Confess their Crime During Police Interrogation*, conférence présentée au 2ᵉ colloque international sur les entrevues d'enquête, Portsmouth (UK), 5-7 juillet 2006.

Déviance et Société. «Le maintien de l'ordre: vaut-il mieux avoir des corps de police spécialisés?», XVI, 4, 1992, p. 375-403.

DEWERPE, A. *Charonne. 8 février 1962*, Paris, Gallimard, 2006.

DGSC. *La Sécurité civile au Québec. Manuel de base*, Sainte-Foy, Québec, 1994.

DIAZ, F. *La Sécurité des grands rassemblements sportifs et culturels: une gestion particulière des risques*, Paris, IHESI, coll. «Études et Recherches», 2001.

_____. «L'observation participante comme outil de compréhension du champ de la sécurité - Récit d'un apprentissage de l'approche ethnographique pour tenter de rendre compte de la complexité du social», *Champ Pénal*, II, 2005a. (article en ligne: *http://champpenal.revues.org*).

_____. «Gouvernance de la sécurité et gestion des risques: mise en sécurité de manifestations sportives et culturelles, généralisation à tout type d'espace», *in* B. Gaillard (dir.), *Les Violences en milieu scolaire et éducatif — Connaître, prévenir, intervenir*, Rennes, Presses Universitaires de Rennes, 2005b, p. 507-516.

DIENSTEIN, W. *Technics for the Crime Investigator*, Springfield, Illinois, Charles C. Thomas Publisher, 1952.

DIEU, F. *Gendarmerie et modernité*, Montchrestien, Paris, 1993.

_____. «Maintien de l'ordre et gendarmerie», *Droit et Défense*, 2, 1993, p. 17-26.

_____. «La morale professionnelle du gendarme», *Les Cahiers de la Sécurité Intérieure*, 16, 2ᵉ trimestre 1994, p. 161-170.

_____. «Maintien de l'ordre et défense», *Défense Nationale*, 12, 1994, p. 5-14.

_____. «Le modèle gendarmique», *Revue Internationale de Criminologie et de Police Technique*, XLVIII, janvier-mars 1995, p. 94-106.

_____. *Sécurité et ruralité. Enquête sur l'action de la gendarmerie dans les campagnes françaises*, Paris, IHESI, coll. «Études et Recherches», 1997.

_____. «Autopsie d'un mouvement social atypique: la fronde des gendarmes. Dix ans après», *Revue Internationale de Criminologie et de Police*, LII, octobre-décembre 1999, p. 414-430.

_____. *La Force publique au travail. Deux études sur les conditions de travail des policiers et des gendarmes*, avec Paul Mignon, Paris, L'Harmattan, 1999.

_____. «Faire de la recherche avec des gendarmes. Retour sur quinze années de sociologie de la gendarmerie», *Les Cahiers de la Sécurité Intérieure*, 46, 4ᵉ trimestre 2001, p. 73-84.

_____. *Sécurité et proximité. La mission de surveillance générale de la gendarmerie*, avec Paul Mignon, Paris, L'Harmattan 2001.

_____. *La Gendarmerie. Secrets d'un corps*, Bruxelles, Complexe, 2002.

_____. «Le corps et l'esprit gendarmiques», *in* Gilles Guglielmi et Claudine Haroche (dir.), *Esprit de corps, démocratie et espace public*, Paris, PUF, coll. «La politique éclatée», 2005, p. 299-322.

_____. *Police de la route et gendarmerie*, Paris, L'Harmattan, 2005.

DILONARDO. « Defining and measuring the economic benefit of electronic article surveillance », *in* R. V. Clarke (dir.), *Situational Crime Prevention. Successful Case Studies, 2nd edition,* Guilderland, New York, Harrow and Heston, 1997. (Voir aussi *Security Journal,* 7, 1996, p. 3-9.)

DILONARDO, R. et R. V. CLARKE. « Reducing the Reward of Shoplifting : An Evaluation of Ink Tags », *Security Journal,* 7, 1996, p. 11-14.

DIONNE, G., C. FLUET, D. DESJARDINS et S. MESSIER. « La perception des risques d'accident et d'arrestation lors de la conduite avec facultés affaiblies », *Assurances et gestion des risques,* 72, 2004, p. 491-553.

DIOTTE, M.-E. *Classification des organisations de la sécurité au Québec,* Mémoire de maîtrise, École de criminologie, Faculté des études supérieures, Université de Montréal, 2006.

DIOTTE, M.-E. et M. CUSSON. *Répertoire des milieux de la pratique en sécurité intérieure au Québec,* École de criminologie, Université de Montréal, 2005.

Discussion document on the World Ministerial Conference on Organized Transnational Crime (Economic and Social Council Resolution 1994/12, annex) paras 17-18.

DITTON, J. et E. SHORT. « Yes, It Works, No, It Doesn't : Comparing the Effects of Open Street CCTV in Two Adjacent Scottish Town Centers », *in* K. Painter et N. Tilley (éd.), *Surveillance of Public Space. Crime Prevention Studies. Vol. 10,* Monsey, New York, Criminal Justice Press, 1999, p. 201-224.

DLS 2004 — Diagnostic local de sécurité 2004 du canton de Genève, Police cantonale, *http:// www.geneve.ch/police/doc/stat_dls_2004.pdf.*

DOBRY, M. « Le renseignement politique dans les démocraties occidentales. Quelques pistes pour l'identification d'un objet flou », *Cahiers de la sécurité intérieure* (IHESI), 30, 1997.

DOMBRINK, John et James W. MEEKER. « Organized Crime in the «Twilight of the Mob» : Groups, Enterprise, and Legal Innovation from 1967-1992 », *in* J. A. Conley (éd.), *The 1967 President's Crime Commission Report : Its Impact 25 Years Later,* Cincinnati, Anderson, 1994.

DONZELOT, J., C. MÉVEL et A. WYVEKENS. *Faire société : la politique de la ville aux États-Unis et en France,* Paris, Seuil, 2003.

DRABEK, T. *Human System Responses to Disaster : An Inventory of Sociological Findings,* New York, Springer-Verlag, 1986.

DROUIN, C. *Intervenir dans les situations de violence conjugale à haut risque de létalité : le point de vue des acteurs pénaux et des victimes,* Mémoire de maîtrise, École de criminologie, Faculté des études supérieures, Université de Montréal, 2001.

DROUIN, C. et J. DROLET, J. *Agir pour prévenir l'homicide de la conjointe. Guide d'intervention,* Montréal, Centre de recherche interdisciplinaire sur la violence familiale et la violence faite aux femmes, Université de Montréal, 2004.

DU PASQUIER, E. *Investigation des incendies de véhicules automobiles,* Lausanne, Presses polytechniques et universitaires romandes, 2003.

DUBÉ, M., S. HODGINS, J. LÉVEILLÉE et J. D. MARLEAU. « Étude comparative de filicides maternels et paternels : facteurs associés et indices comportementaux précurseurs », *Forensic,* numéro spécial *Psychiatrie et violence,* 2004, p. 31-36.

DULONG, R. « La rationalité de la police technique », *Revue Internationale de Criminologie et de Police Technique et Scientifique,* 57, 3, 2004, p. 259-279.

DUNLAP, Charles (dir.). « The Thick Green Line : The Growing Involvement of Military Forces in Domestic Law Enforcement », *in* P. Kraska, *Militarizing the American Justice System : The Changing Roles of the Armed Forces and the Police,* Boston, Northeastern University Press, 2001, p. 29-42.

DUPONT, B. *Construction et réformes d'une police : le cas australien (1788-2000),* Paris, L'Harmattan, 2002.

_____. « Security in the age of networks », *Policing and Society,* 14, 1, 2004, p. 76-91.

DUPONT, B., P. GRABOSKY et C. SHEARING. «The governance of security in weak and failing states», *Criminal Justice*, 3, 4, 2003, p. 331-349.

DUPONT, B. et É. PÉREZ. *Les Polices au Québec*, Paris, Presses Universitaires de France, coll. «Que sais-je?», 2006.

DUPUIS, Lucie. *Gérer les technologies en sécurité intérieure*, Recueil de textes, Saint-Hubert, Soptima, 2006.

DURANT, A. *Fraud Preventions: The Latest Techniques. Developing a Strategy to Fight Fraud*, 2004. *http://www.acfe.com/fraud/view.asp?ArticleID=307*

DURKHEIM, É. *L'Éducation morale*, Paris, Presses Universitaires de France, 1992.

ECK, J. E. (1992). «Criminal Investigation», *in* G. W. Cordner et D. C. Hale (éd.), *What Works in Policing*. Cincinnati: Anderson Publishing Co., 1992, p. 19-34.

_____. «Preventing Crime at Places», *in* L. W. Sherman, D. P. Farrington, B. C. Welsh et D. L. MacKenzie (éd.), *Evidence-Based Crime Prevention*, London, Routledge, 2002, p. 241-294.

ECK, J. et W. SPELMAN. «Who ya gonna call? The police as problem-busters», *Crime & Delinquency*, 33, 1, 1987, p. 31-52.

_____. «A problem-oriented approach to police service delivery», *in* D. J. Kenney (éd.), *Police & Policing: Contemporary Issues*, New York, Praeger, 1989, p. 96-111.

ECK, J. E. et J. WARTELL. «Improving the management of rental properties with drug problems: a randomized experiment», *Crime Prevention Studies*, 9, 1998, p. 161-185.

EGGER, S. A. «A Working Definition of Serial Murder and the Reduction of Linkage Blindness», *Journal of Police Science and Administration*, 12, 3, 1984, p. 348-355.

EINSTEIN, Stanley et Menachem AMIR. *Police Corruption: Paradigms, Models and Concepts — Challenges for Developing Countries*, Huntsville, TX, Sam Houston State University. 2003.

EISEN, M. T. et autres. *Memory and Suggestibility in the Forensic Interview*, Mahwah, New Jersey, Lawrence Erlbaum Associates Publishers, 2002.

EISNER, E. «Long-Term Historical Trends in Violent Crime», *in* M. Tonry (dir.), *Crime and Justice: An Annual Review of Research*, vol. 30, Chicago, The University of Chicago Press, 2003, p. 83-142.

EKBLOM, P. «Gearing Up Against Crime: a Dynamic Framework to Help Designers Keep up with the Adaptive Criminal in a Changing World», *International Journal of Risk, Security and Crime Prevention*, 2, 4, 1997, p. 249-265.

_____. «Can we Make Crime Prevention Adaptive by Learning from Other Evolutionary Struggles?», *Studies on Crime and Crime Prevention*. 8, 1, 1999, p. 27-51.

_____. «How to Police the Future: Scanning for scientific and technological innovations which generate potential threats and opportunities in crime, policing and crime reduction», *in* M. Smith et N. Tilley (éd.), *Crime Science: New Approaches to Preventing and Detecting Crime*, Compton, Willan, 2004.

EKBLOM, P. et N. TILLEY. «Going equipped. Criminology, Situational Crime Prevention and the Resourceful Offender», *British Journal of Criminology*. 40, 2000, p. 376-398.

ELDER, R. W., R. A. SHULTS, D. A. SLEET et J. L. NICHOLS (2004). «Effectiveness of Mass Media Campaigns for Reducing Drinking and Driving and Alcohol Involved Crashes», *American Journal of Preventive Medicine*, 27, 2004, p. 57-65.

ELDER, R. W., R. A. SHULTS, D. A. SLEET, J. L. NICHOLS, S. ZAZA et R. S. THOMPSON. «Effectiveness of sobriety checkpoints for reducing alcohol-involved crashes», *Traffic Injury Prevention*, 3, 2002, p. 266-274.

ELFFERS, H. *Income Tax Evasion: Theory and Measurement*, Erasmus Centre for Sociolegal Tax Research, Deventer, Kluwer, 1991.

ELIAS, N. *La dynamique de l'Occident*, Paris, Calman-Lévy, (1939 et 1975).

ELIS, L. A. et S. S. SIMPSON. «Informal Sanction Threats and Corporate Crime: Additive versus Multiplicative Models», *Journal of Research in Crime and Delinquency*, 32, 4, 1995, p. 399-424.

ELVIK, R. *Effects on Accidents of Automatic Speed Enforcement in Norway*, Transportation Research Board, 1997.

EMSLEY, C. «The birth and development of the police», *in* T. Newburn (dir.), *Handbook of policing*, Willan, Cullompton, 2003, 66-83.

ENNETT, S. T., N. S. TOBLER, C. L. RINGWALT et R. FLEWELLING. «How effective is Drug Abuse Resistance Education? A meta-analysis of project DARE outcome evaluations», *American Journal of Public Health*, 84, 1994, p. 1394-1401.

ERICKSON, B. «Good networks and good jobs: the value of social capital to employers and employees», *in* N. Lin, K. Cook et R. Burt, *Social Capital: Theory and Research*, Aldine de Gruyter, New York, 2001, p. 127-158.

ERICSON, R. V. *Making Crime. A Study of Detective Work*, Toronto, Butterworth & Co, 1981.

_____. *Reproducing Order: a Study of Police Patrol Work*, Toronto, University of Toronto Press, 1982.

ERICSON, R. V. et K. HAGGERTY. *Policing the Risk Society*, Toronto, University of Toronto Press, 1997.

ERICSON, Richard et Aaron DOYLE. *Uncertain Business: Risk, Insurance and the Limits of Knowledge* Toronto, University of Toronto Press, 2004.

ESSEIVA, P., S. IOSET, F. ANGLADA, L. GASTÉ, O. RIBAUX, P. MARGOT, A. GALLUSSER, A. BIEDERMANN, Y. SPECHT et E. OTTINGER. *Forensic Drug Intelligence: an Important Tool in Law Enforcement*. En préparation.

EUROPOL. *Terrorist Activity in the European Union: Situation and Trends Report (TE-SAT)*, La Haye, décembre 2004.

EVETT, I. W. «Criminalistics: the Future of Expertise», *Science & Justice*, 33, 3, 1993, p. 173-178.

EWALD, F. «Le retour du malin génie. Esquisse d'une philosophie de la précaution», *in* O. Godard (dir.), *Le Principe de précaution dans la conduite des affaires humaines*, Paris, Éd. de la Maison des sciences de l'homme et Éd. de l'INRA, 1997, p. 99-126.

FARRELL, G. «Progress and prospects in the prevention of repeat victimisazion», *in* N. Tilley, *Handbook of Crime Prevention and Community Safety*. Cullompton, Devon, Willan, 2005.

FARRELL, G., S. CHENERY et K. PEASE. *Consolidating Police Crackdowns: Findings From an Antiburglary Project*, Police Research Series, London, Home Office Research, Development and Statistics Directorate, 1998.

FARRINGTON, D. P. «The development of offending and antisocial behavior from childhood: Key findings from the Cambridge study in delinquent development», *Journal of Child Psychology and Psychiatry*, 36, 1995, p. 929-964.

FARRINGTON, D. P., T. BURNS-HOWELL, J. BURROWS et M. SPEED. «An Experiment on the Prevention of Shoplifting», *in* R. V. Clarke (éd.) *Crime Prevention Studies*. vol. 1, Monsey, New York, Criminal Justice Press, 1993.

FARRINGTON, D. P. et PETROSINO. «Campbell Collaboration Crime and Justice Group», *Annals of the American Academy of Political and Social Science*, 578, 2001, p. 35-49.

FARRINGTON, D. P. et B. C. WELSH. *Effects of Improved Street Lighting on Crime: a Systematic Review*, Home Office Research Study 251, 2002.

FARSON, Stuart. *Criminal Intelligence and Security Intelligence*, Toronto, Centre of Criminology, University of Toronto, 1990.

FAVRE, P. «Nature et statut de la violence dans les manifestations contemporaines», *Les Cahiers de la Sécurité Intérieure*, 1, avril-juin 1990, p. 149-169.

_____. (dir.). *La Manifestation*, Paris, Presses de la Fondation nationale de sciences politiques, 1990.

FAVRE, P. et O. FILLIEULE. «La manifestation comme indicateur de l'engagement politique», *in* Pascal Perrineau (dir.), *L'Engagement politique. Déclin ou mutation?*, Paris, Presses de la Fondation nationale de sciences politiques, 1994, p. 115-139.

FAVRE, P., O. FILLIEULE et N. MAYER. «La fin d'une étrange lacune de la sociologie des mobilisations. L'étude par sondage des manifestants. Fondements théoriques et solutions techniques», *Revue Française de Science Politique*, 47, 1, février 1997, p. 3-28.

FELDMANN, T. B. «Characteristics of hostage and barricade incidents : implications for negotiation strategies and training», *Journal of Police Crisis Negotiations: an international journal*, 1, 1, 2001, p. 3-34.

FELSON, M. *Crime and Everyday Life*, Thousand Oaks, California, Pine Forge Press, 2002 [1998].

FELSON, M. et R. V. CLARKE. *Opportunity Makes the Thief: Practical theory for crime prevention*. Police Research Series. London, Home Office, Research, Development and Statistics Directorate, Policing and Reducing Crime Unit, 1998.

FELSON, R. B., J. M. ACKERMAN et C. A. GALLAGHER. «Domestic Intervention and the Repeat of Domestic Assault», *Criminology*, 43, 3, 2005, p. 563-588.

FENNELLY, L. J. *Handbook of Loss Prevention and Crime Prevention 4th Edition*, Amsterdam, Elsevier Butterworth-Heinemann, 2004.

FERRERO, G. *Le Pouvoir*, Paris, Hachette, 1988.

FERRET, J. et C. MOUHANNA (dir.). *Peurs sur les villes*, Paris, Presses universitaires de France, 2005.

FIELDING, N. *Community policing*, Oxford, Clarendon Press, 1995.

_____. «Concepts and theory in community policing», *The Howard Journal*, 44, 5, 2005, p. 460-472.

FIJNAUT, C. *The «Communitization» of Police Cooperation in Western Europe*, La Haye, TMC Asser Institut, Martin's NIjhoff Publishers, 1993.

_____. *The Administrative Approach to (Organised) Crime in Amsterdam*, Report prepared for Public Order and Safety Department, City of Amsterdam, 2002.

FILLIEULE, O. «Archives policières, sources de presse et manifestations de rue», *Les Cahiers de la Sécurité Intérieure*, 26, 4e trimestre 1996, p. 153-176.

_____. *Stratégies de rue. Les manifestations en France*, Paris, Presses de la Fondation nationale de sciences politiques, 1997.

FILLIEULE, O. et D. DELLA PORTA. *Police et manifestants. Maintien de l'ordre et gestion des conflits*, Paris, Les Presses de Sciences Po, 2006.

FILLIEULE, O. et F. JOBARD. «The Policing of Protest in France: Toward a Model of Protest Policing», *in* Donnatella Della Porta et Herbert Reiter (dir.), *Policing Protest. The Control of Mass Demonstrations in Western Democracies*, Minneapolis, University of Minnesota Press, 1998, p. 70-90.

_____. «Le maintien de l'ordre en France: éléments d'un modèle d'analyse de la police des foules», *in* F. Lemieux et B. Dupont, *La Militarisation des appareils policiers*, Sainte-Foy, Les Presses de l'Université Laval, 2005, p. 77-107.

FINK, S. et autres. «Organizational Crisis and Change», *Journal of Applied Behavioral Science*, 7, 1971, P 15-37.

FISCHER, R. J. et G. GREEN. *Introduction to Security*, Woburn, MA, Butterworth-Heinemann, 1998.

FISHER, H. W. *Hurricane Gilbert: The Media's Creation of the Storm of the Century During September 1988*, The Natural Hazards Research and Applications Information Center, The University of Colorado, Boulder, CO, 1989.

_____. «What Emergency Management Officials Should Know to Enhance Mitigation And Effective Disaster Response», *International Journal of Contingencies and Crisis Management*, 4, 4, 1996, p. 208-217.

FISHER, H. W., S. SCHAEFFER et M. L. TROWBRIDGE. *The Impact of Media Blame Assignation on the EOC Response to Disaster: A Case Study of the Response to the 26 April 1991 Andover (Kansas) Tornado*, The Natural Hazards Research & Applications Information Center, The University of Colorado, Boulder, CO, 1992.

FISHER, R. P. et R. E. GEISELMAN. *Memory-enhancing Techniques for Investigative Interviewing*, Springfield, IL, Charles Thomas Publishers, 1992.

FLOOD-PAGE, Claire et Johanna TAYLOR (éd.). *Crimes in England and Wales 2001/2002: Supplementary Volume*, National Statistics, January 2003. *http://www.homeoffice.gov.uk/rds/pdfs2/hosb103.pdf.*

FORREST, R. «Wither academic forensic science?» *Science & Justice* 44(4): 195, 2004.

FORRESTER, D. , M. CHATTERTON, K. PEASE, R. BROWN. *The Kirkholt Burglary Prevention Project, Rochdale*, London, H. M. S. O., Home Office, Crime Prevention Unit, Paper 13, 1988.

FORST, B. *Arrest Convictability as a Measure of Police Performance.* Washington, DC: National Institute, 1982.

FORTIN, B., G. GARNEAU, G. LACROIX, T. LEMIEUX et C. MONTMARQUETTE. *L'Économie souterraine au Québec*, Sainte-Foy, Les Presses de l'Université Laval, 1996.

FOSDICK, R. B. *European Police Systems*, Montclair, NJ, Patterson Smith, 1969.

FOURNIER, Louis. *FLQ: histoire d'un mouvement clandestin*, Outremont, Lanctôt Éditeur, 1998.

FOWLER, F. J. Jr. et T. W. MANGIONE. *Neighborhood Crime, Fear, and Social Control: A Second Look at the Hartford Program*, Washington, DC, U. S. Government Printing Office, 1982.

FRANK, J. A. «La dynamique des manifestations violentes», *Revue Canadienne de Science Politique*, XVII, 2, juin 1984, p. 325-349.

FREIDBERG, E. *Le Pouvoir et la règle*, Paris, Seuil, 1993.

FRITSCH, E., T. CAETI et R. TAYLOR. «Gang Suppression Through Saturation Patrol, Aggressive Curfew, and Truancy Enforcement: A Quasi-Experimental Test of the Dallas Anti-Gang Initiative», *Crime and Delinquency*, 45, 1, 1999, p. 122-139.

FROIDEVAUX, D. «L'impossible statistique policière de la criminalité?», *in Revue suisse de criminologie*, 2, 2005, p. 53-57.

FYFE, J. et J. SKOLNICK. *Above the Law. Police and the Excessive Use of Force*, New York, The Free Press, 1993.

FYFE, N. et J. SHEPTYCKI. «International trends in the facilitation of witness co-operation in organized crime cases», *European Society of Criminology*, 3, 3, 2006, p. 319-355.

GAGNON, P. *L'Audit de sécurité*, Paris, Afnor, 2006.

GAMBETTA, Diego. *The Sicilian Mafia: The Business of Private Protection*, Cambridge, Harvard University Press, 1993.

GANNON, M. «Homicides dans la famille», *in La Violence familiale au Canada: un profil statistique*, Ottawa, Statistique Canada, Centre canadien de la statistique juridique, 2004.

GARCIA, M. L. *The Design and Evaluation of Physical Protection Systems*, Woburn, Butterworth-Heinemann, 2001.

_____. *Vulnerability Assessment of Physical Protection Systems*, Burlington, Elsevier Butterworth-Heinemann, 2006.

GARNER, J., J. FAGAN et C. MAXWELL. «Published findings form the spouse assault replication program: A critical review», *Journal of Quantitative Criminology*, 11, 1995, p. 3-28.

GASSIN, R. *Criminologie*, Paris, Dalloz, 2003 [1988].

GASSIN, R. «Essai de théorie générale de la ruse en criminologie», *Revue pénitentiaire et de droit pénal*, 4, 2004, p. 905-934.

GAUCHET, M. *La Démocratie contre elle-même*, Paris, Gallimard, 2002.

GAUVARD, C. «La police avant la police, la paix publique au Moyen Âge», *in* M. Aubouin, A. Teyssier et J. Tulard (dir.), *Histoire et dictionnaire de la police du Moyen Âge à nos jours*, Paris, Robert Laffont, coll. «Bouquins», 2005.

GEBERTH, V. «Suicide-By-Cop: Inviting death from the hands of a police officer», *Law and Order*, July 1993, p. 105-109.

GEIBEN, B. et J.-J. NASSET. *Sécurité sûreté: la gestion intégrée des risques dans les organisations*, Paris, Les Éditions d'Organisation, 1998.

GELLER, W. A. *Police Videotaping of Suspects Interrogations and Confessions: a Preleminary Examination of Issues and Practices*, Report to the National Institute of Justice, Washington, Police Executive Research Forum, 1992.

GENDARMERIE ROYALE DU CANADA (GRC). Direction des renseignements criminels, *Projet SLEIPNIR: La matrice des données sur le crime organisé. Technique d'analyse pour cerner la menace relative que posent les groupes du crime organisé*, 2000.

_____. *La Culture de la marihuana au Canada: Évolution et tendances actuelles - novembre 2002*, 2004. http://www.rcmp-grc.gc.ca/crimint/cultivation_f.htm

_____. *L'Évaluation des facteurs relatifs à la vie privée*, Projet du Système d'incidents et de rapports de police (SIRP), 2005. *www.rcmp-grc.gc.ca/pia/pros_f.htm*

_____. La direction des renseignements criminels, 2006. *www.rcmp-grc.gc.ca/crimint/ci_aboutcid_f.htm*

GENDREAU, P., C. GOGGIN et P. SMITH. «Is the PCL-R really the «unparalleled» measure of offender risk? A lesson in knowledge cumulation», *Criminal Justice and Behavior*, 29, 2002, p. 397-426.

GENDREAU, P., T. LITTLE et C. GOGGIN. «A meta-analysis of adult offender recidivism: What works!», *Criminology*, 34, 1996, p. 575-607.

GERSPACHER, N. «The Roles of International Police Cooperation Organizations: Beyond Mandates, Toward Unintended Roles», *European Journal of Crime, Criminal Law and Criminal Justice*, 13, 3, 2005, p. 413-434.

GERSPACHER, N. et B. DUPONT. «The nodal structure of international police cooperation: An explanation of transnational security networks», *Global Governance*, 13, 2, April-June 2007.

GERSPACHER, N. et F. LEMIEUX. «Coopération policière, marche de l'information et expansion des acteurs internationaux: le cas d'Europol». *Revue internationale de criminologie et de police technique et scientifique*, LVIII, octobre-décembre 2005, p. 461-478.

GHERNAOUTI-HÉLIE, S., *Sécurité informatique et réseaux: cours et exercices corrigés*, Paris, Dunod, 2006.

GILL, M. «Reducing the Capacity to Offend: Restricting Ressources for Offending», *in* N. Tilley (dir.), *Handbook of Crime Prevention and Community Safety*, Cullompton, Willan, 2005, p. 306-327.

GILL, M. et R. I. MAWBY. *Volunteers in the Criminal Justice System*, Milton Keynes, Open University Press, 1990.

GILL, M. et A. SPRIGGS. *Assessing the Impact of CCTV*, London, Home Office Research, Development and Statistics Directorate, Home Office Research Study 292, 2005.

GILL, P. «Police intelligence process: a study of criminal intelligence units in Canada», *Policing and Society*, 8, 3, 1998, p. 289-314.

_____. *Rounding up the usual suspects? Development in contemporary law enforcement intelligence*, Ashgate, Aldershot, 2000.

GINET, M et J. PY. «Deux techniques pour améliorer les souvenirs des témoins: l'encodage cognitif et l'entretien cognitif», *European Review of Applied Psychology*, 51, 2001, p. 121-131.

GIRARD, L. et J. S. WORMITH. «The Predictive Validity of the Level of Service Inventory-Ontario Revision on General and Violent Recidivism among Various Offender Groups», *Criminal Justice and Behavior*, 31, 2004, p. 150-181.

GIROD, A. *Exploitation et gestion systématiques des traces de souliers: une approche complémentaire pour l'investigation criminelle des cambriolages*, Thèse de doctorat, École des Sciences Criminelles, Université de Lausanne, 2002.

GIROD, A., C. CHAMPOD et O. RIBAUX. *Les Traces de souliers*, Lausanne, Presses polytechniques et universitaires romandes, soumis à l'éditeur en 2006.

GIROD, A., O. RIBAUX, S. J. WALSH et P. MARGOT. «Bases de données ADN: un potentiel peu exploité de mise en relation d'événements criminels», *Revue Internationale de Criminologie et de Police Technique et Scientifique*, 2, 2004, p. 131-147.

GLUCKSMANN, A. *Dostoïevski à Manhattan*, Paris, Robert Laffont, 2002.

GOLDABER, I. «A Typologie of Hostage Takers», *The Police Chief*, 46, 2, 1979, p. 21-22.

GOLDSTEIN, H. *Policing a Free Society*, Cambridge, Ballinger, 1977.

_____. «Toward community-oriented policing: potential, basic requirements, and treshold questions», *Crime & Delinquency*, 33, 1, 1987, p. 6-30.

_____. *Problem-Oriented Policing*, New York, McGraw-Hill, 1990.

GOLDSTOCK, Ronald, Martin MARCUS, Thomas D. THACHER et James B. JACOBS. *Corruption and Racketeering in the New York City Construction Industry: Final Report of the New York State Organized Crime Task Force*, New York, New York University Press, 1990.

GOMEZ DEL PRADO, G. *L'Intimidation exercée par les motards criminalisés sur les policiers du Québec*, Mémoire de maîtrise, École de criminologie, Faculté des études supérieures, Université de Montréal, 2003.

GONZALES Alberto, R. REGINA, B. SCHOFIELD et Sarah V. HART. *Mapping Crime: Understanding Hot Spots*, US Department of Justice, Office of Justice Programs, Washington, National Institute of Justice, 2005.

GOODWIN, V. *Evaluation of the Devonport CCTV Scheme*, Tasmania Police, Crime Prevention and Community Safety Council, 2002.

GOTTFREDSON, D. «School-Based crime prevention», *in* L. W. Sherman, D. Gottfredson, D. Mackenzie, J. Eck, P. Reuter, P. et S. Bushway (éd.), *Preventing crime: what works, what doesn't, what's promising: A report to the United States Congress*, Department of Criminology and Criminal Justice, University of Maryland, 1997.

GOTTFREDSON, D. C. *Schools and Delinquency*, Cambridge, Cambridge University Press, 2001.

GOTTFREDSON, M. R. et T. HIRSCHI. *A General Theory of Crime*, Stanford, CA, Stanford University Press, 1990.

GOULDNER, A. W. *Patterns of Industrial Bureaucracy; A Case of Study of Modern Factory Administration*, New York, Free Press, 1954.

GRABOSKY, P. «Law enforcement and the citizen: non-governmental participants in crime prevention and control», *Policing and Society*, 2, 2, 1992, p. 249-271.

GRABOSKY, P. N. «Unintended Consequences of Crime Prevention», *in Crime Prevention Studies*, vol. 5, Monsey, NY, Criminal Justice Press, 1996, p. 25-56.

GRANDMAISON, R. et P. TREMBLAY. «Évaluation des effets de la télésurveillance sur la criminalité commise dans 13 stations du métro de Montréal», *Criminologie*, 40, 1997, p. 93-110.

GRANJEAN, C. *Les Effets des mesures de sécurité: l'exemple des attaques à main armée contre les établissements bancaires en Suisse*, Grüsh, Rüegger, 1988.

GREEN, G. S. «General Deterrence and Television Cable Crime: A Field Experiment in Social Control», *Criminology*, 23, 4, 1985, p. 629-645.

GREENBERG, Jerald. «Employee Theft as a Reaction to Underpayment Inequity: the Hidden Costs of Pay Cuts», *Journal of Applied Psychology*, 75, 5, 1990, p. 561-568.

GREENMAN, F. *Wire-Tapping. Its Relation to Civil Liberties*, Stanford, Connecticut, The Overbrook Press, 1938.

GREEN-MAZEROLLE, L., J. ROEHL et C. KADLECK, C. «Controlling social disorder using civil remedies: results from a randomized field experiment in Oakland California», *in* L. Green-Mazerolle et J. Roehl (éd.), *Civil Remedies and Crime Prevention, Crime Prevention Studies vol. 9*, Albany, NY, Harrow and Heston, 1988.

GREENWOOD, Peter W., Jan CHAIKEN et Joan PETERSILIA. *The Criminal Investigation Process*, Lexington, Massachusetts, D. C. Heath and Company, 1977.

GREENWOOD, Peter W., Jan CHAIKEN, Joan PETERSILIA, Linda PRUSOFF. *The Criminal Investigation Process, Vol. 3 Observations and Analysis*, Santa Monica, CA, Rand Corporation, 1975.

GRESSANG, D. «Audience and Message: Assessing Terrorist WMD Potential», *Terrorism and Political Violence*, 13 (3), 2001, p. 83-106.

GROSE, V. L. *Managing Risk: Systematic Loss Prevention for Executives*, New Jersey, Prentice Hall, 1987.

GROSS, H. *Manuel pratique d'instruction judiciaire*, Paris, Marchal & Billard, 1899.

GROSS, H. G. H. *Criminal Investigation. A Practical Textbook for Magistrates, Police Officers and Lawyers. Fifth Edition*, London, Sweet & Maxwell Limited, 1962.

GROUPE DE TRAVAIL CHARGÉ D'EXAMINER LES PRATIQUES EN MATIÈRE D'ENQUÊTES CRIMINELLES AU SEIN DES CORPS DE POLICE DU QUÉBEC. *L'Enregistrement audiovisuel des interrogatoires des suspects ou des accusés: Rapport d'étape*, Rapport déposé au ministre de la Sécurité publique, Montréal, 1996.

GUAY, J. P. «Prédiction actuarielle et prédiction clinique: le dernier souffle d'une pratique traditionnelle», *Revue Internationale de Criminologie et de Police Technique et Scientifique*, 59, 2006, p.149-164.

GUAY, J. P., J. RUSCIO, R. A. KNIGHT et R. HARE. «A taxometric analysis of the latent structure of psychopathy: Evidence for dimensionality», *Journal of Abnormal Psychology*, 2007.

GUDJONSSON, G. H. *The Psychology of Interrogations and Confessions. A Handbook*, Chichester, John Wiley and Sons, 2003.

GUDJONSSON, G. H. et H. PETURSSON. «Custodial interrogation: Why do suspects confess and how does it relate to their crime, attitude and personality?», *Personality and Individual Differences* 12, 1991, p. 295-306.

GUÉNIAT, O. et P. ESSEIVA. *Le Profilage de l'héroïne et de la cocaïne*, Lausanne, Presses polytechniques et universitaires romandes, 2005.

HAAS, E. «International integration: The European and the Universal Process», *in* M. Hodges (éd.) *European Integration*, Penguin Books, 1972, p. 91-97.

HABERMAS, J. *Legitimation Crisis*, Boston, Beacon Press, 1973.

HACKER. *Crusaders criminals crazies, terror and terrorism in our time*, New York, W. W. Norton & Company, 1976.

HAGGERTY, Kevin et Richard ERICSON. «The Military Technostructures of Policing», *in* P. Kraska, *Militarizing the American Criminal Justice System: The Changing Roles of the Armed Forces and the Police*, Boston, Northeastern University Press, 2001, p. 43-64.

HALL, B. et A. BHATT. *Policing Europe: EU justice and Home Affairs cooperation*, Centre for European Reform, London, 1999.

HAMILTON, Dwight (éd.). *Inside Canadian Intelligence: Exposing the New Realities of Espionage and International Terrorism*, Toronto, Dundurn Press, 2006.

HANMER, J. et S. GRIFFITHS. *Reducing Domestic Violence... What Works? Policing Domestic Violence*, Briefing Note, London, Home Office, Policing and Reducing Crime Unit, 2000.

HANMER, J., S. GRIFFITHS et D. JERWOOD. *Arresting Evidence: Domestic Violence and Repeat Victimisation*, London, Home Office, Policing and Reducing Crime Unit, 1999.

HANSEN, Ann. *Direct Action: Memoirs of an Urban Guerrilla*, Toronto, Between the Lines, 2001.

HARE, R. D. «Psychopathy and violence», *in* J. R. Hays, T. Roberts et K. Soloway (éd.), *Violence and the Violent Individual*, Jamaica, NY, Spectrum, 1981, p. 53-74.

_____. *The Psychopathy Checklist-Revised manual*, Toronto, Multi-Health Systems, 1991.

_____. *Without Conscience, The disturbing World of the Psychopaths among us*, New York, London, The Guilford Press, 1999.

_____. *The Psychopathy Checklist-Revised Technical Manual* (2nd ed.), Toronto, Multi-Health Systems, 2003.

HARE, R. D. et L. M. MCPHERSON. «Violent and aggressive behaviour by criminal psychopaths», *International Journal of Law and Psychiatry*, 7, 1984, p. 35-50.

HARE, R. D. et C. N. NEUMANN. «The PCL-R Assessment of Psychopathy: Development, Structural Properties, and New Directions», *in* C. Patrick (éd.), *Handbook of Psychopathy*, New York, Guilford Press, 2006, p. 58-88.

HARRIES, K. «Filters, Fearsm and Photos. Speculations and Expolrations in the Geography of Crime», *in* Victor Goldsmith, Philip G. McGuire et autres, *Analyzing Crime Patterns*, Thousand Oaks, Sage Publications, 2000, p. 23-31.

HARRIS, D. R. *Basic Elements of Intelligence — Revised*, Washington, DC, Law enforcement assistance administration, 1976.

HARRIS, G. «Evaluating intelligence evidence», *in* R. D. Garst, *A Handbook of Intelligence Analysis*. Washington, DC, Defence intelligence college, 1989, p. 33-48.

HART, S. D. et R. D. HARE. «Discriminant validity of the psychopathy checklist in a forensic psychiatric population», *Psychological Assessment*, 1, 1989, p. 211-218.

HAYEK, J., S. SYLVESTRE et B. WEGRYZKA. *75 services internes de sécurité de la région de Montréal*, Montréal, École de criminologie, Université de Montréal, 2001.

HAYES, R. *Retail Security and Loss Prevention*, Boston, Butterworth-Heinemann, 1991.

HENAULT, Ray. *Canada and the War on Drugs*, Kingston, Centre for National Security Studies, 1994.

HERMAN, Michael. *Intelligence Power in Peace and War*, Cambridge, Cambridge University Press, 1996.

HERMANN, C. F. «Some Consequences of Crisis Which Limit the Viability of Organizations», *Administrative Science Quarterly*, 8, 1963, p. 61-82.

HERSH, S. «The Coming Wars: What The Pentagon Can Now Do In Secret», *The New Yorker*, 24 janvier 2005. *http://www.newyorker.com/fact/content/?050124fa_fact*.

HESS, K. M. et H. M. WROBLESKI, H. M. *Introduction to Private Security (4e ed.)*, Minneapolis/St-Paul, West Publishing, 1996.

HESSELING, R. B. P. «Displacement: A Review of the Empirical Literature», *in* R. V. Clarke (éd.), *Crime Prevention Studies*, vol. 3, Monsey, NY, Criminal Justice Press, 1994.

HIBOU, B. «Retrait ou redéploiement de l'État?», *Critique Internationale*, 1, 1998, p. 151-168.

HILL, Peter B. E. *The Japanese Mafia: Yakuza, Law, and the State*, Oxford, Oxford University Press, 2003.

HIRSCHMANN, A. O. *Face au déclin des entreprises et des insitutions*, Paris, Les éditions ouvrières, 1972 [1970].

HOBBS, P. *A Special Relationship: Police Forces, the Special Constabulary and Neighbourhood Watch*, Londres, Her Majesty's Inspectorate of Constabulary, 1997.

HODGKINSON, P. E. et M. STEWART. *Coping With Catastrophe*, London, Routledge, 1991.

HOLMBERG, U. et S. A. CHRISTIANSON. «Murderers' and sexual offenders' experiences of police interviews and their inclination to admit or deny crimes», *Behavioral Sciences and the Law*, 20, 2002, p. 31-45.

HOMEL, R., M. HAURITZ, G. MCKWAIN, R. WORTLEY et R. CARVOLTH. «Preventing Drunkenness and Violence Around Nightclubs in a Tourist Resort», *in* R. Clarke (éd.), *Situational Crime Prevention. Successful Case Studies*, Guilderland, NY, Harrow and Heston, 1997, p. 263-282.

HOPE, T. *Implementing Crime Prevention Measures*, London, HMSO Home Office Research Study, 1985.

HORVATH, F. et R. MEESIG. «The Criminal Investigation Process and the Role of Forensic Evidence: A Review of Empirical Findings», *Journal of Forensic Science*, novembre 1996.

HOUSE OF COMMONS. *Forensic Science on Trial. Session 2004-2005*, Londres, House of Commons, Seventh Report, 2005.

http://lois.justice.gc.ca/fr/C-23/index.html.

http://www.cert.org/

http://www.clusif.fr

http://www.crime-research.org/

http://www.cse.dnd.ca

http://www.cybercrime.gov/cc.html

http://www.europa.eu.int/information_society/index_en.htm

http://www.first.org

http://www.ic3.gov/

http://www.melani.admin.ch

http://www.nw3c.org/

http://www.scoci.ch/

https://www.utica.edu/academic/institutes/ecii/publications/articles/BA2D546B-BC9E-1844-8B0ADF5FB1B84B99.pdf

HUBER, G. «Organizational learning: the contributing processes and the literature», *Organization Science*, 2, 1991, p. 88-115.

HUBERT, H.-O. «Confiance et routines: les interactions sur le parvis», *in* Luc van Campenhoudt, Yves Cartuyvels et autres, *Réponses à l'insécurité: des discours aux pratiques*, Bruxelles, Labor, 2000, p. 45-70.

HUBRECHT, H.-G. «Le droit français de la manifestation», *in* Pierre Favre (dir.), *La Manifestation*, Paris, Presses de la Fondation nationale de sciences politiques, 1990, p. 181-206.

HUEY, L., R. ERICSON et K. HAGGERTY. «Policing fantasy city», *in* D. Cooley (dir.), *Re-Imagining Policing in Canada*, Toronto, University of Toronto Press, 2005, p. 140-208.

HUGHES, William J. «RICO Reform: How Much Is Needed?», *Vanderbilt Law Review*, 43, 1990, p. 639-649.

HUMAN RIGHTS WATCH. *Funding the Final War*, 2006. *http://hrw.org/reports/2006/ltte0306/ltte0306web.pdf.*

INBAU, F. E. et J. E. REID. *Criminal Interrogation and Confessions*, Second Edition, Haltimore, MD, The Williams & Wilkins Compagny, 1967.

INBAU, F. E., J. E. REID, J. P. BUCKLEY et B. C. JAYNE. *Criminal Interrogation and Confessions*, 4*th* Edition, Gaithersburg, MD, Aspen Publication, 2001.

INMAN, K. et N. RUDIN. *Principles and Practice of Criminalistics: the Profession of Forensic Science*, CRC Press LLC, 2001.

INNES, M. *Investigating Murder. Detective Work and the Police Response to Criminal Homicide*, Oxford, Oxford University Press, Clarendon Studies in Criminology, 2003.

INSTITUT NATIONAL DE RECHERCHE ET DE SÉCURITÉ (INRS). Site Internet: www.inrs.fr.

INTERNATIONAL ASSOCIATION OF CHIEFS OF POLICE (1995). *Murder in America: Recommendations from the IACP Murder Summit* (disponible en appelant 1-800-THE-IACP).

INTERNATIONAL CRITICAL INFORMATION INFRASTRUCTURE PROTECTION (CIIP). *Handbook 2006 — Volume I — An inventory of 20 national and 6 international critical information infrastructure protection policies — Volume II — Analysing issues, challenges and prospects*, Center for security studies, ETH Zurich, 2006.

INTERNATIONAL FOUNDATION FOR PROTECTION OFFICERS (IFPO). *Protection Officer Training Manuel*, 7th Edition, Londres, Butterworth-Heinemann, 2003.

IOSET, S., P. ESSEIVA, O. RIBAUX, C. WEYERMANN, F. ANGLADA, S. LOCICIRO, P. HAYOZ, I. BAER, L. GASTÉ, A.-L. TERRETTAZ-ZUFFEREY, C. DELAPORTE et P. MARGOT. «Establishment of an operational system for drug profiling : a Swiss experience», *Bulletin on Narcotics.*, vol. LVII, nos 1 et 2, 2005, pp. 121-147.

IRVING, B. et L. HILGENDORF. *Police Interrogation: the Psychghological Approach*, Londres, HMSO, Research Studies, n° 1, 1980.

JACKSON, G., C. CHAMPOD, I. W. EVETT et S. MCCROSSAN. «Investigator/Evaluator: a Possible Framework to Guide Thinking and Practice for Forensic Scientist», *Science & Justice*, 46, 1, 2006, p. 33-45.

JACOBS, B. A. *Dealing Crack: The Social World of Streetcorner Selling*, Boston, Northeastern University Press, 1999.

JACOBS, James B. et Lauryn P. GOULDIN. «Cosa Nostra: The Final Chapter», *Crime and Justice: A Review of Research*, 25, Chicago, University of Chicago Press, 1999.

JACOBS, James B., avec Coleen FRIEL et Robert RADICK. *Gotham Unbound: How New York City Was Liberated from the Grip of Organized Crime*, New York, New York University Press, 1999.

JACOBS, James B., avec Christopher PANARELLA et Jay WORTHINGTON. *Busting the Mob: United States v. Cosa Nostra*, New York, New York University Press, 1994.

JACQUESSON, Françoise. «Les ZUS franciliennes: des réalités diverses», *Onzus*, 2006, p. 1-8.

JAMIESON, Allison. *The Anti-Mafia: Italy's Fight against Organized Crime*, New York, St. Martin's Press, 2000.

JANHEVICH, D. E. «L'évolution de la nature des fraudes au Canada», *Jursitat*, 18, 4, Statistique Canada, Ottawa, 1998.

JOBARD, F. *Les Violences policières. État des recherches dans les pays anglo-saxons*, Montréal, L'Harmattan, coll. «Logiques politiques», 1999.

_____. «Counting violence committed by the police. Raw facts and narratives», *Policing and Society*, 13, 4, 2003, p. 423-428.

_____. «Le nouveau mandat policier. Faire la police dans les zones dites "de non-droit"», *Criminologie*, 38, 2, 2005, p. 103-121.

_____. «Police, justice et discriminations raciales», *in* D. et E. Fassin (dir.), *De la question sociale à la question raciale ?*, Paris, La Découverte, 2006, p. 211-229.

JOHN, T. et M. MAGUIRE. «Rolling out the national intelligence model: key challenges», *in* K. Bullock et N. Tilley (éd.), *Crime Reduction and Problem-Oriented Policing*, Cullompton Devon, Willan, 2003.

JOHNSON, B. *Principles of Security Management*, Upper Saddle River, NJ, Pearson Prentice Hall, 2005.

JOHNSON, B. D. et M. NATARAJAN. «Strategies to Avoid Arrest: Crack Seller's Response to Intensified Policing», *American Journal of Police*, 14, 3/4, 1995, p. 49-69.

JOHNSON, N. R., W. E. FEINBERG et D. M. JOHNSTON. «Microstructure and Panic: The Impact of Social Bound on Individual Action in Collective Flight from the Beverly Hills Supper Club Fire», *in* R. R. Dynes et K. J. Tierny, *Disasters, Collective Behavior and Social Disorganization*, Newark, University of Delaware Press, 1994.

JOHNSTON, D. «Bomb Designs Hint at Global Network», *New York Times*, 2004.

JOHNSTON, L. *Policing Britain*, Harlow, Longman, 2000.

_____. «Transnational security governance», *in* J. Wood et B. Dupont (dir.), *Democracy, Society and the Governance of Security*, Cambridge, Cambridge University Press, 2006, p. 33-51.

JOINT TASK FORCE CIVIL SUPPORT (JTF-CS), *Troops on the Beat.* http://www.jtfcs. northcom.mil/pages/news20030501.html

JURISTAT, *Services de sécurité privés et services de police publics au Canada*, 24, 7, Ottawa, Statistique Canada, 2001.

KALIFA, D. *Naissance de la police privée: détectives et agences de recherche en France 1832-1942*, Paris, Plon, 2000.

KALUSZINSKI, M. *La République à l'épreuve du crime: la constitution du crime comme objet politique, 1880-1920*, Paris, Maison des Sciences de l'homme, 2002.

KANE, R. «The social ecology of police misconduct», *Criminology*, 40, 4, 2002, p. 867-896.

KASSIN, S. M. «The psychology of confession evidence», *American Psychologist*, 52, 3, 1997, p. 221-233

KASSIN, S. M. et L. S. WRIGHTSMAN. «Confession evidence», *in* S. M. Kassin et L. S. Wrightsman (éd.), *The Psychology of Evidence and Trial Procedures*, London, Sage, 1985, p. 67-94.

KEITH, M. *Race, Riots, and Policing. Lore and Disorder in a Multiracist Society*, London, UCL Press, 1993.

KELLING, G. L. «L'expérience de Kansas City sur la patrouille préventive», *in* J.-P. Brodeur et D. Monjardet (dir.), *Connaître la police. Grands textes de la recherche anglo-saxonne. Les cahiers de la sécurité intérieure. Hors série*, Paris, La Documentation française, 2003.

KELLING, G. L. et C. M. COLES, C. M. *Fixing Broken Windows*, New York, The Free Press, 1996.

KELLING, G. L., A. M. PATE, D. DIECKMAN et C. BROWN. *The Kansas City Preventive Patrol Experiment*, Washington, DC, Police Foundation, 1974.

KEMPA, M. et L. JOHNSTON. «Challenges and prospects for the development of inclusive plural policing in Britain: overcoming political and conceptual obstacles», *The Australian and New Zealand Journal of Criminology*, 38, 2, 2005, p. 181-191.

KENT, St. et D. JACOBS. «Minority threat and police strength from 1980 to 2000», *Criminology*, 43, 3, 2005, p. 731-760.

KESSLER, D. et S. DUNCAN. «Impact of Community Policing in Four Houston Neighborhoods», *Evaluation Review*, 1996, 20 (b) p. 627-669.

KILLIAS, M. *Précis de criminologie*, Berne, Staempfli, 2001.

KILLIAS, M. et D. RIBEAUD. «La corruption», *Crimiscope*, 4, Lausanne, Institut de police scientifique et de criminologie, septembre 1999.

KILLIAS, M., M. SIMONIN et J. DE PUY. *Violence Experienced by Women in Switzerland over their Lifespan*, Berne, Staempfli, 2005.

KIND, S. S. «La science dans l'enquête criminelle», *Revue internationale de criminologie et de police technique et scientifique*, 37, 1984, p. 92-101.

_____. *The Scientific Investigation of Crime*, Harrogate, Forensic Science Services Ltd, 1987.

_____. «Crime investigation and the criminal trial: a three chapter paradigm of evidence», *Journal of the Forensic Science Society*, 34, 3, 1994, p. 155-164.

KINGSBURY, A. A. *Introduction to Security and Crime Prevention Surveys*, Springfield, Charles C Thomas publisher, 1973.

KIRK, P. L. «The Ontogeny of Criminalistics», *The Journal of Criminal Law, Criminology and Police Science*, 54, 1963, p. 235-238.

KIRK, P. L. et J. I. THORNTON. *Crime Investigation*, New York, Toronto, John Wiley & Sons, 1953.

KLEIMAN, M. A.R. *Crackdowns: The effect of intensive enforcement on retail heroin dealing*, Cambridge, Mass., Program in Criminal Justice Policy and Management, John F. Kennedy School of Government, Harvard University, 1988.

_____. *Heroin Crackdowns in two Massachusetts Cities*, Cambridge, Mass., Program in Criminal Justice Policy and Management, John F. Kennedy School of Government, Harvard University, 1989.

KLEIMAN, M. A.R., A. BARNETT, A. V. BOUZA, K. BUCKE et M. R. CHAIKEN. *Street level drug enforcement: Examining the issues*, Washington, DC, Office of Communication and Research Evaluation, National Institute of Justice, 1988.

KLINGER, D. «Quantifying law in police citizen encounters», *Journal of Quantitative Criminology*, 12, 1996, p. 391-415.

_____. «Negotiating order in patrol work. An ecological theory of police response to deviance», *Criminology*, 35, 1997, p. 277-306.

KLOCKARS, C. «The Dirty Harry Problem», *Annals of the American Academy of Political and Social Science*, 1980.

KNIGHT, R. A. et J.-P. GUAY. «The Role of Psychopathy in Sexual Coercion against Women», *in* C. Patrick (éd.), *Handbook of Psychopathy* New York, Guilford Press, 2006, p. 512-529.

KNUTSSON, J. et J. STRYPE. «Police use of firearms in Norway and Sweden. The significance of gun availabilit», *Policing and Society*, 13, 4, 2003, p. 429-439.

KOHNKEN, G., R. MILNE, A. MEMON et R. BULL. «The cognitive interview: A meta-analysis», *Psychology, Crime and Law*, 5, 1999, p. 3-27.

KOPER, C. S. et E. MAYO-WILSON. «Police crackdown on illegal gun carrying: a systematic review of their impact on gun crime», *Journal of Experimental Criminology*, 2, 2006, p. 227-261.

KRASKA P. et V. KAPPELER. «La militarisation de la police américaine: l'essor et la normalisation des unités paramilitaires», *in* F. Lemieux et B. Dupont (dir.), *La Militarisation des appareils policiers*, Sainte-Foy, Presses de l'Université Laval, 2005, p. 17-40.

KREPS, G. A. «The organization of disaster response: some fundamental theoretical issues», *in* E. L. Quarantelli (éd.), *Disasters: Theory and Research*, Beverly Hills, CA, Sage, 1978, p. 65-85.

KRIZAN, L. *Intelligence Essentials for Everyone*, Washington, DC, Joint military intelligence college, 1999.

KRUDE, T. *DNA. Changing Science and Society*, The Darwin College Lectures, Cambridge University Press, 2004.

KRUEGLE, H. «CCTV Surveillance», *in* L. J. Fennelly (dir.), *Loss Prevention and Crime Prevention*, Boston, Butterworth-Heinemann, 1999.

KWAN, Q. Y. *Inference of Identity of Source*, Thèse de doctorat, Berkeley University, 1976.

LA PENNA, É. *Police Crackdowns: A Case Study of the Preparation and Effectiveness of a Drug Crackdown (Montreal. 1989)*, Rapport de stage de maîtrise, École de criminologie, Faculté des études supérieures, Université de Montréal, 1998.

LA PENNA, E. et S. ARSENEAULT. *Résolution de problème. Sécurité routière Chemin Côte-des-Neiges*, Montréal, Service de police de la Communauté urbaine de Montréal, 2002.

LA PENNA, É., P. TREMBLAY et M. CHAREST. «Une évaluation rétrospective d'une opération coup-de-poing dans un quartier "sensible"», *Revue internationale de criminologie et de police technique et scientifique*, LVI, 2, 2003, p. 166-185.

LABONTÉ, C. *Les Appels au 911 sur l'île de Montréal et la demande de services policiers*, Mémoire de maîtrise, École de criminologie, Faculté des études supérieures, Université de Montréal, 1998.

LADOR LEDERER, Joseph. *A Legal Approach to International Terrorism*, 9 Israel Law Review, 1974, 194, 211.

LAGADEC, P. *La Gestion des crises. Outils de réflexion à l'usage des décideurs*, Paris, McGraw Hill, 1991.

_____. «Généalogie d'une société du risque», *in* O. Godard et autres (dir.), *Traité des nouveaux risques*, Gallimard, coll. «Folio Actuel», 2002, p. 31-36.

LAGRANGE, H. *La Civilité à l'épreuve*, Paris, Seuil, 1995.

LANCELEY, F. J. *On-Scene Guide for Crisis Negotiators*, CRC Press, 1999.

LAURENCE, J. R. «Hypnose et mémoire: un bref survol de la littérature scientifique», *in* M. St-Yves et J. Landry (éd.), *Psychologie des entrevues d'enquête: de la recherche à la pratique*, Cowansville, Éditions Yvon Blais, 2004, p. 221-243.

LAYCOCK, G. «The UK car theft index: an example of government leverage», *in* M. Maxfield et R. Clarke, *Understanding and Preventing Car Theft*, Cullompton, Willan Publishing, 2004, p. 25-44.

_____. «Operation Identification or the Power of Publicity?», *Security Journal*, 2, 1991, p. 67-72.

_____. «The Home Office» *in* H. Davies, S. Nutley et P. Smith (éd.), *What Works? Evidence Based Policy and Practice in Public Services*, Bristol, The Policy Press, 2000.

LAYCOCK, G. et C. AUSTIN. «Crime Prevention in Parking Facilities», *Security Journal*, 3, 1992, p. 154-160.

LE BLANC, M. «La conduite délinquante des adolescents: son développement et son explication», *in* M. Le Blanc, M. Ouimet et D. Szabo (dir.), *Traité de criminologie empirique*, Montréal, Presses de l'Université de Montréal, 2003.

LE NOÉ, O. «Football et violences», *in Regards sur l'actualité*, Paris, La Documentation française, 1998, p. 55-70.

LEBIGRE, A. *La Police, une histoire sous influence*, Paris, Gallimard, 1993.

_____. «La genèse de la police moderne», *in* M. Aubouin, A. Teyssier et J. Tulard (dir.), *Histoire et dictionnaire de la police du Moyen Âge à nos jours*, Paris, Robert Laffont, coll. «Bouquins», 1993.

LEDUC, M. *Patchwork: Le rationnel du système de promotion dans l'organisation des Hells Angels*, Mémoire de maîtrise, École de criminologie, Faculté des études supérieures, Université de Montréal, 2005.

LEIGH, A., T. READ et N. TILLEY. *Brit Pop II: Problem-Oriented Policing in Practice*, Londres, Home Office Policing and Reducing Crime Unit, 1998.

LEMAN-LANGLOIS, S. «The Myopic Panopticon», *Policing and Society*, 13, 2003, p. 43-58.

_____. «Terrorisme et crime organisé, contrastes et similitudes», *in* C. P. David et B. Gagnon (dir.), *Repenser le terrorisme*, Sainte-Foy, Presses de l'Université Laval, 2007.

LEMAN-LANGLOIS, S. et J.-P. BRODEUR. «Les technologies de l'identification. Une note de recherche», *Revue internationale de criminologie et de police technique et scientifique*, 1, 2005, p. 69-82.

_____. «Terrorism Old and New», *Police Practice and Research*, 6, 2, 2005, p. 121-140.

LEMIEUX, F. *Altruisme, catastrophes naturelles et criminalité: le cas de la crise du verglas survenue au Québec en janvier 1998*, Thèse de doctorat, École de criminologie, Faculté des études supérieures, Université de Montréal, 2002.

_____. «L'impact d'une perturbation sociale majeure sur les occasions criminelles et la frustration relative: une étude de cas», *Revue canadienne de criminologie*, 46, 1, 2004, p. 45-72.

_____. *Qu'est-ce qu'une incivilité? Représentations et réactions des résidants francophones des logements sociaux de la ville de Montréal*, Ottawa, Commission du Droit du Canada, 2005.

_____. «De la police guidée par le renseignement à la complexité des appareils policiers: les limites de l'usage des renseignements dans la conduite des affaires policières», *Criminologie*, 38, 2, 2005a, p. 65-90.

_____. *Normes et pratiques en matière de renseignements criminels: une comparaison internationale. Rapport de recherche préparé pour la Gendarmerie royale du Canada, le Service canadien du renseignement criminel et le Service du renseignement criminel du Québec*, Montréal, École de criminologie, Université de Montréal, 2005b.

LEMIEUX, F. et B. DUPONT (dir.). *La Militarisation de la police. Réalignement des perspectives*, Sainte-Foy, Presses universitaires de Laval, 2005.

LEO, R. A. et R. J. OFSHE, R. J. « The consequences of false confessions : deprivations of liberty and miscarriages of justice in the age of psychological interrogation », *Journal of Criminal Law and Criminology*, 88, 1998, p. 429-496.

LEON, C. et J. HEBRARD. « Identifications au 1er septembre 2005 : analyse des résultats », *Revue de droit médical et d'identification appliqués à l'odontologie*, Spécial victimes du Tsunami, 2006, p. 173-179.

LEONARD, W. et M. WEBER. « Automakers and Dealers : A Study of Criminogenic Market Forces », *Law and Society Review*, 4, 3, février 1970, p. 407-424.

Les Cahiers de la Sécurité Intérieure. « Maintien de l'ordre », 27, 1er trimestre 1997.

LEVENSON, M. R. « Rethinking psychopathy », *Theory & Psychology*, 2, 1992, p. 51-71.

LEVI, Michael et Alaster SMITH. « A Comparative Analysis of Organised Crime Conspiracy Legislation and Practice and Their Relevance to England and Wales », Londres, Home Office Research Development and Statistics Directorate, 2002.

LEVITT, S. D. et A. VENKATESH. « An Economic of a Drug-Selling Gang's Finance », *The Quartely Journal of Economics*, 115, 3, 2000, p. 756-789.

LEVY, H. *And the Blood Cried Out. A Prosecutor's Spellbinding Account of the Power of DNA*, New York, Basic Books, Harper Collins Publishers, 1996.

LEVY, R. *Du suspect au coupable : le travail de police judiciaire*, Genève, Éditions Médecine et Hygiène, coll. « Déviance et société », 1987.

LIANG, His-Huey. *The Rise of Modern Police and the European State System from Metternich to the Second World War*, Cambridge, Cambridge University Press, 1992.

LICHTBLAU, Eric. « Over 1600 Arrested in Sex Offender Roundup », *The New York Times*, Friday, November 3, 2006, p. A17.

LIDDELL HART, B. H. *Stratégie*, Paris, Perrin, 1998 [1954 pour l'édition anglaise].

LILIENFELD, S. O. « Conceptual problems in the assessment of psychopathy », *Clinical Psychology Review*, 14, 1994, p. 17-38.

LILIENFELD, S. O. et B. P. ANDREWS. « Development and preliminary validation of a self-report measure of psychopathic personality traits in noncriminal populations » *Journal of Personality Assessment*, 66, 1996, p. 488-524.

LILIENFELD, S. O. et K. A. FOWLER. « The self-report assessment of psychopathy : Promises, problems, and solutions », *in* C. Patrick (éd.), *Handbook of psychopathy*, New York, Guilford Books, 2006, p. 107-132.

LINDSAY, M. S. et D. DICKSON. « Negotiating with the suicide by cop subject », *in* Vivian B. Lord (éd.), *Suicide by Cop. Inducing Officers to Shoot*, Looseleaf Law Publications Inc., p. 153-162.

LIPOVETSKY, G. *L'Ère du vide. Essais sur l'individualisme contemporain*, Paris, Gallimard, 1983.

LIPSEY, M. *Design sensitivity : statistical power for experimental research*, Newbury Park, Sage, 1990.

LIPSKY, M. *Street-level Bureaucracy : Dilemmas of the Individual in Public Services*, New York, Basic books, 1980.

LOADER, I. « Consumer culture and the commodification of policing and security », *Sociology*, 33, 2, 1999, p. 373-392.

_____. « Police Inc., une enterprise à responsabilité non limitée ? Sécurité, gouvernance civile et bien public », *Criminologie*, 38, 2, 2005, p. 157-171.

LOCARD, E. *L'Identification des récidivistes*, Paris, Maloine, 1909.

_____. *Enquête criminelle et méthodes scientifiques*, Paris, Flammarion, 1920.

LOEBER, R. et M. LE BLANC. « Toward a developmental criminology », *Crime and Justice : An Annual Review*, 12, Chicago, The University of Chicago Press, 1990, p. 373-473.

LOFTUS, E. F. et K. KETCHAM. *Witness for the Defense*, New York, St. Martin's Press, 1991.

LOFTUS, E. F., G. R. LOFTUS et J. MESSO. «Some Facts About Weapon Focus», *Law and Human Behavior*, 11, 1, 1987, p. 55-62.

LONG, M. «Leadership and performance management», *in* T. Newburn (éd.), *Handbook of policing*, Portland, Willan publishing, 2003, p. 628-654.

LONGMORE-ETHERIDGE, A. «Bagging profits instead of thieves», *Security Management*, 45, 10, 2001, p. 70-76.

LORD, V. B. *Suicide by Cop. Inducing Officers to Shoot*, Looseleaf Law Publications Inc., 2004.

LORD, V. B. et L. GIGANTE. «Comparison of strategies used in barricaded situations: SbC and Non SbC subjects», *in* Vivian B. Lord (éd.), *Suicide by Cop. Inducing Officers to Shoot*, Looseleaf Law Publications Inc., 2004, p. 203-229.

LOUBET DEL BAYLE, J.-L. «Du maintien de l'ordre en France», *Revue Internationale de Criminologie et de Police Technique*, 3, 1996, p. 272-287.

_____. «Vers une monopolisation policière du contrôle social?», *Les Cahiers de la Sécurité Intérieure*, 44, 2001.

_____. *La Police: approche socio-politique*, Paris, Monchrestien, 1992.

_____. *Police et politique*, Paris, L'Harmattan, 2006.

LUDWIG, J. «Better Gun Enforcement, Less Crime», *Criminology and Public Policy*, 4, 4, 2005, p. 677-716.

LUHMANN, N. *Legitimation durch Verfahren*, Neuwied a. Rh. / Berlin, 1969.

LUTTWAK, E. *Le Paradoxe de la stratégie*, Paris, Éditions Odile Jacob, 1989.

MAGUIRE, M. «Policing by risks and targets: Some dimensions and implications of intelligence control», *Policing and Society*, 9, 2000, p. 315-336.

MAGUIRE, E. *Organizational Structure in American Police Agencies*, Albany, State University of New York Press, 2003.

MAGUIRE, M. «Criminal investigation and crime control», *in* T. Newburn (éd.), *Handbook of Policing*, Cullompton, Devon, Willan Publishing, 2003, p. 363-393.

MAGUIRE, M. et F. BROOKMAN. «Violent and Sexual Crime», *in* N. Tilley (éd.), *Handbook of Crime Prevention and Community Safety*, Cullompton, Devon, Willan Publishing, 2005.

MAGUIRE, M. et T. JOHN. *Intelligence, Surveillance and Informants: Integrated Approaches*, Londres, Home Office, Police research paper series 64, 1995.

MAKINEN, T. et H. TAKALA. «The 1976 Police Strike in Finland», *Scandinavina Studies in Criminology*, 7, 1980, p. 87-106.

MAKKAI, T. et J. BRAITHWAITE. «The Dialectics of Corporate Deterrence», *Journal of Research in Crime and Delinquency*, 31, 4, 1994, p. 347-373.

MANGANAS, A. *L'intervention policière dans les conflits et la prévention de l'escalade*, Mémoire de maîtrise, École de criminologie, Faculté des études supérieures, Université de Montréal, 2001.

MANN, P. «Pouvoir politique et maintien de l'ordre», *Revue Française de Sociologie*, XXXV, juillet-septembre 1994, p. 435-455.

_____. «Quand les hommes de l'ordre manifestent», *Panoramiques*, 33, 2e trimestre 1998, p. 114-119.

MANNING, P. K. «Community policing as a drama of control», *in* J. Greene et S. Mastrofski (éd.), *Community Policing: Rethoric or Reality*, New York, Praeger, 1988, p. 27-45.

_____. «Information technologies and the police», *in* M. Tonry et N. Morris (éd.), *Modern Policing. Crime and Justice*, Chicago, University of Chicago Press, 1992, p. 349-399.

_____. «Policing new social spaces», *in* J. E Sheptycki, *Issues in Transnational Policing*, New York, Routledge, 2000.

_____. *The Narcs' Game. Organizational and Informational Limits on Drug Law Enforcement*, 2nd edition, Prospect Heights, Illinois, Waveland Press Inc., 2004.

_____. «The study of policing», *Police Quarterly*, 8, 1, 2005, p. 23-43.

MANNING, P. K. « Two cases of American anti-terrorism », *in* J. Wood et B. Dupont (dir.), *Democracy, Society and the Governance of Security*, Cambridge, Cambridge University Press, 2006, p. 52-85.

MANUNTA, G. « What is Security? », *Security Journal*, 1999, p. 57-66.

MARESCHAL, B. « Aide à la décision multicritère : développements récents des méthodes », *Cahiers du CERO*, 29, 1987, p. 175-214.

MARGOT, P. *Cours de sciences forensiques*, Institut de Police Scientifique, Université de Lausanne, 2005.

MARLEAU, J., R. ROY, L. LAPORTE, T. WEBANCK et B. POULIN. « Homicides d'enfants commis par la mère », *Canadian Journal of Psychiatry*, 40, 1995, p. 142-149.

_____. « Les parents qui tuent leurs enfants », *in* J. Proulx, M. Cusson et M. Ouimet (dir.), *Les Violences criminelles*, Sainte-Foy, Presses de l'Université Laval, 1999, p. 107-129.

MARQUIS, G. *Policing Canada's century*, Toronto, University of Toronto Press, 1993.

MARTIN, J.-C. *La cause d'un incendie analysée en criminalistique*, Thèse de doctorat, Institut de Police Scientifique et de Criminologie, Université de Lausanne, 1988.

MARTIN, J.-C. et O. DELÉMONT. « La sécurité dans les tunnels routiers », *in* M. Borghi et A. Prugini, *Management of a Disaster and Responsibility*, Olten, Helbing & Lichtenbahn, 2003, p. 61-130.

MARTIN, J.-C., O. DELÉMONT et C. CALISTI. « Tunnel Fire Investigation II : the St Gotthard Tunnel Fire, 24 October 2001 », *in* A. Beard and R. Carvel, *The Handbook of Tunnel Fire Safety*, Londres, Thomas Telford, 2005.

MARX, G. T. « La société de sécurité maximale », *Déviance et Société*, X, 1988. *http://web.mit.edu/gtmarx/www/securite_maximale.html*.

_____. « A Tack in the Shoe : Neutralizing and Resisting the New Surveillance », *Journal of Social Issues*, 59, 2, 2003, p. 369-390.

_____. « Mots et mondes de surveillance, contrôle et contre-contrôle à l'ère informatique », *Criminologie*, 39, 1, 2006, p. 43-62.

MASON, M. et T. BUCKE. « Evaluating actions against local drug markets : a systematic review of research », *The Police Journal*, 75, 2002, p. 15-30.

MASTROFSKI, S. « Police Knowledge of the Patrol Beat : A Performance Measure », *in* R. R. Bennett (éd.), *Police at Work*, Beverly Hill, Sage, 1983, p. 45-64.

MASUDA, B. « Reduction of Employee Theft in a Retail Environment : Displacement vs. Diffusion of Benefits », *in* R. Clarke (éd.), *Situational Crime Prevention : Successful Case Studies* (2nd ed.), Guilderland, NY, Harrow and Heston, 1997.

MAUSS, Marcel. « Essai sur le don : forme et raison de l'échange dans les sociétés archaïques », *L'Année Sociologique*, seconde série, tome 1, 1923-1924, p. 30-186.

MAWBY, Rob I. « Models of policing », *in* T. Newburn (éd.), *Handbook of Policing*, Cullompton, Devon, Willan Publishing, 2003, p. 15-40.

MAXFIELD, M. G. « Circumstances in Supplementary Homicide Reports », *Criminology*, 27, 4, 1989, p. 671-695

MAXWELL, C. D., J. H. GARNER et J. A. FAGAN. *The Effects of Arrest on Intimate Partner Violence : New Evidence From the Spouse Assault Replication Program*, Research in Brief, Washington, DC, US Department of Justice, National Institute of Justice, 2001.

MAYHEW, P., R. V. CLARKE et D. ELLIOTT. « Motorcycle Theft, Helmet Legislation and Displacement », *The Howard Journal*, 28, 1, 1989, p. 1-8.

MAYSTRE, L .Y., J. PICTET et J. SIMOS. *Méthodes multicritères ELECTRE*, Lausanne, Presses polytechniques et universitaires romandes, 1994.

MAZEROLLE, L., G. HURLEY et M. CHAMLIN. « Social Behavior in Public Space : An Analysis of Behavioral Adaptations to CCTV », *Security Journal*, 15, 3, 2002, p. 59-75.

MAZEROLLE, L. G. et J. RANSLEY. « Third party policing : prospects, challenges and implications for regulators », *in* R. Johnstone et R. Sarre, *Regulation : Enforcement and Compliance*, Canberra, Australian Institute of Criminology, 2004, p. 62-76.

MAZEROLLE, L. G. et J. ROEHL. « Civil Remedies and Crime Prevention : an Introduction », *in* L. G. Mazerolle et J. Roehl (éd.), *Crime Prevention Studies, vol. 9. Civil Remedies and Crime Prevention*, Monsey, NY, Criminal Justice Press, 1998.

MCCONVILLE, M., A. SANDERS et R. LENG. *The Case for the Prosecution*, New York, Routledge, 1991.

MCCONVILLE, M. et D. SHEPHERD. *Watching Police, Watching Communities*, Londres, Routledge, 1992.

MCDONALD, P. *Managing Police Operations*, Belmont, Wadsworth/Thomson Learning, 2002.

MCILLWAIN, Jeffrey S. *Organizing Crime in Chinatown : Race and Racketeering in New York City, 1890-1910*, Jefferson, McFarland and Company, 2004.

MCMAINS, M. J. et W. C. MULLINS. *Crisis Negotiations : Managing Critical Incidents and Hostage Situations in Law Enforcement and Corrections*, Cincinnati, Anderson Publishing Co, 2001.

MENNELL, J. « The Future of Forensic and Crime Scene Science Part II. A UK Perspective on Forensic Science Education », *Forensic Science International*, 157 (Supplement 1), 2006, p. S13-S20.

MEREDITH, C. et C. PAQUETTE. « Crime Prevention in High-rise Rental Apartments : Findings of a Demonstration Project », *Security Journal*, 3, 3, 1992.

MICHAUD, P. et M. ST-YVES. *Analyse des situations de crise survenues entre 1990 et 2004 sur le territoire desservi par la Sûreté du Québec*, 2006. Document inédit.

MIHOREAN, K. « Tendance des actes de violence conjugale signalés à la police par les victimes », *in La Violence familiale au Canada : un profil statistique*, Ottawa, Statistique Canada, Centre canadien de la statistique juridique, 2005.

MILETI, D. S, T. E. DRABEK et J. E. HAAS. *Human Systems in Extreme Environments*, Institute of Behavioral Science, The University of Colorado, Boulder, 1975.

MILHAUPT, Curtis J. et Mark D. WEST. « The Dark Side of Private Ordering : An Institutional and Empirical Analysis of Organized Crime », *University of Chicago Law Review*, 67, 2000, p. 41-98.

MILLER, Abraham et Nicholas DAMASK. « The Dual Myths of "Narco-terrorism" : How Myths Drive Policy », *Terrorism and Political Violence*, 8, 1, 1996, p. 114-131.

MILNE, R. et R. BULL. « Does the cognitive interview help children to resist the effects of suggestive questioning ? », *Legal and Criminological Psychology*, 8, 2003, p. 21-38.

MITROFF, I. I., T. C. PAUCHANT et P. SHRIVASTAVA. « Conceptual and Empirical Issues in the Development of a General Theory of Crisis Management », *Technological Forecasting and Social Change*, 33, 1988a, p. 83-107.

_____. « Forming a Crisis Portfolio », *Security Management*, 33, 1988b, p. 101-108.

MITROVICA, Andrew. *Covert Entry. Spies, Lies and Crimes Inside Canada's Secret Service*, Toronto, Random House, 2002.

MITSILEGAS, Valsamis. « From National to Global, from Empirical to Legal : The Ambivalent Concept of Transnational Organized Crime », *in* M. E. Beare (éd.), *Critical Reflections on Transnational Organized Crime, Money Laundering, and Corruption*, Toronto, University of Toronto Press, 2003, p. 55-87

MOLES, Abraham Antoine. *Théorie de l'information et perception esthétique*, Paris, Denoël, 1972.

MOMBOISSE, R. M. *Industrial Security for Strikes, Riots and Disasters*, Springfield, Charles C. Thomas publisher, 1968.

MONAHAN, J. *Predicting Violent Behavior : An Assessment of Clinical Techniques*, Beverly Hills, Sage, 1981.

MONJARDET, D. «Le maintien de l'ordre: technique et idéologie professionnelle des CRS», *Déviance et Société*, XII, 2, 1988, p. 101-126.

_____. *Ce que fait la police. Sociologie de la force publique*, Paris, La découverte, 1996.

_____. «Professionnalisme et médiation de l'action policière», *Les Cahiers de la Sécurité Intérieure*, 33, 1998, p. 21-49.

_____. «La police de quartier à Montréal: un exemple de gestion du changement policier», *Les Cahiers de la Sécurité Intérieure*, 39, 2000, p. 149-172.

MONJARDET, D. et C. GORGEON. «La culture professionnelle des policiers, une analyse longitudinale», *Les Cahiers de la Sécurité Intérieure*, 56, 2005, p. 291-304.

MONTESQUIEU. *De l'esprit des lois*, Paris, Garnier, 1961.

MOODY, J. W., J. E. BLANTON et P. H. CHENEY. «A theoretically grounded approach to assist memory recall during information requirements determination», *Journal of MIS*, 15, 1, Summer 1998, p. 79-98.

MOORE, M. H. «Problem-solving and Community Policing», *in* Michael Tonry et Morris Norval (éd.), *Modern Policing*, Chicago, The University of Chicago Press, 1992, p. 99-158.

MOREAU DE BELLAING, C. «Une "civilisation" de la matraque? Naissance et institutionnalisation des CRS», *Les Cahiers de la Sécurité Intérieure*, 38, 1999, p. 185-197.

MORN, F. *The Eye that Never Sleeps: A History of the Pinkerton National Detective Agency*, Bloomington, Indiana University Press, 1982.

MORSELLI, Carlo et Lila KAZEMIAN. «Scrutinizing RICO», *Critical Criminology*, 12, 2004, p. 351-369.

MORSELLI, C. et P. TREMBLAY. «Criminal Achievement, Offender Networks, and the Benefits of Low Self-Control», *Criminology*, 44, 2004, p. 17-44.

MOSTON, S., G. M. STEPHENSON et T. M. WILLIAMSON. «The effects of case characteristics on suspect behaviour during police questioning», *British Journal of Criminology*, 32, 1, 1992, p. 23-40.

MOUHANNA, C. *Polices judiciaires et magistrats, une affaire de confiance*, Paris, La Documentation française, coll. «Perspectives sur la justice», 2001.

_____. «Une police de proximité judiciarisée», *Déviance et société*, vol. 22, juin 2002, p. 163-182.

MOUNTAIN, L. J., W. M. HIRST et M. J. MAHER. «Are speed enforcement cameras more effective than other speed management measures? The impact of speed management schemes on 30mph roads», *Accident Analysis and Prevention*, 2007.

MUCCHIELLI, L. «L'enquête de police judiciaire en matière d'homicide», *Questions pénales*, XVI, 1, 2004, p. 1-4.

MUCHEMBLED, Robert. *La Société policée*, Paris, Seuil, 1997, p. 331.

MUIR, W. K. *Police: Sreetcorner Politicians*, Chicago, University of Chicago Press, 1977.

NADELMANN, Ethan. *Cops across Borders*, University Park, Pennsylvania, Penn State University Press, 1993.

NARR, W.-D. «Lernen aus dem Daeschner-Urteil. Folter absolut relativ», *Bürgerrechte und Polizei*, 80, 1, 2005, p. 69-74.

NATIONAL COMISSION ou TERRORIST ATTACK UPON THE UNITED STATES, The 9/11 Comission report, New York, Northon.

NATIONAL RESEARCH COUNCIL. *The Polygraph and Lie Detection*, Washington, DC, The National Academies Press, 2003.

NATIONAL SCIENCE FOUNDATION. *Number of Category 4 and 5 Hurricanes Has Doubled Over the Past 35 Years*, communiqué de presse, 15 septembre 2005.

NAYLOR, R. T. «Mafia, Markets, and Myths: On the Theory and Practice of Enterprise Crime», *Transnational Organized Crime*, 3, 1997, p. 1-45.

NCIS. *The National Intelligence Model*, London, National Crime Intelligence Service, 2000.

NEWBURN, T. (dir.). *Handbook of Policing*, Cullompton, Devon, Willan Publishing, 2003.

_____. *Policing. Key Readings*, Cullompton, Devon, Willan Publishing, 2005.

NEWMAN, O. *Defensible Space: Crime Prevention Through Urban Design*, New York, Macmillan, 1972.

NICEFORO, A. *La Police et l'enquête judiciaire scientifique*, Paris, Librairie Universelle, 1907.

NOESNER, G. W. et J. T. DOLAN. «First Responder Negotiation Training», *FBI Law Enforcement Bulletin*, août 1992, p. 1-4.

NOESNER, G. W. et WEBSTER, M. «Crisis Intervention: Using Active Listening Skills in Negotiations», *FBI Law Enforcement Bulletin*, août 1997, p. 13-17.

NOGUES, T. «Maintien de l'ordre ou contrôle des foules? La mise à l'épreuve des identités professionnelles de soldat et de gendarme au Kosovo», *Les Cahiers de la Sécurité Intérieure*, 51, 2003, p. 113-143.

NORMANDEAU, A. (dir.). *Une police professionnelle de type communautaire*, 2 vol., Montréal, Éditions du Méridien, 1998.

NORRIS, C. et G. ARMSTRONG. *The Maximum Surveillance Society*, Oxford, Berg, 1998.

NOVAK, K., J. HARMAN, A. HOLSINGER et M. TURNER. «The Effects of Aggressive Policing of Disorder on Serious Crime», *Policing: An International Journal of Police Strategies and Management*, 22, 2, 1999, p. 171-190.

NYSTROM, P. C. et W. H. STARBUCK. «To Avoid Organizational Crises, Unlearn», *Organizational Dynamics*, 12, 1984, p. 53-65.

O'REILLY, C. et G. ELLISON. «Eye spy private high», *British Journal of Criminology*, 46, 4, 2006, p. 641-660.

OCCHIPINTI, J. D. *The Politics of EU Police Cooperation. Toward a European FBI?*, Boulder, Lynne Rienner publishers, 2003.

OCQUETEAU F. (éd.). *Les Cahiers de la Sécurité Intérieure: les dilemmes de la proximité*, 39, 2000.

_____ (dir.). *Community Policing et Zero Tolerance à New York et Chicago: En finir avec les mythes*, Paris, IHESI - La Documentation française, 2003.

_____. *Les Commissaires de police en quête d'identité professionnelle*, Paris, IHESI-CERSA, ronéo, 2004.

_____. *Polices entre État et marché*, Paris, Presses de Sciences Po, 2004.

OCQUETEAU, F., Jacques FRENAIS et Pierre VARLY. *Ordonner le désordre. Une contribution au débat sur les indicateurs du crime*, Paris, IHESI — La Documentation française, 2002.

OGLOFF, J. R., S. WONG et A. GREENWOOD. «Treating Criminal Psychopaths in a Therapeutic Community Program», *Behavioral Sciences and the Law*, 8, 1990, p. 181-190.

ONZUS. *Rapport 2004 de l'Observatoire national des ZUS*, 2004. *www.ville.gouv.fr/pdf/editions/observatoire-rapport-2004.pdf*

ONZUS. *Rapport 2005 de l'Observatoire national des ZUS*, 2005. *www.ville.gouv.fr/infos/dossiers/observatoire-des-zus.html*

ORNA, E. *Practical Information Policies: How to Manage Information Flow in Organizations*, Aldershot, Gower, 1990.

OSBORNE, D. et T. GAEBLER. *Reinventing government*, Reading, Addison-Wesley, 1992.

OSTERBURG, J. W. et R. H. WARD. *Criminal Investigation. A Method for Reconstructing the Past*, Cincinnati, Anderson Pub, 2000.

OUELLETTE, G. et N. LESTER. *Mom*, Montréal, Les Intouchables, 2005.

PALMIOTTO, J. M. *Criminal Investigation*, Chicago, Nelson-Hall Publishers, 1994.

PAPE, Robert. *Dying to Win: The Logic of Suicide Terrorism*, New York, Random House, 2005.

PAOLI, Letizia. *Mafia Brotherhoods: Organized Crime, Italian Style*, Oxford, Oxford University Press, 2003.

PAPILLOUD, J. *L'incendie volontaire, méthodes et outils d'investigation: analyses stratégiques et opérationnelles*, Thèse de doctorat, Institut de Police Scientifique, Université de Lausanne, 2004.

PASCAL, Blaise. *Pensées*, Paris, Garnier, 1960.

PATTYN, M. et Paul WOUTERS. «Comment choisir des priorités pertinentes?», communication au colloque *La police et les citoyens*, Nicolet, École Nationale de Police du Québec, 31 mai-2 juin 2005.

PAUCHANT, Thierry C. et Ian I. MITROFF. *La Gestion des crises et des paradoxes: prévenir les effets destructeurs de nos organisations*, Montréal, Éditions Québec/Amérique, coll. «Presses HEC», 1995.

PEASE, K. «Preventing Burglary on a British Public Housing Estate», *in* R. V. Clarke (dir.), *Situational Crime Prevention. Successful Case Studies*, New York, Harrow and Heston, 1992, p. 223-229.

PERRAS, C. *Innovations, transformations et adaptations structurelles dans la lutte au crime organisé au Québec: Une analyse de l'Opération Printemps 2001*, Mémoire de maîtrise, École de criminologie, Faculté des études supérieures, Université de Montréal, 2006.

PERROW, C. *Normal Accidents: Living with High-Risk Technologies*, New-York, Basic Books, 1984.

PERRY, R. W. *Comprehensive Emergency Management: Evacuating Threatened Populations*, Battelle Human Affairs Research Center, Seattle, WA, 1983.

PERRY, R. W., M. K LINDELL et M. R. GREENE. *Evacuation Planning in Emergency Management*, Lexington, MA, Lexington Books, 1981.

PIEDNOIR, J. *La dynamique du désordre: incivilités, insécurité, inefficience, criminalité*, Thèse de doctorat, Faculté de droit, Université de Nantes et École de criminologie, Faculté des études supérieures, Université de Montréal, 2006.

PILKINGTON, P. et S. KINRA. «Effectiveness of speed cameras in preventing road traffic collisions and related casualties: systematic review», *BMJ*, 2005, p. 330-334.

PINEL, A. *Une police de Vichy. Les groupes mobiles de réserve (1941-1944)*, Paris, L'Harmattan, 2004.

PONSAERS, P. et V. RUGGIERO (éd.). *La Criminalité économique et financière en Europe — Economic and Financial Crime in Europe*, Paris, L'Harmattan, 2002.

POYNER, B. «Situational Crime Prevention in two Parking Facilities», *Security Journal*, 2, 2, 1991, p. 96-101.

_____. «Video Cameras and Bus Vandalism», *in* R. V. Clarke (dir.), *Situational Crime Prevention. Successful Case Studies*, New York, Harrow and Heston, 1992, p. 185-193.

POYNER, B. et B. WEBB. «Reducing Theft from Shopping Bags in City», *in* R. V. Clarke (éd.), *Situational Crime Prevention. Successful Case Studies*, New York, Harrow and Heston, 1992, p. 99-107.

PRUVOST, G. *L'Accès des femmes à la violence légale. La féminisation de la police (1935-2005)*, Paris, École des hautes études en sciences sociales, 2005.

PUN, K.-M. et P. BUZZINI. «Création d'une banque de données de graffitis à des fins d'investigation: étude préliminaire», *Revue Internationale de Criminologie et de Police Technique et Scientifique*, 59, 2, 2006, p. 215-232.

PURPURA, P. P. *Security and Loss Prevention Introduction 4nd Edition*, Boston, Butterworth-Heinemann, 2002.

PY, J. et S. DEMARCHI. «Utiliser l'entretien cognitif pour décrire et détecter les criminels», *Revue québécoise de psychologie*, 2007.

PY, J., S. DEMARCHI et M. GINET. «Comment placer les témoins dans des conditions optimales de restitution de leurs souvenirs d'une scène criminelle?», *in* M. St-Yves et J. Landry (éd.), *Psychologie des entrevues d'enquête: de la recherche à la pratique*, Éditions Yvon Blais, 2004, p. 169-179.

QUARANTELLI, E. L. « Images of Withdrawal Behavior in Disaster: Some Basic Misconceptions », *Social Problems*, 8, 1, 1960, p. 68-79.

_____. Evacuation Behavior and Problems: Findings and Implications from the Research Literature, Disaster Research Center, The Ohio State University, Columbus, 1980.

_____. « Social Support Systems: Some behavioural patterns in the context of mass evacuation activities », *in* B. Sowder (éd.), *Disasters and Mental Health: Selected Contemporary Perspectives*, Washington, DC, DHSS Publication, 1985.

_____. « The sociology of panic », *in* N. J. Smelser et P. B. Baltes (éd.), *International Encyclopedia of the Social Behavioral Sciences*, Amsterdam, Pergamon, 2001.

QUELOZ, N. « Criminalité économique et criminalité organisée: comment les différencier? », *in* S. Bauhofer, N. Queloz et E. Wyss (éd.), *Criminalité économique*, Zurich/Coire, Éditions Rüegger, 1999, p. 17-50.

_____. « De l'arsenal de papier aux difficultés de terrain: les aléas de la lutte contre la criminalité économique », *Revue économique et sociale. Lutte contre la criminalité économique*, 3, 2003, p. 11-18.

QUELOZ, N., M. BORGHI et M. L. CESONI. *Processus de corruption en Suisse*, Bâle/Genève/Munich, Helbing & Lichtenhahn, 2000.

QUELOZ, N., C. FIJNAUT et M. LEVI (éd.). *La Lutte contre la criminalité économique en Europe*, Paris, IHESI, 2002.

RAPPERT, Br. « Construction of legitimate force. The case of CS Spray », *British Journal of Criminology*, 42, 4, 2002.

RATCLIFFE, J. H. « The hotspot matrix: a framework for the spatio-temporal targeting of crime reduction », *Police Practice and Research*, 5, 1, 2004, p. 5-23.

_____. *Video surveillance of Public Places*, Washington, DC, US Department of Justice, Office of Community Oriented Policing Services, 2006.

RATTNER, A. « Convicted but innocent. Wrongful conviction and the criminal justice system », *Law and Human Behavior*, 12, 1988, p. 283-293.

REISS, A. *The Police and the Public*, New Haven, Yale University Press, 1971.

REISS, A. J. et A. D. BIDERMAN. *Data Sources on White-Collar Law Breaking*, Washington, DC, National Institute of Justice, US Department of Justice, 1980.

REISS, R. A. *Manuel de police scientifique (technique). Vols et homicides*, Lausanne, Payot Alcan, 1911.

REUTER, P. *Disorganized Crime: The Economics of the Invisible Hand*, Cambridge, MIT Press, 1983.

REUTER, P. et A. R. Kleim. « Risks and Prices », *Crime and Justice: An Annual Review of Research*, 7, Chicago, University of Chicago Press, 1986.

REYNAUD, J. D. *Les Règles du jeu: L'action collective et la régulation sociale*, Paris, Armand Colin, 1997.

RHODES, R. « The sour laws of network governance », *in* J. Fleming et J. Wood (dir.), *Fighting Crime Together: the Challenges of Policing & Security Networks*, Sydney, University of New South Wales Press, 2006, p. 15-34.

RHODES, W. et R. KLING. *An Evaluation of the Effectiveness of Automobile Parts Marking and the Anti-Theft Devices on Preventing Theft*, Research report submitted to the US Department of Justice, Cambridge, Massachusetts, Abt Associates Inc, 2003.

RIBAUX, O., S. BIRRER et S. J. WALSH. « A Three Level Architecture for the Analysis of Serial Burglary that Integrates Crime Mapping Tools and Forensic Case Data », *Forensic Science International*, Proceedings of the 3rd European Academy of Forensic Science Meeting, Istanbul, 22-27 septembre, 2003.

RIBAUX, O., A. GIROD, S. WALSH, P. MARGOT, S. MIZRAHI et V. CLIVAZ. « Forensic Intelligence and Crime Analysis », *Probability, Law and Risk*, 2, 2, 2003, p. 47-60.

RIBAUX, O. et P. MARGOT. «Inference Structures for Crime Analysis and Intelligence Using Forensic Science Data: the Example of Burglary», *Forensic Science International*, 100, 1999, p. 193-210.

_____. «Case based reasoning in criminal intelligence using forensic case data», *Science & Justice*, 43, 3, 2003.

RIBAUX, O., S. J. WALSH et P. MARGOT. «The Contribution of Forensic Science to Crime Analysis and Investigation: Forensic Intelligence», *Forensic Science International*, 156, 2006, p. 171-181.

RICE, M. E., G. T. HARRIS et C. A. CORMIER. «Evaluation of a maximum security therapeutic community for psychopaths and other mentally disordered offenders», *Law and Human Behavior*, 16, 1992, p. 399-412.

RIEDEL, M., M. A. ZAHN et L. MOCK. *The Nature and Patterns of American Homicide*, Washington, DC, Government Printing Office, 1985.

RIGAKOS, G. *The New Parapolice: Risk Markets and Commodified Social Control*, Toronto, University of Toronto Press, 2002.

_____. «Beyond public-private: towards a new typology of policing», *in* D. Cooley (dir.), *Re-imagining Policing in Canada*, Toronto, University of Toronto Press, 2005, p. 260-319.

RIMSA, Kostas. «Spy Catchers», *in* D. Hamilton, *Inside Canadian Intelligence: Exposing the New Realities of Espionage and International Terrorism*, Toronto, Dundurn Press, 2006, p. 35-47.

RIPLEY, A. «From hurricanes to 9/11: What the science of evacuation reveals about how humans behave in the worst of times», *Time*, 2 mai 2005.

ROBERG, R. et J. KUYKENDALL. *Police Management: second edition*, Los Angeles, Roxbury, 1997.

ROBERT, V. «Aux origines de la manifestation en France (1789-1848)», *in* Pierre Favre (dir.), *La Manifestation*, Paris, Presses de la Fondation nationale de sciences politiques, 1990, p. 69-89.

ROBITAILLE, C. «À qui profite le crime? Les facteurs individuels de la réussite criminelle», *Criminologie*, 37, 2, 2005, p. 33-62.

ROCHÉ, S. «La métropolisation et la privatisation de la sécurité en France: quel avenir pour les acteurs publics de la sécurité?», *in* S. Roché (dir.), *Réformer la police et la sécurité: les nouvelles tendances en Europe et aux États-Unis*, Paris, Odile Jacob, 2004, p. 241-265.

_____. *Police de proximité. Nos politiques de sécurité*, Paris, Seuil, 2005.

_____. *Le Frisson de l'émeute. Violences et banlieues*, Paris, Seuil, 2006.

ROCHEFORT, D. et R. COBB. «Problem Definition: An Emerging Perspective» *in* D. Rochefort et R. Cobb (éd.), *The Politics of Problem Definition*, Lawrence, University Press of Kansas, 1994.

ROCHER, G. *L'Organisation sociale*, Paris, Seuil, 1992.

ROCKART, John et Steve LEVENTER. «Chief Executives Define Their Own Data Needs», *Harvard Business Review*, mars-avril 1979.

ROJZMAN, C. *Savoir vivre ensemble. Agir autrement contre le racisme et la violence*, Paris, La découverte et Syros, 1998.

RONDEAU, G., J. LINDSAY, G. LEMIRE, S. BROCHU, N. BRODEUR et C. DROUIN. *Gestion des situations de violence conjugale à haut risque de létalité*, Montréal, Centre de recherche interdisciplinaire sur la violence familiale et la violence faite aux femmes (CRIVIFF), Université de Montréal, 2002.

ROPER, C. A. *Risk Management for Security Professionals*, Boston, Butterworth-Heinemann, 1999.

ROSANVALLON, P. *La Crise de l'État-providence*, Paris, Seuil, 1981.

ROSENBAUM, D. P. *Community Crime Prevention: Does it work?* Beverly Hills, Sage, 1986.

_____. «The theory and research behind neighborhood watch: is it a sound fear and crime reduction strategy?», *Crime & Delinquency*, 33, 1, 1987, p. 103-134.

ROSENTHAL, R. et L. JACOBSON. *Pygmalion in the Classroom*, New York, Holt, Rinehart et Winston, 1968.

ROSSMO, K. D. *Geographic Profiling*, New York, CRC Press, 2003.

ROUX-DUFORT, C. *Gérer et décider en situation de crise: outils de diagnostic, de prévention et de décision*, Paris, Dunod, 2000.

ROY, B. «Classement et choix en présence de points de vue multiples (la méthode ELECTRE)», *Revue informatique et recherche opérationnelle*, 2, 1968, p. 57-75.

_____. *Méthodologie Multicritère d'Aide à la Décision*, Paris, Économica, 1985.

RUEGG, J. «Vidéosurveillance de l'espace public: vers de nouveaux partenariats public-privé», *in* N. Capus, U. Cassani, S. Cimichella et N. Oberholzer, *Public-privé: vers un nouveau partage du contrôle de la criminalité?*, Zürich, Verlag Rüegger, 2006, p. 139-152.

RUMNEY, Ph. «The effectiveness of coercive interrogation. Scholarly and judicial responses», *Crime, Law and Social Change*, 44, 2005, p. 465-489.

SAATY, T. L. *Fundamentals of Decision Making and Priority Theory with the AHP*, Pittsburgh, PA, RWS Publications, 1994.

SABETTI, F. *The Search for Good Government: Understanding the Paradox of Italian Democracy*, Montreal, McGill-Queen's University Press, 2000.

SAGEMAN, M. *Understanding Terror Networks*, Philadelphie, University of Pennsylvania Press, 2004.

SAINT-GERMAIN, J. *La Reynie et la police du Grand siècle*, Paris, Hachette, 1963.

SAKS, M. J. «Implications of the Daubert Test for Forensic Identification Science», *Shepard's Expert & Scientific Evidence*, 1, 3, 1994, p. 427-434.

SAKS, M. J., D. M. RISINGER, R. ROSENTHAL et W. C. THOMPSON. «Context effects in Forensic Science: A Review and Application of the Science of Science to Crime Laboratory Practice in the United States», *Science & Justice*, 43, 2, 2003, p. 77-90.

SANDERS, A. et R. YOUNG. «From suspect to trial», *in* M. Maguire, R. Morgan et R. Reiner (éd.), *The Oxford Handbook of Criminology*, Third Edition, New York, Oxford University Press, 2002, p. 1034-1075.

SANDERS, T. «Rise of the Rent-a-cop: Private security in Canada, 1991-2001», *Canadian Journal of Criminolgy and Criminal Justice*, 47, 1, 2005, p. 175-190.

SANDERS, W. *Detective Work*, New York, Free Press, 1977.

SARDI, M. et Didier FROIDEVAUX. *«Le monde de la nuit». Milieu de la prostitution, affaires et crime organisé*. Étude du milieu genevois de la prostitution basée sur l'analyse de données policières, judiciaires et administratives, recherche réalisée dans le cadre du Programme national de recherche 40 «Violence et criminalité organisée», FNRS, 2001. *www.erasm.ch*.

SARRE, R. «Crime prevention and police», *in* P. O'Malley et A. Sutton (éd.), *Crime prevention in Australia: issues in policy and research*, Leichhardt, The Federation Press, 1997, p. 64-83.

SAWATSKY, John. *Men in the Shadows: The RCMP Security Service*, Toronto, Doubleday, 1980.

SCHAFER, J. R. et J. NAVARRO. *Advanced Interviewing Techniques*, Springfield, Illinois, Charles C. Thomas Publisher, 2003.

SCHAUB, J. L. et K. D. BIERY. *The Ultimate Security Survey 2nd edition*, Boston, Butterworth-Heinemann, 1998.

SCHELLING, T. *Stratégie du conflit*, Paris, Presses Universitaires de France, 1960 [Traduction française, 1986].

_____. *Arms and Influence*, New Haven, Yale University Press, 1966.

_____. *La Tyrannie des petites décisions*, Paris, Presses Universitaires de France, 1980.

SCHERDIN, M. J. «The Halo Effect: Psychological Deterrence of Electronic Security Systems», *in* R. V. Clarke (dir.), *Situational Crime Prevention. Successful Case Studies*, New York, Harrow and Heston, 1992, p. 133-138.

SCHIFFER, B., S. BIRRER, J. CARTIER, S. CAPT et O. RIBAUX. «Analyse de la forme, du contenu et de la provenance des courriers électroniques de la "Nigerian Connection"», *Revue internationale de criminologie et de police technique et scientifique*, 2, 2004, p. 148-158.

SCHMID, A. «The Challenge of Measuring Trends in Global Terrorism», *Forum on Crime and Society*, 4, 1-2, 2004, p. 49-69.

SCHMID, A. et A. JONGMAN. *Political Terrorism A New Guide to Actors, Authors, Concepts, Data Bases, Theories and Literature. Revised, Expanded and Updated Edition*, New Brunswick, NJ, Transaction, 1988.

SCHNEIDER, Jane C. et Peter T. SCHNEIDER. *Reversible Destiny: Mafia, Antimafia, and the Struggle for Palermo*, Berkeley, University of California Press, 2003.

SCHWARTZ, Richard D. et James C. MILLER. «Legal evolution and societal complexity», *American Journal of Sociology*, 70, 2, 1964, p. 159-169.

SCOTT, M. S. *Robbery at to Automated Teller Machines*, Problem-Oriented Guides for Police, Washington, DC, US Department of Justice, Office of Community Oriented Policing Services, 2001. *www.cops.usdoj.gov*.

_____. *The Benefits and Consequences of Police Crackdowns*, Problem-Oriented Guides for Police, Washington, DC, US Department of Justice, Office of Community Oriented Policing Services, 2003. *www.cops.usdoj.gov*.

SCOTT, M. S. «Shifting and sharing police responsability to adress public safety problem», *in* N. Tilley (dir.), *Handbook of Crime Prevention and Community Safety*, Cullompton, Devon, Willan, 2005.

SECURITY INTELLIGENCE REVIEW COMMITTEE (SIRC). *SIRC Report 2002-2003*, 2004. *http://www.sirc-csars.gc.ca/annual/2002-2003/intro_e.html*.

SELLIN, Thorsten. «Organized Crime: A Business Enterprise», *The Annals of the American Academy of Political and Social Sciences*, 347, 1963, p. 12-19.

SELZNICK, P. *TVA and the Grass Roots*, Berkeley, University of California Press, 1949.

SENNEWALD, C. *Effective Security Management 4ⁿᵈ Edition*, Boston: Butterworth-Heinemann, 2003.

SERVICE CANADIEN DU RENSEIGNEMENT DE SÉCURITÉ (SCRS). *Commentaire No. 70: La menace découlant du crime transnational dans le contexte du renseignement encadré*, 2004. *http://www.csis-scrs.gc.ca/fr/publications/commentary/com70.asp*

_____. *Rapport public annuel, 2004-2005*, 2006. http://www.csis-scrs.gc.ca/fr/publications/annual_report/2004/report2004.asp#14

_____. *Lutte contre les activités criminelles transnationales*, 2007. *http://www.csis-scrs.gc.ca/fr/priorities/transnational/working.asp*.

SERVICE DE POLICE DE LA COMMUNAUTÉ URBAINE DE MONTRÉAL (SPCUM). *Police de quartier — ensemble pour mieux servir*, Montréal, SPCUM, 1995.

SERVICE DE POLICE DE LA VILLE DE MONTRÉAL (SPVM). *Optimisation de la Police de quartier*, Montréal, SPVM, 2003.

_____. *Bilan annuel 2004*, Montréal, SPVM, 2005.

SHANNON, Claude E. et Warren WEAVER. *The Mathematical Theory of Communication*, Urbana, University of Illinois Press, 1964.

SHAPLAND, J. «Preventing Retail Sector Crimes», *in* M. Tonry et D. P. Farrington (dir.), *Crime and Justice: A Review of Research. Vol. 19. Building a Safer Society. Strategic Approaches to Crime Prevention*, Chicago, University of Chicago Press, 1995, p. 263-342.

SHEARING, C. «Punishment and the Changing Face of Governance», *Punishment and Society*, 3, 2, 2000, p. 203-220.

SHEARING, C. D. et R. V. ERICSON. «Culture as figurative action», *The British Journal of Sociology*, 42, 4, London, 1991.

SHEARING, C. et P. STENNING. «Modern Private Security: Its Growth and Implications» *in* M. Tonry et N. Morris (dir.), *Crime and Justice: A Review of Research*, 3, Chicago, University of Chicago Press, 1981, p. 139-245.

SHELBY, R. C. *Senate Select Committee on Intelligence. Additionnal Views of Senator Richard C. Shelby*, Washington, 2002.

—————. *September 11 and the Imperative of Reform in the U. S. Intelligence Community*, Additional views of Senator Richard C. Shelby, Vice Chairman, Senate Select Committee on Intelligence, United States Senate Select Committee on Intelligence, Washington, DC, US Government Printing Office, 2002. http://intelligence.senate.gov/pubs107.htm.

SHELLEY, L. et J. PICARELLI. «Methods Not Motives: Implications of the Convergence of International Organized Crime and Terrorism», *Police Practice and Research*, 3, 4, 2002, p. 305-318.

SHEPHERD, E. «Ethical interviewing», *Policing*, 7, 1991, p. 42-60.

SHEPTYCKI, J. W. E. «Contrôles: frontières, identités. Les enjeux autour de l'immigration et de l'asile. Faire la police dans la Manche: L'évolution de la coopération transfrontalière (1968-1996)», *Cultures et Conflits*, 26-27, 1997, p. 93-121.

—————. *Issues in Transnational policing*, London, Routledge, 2000.

—————. *Search of Transnational Policing: Towars a Sociology of Global Policing*, Aldershot, Angleterre; Burlington, VT, Ashgate, 2002.

—————. «Organizational pathologies in police intelligence: Some contributions to the lexicon of intelligence-led policing», *European Journal of Criminology*, 1, 3, 2004, p. 307-332.

SHERMAN, L. «Reducing police gun use. Critical events, administrative policy and organizational change», *in* M. Punch (dir.), *Control of Police Organization*, Cambridge, MIT Press, 1983.

—————. «Repeat calls for service: policing the «hot spots»», *in* D. Kenney (éd.), *Police & Policing: Contemporary Issues*, Praeger, New York, 1989, p. 150-165.

—————. «Police Crackdowns: Initial and Residual Deterrence», *in* M. Tonry and N. Morris (éd.), *Crime and Justice: An Annual Review of Research*, 12, Chicago, University of Chicago Press, 1990.

—————. *Policing Domestic Violence: Experiments and Dilemmas*, New York, The Free Press, 1992.

—————. «Family based crime prevention», *in* L. W. Sherman, D. Gottfredson, D. Mackenzie, J. Eck, P. Reuter et S. Bushway (éd.), *Preventing Crime: What Works, What Doesn't, What's Promising. A Report to the United States Congress*, Washington, DC, US Department of Justice, National Institute of Justice Research, 1998a.

—————. «Community and crime prevention», *in* L. W. Sherman, D. Gottfredson, D. Mackenzie, J. Eck, P. Reuter et S. Bushway (éd.), *Preventing Crime: What Works, What Doesn't, What's Promising. A Report to the United States Congress*, Washington, DC, US Department of Justice, National Institute of Justice Research, 1998b.

SHERMAN, L. et R. A. BERK. «The Specific Deterrent Effects of Arrest for Domestic Assault», *American Sociological Review*, 1, 1984, p. 261- 272.

SHERMAN, L. et J. E. ECK. «Policing for crime prevention», *in* L. Sherman, D. P. Farrington, B. C. Welsh et D. L. Mackenzie (éd.), *Evidence-Based crime prevention*, New York, Routledge, 2002, p. 295-330.

SHERMAN, L., D. P. FARRINGTON, B. C. WELSH et D. L. MACKENZIE (dir.). *Evidence Based Crime Prevention*, London, Routledge, 2002.

SHERMAN, L., P. GARTIN et M. E. BUERGER. «Hot Spots of Predatory Crime: Routine Activities and the Criminology of Place», *Criminology*, 27, 2002, p. 27-55.

SHERMAN, L., D. GOTTFREDSON, D. MACKENZIE, J. ECK et P. REUTER. *Preventing Crime: What Works, What Doesn't, What's Promising. A Report to the United States Congress,* Washington, DC, US Department of Justice, National Institute of Justice Research, 1998.

SHERMAN, L. et D. ROGAN. «Deterrent Effects of Police Raids on Crack Houses: A Randomized, Controlled Experiment», *Justice Quarterly,* 12, 4, 1995, p. 755-781.

SHERMAN, L., J. SHAW et D. ROGAN. *The Kansas City Gun Experiment,* Washington, DC, US Department of Justice, National Institute of Justice, 1995.

SHERMAN, L., D. A. SMITH, J. D. SCHMIDT et D. P. ROGAN. «Crime, punishment, and stake in conformity: Legal and informal control of domestic violence», *American Sociological Review,* 57, 1992, p. 680-690.

SHERMAN, L. et D. WEISBURD. «General Deterrent Effects of Police Patrol in Crime "Hot Spots": A Randomized, Controlled Trial», *Justice Quarterly,* 12, 4, 1995.

SHORT, E. et J. DITTON. «Seen and Now Heard», *British Journal of Criminology,* 37, 3, 1998, p. 404-428.

SHOVER, N. *Great Pretenders: Pursuits and Careers of Persistent Thieves,* Boulder, Westview, 1996.

SILVERMAN, E. B. *NYPD Battles Crime,* Boston, Northeasten University Press, 1999.

SIMON, D. *Homicide,* Boston, Little Brown, 1991.

SIMON, H. «From Substantive to Procedural Rationality», *in* Latsis (éd.), *Method and Appraisal in Economics,* Cambridge, Cambridge University Press, 1976.

SKINNS, D. «Crime reduction, diffusion, and displacement: Evaluating the effectiveness of CCTV», *in* J. Norris et G. Armstrong (éd.), *Surveillance, Closed Circuit Television, and Social Control,* Aldershot, Ashgate, 1998, p. 175-188.

SKOGAN, W. «Community policing in the United States», *in* J.-P. Brodeur (éd.), *Comparisons in Policing: an International Perspective,* Aldershot, Avebury, 1995, p. 86-111.

SKOGAN, W. et K. FRYDL. *Fairness and Effectiveness in Policing. The Evidence,* Washington, DC, The National Academies Press, 2003.

SKOGAN, W., G. HARTNETT et M. SUSAN. *Community Policing, Chicago Style,* New York, New York University Press, 1997.

SKOGAN, W., L. STEINER, J. DUBOIS, J. GUDELL, A. FAGAN et R. BLOCK. *Community Policing in Chicago, Year Seven: an Interim Report,* Chicago, Chicago Community Policing Evaluation Consortium, 2000.

SKOLNICK, J. *Justice Without Trial,* New York, John Wiley and Sons, 1996.

SLAIKU, K. A. *Crisis Intervention,* Boston, Allyn & Bacon, 1990.

SLANSKY, D. «Not your father's police department. Making sense of the new demographics of lax enforcement», *Journal of Criminal Law and Criminology,* 96, 3, 2006, p. 1209-1243.

SLATKIN, A. A. «The Role of the Mental Health Consultant in Hostage Negotiations: Questions to Ask During the Incident Phase», *The Police Chief,* July 2000, p. 64-66.

——————. *Communication in Crisis and Hostage Negotiations,* Springfield, Illinois, Charles C. Thomas Publisher Ltd., 2005.

SLOAN-HOWITT, M. et G. L. KELLING. «Subway Graffiti in New York City: Gettin up vs. Meanin It and Cleanin It», *in* R. V. Clarke (éd.), *Situational Crime Prevention. Successful Case Studies,* New York, Harrow and Heston, 1992, p. 239-248.

SMITH, M. J., R. V. CLARKE et K. PEASE. «Anticipatory Benefits in Crime Prevention», *Crime Prevention Studies,* 13, 2002, p. 71-88

SMITH, N. et C. FLANAGAN. *The Effective Detective: Identifying the Skills of an Effective SIO,* London, Home Office, Police Research Series, Paper 122, 2000.

SMITH, R. «Police-Led Crackdowns and Cleanups: An Evaluation of a Crime Control Initiative in Richmond, Va.», *Crime and Delinquency,* 47, 1, 2001, p. 60-83.

SOMMIER, I. «La CGT: du service d'ordre au service d'accueil», *Genèses*, 12, mai 1993, p. 69-88.

SOSKIS, D. et C. R. VANZANDT. «Hostage negotiation: Law enforcement's most effective non-lethal weapon», *Mamagement Quarterly*, 6, 4, 1986, p. 1-10.

STANAT, R. «Building a shared information network», *in* D. E. Raitt (éd.), *Online information '90: International online meeting proceedings*, Oxford, Learned information, 1990.

STEPHENSON, G. M. et S. J. MOSTON. «Police Interrogation», *Psychology, Crime & Law*, 1994.

STRENTZ, T. «Thirteen Indicators of Volatile Negotiations», *Law and Order*, 39, 9, September 1991, p. 135-139.

_____. *Psychological Aspects of Crisis Negotiation*, CRC, Taylor & Francis, 2006.

ST-YVES, M. «Interrogatoire de police et crime sexuel: profil du suspect collaborateur», *Revue internationale de criminologie et de police technique et scientifique*, Genève, 2002, p. 81-96.

_____. «La psychologie de l'aveu», *in* M. St-Yves et J. Landry (éd.), *Psychologie des entrevues d'enquête: de la recherche à la pratique*, Cowansville, Éditions Yvon Blais, 2004a, p. 31-52.

_____. «Les fausses confessions: comprendre et prévenir», *in* M. St-Yves et J. Landry (éd.), *Psychologie des entrevues d'enquête: de la recherche à la pratique*, Cowansville, Éditions Yvon Blais, 2004b, p. 105-133.

_____. «Les facteurs associés à la confession: la recherche empirique», *in* M. St-Yves et J. Landry (éd.), *Psychologie des entrevues d'enquête: de la recherche à la pratique*, Cowansville, Éditions Yvon Blais, 2004c, p. 53-71.

_____. «The psychology of rapport: five basic rules», *in* T. Williamson (éd.), *Investigative Interviewing: Rights, Research, Regulation*, Cullompton, Willan Publishing, 2006, p. 87-106.

ST-YVES, M. et J. LANDRY. «La pratique de l'interrogatoire de police», *in* M. St-Yves et J. Landry (éd.), *Psychologie des entrevues d'enquête: de la recherche à la pratique*, Cowansville, Éditions Yvon Blais, 2004, p. 7-30.

ST-YVES, M., P. MICHAUD et M. TANGUAY. «L'évaluation des risques de suicide et d'homicide en situation de crise», *in* M. St-Yves et M. Tanguay (éd.), *Psychologie de l'enquête criminelle: La recherche de la vérité*, Cowansville, Éditions Yvon Blais, p. 363-376, 2007.

ST-YVES, M. et M. TANGUAY. «Psychologie de l'interrogatoire: la quête de l'aveu ou de la vérité?», *in* M. St-Yves et M. Tanguay (éd.), *Psychologie de l'enquête criminelle: La recherche de la vérité*, Cowansville, Éditions Yvon Blais, 2007.

_____. «Psychologie de la négociation de crise», *in* M. St-Yves et M. Tanguay (éd.), *Psychologie de l'enquête criminelle: La recherche de la vérité*, Cowansville, Éditions Yvon Blais, pp. 327-362, 2007.

ST-YVES, M., M. TANGUAY et D. CRÉPAULT. «La psychologie de la relation: cinq règles de base», *in* M. St-Yves et J. Landry (éd.), *Psychologie des entrevues d'enquête: de la recherche à la pratique*, Cowansville, Éditions Yvon Blais, 2004, p. 135-153.

ST-YVES, M., M. TANGUAY et J. ST-PIERRE. «Le rythme de la crise/Following the rhythm of a crisis», *Revue Internationale de Police Criminelle/International Criminal Police Review*, Interpol, 491, 2001, p. 4-9.

SURETIS. *Retour d'expertise sur l'étude comparative sur les observatoires locaux de la délinquance et de la sécurité dans le cadre de la politique de la ville*, étude réalisée pour la Délégation Interministérielle à la Ville, 2005. *www.geoprevention.fr/pdf/SIG_2005_SURETIS_DIV.pdf*.

SUTHERLAND, E. H. «White-Collar Criminality», *American Sociological Review*, 5, 1, 1940, p. 1-12.

SWARTZ, P. «The Spatial Analysis of Crime. What Social Scientists Have Learned», *in* Victor Goldsmith, Philip G. McGuire et autres, *Analyzing Crime Patterns*, Thousand Oaks, Sage Publications, 2000, p. 33-46.

SZABO, D. (dir). *Police, culture et société*. Montréal, Presses de l'Université de Montréal, 1974.

SYNDICAT NATIONAL DES ENTREPRISES DE SÉCURITÉ PRIVÉE. Rapport de la branche Sécurité et Surveillance Humaine (page consultée le 5 décembre 2005). *http://www.e-snes. org/i_zip/branche_2004.pdf*

TAKAGI, P. «A garrison state in a "democratic" society», *in* J. Fyfe (dir.), *Readings in Police Use of Deadly Force*, Washington, DC, Police Foundation, 1981.

TANGUAY, D. *Récits motards : Examen d'un conflit en milieu criminel*, Mémoire de maîtrise, École de criminologie, Faculté des études supérieures, Université de Montréal, 2004.

TARTAKOWSKY, D. *Le Pouvoir est dans la rue. Crises politiques et manifestations en France*, Paris, Aubier, coll. «Historique», 1998.

TAYLOR, R. S. *Value-added in Information Systems*, Norwood, Ablex Publishing, 1986.

TEDESCHI, J. T. et R. B. FELSON. *Violence, Aggression, and Coercive Actions*, Washington, DC, American Psychological Association, 1994.

TERRIL, W., E. PAOLINE et P. MANNING. «Police culture and coercion», *Criminology*, 41, 4, 2003, p. 1003-1034.

TIEN, J. M. et M. F. CAHN. «The Commercial Security Field Test Program: A systemic evaluation of security survey in Denver, St-Louis and Long Beach», *in* D. P. Rosenbaum (éd.), *Community Crime Prevention. Does It Work ?*, Beverly Hills, Sage Publications, 1986.

TILLEY, N. «Community policing, problem-oriented policing and intelligence-led policing», *in* T. Newburn (éd.), *Handbook of policing*, Cullompton, Willan Publishing, 2003, p. 311-339.

——————— (dir.). *Handbook of Crime Prevention and Community Safety*, Cullompton, Willan Publishing, 2005.

———————. *Thinking About Crime Prevention Performance Indicators*, London, Home Office, Police Research Group, 1995.

———————. *Understanding Car Parks Crime and CCTV: Evaluation Lessons from Safer Cities*, London, Home Office, Police Research Group, 1993.

TILLEY, N. et G. LAYCOCK. *Working-out What to Do: Evidence-based Crime Reduction*, Londres, Home Office, 2002.

TILLY, C. «War Making and State Making as Organized Crime», *in* P. B. Evans, D. Rueschmeyer, et T. Skocpol (éd.), *Bringing the State Back In*, Cambridge, Cambridge University Press, 1985, p. 169-191.

———————. *La France conteste de 1600 à nos jours*, Paris, Fayard, 1986.

TIMMER, J. S. «At Gunpoint», *in* C. Lorelei (dir.), *Eigensicherung & Schusswaffeneinsatz bei der Polizei. Beitrage aus Wissenschaft und Praxis*, Francfort, Verlag für Polizei & Wissenschaft, 2003, p. 173-186.

TOCH, H. et J. Douglas GRANT. *Police as Problem Solvers*, New York, Plenum Press, 2005.

TOURNYOL DU CLOS, L. «Évolutions de l'offre de sécurité privée en France. Une approche économique», *Revue internationale de criminologie et de police technique et scientifique*, 59, 1, 2006, p. 48-57.

TRACY, P. E. et J. A. FOX. «A Field Experiment on Insurance Fraud in Auto Body Repair», *Criminology*, 27, 3, 1989, p. 589-603.

TREMBLAY, P. «Searching for suitable co-offenders», *in* Ronald V. Clarke et Marcus Felson (éd.), *Routine Activity and Rational Choice: Advances in Criminological Theory*, New Brunswick, NJ, Transaction, 1993.

TREMBLAY, P., J. L. BACHER, M. TREMBLAY et M. CUSSON. «Gonflement des demandes d'indemnisation pour vol et seuil de tolérance des assureurs : une analyse expérimentale de dissuasion situationnelle», *Revue canadienne de criminologie*, 42, 1, 2000, p. 21-38.

TREMBLAY, P., M. BOUCHARD et C. LECLERC. «La courbe de gravité des crimes», *L'Année sociologique*, 2006.

TREMBLAY, P. et C. MORSELLI. «Patterns in criminal achievement», *Criminology*, 38, 2000, p. 633-659.

TREMBLAY, P. et C. ROCHON. «D'une police efficace à une police informée: lignes directrices d'un programme global du traitement de l'information», *Revue canadienne de criminologie et de justice pénale*, 33, 1990, p. 407-420.

TREMBLAY, R. E. et W. M. CRAIG. «Developmental Crime Prevention», *in* M. Tonry et D. P. Farrington (dir.), *Crime and Justice: A Review of Research. Vol. 19. Building a Safer Society. Strategic Approaches to Crime Prevention*, Chicago, University of Chicago Press, 1995, p. 151-236.

TROJANOWICZ, R. *An Evaluation of the Neighborhood Foot patrol Program in Flint, Michigan*, East Lansing, National Neighborhood Foot Patrol Center, 1982.

TROJANOWICZ, R. et Bonnie BUCQUEROUX. *Community Policing: How to get Started, 2nd Edition*, Cincinnati, Reading, 1998.

TUCKER, E. «Crime Prediction», *in* J. F. Broder (éd.), *Risk Analysis and the Security Survey 2nd edition*, Boston, Butterworth-Heinemann, 2000.

TUFFIN, Rachel, Julia MORRIS et Alexis POOLE. *An Evaluation of the Impact of the National Reassurance Policing Programme*, London, Home Office, 2006.

TULVING, E. et D. M. THOMSON. «Encoding specificity and retrieval processes in episodic memory», *Psychological Review*, 80, 1973, p. 352-373.

TURCOTTE, M. *La transmission du savoir au sein d'une escouade spécialisée dans la lutte au crime organisé: Le cas de l'escouade Carcajou*, Mémoire de maîtrise, École de criminologie, Faculté des études supérieures, Université de Montréal, 2003.

TURVEY, B. E. et autres (éd.). *Criminal Profiling. An Introduction to Behavioral Evidence Analysis*, New York, Boston, Academic Press, 2002.

TUSHMAN, M. L. et autres. «Convergence and Upheaval: Managing the Steady Pace of Organizational Evolution», *California Management Review*, 29, 1986, p. 29-44.

TYLER, T. R. «Procedural Justice, Legitimacy, and the Effective Rule of Law», *in* M. Tonry (dir.), *Crime and Justice: A Review of Research*, 30, Chicago, 2003, p. 283-358.

UNIVERSITY OF FLORIDA. *National Retail Security Survey*, Final Report, 2005.

US DEPARTMENT OF STATE. *Guarding America: Security Guards and U. S. Critical Infrastructure Protection*, Année? *http://www.fas.org/sgp/crs/RL32670.pdf*

US CONGRESS. *Preparing for the 21st Century. An Appraisal of U. S. Intelligence*, Report of the US Congress Commission on the Review of American Intelligence (Harold Brown, Chairman). Washington, DC, US Government Printing Office, 1996. *www.access.gpo. gov/int/int002.html*

US DEPARTMENT OF DEFENSE. Counter-Narcoterrorism Technology Program Office, http://www.cntpo.com/index.htm

VAN ANDEL, H. «The Care of Public Transport in the Netherlands», *in* R. V. Clarke (éd.), *Situational Crime Prevention. Successful Case Studies*, New York, Harrow and Heston, 1992, p. 151-163.

VAN CAMPENHOUDT, L., Y. CARTUYVELS et autres. *Réponses à l'insécurité: des discours aux pratiques*, Bruxelles, Labor, 2000.

VAN DE BUNT, Henk G. et Cathelijne VAN DER SCHOOT. *Prevention of Organised Crime: A Situational Approach*, Meppel, Dutch Ministry of Justice, 2003.

VAN DER BEEK, K. et J. RIEMEN. *The Combined Use of DNA and Fingerprint Information: Preliminary Results of a Pilot Study at a National Level in the Netherlands. Forensic Intelligence: the Art of Making Smart Combinations*, La Haye, 2004.

VAN MAAMEN, J. «The Asshole», *in* P. K. Manning et J. Van Maamen (éd.), *Policing: A View from the Street*, New York, Random House, 1978.

VAN OUTRIVE, L. «Interactionnisme et néo-marxisme, une analyse critique», *Déviance et Société*, 3, 1977, p. 253-289.

VARESE, F. *The Russian Mafia: Private Protection in a New Market Economy*, Oxford, Oxford University Press, 2001.

VINCKE, P. *L'Aide multicritère à la décision*, Bruxelles, Éditions de l'Université de Bruxelles, 1989.

_____. *Vergelijkende studie van verschillende MCDA-methoden voor het prioritariseren van veiligheidsproblemen* (Étude commissionnée par la Gendarmerie), 1999. Non publiée.

VITARO, F. et C. GAGNON (dir.). *Prévention des problèmes d'adaptation chez les enfants et les adolescents*, 2 vol., Sainte-Foy, Presses de l'Université du Québec, 2000.

VOLD, George B. et Thomas J. BERNARD. *Theoretical Criminology*, 3rd Edition, New York, Oxford University Press, 1986.

VOLKOV, V. *Violent Entrepreneurs: The Use of Force in the Making of Capitalism*, Ithaca, Cornell University Press, 2002.

WADDINGTON, P. «Police (canteen) subculture. An appreciation», *British Journal of Criminology*, 39, 2, 1999, p. 287-309.

WAKEFIELD, A. *Selling Security*, Cullompton, Willan Publishing, 2003.

WALBY, S. et A. MYHILL. *Reducing Domestic Violence. What works? Assessing and Managing the Risk of Domestic Violence*, London, Home Office, Policing and Reducing Crime Unit, 2000.

WALKER, Neil. «The pattern of transnational policing», *in* Tim Newburn (éd.), *Handbook of Policing*, Cullompton, Willan Publishing, 2003, p. 111-135.

WALSH, S. J., C. ROUX, A. ROSS, O. RIBAUX et J. S. BUCKLETON. «Forensic DNA Profiling: Beyond Identification», *Law Enforcement Forum*, 2, 3, 2002b, p. 13-21.

WALSH, S. J., D. S. MOSS, C. KLEIM et G. M. VINTINER. «The Collation of Forensic DNA Case Data into a Multi-dimentional Intelligence Database», *Science & Justice*, 42, 4, 2002a, p. 205-214.

WALSH, T. J. *Protection of Assets*, 4 vol., Santa Monica, CA, The Merritt Company, 1995.

WATKINS, R. C., K. M. REYNOLDS, R. DEMARA, M. GEORGIOPOULOS, A. GONZALES et R. EAGLIN. «Tracking Dirty Proceeds: Exploring Data Mining Technologies as Tool to Investigate Money Laundering», *Police Practice and Research*, 4, 2, 2003, p. 163-178.

WEATHERITT, M. «Community policing», *in* H. Butcher, A. Glen, P. Henderson et J. Smith (éd.), *Community and public policy*, Londres, Pluto Press, 1993, p. 124-138.

WEBB, B. «Steering Column Locks and Motor Vehicule Theft: Evaluation from Three Countries», *in* R. V. Clarke (éd.), *Situational Crime Prevention. Successful Case Studies, 2nd edition*, Guilderland, NY, Harrow and Heston, 1997.

_____. «Preventing vehicle crime», *in* N. Tilley (éd.), *Handbook of Crime Prevention and Community Safety*, Cullompton, Willan Publishing, 2005.

WEBB, B. et G. LAYCOCK. *Reducing Crime on the London Underground: An Evaluation of Three Pilot Projects*, London, Home Office, Crime Prevention Unit, 1992.

WEBER, M. *Le Savant et le politique*, Paris, Plon, 1959.

WEISBURD, D. «Design sensitivity in criminal justice experiments», *in* M. Tonry (éd.), *Crime and justice: A review of Research*, 17, Chicago, University of Chicago Press, 1993.

_____. «Ethical practice and evaluation of interventions in crime and justice: The moral imperative for randomized trials», *Evaluation Review*, 27, 2003, p. 336-354.

WEISBURD, D. «Hot spots policing experiments and criminal justice research: Lessons from the field», *Annals of the American Academy of Political and Sociological Science*, 599, 2005, p. 220-245.

WEISBURD D. et J. E. ECK. «What can police do to reduce crime, disorder, and fear?», *The Annals of the American Academy of Political Science*, 593, 2004, p. 42-65.

WEISBURD, D. et L. GREEN. «Policing Drug Hot Spots: The Jersey City Drug Market Analysis Experiment», *Justice Quarterly*, 12, 4, 1995, p. 711-735.

WEISBURD, D., C. LUM et A. PETROSINO. «Does research design affect study outcomes in criminal justice», *Annals of the American Academy of Political and Sociological Science*, 578, 2001, p. 50-70.

WEISBURD, D. et F. S. TAXMAN. «Developing a multicenter randomized trial in criminology: The case of HIDTA», *Journal of Quantitative Criminology,* 16, 2000, p. 315-340.

WEISBURD, D., E. WARING et E. F. CHAYET. *White-Collar Crime and Criminal Careers*, Cambridge, Cambridge University Press, 2001.

WEISS, A. et E. MCGARRELL. «Traffic Enforcement and Crime: Another Look», *Police Chief*, 66, 7, 1999, p. 25-28.

WEITZER, R. et St. TUCH. «Race and perceptions of police misconduct», *Social Problems*, 51, 3, 2003, p. 305-325.

WELLFORD, C. et J. CRONIN. *An Analysis of Variables Affecting the Clearance of Homicides: a Multistate Study*, Washington, DC, Justice Research and Statistics Association, 1999.

WELLS, Dalton Courtwright. *Rapport de la Commission d'enquête quant aux plaintes formulées par George Victor Spencer*, Ottawa, 1966.

WELSH, B. C. et D. P. FARRINGTON. «Toward an evidence-based approach for preventing crime», *Annals of the American Academy of Political and Sociological Science*, 578, 2001, p. 158-170.

_____. *Crime Prevention Effects of Closed Circuit Television: A Systematic Review*, London, Home Office Research Study, 2002.

_____. «Evidence-based crime prevention: Conclusions and directions for a safer society», *Revue canadienne de criminologie et de justice pénale*, 47, 2005, p. 337-354.

WENGER, D. E. «Community Response to Disaster: Functional and Structural Alterations», *in* E. L. Quarentelli, *Disaster: Theory and Research*, Beverly Hills, CA, Sage Publications Inc., 1978.

WEST, D. J. et D. P. FARRINGTON. *The Delinquent Way of Life*, London, Heinemann, 1977.

WESTLEY, W. *Violence and the Police. A Sociological Study of Law, Custom, and Morality*, Cambridge, MIT Press, 1970.

WIEVIORKA, M. *Sociétés et terrorisme*, Paris, Fayard, 1988.

WIEVIORKA, M. et D. WOLTON. *Terrorisme à la une*, Paris, Gallimard, 1987.

WIGGETT, A., A. WALTERS, L. O'HANLON et F. RITCHIE. «Forensic Science Society Spring Meeting 2002: Intelligence», *Science & Justice*, 43, 2, 2003, p. 109-118.

WILKINSON, P. *Terrorism and the Liberal State*, London, Macmillan, 1986.

WILLIAMS, J. «Reflections on the private versus public policing of economic crime», *The British Journal of Criminology*, 45, 3, 2005, p. 316-339.

WILLIAMS, P. et S. ERNESTO. «The United Nations and Transnational Organized Crime», *Transnational Organised Crime*, 1, 3, 1995.

WILLIAMSON, T. M. *Strategic Changes in Police Interrogation: an Examination of Police and Suspect Behaviour in the Metropolitan Police in Order to Determine the Effects of New Legislation, Technology and Organizational Policies*, Thèse de doctorat, University of Kent, 1990.

_____. «Investigative interviewing and human rights in the war on terrorism», *in* T. Williamson (éd.), *Investigative Interviewing: Rights, Research, Regulation*, Cullompton, Willan Publishing, 2006, p. 3-22.

WILLIS, J., Stephen MASTROFKI et David WEISBURD. *Compstat in Practice: An In-Depth Analysis of Three Cities*, Washington, DC, Police Foundation, 2003. http://www.police-foundation.org/pdf/compstatinpractice.pdf.

WILSON, C., C. WILLIS, J. K. HENDRIKZ et N. BELLAMY. *Speed Enforcement Detection Devices for Preventing Road Traffic Injuries (Review)*, The Cochrane Collaboration, 2006.

WILSON, D. B. «Meta-analytic methods for criminology», *Annals of the American Academy of Political and Sociological Science*, 578, 2001, p. 71-89.

WILSON, D. B., D. C. GOTTFREDSON et S. S. NAJAKA. «School-based prevention of problem behaviors: A meta-analysis», *Journal of Quantitative Criminology*, 17, 2001, p. 247-272.

WILSON, J. et George KELLING. «Broken Windows», *The Atlantic Monthly*, 249, 3, 1982, p. 29-38.

WILSON, J. Q. *The Investigators*, New York, Basic Books, 1978.

WILSON, J. Q. et G. L. KELLING. «Broken Windows: The Police and Neighbourhood Safety», *Atlantic Monthly*, mars 1982, p. 29-38. Version française en 1998: Normandeau, A. (dir.), *Une Police professionnelle de type communautaire*, t. I, Montréal, Éditions du Méridien, 1982, p. 83-110.

WILSON, M. et M. DALY. «Who Kill whom in Spouse Killing?», *Criminology*, 30, 2, 1992, p. 189-215.

_____. «Spousal Homicide Risk and Estrangement», *Violence and Victims*, 8, 1993, p. 3-16.

WILSON, R. «Employee Dishonesty, National Survey of Risk Managers on Crime», *Journal of Economic Crime Management*, 2, 1, 2000.

WOLF, F. *Meta-analysis: Quantitative methods for research synthesis*, Newbury Park, Quantitative application in the social sciences, Sage University, 1986.

WOLFGANG M. E., R. M. FIGLIO et T. SELLIN. *Delinquency in a Birth Cohort*, Chicago, The University of Chicago Press, 1972.

XU, Yili, Mora L. FIELDER et Karl H. FLAMING. «Discovering the impact of community policing: The broken windows thesis, collective efficacy, and citizens' judgement», *Journal of Research in Crime and Delinquency*, 42, 2, 2005, p. 147-186.

ZEDNER, L. «Policing before and after the police: the historical antecedents of contemporary crime control», *British Journal of Criminology*, 46, 1, 2006, p. 78-96.

ZHAO, Jihong et Quint THURMAN. *A national evaluation of the effect of COP's grants on crime from 1994 to 1999*, University of Nebraska and Texas State University, 2001.

ZIMMERMAN, A. et V. BAUERLEIN. «At Wal-Mart, Emergency Plan Has Big Payoff», *The Wall Street Journal*, 12 septembre 2005.

Index

Collection
Les Cahiers du Québec

(liste partielle)

Ce livre a été imprimé en octobre 2007 sur du papier 100 % recyclé,
sur les presses de MARQUIS IMPRIMEUR *à Montmagny, Québec.*